D1655199

MATLAB® kompakt

von
Wolfgang Schweizer

Oldenbourg Verlag München Wien

Zum Autor:
Nach seiner Promotion in Theoretischer Physik an der Universität in Tübingen arbeitete Wolfgang Schweizer für zwei Jahre auf einer Postdoktoranten-Stelle am Department of Mathematics des RHNBC (Universität London). 1995 folgte die Habilitation. Von 1996 bis 2000 war Wolfgang Schweizer Wissenschaftlicher Angestellter, zunächst am Lehrstuhl für Theoretische Physik I der Universität Bochum, anschließend am Lehrstuhl für Theoretische Astrophysik und Computational Physics der Universität Tübingen. 2002 wurde er von der Universität Tübingen zum apl. Professor ernannt.

Zudem ist Wolfgang Schweizer seit 2000 als Team Leader der Trainingsgruppe bei der Firma „The MathWorks GmbH" in München beschäftigt und hält in dieser Funktion Industrietrainings zu Matlab, Simulink u. dgl.

Bibliografische Information Der Deutschen Bibliothek

Die Deutsche Bibliothek verzeichnet diese Publikation in der Deutschen Nationalbibliografie; detaillierte bibliografische Daten sind im Internet über <http://dnb.ddb.de> abrufbar.

© 2005 Oldenbourg Wissenschaftsverlag GmbH
Rosenheimer Straße 145, D-81671 München
Telefon: (089) 45051-0
www.oldenbourg.de

Das Werk einschließlich aller Abbildungen ist urheberrechtlich geschützt. Jede Verwertung außerhalb der Grenzen des Urheberrechtsgesetzes ist ohne Zustimmung des Verlages unzulässig und strafbar. Das gilt insbesondere für Vervielfältigungen, Übersetzungen, Mikroverfilmungen und die Einspeicherung und Bearbeitung in elektronischen Systemen.

Lektorat: Kathrin Mönch
Herstellung: Anna Grosser
Umschlagkonzeption: Kraxenberger Kommunikationshaus, München
Gedruckt auf säure- und chlorfreiem Papier
Druck: Grafik + Druck, München
Bindung: R. Oldenbourg Graphische Betriebe Binderei GmbH

ISBN 3-486-57758-1

Vorwort

Dieses Buch wurde für alle diejenigen geschrieben, die nach einer kompakten und vollständigen Übersicht zu MATLAB[1] suchen.

In den vergangenen Jahren habe ich mehreren hundert Ingenieure(inne)n, Wissenschaftler(inne)n und Techniker(inne)n in Einführungs- und Fortgeschrittenenkursen die Grundlagen von MATLAB vermittelt. Dabei wurde immer wieder der Wunsch nach einer deutschsprachigen Übersicht zu MATLAB geäußert. Diese Lücke soll durch dieses Buch geschlossen werden.

Die üblichen Bücher zu MATLAB beschreiben in aller Regel entweder Anwendungen in bestimmten Bereichen oder dienen als Einführung in MATLAB. Das Ziel des vorliegenden Buches ist, neben einer knappen Einführung als vollständige Übersicht mit Beispielen zu dienen und richtet sich an alle, die MATLAB nutzen, unabhängig von ihrem jeweiligen Arbeitsgebiet, gleichgültig ob beispielsweise Finanzanwender, Wissenschaftler in Industrie oder Hochschule, Ingenieur oder Psychologe an einem Max-Planck Institut. Die MATLAB Dokumentation kann und will es nicht ersetzen. Die Beschreibungen basieren auf der Version 7.0.1, enthalten aber ergänzende Informationen zu den Vorgängerversionen ab Rel. 6.1. Die Beispiele und beschriebene Syntax wurde unter den Betriebssystemen Windows 2000, XP, Linux unter 32Bit und teilweise 64Bit getestet. Zahlreiche der im Buch schwarzweiß wiedergegebenen Abbildungen können in Farbe von der Homepage des Verlags (www.oldenbourg.de) herunter geladen werden.

Da dieses Buch in meiner Freizeit entstand, möchte ich mich am Schluss noch bei meiner Frau Ursula für ihre Geduld und ihr Verständnis für manch durchschriebenes Wochenende danken.

---

[1] MATLAB® ist ein eingetragenes Warenzeichen von The MathWorks, Inc.

Inhaltsverzeichnis

1	**Einführung**	1
1.1	Erläuterungen zum vorliegenden Text	1
1.2	Erste Schritte mit MATLAB	2
1.2.1	1. Projekt: Erzeugen von Variablen	2
1.2.2	2. Projekt: Grafiken erstellen	6
1.2.3	3. Projekt: MATLAB Funktionen am Beispiel „Lösung eines dynamischen Systems"	11
1.2.4	4. Projekt: Polynome und Interpolationen	17
1.2.5	5. Projekt: Datenanalyse, Laden und Speichern	18
1.3	Tipps zur Effizienzsteigerung	21
1.4	Tabellarische Übersicht ausgewählter MATLAB Kommandos	25
2	**Grafische Utilities**	**31**
2.1	Übersicht	31
2.1.1	Der MATLAB Desktop	31
2.1.2	Der Help Browser	34
2.1.3	Der Array Editor	35
2.2	Der MATLAB Editor und Debugger	36
2.2.1	Der Editor	36
2.2.2	Der grafische Debugger	36
2.2.3	Berichte erstellen	36
2.3	MATLAB Code testen	39
2.4	Die Plot Tools	39
2.5	Der Import Wizard	42
3	**Allgemein nützliche Kommandos**	**43**
3.1	MATLAB Hilfe und allgemeine Informationen	43
3.1.1	Befehlsübersicht	43
3.1.2	Demos	43
3.1.3	Hilfe suchen	43
3.1.4	Help Browser	44
3.1.5	M-Files nach Schlüsselbegriffen durchsuchen	44
3.1.6	Support-Seite öffnen	45
3.1.7	Versionen: ver und version	45
3.1.8	Informationen zum aktuellen Release	45
3.1.9	Variablen auflisten	45
3.2	Voreinstellungen und Konfiguration	46
3.2.1	Files zu Voreinstellungen	46
3.2.2	Kommandos zu Voreinstellungen und Informationen zur Konfiguration	47
3.3	Laden, beenden und sichern	48
3.3.1	Befehlsübersicht	48
3.3.2	Variablen löschen	48
3.3.3	MATLAB beenden: exit und quit	49

3.3.4	Variablen speichern und laden	49
3.3.5	Laden und Speichern von Objekten: loadobj und saveobj	50
3.4	Allgemeine Kommandos und Funktionen	50
3.4.1	Befehlsübersicht	50
3.4.2	Editieren	50
3.4.3	Lokalisieren und auflisten	51
3.4.4	Externen Code einbinden: Mex	51
3.4.5	Dateien in Abhängigkeit der Filekennung öffnen	51
3.4.6	Pseudo Code erzeugen	52
3.5	Setzen und Löschen der Suchpfade	52
3.5.1	Befehlsübersicht	52
3.5.2	Verzeichnis hinzufügen	53
3.5.3	Java-Klassen importieren	53
3.5.4	Suchpfade	53
3.6	Kontrolle des Command Windows	55
3.6.1	Befehlsübersicht	55
3.6.2	Töne erzeugen: beep	55
3.6.3	MATLAB Ablauf verfolgen und protokollieren	55
3.6.4	Zahlenformat setzen	55
3.7	Kommandos zum Betriebssystem	56
3.7.1	Befehlsübersicht	56
3.7.2	Informationen zum Computer	56
3.7.3	File Handling	57
3.7.4	Verzeichnisse	58
3.7.5	Betriebssystemebene	58
3.7.6	Perl	59
3.7.7	Web Browser	59
3.8	Debuggen vom M-Files	59
3.8.1	Befehlsübersicht	60
3.8.2	Debugger: db-Kommandos	60
3.9	Beurteilen von M-Files	62
3.9.1	Befehlsübersicht	62
3.9.2	Abhängigkeiten prüfen: depdir und depfun	63
3.9.3	Effizienz testen: Der Profiler	63
3.9.4	Test auf Probleme: mlint und mlintrpt	64
4	**Operatoren und Sonderzeichen**	**65**
4.1	Arithmetische Operatoren	65
4.1.1	Befehlsübersicht	65
4.1.2	Grundrechenarten	65
4.1.3	Berechnung der Inversen	66
4.1.4	Das Kroneckerprodukt	66
4.2	Vergleichsoperatoren	67
4.3	Logische Operatoren	67
4.4	Die bitweisen Operatoren	69
4.4.1	Befehlsübersicht	69
4.4.2	Die logischen bitweisen Operatoren	69
4.4.3	Bit-Operatoren	69
4.5	Mengen-Operatoren	70
4.5.1	Befehlsübersicht	70
4.5.2	Schnitt- und Vereinigungsmenge	70
4.5.3	Teilmengen	70

4.6	Sonderzeichen	71
4.7	Ausgewählte Variablen und Konstanten	72
5	**MATLAB als Programmiersprache**	**75**
5.1	Entscheidungen und Schleifen	75
5.1.1	Befehlsübersicht	75
5.1.2	Schleifen: for und while	75
5.1.3	Entscheidung: if	76
5.1.4	Fallunterscheidung: switch	78
5.1.5	Ausnahmen: try und catch	79
5.1.6	Break und return	80
5.2	Der JIT Accelerator	80
5.3	Ausführen von Zeichenketten und MATLAB Ausdrücken	81
5.3.1	Befehlsübersicht	81
5.3.2	Variablenzuordnung: assignin	81
5.3.3	Stringevaluation	81
5.3.4	Funktionsausführung	82
5.4	Skripte, Funktionen und Variablen	83
5.4.1	Skripte	83
5.4.2	Funktionen	83
5.4.3	Globale Variablen	87
5.4.4	Persistente Variablen	87
5.4.5	Schutz von m-Files, mlock, mislocked und munlock	87
5.4.6	Namenstest	88
5.5	Argumente	89
5.5.1	Prüfen und Anzahl der Funktionsargumente	89
5.5.2	Variable Anzahl der Funktionsargumente	89
5.5.3	Namen der Funktionsargumente	90
5.6	Meldungen und Ausgaben	90
5.6.1	Befehlsübersicht	90
5.6.2	Ausgabe	90
5.6.3	Fehlermeldung und Warnung	90
5.6.4	Formatierte Ausgaben und Daten	91
5.7	Interaktiver Input	91
6	**Mathematische Funktionen**	**93**
6.1	Trigonometrische Funktionen	93
6.2	Hyperbolische Funktionen	94
6.3	Exponential- und logarithmische Funktionen	94
6.4	Potenzfunktionen	95
6.4.1	Potenzen	95
6.4.2	Wurzeln	96
6.5	Rechnen mit komplexen Werten	96
6.5.1	Befehlsübersicht	96
6.5.2	Polardarstellung einer komplexen Zahl	96
6.5.3	Real- und Imaginärteil einer komplexen Zahl	97
6.5.4	Komplexkonjugation	97
6.6	Rund um Zahlen	98
6.6.1	Befehlsübersicht	98
6.6.2	Runden von Zahlen	98
6.6.3	Modulus	98
6.6.4	Vorzeichen	98

6.7	Spezielle mathematische Funktionen	99
6.7.1	Befehlsübersicht	99
6.7.2	Airy- und Besselfunktionen	99
6.7.3	Die Gamma- und die Betafunktion	101
6.7.4	Elliptische Integrale	103
6.7.5	Fehlerintegral	104
6.7.6	Das Exponentialintegral	104
6.7.7	Legendre-Polynom	104
6.7.8	Produkte mit Vektoren	105
6.8	Zahlentheoretische Funktionen	106
6.8.1	Funktionen zur Kombinatorik	106
6.8.2	Primzahlen	106
6.8.3	Rationale Approximationen	106
6.9	Koordinaten-Transformationen	107
6.10	Farbtransformationen	108

7	**Polynome und Interpolation**	**109**
7.1	Polynome	109
7.1.1	Befehlsübersicht	109
7.1.2	Darstellung und Auswertung von Polynomen	109
7.1.3	Polynommultiplikation und -division	111
7.1.4	Symbolische Ableitung und Integration eines Polynoms	111
7.1.5	Residuen und Polynomfit	111
7.2	Interpolation	112
7.2.1	Befehlsübersicht	113
7.2.2	Polynominterpolationen	113
7.2.3	Hermite-Interpolationspolynome	114
7.2.4	FFT-Interpolation	115
7.2.5	Spline-Interpolation	116
7.2.6	Uni- und multivariate Interpolation	117
7.2.7	Oberflächeninterpolation	120
7.3	Geometrische Analyse	121
7.3.1	Befehlsübersicht	121
7.3.2	Triangulationen	121
7.3.3	Konvexe Hülle und Voronoi-Darstellungen	122
7.3.4	Polygone	123

8	**Datenanalyse**	**125**
8.1	Grundlegende Datenanalyse	125
8.1.1	Befehlsübersicht	125
8.1.2	Statistische Maßzahlen	125
8.1.3	Standardabweichung	126
8.1.4	Histogramme	126
8.1.5	Sortier-Routinen	128
8.1.6	Summen und Produkte von Arrayelementen	129
8.1.7	Numerische Integration	130
8.2	Korrelation und Kovarianz	131
8.3	Finite Differenzen - numerische Ableitung	132
8.4	Winkel zwischen Unterräumen	132
8.5	Filter	133
8.5.1	Befehlsübersicht	133
8.5.2	Filterfunktionen	133

8.5.3	Faltung	135
8.5.4	Lineare Trends	135
8.6	Fourier-Transformationen	136
8.6.1	FFT-Routinen optimieren	140

9	**Berechnungen mit Matrizen**	**143**
9.1	Elementare Matrizen	143
9.1.1	Befehlsübersicht	143
9.1.2	Basismatrizen	143
9.1.3	Verteilungsvektoren	144
9.1.4	Vervielfachung	145
9.1.5	Frequenzvektoren	146
9.1.6	Logische Arrays	146
9.1.7	Zufallsmatrizen	146
9.2	Elementare Eigenschaften von Arrays	147
9.2.1	Befehlsübersicht	147
9.2.2	Arraygröße	147
9.2.3	Logische Arrayfunktionen	147
9.3	Matrixumformungen	149
9.3.1	Befehlsübersicht	149
9.3.2	Arrayindizes	149
9.3.3	Darstellungsänderungen	150
9.3.4	Subarrays	153
9.4	Spezielle Matrizen	155
9.4.1	Befehlsübersicht	155
9.4.2	Das charakteristische Polynom	155
9.4.3	Die Testmatrizen „Toolbox Gallery"	156
9.4.4	Hilbertmatrizen	164
9.4.5	Ausgewählte Matrizen	165
9.4.6	Magische Quadrate	166
9.4.7	Binomialkoeffizienten	166

10	**Lineare Algebra**	**169**
10.1	Vektoren und Matrizen	169
10.1.1	Befehlsübersicht	169
10.1.2	Die Norm	169
10.1.3	Von Spur bis Determinante	170
10.1.4	Null- und orthogonale Räume	171
10.2	Matrizen und lineare Gleichungen	173
10.2.1	Befehlsübersicht	173
10.2.2	Kondition	173
10.2.3	Matrix-Faktorisierung	174
10.2.4	Inverse, Pseudoinverse und Backslash-Operator	177
10.2.5	Least Square Fit	181
10.3	Modifikation von Matrix-Faktorisierungen	182
10.3.1	Befehlsübersicht	182
10.3.2	Choleski-Modifikationen: cholupdate	182
10.3.3	QR-Modifikationen	182
10.3.4	Ebene Givens-Rotationen	182
10.3.5	Diagonale und Blockdiagonale	183
10.4	Eigenwertprobleme	184
10.4.1	Befehlsübersicht	184

10.4.2	Eigenwerte	185
10.4.3	Singulärwertzerlegung	191
10.4.4	Hessenberg- und Schur-Form	192
10.5	Matrix-Funktionen	193

11 Optimierung, Differentialgleichungen   197

11.1	Optimierung	197
11.1.1	Befehlsübersicht	197
11.1.2	Lokale Minima	197
11.1.3	Nullstellensuche	198
11.1.4	Wahlmöglichkeiten: optimset und optimget	199
11.1.5	Parameter- und Variablensuche	200
11.2	Numerische Integration	200
11.2.1	Eindimensionale Integration	200
11.2.2	Mehrdimensionale Integration	201
11.3	Inline Functions	201
11.4	Anfangswertprobleme	202
11.4.1	Befehlsübersicht	202
11.4.2	Allgemeine Syntax der ode-Solver	203
11.4.3	Allgemeine Solver: ode45, ode23, ode113	207
11.4.4	DAE und steife Probleme: ode23t, ode15s	208
11.4.5	Steife Probleme: ode23tb, ode23s	209
11.4.6	Implizite Differentialgleichungen: ode15i	210
11.4.7	Verzögerte Differentialgleichungssysteme: dde23	211
11.5	Randwertprobleme	214
11.6	Differentialgleichungen: Ergänzungsfunktionen	218
11.6.1	Funktionsübersicht	218
11.6.2	Differentialgleichungen: Erweiterung der Lösungen	218
11.6.3	Hilfe-Template: odefile	219
11.6.4	Output Functions	219
11.7	Partielle Differentialgleichungen	220
11.7.1	Interpolation von Lösungen: pdeval	223

12 Dünn besetzte Matrizen   225

12.1	Elementare Matrizenoperationen	225
12.1.1	Befehlsübersicht	225
12.1.2	Erzeugen und Wandeln	226
12.1.3	Bearbeiten der Matrixelemente	226
12.1.4	Speicherplatz, Funktionen und Visualisierung	227
12.1.5	Faktorisierung und Least-Square-Analyse	228
12.1.6	Parameter zu Matrix-Routinen für dünn besetzte Matrizen	229
12.2	Elementare dünn besetzte Matrizen	230
12.2.1	Befehlsübersicht	230
12.2.2	Einheitsmatrizen, diagonale dünn besetzte Matrizen	230
12.2.3	Zufallsmatrizen	231
12.3	Umordnungsalgorithmen	232
12.3.1	Befehlsübersicht	232
12.3.2	Ausgewählte Umordnungen	232
12.3.3	Optimierung von Matrix-Zerlegungen	234
12.3.4	Spalten- und Zufallspermutation	236
12.4	Lineare Algebra	236
12.5	Lineare Gleichungen	236

12.5.1	Konjugierte Gradientenmethode	237
12.5.2	Methode der Residuen	239
12.5.3	Symmetrisches LQ-Verfahren	240
12.6	Grafische Darstellungen	240
13	**Töne**	**243**
13.1	Audio Input/Output-Objekte und Hardware-Treiber	243
13.1.1	Befehlsübersicht	243
13.1.2	In- und Output-Objekte	243
13.1.3	Tonausgabe	246
13.2	Audio Files	247
13.2.1	Befehlsübersicht	247
13.2.2	Importieren und Exportieren von Audio Files	247
13.2.3	Hilfsfunktionen	247
13.2.4	Tonbeispiele	248
14	**2-D-Grafik**	**249**
14.1	Elementare 2-D-Grafik	249
14.1.1	Lineare 2-D-Plots: plot	249
14.1.2	Plot mit zwei y-Achsen: plotyy	252
14.1.3	Polardarstellung: polar	252
14.1.4	Logarithmische Plots	253
14.2	Achsen und Beschriftungen	253
14.2.1	Befehlsübersicht	253
14.2.2	Achsen und ihre Eigenschaften	253
14.2.3	Mehrere Plots vereinigen: subplot	253
14.2.4	Achsen bearbeiten: axis und box	255
14.2.5	Hold	257
14.2.6	Gitter hinzufügen	257
14.2.7	Zoomen und Scrollen	258
14.2.8	Achsen beschriften	259
14.2.9	Legende und Titel	259
14.2.10	Text verarbeiten	260
14.3	Ausdruck	263
14.4	Grafische Hilfsfunktionen	266
15	**3-D-Grafik**	**267**
15.1	Grundlegende 3-D-Plots	267
15.1.1	Lineare 3-D-Plots: plot3	267
15.1.2	3-D-Polygone: fill3	267
15.1.3	Gittergrafiken: Die Mesh-Familie	268
15.1.4	Flächengrafiken: Die Surf-Familie	268
15.2	Achsen und Beschriftung	269
15.2.1	Achsengrenzen und -verhältnisse	270
15.2.2	Farbbalken: colorbar	270
15.3	Farbe	273
15.3.1	Befehlsübersicht	273
15.3.2	Die Farbmatrix	273
15.3.3	Farbschattierung	274
15.3.4	Schwarz-Weiß-Monitor	275
15.4	Beleuchtung und Transparenz	275
15.4.1	Befehlsübersicht	275
15.4.2	Beleuchtung	275

15.4.3	Reflexionen	275
15.4.4	Flächennormale	276
15.4.5	Transparenz	276
15.5	Veränderung des Blickwinkels	277
15.6	Kamerafunktion	278
15.6.1	Befehlsübersicht	278
15.6.2	Kameraposition	278
15.6.3	Kamerakontrolle	279
15.6.4	Beleuchtungskontrolle	280
15.7	Hardcopy und Ausdruck	281
16	**Fortgeschrittene Grafikaufgaben**	**285**
16.1	Funktionsplotter	285
16.1.1	Befehlsübersicht	285
16.1.2	2-D-Liniengrafiken	285
16.1.3	Konturplots	286
16.1.4	3-D-Linienplot	287
16.1.5	3-D-Grafik	287
16.2	2-D-Grafik	289
16.2.1	Befehlsübersicht	289
16.2.2	Balkendiagramme	289
16.2.3	Diskrete Daten	291
16.2.4	Polardiagramme	292
16.2.5	Streuplots	294
16.2.6	Kometenplot	296
16.2.7	Fehlerbalken	296
16.2.8	2-D-Gebiete und -Polygone	298
16.3	Höhenlinienplot	300
16.3.1	Befehlsübersicht	300
16.3.2	2-D-Konturplots	300
16.3.3	Pseudo-Farbdiagramm	301
16.3.4	3-D-Höhenlinien	302
16.4	3-D-Grafik	302
16.4.1	Befehlsübersicht	302
16.4.2	Diskrete 3-D-Daten	303
16.4.3	Kometenplots	304
16.4.4	Wasserfall-Diagramme	304
16.4.5	Gebänderte Plots	304
16.4.6	Triangulierungen	305
16.4.7	Tetraeder-Darstellungen	305
16.5	Visualisierung	306
16.5.1	Befehlsübersicht	306
16.5.2	Datenaufbereitung	306
16.5.3	Geschwindigkeitsabbildungen	308
16.5.4	Schnitte	309
16.5.5	Iso-Oberflächen	311
16.5.6	Strömungsdarstellung	314
16.5.7	Kegelabbildungen	317
16.5.8	Volumenfunktionen	317
16.5.9	Patch-Optimierung	318
16.5.10	Images	318
16.6	Animation	320

16.6.1	Befehlsübersicht	320
16.6.2	Erstellen einer Animation	320
16.6.3	Image-Konvertierung	321
16.7	Farbfunktionen	321
16.8	Modellierung	322
16.8.1	Befehlsübersicht	322
16.8.2	Patches	322
16.8.3	Geometrische Körper	323
16.9	Grafische Daten einblenden	324
17	**Grafik-Handling**	**327**
17.1	Das Figure Window	328
17.1.1	Befehlsübersicht	328
17.1.2	Erzeugen eines Figures	328
17.1.3	Grundlegende Operationen	334
17.1.4	Der OpenGl-Renderer	334
17.2	Erzeugung und Kontrolle der Achsen	334
17.3	Grafische Objekte	340
17.3.1	Befehlsübersicht	340
17.3.2	Textobjekte	341
17.3.3	Linienobjekte	342
17.3.4	Rechteckobjekte	343
17.3.5	Patch- und Flächenobjekte	344
17.3.6	Bildobjekte	348
17.3.7	Annotation-Objekte	349
17.3.8	Noanimate	349
17.3.9	Lichtobjekte	349
17.3.10	Linkeigenschaften	350
17.4	Grafische Operationen	351
17.4.1	Befehlsübersicht	351
17.4.2	Setzen und Lesen von Eigenschaften grafischer Objekte	351
17.4.3	Finden von Objekten: findobj	352
17.4.4	Handles nutzen	352
17.4.5	Auf grafische Objekte zugreifen	353
17.4.6	Anwendungsdaten	354
17.5	Ergänzende Funktionen: closereq, newplot und ishandle	354
17.6	ActiveX-Client-Funktionen	354
18	**Das Grafische User Interface**	**357**
18.1	GUI-Funktionen	357
18.1.1	Befehlsübersicht	357
18.1.2	GUI-Objekte erzeugen	358
18.1.3	Toolbars erzeugen	364
18.1.4	Warten und Fortfahren	365
18.1.5	Interaktiver Status und Ausführungsreihenfolge	366
18.1.6	Mauseingabe	366
18.1.7	Textanpassung	366
18.1.8	Interaktive Objektwahl	366
18.1.9	Rechtecke reskalieren	367
18.2	Dialog-Boxen	367
18.2.1	Befehlsübersicht	368
18.2.2	File Handling	368

18.2.3	Daten-Handling	369
18.2.4	Font-Dialog	369
18.2.5	Print-Dialog	370
18.2.6	Töne, Farben, Bilder	370
18.2.7	Hilfe, Warnungen, Fehler	370
18.2.8	Dialoge	372
18.3	GUI Utilities	374
18.3.1	Befehlsübersicht	374
18.3.2	Menü-Funktionen	374
18.3.3	Button-Gruppen	374
18.3.4	Suchfunktionen	375
18.3.5	Informationshilfen	375
18.3.6	Zwischenablage nutzen	376
18.3.7	Interaktives Editieren	376
18.3.8	GUI-Hilfsfunktionen	376
18.3.9	Figure-Hilfsfunktionen	376
18.3.10	Interaktiven Mode beenden	377
18.4	Präferenzen	377
18.4.1	Befehlsübersicht	377
18.4.2	Präferenzen hinzufügen und entfernen	378
18.4.3	Präferenzen erhalten und setzen	378
18.4.4	Präferenz-GUIs	378
19	**Stringfunktionen**	**379**
19.1	Zeichenketten-Funktionen	379
19.1.1	Befehlsübersicht	379
19.1.2	Zeichenketten erzeugen	380
19.1.3	Leerstellen optimieren	380
19.1.4	Konvertieren	380
19.1.5	Typen-Tests	380
19.1.6	Ausdrücke finden	381
19.1.7	Ausdrücke vergleichen	386
19.1.8	Strings zusammenfügen	386
19.1.9	Zeichen ersetzen	387
19.2	Umwandlung von Zeichenketten	387
20	**File Handling und Datenverwaltung**	**389**
20.1	Daten- und Textdateien	389
20.1.1	Befehlsübersicht	389
20.1.2	Öffnen und Schließen von Files	389
20.1.3	Aus- und Eingabefunktionen	391
20.1.4	Lesen und Schreiben formatierter Files	396
20.1.5	Stringfunktionen	399
20.1.6	Lesen und Schreiben binärer Files	399
20.2	Hierarchische Grafik-Handles verwalten	402
20.2.1	Befehlsübersicht	402
20.2.2	Hg-Gruppen-Objekte	402
20.2.3	Laden, Speichern, Exportieren	403
20.3	Bilddateien verwalten	403
20.3.1	Befehlsübersicht	403
20.3.2	Bilddateien lesen und schreiben	404
20.3.3	Bildinformationen	404

20.3.4	Konversion zu Java	406
20.4	Audio- und Videodateien	407
20.4.1	Befehlsübersicht	407
20.4.2	Audio-Files lesen und schreiben	407
20.4.3	WAV-Files lesen und schreiben	407
20.4.4	AVI-Files bearbeiten	408
20.4.5	Animationen und AVI-Files	410
20.5	Internet-Unterstützung	410
20.5.1	Internetzugriff	410
20.5.2	E-Mail aus MATLAB schreiben	411
20.5.3	WSDL-Klassen erzeugen	411
20.6	FTP-Zugriff	411
20.7	File Handling	412
20.7.1	Befehlsübersicht	412
20.7.2	File-Positionierung	412
20.7.3	File-Status	413
20.7.4	Temporäre Dateien und Voreinstellungen	413
20.7.5	Dateinamen partitionieren	413
20.7.6	Komprimierte Dateien	414
20.7.7	CDF File Handling	414
20.7.8	FITS File Handling	415
20.7.9	XML File Handling	415
20.8	HDF-Bibliothek	416
20.8.1	HDF4- und HDF-EOS-Dateien	416
20.8.2	HDF5-Dateien	417
20.9	Der serielle Port	417
20.10	Hilfsfunktionen	419
21	**Zeitfunktionen**	**421**
21.1	Basisfunktionen	421
21.1.1	Befehlsübersicht	421
21.1.2	Aktuelle Zeit	421
21.1.3	Darstellung: Datum	421
21.1.4	Datum verschieben	423
21.2	Datums- und Zeitfunktionen	423
21.2.1	Befehlsübersicht	423
21.2.2	Kalenderfunktionen	423
21.2.3	Datumsachsen plotten	424
21.2.4	Zeitdifferenz	424
21.2.5	Zeit stoppen	424
21.2.6	Pausefunktion	425
21.3	Timer Support	425
22	**Datentypen und Strukturen**	**427**
22.1	Datentypen	428
22.1.1	Fließkommazahlen	428
22.1.2	Effizienz der Berechnungen mit unterschiedlichen Datentypen	428
22.1.3	Ganzzahlige Werte	429
22.1.4	Datentypen wandeln	431
22.1.5	Strings	432
22.1.6	Containervariablen	432
22.1.7	Java	433

22.2	Wandeln von Datentypen	433
22.2.1	Befehlsübersicht	433
22.2.2	Hexadezimaldarstellung	433
22.2.3	Binärdarstellung	434
22.2.4	Zahlendarstellung zu einer beliebigen Basis	434
22.3	Ergänzende Array-Funktionen	434
22.4	Zell-Funktionen	435
22.4.1	Befehlsübersicht	435
22.4.2	Darstellungsfunktionen	436
22.4.3	Logische Test- und Anwendungsfunktion	437
22.4.4	Zelle und Array	437
22.4.5	Zell- und Strukturvariablen	438
22.4.6	Ausgabe-Eingabe-Verknüpfung	439
22.5	Struktur-Funktionen	439
22.5.1	Befehlsübersicht	439
22.5.2	Feldebene	439
22.5.3	Logische Funktionen	441
22.6	Funktions-Handling	441
22.7	Objektorientierte Programmierung	441
22.7.1	Funktionen zur objektorientierten Programmierung	441
22.7.2	Überladene Operatoren	443
23	**Versionskontrolle**	**445**
23.1	Kommandos zur Versionskontrolle	445
24	**Guide**	**449**
24.1	GUI Design Tools	449
24.1.1	GUI Option Tool	452
24.1.2	Objekte erzeugen und Eigenschaften festlegen	452
24.2	GUI M-File	453
24.2.1	Die Initialisierung	454
24.2.2	Die Opening-Funktion	455
24.2.3	Die Output-Funktion	456
24.2.4	Die Callback-Funktionen	457
24.3	UI-Menüs mit dem Guide erzeugen	459
25	**FORTRAN und C in MATLAB einbinden**	**461**
25.1	Aufbau einer MEX-Datei	461
25.1.1	Der MEX-Befehl	463
25.2	Das mxArray	463
25.2.1	mx-Routinen zum Erstellen einfacher Variablen	463
25.2.2	mx-Routinen zum Zugriff auf einfache Variablen	467
25.2.3	Strukturen	467
25.2.4	Zellvariablen	468
25.2.5	Abfragen	468
25.2.6	Allgemeine Aufgaben	468
25.2.7	Speicherverwaltung	469
25.3	Die mex-Funktionen	470
25.4	Die MAT-Funktionen	471
25.5	Die Engine	472
25.6	Das Generic DLL-Interface	474

26	**Java und** MATLAB	**477**
26.1	Vorbemerkungen zu Java	477
26.2	Java-Klassen und -Objekte	478
26.2.1	Java-Klassen	478
26.2.2	Java-Objekte	478
26.2.3	Java-Methoden	478
26.2.4	Objekt-Eigenschaften	479
26.3	Daten	480
26.3.1	Austausch von Daten	480
26.3.2	Java Arrays	481
26.3.3	Java-Internetanbindung	482
26.4	Java-Interface-Funktionen	483
27	**MS-Windows-Integration**	**485**
27.1	Das DDE-Interface	485
27.2	Die COM-Schnittstelle	486
27.2.1	MATLAB als Client	486
27.2.2	MATLAB als Server	490
27.3	Die Notebook-Funktionalität	492
28	**Literaturhinweise und Internetlinks**	**495**
	Index	**497**

1 Einführung

1.1 Erläuterungen zum vorliegenden Text

Dieses Buch richtet sich an alle MATLAB Anwender – unabhängig von ihrem Kenntnisstand oder dem verwendeten Betriebssystem. Der Text basiert auf der MATLAB Version 7.0.1, berücksichtigt aber auch die Vorgängerversionen.

Dieses erste Kapitel dient neben den Erläuterungen zum Aufbau des Buches einer kurzen an konkreten Beispielen orientierten Einführung in das Arbeiten mit MATLAB. Im zweiten Kapitel werden die grundlegenden grafischen Oberflächen von MATLAB vorgestellt und im dritten allgemeine Kommandos, um beispielsweise aufzuzeigen wie die Hilfe genutzt wird. Das vierte Kapitel ist den „Operatoren und Sonderzeichen" gewidmet, wie beispielsweise den unterstützten arithmetischen und logischen Operatoren.

MATLAB ist auch eine Programmiersprache mit typischen Elementen wie Schleifenkonstrukte oder bedingten Entscheidungen. MATLAB bietet sowohl die Möglichkeit Skripte als auch Funktionen selbst zu programmieren. Wichtiger Unterschied zwischen Skripten und Funktionen ist der Ort, wo die jeweiligen Variablen abgespeichert werden. Diesem Themenkomplex wendet sich das fünfte Kapitel zu.

Mathematische Funktionen sind Thema des sechsten Kapitels, Polynome und Interpolationen des siebten. Im achten Kapitel geht es um Datenanalyse, Filterung und Fourieranalyse. Berechnungen mit Matrizen werden im neunten Kapitel und Fragen der Linearen Algebra im zehnten angesprochen. Befehle zur Optimierung, wie beispielsweise Minimumsuche oder numerische Integration, sowie das Lösen von Differentialgleichungen unter MATLAB werden im elften Kapitel diskutiert. Viele Matrizen haben nur wenige Elemente ungleich null. In diesen Fällen wird bei der Abspeicherung aller Elemente unnötig hoher Speicherplatz verbraucht, Berechnungen werden häufig ineffizient. Als Lösung bietet MATLAB dünn besetzte Matrizen (sparse), die mit den dazu gehörigen Routinen in Kapitel zwölf behandelt werden.

Kapitel 13 ist den Tönen gewidmet und die Kapitel 14–18 den grafisch orientierten Fragestellungen. Zunächst wird das Erstellen elementarer zwei- und dreidimensionaler Grafiken besprochen, bevor mit fortgeschrittenen Grafikaufgaben wie Animationen oder Volumenvisualisierungen fortgefahren wird. Grafische Objekte sind in MATLAB hierarchisch organisiert. Dieser Aufbau wird detailliert im Kapitel 17 besprochen und zum Abschluss der Entwurf und die Realisierung eigener grafischer Benutzeroberflächen. Dieser Themenkreis wird noch einmal im Kapitel 24 mit dem Guide aufgeworfen. Der Guide ist eine grafische Entwurfshilfe zum Erstellen eigener grafischer Benutzeroberflächen.

Stringfunktionen wie „Zeichenketten erstellen oder vergleichen" sind Gegenstand des 19. Kapitels. Daten einlesen und schreiben, aber auch der Datenzugriff über das Internet oder einen ftp-Server werden in Kapitel 20 behandelt, Zeitfunktionen in Kapitel 21. MATLAB bietet die Möglichkeit, mit Zellvariablen zu agieren, Strukturvariablen zu erzeugen, mit 8-Byte-Genauigkeit zu arbeiten oder aber auch mit vorzeichenlosen Ganzen Zahlen (unsigned integer). Dieser Themenkomplex wird in Kapitel 22 behandelt.

MATLAB erlaubt, zur Versionskontrolle externe Programme einzubinden; eine Fragestellung, die im 23. Kapitel aufgegriffen wird. Externe FORTRAN- oder C-Programme lassen sich in MATLAB über die Mex-Funktionalität einbinden, die in Kapitel 25 vorgestellt wird. Eine weitere Möglichkeit bietet das direkte Ansprechen dynamischer Bibliotheken; dlls unter Windows-Betriebssystemen, Shared Objects unter Unix und Linux. Diese Möglichkeit wird ebenfalls in Kapitel 25 diskutiert. Kapitel 26 zeigt als weitere externe Kommunikationsmöglichkeit die Verknüpfung mit Java auf. Grafische MATLAB Funktionalitäten sind größtenteils in Swing angelegt, eine Verknüpfung, die sich daher anbietet. In Kapitel 27 wenden wir uns MS-Windows-Funktionalitäten wie DDE und ActiveX zu. MATLAB kann hier mit externen Windows-Anwendungen im Rahmen eines Server-Client-Konzepts kommunizieren und dabei sowohl die Rolle des Clients als auch des Servers übernehmen. Beschlossen wird das Buch mit Literatur- und Internethinweisen.

Bei der Vielzahl der Themen war es nicht möglich, Teilthemen immer eindeutig einem Themenblock zuzuordnen. Teilweise mag die Zuordnung willkürlich erscheinen, teilweise hat dies zu gewollten Überlappungen und Mehrfachnennungen geführt. Innerhalb eines Themenkomplexes sind die einzelnen Teilbegriffe teilweise nach Anwendungen, teilweise alphabetisch strukturiert. Beim Umfang dieses Buches werden sicherlich auch einige Tippfehler meine Kontrolle überlebt haben. Ich habe mich (in teilweiser Unkenntnis) bemüht, der neuen Rechtschreibung und Zeichensetzung gerecht zu werden. Bei Fehlern bitte ich den Leser um Nachsicht. Allen Verbesserungsvorschlägen und Korrekturen für zukünftige Auflagen stehe ich aufgeschlossen gegenüber.

1.2   Erste Schritte mit MATLAB

MATLAB wurde Ende der siebziger Jahre für Matrix-Berechnungen entwickelt, die Bezeichnung rührt von **Mat**rix **Lab**oratory her. In den vergangenen beiden Jahrzehnten ist MATLAB flügge geworden und bietet heute eine breite Palette unterschiedlicher Funktionalitäten und ist in vielen Bereichen der Industrie, Forschung und Lehre zum numerischen Standardwerkzeug geworden. Je nach gewähltem Betriebssystem öffnen Sie MATLAB durch Doppelklick auf ein Icon oder durch Aufruf aus einer Shell. MATLAB meldet sich mit der in Abb. (2.1) dargestellten Benutzeroberfläche, die als Entwicklungsumgebung dient. Bestandteil dieser Benutzeroberfläche ist das MATLAB Command Window (s. Abb. (1.1)), in dem am MATLAB Doppelprompt die Befehlseingaben erfolgen.

1.2.1   1. Projekt: Erzeugen von Variablen

Variablen werden am MATLAB Doppelprompt >> erzeugt und müssen mit einem Buchstaben beginnen. Dabei unterscheidet MATLAB zwischen Groß- und Kleinschreibung. >> x=5; ordnet der Variablen „x" den Wert 5 zu. Das Semikolon unterdrückt die Ausgabe im Command Window. Per Voreinstellung ist „x" vom Typ double und belegt 8

1.2 Erste Schritte mit MATLAB

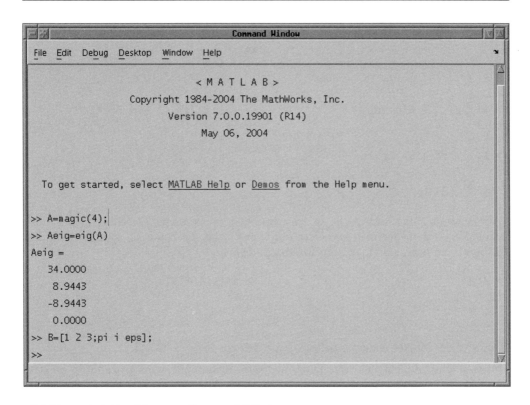

Abbildung 1.1: Das MATLAB *Command-Window.*

Byte Speicherplatz. Stringvariablen werden mittels Hochkommas erzeugt (>> xs='Ich bin ein String') und benötigen pro Element 2 Byte Speicherplatz;

```
>> x=5;
>> xs='Ich bin ein String';
>> whos
  Name      Size                  Bytes  Class
  x         1x1                       8  double array
  xs        1x18                     36  char array
Grand total is 19 elements using 44 bytes
```

Entsprechend ergeben sich im obigen Beispiel 18 Elemente und folglich 36 Bytes. Mit whos können die bereits existierenden Variablen aufgelistet werden.

Matrizenmanipulation. Matrizen werden mit eckigen Klammern erzeugt, die Verwendung des Doppelpunkts erlaubt die Ausgabe von Matrixbereichen:

```
>> A=[8 1 6; 3 5 7; 4 9 2]              >> A(:,2) % eine Spalte
A =                                     ans =
     8     1     6                           1
     3     5     7                           5
     4     9     2                           9
>> A(1,2) % 1 Element                   >> A(1:2,2:3) % ein Bereich
ans =                                   ans =
     1                                       1     6
>> A(1,:) % eine Zeile                       5     7
ans =
     8     1     6
```

Spalten werden durch Leerzeichen oder Kommas voneinander getrennt, Zeilen durch Semikolon oder ein Return. Der erste Index bestimmt die Zeile, der zweite die Spalte. Alternativ ist auch eine lineare Indizierung möglich:

```
>> A(3)                                 >> A([1 4 5 9])
ans =                                   ans =
     4                                       8     1     5     2
```

Hier wird die Matrix wie ein Spaltenvektor betrachtet (s. Kap. 9.3).

Matrizen können nicht nur vom Typ „full" sein. Insbesondere für große dünn besetzte Matrizen ist **sparse** eine Speicherplatz sparende Alternative. Für Character Arrays muss wie für numerische Matrizen die Zeilendimension jeder Spalte gleich sein und umgekehrt. Bei Texten ist dies häufig nicht gegeben. **strvcat** ist in solchen Fällen hilfreich.

```
>> Ac = ['abcd';'efgh';'ijkl']
Ac =
abcd
efgh
ijkl

>> Afehler=['ich bin';'ungleich';'lang']
??? Error using ==> vertcat
All rows in the bracketed expression must have the same
number of columns.

>> Asogehts=strvcat('ich bin','ungleich','lang')
Asogehts =
ich bin
ungleich
lang
```

Zusätzlich zur ganzzahligen Indizierung erlaubt MATLAB auch logische Indizes. Hier steht die „0" für falsch, alle wahren Elemente werden zurückgegeben.

1.2 Erste Schritte mit MATLAB

```
>> A
A =
     8     1     6
     3     5     7
     4     9     2

>> A>=5
ans =
     1     0     1
     0     1     1
     0     1     0

>> B=rand(3)
B =
    0.9501    0.4860    0.4565
    0.2311    0.8913    0.0185
    0.6068    0.7621    0.8214

>> Baus=B(A>=5)   % Bedingung
Baus =
    0.9501
    0.8913
    0.7621
    0.4565
    0.0185

>> %Indexsuche:
>> ind=find((A>5)&(A<8))
ind =
     7
     8

>> % Die Elemente 7 und 8 haben die
>> % Werte 6 und 7
>> % oder die zugehoerigen
>> % Zeilen- und
>> % Spaltenindizes sind:

>> [zeile,spalte]=find((A>5)&(A<8))
zeile =
     1
     2
spalte =
     3
     3
```

In Kapitel 9 findet sich eine umfangreiche Liste elementarer Matrizen wie die Einheitsmatrix `eye` oder die Nullmatrix `zeros`. Normalverteilte Zufallsmatrizen lassen sich mit `randn` und gleichverteilte mit `rand` berechnen. `fliplr` und `flipud` führen links-rechts bzw. oben-unten Vertauschungen aus; transponieren lassen sich Matrizen mittels `Aht = A'` (hermitesch adjungierte Matrizen) und `At = A.'` (transponierte Matrizen).

MATLAB unterscheidet bei Matrixoperationen zwischen der elementweisen (Punkt-) Operation und der Matrixoperation. Beispielsweise ist die Matrixmultiplikation

$$C_{i,j} = \sum_k A_{i,k} B_{k,j} \tag{1.1}$$

über `C = A * B` definiert und die elementweise Multiplikation

$$C_{i,j} = A_{i,j} B_{j,j} \tag{1.2}$$

über `C = A .* B`. Analoges gilt für das Potenzieren und das Teilen.

Zell- und Strukturvariablen. Neben Matrizen und höher dimensionalen Array (mehr als 2 Indizes) unterstützt MATLAB Zellvariablen und Strukturvariablen. Beide Typen können unterschiedliche Datentypen verwalten.

```
>> Zell={1:5,'Ich bin eine Zellvariable';A,B}
Zell =
    [1x5 double]      [1x25 char  ]
    [3x3 double]      [3x3   double]

>> Str.name='Strukturvariable';
>> Str.vek=1:5;
>> Str.A = A;
>> Str.nochwas = B;

>> Str
Str =
       name: 'Strukturvariable'
        vek: [1 2 3 4 5]
          A: [3x3 double]
    nochwas: [3x3 double]
```

Zellvariablen werden mit geschweiften Klammern erzeugt und Strukturvariablen durch Variablen- und Feldnamen, die durch einen Punkt voneinander getrennt sind.

1.2.2 2. Projekt: Grafiken erstellen

Dieser Abschnitt soll das prinzipielle Arbeiten mit einfachen grafischen Aufgaben zeigen. Tiefer gehende Details und Beschreibungen finden sich in den Kapiteln 14 bis 18.

`plot(x)` plottet den Vektor „x" gegen seinen Index. Halblogarithmische Darstellungen lassen sich mit `semilogx` und `semilogy`, doppeltlogarithmische mit `loglog` erzeugen.

```
>> x=[0:8 7:-1:2 3:6 5 4 5 5 5];
>> plot(x)
>> plot(x,'*')
```

plottet einzelne Datenpunkte, Abb (1.2). Tabelle (14.1) listet die unterstützten Symbole für die Datenpunkte und Linientypen auf.

Größere Punktewolken lassen sich besser mit `scatter` darstellen. Sollen mehrere Plots in einer Abbildung ausgeführt werden, so können entweder mehrere Wertepaare in einem Plotkommando übergeben werden `plot(x1,y1, x2,y2, ...)` oder das Figure Window kann mit `hold on` vor dem Löschen geschützt werden. `hold off` schaltet diese Eigenschaft wieder ab. Eine weitere Möglichkeit ist, mit `subplot` das Figure Window in einzelne Teilfenster zu unterteilen.

Betrachten wir als Beispiel eine gedämpfte Schwingung

$$y(t) \propto exp(-\kappa t) sin(\omega t + \phi) \quad \text{mit} \quad \omega = \sqrt{\omega_0^2 - \kappa^2} \quad . \tag{1.3}$$

κ ist die Dämpfung und ω_0 die dämpfungsfreie Eigenfrequenz, ϕ eine Phasenverschiebung. Dies fürt zu drei unterschiedlichen Bereichen: gedämpfte Schwingung, aperiodischer Grenzfall und Kriechfall. Diese drei Fälle sollen mit MATLAB dargestellt werden.

1.2 Erste Schritte mit MATLAB

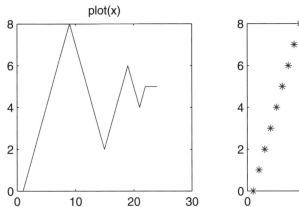

Abbildung 1.2: >> x=[0:8 7:-1:2 3:6 5 4 5 5 5];

```
omega0=1;
k=[0.2 1 3];
n=0;
for kappa=k
    n=n+1;
    omega=sqrt(omega0^2-kappa^2);
    t=0:0.01:8*pi;
    if (omega==0)
        y=exp(-kappa.*t).*t;
    else
        y=exp(-kappa.*t).*sin(omega*t)/omega;
    end
    if n==1
        subplot(2,2,1:2)
    else
        subplot(2,2,n+1)
    end
    plot(t,y)
    axis tight
    legend(['\kappa = ',num2str(kappa)])
end
```

Zuerst werden entsprechend Gl. (1.3) die Konstanten definiert. Die For-Schleife läuft über die drei unterschiedlichen Fälle, die durch die entsprechenden Gleichungen ausgewertet werden. Für den Schwingungsfall soll das Fenster doppelt so breit sein wie für die anderen beiden (siehe Abb. (1.3)). Dies wird durch subplot(2,2,1:2) erreicht. subplot(n,m,q) teilt das Figure Window in zwei Zeilen und zwei Spalten, der dritte Wert zählt die einzelnen aktiven Teilfenster von links nach rechts und von oben nach unten durch.

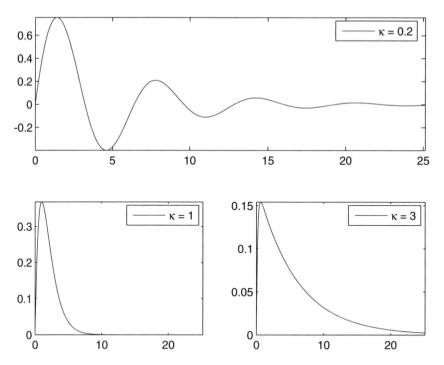

Abbildung 1.3: *Die obere Abbildung stellt den Schwingungsfall dar, geplottet in den durch subplot(2,2,1:2) erzeugten Bereich; links unten der aperiodische Grenzfall (subplot(2,2,3)) und rechts unten der Kriechfall (subplot(2,2,4)).*

Dreidimensionale Liniengrafiken lassen sich mit `plot3` erzeugen. Während Liniengrafiken über Vektoren errichtet werden, werden Flächengrafiken über Arrays erzeugt. Betrachten wir das folgende Beispiel (Abb. (1.4)):

```
>> % Daten fuer 3-D-Linienplot      >> %  Daten fuer Flaechenplot
>> x=-1:0.05:1;                     >> [X,Y] = meshgrid(x,y);
>> y=x;
>> z=x.^2 + y.^2;                   >> Z=X.^2 + Y.^2;

>> whos
  Name      Size                   Bytes  Class

  X         41x41                  13448  double array
  Y         41x41                  13448  double array
  Z         41x41                  13448  double array
  x         1x41                     328  double array
  y         1x41                     328  double array
  z         1x41                     328  double array

Grand total is 5166 elements using 41328 bytes
```

1.2 Erste Schritte mit MATLAB

```
>> subplot(1,2,1)                >> subplot(1,2,2)
>> plot3(x,y,z)                  >> surf(X,Y,Z)
```

Weitere häufig für Flächengrafiken genutzte Befehle sind mesh(X,Y,Z), das eine Gittergrafik erstellt, surfc(X,Y,Z), das zusätzlich Konturlinien hinzufügt und contour(X, Y, Z) für einen Kontourplot. Weitere Details finden sich insbesondere in Kap. 15.

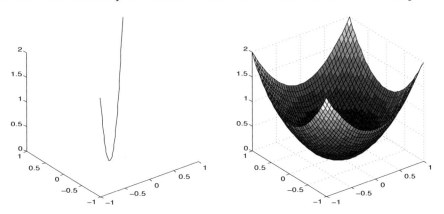

Abbildung 1.4: *Links ein 3-D-Linienplot erzeugt mit plot3(x,y,z) und rechts die entsprechende Flächendarstellung surf(X,Y,Z).*

Neben einfachen Grafiken bietet MATLAB die Möglichkeit der Animation mit movie, umfangreiche Volumenvisualisierungsmöglichkeiten und Vieles mehr. Als letztes Beispiel betrachten wir die Ausbreitung eines Gaußpaketes, beispielsweise elektromechanische Wellen oder auch ein quantenmechanisches Wellenpaket. Für ein solches Gaußpaket im 2-Dimensionalen gilt

$$G(x,y,t) = \frac{1}{\sqrt{1+4t^2}} \exp\left(-\frac{(x-vt)^2}{1+4t^2}\right) \exp\left(-\frac{(y-vt)^2}{1+4t^2}\right) \qquad (1.4)$$

mit der Zeit t, den Koordinaten x, y und der Ausbreitungsgeschwindigkeit v. Das folgende MATLAB Beispiel visualisiert mit $v = 2$ eine solche Wellenausbreitung.

```
t=0:0.2:10;       % Zeitschritte
x=-10:0.2:40;     % Koordinaten
y=x;
k=0;              % Laufvariable
                  % 2-D-Arrays
[X,Y]=meshgrid(x,y);
                  % Berechnung
for T=t
   xT=X-3*T;
   yT=Y-3*T;
```

```
        Z=1./sqrt(1+4*T.^2).* ...
        exp(-2*(xT.^2+yT.^2)/(1+4*T.^2));
                 % Grafik
        surf(X,Y,Z)
        shading interp
        xlim([-10 40]),ylim([-10 40])
        zlim([0 0.75])
        k=k+1;
        F(k)=getframe; % movieframes
    end
                 % Abspielen
    movie(F,3)
```

for-Schleifen in MATLAB erlauben die Übergabe ganzer Arrays oder wie hier im Beispiel von Vektoren. Die Festlegung der Grenzen, hier insbesondere `zlim`, sorgen dafür, dass der Verlauf erkennbar und nicht durch automatische Umskalierungen der Achsen verschleiert wird. Einige Zeitschnitte sind in Abb. (1.5) dargestellt.

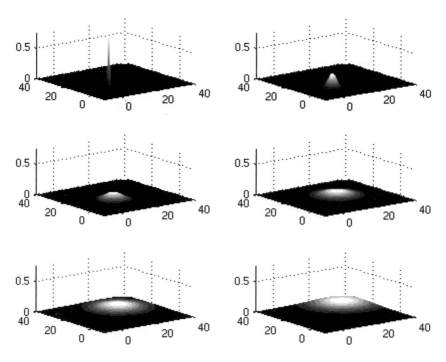

Abbildung 1.5: *Einzelne Filmelemente aus dem „Movie" zur Wellenausbreitung in Zeitschritten von 2, beginnend bei t=0.*

Das nächste Projekt „Lösung eines dynamischen Systems" wird ebenfalls auf grafische Darstellungen zurückgreifen.

1.2.3 3. Projekt: MATLAB Funktionen am Beispiel „Lösung eines dynamischen Systems"

Im Rahmen dieses Beispielprojekts werden wir Skripte, MATLAB Funktionen und „function functions" diskutieren. Skripte und MATLAB Funktionen sind lesbare Files, die ausführbaren Code enthalten. Skripte unterscheiden sich von Funktionen „optisch" durch das fehlende Schlüsselwort `function`. Einer der wichtigsten Unterschiede ist der Ort, an dem die Variablen abgespeichert werden. Funktionen haben ihren eigenen lokalen Speicherbereich. Skripte haben keinen eigenen Speicherbereich. Ihre Variablen werden entweder im Base Space, dem Speicherbereich des MATLAB Command Windows oder, falls sie von einer Funktion aufgerufen werden sollten, im Function Space der aufrufenden Funktion abgespeichert. Variablen sind stets lokal, sofern sie nicht explizit als global deklariert wurden. Function functions sind MATLAB Funktionen, die wiederum Funktionen als Argument enthalten. Ein Beispiel dafür sind die Differentialgleichungslöser `ode···`, ein Anwendungsbeispiel sind dynamische Systeme.

Dynamische Systeme werden durch gewöhnliche Differentialgleichungen beschrieben. MATLAB bietet zur Lösung gewöhnlicher Differentialgleichungen die ode-Familie, die in Kapitel 11 ausführlich beschrieben ist. Als Beispiel wollen wir hier das diamagnetische Wasserstoffatom in semiparabolischen Koordinaten betrachten. Als chaotisches System bietet sich neben dem Berechnen einzelner Bahnen die Untersuchung von Poincaré-Schnitten an und damit ein Beispiel zu Events. Das diamagnetische Wasserstoffatom wird durch folgende Energiegleichung beschrieben:

$$H = \frac{1}{2}\left(p_\mu^2 + p_\nu^2\right) - \epsilon\left(\mu^2 + \nu^2\right) + \frac{1}{8}\mu^2\nu^2\left(\mu^2 + \nu^2\right) \quad . \tag{1.5}$$

H hat den festen Wert 2, ϵ ist die skalierte Energie und μ, ν sind semiparabolische Koordinaten, definiert durch

$$\rho = \mu \cdot \nu = (x^2 + y^2)$$
$$z = \frac{1}{2}(\mu^2 - \nu^2) \ .$$

Der Vorteil dieser Koordinatenwahl ist die Umgehung der numerisch problematischen Coulomb-Singularität. Die zu lösenden Bewegungsgleichungen sind durch

$$\dot{\mu} = p_\mu$$
$$\dot{\nu} = p_\nu$$
$$\dot{p}_\mu = 2\epsilon\mu - \frac{1}{4}\mu\nu^4 - \frac{1}{2}\mu^3\nu^2$$
$$\dot{p}_\nu = 2\epsilon\nu - \frac{1}{4}\nu\mu^4 - \frac{1}{2}\nu^3\mu^2 \tag{1.6}$$

gegeben. Trajektorien, also Bahnen, lassen sich durch das folgende Skript berechnen:

```
% ausgewaehlte Startwerte
y0(2)=0;
% Zufallswerte fuer die Impulse
zwi=2*rand;
z(randperm(2))=[zwi;sqrt(4-zwi^2)*rand];
y0(3)=z(1);
y0(4)=z(2);
epsilon=-0.1;
% Aus der Energieerhaltung folgt
y0(1)=sqrt((1/2*(y0(3)^2+y0(4)^2)-2)/epsilon);
options = odeset('RelTol',1e-11,'AbsTol',1e-11,'MaxStep',0.1);
tmax=200;
[t,y] = ode23(@diahdgl,[0 tmax],y0,options,epsilon);
```

Für die Koordinatenzuordnung gilt

$$\mu = y(1), \ \nu = y(2), \quad p_\mu = y(3), \ p_\nu = y(4).$$

$y0(\cdot)$ sind die Anfangswerte, die zufällig gewählt sind. `randperm` sorgt für eine zufällige Vertauschung der Impulse. Als Löser bietet sich entweder `ode45` oder `ode23` an. „options" ist eine Struktur, die die Defaultoptionen des Lösungsalgorithmus überschreibt. Da die Koordinatenwerte von der Größenordnung 1 sind, bietet es sich an, relative und absolute Toleranz gleich zu wählen. Die Verwendung des Function Handles `@diahdgl` stellt sicher, dass die Funktion, in der das zu lösende Differentialgleichungssystem definiert ist, vom Differentialgleichungssolver `ode...` auch gefunden wird. Der Parameter tmax legt die Integrationsdauer fest. Da es sich um ein Skript handelt, sind die Lösungen im Base Space (MATLAB Command Window) verfügbar.

```
function dy = diahdgl(t,y,epsilon,dummy)
% Differntialgleichung des diamagnetischen Wasserstoffatoms
% y(1)=mu, y(2)=nu, y(3)=p_mu, y(4)=p_nu

%persistent n
%if isempty(n)
%    n=0
%end
%n=n+1
dy(1)=y(3);
dy(2)=y(4);
dy(3)=2*epsilon*y(1) - 1/4*y(1)*y(2)^4 - 1/2*y(1)^3*y(2)^2;
dy(4)=2*epsilon*y(2) - 1/4*y(2)*y(1)^4 - 1/2*y(2)^3*y(1)^2;
dy=dy';
dy(1)=sign(dy(1))*sqrt(abs(4-y(4)*y(4) +2*epsilon*(y(1)*y(1)+...
y(2)*y(2))- 1/4*(y(1)*y(1)*y(2)*y(2))*(y(1)*y(1)+y(2)*y(2))));
%zwei=0.5*(y(3)*y(3)+y(4)*y(4)) -epsilon*(y(1)*y(1)+y(2)*y(2))+...
%    1/8*(y(1)*y(1)*y(2)*y(2))*(y(1)*y(1)+y(2)*y(2))
```

1.2 Erste Schritte mit MATLAB

ist das zu lösende Differentialgleichungssystem. Persistente Variablen sind neben den globalen Variablen eine weitere Variablenklasse. Persistente Variablen werden bei wiederholtem Aufruf einer Funktion nicht gelöscht, sondern stehen mit ihrem letzten Wert zur Verfügung. Dies erlaubt es, beispielsweise die Häufigkeit einer aufgerufenen Funktion zu bestimmen. Das %-Zeichen steht für Kommentare. Der erste %-Block dient als Hilfe (>> help ···) zu einer Funktion. Die übergebenen Parameter t und y sind die Zeit und die Lösungen des Differentialgleichungsytems im Vorgängerzeitschritt, „dummy" wird bei der Berechnung des Poincaré-Schnitts benötigt. Das Ergebnis der Berechnung zeigt Abb. (1.6).

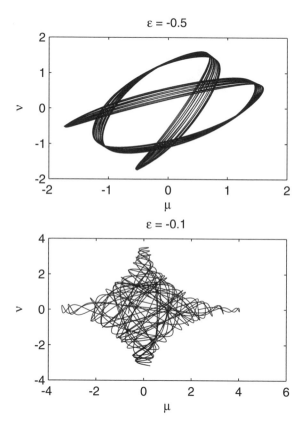

Abbildung 1.6: *Die obere Abbildung zeigt eine reguläre Bahn zur skalierten Energie $\epsilon = -0.5$, die untere Abbildung eine chaotische Bahn mit $\epsilon = -0.1$.*

Paralleles Verschieben mehrerer Signale. Mehrere Signale oder mehrdimensionale Trajektorien möchte man häufig abschnittsweise betrachten und parallel verschieben, so dass stets derselbe Zeitbereich oder Frequenzbereich sichtbar ist. Dies lässt sich mit dem Befehl `linkaxes` realisieren.

```
h(1)=subplot(4,1,1)           ylabel('p_\mu')
plot(t,y(:,1))                h(4)=subplot(4,1,4)
ylabel('\mu')                 plot(t,y(:,4))
h(2)=subplot(4,1,2)           ylabel('p_\nu')
plot(t,y(:,2))                linkaxes(h,'x')
ylabel('\nu')                 xlim([60 70])
h(3)=subplot(4,1,3)           pan xon
plot(t,y(:,3))
```

h(i) sind die Achsen-Handles der einzelnen Subplots. Mit `linkaxes(h,'x')` werden die vier x-Achsen der Subplots gekoppelt. `xlim` schränkt den Achsenausschnitt ein und `pan xon` erlaubt das parallele Scrollen durch alle vier Trajektorien, siehe Abb. (1.7).

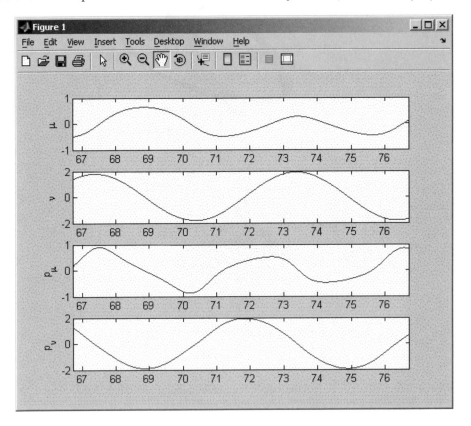

Abbildung 1.7: Die 4 Abbildungen zeigen die Orts- und kanonisch konjugierten Impulskoordinaten einer regulären Bahn bei epsilon = −0.5. Mittels `linkaxes(h,'x')` *sind die x-Achsen gekoppelt und* `pan xon` *erlaubt eine paralleles, gleichzeitiges Verschieben der 4 Abbildungen längs der x-Achse.*

Event-Funktion. Insbesondere zur Untersuchung chaotischer Systeme dienen Poincaré-Ebenen. Der Phasenraum wird durch die Koordinaten und Impulse aufgespannt.

1.2 Erste Schritte mit MATLAB

Poincaré-Ebenen sind durch die Durchstoßungspunkte einer Ebene im Phasenraum definiert, bei der eine Koordinate (hier $\mu = 0$) festgehalten wird. Die andere Koordinate und deren zugehöriger Impuls bilden dann die Poincaré-Ebene, die je nach Grad der Regularität elliptische Strukturen aufweist oder im chaotischen Bereich vermissen lässt. Das folgende Skript dient der Berechnung von Poincaré-Schnitten.

```
% ausgewaehlte Startwerte
h1=subplot(2,1,2)
y0(2)=0;
epsilon=-0.1;
% Zufallswerte fuer die Impulse
for k=1:50
zwi=2*rand;
z(randperm(2))=[zwi;sqrt(4-zwi^2)*rand];
farb=rand(1,3);
y0(3)=z(1);
y0(4)=z(2);
% Aus der Energieerhaltung folgt
y0(1)=sqrt((1/2*(y0(3)^2+y0(4)^2)-2)/epsilon);
%
options =
odeset('RelTol',1e-10,'AbsTol',1e-10,'MaxStep',0.1,'Events',@poinevent);
%
tmax=100;
% Plot des Startwerts
xa=sqrt(-2*epsilon)*y0(1);
plot(xa,y0(3),'o',...
    'MarkerSize',1,'MarkerFaceColor',farb,'MarkerEdgeColor',farb)
hold on
plot(-xa,y0(3),'o',...
    'MarkerSize',1,'MarkerFaceColor',farb,'MarkerEdgeColor',farb)
plot(xa,-y0(3),'o',...
    'MarkerSize',1,'MarkerFaceColor',farb,'MarkerEdgeColor',farb)
plot(-xa,-y0(3),'o',...
    'MarkerSize',1,'MarkerFaceColor',farb,'MarkerEdgeColor',farb)
%
[t,y] = ode45(@diahdgl,[0 tmax],y0,options,epsilon,farb);
end
```

Zusätzlich tritt bei den Optionen die Eventeigenschaft dazu. Eventfunktionen dienen dem Registrieren spezifischer Ereignisse, im Beispiel dem Durchstoßungspunkt durch die Poincaré-Ebene. Die For-Schleife dient dem Berechnen der Poincaré-Strukturen. Die zusätzliche Eventfunktion ist durch

```
function [poinwert,isterminal,richt] = poinevent(t,y,epsilon,farb)
% Ereignis ist das Durchstossen der Poincareflaeche
% Poincareflaeche definiert durch y(2)=0
```

```
poinwert=y(2);
isterminal=0;
richt=0;
if (abs(poinwert)<5.e-14)
   xa=sqrt(-2*epsilon)*y(1);
   plot(xa,y(3),'o',...
   'MarkerSize',1,'MarkerFaceColor',farb,'MarkerEdgeColor',farb)
   plot(-xa,y(3),'o',...
   'MarkerSize',1,'MarkerFaceColor',farb,'MarkerEdgeColor',farb)
   plot(xa,-y(3),'o',...
   'MarkerSize',1,'MarkerFaceColor',farb,'MarkerEdgeColor',farb)
   plot(-xa,-y(3),'o',...
   'MarkerSize',1,'MarkerFaceColor',farb,'MarkerEdgeColor',farb)
end
```

gegeben. Aus Symmetriegründen werden zu jedem berechneten Punkt die symmetrischen Punkte dazu geplottet. „Isterminal" legt das Verhalten bei Eintreten eines Ereignisses (hier poinwert) fest. Je nach Wert wird die Berechnung entweder fortgesetzt (0) oder unterbrochen (1). Das Ergebnis zeigt Abb. (1.8).

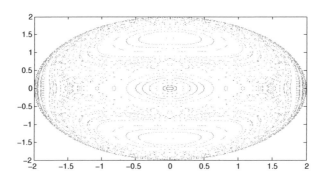

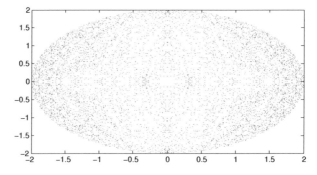

Abbildung 1.8: *Die obere Abbildung zeigt den Poincaré-Schnitt zu $\epsilon = -0.5$. Deutlich sind reguläre Strukturen zu erkennen, die die untere Abbildung ($\epsilon = -0.1$) vermissen lässt.*

1.2 Erste Schritte mit MATLAB

Der allgemeine Aufruf einer Funktion wird durch das Schlüsselwort `function` eingeleitet. Die Rückgabewerte [r1, ..] = funktionsname(x1,x2,...) stehen auf der linken Seite in eckiger [r1,...], die Eingabewerte (x1,...) auf der rechten Seite in runder Klammer. Zusätzlich wird eine variable Anzahl von Variablen via `varargin` und `varargout` unterstützt. Die übergebene Anzahl wird in der vordefinierten Variablen `nargin` abgespeichert und in `nargout` die Anzahl der Rückgabevariablen, mit der die Funktion aufgerufen wird. Innerhalb einer Funktion sind `varargin` und `varargout` Zellvariablen.

1.2.4 4. Projekt: Polynome und Interpolationen

MATLAB ist eine numerische Programmiersprache – mit einer Ausnahme – den Polynomen, die auch symbolisch ausgewertet werden können. MATLAB beherbergt mehrere Funktionen, die als Argument ein Polynom erwarten. Dazu werden die Polynomkoeffizienten einem Array entsprechend der folgenden Zuordnung

$$a_n x^n + a_{n-1} x^{n-1} + \cdots + a_1 x^1 + a_0 x^0 \leftrightarrow [a_n \ a_{n-1} \ \cdots \ a_1 \ a_0]$$

zugewiesen. Betrachten wir als Beispiel die Funktion $p(x) = x^4 - 3x^3 + 7x$ und berechnen deren Nullstellen und Extrema.

```
>> % Das Polynom wird durch
>> px=[1 -3 0 7 0];
>> %   repraesentiert.
>> %   Nullstellen
>> nullst=roots(px)
nullst =

         0
    2.1395 + 0.9463i
    2.1395 - 0.9463i
   -1.2790

>> % Ableitung
>> dpx=polyder(px)
dpx =
     4    -9     0     7

>> %  Extrema sind durch die
>> %  Nullstellen der Ableitung
```

```
>> %  bestimmt:
>> dpxnull=roots(dpx)
dpxnull =
    1.5061 + 0.1661i
    1.5061 - 0.1661i
   -0.7622

>> % zweite Ableitung
>> ddpx=polyder(dpx)
ddpx =
    12   -18     0

>> % Minima oder Maxima ?
>> polyval(ddpx,dpxnull(3))
ans =
   20.6914

>> % Es liegt ein Minimum vor.
```

Die Funktion `polyfit` erlaubt einen Polynomfit an einen bestehenden Datensatz. Dabei ist die wahre Kunst, ein Polynom möglichst niedriger Ordnung zu finden, das den Fit zufrieden stellend bewerkstelligt. Polynome hoher Ordnung führen häufig zu unerwünschten Oszillationen. Der Aufruf lautet `pfit = polyfit(x,y,n)`. Dabei bezeichnen „x" und „y" die zu fittenden Daten, „n" die Polynomordnung und „pfit" das Fit-Polynom.

Die Funktionen `interp1`, `interp2`, `interp3` und `interpn` erlauben Interpolationen an einen gegebenen Datensatz. Der Datensatz muss dabei der gewählten Dimension entsprechen. Ein Beispiel ist:

```
[X,Y,Z] = peaks(10);                Zi=interp2(X,Y,Z,Xi,Yi);
subplot(1,2,1)                      %   Alternativ
surf(X,Y,Z)                         %zi=interp2(X,Y,Z,xi,yi');
title('original')                   %figure,surf(xi,yi',zi)
% Interpolation                     subplot(1,2,2)
xi=-3:0.2:3;                        surf(Xi,Yi,Zi)
yi=xi;                              title('Interpolation')
[Xi,Yi]=meshgrid(xi,yi);
```

Das Ergebnis zeigt Abb. (1.9).

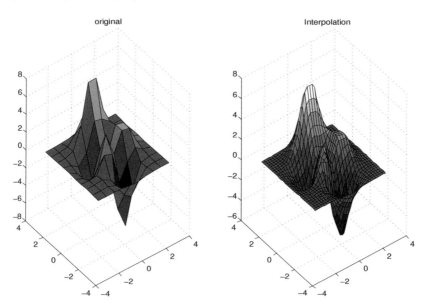

Abbildung 1.9: *Beispiel zur 2-D-Interpolation. Beim Aufruf von* `interp2` *muss für die Interpolationspunkte entweder eine Matrix übergeben werden oder alternativ ein Zeilen- und ein Spaltenvektor.*

1.2.5 5. Projekt: Datenanalyse, Laden und Speichern

In diesem Abschnitt soll an einem Beispiel eine Fourieranalyse, Datenspeichern und -laden aufgezeigt werden.

In Abb. (1.7) wurden Trajektorien dargestellt, die einen quasiperiodischen Eindruck vermitteln. Quasiperiodisch, da die Eigenfrequenzen nicht in einem ganzzahligen Verhältnis

1.2 Erste Schritte mit MATLAB

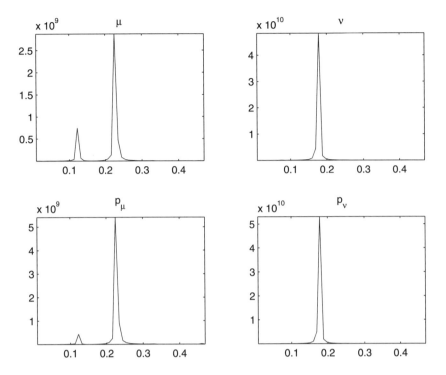

Abbildung 1.10: *Fourieranalyse der Bewegung.*

stehen und folglich die Bahn nie schließt. Es ist daher interessant eine Fourieranalyse durchzuführen. Abb. (1.10) zeigt das Ergebnis.

Nach der Berechnung wurden die Daten in einem mat-File mit dem Namen panbspdat.mat abgespeichert und nun mit `load panbspdat.mat` geladen. Die Auswertung liefert das folgende Skript:

```
ti=linspace(t(1),t(end),length(t));
% Da die urspruenglichen Daten nicht aequidistant in der Zeit sind
% wird in einem ersten Schritt ein gleich grosser aequidistant
% Zeitvektor erzeugt.
for k=1:4

yi1=interp1(t,y(:,k),ti);
% mittels Interpolation werden die zugehoerigen Daten berechnet.

nfour=2^floor(log2(length(t)));
% fft Berechnung sind optimal bei einer Laenge 2^n
yf1=fft(yi1,nfour);
% fft Berechnung und Powerspektrum
Pyf1=yf1.*conj(yf1);
```

```
% Berechnung des zugehoerigen Frequenzvektors
f=(1:nfour/2)/nfour/(ti(2)-ti(1));

% Plotten und Beschriften
% Nur die ersten 50 Werte sind interessant
subplot(2,2,k)
plot(f(1:50),Pyf1(1:50))
axis tight
switch k
    case 1
        title('\mu')
    case 2
        title('\nu')
    case 3
        title('p_\mu')
    case 4
        title('p_\nu')
end
% Bestimmen der beiden maximalen Fourierkomponenten
m1(k)=max(Pyf1(1:20))
m2(k)=max(Pyf1(1:100))
index1=find(m1(k)==Pyf1(1:100));
index2=find(m2(k)==Pyf1(1:100));
fm1(k)=f(index1)
fm2(k)=f(index2)
end
```

Mat-Files sind binäre, Betriebssystem unabhängige MATLAB Datenfiles, die mit dem Kommando **save datname** erzeugt werden können und alle MATLAB Datentypen sowie deren Variablennamen abspeichern. Mit **save fourierana m1 fm1** werden die Variablen „m1", „f1" in den File fourierana.mat abgespeichert. Mit **load fourierana** lassen sich alle Variablen wieder laden, mit **load fname v1 v2** nur die Variablen „v1" und „v2" aus dem Mat-File fname. In analoger Weise kann auch eine Auswahl von Variablen abgespeichert werden, **save fname v1 v2**. Mit **whos -file filename** kann der Inhalt des Mat-Files Filename überprüft werden, Beispiel:

```
>> whos -file panbspdat.mat
   Name           Size              Bytes  Class

   epsilon        1x1                   8  double array
   h              1x4                  32  double array
   options        1x1                2752  struct array
   t              492422x1        3939376  double array
   tmax           1x1                   8  double array
   y              492422x4       15757504  double array
   y0             1x4                  32  double array
   z              1x2                  16  double array
```

```
zwi            1x1                     8  double array
```
```
Grand total is 2462148 elements using 19699736 bytes
```

Die Operatorform `altvar=load('mymatfile')` bildet den Inhalt von „mymatfile" auf die Struktur „altvar" ab. Als Feldnamen dienen dabei die ursprünglichen Variablennamen. Dies ist insbesondere dann nützlich, wenn Variablen geladen werden sollen, deren Namen bereits vergeben ist.

1.3 Tipps zur Effizienzsteigerung

Geschwindigkeits- und Speicheroptimierung. Das größte Optimierungspotential liegt nicht im Computer oder der Programmiersprache, sondern in der Art wie programmiert wird. In MATLAB ist es stets vorteilhaft zu vektorisieren, also nicht per Schleifenkonstrukt zu programmieren, sondern Matrizen, Vektoren und so fort in einem Programmierschritt zu erzeugen. Sollte dies nicht gelingen, dann sollte der notwendige Speicherbereich preallokiert werden, also beispielsweise durch eine Nullmatrix der erwarteten Größe. Einige Funktionen, die die Vektorisierung unterstützen, sind in Tabelle (1.1) aufgelistet.

Tabelle 1.1: Einige MATLAB *Funktionen zur Optimierung.*

Funktion	Kurzbeschreibung
all, any	Test auf verschwindende Matrixelemente
cumsum	kummulative Summe
cumprod	kummulatives Produkt
diff	Differenzen und approximative Ableitungen
find	Indexsuche
ind2sub	Lineare Indizes sind effizienter
sub2ind	ind2sub und sub2ind: Indexkonvertierung
ipermute	inverse Permutation und
permute	gewöhnliche Permutation
logical	logische Variablen erzeugen
meshgrid	vgl. Grafik, aber auch statt Doppelsummen
ndgrid	Arrayerzeugung
prod	Produktbildung
repmat	Matrizenreproduktion
reshape	Matrizenumbildung
shiftdim	Dimensionsverschiebung
sort	Sortieren in aufsteigender Reihe
sparse	Dünn besetzte Matrizen (Umkehrung full)
squeeze	Dimensionsreduktion
sum	Summenbildung

Für numerische Daten ist die Standardeinstellung 8-Byte-Genauigkeit (double). Wird diese Genauigkeit nicht benötigt, kann mittels Typkonvertierung auch 4-Byte-Genauigkeit (single) gewählt werden oder sogar auf einen der ganzzahligen Datentypen (int· und uint(·) ausgewichen werden. Dies vermindert nicht nur den benötigten Speicherbedarf deutlich, sondern kann auch die Abarbeitung beschleunigen. Allerdings ist bei Integer-Datentypen zu beachten, dass nur die elementaren Rechenoperationen unterstützt werden. Ähnliche Überlegungen gelten auch für Zellvariablen und Strukturen. Hier sollte der Speicherplatz mit dem Befehl `A = cell(m,n)` bzw. `A = struct(···)` vorbelegt werden.

MATLAB bietet unterschiedliche Formen der Indizierung von Arrays. Die lineare Indizierung ist effizienter, logische Indizierung erlaubt Elemente nach spezifischen Kriterien auszusieben. Liegt ein hoher Anteil an verschwindenden Matrixelementen vor, dann sollte der Typ `sparse` verwendet werden. Dabei ist allerdings zu beachten, dass bei Matrixoperationen, wie beispielsweise mehrfachen Multiplikationen, unter Umständen volle Matrizen entstehen.

MATLAB ist eine Interpretersprache. Skripte werden zeilenweise interpretiert, Funktionen dagegen komplett als Pseudocode (P-Code) zwischen gespeichert. MATLAB Funktionen sind daher effizienter als Skripte. Zudem bieten sie eine höhere Sicherheit, da Variablen in MATLAB lokal sind und Funktionsvariablen im eigenen Function Space abgespeichert werden.

Zum Speichern und Laden von Variablen eignen sich besonders die MATLAB Routinen `load` und `save`, da sie rascher auf Variablen zugreifen als die anderen Input/Output-Routinen. Darüber hinaus haben sie den Vorteil, dass Mat-Files unter allen von MATLAB unterstützten Betriebssystemen unter MATLAB eingelesen werden können.

Die vereinfachte `switch` Anweisung wird rascher abgearbeitet als `if` - `elseif` - `else` Abfragen. `try catch` Umgebungen sind ebenfalls zeiteffizienter als Variablenprüfungen vom Typ `nargchk`, `nargoutchk` und `isa` bzw. `class`. Allerdings sind solche Prüfungen im Regelfall nicht sehr umfangreich.

Daten werden bei PCs in einem virtuellen Adressraum abgespeichert. Für eine Variable muss dabei ein zusammenhängender Speicherbereich zur Verfügung stehen. Out-of-Memory-Fehler lassen sich durch die Verwendung kleiner Variablen statt großer verhindern. Insbesondere Struktur- und Zellvariablen benötigen mehr Speicherplatz als ihr „Nettoinhalt". Auf den Vorteil der Preallokierung wurde bereits oben hingewiesen. Zusätzlich kann die Verwendung von `pack` die Speichernutzung optimieren. Gegebenenfalls kann auch das Starten von MATLAB mit der Option `-nojvm` (no java virtual machine) zu einem größeren nutzbaren Speicherbereich führen. Dies gilt insbesondere für UNIX-Rechner.

MATLAB erlaubt die Verwendung von Multistatement-Lines, also mehrere Befehle durch Komma getrennt in einer Zeile. Mehrfachbefehle sollen im Regelfall vermieden werden. Der erste Nachteil, der Debugger ist zeilenorientiert. Breakpoints können nur zu Beginn einer Zeile gesetzt werden. Folglich schränken Multistatement-Lines die Debug-Möglichkeiten ein. Der JIT Accelerator operiert ebenfalls zeilenweise. Sollte einer der Ausdrücke in einer Zeile mit mehreren Kommandos nicht JIT-fähig sein, dann ist es auch die gesamte Zeile und folglich wird das Programm langsamer abgearbeitet. Ähnliche Einschränkungen gelten auch für andere Tools, wie beispielsweise das Code

1.3 Tipps zur Effizienzsteigerung

Coverage Tool, mit dem der Anteil der ausgeführten Zeilen (nicht Befehle!) getestet wird.

Ausgabe professionell gestalten. MATLAB bietet mit `disp` eine einfache Möglichkeit Ergebnisse formatiert auszugeben. Ein professionelleres Bild gewinnt man mit `fprintf` und `sprintf` (statt `num2str` oder `int2str`). Eine detaillierte Diskussion findet sich in den Kapiteln 19 und 20.

Variablenübergabe. Variablen in MATLAB Funktionen sind stets lokal, sofern sie nicht global definiert sind. Dies hat zur Folge, dass unter Umständen viele Variablen übergeben werden müssen. Nested Functions sind in den Speicherbereich der übergeordneten Funktion eingebettet und kennen deren Variablen ebenfalls. Sollen umfangreiche Daten in mehreren Teilprogrammen genutzt werden, dann bieten Nested Functions eine bequeme Möglichkeit auf diese Variablen direkt und ohne die Notwendigkeit der globalen Deklaration zuzugreifen. Nested Functions kennen alle Variablen der übergeordneten Funktion, ihre eigenen Variablen bleiben jedoch lokal (vgl. Kap. 5.4). Nested Functions wurden wie die Anonymous Functions mit Rel. 7 eingeführt. Statt Inline Functions sollten sie nun Anonymous Functions verwenden. Function Handles werden in zukünftigen Versionen noch wichtiger und effizienter werden. Während im Vorgängerrelease in vielen Fällen noch die Verwendung von `feval` notwendig war, kann im aktuellen Release mit Function Handles auch direkt auf Funktionen zugegriffen und Funktionsvariablen können übergeben werden. Damit ist die Verwendung von `feval` in vielen Fällen (Beispiel eigene Function Functions) nicht mehr notwendig. Hier sollte stets auf die effizienteren Function Handles zurückgegriffen werden. Ab MATLAB Rel. 8 werden Arrays aus Function Handles voraussichtlich nicht mehr unterstützt. Statt dessen sollten Zellvariablen verwendet werden.

Indexgymnastik. In vielen Fällen erwartet eine Funktion einen Spaltenvektor. Die Zuordnung `x = x(:)` stellt sicher, dass ein Spaltenvektor vorliegt. MATLAB Funktionen, die Matrizen spaltenweise auswerten, können mittels „:" in einem Schritt die gesamte Matrix auswerten. Beispiel:

```
>> A=magic(4)
A =
    16     2     3    13
     5    11    10     8
     9     7     6    12
     4    14    15     1

>> max(A)       % berechnet spaltenweise die Maxima
ans =
    16    14    15    13

>> max(max(A))  % Das absolute Maximum
ans =
    16
```

```
>> max(A(:))      % Einfacher mit dem :-Operator
ans =
    16
```

Der „:"-Operator erlaubt auch die Form einer Matrix beizubehalten. Beispiel:

```
>> A=rand(3,4)
A =
    0.9501    0.4860    0.4565    0.4447
    0.2311    0.8913    0.0185    0.6154
    0.6068    0.7621    0.8214    0.7919

>> b=A; % wie A, aber fortlaufende Werte
>> b(:)=1:numel(b)
b =
    1    4    7    10
    2    5    8    11
    3    6    9    12
```

Damit erspart man sich die ineffizientere Verwendung von `reshape`.

Sollen Zeilen oder Spalten repliziert werden, so bietet sich dafür `repmat` an, dessen Effizienz deutlich optimiert wurde. Beispiel:

```
>> b
b =
    1    4    7    10
    2    5    8    11
    3    6    9    12
>> B=repmat(b,8,3);
>> whos
  Name      Size                  Bytes  Class

  b         3x4                      96  double array
  B         24x12                  2304  double array
```

Endliche Genauigkeit beachten. Die maximale Genauigkeit unter MATLAB ist durch die 8-Byte-Darstellung der Zahlen gegeben. Dies bedeutet, dass nur solche Zahlen exakt wiedergegeben werden können, die eine exakte Bitdarstellung erlauben wie etwa ganze Zahlen oder durch $1/2, 1/4, \cdots$ darstellbare rationalen Zahlen. Beispielsweise ergibt wegen der endlichen Auflösung $(0.7 + 0.6 - 0.3)$ nicht exakt 1:

```
>> 1 == (0.7 + 0.6 - 0.3)           ans =
                                      0
```

Statt identischer Abfragen sollen daher stets Ungleichungen gewählt werden, also im Beispiel

```
>> abs(1 - (0.7 + 0.6 - 0.3)) < eps(2)
ans =
     1
```

wobei die Schranke durch eine sinnvolle Grenze gegeben sein muss. `eps(x)` liefert die 8-Byte-Genauigkeit der Zahl x. Da bei Vergleichen mehrere Zahlen im Spiel sind, darf diese Grenze nicht zu eng gesteckt werden. Bit-bedingte Abweichungen können sich ja auch aufaddieren.

Strings. In Kapitel 19 werden die Stringfunktionen diskutiert. Mehrere Funktionen können vergleichbare Aufgaben übernehmen. So ist `strread` effizienter als `strtok`, vorausgesetzt es kann verwendet werden. Für das Zusammenpacken mehrerer Stringvariablen ist [···] effizienter als `strcat`.

Für jede Art von Pattern Matching sollte `regexp` benutzt werden, das eine Fülle sehr effizienter Möglichkeiten bietet. `strcmp` vergleicht Strings effizienter als `isequal`. Der Code wird rascher abgearbeitet und ist auch besser verständlich. Falls zwischen Groß- und Kleinschreibung beim Vergleich nicht unterschieden wird, ist `strcmpi` günstiger als `strcmp`.

Mit seinen vielen Funktionalitäten bietet MATLAB in vielen Fällen mehrere Möglichkeiten ein Problem zu lösen. Bei den Alternativen sollte neben der Geschwindigkeit auch die Lesbarkeit des Programms im Vordergrund stehen. Im Zweifelsfall lässt sich die Effizienz durch ein kleines Testprogramm, in dem die Alternativen mehrfach ausgeführt werden, und durch Messen der Abarbeitungszeit mit den Befehlen `tic` und `toc` testen. Um gleiche Bedingungen zu gewährleisten, sollte bei Arrays stets Speicher preallokiert und andere Anwendungen abgeschaltet werden, sonst kann das Ergebnis leicht verfälscht werden und zu falschen Schlüssen führen.

1.4 Tabellarische Übersicht ausgewählter MATLAB Kommandos

In den folgenden Tabellen sind einige häufig genutzte MATLAB Befehle aufgelistet. Die Übersicht ist unvollständig und soll nur einen raschen Überblick geben.

Tabelle 1.2: Allgemeine MATLAB *Befehle.*

Funktion	Kurzbeschreibung
clear	Löschen von Variablen
clc	Löschen des Command-Windows, Variablen bleiben unberührt
dir	Auflisten des Verzeichnisses
doc	Aufruf der Dokumentation, Bsp. doc plotyy
edit	Aufruf des Editors
help	Hilfeaufruf, Bsp. help plotyy
load	Laden von Variablen
save	Speichern der Variablen
which	Lokalisierung von Variablen und Files
whos	Übersicht der Variablen
;	Unterdrücken der Bildschirmausgabe
[]	Erzeugen von Arrays
{ }	Erzeugen von Zellvariablen

Tabelle 1.3: Matrix- und Arrayoperationen.

Matrix	Array .-Operator	Kurzbeschreibung	Erläuterung an einem Beispiel
+,−	+,−	Addition und Subtraktion	
*	.*	Multiplikation	$(A * B)_{m,n} = \sum_k A_{m,k} * B_{k,n}$
^	.^	Potenzieren	
\	.\	Linksinverse	aber
/	./	Rechtsinverse	
'	.'	Transponieren	$(A .* B)_{m,n} = A_{m,n} * B_{m,n}$

Tabelle 1.4: Polynome.

Funktion	Kurzbeschreibung	Beispiel
conv	Polynommultiplikation	$p(x) = 3x^2 - 5x + 7$
deconv	Polynomdivision, Dekonvolution	in MATLAB
poly	Charakteristisches Polynom	px = [3 -5 7]
polyfit	Polynomfit	x = -2:0.1:2
polyval	Polynomauswertung	y = polyval(px,x)
roots	Nullstellen eines Polynoms	null = roots(px)

1.4 Tabellarische Übersicht ausgewählter MATLAB Kommandos

Tabelle 1.5: Matrixfunktionen.

Funktion	Kurzbeschreibung	Aufruf: Matrix A
chol	Cholesky-Zerlegung	R = chol(A)
det	Determinante einer Matrix	Adet = det(A)
diag	Auslesen des Diagonalteils oder	Adiag = diag(A)
	Erzeugen einer Diagonalmatrix	neu = diag(Adiag)
eig	Eigenwerte berechnen	[a,b] = eig(A)
eigs	Eigenwerte dünn besetzter Matrizen	
full	Matrix aus dünn besetzter Matrix	A = full(As)
inv	Inverse berechnen	Ainv = inv(A)
lu	LU-Zerlegung	statt inv besser \
norm	Vektor- und Matrixnorm	an = norm(A,p)
qr	QR-Zerlegung	
rank	Rang einer Matrix	
reshape	Umordnen einer Matrix	B = reshape(m,n,A)
schur	Schurzerlegung	
sparse	dünn besetzte Matrix erzeugen	As = sparse(A)
svd	Singulärwertzerlegung	

Tabelle 1.6: Differentialgleichungen.

Funktion	Kurzbeschreibung
	Anfangswertprobleme:
ode45, ode23, ode113	Systeme gewöhnlicher Differentialgleichungen
ode15s, ode23s	steife Differentialgleichungen
ode23t, ode23tb	moderat steife Differentialgleichungen
ode15s, ode23t	Index 1 differential-algebraische Gleichungen
dde23	gewöhnliche Differentialgleichungen mit Verzögerung
bvp4c	Randwertprobleme gewöhnlicher Differentialgleichungen
pdepe	partielle Differentialgleichungen

Tabelle 1.7: Integration und Interpolation.

Funktion	Kurzbeschreibung	Beispiel
quad	Integration (Simpsonverfahren)	w = quad(@fun,a,b)
quadl	Integration (Lobatto Verfahren)	Integrationsgrenzen: a, b
quadv	vektorisierte Integration	@fun: Function Handle
dblquad	2-D-Integration	
triplequad	3-D-Integration	
interp1	1-D-Interpolation	yi = interp1(x,y,xi)
interp2	2-D-Interpolation	x,y Datensatz
interp3	3-D-Interpolation	yi Interpolationswerte an den
interpn	n-dimensionale Interpolation	Stützstellen xi
interpft	Fourier-basierte Interpolation	
pchip	kubisch-hermitesche Interpolation	yi = pchip(x,y.xi)
spline	Spline-Interpolation	

Tabelle 1.8: *Daten Ein- und Ausgabe.*

Funktion	Kurzbeschreibung	Funktion	Kurzbeschreibung
dlmread	Ascii-Files schreiben	dlmwrite	Ascii-Files lesen
fopen	Datenfile öffnen	fprintf	Textdatei schreiben
fread	Binäre Datei lesen	fscanf	Textdatei lesen
fwrite	Binäre Datei schreiben	importdata	Daten einladen
imread	Bilddateien lesen	imwrite	Bilddateien schreiben
load	MAT-File laden	save	MAT-File schreiben
textread	Formatierte Daten lesen	xlsread	Exceldateien lesen

Tabelle 1.9: *Plot-Routinen.*

Funktion	Kurzbeschreibung	Beispiel
plot	2-D-Linienplot	plot(x,y,'mp:')
plotyy	2-D-Linienplot, 2 y-Achsen	x,y Datensatz
polar	Polarkoordinatenplot	'mp:', Farbe, Datenpunkte ,Linie
semilogx	halblogarithmischer Plot (x-Achse)	
semilogy	halblogarithmischer Plot (y-Achse)	
loglog	doppeltlogarithmischer Plot	
ezplot	Funktionsplot	ezplot(@fn,-2,2)
ezpolar	Funktions-Polarplot	plottet fn=0 von -2 ... 2
hist	Histogramm	y=rand(10000,1), hist(y,25)
bar	Balkenplot	
stairs	Treppenplot	
pie	Kuchenplot	
plot3	3-D-Linienplot	plot3(x,y,z,'mp:')
mesh	3-D-Gitterlinien-Flächenplot	x=-2:0.1:2, y=x
surf	3-D-Flächenplot	[X,Y]=meshgrid(x,y)
surfc	3-D-Flächen-Konturplot	Z = X.∧2 Y.∧2
meshgrid	Erzeugen der 2-D-Arrays	mesh(X,Y,Z), surf(X,Y,Z)

Tabelle 1.10: *Plot-Hilfsfunktionen.*

Funktion	Kurzbeschreibung	Funktion	Kurzbeschreibung
title	Titel erstellen	legend	Legende hinzufügen
grid	Gitterlinien	text	Text einfügen
gtext	mauspositionierter Text	hold	Abbildung halten
x-,y-,zlabel	Achsen beschriften	subplot	Mehrfachabbildungen

1.4 Tabellarische Übersicht ausgewählter MATLAB Kommandos

Tabelle 1.11: Datenanalyse.

Funktion	Kurzbeschreibung	Funktion	Kurzbeschreibung
max	Maximum bestimmen	min	Minimum bestimmen
mean	Mittewert	median	Median berechnen
sort	Daten aufsteigend sortieren	std	Standardabweichung
sum	Summe bilden	prod	Produkt berechnen
diff	Differenz, numerische Ableitung	gradient	Numerischer Gradient
corrcoef	Korrelationskoeffizienten	cov	Kovarianzmatrix
abs	Absolutwert	angle	Phasenwinkel
fft	1-D-Fast-Fouriertransformation	ifft	inverse FFT
fft2	2-D-Fast-Fouriertransformation	ifft2	inverse 2-D FFT
fftn	nd-FFast-Fouriertransformation	ifftn	inverse nd FFT

2 Grafische Utilities

2.1 Übersicht

Dieser erste Abschnitt dient einer Übersicht über die MATLAB Oberfläche (Desktop) und ihre einzelnen Elemente: den Help Browser, Array Editor, Editor und Debugger, M-Lint Code Checker und den Profiler sowie auf die Plot- und Ausgabe-Tools für HTML-, LaTeX- oder Worddokumente.

2.1.1 Der MATLAB Desktop

Nach einem Doppelklick auf das MATLAB Icon oder dem Aufruf aus einer Shell unter UNIX/Linux öffnet sich die MATLAB Oberfläche, auch als MATLAB Desktop bezeichnet, der eine integrierte Entwicklungsumgebung darstellt, s. Abb. (2.1).

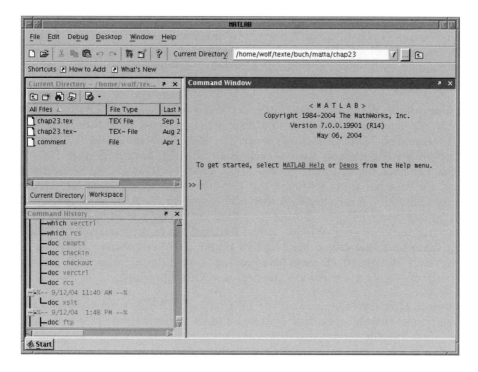

Abbildung 2.1: *Standardeinstellung der MATLAB Oberfläche.*

Der beste Weg rasch in deren Funktionalität eingeführt zu werden, ist zu den Video Tutorials im Help Browser unter Demos → Desktop Tools and Development → Desktop and Command Window zu gehen und dort das rund siebenminütige Video zu betrachten. Hier soll daher nur eine knappe Liste der Funktionalitäten aufgeführt werden.

Der MATLAB Desktop besteht aus dem Command Window zur Befehlseingabe, dem Current Directory mit dem Inhaltsverzeichnis, dem Workspace mit den Variablen des Base Space (Speicherbereich des Command Windows), der Command History, verschiedenen Menüzeilen sowie dem Start Button, deren Funktionalitäten noch im Einzelnen besprochen werden. In der Menüzeile lässt sich unter dem Kartenreiter „Desktop" das Desktop Layout verändern. Die letzte Einstellung wird abgespeichert und beim nächsten Aufruf automatisch verwandt. Es können auch mehrere unterschiedliche Layouts gespeichert und parallel verwandt werden. Die einzelnen Komponenten können in ihrer Positionierung und Größe mit der Maus verändert und durch Festhalten der Namensleiste mit der linken Maustaste umgruppiert werden.

Mit der Dock-Eigenschaft lassen sich die einzelnen Komponenten abkoppeln und in unabhängige Fenster wandeln. Figure Windows, Editor und Arrayeditor lassen sich an das Command Window ankoppeln und so einen Dokumenten-Container erzeugen. Dabei bestehen unterschiedliche Möglichkeiten der Anordnung, beispielsweise nebeneinander oder mittels Kartenreiter wählbar hintereinander. Für häufig sich wiederholende Aufgaben – beispielsweise Plots – lassen sich eigene Shortcuts definieren und in die Liste der Shortcuts einfügen.

Der Start Button erlaubt den direkten Zugriff auf unterschiedliche Funktionalitäten, nicht nur unter MATLAB, sondern auch auf Funktionalitäten von Simulink, Stateflow, Toolboxen und Blocksets. Hier befindet sich auch ein einfacher Zugang zu den erwähnten Shortcuts oder zu interessanten MATLAB Seiten, Hilfeseiten und Demos, um nur eine kleine Auswahl zu nennen.

Das Command Window. Das Command Window dient dem Aufruf von MATLAB Befehlen, Erzeugen von Variablen und dem Anzeigen von Ergebnissen. Die Eingabe erfolgt hinter dem MATLAB Doppelprompt >>. Befehle müssen nicht vollständig ausgeschrieben werden, die Tab-Taste vervollständigt bei Eindeutigkeit einen Befehl oder gibt eine Liste von bis zu 100 möglichen Kommandos in einem kleinen separaten Fenster aus. Zu früheren Eingaben kann mit den Kursortasten zurückgeblättert werden. Ist bereits ein Teil eines Kommados eingegeben, springt MATLAB mit der Kursortaste direkt zu dem letzten Befehl, der mit derselben Zeichenfolge startete. Erzeugte Variablen werden im Workspace Window aufgelistet, Befehle in der Command History. Der Befehl `commandwindow` öffnet das MATLAB Command Window bzw. bringt es in den Vordergrund. Mit `get(0,'CommandWindowSize')` wird die aktuelle Zahl der Spalten und Zeilen ausgegeben, die von der momentanen Größe abhängt.

Command History. Hier werden die im Command Window eingegebenen Befehle zur Wiederverwendung nach dem Datum geordnet abgespeichert. Durch Doppelklick können diese Befehle direkt ausgeführt werden und mit der linken Maustaste in das Command Window zur erneuten Bearbeitung verschoben werden. Die linke Maustaste gemeinsam mit der Shift- oder der Steuerungstaste erlaubt die Auswahl von Gruppen der im History Window gespeicherten Kommandos. Mit der rechten Maustaste öffnet sich ein Fenster, das das Kopieren der ausgewählten Befehle, das direkte Erzeugen von M-Files und Shortcuts oder das Löschen aus der Command History erlaubt. Eigene Shortcuts lassen sich auch durch einfaches Verschieben ausgewählter Befehlsfolgen auf die Shortcut-Leiste erzeugen. >> `commandhistory` öffnet die Command History bzw. bringt sie in den Vordergrund. Der alternative und üblichere Weg geht über das Menü „Desktop" der MATLAB Entwicklungsumgebung.

Der Workspace Browser. Der Workspace Browser zeigt die aktuellen Variablen des Base-Speicherbereichs (Command Window) oder beim Debuggen die des zugehörigen Funktionsspeicherraums an. Die Variablen sind alphabetisch geordnet, können aber auch durch Anklicken der Spaltenüberschriften nach den damit verknüpften Eigenschaften umgeordnet werden. Die Menüleiste des Workspace Browser bietet mit dem Plot-Zeichen einen bequemen Zugang zu grafisch gesteuertem Plotten einer oder mehrerer Variablen. „Stack" zeigt den Speicherbereich der aufgelisteten Variablen an und wird beim Debuggen aktiv. Dies ermöglicht das Wechseln vom Base Space zum jeweiligen Function Space. Anwählen einer Variablen mit der rechten Maustaste öffnet ein Fenster, mit dessen Hilfe Variablen geplottet, abgespeichert, umbenannt oder kopiert werden können. Mit der linken Maustaste können Variablen in das Command Window beispielsweise als Argument einer Funktion verschoben werden.

Ist der Workspace Browser im Vordergrund, weist die Desktop-Menüleiste zusätzlich das Menü Graphics auf. Wählt man dort Plot Tools, so öffnet sich die Figure-Umgebung mit Figure Palette, Plot Browser, Property Editor und Figure Toolbar. Unter der Figure Palette sind alle Variablen des Workspace aufgelistet und können auch direkt geplottet werden.

Current Directory. Der Current Directory Browser hat gegenüber den Vorgängerversionen an Funktionalität hinzugewonnen und geht weit über das reine Auflisten der Dateien des aktuellen Verzeichnisses hinaus. Durch Anwählen kann direkt in Unterverzeichnisse gesprungen werden. Bei m-Files werden aus dem Help Block Informationen zur Spalte „Description" ausgelesen. Mit der Maus können die Spalten gegeneinander verschoben und in ihrer Reihefolge vertauscht werden. Unter „View" kann eine Auswahl der aufgelisteten Files nach ihrer Filekennung erfolgen. Files werden durch Doppelklicken ausgeführt. D.h. beispielsweise zu m-Files oder Textfiles öffnet sich der Editor, Fig Files werden dargestellt, bei mat-Files werden die Daten geladen und html-Files im Web Browser dargestellt. Die „Visual Directory"-Option (das Auge-Symbol) in der Browser-Leiste erlaubt eine grafische Darstellung des Inhalts und mit Show Thumbnails lässt sich über die Show Action Option ein grafisches Symbol zu jedem File einbetten. Die Report-Directory Option erlaubt das Erstellen verschiedener Reports, insbesondere eines Effizienztests des Codes (M-Lint Code Checker, s.u.). Der TODO/FIXME Report durchforstet die Files des Verzeichnisses und gibt zu allen Files, in denen das Schlüsselwort TODO oder FIXME verwandt wurde, die relevanten Zeilenpositionen aus. Der Help Report erstellt eine Liste aller Files ergänzt durch den Help Block (der erste Kommentarzeilenblock in MATLAB Files). Der Contents Report erstellt eine Übersichtsliste der Files, die erste Kommentarzeile wird bei MATLAB Dateien mit ausgegeben. Der File Comparision Report erlaubt zwei beliebige Files zu vergleichen und der Coverage Report testet, welcher Programmanteil in MATLAB Dateien tatsächlich ausgeführt worden ist. Das Menü „Find Files" (Fernglas Symbol) öffnet eine grafischen Umgebung zum Suchen nach Files oder Begriffen in Files.

MATLAB kann nur diejenigen Files ausführen, die entweder über den MATLAB Suchpfad bekannt sind oder im aktuellen Verzeichnis liegen. Mit der rechten Maustaste öffnet sich ein Fenster mit verschiedenen Funktionalitäten, unter anderem der Möglichkeit das aktuelle Verzeichnis direkt in den MATLAB Search Path einzubinden.

Mit >> `filebrowser` wird der Current Directory Browser aus dem Command Window heraus aktiviert.

2.1.2 Der Help Browser

Neben dem `help` Kommando verfügt MATLAB über ein sehr umfangreiches Hilfe- und Dokumentationsfenster, den Help Browser, s. Abb. (2.2). Der MATLAB Hilfe-Browser kann aus dem MATLAB Desktop entweder unter dem Menüpunkt „Help" oder über das „?"-Symbol geöffnet werden. Der Help Browser besteht aus dem mit dem Symbol „×" abwählbaren Navigator und auf der rechten Seite aus dem eigentlichen Hilfetext. Im Navigator stehen die Kartenreiter „Content", „Index", „Search" und „Demos" zur Auswahl. Das Docksymbol erlaubt wieder das Anbinden an das Desktop-Fenster.

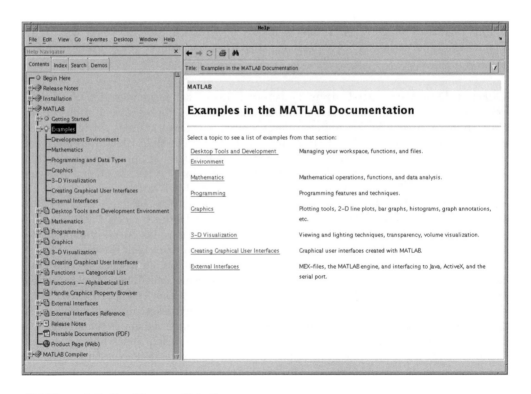

Abbildung 2.2: *Der* MATLAB *Help Browser.*

Unter „Content" verbirgt sich eine vollständige Dokumentation aller installierten Math-Works-Produkte bestehend aus den User Guides. Zu den User Guides gehört auch eine vollständige Funktionsübersicht der einzelnen MATLAB Kommandos, die stets aus einer schlagwortartigen Funktionsbeschreibung, einer Übersicht der erlaubten Syntax, aus einer ausführlichen Beschreibung, gegebenenfalls ergänzenden Hinweisen, einem Beispielteil und einem Verweis auf verwandte MATLAB Kommandos sowie in einigen Fällen ergänzende Literaturangaben besteht. Der Beispielteil dient auch zum Austesten des Befehls. Mit der linken Maustaste markieren, mit der rechten Maustaste gibt sich dann die Möglichkeit, den markierten Teil zu kopieren oder im MATLAB Command Window auszuführen und dort, zum weiteren Experimentieren geeignet zu verändern. Mit dem Fernglas kann nach Begriffen gesucht werden. Unter Contents findet sich auch das Kapitel „Printable Dokumentation" das direkt auf die MathWorks-Internet-Seite mit den pdf-Dokumentationen verweist.

Der Kartenreiter „Index" stellt ein alphabetisch geordnetes Register zur Verfügung und „Search" ein Suchfenster. Die Treffer werden im Navigator-Teil aufgelistet und durch anklicken im rechten Textfenster dargestellt. Der erste Suchbegriff wird gelb, der zweite grün, der dritte blau und so fort hervorgehoben. Dabei wird unter allen installierten Produkten gesucht. Soll die Suche auf bestimmte Toolboxen oder Blocksets eingeschränkt werden, so kann unter den Preferences (im Menü File) ein Produktfilter genutzt werden. Dort lassen sich, wie zu allen anderen MATLAB Fenstern auch, unterschiedliche Schriften etc. einstellen. Unter „Demos" werden Beispiele zu verschiedenen Funktionalitäten bereit gehalten. In der Menüleiste „Favorites" können frei wählbar ausgewählte Dokumentationsseiten aufgelistet werden und unter „Go" die Position und der HTML-File der betrachteten Dokumentationsseite.

2.1.3 Der Array Editor

Der Array Editor dient dem Visualisieren und interaktiven Editieren von Workspace-Variablen und wird durch Klicken auf die Variable im Workspace geöffnet. Alternativ kann der Array Editor mittels `openvar('name')` aus dem Command Window geöffnet werden. „name" ist der Name der Variablen. Im Gegensatz zu älteren MATLAB Versionen lassen sich ab dem Release 7 auch Zell- und Strukturvariable im Array Editor bearbeiten. Der Array Editor lässt sich wie bereits erwähnt am MATLAB Desktop andocken. Spalten im Editor lassen sich kopieren, löschen und teilen. Exceldaten lassen sich unter Windows-Betriebssystemen mit Copy und Paste in den Array Editor kopieren. Das Plot-Symbol erlaubt grafisch unterstützt das Plotten von Daten, dabei steht ein umfangreicher Auswahlkatalog mit Linienplots, Histogrammen, Höhenlinienplots, 3-D-Grafiken usw. zur Verfügung. Neue Variablen lassen sich mausgesteuert aus bestehenden Daten erzeugen.

2.2 Der MATLAB Editor und Debugger

2.2.1 Der Editor

Der MATLAB Editor und Debugger dient dem Schreiben von MATLAB Skripten und Funktionen sowie dem grafischen Debuggen. Der Editor hebt dabei MATLAB Schlüsselworte oder Kommentare in unterschiedlichen Farben hervor, erkennt aber auch andere Formate wie beispielsweise HTML. Aufgerufen wird der Editor entweder mit
>> edit fname zum Editieren des Files „fname", aus dem Desktop unter File → New → m-file oder durch Klicken auf einen File im Current Directory Browser. Unter dem Menüpunkt „Edit" des Editors befindet sich ein „Search and Replace"-Fenster, mit dem Begriffe im lokalen File oder auch außerhalb gesucht und gegebenenfalls durch einen neuen Begriff ersetzt werden können. Das Menü „Text" erlaubt beispielsweise das mausgestützte Kommentieren von Dateiabschnitten. Als neues Feature steht ein Cell Mode über den Kartenreiter „Cell" zur Verfügung, der mit %% eingeleitet wird, Abb. (2.3). Das Zellsymbol erlaubt das Ausführen einzelner Zellen des MATLAB Files. Dazu findet sich eine Video-Dokumentation unter „Desktop Tools and Development Environment" im Demo-Teil der Dokumentation. Der Cell Mode unterstützt auch das Erstellen von Reports und das Einbinden von Text Markups (z. Bsp. Fettdruck oder auch LaTeX-Ausdrücke), s. unten. Unter Tools findet sich der Profiler, der Code Checker (s.u.) und die Möglichkeit, die File-Abhängigkeiten über den Dependency Report zu erstellen. Der Dependency Report öffnet eine HTML-Seite, in der Unterfunktionen und Abhängigkeiten von anderen Funktionen (Child und Parent) aufgelistet werden. Der Dependency Report lässt sich auch direkt aus dem Current Directory Browser heraus ausführen. Dort besteht auch die Möglichkeit, mit dem „File Difference Tool" Files miteinander zu vergleichen und mit dem „Coverage Tool" nach Ausführen des Profilers den Anteil des tatsächlich ausgeführten Codes zu ermitteln.

2.2.2 Der grafische Debugger

Zusätzlich zur reinen Editor-Funktionalität ist der Editor Debugger auch ein grafischer Debugger. Unter dem Menüpunkt „Debug" oder mit dem roten Punktsymbol lassen sich Breakpoints zum Unterbrechen des Programmflusses setzten. Dazu wird zunächst die entsprechende Programmzeile markiert. Grafisch gesteuert kann dann eine Funktion schrittweise oder von Breakpoint zu Breakpoint springend durchlaufen werden. Im Command Window öffnet sich der Debug-Prompt k>>, dort können Variablen aufgerufen und während des Programmablaufs verändert werden (vgl. Kap. 3.8). Die einzelnen Menüpunkte im grafischen Debugger sind selbsterklärend. Während bei den Vorgänger-Releases verschiedene Typen von Breakpoints gewählt werden konnten, lässt sich nun ein Conditional Breakpoint setzen, der diese Funktionalität auf beliebige Bedingungen erweitert. Neben der grafischen Debug-Möglichkeit besteht auch die an Kommandozeilen orientierte, wie in Kapitel 3.8 beschrieben.

2.2.3 Berichte erstellen

In den älteren Releases war es aus dem Editor heraus möglich MATLAB Files mit Hilfe des Run-Symbols (Seite mit abwärtsgerichtetem Pfeil) auszuführen. Mit Release 7 wird

2.2 Der MATLAB Editor und Debugger

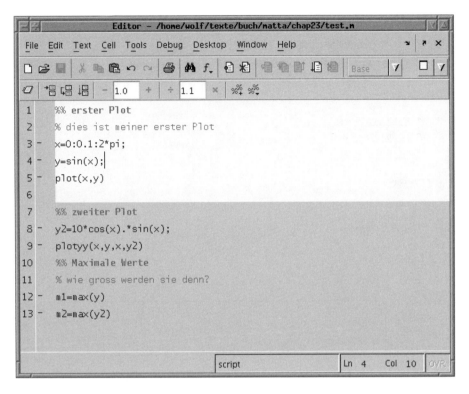

Abbildung 2.3: *Der* MATLAB *Editor im Cell Mode.*

zusätzlich das direkte Erzeugen von Berichten unterstützt. Dazu muss zunächst der Cell Mode (unter Menü-Punkt „Cell") aktiviert werden. Dann öffnet sich die zweite grafische Leiste. Die einzelnen Zellen werden mit %% eingeleitet und dienen beim Erstellen des Reports als Überschriften. Mit dem Reportsymbol (Papiersymbol links außen) oder auch über den Menüpunkt „File" und dort „Publish" wird die Datei ausgeführt und das Erstellen eines Berichts gestartet, per Voreinstellung als HTML-Dokument. Die Zellüberschriften dienen als Berichtsüberschriften und im HTML-Dokument als Link zu den einzelnen Seiten. Die Kommentare und die Programmzeilen werden als Text aufgenommen, Figures grafisch eingebunden und Ergebnisse, die im MATLAB Command Window ausgegeben werden, ebenfalls in den Bericht aufgenommen. Das Ergebnis von Abb. (2.3) zeigt Abb. (2.4). Des Weiteren ist es möglich mit Insert Text Markup (unter Menü „Cell") verschiedene Textergänzungen auszuführen und LaTeX-Kommandos als Kommentare einzufügen, die dann beim Erstellen des HTML-Berichts ausgeführt werden. Dies erlaubt es beispielsweise Gleichungen in den Bericht aufzunehmen.

Neben HTML werden XML und LaTeX sowie unter Windows Word (doc-Dokumente) und PowerPoint unterstützt. Über die Preferences können auch eigene HTML-Stylesheets eingebunden werden. Soll das Erstellen von Berichten automatisiert werden, so kann auch der Befehl `publish` verwandt werden. Die allgemeine Syntax ist `publish(`
`'script')` zum Erzeugen eines Reports im voreingestellten Format, `publish('script'`,

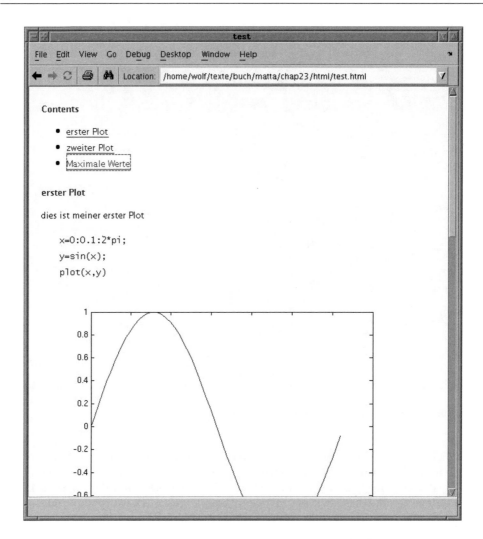

Abbildung 2.4: *Ergebnis des* MATLAB *erzeugten Berichts zu Abb. (2.3).*

'format') um eine anderes Format zu wählen. Unterstützt werden „html", „xml", „tex" für LaTeX, „doc" für Microsoft Word Dokumente und „ppt" für Microsoft PowerPoint Präsentationen. Mit publish('script', 'options') lassen sich verschiedene Optionen übergeben. „options" ist eine Struktur mit den erlaubten Feldnamen

- format und den Werten „html", „doc", „ppt", „xml", „rpt" oder „LaTeX".
- stylesheet mit einem XSL Dateinamen zum Einbinden eigener Styles im HTML- oder XML-Format.
- outputDir zur Angabe eines Ausgabeverzeichnisses. Für Unterordner können relative Pfade, sonst müssen absolute Pfade angegeben werden.

- imageFormat, das Bildformat für Images. Voreinstellung ist „png", unterstützt werden alle von `print` oder `imwrite` unterstützten Formate, je nach Wert von:

- figureSnapMethod, „print" oder „getframe".

- useNewFigure kann die Werte „true" oder „false" haben.

- maxHeight, die maximale Höhe ist eine positive Zahl, die Einheit sind Pixel. Ebenso ist

- maxWidth eine positive Zahl in Pixel.

- showCode entscheidet ob der m-Kode gezeigt wird oder nicht und kann die logischen Werte „true" oder „false" haben.

- evalCode entscheidet ob der MATLAB Kode ausgeführt wird „true" oder nicht „false".

- stopOnError kann „true" oder „false" sein, ebenso

- createThumbnail.

2.3 MATLAB Code testen

Der Profiler dient dem Effizienztest von MATLAB Skripten und Funktionen und kann sowohl von der Kommandozeile (Kap. 3.9) aus gestartet werden als auch über den Start Button → MATLAB → Profiler. Unter „Run this code" wird der Funktionsaufruf eingetragen, mit „Start Profiling" gestartet. Den ersten Teil des Ergebnisses zeigt Abb. (2.5). Die zeitraubendsten Programmzeilen werden aufgelistet. Als weiteres wichtiges Ergebnis wird der Code überprüft und gegebenenfalls Verbesserungsvorschläge gemacht. Dies ist Aufgabe des im Profilers integrierten M-Lint Code Checkers. Das ebenfalls integrierte „Coverage Tool" gibt Auskunft über den Grad des überdeckten Codes, Abb. (2.6). Der letzte Teil besteht aus einem detaillierten Listing des Codes mit der Häufigkeit des Aufrufs und der benötigten Ausführungszeit. Der M-Lint Code Checker lässt sich auch unabhängig vom Profiler über das „Current Directory" starten und gibt neben Informationen zur Codeverbesserung auch Informationen über nicht genutzte Variablen.

2.4 Die Plot Tools

Bilder (Images) oder Abbildungen werden im Figure Window dargestellt. Neben seiner Aufgabe, die Ebene für die grafische Darstellung bereitzustellen, bietet das Figure Window noch weitere Eigenschaften. Unter „File" besteht die Möglichkeit mit „Generate M-File" das grafische Layout in einem M-File abzuspeichern und so bei zukünftigen vergleichbaren Aufgaben auf ein vorgefertigtes Plotlayout in Form einer MATLAB Funktion zuzugreifen. Es müssen nur noch die neuen Daten übergeben werden. Unter „View" wird als wichtigstes Instrument der Property Editor aufgerufen, mit dem interaktiv die

mandel (1 call, 3.395 sec)

Generated 27-Sep-2004 19:19:41
M-function in file C:\kopie_nach_linux\mandel.m
[Copy to new window for comparing multiple runs]

[Refresh]

☑ Show parent files ☑ Show busy lines ☑ Show child files
☑ Show M-Lint results ☑ Show file coverage ☑ Show file listing

Parents (calling functions)
No parent

Lines where the most time was spent

Line Number	Code	Calls	Total Time	% Time	Time Plot
19	X(nl)=x;	6183	0.456 s	13.4%	■
14	w = w.^2 + z;	153808	0.451 s	13.3%	■
16	end	153808	0.421 s	12.4%	■
20	Yp(nl)=y;	6183	0.349 s	10.3%	■
21	Ym(nl)=-y;	6183	0.314 s	9.3%	■
Other lines & overhead			1.404 s	41.4%	▬▬
Totals			3.395 s	100%	

Children (called functions)

Filename	File Type	Calls	Total Time	% Time	Time Plot
hold	M-function	2	0.150 s	4.4%	▮
axis	M-function	1	0.060 s	1.8%	∣
xlabel	M-function	1	0.050 s	1.5%	∣
newplot	M-function	2	0.020 s	0.6%	∣
ylabel	M-function	1	0.010 s	0.3%	
gca	M-function	2	0 s	0%	
Self time (built-ins, overhead, etc.)			3.104 s	91.4%	▬▬▬▬
Totals			3.395 s	100%	

M-Lint results

Abbildung 2.5: *Der Profiler: Zeitverbrauch einzelner Codezeilen.*

2.4 Die Plot Tools

Line number	Message
13	Use && instead of & as the AND operator in conditional statements
19	Array 'X' is constructed using subscripting. Consider preallocating for speed
20	Array 'Yp' is constructed using subscripting. Consider preallocating for speed
21	Array 'Ym' is constructed using subscripting. Consider preallocating for speed
31	Use of brackets [ ] is unnecessary. Use parentheses to group, if needed
32	Use of brackets [ ] is unnecessary. Use parentheses to group, if needed

Coverage results
[Show coverage for parent directory]

Total lines in file	35
Non-code lines (comments, blank lines)	2
Code lines (lines that can run)	33
Code lines that did run	32
Code lines that did not run	1
Coverage (did run/can run)	96.97 %

File listing
Color highlight code according to [time ▼]

Abbildung 2.6: *Der M-Lint Code Checker: Verbesserungsvorschläge.*

Eigenschaften der Grafik verändert und sämtliche Eigenschaften mit dem Property Inspector angesprochen werden können. „View" bietet außerdem die Möglichkeit die Plot Edit Toolbar und die Kamera Toolbar einzuschalten. „Insert" erlaubt das interaktive Einfügen von beispielsweise Legende und Farbbalken. Unter „Tools" finden sich Eigenschaften wie „Pan" zum interaktiven Verschieben von Plotlinien und insbesondere auch das Basic Fitting und Data Statistics Tool.

Statistische Analyse. Im Figure Window kann unter „Tools" das Data Statistics Tool zur statistischen Auswertung geplotteter Daten aufgerufen werden. Das Data Statistics Tool erlaubt bei mehreren überlagerten Datensätzen einen Datensatz auszuwählen und elementare statistische Daten wie Minimum, Maximum, arithmetischer Mittelwert, Median und Standardabweichung zu berechnen. Das Ergebnis wird automatisch mittels far-

biger Linien dem Plot beigefügt und kann als Strukturvariable im MATLAB Command
Window (Base Space) abgespeichert werden.

Interpolationen. Unter „Tools" befindet sich ebenfalls das Basic Fitting Tool, das interaktives Fitten erlaubt. Zur Verfügung stehen neben Polynomfits von erster bis zehnter Ordnung Spline Interpolation und Shape Preserving Interpolation. Die Interpolationsgleichung kann in die Bildoberfläche eingespielt werden und wird beim Ausdrucken auch übertragen. Die Fit-Ergebnisse und die Norm des Residuums lassen sich in einer Strukturvariablen abspeichern. Auf einer weiteren auffaltbaren Spalte lassen sich einzelne Fit-Werte berechnen, plotten und gegebenenfalls abspeichern.

2.5 Der Import Wizard

Der Import Wizard lässt sich über den Befehl `uiimport`, durch Doppelklicken auf einen Datenfile im Current Directory Window oder über „File" → „Import Data" öffnen. In diesem Fall wird über einen File Browser der entsprechende Datenfile ausgewählt. Der Import Wizard erlaubt das interaktive Einlesen von Ascii-Files, Binären Dateien (Mat), Excel-Files, Wav-Dateien, Bilddateien oder HDF-Daten, um nur einen kleinen Ausschnitt zu nennen. Bei formatierten Daten kann ein geeigneter Spalten-Separator angeklickt werden und, falls dies nicht automatisch erkannt wird, die Zahl der Kopfzeilen vorgegeben werden. Numerische Daten werden dann als Array, Textdaten wie beispielsweise Spaltenüberschriften als Zellvariablen abgespeichert. Im Clipboard abgespeicherte Daten lassen sich ebenfalls mit dem Import Wizard einlesen. Der Import Wizard wird nicht unter HP-UNIX unterstützt.

3 Allgemein nützliche Kommandos

3.1 MATLAB Hilfe und allgemeine Informationen

3.1.1 Befehlsübersicht

Online-Help demo, doc, docsearch, help, helpbrowser, helpdlg, helpdesk, helpwin, lookfor, playshow, syntax

Versionsinfos info, isstudent, ver, version, whatsnew

Internethilfe support

Variablen who, whos, datatipinfo, workspace

3.1.2 Demos

`>> demo` öffnet das MATLAB Demo Fenster mit einer Vielzahl von Demonstrationsbeispielen. Mit `>> help matlab/demos` erhält man eine vollständige Liste aller verfügbaren Demos zu MATLAB. Mit `playshow demoname` kann direkt ein Demo mit dem Namen „demoname" gestartet werden.

3.1.3 Hilfe suchen

Hilfe: doc und help. `>> doc` öffnet das MATLAB Help Window. Mit
`>> doc befehl`
kann die Dokumentation zu `befehl` angefordert werden. Das Dokumentationsfenster enthält den Menüpunkt „Search" zur Volltextsuche. Dieser Menüpunkt kann über die neue Funktion `docsearch` direkt angesprungen werden. Via `docsearch begriff` oder `docsearch ('beg1 beg2 ...')` können auch Suchbegriffe „begriff" bzw. „beg1, beg2, ..." übergeben werden, zusätzlich sind die Suche einschränkende logische Operatoren „AND", „NOT" und „OR" erlaubt: `>> docsearch('bg11 beg22 LOGOP beg3')`. „LOGOP" bezeichnet den logischen Operator. Beispielsweise werden mit
`>> docsearch('plot AND export')`
alle Seiten aufgelistet, in denen die beiden Begriffe „plot" und „export" auftauchen.

`>> help` listet alle Help Topics im Command Window auf.
`>> help toolbox`, z. Bsp. `>> help stats`, listet alle Befehle der entsprechenden Toolbox, im Beispiel die Statistics Toolbox, auf. Mit
`>>help befehl` wird die Hilfe zum Kommando „befehl" ausgegeben. „Help" liest dazu die Kommentarzeilen des ersten Kommentarblockes der entsprechenden Funktion aus.

Auf genau diese Art können Sie auch in eigenen Funktionen Hilfetexte einbinden. Das folgende Beispiel zeigt wie man sich Informationen zur MATLAB Funktion verschafft:

```
>> help sin

 SIN    Sine.
    SIN(X) is the sine of the elements of X.

 Overloaded methods
    help sym/sin.m
```

Auffallend ist, dass in der Erklärung der Funktionsname groß geschrieben wird. MATLAB unterscheidet zwischen Groß- und Kleinschreibung. Der Befehl selbst wird im MATLAB Command Window klein geschrieben, die Großschreibung dient nur dazu diesen Namen vom übrigen Text abzuheben. Des Weiteren wird im Hilfetext darauf hingewiesen, dass es noch eine weitere Funktion des selben Namens als „overloaded method" in der Symbolic Math Toolbox gibt.

helpdlg. `helpdlg` öffnet eine Help Dialog Box. (Für Details s. Kap. 18.2)

Hilfe zur Syntax. >> `help syntax` bietet eine knappe Hilfestellung zu der unter MATLAB gültigen Syntax.

3.1.4 Help Browser

>> `helpdesk` öffnet den Help Browser an der Startseite „Begin Here" und >> `helpwin` öffnet den Help Browser und listet die Help Topics auf. >> `helpbrowser` hat dieselbe Funktionalität wie `helpdesk`.

Im Help Browser findet man nicht nur Hilfestellung zu den einzelnen Kommandos, sondern die gesamten Dokumentationen, wie „User Guides", im HTML-Format. Der Help Navigator ist mit einem „search index" und einer Suchmaschine (unter Search) versehen, die sowohl eine Volltextsuche, eine Suche nach Dokumententitel als auch nach Funktionsnamen erlaubt.

3.1.5 M-Files nach Schlüsselbegriffen durchsuchen

`doc` und `help` sind nützliche Kommandos, sofern man den Namen des Befehls kennt, zu dem man Hilfe sucht. Doch was, wenn man zwar Vorstellungen über die gewünschte Funktionalität hat, nicht aber den Namen weiß?
>> `lookfor XYZ` durchsucht die erste Kommentarzeile des Hilfetextes aller im MATLAB Pfad verzeichneten m-Files nach dem String `XYZ`. (Schreiben Sie also in die erste Kommentarzeile ihrer eigenen m-Skripte geeignete Suchbegriffe.) >> `lookfor XYZ -all` erweitert diese Suche auf den ersten Kommentarblock aller im MATLAB Pfad verzeichneten m-Files. Noch hilfreicher als das an Kommandozeilen orientierte „lookfor" ist die Suchfunktion (search) des Online-Hilfefensters unter dem „Search"-Register.

3.1.6 Support-Seite öffnen

\>\> support öffnet die Technische Support Web-Seite von The MathWorks in den USA.

3.1.7 Versionen: ver und version

\>\> ver liefert die Versionsnummer der installierten Version von MATLAB sowie installierte Toolboxen und Blocksets zurück. Über einzelne installierte Toolboxen bzw. Blockset erhält man mit ver('name') Auskunft.

\>\> version liefert die Versionsnummer von MATLAB zurück. Mit \>\> [v,d]=version erhält man zusätzlich das Erstellungsdatum der verwendeten Version von MATLAB und mit \>\> version -java die von MATLAB verwendete Version der Java Virtual Machine.

```
>> [v,d] = version
v =
7.0.0.19901 (R14)
d =
May 06, 2004
```

Folgende Argumente können alternativ übergeben werden: version('-date') liefert das Releasedatum, version('-release') die Releasenummer, version('-description') eine Release-Beschreibung und version('-java') die verwendete Java Version zurück.

Mit \>\> l = isstudent wird getestet, ob die Student Version von MATLAB vorliegt. Bei der Student Version ist l = 1 sonst 0.

3.1.8 Informationen zum aktuellen Release

\>\> info gibt allgemeine Informationen zu MATLAB, wie unterstützte Plattformen, Adressen, Bemerkungen zum „MathWorks Connection Programm" usw. aus.
info 'toolbox' springt in das Dokumentations-Window zu den Release Notes der „toolbox".
\>\> whatsnew öffnet im Help Window die Release Notes zum installierten MATLAB Release, indem eine Übersicht der wesentlichen Änderungen präsentiert wird.

3.1.9 Variablen auflisten

who und whos. \>\> who listet kurz und knapp die gegenwärtig im Command Window existierenden Variablen auf.
\>\> whos zeigt eine detaillierte Liste der gegenwärtig im Command Window existierenden Variablen. Mit whos -file filename wird der Inhalt des Mat-Files „filename" aufgelistet, ohne dass die Variablen gespeichert werden.

datatipinfo. Die neue Funktion datatipinfo(var) gibt bei kleineren Variablen „var" neben ergänzenden Informationen auch den Inhalt aus; bei großen Variablen werden nur Typ und Größe angegeben:

```
>> A=magic(3);                    >> datatipinfo(Agr)
>> datatipinfo(A)                 Agr: 100x100 double
A: 3x3 double =                   >> struktur.a=A;
       8     1     6              >> struktur.b=Agr;
       3     5     7              >> datatipinfo(struktur)
       4     9     2              struktur: 1x1 struct =
                                       a: [3x3 double]
>> Agr=rand(100);                      b: [100x100 double]
```

workspace. `>> workspace` öffnet den Workspace Browser mit einer detaillierten Liste (wie `whos`) der im Command Window existierenden Variablen. Zusätzlich bietet der Workspace Browser noch die Möglichkeit, per Mausklick Variablen abzuspeichern und Datenfiles zu laden.

3.2 Voreinstellungen und Konfiguration

3.2.1 Files zu Voreinstellungen

Die Files „docopt.m", „finish.m", „matlabrc.m", „pathdef.m", „printop.m" und „startup.m" legen die Voreinstellungen von MATLAB fest und befinden sich standardmäßig im Unterverzeichnis
$matlabroot\toolbox\local (MS Windows) bzw.
$matlabroot/toolbox/local für Unix Systeme, wobei beispielsweise bei Linux als Standardpfad $matlabroot für /usr/local/matlab7 steht. Zur Startzeit wird von MATLAB automatisch der M-File „matlabrc.m" ausgeführt und sofern existent der File „startup.m".

docopt. Der M-File „docopt.m" dient zur Festlegung des Web Browsers. Für solche Plattformen, die die Java basierten Desktop GUIs nicht unterstützen, kann dieser File zur Lokalisierung der MATLAB Online Dokumentation genutzt werden.

finish. „finish.m" kann vom User angelegt werden. Beim Beenden von MATLAB wird dieses Skript dann ausgeführt.

matlabrc. Zur Startzeit führt MATLAB automatisch den File „matlabrc.m" aus. Dieser File setzt die MATLAB Pfade, legt die Default-Größe der Figures fest und setzt einige weitere Standardeinstellungen. Veränderungen sollten bei Bedarf nicht in diesem File, sondern am „startup.m" File durch geführt werden.

pathdef. Im File „pathdef.m" sind die gesamten Pfade festgelegt. MATLAB nutzt diesen File beispielsweise zur Festlegung der Suchpfade beim Aufruf einzelner Kommandos. Veränderungen wie das Hinzufügen eigener Pfade, das Entfernen von Pfaden oder auch die Umstrukturierung, um beispielsweise die Suchreihenfolge zu beeinflussen, werden am besten mit dem „Set Path" Window durch geführt, das sich unter „File" im Kommandofenster anwählen lässt.

3.2 Voreinstellungen und Konfiguration

printopt. Der M-File „printopt" (s. Kap. 14.3) dient zur Festlegung des Default Printers. Unter Unix ist dies standardmäßig lpr -r und unter Windows COPY /B LPT1:. Mit >> [pp,dev]=printopt werden zwei Strings zurück gegeben. pp zeigt das verwendete Print-Kommando an und dev die Default Device Option.

startup. Der File „startup.m" wird – sofern vorhanden – zur Startzeit nach dem File „matlabrc" ausgeführt und erlaubt es eigene Kommandos zur Startzeit ausführen zu lassen.

3.2.2 Kommandos zu Voreinstellungen und Informationen zur Konfiguration

Voreinstellungen.

cedit. Setzt die Editortasten des Kommandwindows. Die wichtigsten Befehle im Überblick:

ctrl p	Vorhergehende Zeile
ctrl n	Nächste Zeile
ctrl b	Ein Zeichen nach links
ctrl f	Ein Zeichen nach rechts
crtl u	Löschen der Zeile

terminal. Das Kommando „terminal" wurde nur bis zum Release 13 unterstützt und steht ab Release 14 nicht mehr zur Verfügung. Bis zu Rel. 13 konnte zur spezifischen Einstellungen des Terminals der File „terminal.m" im Unterverzeichnis $matlabroot\toolbox\local editiert werden. Mit >> terminal('type') ließen sich verschiedene grafische Terminals setzen (siehe Tabelle (3.1)).

Konfiguration.

hostid. >> hostid gibt die Identifikationsnummer des Servers zurück, beispielsweise die MAC-Adresse bei einem Linux-Server.

license. >> license zeigt die Lizenznummer von MATLAB an. >> license('inuse') listet die aktuell genutzten Toolboxen auf und license('test', tool) testet, ob „tool" zur Verfügung steht. Steht das Produkt zur Verfügung, liefert MATLAB eine „1" zurück, sonst eine „0".

```
>> license('test','simulink')

ans =

     1
```

Tabelle 3.1: Liste der grafischen Terminals.

TYPE	TERMINAL
tek401x	Tektronix 4010/4014
tek4100	Tektronix 4100
tek4105	Tektronix 4105
retro	Retrographics card
sg100	Selanar Graphics 100
sg200	Selanar Graphics 200
vt240tek	VT240 und VT340 Tektronix mode
ergo	Ergo terminal
graphon	Graphon terminal
citoh	C.Itoh terminal
xtermtek	xterm, Tektronix graphics
wyse	Wyse WY-99GT
kermit	MS-DOS Kermit 2.23
hp2647	Hewlett-Packard 2647
hds	Human Designed Systems

3.3 Laden, beenden und sichern

3.3.1 Befehlsübersicht

Laden load, loadobj

Speichern pack, save, saveas, saveobj

Löschen clear, exit, quit

3.3.2 Variablen löschen

`>> clear` löscht alle Variablen im Workspace; `>> clear name` löscht nur die Variable bzw. kompilierte m-Files oder Mex-Files mit dem Namen `name`. Zusätzlich sind noch Wildcards (*) erlaubt. Globale Variablen müssen mit dem Bezeichner `global` gelöscht werden, sofern sie nicht nur lokal im Workspace gelöscht werden sollen. Des Weiteren können noch die folgenden Schlüsselworte gesetzt werden:
`>> clear all` löscht alle Variablen, gegenwärtig compilierte Funktionen und Mex-Files aus dem Speicher und hinterlässt einen leeren Workspace.
`>> clear classes` löscht wie `clear all` alle Variablen, aber zusätzlich noch alle MATLAB class Definitionen.
`>> clear functions` löscht alle gegenwärtig compilierten MATLAB Funktionen und Mex-Funktionen aus dem Speicher sowie gesetzte Breakpoints und reinitialisiert persistente Variablen.
`>> clear import` löscht die Java Import Liste.
`>> clear variables` löscht alle Variablen des Workspaces.

3.3.3 MATLAB beenden: exit und quit

`>> exit` beendet MATLAB und entspricht `>> quit`. `quit` beendet MATLAB nachdem der File „finish.m" – sofern vorhanden – ausgeführt worden ist. `quit cancel` kann nur in finish.m benutzt werden und unterbindet das Beenden von MATLAB via `quit`.
`>> quit force` dient zum Beenden von MATLAB ohne Ausführung von „finish.m".

3.3.4 Variablen speichern und laden

load. `load` dient zum Laden von Variablen von der Festplatte.
`>> load` lädt alle Variablen des MAT-Files matlab.mat.
`>> load filename` lädt alle Variablen von `filename` oder `filename.mat`. Ohne Fileattribute oder mit dem Fileattribut „mat" erwartet load, dass die Variablen im MATLAB binären Format „mat" abgespeichert sind. Bei anderen File-Extensions erwartet load eine Ascii-Datei. filename kann neben dem eigentlichen Filenamen eine vollständige Pfadangabe enthalten.
`>> load filename X Y Z` lädt nur die Variablen X Y Z der Datei „filename".
`>> load filename -ascii` veranlasst `load`, die Datei als Ascii-Datei zu behandeln und
`>> load filename -mat` als mat-Datei unabhängig von der tatsächlich vorliegenden File-Extension.
Die Reihenfolge von Filename und Bezeichner kann dabei umgekehrt werden. `load -ascii ...` speichert alle Daten des Files in einem einzigen zweidimensionalen Double Array, wobei der Filename als Variablenname dient. `load filename.ext` liest Ascii-Files mit durch Leerzeichen separierte Spalten ein. Der Name der Variablen ist gleich dem Filenamen. MATLAB Kommentare (%) werden dabei ignoriert. An Stelle der obigen Formen kann auch die funktionale Darstellung, beispielsweise `load('filename.mat','-mat')`, gewählt werden. Dies ermöglicht es, via `>> x= load('filename.dat','-ascii')` die in „filename.dat" gespeicherte Variable der Variablen „x" zu zuweisen.

save, saveas. `save` ist das Gegenstück zu `load` und dient dem Abspeichern aller oder eines Teils der Variablen, z. Bsp., `save filename X Y Z`. Alternativ kann „save" mit Argumenten, `save('filename', 'options', ....)`, aufgerufen werden. Eine Übersicht aller Optionen ist in Tabelle (3.2) aufgelistet. Ist „s" eine skalare Struktur, dann werden mit `save('filename', '-struct', 's')` alle Felder der Struktur als individuelle Variablen mit dem Feldnamen als Variablennamen abgespeichert und mit `save('filename', '-struct', 's', 'f1', 'f2', ...)` nur die Felder s.f1, s.f2 etc.

saveas dient dem Abspeichern von Graphiken in unterschiedlichen Formaten und wird im Detail in Kapitel 14.3 besprochen.

pack. `>> pack` dient zur Speicheroptimierung im Workspace. Dazu werden alle Variablen auf die Festplatte in einem temporären File mit der Filekennung „tmp" abgespeichert und anschließend wieder neu geladen und der tmp-File gelöscht. Insbesondere nach Manipulationen mit vielen Arrays kann dies den verbrauchten Speicher optimieren. Mit `>> pack filename` lassen sich alle Workspace-Variablen optimiert in „filename.mat" abspeichern. Aus diesem mat-file lassen sich dann – wie beschrieben – alle oder einzelne Variablen mit `load` wieder laden.

Tabelle 3.2: Optionen zu `save ···-option`.

OPTION	BEDEUTUNG
-append	Daten werden an bereits bestehenden mat-File angehängt
-compress	komprimiert Variablen beim Abspeichern in den mat-File
-nocompress	Standardeinstellung, Variablen werden nicht komprimiert
-unicode	unicode Kodierung wird genutzt
-nounicode	die default Kodierung wird genutzt
-ascii	8-stelliges ASCII-Format
-ascii -double	16-stelliges ASCII-Format
-ascii -tabs	Trennung durch Tabulator, 8 Stellen
-ascii -double -tabs	Trennung durch Tabulator, 16 Stellen
-v4	MATLAB Version 4 mat-Format

3.3.5 Laden und Speichern von Objekten: loadobj und saveobj

MATLAB folgt in der Struktur einzelner Datentypen den Konzepten objektorientierter Programmiersprachen. `loadobj` wird zum Laden von Objekten aus einem .mat-File benutzt. `saveobj` ist das Gegenstück zu `loadobj` und dient dem Speichern von Objekten in mat-Files.

3.4 Allgemeine Kommandos und Funktionen

3.4.1 Befehlsübersicht

Editieren edit

Lokalisieren und Auflisten inmem, type, what, which

Kompilieren: C und Fortran mex

Pseudocode pcode

Files öffnen open, winopen

3.4.2 Editieren

`edit` dient dem Editieren oder Erzeugen eines m-Files. MATLAB öffnet dazu einen eigenen Editor und Debugger. Dieser Editor kann auch über das File-Menü im MATLAB Desktop aufgerufen werden. Unter UNIX besteht zusätzlich die Möglichkeit, einen anderen Editor als Default-Editor zu wählen. Verschiedene Eigenschaften des Editors/Debuggers lassen sich über die „Preferences" auswählen bzw. ändern. (Vgl. dazu Abschnitt 2 „Grafische Utilities".)

3.4 Allgemeine Kommandos und Funktionen

3.4.3 Lokalisieren und auflisten

inmem. `inmem` listet alle Funktionen auf, die sich gegenwärtig im Speicher befinden. `>> [M,X,J]=inmem` liefert mit „M" ein Cell Array von Strings mit den Namen aller gegenwärtig geladenen m-Files, „X" listet die mex-Files auf und „J" enthält die Namen aller gegenwärtig geladener Java-Klassen.

type. `>> type filename.ext` listet den Inhalt der Datei „filename.ext" auf. Ohne Extension sucht `type` nach einem m-File mit dem Namen „filename".

what und which. `what` listet den Inhalt des momentanen Verzeichnisses auf. `what('dirname')` gibt den Inhalt des Directory „dirname" als Struktur geordnet nach m-, p-, mat-, mex-, mdl- und class-files zurück, sofern dieses Verzeichnis im MATLAB Suchpfad gespeichert ist.

`>> which name` gibt bei m-, p- und mdl-Files deren Position an, sofern sich die Datei entweder im lokalen Verzeichnis oder das Verzeichnis im MATLAB Suchpfad befindet. Bei Built-in-Funktionen wurde bis zum Release 6.5 der Hinweis „built-in function" ausgegeben, seit Rel.7 dagegen haben der Pfad und die Files die Erweiterung „bi". Bei Variablen wird „name is a variable" zurückgegeben. `>> which name -all` listet nicht nur den ersten gefundenen Treffer auf, sondern durchforstet den gesamten Suchpfad.

```
>> which x
x is a variable.
>> which plot
... /matlab7/toolbox/matlab/graph2d/plot.bi
>> which plotyy
... /matlab7/toolbox/matlab/graph2d/plotyy.m
```

3.4.4 Externen Code einbinden: Mex

`mex` dient der Kompilierung von Mex-Funktionen aus C- oder FORTRAN-Quell-Code (vgl. Kap. 25).

3.4.5 Dateien in Abhängigkeit der Filekennung öffnen

`>> open name.ext` öffnet das Objekt „name" entsprechend der Filekennung „ext". m-Files werden im M-File Editor geöffnet, MAT-Files werden geöffnet und die im MAT-File gespeicherten Variablen werden im Workspace abgespeichert. *.fig-Files werden im Figure Window geöffnet und numerische Arrays im Array Editor. Mit Hilfe des Array Editor lassen sich Zahlen auch in einem anderen Format darstellen, ohne das Format im Command Window verändern zu müssen. HTML-Dokumente (name.html) werden im Help Browser von MATLAB geöffnet. An Stelle der obigen Form kann auch die funktionale Form gewählt werden. Files, die nicht im MATLAB Suchpfad verzeichnet sind, können beispielsweise via `open('C:\work\nocheinfile.mdl')` geöffnet werden, wobei die File-Extension *.mdl einen Simulink-File kennzeichnet, der dann unter Simulink geöffnet wird. Die Funktionalität von `open` steht außerdem direkt anwählbar über das MATLAB Command Window oder das Help Window unter „File" zur Verfügung. `winopen(dn)` öffnet die Datei „dn" entsprechend der File-Endung in einer Windowsapplikation und wird nur unter MS Windows Betriebssystemen unterstützt. Beispielsweise wird der File „schrott.doc" in Microsoft Word geöffnet.

3.4.6 Pseudo Code erzeugen

MATLAB ist eine Interpreter-Sprache. Ruft man eine MATLAB Funktion oder ein Skript auf, so wird in einem ersten Schritt die Syntax überprüft und in einen vorinterpretierten (pre-parsed) Code übersetzt. Im zweiten Durchlauf wird dann dieser Code zur Programmausführung genutzt. Der Befehl `pcode` führt genau diesen ersten Interpreterschritt aus und erzeugt einen Pseudo Code. Der erzeugte File bewahrt dabei den ursprünglichen Namen erhält aber als Filekennung „*.p". Da pcode Plattform-unabhängig und ähnlich einem binären Code unleserlich ist, bietet sich hier eine einfache Möglichkeit die Funktionalität, die in einem m-Skript offen gelegt ist, verborgen und geschützt weiter zu geben.

3.5 Setzen und Löschen der Suchpfade

MATLAB nutzt einen Suchpfad, um beispielsweise Variablen oder m-Files zu finden. Dabei sucht MATLAB nach folgender Hierarchie:
1. Variable im Workspace
2. MATLAB built-in functions
3. File im aktuellen Verzeichnis
4. File im Unterverzeichnis „private"
5. File im Suchpfad.
Das erste gefunden File wird ausgeführt.

MATLAB warnt nicht vor Doppelvergabe von Namen. Es empfiehlt sich daher stets, vor einer Namensvergabe mit >> `which name -all` zu testen, ob der Name bereits vergeben ist, bzw. eigene Funktionen in speziellen Unterverzeichnissen mit Namen „private" zu speichern.

Existieren mehrere Funktionen desselben Namens im MATLAB Search Path, so wird MATLAB nur die zuerst gefundene Funktion beim Aufruf ausführen. Built-in Functions und Pcode, oder auch andere ausführbare Funktionen wie mex-Files, können nicht direkt von der Help-Funktion genutzt werden. Insbesondere bei solchen Funktionen werden parallel zu diesen nicht-editierbaren Funktionen Funktionen desselben Namens zur Bereitstellung beispielsweise des Hilfetextes erzeugt. Solche Konstrukte werden deshalb als „shadowed" bezeichnet und sind typischerweise nicht zur Ausführung bestimmt.

3.5.1 Befehlsübersicht

MATLAB **Pfade** addpath, genpath, path, pathtool, path2rc, rehash, rmpath, restoredefaultpath

Java-Pakete import

3.5 Setzen und Löschen der Suchpfade

3.5.2 Verzeichnis hinzufügen

addpath und genpath. >> `addpath('directory')` bzw.
>> `addpath dir1 dir2 dir3 ... -flag` fügt dem Suchpfad das Directory „directory"
bzw. die Directories „dir1", „dir2" usf. hinzu. Ohne flag werden die Directories stets
an die Spitze des Pfadverzeichnisses gestellt. Setzt man flag gleich „1" oder „end", so
werden die entsprechenden Directories an das Ende des Suchpfads gesetzt und für flag
gleich „0" oder „begin" an den Anfang des Pfades. Die Pfadangabe unterscheidet sich je
nach Betriebssystem. Beispielsweise für Windows c:\matlab\ und für UNIX bzw. Linux
Betriebssysteme /home/wolf/matlab/. Eine Alternative zu addpath ist die „Set Path"
Dialog-Box im File-Menü des MATLAB Desktops.

>> `genpath` erzeugt einen Pfadstring. `genpath directory` bzw. `p=genpath('directory')` bildet rekursiv einen Pfadstring, der aus allen Verzeichnissen besteht, die im
Pfadverzeichnis unterhalb dem Verzeichnis „directory" angesiedelt sind und ordnet dies
der Variablen „p" zu.

path2rc. >> `path2rc` speichert den aktuellen MATLAB Suchpfad in den File „pathdef.m", `path2rc mydir/myfile` in den File „myfile" im Verzeichnis „mydir". Die Rückgabe ist „0" bei Erfolg und „1" wenn ein Fehler aufgetreten sein sollte. Das Kommando
„path2rc" kann insbesondere im File „finish.m" sinnvoll eingesetzt werden, der stets
ausgeführt wird wenn MATLAB beendet wird und finish.m sich im MATLAB Suchpfad
befindet.

3.5.3 Java-Klassen importieren

Java basiert auf Klassen. Diese Klassen sind in „packages" unterteilt. Im Verzeichnis
$matlabroot\toolbox\local befindet sich der File „classpath.txt", der zur Startzeit gelesen wird und MATLAB die genaue Pfadangabe zu allen Java Klassen bzw. Packages
mitteilt. import erlaubt Ihnen neue Klassen oder Packages hinzuzufügen.
>> `import package-name.*` bzw. >> `import class-name` fügt die einzelne Klasse
„class-name" bzw. alle Klassen aus „package-name" der Java-Import-Liste hinzu.
>> `import` zeigt die gegenwärtige Importliste an und >> `clear import` bereinigt diese
Liste.

3.5.4 Suchpfade

Das Kommando `path` erlaubt sowohl das Setzen neuer Suchpfade als auch die Auflistung bereits bestehender Pfade. Mit >> `path` werden alle Suchpfade aufgelistet und
beispielsweise mit
>> `path(path,'/home/wolf/mat_compakt')` unter UNIX der Pfad mat_compakt des
Users „wolf" hinzu gefügt. Diesen neuen Pfad kennt MATLAB erst nach einem Neustart
oder nach Ausführung des Kommandos >> `rehash`. Auch beim Nachinstallieren von
Toolboxen sollte das `rehash` Kommando mit dem Attribut „toolboxcache" ausgeführt
werden (vgl. Tabelle 3.3).

>> `pathtool` öffnet die Set Path Dialog Box und erlaubt per Mausklick und Browser
neue Pfade hinzuzufügen, zu entfernen oder in ihrer Position innerhalb des Suchpfades

zu verändern. Diese Dialogbox kann auch aus dem MATLAB Window via „File → Set Path" geöffnet werden.

rehash. Rehash lädt die Funktions- und Filesystem-Caches neu. Eine Liste der möglichen Argumente ist in Tabelle 3.3 aufgeführt.

Tabelle 3.3: Bedeutung der Rehash-Argumente.

TYP	BEDEUTUNG
rehash	Update von Files und Klassen für Verzeichnisse im MATLAB search path, aber außerhalb matlabroot/toolbox.
rehash path	Wie rehash ohne Argument.
rehash toolbox	Update von Verzeichnissen innerhalb von matlabroot/toolbox. Dies kann insbesondere dann notwendig werden, wenn Files nachinstaliert oder entfernt werden.
rehash pathreset	Wie rehash path, aber ergänzt durch die „shadowed function".
rehash toolboxreset	Wie rehash toolbox, aber ergänzt durch die „shadowed function".
rehash toolboxcache	Wie rehash toolbox, zusätzlich wird noch der cache file upgedated. Entspricht der Update-Funktionalität im „Preference Window".

rmpath und restoredefaultpath. `>> rmpath directory` löscht „directory" aus dem Pfadverzeichnis. `restoredefaultpath` restauriert den Suchpfad, so dass ausschließlich installierte MathWorks-Produkte darin aufgelistet werden.
`>> restoredefaultpath; matlabrc` korrigiert zusätzlich während des Startups aufgetretene Pfadprobleme. Nachdem aufgetretene Probleme beseitigt sind, sollte `savepath` ausgeführt werden. `savepath` speichert den aktuellen MATLAB Suchpfad in der Datei „pathdef.m". Mit `savepath andereDatei` kann der Suchpfad auch in dem alternativen File „andereDatei.m" abgespeichert werden. `savepath` gibt bei Erfolg eine 0 zurück, sonst eine 1.

3.6 Kontrolle des Command Windows

3.6.1 Befehlsübersicht

beep   echo   diary   format   more

3.6.2 Töne erzeugen: beep

`>> beep` erzeugt den computereigenen Piepston. `beep off` schaltet den Piepston ab und `beep on` wieder an.

3.6.3 MATLAB Ablauf verfolgen und protokollieren

echo. `echo` kontrolliert die Bildschirmausgabe von MATLAB Skripten zur Laufzeit. Standardmäßig erfolgt keine Bildschirmausgabe bei der Abarbeitung von MATLAB Skripten. `echo on` bzw. `echo off` schaltet die Bildschirmausgabe an und aus. `echo` funktioniert auch als Toggle-Kommando, d.h. der erste Aufruf schaltet die Bildschirmausgabe an, der zweite wieder ab und so fort. Mittels `echo meinefunktion` $\cdots$ lässt sich die Bildschirmausgabe der MATLAB Funktion „meinefunktion" und mit `echo all` $\cdots$ aller Funktionen kontrollieren. Dabei steht $\cdots$ für „on", „off" oder bleibt leer (Toggle). Echo kann auch im Preference-Editor (Edit $\rightarrow$ Preferences) fest voreingestellt werden.

Seitenweise Ausgabe: more. `>> more on`, `>> more(n)` dient der seitenweise bzw. n-zeiligen Ausgabe im Command Window. Mit `>> more off` wird die formatierte Ausgabe wieder abgeschaltet. Die aktuelle Einstellung lässt sich mit `>> get(0,'more')` erfragen.

diary. `diary` erlaubt es, eine interaktive MATLAB Sitzung als ASCII-Datei zu protokollieren. Mit `diary filename` bzw. `diary('filename')` wird eine ASCII-Datei mit dem Namen „filename" angelegt. Diary kann sowohl als Toggle-Kommando als auch mit „on" bzw. „off" gestartet bzw. beendet werden.

3.6.4 Zahlenformat setzen

Unabhängig vom dargestellten Format führt MATLAB alle Berechnungen mit der Genauigkeit „double" (15 Stellen) gemäß der Spezifikation durch die Gleitpunktnorm IEEE aus, sofern die Variable nicht vom Typ „single" ist oder ein Integerformat gewählt wurde. Ist das Ergebnis ganzzahlig, so gibt MATLAB eine ganze Zahl aus. Ist das Ergebnis eine reelle Zahl, dann gibt MATLAB standardmäßig das Resultat auf 4 Dezimalen gerundet aus. Ist dieses Resultat kleiner oder gleich 0.001 bzw. größer oder gleich 1000 und nicht ganzzahlig, so wird die exponentielle Darstellung gewählt. Mit `format Typ` wird die Zahlenausgabe des Ergebnisses eingestellt. Die bestehenden Möglichkeiten sind in Tabelle (3.4) aufgelistet.

Das gewählte Ausgabeformat kann auch über das MATLAB Window „File" $\rightarrow$ „Preferences ..." $\rightarrow$ „Command Window" eingestellt werden. Das Standardformat ist „short" und „loose".

Tabelle 3.4: Liste der Zahlenformate.

Typ	Ausgabe	Beispiel: pi
+	+ oder − oder Leerzeichen	+
bank	3 Ziffern	3.14
compact	unterdrückt Leerzeilen	
hex	Hexadezimale Darstellung	400921fb54442d18
long	15 Ziffern	3.14159265358979
long e	Exponentialdarstellung	3.141592653589793e+00
long g	long oder long e	3.14159265358979
loose	fügt Leerzeilen hinzu	
rat	rationale Approximation	355/113
short	5-ziffrige Darstellung	3.1416
short e	Exponentialdarstellung	3.1416e+00
short g	short oder short e	3.1416

3.7 Kommandos zum Betriebssystem

3.7.1 Befehlsübersicht

File Handling copyfile, delete, fileattrib, movefile

Directory Handling cd, dir, isdir, ls, mkdir, pwd, recycle, rmdir

Betriebssystem !, computer, dos, ispc, isunix, perl, system, unix, web, winqueryreg

Umgebungsvariable getenv

3.7.2 Informationen zum Computer

>> [str,maxsize,endian] = computer gibt Auskunft über den verwendeten Computer („str"), über die maximale Größe der adressierbaren Arrays („maxsize") und über das verwandte Maschinenformat für binäre Files („endian"). Beispielsweise erhält man für Linux $str = GLNX86$ und für Windows $str = PCWIN$ und in beiden Fällen ist $maxsize = 2.1475e + 09$ und $endian = L$ (little-endian byte ordering, im Gegensatz zu B big-endian byte ordering).

MATLAB ist eine 32-bit-Anwendung (es gibt für AMD64-Prozessoren auch 64-bit-Varianten beispielsweise unter Linux) und damit unter Window-Betriebssystemen der theoretisch maximal adressierbare Speicherbereich maxsize=2^{31}bit $\approx$ 2 Gbyte. Der maximale adressierbare Speicherbereich legt auch die maximale Größe der Variablen, also Matrizen, Arrays, Strukturen und Cell-Variablen fest. MATLAB besitzt keine eigene Speicherverwaltung. Da Windows Betriebssysteme zusätzlich für Variablen einen zusammenhängenden Speicherblock benötigen, wird der theoretisch mögliche Wert deutlich unterschritten. Unter Microsoft Windows Betriebssystemen lässt sich diese Grenze mit dem Befehl >> system_dependent DumpMem erfragen. Eine typische Antwort liegt in der Größenordnung von 750 MByte. Ähnliche Einschränkungen gelten auch für UNIX

Betriebssysteme. Mit `help memory` erhält man eine knappe Hilfe bei Speicherplatzproblemen.

3.7.3 File Handling

Copyfile, movefile und delete.

Kopieren. `>> copyfile myfile mynewdirectory` kopiert das File „myfile" in das Verzeichnis „mynewdirectory". `>> copyfile myfile mynewfile` erstellt eine Kopie von „myfile" unter dem Namen „mynewfile" im selben Verzeichnis.
`>> [status,msg,msgid]=copyfile('Quelle','Ziel',...)` kopiert den File „Quelle" in das Verzeichnis „Ziel" oder den File „Ziel" und liefert eine Statusmeldung und beim Scheitern eine Fehlermeldung zurück. War der Kopiervorgang erfolgreich, hat „status" den Wert 1, andernfalls 0, und msg enthält eine Fehlermeldung, beispielsweise

```
msg =
Source file, /home/wolf/texte/buch/source,
does not exist or is unreadable.
Cannot copy file, "/home/wolf/texte/buch/source"
to "/home/wolf/texte/buch/matta/dest".
```

Der optionale Rückgabeparameter msgid enthält eine „message-id", die die Fehlerursache schlagwortartig beleuchtet (z. Bsp. MATLAB:COPYFILE:CannotFindFile).

Verschieben. `movefile` folgt derselben Syntax wie `copyfile`, dient aber nicht dem Kopieren, sondern dem Verschieben von Dateien.

Löschen. `>> delete filename` löscht den File „filename". „Delete" erlaubt auch die Verwendung von Wildcards (*).

fileattrib. Der Befehl `fileattrib` lehnt sich an das DOS-Kommando „attrib" bzw. an das UNIX-Kommando „chmod" an. Die allgemeine Syntax ist
`>> [status,msg,msgid] = fileattrib('name', 'attrib', 'users', 's')`.
Bei Erfolg hat „Status" den Wert 1, sonst 0, und in msg und msgid sind Informationen zum aufgetretenen Fehler enthalten.
Der Befehl `fileattrib` allein liefert Informationen zum momentanen Directory und `fileattrib('name')` zum File „name" zurück. Über die Argumente „attrib" und „users" werden die Eigenschaften des Files „name" entsprechende verändert. (Die Eigenschaft „user" existiert nur für UNIX Betriebssysteme.) Mögliche Werte sind:

„ATTRIB"	BEDEUTUNG	„USERS"	BEDEUTUNG
a	Archive (Windows)		nur UNIX
h	Versteckt (Windows)	a	alle User
s	System-File (Windows)	g	Gruppe
w	Schreibzugriff	o	alle anderen User
x	ausführbare Datei (UNIX)	u	User

Ist „name" ein Verzeichnis, dann legt das Argument „s" fest, dass die Eigenschaft „attrib" auf alle Dateien des Directories angewandt wird.

(Unter Linux führt das Kommando „fileattrib" unter Umständen zu einer Fehlermeldung. In diesem Fall kann der Grund eine falsch gesetzte Environment-Variable „LANG" sein. Mit setenv LANG C unter der tcshrc und export LANG=C unter der BASH Shell kann diese Variable entsprechend korrigiert werden. Verschiedene Toolboxen unter MATLAB nutzen diesen Befehl, um beispielsweise bei Code-Generierung automatisch Default-Verzeichnisse und Files zu erzeugen.)

3.7.4 Verzeichnisse

dir, ls und isdir. >> `dir` listet alle Dateien des aktiven Verzeichnisses auf.
>> `files = dir('mydir')` liefert ein Structure Array mit den Feldnamen „name", „date", „bytes" und „isdir". Ohne Angabe eines Zielverzeichnisses wird das aktuelle Directory verwendet. files.name enthält eine Liste aller Dateien und Unterverzeichnisse des gewählten Directorys (hier „mydir"), files.date und files.bytes die zugehörigen Erzeugungszeiten und Größen der Files und Verzeichnisse.

>> ls listet wie „dir" unter UNIX und Linux Betriebssystemen alle Dateien und Unterverzeichnisse des aktuellen Verzeichnisses auf. >> `isdir(dir)` ist wahr wenn „dir" ein Directory ist und liefert eine Eins zurück, sonst eine Null.

cd. >> `cd` gibt das aktuelle Directory aus. Mit `cd('directory')` oder `cd directory` wechselt man vom aktiven Verzeichnis in das Verzeichnis „directory". cd .. wechselt in das darüber liegende Verzeichnis.

Directory Handling: Erzeugen und Löschen. >> `mkdir dirname` erzeugt das Verzeichnis „dirname" und `[status, msg, msgid] = mkdir('mutterdir','dirname')` erzeugt das Directory „dirname" im Verzeichnis „mutterdir" und liefert den Status und im Falle des Scheiterns eine Fehlermeldung in „msg" zurück. (Zu msgid vgl. copyfile.) `rmdir` folgt derselben Syntax wie `mkdir`, dient aber dem Löschen eines Directories. `pwd` gibt das aktuelle Arbeitsverzeichnis an.

Papierkorb. `recycle` erlaubt es einen „Papierkorb" in MATLAB an- bzw. abzuschalten. Mit S = `recycle on` bzw. off wird die Papierkorbfunktionalität an- bzw. ausgeschaltet und ohne Argument der Status abgefragt, der in der Variablen „S" abgespeichert wird. Bei „on" werden gelöschte Dateien in ein temporäres Verzeichnis verschoben.

3.7.5 Betriebssystemebene

Betriebssystemkommandos. >> `[status,result] = dos('command')` führt ein Kommando auf der Betriebssystemebene unter Windows aus. Status ist 1 bei erfolgreicher Ausführung des Kommandos, sonst 0; „result" enthält das Ergebnis des Betriebssystembefehls. Die Option „-echo" erzwingt die Ausgabe im MATLAB Command Window. Mit `winqueryreg` werden Informationen aus der MS-Windows Registry ausgelesen. info = `winqueryreg('name', 'rootkey', 'subkey')` speichert die Key-Namen aus. „rootkey\subkey" in der Zellvariablen „info", info = `winqueryreg('rootkey',`

3.8 Debuggen vom M-Files

'subkey', 'valname') dient dem Key „valname" und info = winqueryreg('rootkey', 'subkey') den Registry Keys ohne Namen. Hier ist zu beachten, dass in „name" und „rootkey" zwischen Groß- und Kleinschreibung unterschieden wird.

`>> [status,result] = unix('command','-echo')` ist das UNIX-Pendant zum Befehl → dos.

`>> [status,result] = system('command')` führt ein Systemkommando aus und gibt eine Statusmeldung zurück. Bei Erfolg ist *status* = 0, sonst ungleich 0 und result enthält das Ergebnis der Betriebssystemkommandos.

`>> !command` $\cdots$: Das Ausrufezeichen übergibt den Rest der Eingabezeile zur Ausführung an das Betriebssystem.

getenv. `>> getenv 'name'` durchsucht die Environment-Variablen des Betriebssystems nach dem string „name" und liefert dessen Wert zurück.

ispc und isunix. `>> ispc` liefert den logischen Wert 1 zurück, wenn es sich um die PC-Version von MATLAB handelt, sonst 0.
`>> isunix` liefert den logischen Wert 1 zurück, wenn es sich um die UNIX- oder Linux-Version von MATLAB handelt, sonst 0.

3.7.6 Perl

`>> erg=perl('plfile',arg1,arg2,...)` ruft die Datei „plfile" auf und übergibt die Argumente „argi" an das Perl-Skript. Ausgeführt wird diese Perl-Skript von dem betriebssysteminternen Perl und das Ergebnis in der MATLAB-Variablen „erg" gespeichert.

3.7.7 Web Browser

`>> web url -browser` zeigt den Default Web Browser an,
`>> web file:/dir1/dir2/foo.html` lenkt den Help Browser auf die Datei foo.html um.

3.8 Debuggen vom M-Files

Jeder beliebige Editor kann zum Editieren von MATLAB Programmen oder Skripten dienen. Zur Codeoptimierung kann der „Profiler" (Kap. 3.9) genutzt werden. Zusätzlich stellt MATLAB einen eigenen Editor/Debugger zur Verfügung. Die Aufgabe eines Debuggers ist Fehler in bestehenden Programmcodes aufzudecken. Unter MATLAB ist dies sowohl innerhalb des Editors (Debug und Breakpoints) als auch an Kommandozeilen orientiert möglich. Zur Fehlersuche können in einem ersten Schritt auch die „;" weggelassen werden, um Zwischenergebnisse im MATLAB Command Window anzuzeigen, oder die Funktion „echo" (siehe Kap. 3.6.3) oder „keyboard" (siehe Kap. 5.7) genutzt werden. Der Editor wird entweder über `>> edit` aufgerufen oder im Matlab Command Window unter „File → New → M-File" angewählt. Aktiviert man die Option „Enable datatips in edit mode" unter „preferences → Editor/Debugger → display" so kann man sich den Inhalt der Variablen im Debugger anschauen. Diese Optionen ist standardmäßig voreingestellt. Im Editor Window lassen sich unter Breakpoints Marken setzen, an denen der Programmablauf unterbrochen wird. Im MATLAB Command Window erscheint dann der Prompt K >>; mit K >> `return` kann die Berechnung fortgesetzt werden, mit `dbquit` kehrt man aus dem Debugger Mode wieder in den normalen Arbeits-Mode zurück. Alle MATLAB Befehle können auch im Debugger Mode K >> genutzt werden. Neben den am Editor orientierten anwählbaren Debugger-Befehlen existieren die folgenden an Kommandozeilen orientierten Alternativen:

3.8.1 Befehlsübersicht

Breakpoints dbclear, dbstatus, dbstop

Speicherbereich dbdown, dbstack, dbup

Debuggen dbcont, dbmex, dbquit, dbstep

Hilfe dbtype, debug

3.8.2 Debugger: db-Kommandos

Breakpunkte setzen und löschen: dbclear und dbstop.

dbclear. K >> `dbclear option` entfernt gesetzte Breakpoints. Wählbare Optionen sind in Tab. (3.5) aufgelistet. Steht in einer MATLAB Funktion oder einem Skript `clear all` werden nicht nur alle Variablen, sondern auch alle Breakpoints gelöscht.

Tabelle 3.5: Liste der Optionen zum Kommando `dbclear`.

>> dbclear	ENTFERNT
all	alle Breakpoints in allen M-Files
all in mfile	alle Breakpoints in „mfile"
in mfile	den ersten Breakpoint in „mfile"
in mfile at nr	den Breakpoint in „mfile" in Zeile „nr"
in mfile at subfun	den Breakpoint an der Unterfunktion „subfun"
if error	die Dbstop-Punkte „if error"
if warning	die Dbstop-Punkte „if warning"
if naninf	die Dbstop-Punkte „if naninf"
if infnan	die Dbstop-Punkte „if naninf"

dbstop. >> `dbstop option` ist die an Kommandozeilen orientierte Alternative zum Setzen der Breakpoints via Editor/Debugger. Es gibt folgende Optionen:

>> `dbstop in mfile` unterbricht die Ausführung des Programms beim Erreichen der ersten ausführbaren Zeile von `mfile` und startet den Debugger. Der entsprechende M-File muss sich dabei im Suchpfad des gegenwärtig genutzten Verzeichnisses befinden.
>> `dbstop in mfile at lineno` wie `dbstop in mfile`, unterbricht aber vor der

Ausführung der Zeile `lineno`. `>> dbstop in mfile at subfun` wie `dbstop in mfile`, unterbricht aber beim Aufruf der Unterfunktion `subfun`.

`>> dbstop if error` unterbricht die Ausführung eines M-Files beim Auftreten eines Runtime Errors und geht in den Debugger Mode. Fehler, die mit einem try ... catch Block abgefangen werden, werden nicht erfasst. `>> dbstop if all error` wie `dbstop if error`, es werden aber auch Runtime-Fehler eines try ... catch Blocks mit berücksichtigt. `>> dbstop if warning` unterbricht die Ausführung eines M-Files beim Auftreten einer Runtime-Warnung.

`>> dbstop if naninf` unterbricht die Ausführung eines M-Files und wechselt in den Debugger Modus beim Auftreten von Polen (unendliche Werte).

`>> dbstop if infnan` unterbricht die Ausführung eines M-Files und wechselt in den Debugger Modus, sobald der Fehler „ist keine Zahl" (is not a number = nan) auftritt.

dbcont. K >> `dbcont` setzt einen M-File nach der Unterbrechung an einem Breakpoint wieder fort. Alternativ dazu lässt sich im Editor/Debugger „Continue" im „Debug-Menü" anwählen. (Vgl. das Beispiel im nächsten Abschnitt „dbdown".)

Springen zwischen Speicherräumen: dbdown und dbup. K>>`dbdown` wechselt vom gegenwärtig genutzten Speicherraum zum Speicherraum des aufgerufenen M-Files. MATLAB unterscheidet zwischen dem Speicherraum des Command Windows oder eines MATLAB Skripts (base workspace) und dem einer „m-function". Die Kommandos `dbdown` und `dbup` sind besonders im Zusammenhang mit dem Debuggen globaler Variablen (vgl. Kap. 5.4) von Interesse. Den Befehl K >> `dbup` wechselt in den Base Workspace zurück.

Beispiel: Das MATLAB Programm „debugbsp" wird im Debugger Mode aufgerufen und im Editor wurden Breakpoints zur Programmunterbrechung gesetzt. Im Base Workspace existiert die Variable n mit dem Wert „2" und im M-File Function Workspace ebenfalls, jedoch zum Wert „4".

```
>> debugbsp(4) % Aufruf im Command Window
K>> dbup
In base workspace.
K>> n
n =
    2
```
Durch den Befehl K >> `dbup` sind wir in den Base Workspace gewechselt. Dort hat die Variable n den Wert 2.

```
K>> dbdown
In workspace belonging to
C:\MATLAB\work\buch\mat_kompakt\debugbsp.m.
K>> n
n =
```

       4
K>> dbcont
Durch den Befehl K >> dbdown sind wir in den M-File Workspace zurückgekehrt, n hat dort den Wert 4. K >> dbcont setzt die Berechnung bis zum nächsten Breakpoint fort.

dbmex. >> dbmex option dient dem Debuggen von Mex-Files unter UNIX und Linux, mit Ausnahme von Sun Solaris Workstations. Zum Debuggen von Mex-Files muss MATLAB mit der Option MATLAB Debugger aus der Shell gestartet werden, wobei „debugger" den Namen des Debuggers bezeichnet. dbmex on schaltet den Debugger Modus ein. Weitere Optionen sind: off zum Ausschalten des Debuggers, stop um zum Debugger Prompt zurück zu kehren sowie print zum Anzeigen der Mex Debugger Informationen.

dbquit. K >> dbquit beendet den Debugger Mode.

dbstack. K >> dbstack gibt die Zeilenummer und den Namen des M-Files zurück.

K >> [ST,I] = dbstack gibt die Zeilenummer und den Namen des M-Files als m × 1-Struktur in ST zurück und mit I die Ziffer des genutzten Workspaces.

dbstatus. K >> s = dbstatus listet alle Breakpoint-Informationen als m × 1-Struktur in s.

dbstep. K >> dbstep führt die nächste ausführbare Zeile aus,
K >> dbstep n die nächsten n ausführbaren Zeilen und
K >> dbstep in führt die nächste ausführbare Zeile aus. Handelt es sich dabei um den Aufruf eines weiteren M-Files, dann wird im Gegensatz zu „dbstep" ohne Option die erste ausführbare Zeile des gerufenen M-Files ausgeführt.

dbtype. >> dbtype filename listet den M-File „filename" mit Zeilennummer auf. Im Debugger Mode wird mit K >> dbtype der aktuelle File mit Zeilennummer ausgegeben.

debug. >> help debug listet die verfügbaren Debugger-Kommandos auf.

3.9 Beurteilen von M-Files

3.9.1 Befehlsübersicht

Abhängigkeiten prüfen depdir, depfun

Effizienz testen profile, profreport, profsave

Test auf Probleme mlint, mlintrpt

3.9.2 Abhängigkeiten prüfen: depdir und depfun

`[list,p_files,p_sym,p_strings] = depdir('f_name');`
depdir listet in dem Zellarray „list" ähnlich **depfun** alle Verzeichnisse auf, in denen Files stehen, die vom File „f_name" genutzt werden. p_ $\cdots$ listet durch **depdir** nicht geklärte mögliche Abhängigkeiten auf. (Für Details siehe **depfun**.)

`>> depfun filename` listet alle Abhängigkeiten des Files „filename" auf. Mit
`[list,builtins,classes,p_files,p_sym,eval_str, ...`
`called_from,java_classes] = depfun('file_name');`
stehen im Zell-Array „list" die Pfade aller Files, die „file_name" benutzt, in „builtins" alle benutzten build-in-Funktionen, in „classes" alle benutzten MATLAB Klassen. „p_files" enthält alle Files, die von **depfun** nicht gefunden wurden, „p_sym" alle nicht gefundenen Symbole, „eval_str" gibt die genutzten Funktionen eval, evalc, evalin und feval an. Diese Information ist beispielsweise beim Erzeugen von Stand-Alone-Anwendungen mit dem MATLAB Compiler wichtig, da diese Funktionen unter Rel.13 noch nicht in einen Stand-Alone Code gewandelt werden konnten. „called_from" ist in derselben Weise angeordnet wie „list" und spiegelt wider, von welchem Befehl welcher File aufgerufen wurde. java_classes ist ein Zellarray, das die Liste aller genutzten Java-Klassen enthält.

`[...] = depfun('file_name1','file_name2',...)`
führt dieselbe Untersuchung für alle Files im Argument von **depfun** aus.

3.9.3 Effizienz testen: Der Profiler

Mit `profile` bietet MATLAB ein Handwerkzeug zur Optimierung von M-Files an. Profile erstellt eine detaillierte Liste, welchen Anteil jeder genutzte Befehl bzw. jedes aufgerufene File an der gesamten Ausführungszeit hat. In Tabelle (3.6) sind die möglichen Optionen aufgelistet. Unter Start $\rightarrow$ MATLAB $\rightarrow$ Profiler lässt sich als Alternative ein Graphical User Interface zum Profiler öffnen.

`erg = profile('info')` stoppt den Profiler und speichert das Ergebnis in der Struktur erg ab:

```
>> erg = profile('info')
erg =
      FunctionTable: [8x1 struct]
    FunctionHistory: [2x0 double]
     ClockPrecision: 1.5385e-07
         ClockSpeed: 650
               Name: 'MATLAB'
```

Der aktuelle Status des Profilers, wie beispielsweise das eingestellte Level, wird mit `was = profile('status')` in der Struktur „was" abgespeichert.

`>> profreport` beendet den Profiler und erstellt einen Report im HTML-Format. Mit dem Rel. 7 wird die Funktion **profreport** von **profsave** abgelöst. **profsave** führt

Tabelle 3.6: Optionen zum Kommando `profile`.

profile	ERLÄUTERUNG
viewer	öffnet das Profiler User Interface
on	startet den Profiler
off	beendet den Profiler
report	erstellt den Profiler Report im HTML Format
clear	löscht die erfaßten statistischen Daten
resume	startet den Profiler erneut unter Beibehaltung der bereits ermittelten Daten
plot	Erstellt eine Balkengraphik der Ergebnisse (vor Rel.7)
profile on	**ERLÄUTERUNG**
-detail mmex	Informationen zu M-Funktionen, M-Unterprogramme und MEX-Funktionen. `-detail mmex` entspricht der Standardeinstellung
-detail builtin	wie mmex aber zusätzlich Built-In Funktionen
-detail operator	wie builtin aber zusätzlich built-in Operatoren
-history	started den Profiler, löscht bereits erfasste Daten Berichtet exakte Abfolge aller Funktionsaufrufe.

`profile('info')` aus und erstellt ebenfalls einen HTML-basierten Bericht im Internet Browser. `profsave(profinfo)` speichert die Profiler-Informationen in der Struktur „profinfo" und `profsave(profinfo,dirname)` erlaubt zusätzlich die Übergabe eines Verzeichnisses „dirname" in dem die Einzelinformationen abgespeichert werden. (Zum grafischen Aufruf des Profilers s. Kapitel 2.3, Abb. (2.5) und Abb. (2.6).)

3.9.4 Test auf Probleme: mlint und mlintrpt

`>> [msgList, lineList, colList] = mlint('mfilename')` untersucht den M-File „mfilename" auf Probleme und ineffiziente Programmierung. Die Rückgabewerte sind dabei optional. msglist enthält die Nachrichten, lineList und colList gibt die entsprechende Zeile und Spalte aus.

`mlintrpt('dirname')` führt über alle m-Files im Verzeichnis „dirname" den Befehl `mlint` aus bzw. ohne Argument im aktuellen Verzeichnis und erstellt im MATLAB Web Browser einen Bericht. Per Mausklick kann man direkt in den MATLAB Editor und an die aufgelistete Postion im ausgewählten m-File springen.

4 Allgemeine Operatoren und Sonderzeichen

4.1 Arithmetische Operatoren

MATLAB steht für **Mat**rix **lab**oratory und daher basieren MATLAB Operationen historisch auf Matrixoperatoren. So ist das übliche Produkt das Matrizenprodukt, definiert durch

$$(AB)_{ij} = \sum_k A_{ik} B_{kj} \quad .$$

Dies muss bei vielen – wenn auch nicht bei allen – arithmetischen Berechnungen berücksichtigt werden. Wenn nötig, unterscheidet sich die elementweise Ausführung einer Operation von der Matrizenoperation durch einen vorangestellten Punkt. Beispielsweise ist die Matrixmultiplikation durch A * B gegeben, die elementweise Multiplikation jedoch durch A .* B.

4.1.1 Befehlsübersicht

Addition und Subtraktion minus, plus, uminus, uplus, +, -

Multiplikation times, mtimes, *, .*

Potenzen mpower, power, ^, .^

Inverse ldivide, .\, mldivide, \, mrdivide, /, rdivide, ./

Kroneckerprodukt kron

4.1.2 Grundrechenarten

Addition und Subtraktion. Matrizen werden elementweise addiert. Mithin gibt es keinen Unterschied zwischen der Matrizenaddition und der Array-Addition.
C=plus(A,B) ist dasselbe wie C=A+B und C=minus(A,B) ist dasselbe wie C=A-B. Zur Addition und Subtraktion von Objekten dienen die unären Operatoren uplus und uminus.

Multiplikation. mtimes ist die Matrizen- und times die Array-Multiplikation. D.h.
>> C=mtimes(A,B) ist dasselbe wie C=A*B und C=times(A,B) ist dasselbe wie C=A.*B.

Potenzen. mpower ist die Matrizen- und **power** die Array-Potenzierung.
D.h. C = mpower(A,n) ist dasselbe wie C = A^n und C = power(A,n) ist dasselbe wie
C = A.^n. Entweder muss dabei „n" oder „A" ein Skalar sein, der komplex sein darf.

4.1.3 Berechnung der Inversen

Betrachten wir die folgende Gleichung

$$x = A\,y$$

mit den Vektoren x, y und einer nicht notwendigerweise invertierbaren Matrix A. Gilt

$$B\,x = y\quad,$$

dann ist B die Linksinverse der Matrix A. Für (N x N)-Matrizen wird die Links- bzw. Rechtsinverse durch Gauß'sche Elimination berechnet, für nicht-quadratische (M × N)-Matrizen durch einen Least Square Fit.

mldivide(A,B) ist dasselbe wie A\B und mrdivide(A,B) wie A/B, wobei \B die Links- und /B die Rechtsinverse der Matrix B ist. Die entsprechende elementweise Array-Operation erhält man mit ldivide(A,B) bzw. A.\B und rdivide(A,B) bzw. A./B. Für Objekte muss die Operatorschreibweise benutzt werden.

4.1.4 Das Kroneckerprodukt

\>\> K = kron(X,Y) berechnet das Kroneckerprodukt der Matrizen X und Y.

Beispiel. Berechnung einer Matrix, deren einzelne Zeilen aus den ganzzahligen Vielfachen der ersten Zeile besteht:

```
>> format compact
>> x=rand(1,4)              % Zufallsvektor
x =
    0.8214    0.4447    0.6154    0.7919
>> y=kron([1:length(x)]',x)  % Vielfaches von x
y =
    0.8214    0.4447    0.6154    0.7919
    1.6428    0.8894    1.2309    1.5839
    2.4642    1.3341    1.8463    2.3758
    3.2856    1.7788    2.4617    3.1677
```

4.2 Vergleichsoperatoren

MATLAB besitzt die folgenden Vergleichsoperatoren:

OPERATOR	SYMBOL	BEDEUTUNG
eq	==	Gleichheit
ne	~=	ungleich
ge	>=	größer gleich
lt	<	kleiner als
gt	>	größer als
le	<=	kleiner gleich

Ist eine Bedingung wahr, so liefert MATLAB eine „1" zurück, andernfalls eine „0". Vergleiche können sowohl mit Arrays als auch mit Skalaren durchgeführt werden. Arrays müssen allerdings dieselbe Dimension haben.

Beispiel.

```
>> x=[1 2 3];
>> y=[1 2.5 3];
>> xeqy=eq(x,y)
xeqy =
     1     0     1

>>   xneqy=x~=y
xneqy =
     0     1     0
```

4.3 Logische Operatoren

MATLAB erlaubt die folgenden logischen Operationen:

OPERATOR	SYMBOL	BEDEUTUNG
and	&	logisches Und
	&&	logisches Und (short cicuit)
or	|	logisches Oder
	||	logisches Oder (short cicuit)
not	~	logisches Nicht
xor		logisches Exklusiv Oder
any		wahr wenn ein beliebiges Element eines Vektors ungleich null ist
all		wahr wenn alle Elemente eines Vektors ungleich null sind

Die logische Abfrage A && B ist dann wahr, wenn beide Bedingungen A und B wahr sind. Ist A falsch, ist auch A && B falsch und folglich gibt es keinen Grund, die Bedingung B zu testen. Die Short Circuit Und- und Oder-Operatoren &&, || testen die zweite Bedingung nur dann, wenn dies aus logischen Gründen notwendig ist, sonst nicht.

Beispiel: xor. Verknüpft man zwei Vektoren mit einem Exklusiv Oder, so ist die entsprechende Komponente des Ergebnisvektors wahr (1), wenn eine der beiden Komponenten von Null verschieden ist, sonst 0.

```
>> x=[1 0 4 5 0 8];
>> y=[3 2 1 7 0 0];
>> xor(x,y)
ans =
     0     1     0     0     0     1
```

Beispiel: Abschnittsweise Definition einer Funktion. Das folgende MATLAB Skript erzeugt die Funktion in Abbildung (4.1).

```
x=linspace(0,2*pi);
dpi=pi/8;
y1=sin(x).*or((x<(pi/2-dpi)),(x>(pi/2+dpi)))...
   .*or((x<(3*pi/2-dpi)),(x>(3*pi/2+dpi)));
y2=sin(pi/2-dpi).*((x>(pi/2-dpi))-(x>(pi/2+dpi)))...
   -sin(pi/2-dpi) .* ...
```

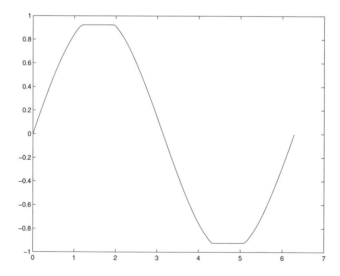

Abbildung 4.1: *Beispiel für die Anwendung logischer Operatoren und Vergleichsoperatoren zur Berechnung einer abschnittsweise definierten Funktion.*

```
    ((x>(3*pi/2-dpi))-(x>(3*pi/2+dpi)));
y=y1+y2;
plot(x,y)
```

Der Ausdruck $(x < (\pi/2 - dpi))$ ist 1, wenn x kleiner als $(\pi/2 - dpi)$ ist, und der Ausdruck $(x > (\pi/2 + dpi))$ ist 1 für x größer als $(\pi/2 + dpi)$. Auf Grund der „Oder"-Bedingung erhalten wir zwischen $(\pi/2 - dpi)$ und $(\pi/2 + dpi)$ 0, sonst eine 1; Ähnliches gilt für die zweite „or" Bedingung. $y1$ ist folglich in diesen beiden Zwischenbereichen 0. $y2$ erhalten wir aus folgender Überlegung: $x > (\pi/2 - dpi)$ liefert eine 1 für x größer als $(\pi/2 - dpi)$ und $x > (\pi/2 + dpi)$ ist gleich 1 für x größer als $(\pi/2 + dpi)$. Bilden wir die Differenz, so ergibt der gesamte Ausdruck eine 0 für x größer $(\pi/2 + dpi)$. Eine ähnliche Konstruktion gilt für das Intervall um $3\pi/2$.

4.4 Die bitweisen Operatoren

4.4.1 Befehlsübersicht

logische Operatoren bitand, bitor, bitxor

Bit-Operatoren bitcmp, bitget, bitmax, bitshift, bitset

4.4.2 Die logischen bitweisen Operatoren

Die logischen bitweisen Operatoren unterstützen nur ganze positive Zahlen. Bei bitweisen logischen Operatoren wird die ganze Zahl zunächst in ihre binäre Darstellung gewandelt und dann die entsprechende logische Operation ausgeführt und die Zahl wieder zurück konvertiert.

bitand	Bit-weises Und
bitor	Bit-weises Oder
bitxor	Bit-weises Exklusiv Oder

4.4.3 Bit-Operatoren

bitget und bitset. >>`bitget(A,pos)` gibt den Bitwert von „A" an der Stelle „pos" zurück und >>`bitset(A,pos,v)` an der Stelle „pos" den Bitwert „v" ein. „v" muss entweder den Wert 0 oder 1 haben. Ohne „v" wird eine 1 an die Position „pos" geschrieben.

bitcmp. >>`bitcmp(A,n)` gibt das Bit-weise Komplement von „A" als n-bit floating point integer zurück.

bitmax.

```
>> bitmax
ans =
   9.0072e+15
```

bitmax liefert den maximalen Wert Ihres Computers zurück, wenn alle Bits gesetzt sind. Dies ist $2^{53} - 1$.

bitshift. `>> C = bitshift(A,k,n)` gibt den Wert von „A" um k bit verschoben zurück. Standardmäßig ist $n = 53$ (vgl. bitmax). Für $k > 0$, also eine Verschiebung nach links, entspricht dies der Multiplikation mit 2^k und für $k < 0$ (Rechts-Verschiebung) einer Division mit 2^k.

4.5 Mengen-Operatoren

4.5.1 Befehlsübersicht

intersect   ismember   setdiff   setxor   union   unique

4.5.2 Schnitt- und Vereinigungsmenge

Schnittmenge: intersect und setxor. `>> intersect(A,B)` berechnet die Schnittmenge von A mit B. A und B müssen entweder Vektoren sein oder Arrays derselben Spaltendimension. Hier werden dann mit `intersect(A,B,'rows')` gleiche Zeilen ausgegeben. `[c,ia,ib] = intersect(a,b)` liefert die entsprechenden Spaltenindizes als Vektoren zurück, so dass $c = a(ia)$ und $c = b(ib)$ bzw. $c = a(ia,:)$ und $c = b(ib,:))$ gilt.

`setxor` gibt diejenigen Werte zurück, die nicht in der Schnittmenge enthalten sind, liefert also das Komplement zu „intersect". Notation und Bedeutung sind identisch zum Befehl „intersect".

Vereinigungsmenge: union. `union` ist die Vereinigungsmenge und folgt der Notation von „intersect".

4.5.3 Teilmengen

ismember und setdiff. `>> TF = ismember(A,S,'rows')` gibt Auskunft, ob der Vektor oder das Array A in S enthalten ist (zu „rows" vgl. intersect).

`setdiff(A,B,'rows')` ist das Gegenstück zu „ismember" und liefert die Elemente von A zurück, die nicht in B enthalten sind (zu „rows" vgl. intersect).

Beispiel:

```
>> x=[1 2.0 3 4.0 5.0 6];
>> y=[1 2.5 3 4.5 5.5 6 7 8 9];

>> [c,index]=setdiff(x,y)
c =
     2    4    5
index =
```

```
                 2       4       5
>> ctest=x(index)
ctest =
                 2       4       5
```

Das 2., 4. und 5. Element von „x" ist nicht in „y" enthalten. Wenden wir den Indexvektor „index" auf „x" an, so erhalten wir gerade „ctest = c".

unique. unique liefert dieselben Elemente zurück ohne Wiederholung. Die Bezeichnungen sind wie in „intersect".

Beispiel.

```
>> A                                            1
A =                                             2
         8       3       4                      2
         1       5       9
         6       7       2
         6       7       2               >> Atest=B(im,:)
>> [B,in,im]=unique(A,'rows')            Atest =
B =                                              8       3       4
         1       5       9                       1       5       9
         6       7       2                       6       7       2
         8       3       4                       6       7       2
in =                                      >> Btest=A(in,:)
         2                                Btest =
         4                                       1       5       9
         1                                       6       7       2
im =                                             8       3       4
         3
```

unique liefert nur diejenigen Zeilen von A zurück, die einmal vorkommen. Dabei werden die einzelnen Zeilen nach aufsteigender Reihenfolge des Zeilenkopfes geordnet. Die Indexvektoren „in" und „im" erfüllen wieder (vgl. das Kommando intersect) A=B(im,:) und B=A(in,:).

4.6 Sonderzeichen

Die in MATLAB verwendeten Sonderzeichen sind in Tabelle (4.1) aufgelistet. (Siehe ebenso die Abschnitte über arithmetische, Vergleichs- und logische Operatoren.)

Tabelle 4.1: Verzeichnis der Sonderzeichen.

[]	Zur Erzeugung von Arrays
	Rückgabewerte von Funktionen
()	Ansprechen einzelner Elemente in Arrays
	Arithmetische Regeln
	Funktionsargumente
{}	Zell-Arrays
=	Zuordnung, z. Bsp. x=y
'	Komplex Konjugierte einer Matrix
	die Transponierte wird mit .' erzeugt
	Charakters, z. Bsp. 'Text'
.	Dezimalpunkt
	zur elementweisen Operation, z. Bsp. .*
	Kennzeichnung von Feldern in Strukturen
..	cd .. wechselt in das darüber liegende Verzeichnis
...	Fortsetzungszeichen
,	Zur Trennung von Matrizenindizes
	und Funktionsargumenten
;	Am Befehlsende zur Unterdrückung der Bildschirmausgabe
	Innerhalb von Klammern als Zeilenende
%	Beginn eines Kommentars
!	Befehl wird auf der Betriebssystemebene ausgeführt

4.7 Ausgewählte Variablen und Konstanten

Die in MATLAB verwendeten Konstanten und vordefinierten Variablen sind in Tabelle (4.2) aufgelistet, die extremalen Werte für ganze Zahlen in der Tabelle (4.3).

Beispiele. Wird eine Variable, hier x, vorgegeben so wird dieser Variablen die Lösung zugeordnet:

```
>> x=5*3
x =
    15
```

Ohne Angabe einer Variablen wird stets ans (für answer) gewählt:

```
>> 5*3
ans =
    15
```

4.7 Ausgewählte Variablen und Konstanten

Tabelle 4.2: Verzeichnis der Konstanten und vordefinierten Variablen.

ans	Ist bei interaktiven Rechnungen keine Variable angegeben, wird automatisch die Variable ans erzeugt
eps	Genauigkeit bei floating point Operationen (PC/Linux: $2.2204 10^{-16}$) `eps('single')`: $1.1921e-07$
i	Imaginäre Einheit $\sqrt{(-1)}$
inf	„Unendlich"
isfinite	wahr ($=1$) für endliche Ausdrücke
isinf	falsch ($=0$) für endliche Ausdrücke
isnan	falsch ($=0$) für Zahlen
j	Imaginäre Einheit $\sqrt{(-1)}$
NaN	„Not-a-Number" Ergebnis nicht definierter arithmetischer Operationen
pi	$= 3.1415926535897\ldots$
realmax	größte positive Zahl (PC/Linux $1.7977 10^{308}$) `realmax('single')`: $3.4028e+38$
realmin	kleinste positive Zahl (PC/Linux $2.2251 10^{-308}$) `realmin('single')`: $1.1755e-38$
why	erzeugt auf nahezu jede „Frage" eine knappe „Antwort"

Tabelle 4.3: Verzeichnis der extremalen ganzzahligen Werte.

x	`intmax('x')`	`intmin('x')`
int8	127	-128
uint8	255	0
int16	32767	-32768
unit16	65535	0
int32	2147483647	-2147483648
uint32	4294967295	0
int64	9223372036854775807	-9223372036854775808
uint64	18446744073709551615	0

Bei Division durch Null ist die Lösung unendlich:

```
>> x=1/0
Warning: Divide by zero.
x =
   Inf

>> isinf(x)
ans =
     1
```

Trotzdem ist x eine Zahl:

```
>> isnan(x)
ans =
     0
```

Maschinengenauigkeit: eps, realmin und realmax. Die endliche Maschinengenauigkeit führt bei Rechenoperationen zu Rundungsfehlern. Ist x eine reelle Zahl und bezeichne $\mathcal{M}(x)$ die Rundung von x zur nächstgelegenen Maschinenzahl, dann ist der Rundungsfehler durch

$$\frac{|\mathcal{M}(x) - x|}{|x|} < eps \qquad (4.1)$$

beschränkt. Unter MATLAB ist die Maschinengenauigkeit für double-Zahlen $\text{eps} = 2^{52} \approx 2.2 \cdot 10^{-16}$ und die größte zur Verfügung stehende Maschinenzahl $\text{realmax} = 2^{1024} \approx 1.7977 \cdot 10^{308}$ sowie die kleinste $\text{realmin} \approx 2.2251 \cdot 10^{-308}$. MATLAB folgt dabei dem ANSI/IEEE Standard 754-1956 für Rechnerarithmetik und Gleitpunktzahlen. Nach diesem Standard sind double-Zahlen durch folgendes Format gegeben:

V	e	M
1 Bit	11 Bit	52 Bit

Dabei bezeichnet „V" das Vorzeichen, „e" den Exponenten und „M" die Mantisse und es gilt $-1022 \leq e \leq 1023$.

Die Befehle `eps`, `realmin` und `realmax` erlauben als optionale Argumente „double" (Default) und „single" sowie `eps(x)` mit einem beliebigen Array „x". In diesem Fall wird die Auflösung bezüglich der Variablen „x" ausgegeben.

```
>> % 8 Byte Genauigkeit
>> eps(1)           >> eps(100)          >> eps(0.01)
ans =               ans =                ans =
   2.2204e-16          1.4211e-14          1.7347e-18

>> % 4 Byte Genauigkeit
>> eps(single(1))   >> eps(single(100))  >> eps(single(0.01))
ans =               ans =                ans =
   1.1921e-07          7.6294e-06           9.3132e-10
```

5 MATLAB als Programmiersprache

5.1 Entscheidungen und Schleifen

Der Sinn von Programmiersprachen ist es, unter anderem den Ablauf eines Programms zu steuern. MATLAB bietet die Möglichkeit, den sequentiellen Ablauf eines Programms durch Verzweigungen und Schleifen zu beeinflussen. Insbesondere Schleifen sollten jedoch gründlich überdacht werden, da vektorisierte Programme sehr viel effizienter abgearbeitet werden (vgl. Kap.5.1.2).

5.1.1 Befehlsübersicht

Schleifen for, while

Bedingungen try - catch, if - else - elseif, switch - case - otherwise

Schlüsselbegriffe break, continue, end, return

(Das Schlüsselwort **end** kennzeichnet das Ende von Schleifen und Verzweigungen sowie Nested Functions.)

5.1.2 Schleifen: for und while

Schleifen dienen dazu eine Gruppe von Anweisungen mehrfach auszuführen. In Schleifen können auch die Kommandos `break`, `continue` und `return` genutzt werden (s. unten).

for. Die Syntax für eine for-Schleife ist

```
for variable = ausdruck
    Anweisungen
end
```

Beispiel.

```
for k=1:100001
    x(k)=(k-1)*k
end
```

Sehr viel effizienter und übersichtlicher ist die Vektorisierung dieses Codes:

```
n=1:100001;
y=(n-1).*n
```

In den wenigen Fällen, in denen eine Vektorisierung nicht möglich sein sollte, empfiehlt es sich, vor der Abarbeitung der Schleife das entsprechende Array beispielsweise durch x=zeros(1,100001) zu erzeugen, d.h. entsprechenden Speicher zu allozieren. Ohne diese Initialisierung erzeugt MATLAB beim ersten Schleifendurchlauf zunächst einen Skalar x. Im zweiten Durchgang wird dieser Skalar in einen 2-dimensionalen Vektor umkopiert, beim dritten Durchlauf in einen 3-dimensionalen Vektor und so fort. Durch die Speicher-Vorbelegung wird zumindest das zeitraubende Umkopieren in größer und größer werdende Arrays vermieden. Bis zum Rel. 6.1 kann dieser kleine Schritt bei sehr großen Vektoren leicht die Rechenzeit von Stunden auf Bruchteile einer Stunde drücken und mit Vektorisierung auf Minuten oder gar Sekunden. Für PC-Betriebssysteme (MS Windows und Linux) gibt es seit dem Rel. 6.5.0 den JIT Accelerator (siehe Kap. 5.2). Im obigen Beispiel benötigte ein PC mit abgeschaltetem Accelerator (512 MByte Hauptspeicher) für die for-Schleife ohne Speicherallokierung 574.3 s, mit Speicherallokierung 1.16 s und der vektorisierte Code 0.05 s. In der Vektorisierung steckt das weitaus größte Kapital zur effizienten Programmierung!

while. Die Syntax für eine while-Schleife ist

```
while ausdruck
    Anweisungen
end
```

Die while-Schleife wird ausgeführt so lange der „ausdruck" wahr ist.

Beispiel.

```
a=4;
b=100;
while(a<b)
    b=b/2;
end
```

In diesem Beispiel wird die while-Schleife erst abgebrochen, wenn Bedingung (a<b) nicht mehr erfüllt (false) ist. While 1 würde folglich zu einer unendlich langen Schleife führen.

continue. continue übergibt die Kontrolle wieder an die nächste Schleifen-Iteration. (Vgl. das Beispiel in Kap. 5.1.3.)

5.1.3 Entscheidung: if

Die (bedingte) Anweisung if wertet einen logischen Ausdruck aus und verzweigt zu einer Gruppe von Anweisungen, sofern der Ausdruck wahr ist.

Einseitige Auswahl. Die Syntax für eine einseitige Auswahl ist

if Bedingung

    Anweisungen;

end Ist die Bedingung wahr (ungleich 0), so werden alle Anweisungen zwischen if und end ausgeführt.

Mehrseitige Auswahl. else und elseif erlauben mehrere Alternativen komfortabel miteinander zu verknüpfen:

if Bedingung

    Anweisungen 1;

else

    Anweisungen 2;

end

Ist die Bedingung erfüllt, werden die „Anweisungen 1" ausgeführt sonst „Anweisungen 2".

if Bedingung(1)

    Anweisungen 1;

elseif Bedingung(2)

    Anweisungen 2;

else

    Anweisungen 3;

end

Bei elseif werden die Bedingungen nacheinander ausgewertet. Ist die erste Bedingung wahr, so wird nur der erste Anweisungblock ausgeführt, alle weiteren werden nicht mehr getestet. Ist Bedingung (1) falsch, aber Bedingung (2) wahr, so werden die Anweisungen 2 ausgeführt und so fort.

Beispiel. Das folgende kleine Beispiel

```
a=2;
b=10;
while(a<b)
    b=b/2
    if(a<2)
        continue
    end
    a=a-1
end
```

führt zu

```
b =
    5
a =
    1
b =
    2.5000
b =
    1.2500
b =
    0.6250
```

Beim ersten Schleifendurchlauf ist die if-Bedingung nicht erfüllt, folglich wird a um 1 erniedrigt. Bei allen folgenden Schleifen ist a< 2, die if-Bedingung wahr. Daher wird die Anweisung `continue` ausgeführt, d.h. die Kontrolle sofort an die while-Schleife übergeben und a nicht um eins erniedrigt.

5.1.4 Fallunterscheidung: switch

Stellen wir uns die folgende Problemstellung vor:
Je nach Wert einer Variablen soll eine bestimmte Gruppe von Anweisungen ausgeführt werden. Das entsprechende Konstrukt heißt `switch`. Die Sprungmarken werden durch `case` festgelegt. Dabei wird (im Gegensatz zur Programmiersprache C) nur die erste Übereinstimmung ausgeführt. Wird keine der durch „case" definierten Sprungmarken erfüllt, wird ähnlich dem Schlüsselwort „else" unter „if" durch `otherwise` eine alternative Gruppe von Anweisungen definiert. Switch wird durch `end` beendet. Die Syntax ist

`switch` Variable

`case` Fall 1

    Anweisungen 1

`case` Fall 2

    Anweisungen 2

    $\vdots$

`otherwise`

    sonstige Anweisungen

`end`

Beispiel.

```
>> x=2;
>> switch x
case 0
    disp('x ist Null');
```

```
case 1
    disp('x ist Eins');
case 2
    disp('x ist Zwei');
otherwise
    disp('keine Ahnung was x ist');
end

x ist Zwei
```

5.1.5 Ausnahmen: try und catch

Die try/catch-Anweisung ist MATLABS Analogon zu Javas Mechanismus zum Exception Handling. Try stellt einen Codeblock zur Verfügung, der so lange ausgeführt wird, bis die Aufgabe abgearbeitet ist oder es zu einer Fehlermeldung kommt. Dann wird der catch-Block ausgeführt. Die im try-Block erzeugte Fehlermeldung wird in der Stringvariablen lasterr gespeichert. Die allgemeine Syntax ist

try

    Anweisungsblock

catch

    Anweisungsblock

end

Beispiel.

```
%  Skript trybsp.m
x=5;
try
   while (x>=0)
       x=x-1;
       z=magic(x)
   end
catch
    disp('catch')
    z=0
end
lasterr

>> trybsp
z =
    16     2     3    13
     5    11    10     8
     9     7     6    12
```

```
         4    14    15     1
z =
         8     1     6
         3     5     7
         4     9     2
z =
         1     3
         4     2
z =
         1
catch
z =
         0
ans =
Index exceeds matrix dimensions.
```

Oben steht der Code gefolgt vom Ergebnis. x ist zunächst 5, ein magisches Quadrat der Dimension 4 wird durch magic(x) erzeugt. x wird in jeder Schleife um 1 erniedrigt, bis schließlich eine Matrix der Dimension 0 erzeugt werden soll. Dies ist nicht definiert und führt zu einem Fehler, der vom try/catch-Block aufgefangen wird. Die Variable z wird zu Null gesetzt, die Fehlermeldung in „lasterr" gespeichert. (magic ist nur für Dimensionen größer 2 definiert. Da dies aber nicht zu einer Fehlermeldung führt, wird dieser Programmierfehler von try auch nicht abgefangen.)

5.1.6 Break und return

Break beendet die Ausführung einer for- oder while-Schleife. Bei geschachtelten Schleifen springt break nur aus der innersten Schleife heraus. Außerhalb einer Schleife in einem MATLAB Skript oder einer MATLAB Funktion wird das Skript bzw. die Funktion beim Auftreten von break abgebrochen, in „if"-, „switch-case"- und „try/catch"-Anweisungen wird die jeweilige Anweisung beim Auftreten von „break" beendet.

return dient zum Rücksprung von einer Unterfunktion zur Mutterfunktion, zum Beenden einer Funktion und zur Rückkehr zum interaktiven Mode oder zum Rücksprung aus dem an Kommandozeilen orientierten Debugger Mode (vgl. Kap. 3.8). Return bietet sich daher ähnlich dem try/catch-Block zum Auffangen von Fehlern an.

5.2 Der JIT Accelerator

Mit MATLAB 6.5 wurde der JIT Accelerator eingeführt, der die Abarbeitung von M-File-Funktionen beschleunigt. Wesentliche Aufgabe ist die raschere Abarbeitung von Schleifen. Während das Release 7 alle Datentypen unterstützt und fühere Einschränkungen weitgehend wegfallen, werden unter 6.5 nur die folgenden Array-Typen vom Accelerator unterstützt: Logical, Character, Integer (ausgenommen int64 und uint64) sowie Doubles. Das bedeutet insbesondere, dass Strukturen und Zell-Arrays sowie Sparse-Arrays unter Rel. 6.5 nicht unterstützt werden. Des Weiteren werden Typkonvertierungen, beispielsweise eine „Double-" in eine „String-Variable", nicht unterstützt. Ebenfalls nicht unterstützt wird der Aufruf weiterer Funktionen, sofern es sich nicht um MATLAB Built-in-Functions handelt sowie Zeilen, in denen mehrere Kommandos aufgelistet sind. Mit `>> feature jit on/off` und `>> feature accel on/off` lässt sich der JIT Accelerator an- und ausschalten, die Default-Einstellung ist „on".

5.3 Ausführen von Zeichenketten und MATLAB Ausdrücken

5.3.1 Befehlsübersicht

Variablenzuordnung assignin

Stringevaluation eval, evalc, evalin, feval

Funktionsausführung builtin, run

5.3.2 Variablenzuordnung: assignin

Das Kommando `assignin` dient zum Transponieren von Daten aus dem Function Workspace in den MATLAB Workspace (base) und innerhalb einer Unterfunktion zum Verändern einer Variablen im Speicherraum der Mutterfunktion.

Syntax: `assignin(ws,'var',val)` ordnet der Variablen „var" im Workspace „ws" den Wert „val" zu.
Beispielsweise ordnet der Aufruf `assignin('base','xb',xf)` in einer MATLAB Funktion im MATLAB Base Space (Command Window) der Variablen „xb" den in der Funktion berechneten Wert „xf" zu.

5.3.3 Stringevaluation

eval, evalc und evalin. Die Funktion `eval` wertet Charakter-Variablen mit Hilfe des MATLAB Interpreters aus.

Beispiel 1:

```
>> eval('x=5')
x =
    5
```

Dies kann sehr gewinnbringend beispielsweise zur Durchnummerierung von Files oder Variablen verwendet werden:

```
>> for n=1:10
eval(['meinx',num2str(n),'=  ','2.*n-1'])
end
```

```
meinx1 =                        meinx6 =
     1                               11
meinx2 =                        meinx7 =
     3                               13
meinx3 =                        meinx8 =
     5                               15
meinx4 =                        meinx9 =
     7                               17
meinx5 =                        meinx10 =
     9                               19
```

evalc.

```
>> x=eval('t=5')
??? Error: Assignment statements cannot produce
          a result.
```

Die Auswertung einer „eval" Operation kann nicht einer Variablen zugeordnet werden. Diese Aufgabe übernimmt `evalc`.
Syntax: `[x,x1,x2,...,xn] = evalc(„text")`, das Ergebnis von `[x1,x2,...,xn] = eval(„text")` ist in der Variablen „x" nieder gelegt.

Beispiel 2:

```
>> x=evalc('t=5')
x =
t =
    5
```

„t" ist eine reelle Zahl und „x" ein Charakter Array.

evalin. `evalin` verknüpft die Funktionalität von „eval" mit „assignin". Die Syntax ist `evalin(ws,'text')`, wobei „text" die Stringvariable ist, die von „eval" ausgeführt wird und zwar im Workspace „ws".

feval. Das Kommando `feval` führt eine Funktion aus.

Syntax: `[y1,y2,...,yn] = feval('meinefunk',x1,x2,...,xn)` bzw.
`[y1,y2,...,yn] = feval(@meinefunk,x1,x2,...,xn)`
d.h. „feval" führt die Funktion „meinefunk" mit den Argumenten (x1, x2, ..., xn) aus und liefert die entsprechenden Ergebnisse [y1, y2, ..., yn] zurück. Die auszuführende Funktion kann dabei entweder durch Ihren Namen „meinefunk" oder durch ihr Function Handle (vgl. Kap. 5.4.2) „@meinefunk" festgelegt sein.

5.3.4 Funktionsausführung

builtin. In überladenen Methoden wird das zu der Methode gehörende Kommando und nicht das ursprüngliche MATLAB Kommando ausgeführt. Der Befehl `builtin` erlaubt das ursprüngliche Kommando an Stelle der überladenen Methode auszuführen.
Syntax: `[z1,z2,...,zn] = builtin(function,x1,x2,...,xn)`.

5.4 Skripte, Funktionen und Variablen

run. `run meinskript` führt das MATLAB Skript „meinskript" aus. „meinskript" kann auch Pfadangaben enthalten. In diesem Fall wechselt MATLAB zu dem zu „meinskript" gehörenden Directory und kehrt nach Beenden des Skripts wieder in das ursprüngliche Verzeichnis zurück.

5.4 Skripte, Funktionen und Variablen

5.4.1 Skripte

MATLAB Skripte enthalten eine Folge von MATLAB Kommandos, die bei Aufruf des Skripts ausgeführt werden. Die Files haben wie die MATLAB Funktionen die Kennzeichnung .m und werden ohne diese Extension aufgerufen.

5.4.2 Funktionen

In MATLAB dienen Funktionen zur Erweiterung des bereits vorhandenen Befehlumfangs. Mit Funktionen lassen sich Argumente übergeben, Algorithmen ausführen und Funktionswerte berechnen. Die Deklaration eines Function Files erfolgt mit dem Schlüsselwort `function`. Die Syntax ist `function [y1,y2,...,yn] = funcname(x1,x2,...,xm)`. Dabei bezeichnet (x1,x2,···,xm) die Funktionsargumente, „funcname" den Funktionsnamen und [y1,y2,...,yn] die Rückgabewerte. (Siehe: varargin, varargout, nargin und nargout, Kap. 5.5.)

Beispiel. Die folgende m-Funktion

```
function [Kzins,Kn] = spar(K0,zins,lz)
% Berechnung des Ertrags
% Kzins Zinsertrag mit Zinseszins
% Endkapital nach n Jahren
% Eingabewerte:
%           K0 Anfangskapital
%           Zinssatz in Prozent
%           Laufzeit in Jahre

lz=floor(lz);
fac=zins/100+1;
Kn=K0*fac^lz;
Kzins=Kn-K0;
```

berechnet aus den Eingangswerten Zinsertrag und Endkapital. Der mit % gekennzeichnete Block dient als Help-Teil:

```
>> help spar

  Berechnung des Ertrags
```

```
    Kzins Zinsertrag mit Zinseszins
    Endkapital nach n Jahren
    Eingabewerte:
            K0 Anfangskapital
            Zinssatz in Prozent
            Laufzeit in Jahre

>>
```

Die Funktion „spar" liefert mit

```
>> [Kn,Kdiff]=spar(1000,3,5)
Kn =
   159.2741
Kdiff =
   1.1593e+03
```

den Ertrag einer Sparanlage nach fünf Jahren mit einer 3-prozentigen jährlichen Verzinsung. Weitere Unterfunktionen lassen sich innerhalb einer MATLAB Function wieder mit dem Bezeichner „function" aufrufen.

Nested Function. Funktionen beginnen mit dem Schlüsselwort `function`. Unterfunktionen können sequentiell in eine MATLAB Funktionsdatei eingebettet werden. Eine Unterfunktion beginnt wieder mit dem Schlüsselwort `function` und an dieser Stelle endet die darüber stehende Funktion. Mit dem Rel. 7 hat MATLAB ein neues Konzept – das der Nested Function – zusätzlich eingeführt. Nested Functions beginnen erneut mit dem Schlüsselwort `function`, enden aber mit `end`. Die Hauptfunktion endet ebenfalls mit dem Schlüsselwort `end`. Herkömmliche Unterfunktionen haben ihren eigenen Speicherbereich. Das bedeutet, Variablen der Hauptfunktion und der Unterfunktion, die nicht `global` definiert sind, kennen sich auch nicht. Nested Functions teilen dagegen den Speicherbereich der Hauptfunktion, nicht aber umgekehrt. Das bedeutet, die Nested Function kennt die Variablen der Hauptfunktion, diese jedoch nicht die Variablen der eingebetteten Nested Function. Das Konzept lässt sich iterativ fortsetzen. An die Hauptfunktion können sich weitere Unterfunktionen anschließen, die dann ebenfalls mit dem Schlüsselwort `end` abgeschlossen werden müssen und die ihren eigenen Speicherbereich haben. Da sie nicht in die Hauptfunktion eingebettet sind, kennen sie auch deren Variablen nicht. Das folgende Beispiel erläutert dies:

```
function nestbsp(x)
% Hauptfunktion
a=3;    % nicht in \glqq nested\grqq{} definiert
y=mynest(x)
%
    function z=mynest(x)
        % nested function
        z=a*x;
```

5.4 Skripte, Funktionen und Variablen

```
            % \glqq a\grqq{} aus Hauptfunktion ist bekannt!
    end     % nested function wird geschlossen
%
disp('fertig')   % hier wird die Hauptfunktion
                 %              fortgesetzt
end              % Schluss mit Hauptfunktion
```

Inline Function. Das Konzept der Inline Function erlaubt Funktionen interaktiv zu definieren. Das Schlüsselwort ist `inline`, die allgemeine Syntax f = inline(ausdruck, arg1, arg2, ...).

Beispiel

```
>> fsc=inline('x.^2-y.^2','x','y')
fsc =
     Inline function:
     fsc(x,y) = x.^2-y.^2
```

Die so definierte Funktion kann wie eine gewöhnliche, bereits vordefinierte MATLAB Funktion verwendet werden:

```
>> x=-2:0.1:2;
>> y=x;
>> [X,Y]=meshgrid(x,y);
>> Z=fsc(X,Y);
>> surfc(X,Y,Z)
```

Das Ergebnis zeigt Abbildung (5.1).

Function Handle. Function Handle ist ein MATLAB Datentyp, der alle Informationen enthält, um eine Funktion einschließlich überladener Methoden aufzurufen. Ein Function Handle wird mittels >> `fhand = @funcname` erzeugt, dabei steht „funcname" für den Namen der Funktion. Mehrere Function Handles lassen sich in Arrays zusammenfassen und in Mat-Files speichern. Mit den Befehlen „str2func" und „func2str" lassen sich Funktionsnamen in Function Handles und umgekehrt konvertieren (vgl. Kap. 22.6). Wann immer möglich sollten Sie statt Funktionsnamen Function Handles verwenden, da sie einen breiteren Anwendungsbereich (Beispiel Private Functions und Unterfunktionen) haben und die Performance insbesondere bei wiederholten Funktionsaufrufen verbessern. Da Function Handles die gesamte Pfadinformationen beinhalten, können Namenskonflikte zwischen gleichlautenden Funktionen vermieden werden.

Anonyme Funktionen. Mit MATLAB 7.0 wurde ein weiteres Funktionskonzept eingeführt: die anonyme Funktion. Die Syntax ist `fhandle = @(argliste) ausdruck`. Das Rückgabeargument ist ein „Function Handle". Hinter der Einführung der anonymen Funktionen verbirgt sich das zukünftige Konzept „Function Handles" deutlicher in den Vordergrund zu stellen. Anonyme Funktionen sind eine Alternative zu den Inline Funktionen.

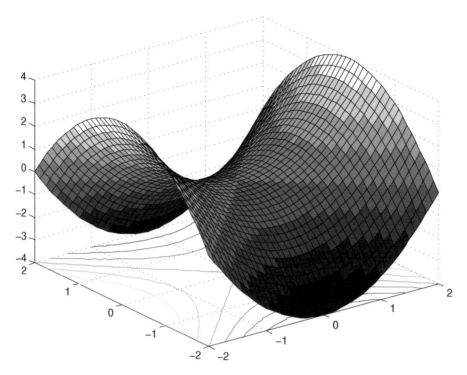

Abbildung 5.1: *Hyperboloid berechnet mittels der Inline Funktion fsc=inline('x.^2 - y.^2','x','y').*

Beispiel: Anonyme Funktionen

```
>> % Erzeugen einer anonymen Funktion
>> einfpol = @(x,y) (x.^2 + y.^2)
einfpol =
    @(x,y) (x.^2 + y.^2)

>> whos
  Name          Size        Bytes  Class

  einfpol       1x1            16  function_handle array
```

Das Rückgabeargument ist vom Typ Function Handle. Der Aufruf erfolgt wie bei einer „normalen" Funktion.

```
>> z = einfpol(1,3)
z =
    10
```

5.4.3 Globale Variablen

Sollen mehrere Funktionen auf dieselbe Variable zugreifen, so genügt es, die betreffende Variable `global` zu definieren. Dies gilt auch für die Kommunikation mit dem Workspace. Die Syntax ist `global x`. Zu beachten ist dabei Folgendes: In einer Funktion sei eine Variable x global definiert. Der zugehörige Speicherraum ist der Function Space. Eine Variable x des Base Space, dies ist der zum MATLAB Command Window und aus dem Command Window aufgerufene MATLAB Skripten gehörige Speicherraum, ist nach wie vor lokal. Erst nachdem auch, beispielsweise im MATLAB Command Window, x global definiert wurde, werden das „x" der Funktion und das „x" des Command Windows aufeinander abgebildet. (Vgl. auch assignin.) Globale Variablen sollten aber der höheren Programmiersicherheit wegen sparsam eingesetzt werden.

isglobal. >> `isglobal(x)` ist wahr für globale Variablen und liefert eine „1" zurück, sonst eine „0".

5.4.4 Persistente Variablen

Variablen in Funktionen sind ohne explizite Deklaration lokal. Ruft man die Funktion auf, so ist zunächst auch bei jedem wiederholten Aufruf eine Variable nicht mit einem Wert vorbelegt. Persistent definierte Variablen – Syntax `persistent x` – sind dagegen mit einem Wert belegt, der auch bei einem erneuten Aufruf der Funktion noch bekannt ist. Persistente Variablen sind trotzdem lokal, d.h. nur in der entsprechenden Funktion bekannt. Variablen mit demselben Namen in anderen Unterfunktionen werden nicht überschrieben. Der Wert wird erst nach Schließen der Funktion gelöscht (vgl. auch mlock, nächster Abschnitt).

Beispiel Problem: Wie oft wird eine Funktion von anderen Funktionen aufgerufen? Eine lokal definiert Laufvariable wird bei jedem Aufruf zurückgesetzt.

```
function x=wieoft(k)

persistent nn        % Deklaration der Variablen nn

if(isempty(nn))      % ist nn leer
    nn=0;            % wird nn mit 0 initialisiert
end
nn=nn+1;             % hier wird hochgezaehlt

%%%% Weitere Programmteile
```

5.4.5 Schutz von m-Files, mlock, mislocked und munlock

mlock `mlock` schützt den Speicherbereich eines gerade ausgeführten m-Files vor Löschen.

mislocked. >>`mislocked('funname')` ist wahr, falls die Funktion mit Name „funname" mit mlock geschützt ist, andernfalls falsch und eine Null wird zurück geliefert.

munlock Mit >>munlock('funname') wird der Schutz des Funktionsspeichers, der zu „funname" gehört, aufgehoben.

mfilename. mfilename liefert den Namen des gerade ausgeführten m-Files zurück.

5.4.6 Namenstest

Befehlsübersicht. exist   iskeyword   isvarname   genvarname   namelengthmax

exist. exist name prüft, ob „name" existiert. Die möglichen Rückgabewerte sind in Tabelle (5.1) aufgelistet.

Tabelle 5.1: Verzeichnis der Rückgabewerte von exist name

0	existiert nicht
1	Variable name existiert im Workspace
2	name ist ein m-File oder von unbekanntem Typ
3	name ist ein mex-File innerhalb des MATLAB Suchpfades
4	name ist ein mdl-File (Simulink Modell) im MATLAB Suchpfad
5	name ist eine built-in-Funktion
6	name ist ein p-file im MATLAB Suchpfad
7	name ist ein Verzeichnis
8	name ist eine Java Klasse

iskeyword. iskeyword('str') ist wahr (1), falls „str" ein MATLAB Schlüsselwort ist, andernfalls falsch (0). Eine Liste aller Schlüsselwörter erhält man mit

```
>> iskeyword
ans =
    'break'                'function'
    'case'                 'global'
    'catch'                'if'
    'continue'             'otherwise'
    'else'                 'persistent'
    'elseif'               'return'
    'end'                  'switch'
    'for'                  'try'
                           'while'
```

isvarname, genvarname. isvarname('str') prüft ob „str" eine gültiger Variablenname ist. Beispiele:

```
> isvarname name
ans =
    1
```

```
>> isvarname 3name
ans =
     0
```

Variablen dürfen nicht mit einer Zahl beginnen und nicht mehr als 63 Zeichen umfassen. MATLAB unterscheidet zwischen Groß- und Kleinschreibung, „Name" und „name" sind zwei unterschiedliche Variablen.

Mit Rel.7 kam die Funktion `genvarname` hinzu, die aus einem String einen gültigen Variablennamen konstruiert. Die Syntax lautet `varname = genvarname(str)`. Ist „str" ein MATLAB Schlüsselwort, so wird ein davon unterschiedlicher Variablenname gebildet. `varname = genvarname(str, nichtder)` konstruiert aus dem String „str" einen gültigen Variablennamen, der nicht in der Liste „nichtder" vorkommt. Beispielsweise führt `>> erg=genvarname('global',{'x','xGlobal'})` zu `erg = xGlobal1`.

namelengthmax. `namelengthmax` liefert die maximale Länge (63 Zeichen), die zur Unterscheidung eines Namens (Variablen, Files, ...) erlaubt ist, zurück. (Hinweis: Bis zum Rel. 6.1 lag dieser Wert noch bei 31 Zeichen.)

5.5 Argumente

5.5.1 Prüfen und Anzahl der Funktionsargumente

`nargchk` und `nargoutchk` prüfen auf korrekte Anzahl der Ein- und Ausgabewerte einer Funktion. Die Syntax ist bei beiden gleich: `nargchk(min,max,n)`, wobei min die minimale, max die maximale und n die tatsächliche Zahl der Variablen angibt. (n kann gleich nargin bzw. nargout gesetzt werden, s. folgender Abschnitt mit Beispiel.)

`nargin` gibt die Zahl der tatsächlichen Eingabe- und `nargout` der tatsächlichen Ausgabewerte in MATLAB Funktionen an.

5.5.2 Variable Anzahl der Funktionsargumente

`varargin` und `varargout` dienen als Funktionsargument bei einer variablen Anzahl von Ausgabe- bzw. Eingabewerten. Dies eröffnet effiziente Anwendungsmöglichkeiten. Beispielsweise berechnet die Funktion „eig" Eigenwerte und Eigenfunktionen. Stellt man nur eine Rückgabevariable zur Verfügung, so werden nur die Eigenwerte, bei zwei Rückgabevariablen werden Eigenwerte und Eigenfunktionen berechnet. Eine variable Anzahl von Ein- oder Ausgabewerten findet sich bei vielen MATLAB Funktionen. Das folgende Beispiel dokumentiert die Anwendungsmöglichkeiten:

```
function x1=varein(varargin);
error(nargchk(2,3,nargin)) % Test auf 2 bzw.
                           % 3 Eingabewerte
if nargin==2
   x1=varargin{1}*varargin{2}';
```

```
else
    x1=varargin{1}*varargin{2}'*varargin{3};
end
```

`varargin` ist eine Zellvariable, die in den einzelnen Zell-Elementen die Eingabewerte enthält. `nargin` ist gleich der Anzahl der tatsächlich eingegebenen Werte.

```
>> xaus=varein(x,y)
xaus =
   385
```

Eine falsche Zahl von Eingabewerten führt zu

```
>> xaus=varein(x)
??? Error using ==> varein
Not enough input arguments.

>> xaus=varein(x,y,z,z)
??? Error using ==> varein
Too many input arguments.
```

5.5.3 Namen der Funktionsargumente

`inputname(n)` kann nur innerhalb einer MATLAB Funktion verwandt werden und liefert den Namen der beim Funktionsaufruf verwendeten n-ten Variablen zurück.

5.6 Meldungen und Ausgaben

5.6.1 Befehlsübersicht

allgemeine Ausgaben. disp, display, fprintf, sprintf

Fehler und Warnungen. error, lasterr, lasterror, lastwarn, rethrow, warning

5.6.2 Ausgabe

Ist „x" ein Array, so zeigt `disp(x)` bzw. `display(x)` den Inhalt ohne den Namen „x" an und ist „x" ein Text-String, so wird dessen Inhalt auf dem Bildschirm angezeigt. `display` dient zusätzlich bei der Bildschirmdarstellung vieler Objekte (Beispiel Java) als überladene Methode.

5.6.3 Fehlermeldung und Warnung

`error` zeigt eine Fehlermeldung an und reicht die Kontrolle an das Keyboard zurück. `warning` gibt Warnungen aus, `warning off` schaltet die Warnungen ab und `warning on` wieder an.

`lasterr` gibt einen String zurück, der die letzte Fehlermeldung, `lasterror` einen, der die letzte Fehlermeldung und damit verknüpfte Informationen und `lastwarn` einen, der die letzte Warnung enthält. `rethrow` liefert den letzten Fehler zurück und lässt sich insbesondere in einer try-catch-Umgebung sinnvoll einsetzen.

Beispiel.

```
>> err=lasterror

err =

        message: 'Index exceeds matrix dimensions.'
     identifier: 'MATLAB:exceedsdims'
>> rethrow(err)
??? Index exceeds matrix dimensions.
```

5.6.4 Formatierte Ausgaben und Daten

`fprintf` gibt formatierte Daten zurück und `sprintf` schreibt formatierte Daten in einen String. Beide folgen in den Formatierungsanweisungen einer C-ähnlichen Syntax, beide Befehle werden wir im Detail in Kap. 20 diskutieren.

5.7 Interaktiver Input

input	wartet auf eine Eingabe
keyboard	gibt die Kontrolle an die Tastatur
pause	wartet bis Tastendruck
pause(n)	Pause für n Sekunden
pause off	schaltet die Pause-Funktionalität ab, mit „on" wieder an
uicontroll	erzeugt ein User-Interface-Kontroll-Objekt
uimenu	dient der Erzeugung von Menüs im Figure-Fenster

Details und Anwendungen zu `uicontroll` und `uimenu` werden in den Kap. 18 und 24 (Guide) besprochen.

`keyboard` dient innerhalb eines m-Files zur Übergabe der Kontrolle an die Tastatur, die weitere Berechnung wird unterbrochen. Dies kann insbesondere zum Debuggen von M-Files genutzt werden. Mittels >> `return` wird die Kontrolle wieder an den ursprünglichen m-File zurück gegeben.

6 Mathematische Funktionen

6.1 Trigonometrische Funktionen

Tabelle (6.1) listet alle verfügbaren trigonometrischen und Arcus-Funktionen auf.

Tabelle 6.1: Liste der trigonometrischen Funktionen.

acos	Arcus Kosinus	cos	Kosinus
acot	Arcus Kotangens	cot	Kotangens
acsc	Inverser Kosekans	csc	Kosekans
asec	Inverser Sekans	sec	Sekans
asin	Arcus Sinus	sin	Sinus
atan	Arcus Tangens	tan	Tangens
atan2	4-Quadranten Inverse Tangens		

Alle trigonometrischen Funktionen, mit Ausnahme von „atan2", akzeptieren als Argumente komplexe Arrays, die punktweise ausgewertet werden. Die Berechnung wird dabei in rad vorgenommen, d.h. beispielsweise

```
>> sin(pi/4)                    >> sind(45)
ans =                           ans =
    0.7071                          0.7071
```

Für die Berechnungen in Grad dienen die mit einem d am Ende des Namens ergänzten trigonometrischen Funktionen: `acosd`, `acotd`, `acscd`, `asecd`, `asind`, `atand`, `cosd`, `cotd`, `cscd`, `secd`, `sind` und `tand`.

atan2. atan2 liefert den eingeschlossenen Winkel θ in einem (x,y) Koordinatensystem >> `theta = atan2(y,x)`. Jede komplexe Zahl lässt sich mittels „atan2" in ihre Polarform transformieren:

$$z = x + iy \Rightarrow z = r\exp(i\theta) \qquad (6.1)$$

und in MATLAB

```
>> z=x+i*y;
>> r=abs(z);
>> theta=atan2(imag(z),real(z));
```

6.2 Hyperbolische Funktionen

Tabelle (6.2) listet alle verfügbaren hyperbolischen und Area-Funktionen auf.

Tabelle 6.2: *Liste der hyperbolischen Funktionen.*

acosh	Areakosinus	cosh	Hyperbelkosinus
acoth	Areakotangens	coth	Kotangens
acsch	Area Kosekans Hyperbolicus	csch	Kosekans Hyperbolicus
asech	Area Sekans Hyperbolicus	sech	Sekans Hyperbolicus
asinh	Areasinus	sinh	Hyperbelsinus
atanh	Areatangens	tanh	Hyperbeltangens

Wie die trigonometrischen Funktionen werten auch die hyperbolischen und Area-Funktionen komplexe Arrays elementweise aus.

6.3 Exponential- und logarithmische Funktionen

Die folgende Tabelle listet exponentiale und logarithmische Funktionen auf. Die entsprechenden Matrixfunktionen werden in Kap. 10.4 diskutiert.

exp	Exponentialfunktion
expm1	exp - 1
log	natürlicher Logarithmus
reallog	natürlicher Logarithmus
log10	Logarithmus zur Basis 10
log2	Logarithmus zur Basis 2
log1p	log(x+1)

Komplexe Arrays werden elementweise ausgewertet. Der natürliche Logarithmus einer komplexen Zahl $z = x + iy$ ist durch

$$\log(z) = \log(\text{abs}(z)) + i \cdot \text{atan2}(y, x) \qquad (6.2)$$

gegeben. Im Gegensatz zu `log(z)` berechnet `reallog(X)` elementweise den natürlichen Logarithmus positiver reeller Matrizen.

Die mit Rel. 7 neu eingeführten Funktionen `expm1` und `log1p` dienen der Minderung von Rundungsfehlern. Die Exponentialfunktion ist für sehr kleine Argumente „x" nahe der 1. Dies hat zur Folge, dass die direkte Berechnung von `exp(x) -1` wegen Rundungsfehlern ungenau wird. Mit `expm1(x)` wird dieses Problem behoben, die relative Abweichung zeigt Abb. (6.1). Ähnliches gilt bei der Berechnung von $\ln(x+1)$; hier zeigt `log1p(x)` eine höhere numerische Genauigkeit.

6.4 Potenzfunktionen

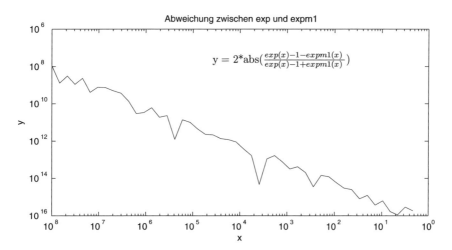

Abbildung 6.1: *Relative Differenz zwischen* `exp(x)-1` *und* `expm1(x)`. *Zur Bildbeschriftung wurde der* MATLAB *eigene Latex Interpreter genutzt.*

6.4 Potenzfunktionen

6.4.1 Potenzen

nextpow2. „nextpow2" steht für „next higher power of 2" und berechnet zu einer gegebenen Zahl die kleinste Potenz von 2, die gleich oder größer dem Betrag der gegebenen Zahl ist; Syntax: `nextpow2(x)`. Für Vektoren und Matrizen A ist nextpow2(A) dasselbe wie nextpow2(length(A)).

Beispiel:
```
>> nextpow2(10)              >> nextpow2(-16)
ans =                        ans =
     4                            4
>> nextpow2(16)              >> nextpow2(16*i)
ans =                        ans =
     4                            4
```

pow2. `pow2(A)` berechnet für ein Array A zu jedem Element A_{kl} $2^{A_{kl}}$;
x = `pow2(f,e)` ist gegeben durch $x = f \cdot 2^e$.

realpow. >> `Z=realpow(X,Y)` dient der elementweisen Potenzierung der Matrix X mit dem korrespondierenden Element der Matrix Y

$$Z_{i,j} = X_{i,j}^{Y_{i,j}} \quad . \tag{6.3}$$

X und Y müssen reelle Matrizen derselben Dimension sein.

6.4.2 Wurzeln

Quadratwurzel. `sqrt(A)` berechnet elementweise die Wurzel aus A. Die entsprechende Matrixfunktion „sqrtm" wird in Kap. 9 diskutiert. Achtung, `A^(1/2)` entspricht der Matrixwurzelfunktion „sqrtm" und nicht der Wurzelfunktion „sqrt".

`realsqrt(X)` berechnet elementweise die Wurzel aus X, wobei X eine positive Matrix ist.

n-te Wurzel. `y = nthroot(x, n)` berechnet die n-te reelle Wurzel aus „x". Ist „x" negativ, dann muss n ungerade sein.

6.5 Rechnen mit komplexen Werten

6.5.1 Befehlsübersicht

abs   angle   complex   conj   cplxpair   imag   isreal   real   unwrap

6.5.2 Polardarstellung einer komplexen Zahl

Die Polar- oder Exponentialdarstellung einer komplexen Zahl $z = x + iy$ ist durch

$$z = r \exp(i\phi) \tag{6.4}$$

gegeben und wird in MATLAB mittels

```
>> r=abs(z);
>> phi=angle(z);
```

berechnet. Arrays werden elementweise ausgewertet. (Zu „angle" siehe auch „atan2".)

Phasenwinkel sind invariant unter Addition bzw. Subtraktion ganzzahliger Vielfacher von 2π. `unwrap` korrigiert in Vektoren und Arrays solche Phasensprünge durch Glättung. Dies kann insbesondere bei grafischen Darstellungen hilfreich sein.

Beispiel:

```
>> x=[0 pi 2*pi pi/4 3*pi 1.25*pi]
x =
     0    3.1416    6.2832    0.7854    9.4248    3.9270
>> unwrap(x)
ans =
     0    3.1416    6.2832    7.0686    9.4248   10.2102
```

Hier werden die Phasensprünge zum 4. und zum letzten Element beseitigt, im folgenden Beispiel die Phasensprünge zum dritten Element.

6.5 Rechnen mit komplexen Werten

```
>> x=[0 pi 2.1*pi pi/4 0.5*pi 1.25*pi]
x =
       0   3.1416   6.5973   0.7854   1.5708   3.9270
>> unwrap(x)
ans =
       0   3.1416   0.3142   0.7854   1.5708   3.9270
```

6.5.3 Real- und Imaginärteil einer komplexen Zahl

Der Realteil einer komplexen Zahl z wird mit `real(z)`, ihr Imaginärteil mit `imag(z)` berechnet. Zum Testen dient `isreal(z)`, das für reelle Zahlen eine „1" und für komplexe Zahlen eine „0" zurückliefert. `complex(x,y)` erzeugt aus x und y die komplexe Zahl $x + iy$.

6.5.4 Komplexkonjugation

`conj` berechnet die komplex Konjugierte einer Zahl.
B = `cplxpair(A,tol,dim)` gruppiert das Array „A" nach komplex konjugierten Paaren. „tol" gibt die Genauigkeit an und überschreibt den Standardwert, „dim" legt die Dimension fest, nach der sortiert werden soll. Ist die Aufteilung in komplexe Paare nicht möglich, so erscheint die Fehlermeldung:

```
??? Error using ==> cplxpair
Complex numbers can't be paired.
```

Beispiel:

```
>> AC
AC =
   16. -16.i    2. - 2.i   16. +16.i    2. + 2.i
    5. - 5.i   11. -11.i    5. + 5.i   11. +11.i
>> cplxpair(AC)
??? Error using ==> cplxpair
Complex numbers can't be paired.

>> cplxpair(AC')
ans =
    2. - 2.i    5. - 5.i
    2. + 2.i    5. + 5.i
   16. -16.i   11. -11.i
   16. +16.i   11. +11.i
>> cplxpair(AC,[],2)
ans =
    2. - 2.i    2. + 2.i   16. -16.i   16. +16.i
    5. - 5.i    5. + 5.i   11. -11.i   11. +11.i
```

6.6 Rund um Zahlen

6.6.1 Befehlsübersicht

ceil   fix   floor   mod   rem   round   sign

6.6.2 Runden von Zahlen

ceil	rundet gegen plus unendlich
fix	rundet gegen null
floor	rundet gegen minus unendlich
round	rundet zur nächsten ganzen Zahl

Bei komplexen Zahlen wird sowohl der Real- als auch der Imaginärteil unabhängig gerundet. Matrizen werden elementweise gerundet.

```
>> x = 0.4999 + 0.8660i;
>> round(x)

ans =
      0 + 1.0000i
```

6.6.3 Modulus

mod(x,y) und rem(x,y) ergeben den Rest bei Division reeller Zahlen. x kann dabei eine reelle Matrix sein. Dabei ist mod durch „x - y.*floor(x./y)" und rem durch „x - fix(x./y).*y" gegeben. Solange „x" und „y" dasselbe Vorzeichen haben, ergeben beide das gleiche Ergebnis.

```
>> mod(13,3)                    >> mod(-13,3)
ans =                           ans =
     1                                 2
>> rem(13,3)                    >> rem(-13,3)
ans =                           ans =
     1                                -1
```

6.6.4 Vorzeichen

Das Vorzeichen eines komplexen Arrays wird mit sign(x) ausgegeben. Für komplexe Zahlen wird der Real- und der Imaginärteil getrennt betrachtet.

6.7 Spezielle mathematische Funktionen

6.7.1 Befehlsübersicht

airy	Airy-Funktionen
besselj	Besselfunktion erster Art
bessely	Besselfunktion zweiter Art
besselh	Hankelfunktion
besseli	Modifzierte Besselfunktion erster Art
besselk	Modifzierte Besselfunktion zweiter Art
beta	Betafunktion
betainc	Unvollständige Betafunktion
betaln	Logarithmus der Betafunktion
ellipj	Jacobi Elliptische Funktion
ellipke	Elliptisches Integral
erf	Fehlerintegral
erfc	Komplementäres Fehlerintegral
erfcinv	Inverses komplementäres Fehlerintegral
erfcx	Skaliert komplementäres Fehlerintegral
erfinv	Inverse Fehlerintegral
expint	Exponentialintegral
gamma	Gammafunktion
gammainc	Unvollständige Gammafunktion
gammaln	Logarithmus der Gammafunktion
psi	Polygammafunktion
legendre	Assoziierte Legendrepolynom
cross	Kreuz- oder Vektorprodukt
dot	Skalarprodukt

6.7.2 Airy- und Besselfunktionen

Airyfunktionen. Die Airyfunktionen Ai und Bi bilden die beiden unabhängigen Lösungen der Differentialgleichung

$$\frac{d^2w}{dz^2} - zw = 0 \quad . \tag{6.5}$$

Der Aufruf unter MATLAB lautet [w,ierr] = airy(k,z), dabei ist „ierr" optional. Der Parameter k entscheidet, welche Funktion ausgewertet wird:

k=	
0	Berechnung von Ai; entspricht `airy(z)`
1	Berechnung der ersten Ableitung Ai'
2	Berechnung der Airyfunktion zweiter Ordnung Bi
3	Berechnung der ersten Ableitung Bi'

Die Bedeutung von „ierr" ist in Tabelle (6.3) aufgelistet.

Tabelle 6.3: Bedeutung des Parameters „ierr".

ierr=	
1	unzulässige Argumente
2	zu große Werte
3	Konvergenzprobleme, geringe Genauigkeit
4	Argument zu hoch, inakzeptable Genauigkeit
5	Keine Konvergenz

Zwischen den Airyfunktionen und den modifizierten Besselfunktionen besteht der folgende Zusammenhang:

$$Ai(z) = \frac{1}{\pi}\sqrt{z/3}K_{1/3}(\zeta) \tag{6.6}$$

$$Bi(z) = \sqrt{z/3}(I_{1/3}(\zeta) + I_{-1/3}(\zeta) \tag{6.7}$$

mir $\zeta = 2/3z^{3/2}$.

Besselfunktionen. Die Besselsche Differentialgleichung lautet:

$$\left[z^2\frac{d^2}{dz^2} + z\frac{d}{dz} + (z^2 - \nu^2)\right]\phi = 0 \tag{6.8}$$

wobei ν eine reelle Konstante ist. Ihre Fundamentallösungen sind durch die Besselfunktionen $J_\nu(z)$ und $J_{-\nu}(z)$ mit

$$J_\nu(z) = \left(\frac{z}{2}\right)^\nu \sum_{k=0}^\infty \frac{\left(\frac{-z^2}{4}\right)^k}{k!\Gamma(\nu+k+1)} \tag{6.9}$$

und $Y_\nu(z)$ mit

$$Y_\nu(z) = \frac{J_\nu(z)\cos(\nu\pi) - J_{-\nu}(z)}{\sin(\nu\pi)} \tag{6.10}$$

gegeben.

Der Aufruf der Besselfunktionen unter MATLAB ist für alle vom Typ [w,ierr] = bessel· (ν,z), wobei wieder „ierr" optional und durch Tabelle (6.3) gegeben ist.
[w,ierr] = besselj(ν,z) berechnet die Besselfunktion 1. Art $J_\nu(z)$; ν muss reell sein.
[w,ierr] = bessely(ν,z) die Besselfunktion 2. Art $Y_\nu(z)$; hier muss ν positiv sein; für beide Funktionen darf z komplex sein.
[w,ierr] = besselj(ν,z,1) berechnet die skalierte Besselfunktion 1. und [w,ierr] = bessely(ν,z,1) 2. Art. Der Skalierungsfaktor ist durch $\exp(-\frac{1}{2}|z-\bar{z}|)$ gegeben.

Die verallgemeinerte Besselsche Differentialgleichung lautet:

$$\left[z^2 \frac{d^2}{dz^2} + z \frac{d}{dz} - (z^2 + \nu^2)\right]\phi = 0 \qquad (6.11)$$

wobei ν eine reelle Konstante ist. Ihre Lösungen sind durch $I_\nu(z)$ und $I_{-\nu}(z)$ sowie der zweiten unabhängigen Lösung $K_\nu(z)$ für nicht-ganzzahlige ν gegeben. Die Besselfunktionen I und K erfüllen

$$I_\nu(z) = \left(\frac{z}{2}\right)^\nu \sum_{k=0}^\infty \frac{\left(\frac{z}{2}\right)^{2k}}{k!\Gamma(\nu+k+1)} \qquad \text{und} \qquad (6.12)$$

$$K_\nu(z) = \frac{\pi}{2} \frac{I_{-\nu}(z) - I_\nu(z)}{\sin(\nu\pi)} \quad . \qquad (6.13)$$

besseli(ν,z) berechnet die modifizierte oder verallgemeinerte Besselfunktion 1. Art $I_\nu(z)$. z darf komplex, ν muss reell sein.
[w,ierr] = besseli(ν,z,1) berechnet die skalierte Besselfunktion 1. Art

$$w = I_\nu(z)\exp(-\frac{1}{2}|z+\overline{z}|) \quad . \qquad (6.14)$$

besselk(ν,z) dient der Berechnung der modifizierten Besselfunktion K zweiter Art und erlaubt, wie „besseli" skalierte Werte via besselk(ν,z,1) zu berechnen.

Hankelfunktionen. Die Hankelfunktionen sind durch

$$H_\nu^{(1,2)}(z) = J_\nu(z) \pm iY_\nu(z) \qquad (6.15)$$

definiert und werden unter MATLAB mittels [w,ierr] = besselh(ν,k,z) berechnet, wobei für k=1 die Hankelfunktion 1. Art $H_\nu^{(1)}(z)$ und für k=2 die Hankelfunktion 2. Art $H_\nu^{(2)}(z)$ gewählt wird. Skaliert wird wieder durch [w,ierr] = besselh(ν,k,z,1), der Skalierungsfaktor ist für k=1 durch $\exp(-iz)$ und für k=2 durch $\exp(+iz)$ gegeben.

6.7.3 Die Gamma- und die Betafunktion

Die Gammafunktion. Die Gamma-Funktion ist durch

$$\Gamma(y) = \int_0^\infty \exp(-x)x^{y-1}dx \qquad (6.16)$$

definiert und erfüllt wie die Fakultät

$$\Gamma(y+1) = y\Gamma(y) \quad . \qquad (6.17)$$

Für ganze Zahlen n gilt

$$\Gamma(n+1) = n! \quad . \qquad (6.18)$$

Die Gammafunktion wird unter MATLAB mit >> gamma(a) aufgerufen, dabei muss „a" reell sein. Arrays werden elementweise ausgewertet.

Die unvollständige Gammafunktion. Die unvollständige Gammafunktion ist durch

$$P(x,a) = \frac{1}{\Gamma(a)} \int_0^x \exp(-t) t^{a-1} dt \qquad (6.19)$$

definiert und wird in MATLAB mit Y = gammainc(x,a) aufgerufen. Die Argumente „x" und „a" müssen reell und von derselben Dimension sein.

Der Logarithmus der Gammafunktion. Der natürliche Logarithmus der Gammafunktion wird mit („x" positiv und reell) Z=gammaln(x) berechnet.

Die Polygammafunktion. Die Polygammafunktion bezeichnet die n-te logarithmische Ableitung der Gammafunktion

$$\psi^{(n)}(z) = \frac{d^{n+1}}{dz^{n+1}} \ln \Gamma(z) \qquad (6.20)$$

und wird in MATLAB mit x = psi(k,z) aufgerufen. psi(z) berechnet die Digammafunktion, also die erste logarithmische Ableitung der Gammafunktion. „k" kann auch ein ganzzahliger Vektor sein, „z" eine positiv definite Matrix.

```
>> psi(3:6,4)

ans =

    0.0449
   -0.0375
    0.0416
   -0.0573
```

Die Betafunktion. Die Betafunktion ist durch

$$B(z,w) = \int_0^1 x^{z-1}(1-x)^{w-1} = \frac{\Gamma(z)\Gamma(w)}{\Gamma(z+w)} \qquad (6.21)$$

definiert und wird mittels B= beta(z,w) berechnet; dabei dürfen „z" und „w" reelle positive Matrizen derselben Dimension sein.

Die unvollständige Betafunktion. Die unvollständige Betafunktion ist durch

$$I_x(z,w) = \frac{1}{B(z,w)} \int_0^x x^{z-1}(1-x)^{w-1} \qquad (6.22)$$

definiert und wird mittels I = betainc(x,z,w) berechnet. „z" und „w" können wieder positive, reelle Matrizen derselben Dimension sein, „x" muss dagegen im Intervall zwischen 0 und 1 liegen.

Der Logarithmus der Betafunktion. `betaln(z,w)` berechnet den natürlichen Logarithmus von $B(z,w)$.

6.7.4 Elliptische Integrale

Das vollständige elliptische Integral 1. Gattung ist durch

$$K(k) = \int_0^1 \frac{1}{\sqrt{(1-x^2)(1-mx^2)}} dx \qquad (6.23)$$

bzw. in seiner trigonometrischen Normalform durch

$$F(\frac{\pi}{2}, m) = \int_0^{\pi/2} \frac{d\phi}{\sqrt{1 - m\sin^2\phi}} \qquad (6.24)$$

definiert. Das vollständige elliptische Integral 2. Gattung ist durch

$$\tilde{K}(k) = \int_0^1 \frac{\sqrt{(1-mx^2)}}{\sqrt{(1-x^2)}} dx \qquad (6.25)$$

und seine trigonometrischen Normalform durch

$$E(\frac{\pi}{2}, m) = \int_0^{\pi/2} \sqrt{1 - m\sin^2\phi}\, d\phi \qquad (6.26)$$

bestimmt.

`[F,E] = ellipke(m,tol)` berechnet das vollständige elliptische Integral 1. und 2. Gattung. „tol" ist ein optionaler Parameter für die Toleranz und `F = ellipke(m,tol)` das elliptische Integral 1. Gattung. Der Modul der Integrale ist beschränkt auf $0 \leq m \leq 1$.

Das unvollständige elliptische Integral 1. Gattung ist in seiner trigonometrischen Normalform durch

$$F(\alpha, m) = \int_0^\alpha \frac{d\phi}{\sqrt{1 - m\sin^2\phi}} \qquad (6.27)$$

gegeben. An Stelle dieses Integrals ist das Jacobi-elliptische Integral sn durch dessen Inverse bestimmt:

$$u(y, k) = F(\alpha, k) \qquad (6.28)$$
$$y = \sin\alpha = sn(u, k) \quad . \qquad (6.29)$$

Durch die folgenden Relationen sind weitere Funktionen definiert:

$$sn^2 + cn^2 = 1\,, \quad m \cdot sn^2 + dn^2 = 1 \quad, \qquad (6.30)$$

die sich unter MATLAB mittels `[sn,cn,dn] = ellipj(u,m.tol)` berechnen lassen. „tol" ist wieder ein optionaler Parameter, der standardmäßig den Wert „eps" hat und „m" auf das Intervall $0\cdots 1$ eingeschränkt.

6.7.5 Fehlerintegral

Das Fehlerintegral ist durch

$$\mathrm{erf}(x) = \frac{2}{\pi} \int_0^x \exp(-t^2) dt \, , \tag{6.31}$$

das komplementäre Fehlerintegral durch

$$\mathrm{erfc}(x) = \frac{2}{\pi} \int_x^i nfty \exp(-t^2) dt \text{ und} \tag{6.32}$$

das skalierte komplementäre Fehlerintegral durch

$$\mathrm{erfcx}(x) = \exp(x^2) \cdot \frac{2}{\pi} \int_0^x \exp(-t^2) dt \tag{6.33}$$

definiert. Der Aufruf unter MATLAB erfolgt beispielsweise mit `erf(x)`. In allen drei Fällen darf „x" eine beliebige reelle Matrix sein, die elementweise ausgewertet wird. Die beiden inversen Funktionen können ebenfalls auf Arrays angewandt werden. Der Wertebereich ist für das inverse Fehlerintegral auf $-1 \leq x \leq 1$ und für das skalierte inverse Fehlerintegral auf $0 \leq x \leq 2$ eingeschränkt.

6.7.6 Das Exponentialintegral

Das Exponentialintegral ist durch

$$E_1(x) = \int_x^\infty \frac{\exp(-t)}{t} dt \tag{6.34}$$

definiert und wird unter MATLAB mittels >> `y=expint(x)` aufgerufen. Dank analytischer Fortsetzung darf „x" eine beliebige komplexe Matrix sein, die – wie üblich – elementweise ausgewertet wird.

6.7.7 Legendre-Polynom

Die assoziierte Legendre-Funktion ist definiert durch

$$P_n^m(x) = (-1)^m (1-x^2)^{m/2} \frac{d^m}{dx^m} P_n(x) \tag{6.35}$$

mit dem Legendre-Polynom

$$P_n(x) = \frac{1}{2^n n!} \frac{d^n}{dx^n} \left(x^2 - 1 \right)^n \, . \tag{6.36}$$

`y = legendre(n,x)` berechnet alle assoziierten Legendre-Funktionen P_n^m mit $0 \leq m \leq n$. „x" darf eine reelle Matrix mit dem Wertebereich $[-1, +1]$ sein und „n" kleiner 256. Die Ausgabe zeigt das folgende Beispiel:

6.7 Spezielle mathematische Funktionen

```
>> aa=magic(4)/trace(magic(4))
aa =
    0.4706    0.0588    0.0882    0.3824
    0.1471    0.3235    0.2941    0.2353
    0.2647    0.2059    0.1765    0.3529
    0.1176    0.4118    0.4412    0.0294
>> legendre(3,aa)
ans(:,:,1) =
   -0.4453   -0.2126   -0.3507   -0.1724
   -0.1420    1.3233    0.9397    1.3865
    5.4956    2.1582    3.6924    1.7403
  -10.3043  -14.5160  -13.4514  -14.6897
ans(:,:,2) =
   -0.0877   -0.4006   -0.2870   -0.4431
    1.4715    0.6765    1.1568    0.2081
    0.8793    4.3450    2.9573    5.1292
  -14.9222  -12.7076  -14.0565  -11.3517
ans(:,:,3) =
   -0.1306   -0.3776   -0.2510   -0.4471
    1.4360    0.8136    1.2466    0.0361
    1.3132    4.0301    2.5646    5.3296
  -14.8252  -13.0964  -14.3048  -10.8412
ans(:,:,4) =
   -0.4338   -0.3204   -0.4195   -0.0441
    0.3729    1.0543    0.5293    1.4929
    4.8968    3.3340    4.6346    0.4408
  -11.8340  -13.7717  -12.2864  -14.9805
```

d.h. $ans(:,:,m+1) \to P_n^m$.

Mit y = legendre(n,x,'sch') wird die Schmidt-quasinormierte assoziierte Legendre-Funktion

$$(-1)^m \sqrt{\frac{2(n-m)!}{(n+m)!}} P_n^m(x) \qquad (6.37)$$

berechnet.

6.7.8 Produkte mit Vektoren

>> cross(a,b) berechnet das Kreuzprodukt zweier Vektoren und >> dot(a,b) das Skalarprodukt. Während für das Skalarprodukt die Vektoren beliebige Dimension haben dürfen, müssen im Fall des Kreuzproduktes 3-dimensionale Vektoren vorliegen. Mit dem optionalen Parameter „dim", z.B. cross(a,b,dim), lässt sich für Arrays festlegen, ob das Produkt bezüglich der Zeilen- oder Spaltenvektoren ausgeführt werden soll.

6.8 Zahlentheoretische Funktionen

6.8.1 Funktionen zur Kombinatorik

`>> factorial(n)` berechnet die Fakultät von „n". n muss dabei eine positive ganze Zahl sein (vgl. auch prod).

`>> nchoosek(n,k)` wertet den Binomialkoeffizient $\frac{n!}{(n-k)!k!}$ aus.

`>> nchoosek(a,k)` mit einem Vektor a der Länge n, berechnet eine Matrix mit $\frac{n!}{(n-k)!k!}$ Zeilen und k Spalten.

Beispiel:

```
>> a=rand(1,4);
>> n=length(a)
n =
    4
>> nchoosek(4,2)          wir erhalten folglich eine
ans =                     6x2 Matrix
    6
>> nchoosek(a,2)
ans =
    0.9797    0.2714
    0.9797    0.2523
    0.9797    0.8757
    0.2714    0.2523
    0.2714    0.8757
    0.2523    0.8757
```

`>> perms(a)`, mit einem beliebigen Zeilenvektor a der Länge n, berechnet eine Matrix aller möglichen Permutationen dieses Vektors.

6.8.2 Primzahlen

`>> factor(n)` berechnet die Primzahlzerlegung der ganzen positiven Zahl n.
`>> isprime(a)` gibt für reelle Matrizen a eine Matrix derselben Zeilen- und Spaltenzahl zurück, wobei für Primzahlen eine „1", sonst eine „0" steht.
`>> primes(x)` liefert für jeden Skalar x alle Primzahlen $\leq$ x.

6.8.3 Rationale Approximationen

`>> x=gcd(a,b)` berechnet den größten gemeinsamen Teiler der ganzzahligen Matrizen a und b. `[x,y,z]=gcd(a,b)` liefert als Lösung den größten gemeinsamen Teiler x und erfüllt die Gleichung

$$a_{i,j} \cdot y_{i,j} + b_{i,j} \cdot z_{i,j} = x_{i,j} \tag{6.38}$$

6.9 Koordinaten-Transformationen

für Integer Arrays x, y, z, a und b. Diese Lösungen können gewinnbringend zur Lösung von diophantischen Gleichungen und elementaren Hermite Transformationen genutzt werden.

Beispiel: diophantische Gleichungen. Gesucht ist eine Lösung der diophantischen Gleichung

$$30x + 56y = 8 \tag{6.39}$$

```
>> [x,y,z] = gcd(30,56)
x =
     2
y =
     -13
z =
     7
>> 30*y + 56*z
ans =
     2
```

und folglich

$$30 \cdot (4y) + 56 \cdot (4z) = 4x \quad \text{mit} \quad y = -13, \; z = 7 \text{ und } x = 2 \,. \tag{6.40}$$

`>> lcm(x,y)` berechnet das kleinste gemeinsame Vielfache der Integer Arrays „x" und „y".

`rat(x)` und `rats(x)` berechnen eine rationale Approximation der Zahl x. Mit `format rat` wird das Ausgabeformat auf eine rationale Darstellung geändert. Optional kann noch zusätzlich die Toleranz vorgegeben werden.

6.9 Koordinaten-Transformationen

$[\theta,\phi,r]$ = cart2sph(X,Y,Z)	Transformation kartesischer Koordinaten auf sphärische Koordinaten
$[\theta,\rho,Z]$ = cart2pol(X,Y,Z)	Transformation kartesischer Koordinaten auf zylindrische Koordinaten
$[\theta,r]$ = cart2pol(X,Y)	Transformation kartesischer Koordinaten auf Polarkoordinaten
[X,Y,Z]=sph2cart(θ,ϕ,r)	Transformation sphärischer Koordinaten auf kartesische Koordinaten
[X,Y,Z]=pol2cart(θ,ρ,Z)	Transformation zylindrischer Koordinaten auf kartesische Koordinaten
[x,y] =pol2cart(θ,r)	Transformation von Polarkoordinaten auf kartesische Koordinaten

6.10 Farbtransformationen

`cmap = rgb2hsv(M)` konvertiert die n × m-dimensionale RGB-Farbmatrix auf eine hsv-Farbmatrix. Die Umkehrfunktion ist durch `hsv2rgb` gegeben. Ist M ein m × n × 3-Array, so wird M als ein RGB-Image interpretiert und in ein hsv-Image konvertiert und umgekehrt.

7 Polynome und Interpolation

7.1 Polynome

7.1.1 Befehlsübersicht

Polynomauswertung poly, polyval, polyvalm, roots

Produkte und Division cond, deconv

Ableitung und Integration polyder, polyint

Polynomfit residue, polyfit

7.1.2 Darstellung und Auswertung von Polynomen

Polynome werden in MATLAB durch einen Zeilenvektor repräsentiert, wobei die Komponenten die Koeffizienten des Polynoms in absteigender Reihenfolge darstellen. Das Polynom $p(x) = x^4 + 7x^3 - 5x + 3$ wird durch den Zeilenvektor p=[1 7 0 -5 3] repräsentiert. Ein Polynom n-ter Ordnung besitzt n reelle oder komplexe, einfache oder mehrfache Nullstellen. Die Funktion `roots` erlaubt die numerische Berechnung dieser Nullstellen. Das Ergebnis wird als Spalte ausgegeben.

```
>> p=[1 7 0 -5 3]
p =
 1 7 0 -5 3
>> r=roots(p)
r =
 -6.8853
 -1.1411
 0.5132 + 0.3441i
 0.5132 - 0.3441i
```

Mit `poly` lassen sich die Nullstellen wieder zum Polynom wandeln.

```
>> poly(r)
ans =
 1.0000 7.0000 0.0000 -5.0000 3.0000
```

Die Berechnung einzelner Polynomwerte x zum Polynom p erlaubt `polyval(p,x)`. Ein Beispiel zeigt Abb. 7.1.

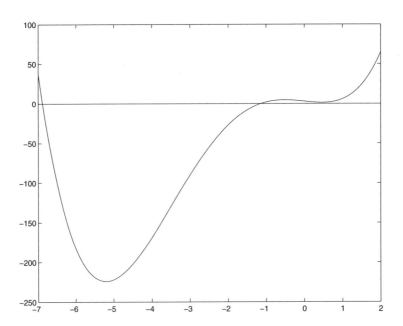

Abbildung 7.1: *Beispiel zu polyval(p,x). Es wurden die folgenden* MATLAB *Kommandos genutzt:* >> x=-7:0.002:2; >> plot(x,polyval(p,x,[-7 2],[0 0])) *mit* >> p=[1 7 0 -5 3].

Die allgemeine Syntax lautet >> [y,delta] = polyval(p,x,S,mu); dabei bezeichnet „p" das auszuwertende Polynom, „x" das Polynomargument, „S" die optionale Ausgabestruktur, die von polyfit (vgl. Abschnitt 7.1.4) zu Fehlerangaben, y ± delta, genutzt wird. Mit mu=$[\mu_1 \mu_2]$ wird an Stelle von x $(x-\mu_1)/\mu_2$ ausgewertet. Sinnvoll sind beispielsweise Anwendungen mit μ_1 als Hauptwert und μ_2 als Standardabweichung:

```
>> mu1=mean(x)
mu1 =
 -2.5000
>> mu2=std(x)
mu2 =
 2.5989
>> y=polyval(p,3,[],[mu1 mu2]);
```

Matrixpolynome. polyval(p,x) wertet eine Matrix x elementweise aus. Eine Matrixmultiplikation erlaubt dagegen polyvalm. Den Unterschied zeigt das folgende Beispiel auf:

```
>> MA=magic(2) % Matrix
MA =
 1 3
 4 2
```

7.1 Polynome

```
>> charp=poly(MA) % charakteristisches Polynom
charp =
   1  -3  -10
>> polyval(charp,MA) % elementweise Auswertung
ans =
  -12  -10
   -6  -12
>> polyvalm(charp,MA) % Matrixmultiplikation
ans =
   0   0
   0   0
```

MA ist eine willkürlich gewählte Matrix, deren charakteristisches Polynom durch das Array „charp" gegeben ist. Mit „polyval" wird diese Matrix elementweise durch ihr eigenes charakteristisches Polynom ausgewertet, „polyvalm" führt dagegen eine Matrixmultiplikation aus. Nach dem Satz von Cayley-Hamilton erhalten wir eine Nullmatrix.

7.1.3 Polynommultiplikation und -division

Mit der Funktion p=conv(p1,p2) kann man Polynome miteinander multiplizieren und mit [q,r]=deconv(p1,p2) p1/p2 dividieren. Dabei repräsentiert der Vektor „q" das Polynom und „r" das Restpolynom.

7.1.4 Symbolische Ableitung und Integration eines Polynoms

Symbolische Differentiation und Integration erlauben die Kommandos `polyder` und `polyint`.

k = polyder(p)	Ableitung des Polynoms p
k = polyder(a,b)	Ableitung des Produktpolynoms a*b
[q,d] = polyder(b,a)	Ableitung des rationalen Ausdruckes b/a
	q ist das Zähler- und d das Nennerpolynom

>> pi = `polyint(p,k)` integriert das Polynom p mit der Integrationskonstante k. k ist optional und wird bei Fehlen zu null gesetzt.

7.1.5 Residuen und Polynomfit

Residuum. Der Befehl `residue` konvertiert zwischen einem Polynom-Quotienten und einer Pol-Residuum-Darstellung. Das Polynom

$$x_1(t) = 5t^3 + 3t^2 - 2t + 7 \tag{7.1}$$

wird in MATLAB durch

```
>> x1=[5 3 -2 7];
```

und

$$x_2(t) = -4t^3 + 8t + 3 \qquad (7.2)$$

durch

```
>> x2=[-4 0 8 3];
```

dargestellt.

```
>> [r,p,k]=residue(x1,x2)
r =
 -1.4167
 -0.6653
  1.3320
p =
  1.5737
 -1.1644
 -0.4093
k =
 -1.2500
```

liefert das Residuum r, die Pole p und den direkten Term k, gemäß

$$\frac{x_1(t)}{x_2(t)} = \sum_{k=1}^{3} \frac{r_k}{t - p_k} + k(t) \quad , \qquad (7.3)$$

und mit >> [x1,x2] = residue(r,p,k) erhalten wir aus Residuum r, Pol p und direktem Term k den rationalen Polynomausdruck x_1/x_2 zurück.

Polynomfit. polyfit dient zum Fitten eines Polynoms an eine Kurve bzw. Datenpunkte x, y. Die Datenpunkte dürfen komplex sein. Die Syntax ist >> [p,s,mu] = polyfit(x,y,n). Dabei bezeichnen x und y die zu approximierenden Daten, n den Polynomgrad und p das Approximationspolynom. s und mu sind optional. s ist eine Struktur, die mittels polyval Fehleraussagen liefert, und $mu = [\mu_1, mu_2]$ gibt den Hauptwert μ_1 und die Standardabweichung μ_2 an. Eine komfortable Alternative bietet das grafische Tool „Basic Fitting" (vgl. Abschnitt 2), das im Plot Window unter „Tools" zu finden ist. Dazu plottet man die Datenpunkte mit plot(x,y).

7.2 Interpolation

Neben der an Kommandozeilen orientierten Interpolation eröffnet das Tool „Basic Fitting" (Abschnitt 2.4) ebenfalls Möglichkeiten zur Dateninterpolation.

7.2.1 Befehlsübersicht

Polynominterpolationen polyfit

Hermite Interpolation pchip

FFT Interpolation interpft

Spline Interpolation spline, ppval, mkpp, unmkpp

Mehrdimensionale Interpolation interp1,interp1q, interp2, interp3, interpn

Flächeninterpolation griddata, griddata3, griddatan

7.2.2 Polynominterpolationen

Verschiedene Polynominterpolationen lassen sich mit dem unter „Polynomfit" bereits angesprochenen Befehl `polyfit(x,y,n)` realisieren. Wegen der allgemeinen numerischen Bedeutung seien hier weitere Beispiele aufgelistet. Im Folgenden bezeichne $y = f(x)$ die zu fittende Funktion und x den entsprechenden Funktionswert mit Grenzen $a \leq x \leq b$.

Lagrange-Interpolation. Lagrange-Interpolationen sind Polynominterpolationen mit äquidistanten Knoten. In MATLAB lassen sich Lagrange-Interpolationspolynome n-ter Ordnung mittels `polyfit(xi,yi,n-1)` realisieren, dabei ist `xi=linspace(a,b,n)` und `yi=f(xi)`.

Chebyshev-Interpolation. Im Gegensatz zu Lagrange-Knoten sind die Chebyshev-Knoten gemäß

$$xi_k = \frac{a+b}{2} - \frac{b-a}{2} \cos\left(\frac{k\pi}{n}\right) \quad k = 0, \ldots, n \tag{7.4}$$

verteilt. Eine Chebyshev-Interpolation ist folglich durch

```
xi = (a+b)*0.5 - (b-a)*0.5*cos(pi*[0:n]/n);
% Cheb. Knoten
yi = f(xi); % Funktionswerte
p = polyfit(xi,yi,n) % Cheb. Interpolation
```

gegeben. Ähnliche Eigenschaften zeigt die modifizierte Chebyshev-Interpolation mit Knotenpunkten:

$$xi_k = \frac{a+b}{2} - \frac{b-a}{2} \cos\left(\frac{2k+1}{n+1}\frac{\pi}{2}\right) \quad k = 0, \ldots, n \,. \tag{7.5}$$

7.2.3 Hermite-Interpolationspolynome

pchip dient der kubischen Hermite-Interpolation (*P*iecewise *c*ubic *H*ermite *i*nterpolating *p*olynomial). Die allgemeine Syntax ist yi = pchip(x,y,xi) zur Berechnung interpolierter Werte „yi" an den Stützstellen „xi" und pp = pchip(x,y) zur Berechnung der Polynomstruktur. „pp" ist dabei eine Struktur, die neben allgemeinen Informationen die Position der Knotenpunkte als Vektor und das korrespondierende hermitesche Interpolationspolynom als Matrix beinhaltet. Hermitesche Interpolationspolynome haben im Vergleich zu Langrangeschen Interpolationspolynomen den Vorteil, dass neben den Datenpunkten auch die ersten Ableitungen korrekt interpoliert werden. Bei Spline-Interpolationen sind zusätzlich noch die zweiten Ableitungen glatt. Der Vorteil von Hermite-Interpolationspolynomen liegt in ihrer geringeren Neigung zum Überschwingen. Zudem lassen sie sich im Regelfall rascher als Spline-Interpolationen berechnen.

Die Rungefunktion. Die Rungefunktion

$$f(x) = \frac{1}{1+25x^2} \quad -1 \le x \le +1 \tag{7.6}$$

hat die bemerkenswerte Eigenschaft, dass bei einer Lagrange-Interpolation mit äquidistanten Knoten, im Grenzfall beliebig vielen Knoten, der Fehler an den Rändern

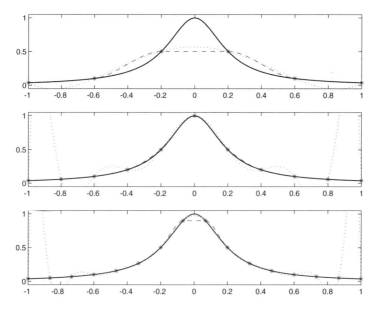

Abbildung 7.2: *Vergleich einer Lagrange- mit einer Hermite-Interpolation, von oben nach unten für einen Interpolationsfit der Ordnung 5, 10 und 15. Die durchgezogene Linie bezeichnet die Rungefunktion, die gestrichelte Linie die Hermite- und die gepunktete Linie die Lagrange-Interpolation.*

divergiert. Dies wird auch als Runges Phänomen bezeichnet. Die Rungefunktion bietet sich daher als einfacher Test zu Interpolationstechniken an. Die Lagrange-Interpolation zu n Datenpunkten (x,y) lässt sich unter MATLAB mittels p=polyfit(x,y,n-1) realisieren. Einen Vergleich mit einer abschnittsweisen kubischen Hermite-Interpolation yi= pchip(x,y,xi) zeigt Abb. (7.2), mit äquidistanten Interpolationspunkten xi. Das folgende Programmfragment zeigt die Berechnung unter MATLAB:

```
% n= 6, 11, 16
x=linspace(-1,1,n); % Datenpunkte x
y=1./(1+25*x.^2); % und y
p=polyfit(x,y,n-1); % Polynomfit
yp=polyval(p,xi); % Plotwerte xi, yp
yph=pchip(x,y,xi); % Hermite-Fit
% Plotkommandos
```

Ein ähnlich günstiges Interpolationsverhalten wie Lagrange-Interpolationspolynome zeigen auch die nicht äquidistanten Chebyshev- und trigonometrischen (FFT) Interpolationen.

7.2.4 FFT-Interpolation

Periodische Funktionswerte lassen sich am günstigsten durch Approximation mit trigonometrischen Funktionen interpolieren. Die eindimensionale Interpolationsfunktion interpft führt in einem ersten Schritt eine Fast-Fourier-Transformation (FFT) aus, interpoliert im Fourierraum und führt anschließend eine Rücktransformation aus. Die allgemeine Syntax ist >> yi=interpft(y,n,dim), dabei sind y die zu interpolierenden Datenpunkte über einem äquidistanten Träger, n die Zahl der äquidistant zu berechnenden Interpolationswerte, yi der n-dimensionale Interpolatinsvektor. Ist y ein mehrdimensionales Array, legt das optionale Argument dim die Dimension fest, längs der die Interpolation durchgeführt werden soll.

Bei der Überlagerung periodischer Funkionen unterschiedlicher Frequenz können die einzelnen Stützstellen mehrdeutig werden. Dies führt zu fehlerhaft interpolierten Werten. Der numerische Effekt wird „Aliasing" genannt und lässt sich beispielsweise bei dem scheinbaren Rückwärtslaufen von Kutschenrädern beobachten.

Beispiel. Abb. 7.3 zeigt ein Beipiel für Aliasing. In der oberen Hälfte sind die Funktionen $\sin(5x)$ und $-\sin(3x)$ geplottet. Die Kreise zeigen die Positionen der ausgesuchten Datenpunkte zur Interpolation der Funktion

$$f(x) = \sin(x) + \sin(5x) \,. \tag{7.7}$$

Nach einer Fourier-Transformation sind an diesen Punkten $\sin(5x)$ und $-\sin(3x)$ nicht unterscheidbar. Das Interpolationsergebnis (gestrichelt) sowie die verwendeten Interpolationswerte (o) sind in der untere Bildhälfte dargestellt.
Fourier-Interpolation zu Abb. (7.3):

```
xdat=linspace(0,1,9); % Auswahl der
xdat=xdat(1:length(xdat)-1); % Knotenpunkte
ydat=sin(2*pi*xdat)+sin(10*pi*xdat); % Datenwerte

xp=0:0.01:1; % Plotpunkte
yi=interpft(ydat,length(xp)); % FFT Interpolation
```

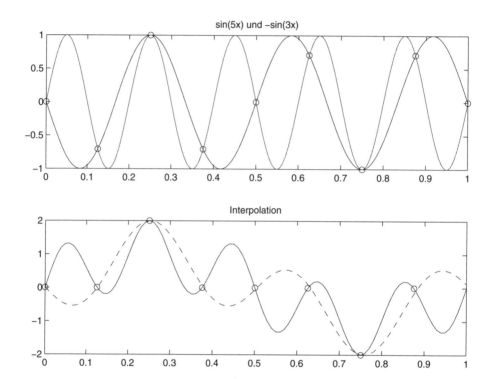

Abbildung 7.3: *Beispiel zu numerischen Problemen mit der FFT-Interpolation. Oben: Problem der Fourier-Transformation; Unten: Interpolationsergebnis. Durchgezogene Linie: Ausgangsfunktion, gestrichelt: Interpolation, o: Interpolationspunkte.*

7.2.5 Spline-Interpolation

Kubische Splines spielen als Interpolationsverfahren eine besonders wichtige Rolle, da sie hinsichtlich ihrer Empfindlichkeit bezüglich Datenschwankungen und des erforderlichen Rechenaufwands besonders robust sind. Im Vergleich zu Hermite-Interpolationen sind bei kubischen Spline-Interpolationen die zweiten Ableitungen stetig und bei glatten Ausgangsdaten das Resultat genauer.

$\gg$ yi = spline(x,y,xi) dient der kubischen Spline-Interpolation. (x,y) sind die Interpolationsdaten, xi die Interpolationspunkte, an denen yi berechnet wird. Ist y eine Matrix, so erfolgt die Interpolation zeilenweise.

7.2 Interpolation

`>> pp = spline(x,y)` dient der Berechnung der stückweise auf Intervallen definierten Polynomapproximation. „pp" ist eine Struktur, deren Felder unter anderem die Knotenpunkte sowie die Polynomkoeffizienten als Matrix enthält.

`v = ppval(pp,xx)` bzw. `v = ppval(xx,pp)` liefert die Funktionswerte der stückweise auf Intervallen definierten Polynomapproximation „pp" an den Stützstellen xx. Insbesondere die zweite Form kann als Funktionsaufruf zu MATLAB-Funktionen wie „fzero", „fminbnd" oder „quad" genutzt werden.

`pp = mkpp(breaks,coefs)` dient zur Erzeugung eines stückweise auf Intervallen definierten Polynoms. Der streng monoton ansteigende Vektor „breaks" enthält die (l+1) Knotenpunkte und die (l × n)-Matrix „coefs" repräsentiert die Polynomapproximationen. `pp = mkpp(breaks,coefs,d)` dient der Erzeugung einer vektorwertigen Polynomapproximation. D.h. „coefs" ist ein (d × l × n)-dimensionales Array, das zu jeweils einem festgehaltenen Wert zu d ein stückweis definiertes Polynom repräsentiert.

`[breaks,coefs,l,k,d] = unmkpp(pp)` stellt die Umkehrung zu „mkpp" dar, erzeugt also aus dem stückweise definierten Polynom, repräsentiert durch die Struktur „pp", die korrespondierenden Array- und Dimensionswerte.

7.2.6 Uni- und multivariate Interpolation

Die „interp-Funktionsfamilie" dient der n-dimensionalen (multivariaten) Interpolation von Datenpunkten. Für eindimensionale (univariate) Probleme stehen die beiden Funktionen interp1 und interp1q zur Verfügung.

interp1. Die allgemeine Syntax ist `>> yi = interp1(x,y,xi,method, zus)`. (x,y) ist der zu interpolierende Datensatz, dabei ist der Stützstellenvektor x optional. Ist y ein n-dimensionaler Vektor, dann wird mit `yi = interp1(y,xi)` x intern zu $(1\,2\cdots n)$ gesetzt, ist y eine Matrix, dann wird die Interpolation spaltenweise ausgeführt. Die Interpolationswerte yi werden an den Punkten xi berechnet. Tabelle 7.1 listet die zur Verfügung stehenden Interpolationsverfahren (`method`) auf. Der optionale Parameter „zus" kann die Werte „extrap" oder einen beliebigen Zahlenwert, „inf" oder „nan" annehmen. Im Fall „extrap" werden außerhalb des Stützstellenintervalls x liegende Werte mit dem unter „method" festgelegten Verfahren extrapoliert. Hat „zus" beispielsweise den Wert 0, dann werden alle außerhalb des Intervalls x liegende Interpolationswerte yi zu null gesetzt.

Tabelle 7.1: Interpolationsverfahren zu interp1.

METHOD	BEDEUTUNG
'nearest'	Nächste-Nachbar-Approximation
'linear'	Lineare Interpolation (Default)
'spline'	Kubische Spline-Interpolation
'pchip'	Kubische Hermite Interpolation s. „pchip"
'cubic'	identisch „pchip"
'v5cubic'	MATLAB 5 kubische Interpolation

interp1q. `>> yi = interp1q(x,y,xi)` dient der raschen eindimensionalen Interpolation der Datenpunkte (x,y) an den Interpolationspunkten xi („q" steht für quick). Als Approximationsverfahren dient eine lineare Interpolation. Ist y eine Matrix, so wird die Interpolation spaltenweise ausgeführt. x muss monoton steigend sein; da dies nicht geprüft wird, ist „interp1q" im Allgemeinen rascher als „interp1" in linearer Interpolation.

interp2. Die Funktion „interp2" dient der zweidimensionalen Interpolation. Die dabei verwendeten Datenpunkte müssen als Matrizen vorliegen, ähnlich wie sie mit „meshgrid" erzeugt werden.
`>> ZI=interp2(X,Y,Z,Xi,Yi,'method')` liefert die zu Xi, Yi korrespondierenden interpolierten Werte Zi zurück. (X, Y, Z) repräsentiert die zu interpolierende Funktion, X und Y müssen monoton sein. Die zur Verfügung stehenden Interpolationsverfahren („method") sind in Tabelle 7.2 aufgelistet. Werte außerhalb der Interpolationsebene führen zu „nans" (not-a-number). Extrapolation wird folglich nicht unterstützt.

Tabelle 7.2: Interpolationsverfahren zu interp2.

METHOD	BEDEUTUNG
'nearest'	Nächste-Nachbar-Approximation
'linear'	Bilineare Interpolation (Default)
'spline'	Kubische Spline-Interpolation
'cubic'	Bicubische Interpolation

Beispiel zu interp2.

```
>> % X Y Z Datenpunkte
>> [X,Y] = meshgrid(-2:0.5:2);
>> Z= X.^2 + Y.^2;
>> % Interpolationswerte
>> [Xi,Yi] = meshgrid(-2:0.25:2);
>> Zi=interp2(X,Y,Z,Xi,Yi,'cubic');
```

Das Ergebnis der Interpolation zeigt Abb. (7.4).

`Zi=interp2(Z,Xi,Yi)` unterstellt, dass (X, Y) ganzzahlige Matrizen repräsentieren, deren Werte durch die Dimension von Z gegeben ist. `Zi=interp2(Z,n)` berechnet durch n-fache Rekursion eine n-fache Verfeinerung des durch Z vorgegebenen Gitters.

interp3. `>> VI = interp3(X,Y,Z,V,XI,YI,ZI,'method')` dient der dreidimensionalen Interpolation. Die 3-D-Arrays (X, Y, Z, V) sind die Datenwerte zur Interpolation, die Interpolation wird an den Raumpunkten (XI, YI, ZI) ausgeführt. Werte außerhalb des Interpolationsraums werden als „nans" zurückgeliefert. Alle dreidimensionalen Arrays können mit Hilfe der Funktion „meshgrid" erzeugt werden (`>> [X3a,X3b,x3c] = meshgrid(x1,x2,x3)`, dabei sind $(x1, x2, x3)$ drei Vektoren, $(X3a, X3b, X3c)$ die korrespondierenden 3-D-Arrays.) Als Verfahren („method") steht alternativ eine lineare

7.2 Interpolation

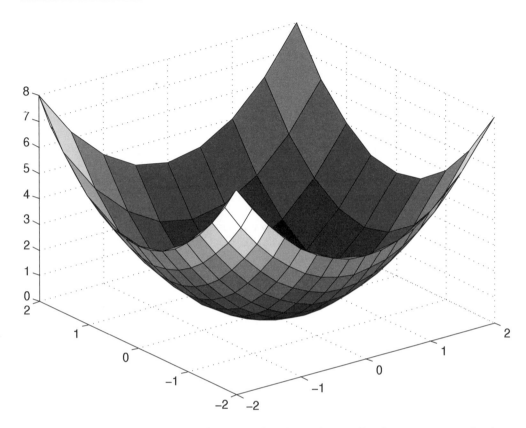

Abbildung 7.4: *Beispiel zur zweidimensionalen Interpolation. Die Innenseite zeigt die Ausgangswerte, die Unterseite die Interpolation Zi=interp2(X,Y,Z, Xi,Yi,'cubic').*

Interpolation („linear", default), eine kubische Interpolation („cubic"), eine kubische Spline-Interpolation („spline") oder eine Nächste-Nachbar-Approximation („nearest") zur Verfügung. Analog zu „interp2" gibt es auch im Dreidimensionalen die Kurzformen
`VI = interp3(V,XI,YI,ZI)` und `VI = interp3(V,ntimes)`.

interpn. Zur n-dimensionalen Interpolation steht die Funktion
`VI = interpn(X1,X2,X3,...,V,Y1,Y2,Y3,...,'method')`
zur Verfügung. Wie im Zwei- und Dreidimensionalen bietet MATLAB als Interpolationsverfahren alternativ eine lineare Interpolation („linear", default), eine kubische Interpolation („cubic"), eine kubische Spline-Interpolation („spline") oder eine Nächste-Nachbar-Approximation („nearest") sowie die Kurzformen `VI = interpn(V,Y1,Y2,Y3, ...)` und `VI = interpn(V,ntimes)` (s. „interp2"). $X\cdot, Y\cdot, V\cdot$ sind n-dimensionale Arrays, Werte außerhalb des Interpolationsbereichs führen zu „nans" (not-a-number).

7.2.7 Oberflächeninterpolation

Messdaten liegen im Regelfall nicht in einem regelmäßigen Gitter vor. Deren direkte Visualisierung stößt daher auf Probleme. `griddata` erlaubt eine Interpolation auf einem regelmäßigen Gitter.
`>> ZI = griddata(x,y,z,XI,YI)`: (x, y, z) sind dabei die Ausgangsvektoren mit $z = f(x, y)$, (XI, YI) das Gitter wie es typischerweise mit „meshgrid" erzeugt wird und ZI die Interpolationswerte an den Gitterpunkten. Alternativ können auch Vektoren (xi, yi) übergeben werden. „griddata" übernimmt in diesem Fall die Aufgabe von „meshgrid" und erzeugt alle notwendigen Matrizen XI, YI und ZI: `>> [XI,YI,ZI] = griddata(x,y,z,xi,yi)`. In diesem Fall muss xi ein Zeilen- und yi ein Spaltenvektor sein, andernfalls sind die Rückgabewerte Vektoren und keine Matrizen. Optional kann noch das Argument „method", `[...] = griddata(..., method)`, übergeben werden. Als Interpolationverfahren (method) stehen folgende Methoden zur Verfügung: „linear" für eine Dreiecksnetz-basierte lineare Interpolation (Default), „cubic" für eine Dreiecks-basierte kubische Interpolation, „nearest" für eine Nächste-Nachbar-Interpolation und „v4" für das MATLAB 4 Griddata-Verfahren.

Beispiel.

```
>> % Erzeugen der Beispieldaten
>> x=rand(100,1);
>> y=rand(100,1);
>> z=sin(2*pi*x).*cos(pi*x);
>> % Interpolationsbreich
>> xi=linspace(min(x),max(x),50);
>> yi=linspace(min(y),max(y),50);
>> % Interpolation
>> [XI,YI,ZI] = griddata(x,y,z,xi,yi','cubic');
>> % Visualisierung
>> mesh(XI,YI,ZI)
>> hold on
>> % Originaldaten
>> plot3(x,y,z,'.','MarkerSize',10)
```

Das Ergebnis ist in Abb. (7.5) dargestellt.

Hyperflächen. Neben Flächen-Interpolationsverfahren stellt MATLAB die Funktionen griddata3 und griddatan für Hyperflächen zur Verfügung. Für 3-dimensionale Räume ($v = f(x, y, z)$ dient `>> W = griddata3(x,y,z,v,XI,YI,ZI,'method')`. XI, YI, ZI sind die Interpolations-Arrays, wie sie beispielsweise mit „meshgrid" erzeugt werden, und W das Interpolationsergebnis. Das Argument „method" ist optional, als Interpolationsverfahren stehen „linear" für eine lineare Interpolation (default) sowie „nearest" für eine Nächste-Nachbar-Interpolation zur Verfügung. Eine Verallgemeinerung auf n-dimensionale Hyperflächen $y = f(X)$ bietet `>> YI = griddatan(X,y,XI,'method')`. Das Argument „method" ist wieder optional. Es stehen dieselben Verfahren wie im 3-D-Fall zur Verfügung. Alle Verfahren basieren auf Delaunay-Triangulationen.

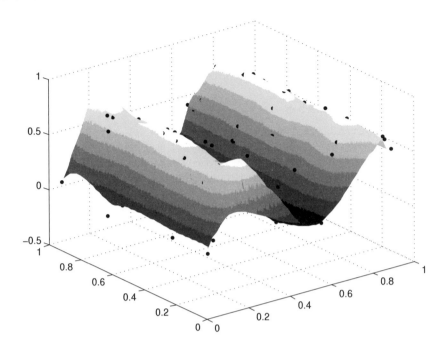

Abbildung 7.5: *Beispiel zur zweidimensionalen Gitterinterpolation mit griddata. Die Punkte zeigen die Originalwerte.*

7.3 Geometrische Analyse

7.3.1 Befehlsübersicht

Delaunay-Triangulation delaunay, delaunay3, delaunayn

> **Nächste Punkte** dsearch, dsearchn
>
> **Innere Punkte** tsearch, tsearchn

konvexe Hülle convhull, convhulln

Voronoi-Darstellung voronoi, voronoin

Polygone inpolygon, rectint, polyarea

7.3.2 Triangulationen

Sind mehrdimensionale Datenpunkte nicht gitterförmig angeordnet, so wird häufig eine Zerlegung des Definitionsgebietes vorgenommen, bei der die Knotenpunkte (Stützstellen) die Eckpunkte des Teilbereichs bilden. Im Zweidimensionalen werden bevorzugt Dreiecksnetze gewählt. Die Delaunay-Triangulation ist dadurch definiert, dass für alle erzeugten Dreiecke gilt, dass ihr jeweiliger Umkreis keine weiteren Datenpunkte enthält. Die Syntax ist `tri=delaunay(x,y);` (x, y) sind n-dimensionale Vektoren, *tri* ist eine $(n+1) \times 3$-Matrix. Jede Zeile enthält die Indizes zu den Vektoren (x,y), die ein Delaunay-Dreieck bilden. D.h. ein Dreieck ist durch die Eckpunkte

$$(x_{tri(m,1)}, y_{tri(m,1)})(x_{tri(m,2)}, y_{tri(m,2)})(x_{tri(m,3)}, y_{tri(m,3)})$$

mit $m \in [1 : n+1]$ beschrieben.

K = dsearch(x,y,tri,xi,yi) bzw. K = dsearch(x,y,tri,xi,yi,S) mit S = sparse(tri(:,[1 1 2 2 3 3]),tri(:,[2 3 1 3 1 2]),1,nxy,nxy) und nxy = prod(size(x)) dient der Suche nach den Indizes desjenigen Punktes (x, y) der (xi, yi) am nächsten ist. Die Argumente „x,y,tri" gehören zur korrespondierenden Delaunay-Triangulation.

T = tsearch(x,y,tri,xi,yi) liefert den Index desjenigen Delaunaydreiecks tri(T,:) zurück, das den Punkt (xi, yi) umfasst. Ist (xi, yi) zu keinem Dreieck ein innerer Punkt, ist T=nan.

Für drei- und höherdimensionale Datensätze lässt sich die Delaunay-Triangulation mit >> tes = delaunay3(x,y,z) bzw. tn = delaunayn(X) fortsetzen (Tessalation). Zu (x, y, z) bzw. zur m × n-Matrix X werden damit die Eckpunkte der zugehörigen Simplices berechnet. Der Aufbau von „tes" bzw. „tn" ist analog zum zweidimensionalen Fall.

k = dsearchn(X,tn,XI) ist das n-dimensionale Pendant zu „dsearch". k = dsearchn(X,T,XI,akH) steht „akH" für eine beliebige Zahl oder „nan". Befindet sich der n-dimensionale Punkt XI außerhalb der konvexen Hülle, so nimmt „k" den skalaren Wert „akH" an. k = dsearchn(X,XI) dient der Bestimmung des nächsten Punktes ohne den Umweg einer Tessalation. Das Berechnungsverfahren ist deutlich rascher. [k,d] = dsearchn(X,...) berechnet zusätzlich den euklidischen Abstand von X zum nächsten Nachbarpunkt.

t = tsearchn(X,tn,XI) berechnet den Index des den Punkt XI einhüllenden Simplex. Für Punkte außerhalb der konvexen Hülle liefert tsearchn den Wert „nan" zurück; [t,P] = tsearchn(X,tn,XI) liefert zusätzlich die zu XI korrespondierenden barizentrischen Koordinaten.

7.3.3 Konvexe Hülle und Voronoi-Darstellungen

Konvexe Hülle. Die konvexe Hülle ist die äußere Begrenzungslinie eines Datensatzes und kann mit [K,a] = convhull(x,y) berechnet werden. Dabei sind (x, y) Vektoren gleicher Länge. „K" enthält die Indizes des den Datensatz umfassenden Polygonzugs und „a" ist optional und enthält die Fläche des begrenzten Gebietes. Mit [K,v] = convhulln(X) lässt sich die Berechnung ins n-Dimensionale fortsetzen. X ist die korrespondierende m × n-Datenmatrix, „K" enthält wieder die Indices des Begrenzungssimplex und „v" (optional) das zugehörige Volumen.

Voronoi-Diagramme. Sind x und y zwei gleichlange Vektoren, dann plottet >> voronoi(x,y) das korrespondierende Voronoi-Diagramm. Zur Triangulation wird die Funktion „delaunyn" aufgerufen. Statt dessen kann auch die korrespondierende Triangulationsmatrix „tri" voronoi(x,y,tri) übergeben werden sowie mit voronoi(...,

'LineSpec') der Linien- und Datenstil der zu plottenden Linien und Punkte festgelegt werden. Bei einem Rückgabewert werden die Linien-Handles zurückgegeben, h = voronoi(...), bei zwei Rückgabewerte werden statt das Voronoi-Diagramm zu plotten, [vx,vy] = voronoi(...), die Vertices der Voronoi-Ecken zurückgegeben. plot(vx,vy, '-',x,y,'.') erzeugt dann das Voronoi-Diagramm. Die entsprechende n-dimensionale Fortsetzung ist [V,C] = voronoin(X), dabei sind „X" eine m × n-Matrix, „V" die Koordinaten der Voronoi Vertices und „C" eine Zellvariable, deren einzelne Zellelemente die entsprechenden Indices des Voronoi-Simplices zu „V" enthält.

7.3.4 Polygone

Die Funktion inpolygon, Syntax in = inpolygon(X,Y,xv,yv), dient zur Detektion von Punkten innerhalb eines Polygons. „xv" und „yv" sind die x- und y-Koordinaten des Polygons, „X" und „Y" die zu testenden Werte. Sind „X" und „Y" n-dimensionale Vektoren, dann ist auch der Rückgabewert „in" ein n-dimensionaler Vektor. Dabei gilt

$$in = \begin{cases} 1 & \text{innerhalb} \\ 0.5 & \text{auf dem Rand} \\ 0 & \text{außerhalb} \end{cases} \text{ des Polygons}.$$

Die Fläche des Überlapps zwischen zwei Rechtecken lässt sich mittels area = rectint(A,B) berechnen. Dabei ist „A" und „B" ein Positionsvektor. Positionsvektoren sind 4-dimensionale Vektoren mit den Werten [x0 y0 b h]. (x0,y0) sind die (x,y)-Koordinaten der linken unteren Ecke, b die Breite und h die Höhe des Rechtecks. Ist „A" eine n × 4- und „B" eine m × 4-Matrix, dann ist „area" eine n × m-Matrix und jede Zeile von „A" bzw. „B" wird als ein Positionsvektor eines Rechtecks betrachtet. D.h. area(i,j) ist die Fläche des Überlapps des Rechtecks „A(i,:)" mit „B(j,:)".

>> A=polyarea(x,y,dim) berechnet die Fläche des Polygons, repräsentiert durch die Vektoren „x" und „y". „dim" ist optional. Sind „x" und „y" multidimensionale Arrays, dann legt „dim" die Dimension fest, längs der polyarea operiert.

8 Datenanalyse und Fourier-Transformationen

8.1 Grundlegende Datenanalyse

8.1.1 Befehlsübersicht

Statistik max, min, mean, median, std, var

Histogramme hist, histc

Sortierroutinen sort, sortrows, issorted

Summen und Produkte sum, prod, cumsum, cumprod

Numerische Integration trapz, cumtrapz

8.1.2 Statistische Maßzahlen

Neben den im Folgenden aufgeführten MATLAB Kommandos bietet das Figure Window unter „Tools" ⇒ „Data Statistics" ebenfalls die Möglichkeit elementare statistische Analysen durchzuführen.

Extremalwerte. Die Befehle „max" und „min" dienen der Berechnung maximaler bzw. minimaler Werte. Die Syntax beider Befehle ist identisch, es genügt daher nur einen von beiden stellvertretend zu besprechen.

`>> am = max(A)` berechnet den maximale Wert des Vektors „A". Ist „A" eine Matrix, so werden die Spaltenmaxima berechnet. `>> am = max(A,B)` vergleicht die Matrizen „A" und „B" elementweise und liefert den jeweils größeren Wert zurück. „A" und „B" müssen dabei Matrizen identischer Größe sein. Ist A ein n-dimensionales Array, so legt dim, `am = max(A,[],dim)`, die Dimension fest, längs der das Maximum gesucht wird. Mit `[am, index] = max(···)` werden nicht nur die maximalen Werte, sondern zusätzlich noch die Indizes (index) mit zurückgegeben.

Mittelwerte. `>> am = mean(A)` berechnet spaltenweise das arithmetische Mittel der Matrix A. Ist „A" ein n-dimensionales Array, so wird mit dem Skalar dim, `am = mean(A,dim)`, festgelegt, längs welcher Dimension das arithmetische Mittel gebildet wird. Zur Median-Berechnung dient die Funktion `median`, der Aufruf ist identisch zu „mean".

8.1.3 Standardabweichung

Zur Berechnung der Standardabweichung eines statistischen Ensembles gibt es zwei unterschiedliche Definitionen:

$$\text{flag} = 0: \quad s = \sqrt{\frac{1}{n-1} \sum_{i=1}^{n} (x_i - <x>)^2} \quad \text{und} \tag{8.1}$$

$$\text{flag} = 1: \quad s = \sqrt{\frac{1}{n} \sum_{i=1}^{n} (x_i - <x>)^2} \quad \text{mit} <x> = \frac{1}{n} \sum_{i=1}^{n} x_i \,.$$

Die allgemeine Syntax ist in MATLAB s = std(X,flag,dim); „X" bezeichnet dabei das statistische Ensemble, „flag" und „dim" sind optionale Argumente. „flag" kann die Werte 0 und 1 annehmen entsprechend obigen Gleichungen, default ist null. Ist „X" ein n-dimensionales Array, gibt „dim" die Dimension vor, längs der die Standardabweichung berechnet werden soll. Ist „X" eine Matrix, wird std(X) spaltenweise ausgewertet.

Die Varianz ist das Quadrat der Standardabweichung. var(X) bzw. var(X,0) entspricht dabei std(X)^2, var(X,1) std(X,1)^2. y = var(x,w) berechnet die Varianz von „x" mit dem Gewichtsvektor „w". „w" muss dabei die gleiche Länge wie „x" haben und streng positiv sein. Der Gewichtsvektor wird intern auf Eins normiert. y = var(x,w,dim) berechnet die Varianz des n-dimensionalen Arrays längs der Dimension „dim", d.h. für dim=1 spalten-, für dim=2 zeilenweise usf.

8.1.4 Histogramme

Ein Histogramm ist eine grafische Darstellung einer Häufigkeitstabelle. Mit hist(x,xn) werden Histogramme des Arrays „x" geplottet. Ist x ein n × m-Array so wird das Array spaltenweise ausgewertet und m Histogramme in unterschiedlichen Farben nebeneinander geplottet. Die Variable „xn" ist optional. Ist „xn" eine ganze Zahl wird der Wertebereich von „x" in xn äquidistante Intervalle eingeteilt. Der Standardwert ist 10. Ist „xn" ein Vektor, so werden die Intervallgrenzen entsprechend dem vorgegebenen Vektor gewählt. Dies hat den Vorteil, dass unterschiedliche Intervallbreiten zur Histogrammzählung genutzt werden können. Das folgende Beispiel untersucht wie stark eine vorgegebene Verteilung von einer exponentiellen Verteilung abweicht. Dazu wurde ein Histogramm mit einer äquidistanten Intervalleinteilung mit einem Histogramm mit logarithmischer Intervalleinteilung verglichen und überlagert. (Die Achseneigenschaft „FaceAlpha" regelt die Durchsichtigkeit.)

Beispiel: Überlagerung zweier Histogramme. Das Ergebnis ist in Abb. (8.1) dargestellt.

```
>> % xe ist die vorgegebene Verteilung
>> % xlog dient der Intervalleinteilung von xe
>> xlog=logspace(log10(1.15), ...
>> log10(max(xe)-0.175),25);
```

8.1 Grundlegende Datenanalyse

```
>> hist(xe,25)
>> hold on
>> hist(xe,xlog)
>> hist(xe,25)
>> h = findobj(gca,'Type','patch');
>> set(h(2),'FaceAlpha',0.2,'EdgeColor','b')
>> set(h(1),'FaceAlpha',0.2,'EdgeColor','r')
>> hold off
```

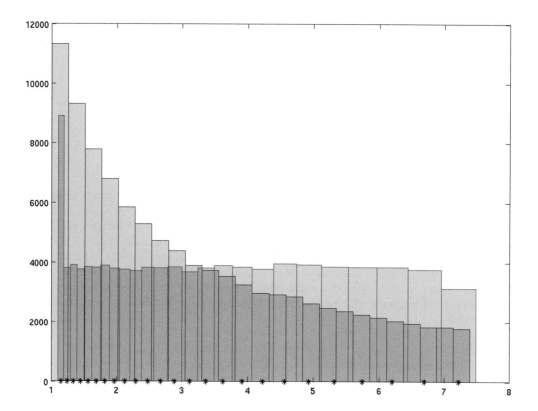

Abbildung 8.1: *Beispiel zur Überlagerung zweier Histogramme.*

hist(axes_handle,...) erlaubt ein Histogramm in eine bereits bestehende Abbildung mit dem Achsen-Handle „axes_handle" zu plotten.

histc. Mit dem Aufruf >> [n,xout] = hist(...) wird das Histogramm nicht geplottet, vielmehr werden die Häufigkeitswerte in der Variablen „n" abgespeichert und die Intervallwerte in dem optionalen Parameter „xout". Günstiger dafür ist allerdings der Befehl histc. Geplottet werden kann das Histogramm auch nachträglich, beispielsweise mittels bar.

>> [n,xb] = histc(x,xi,dim) operiert wie das korrespondierende Kommando hist.

„dim" und „xb" sind optional. „xi" muss streng monoton steigend sein und legt die Intervallgrenzen zur Häufigkeitsanalyse fest. Ist „x" ein multidimensionales Array, so legt „dim" die Dimension fest, längs der die Häufigkeitsanalyse („1" spalten-, „2" zeilenweise usf.) durchgeführt werden soll. „xb" ist ein Indexarray derselben Dimension wie „x" und gibt an, zu welchem Histogrammintervall das korrespondierende Element aus x gezählt wurde. Elemente aus x außerhalb des Wertebereichs von „xi" werden Null zugeordnet.

```
>> % Modellverteilung
>> x=randn(100000,5);
>> % Histogrammintervalle
>> xi=linspace(-5,4,50);
>> [n,xn]=histc(x,xi); % Haeufigkeitstabelle
>> bar(xi,n,'histc') % graphische Darstellung
>> figure, barh(xi,n,'histc')
>> % Werte ausserhalb xi:
>> xw=x(xn==0);
```

8.1.5 Sortier-Routinen

sort dient der Sortierung der Elemente eines Arrays in auf- oder absteigende Ordnung. Die allgemeine Syntax ist `[B,IX] = sort(A,dim,mode)`.
„IX", „dim" und „mode" sind optional. Ist „A" ein Array, erlaubt ist integer, real, double und character, so wird optional spaltenweise in aufsteigender Reihenfolge sortiert. Alternativ legt „dim" fest, längs welcher Dimension sortiert werden soll, „mode" kann die beiden Werte „ascend" für aufsteigende (default) und „descend" für abfallende Reihenfolge haben. In „IX" wird der korrespondierende Index abgebildet. Dies kann sehr gewinnbringend beispielsweise bei Messwerterfassung zur graphischen Darstellung genutzt werden.

Beispiel. Seien „x" und „y" zugehörige Meßwerte. Da „x" i.A. nicht nach aufsteigenden Werten geordnet ist, führt `plot(x,y)` zu einer eher unschönen Darstellung. Mit

```
>> [x,index] = sort(x);
>> y =y(index);
>> plot(x,y)
```

erhält man dagegen die gewohnte und erwartete Darstellung.

`>> [B,index] = sortrows(A,column)` ordnet die Zeilen von „A" in aufsteigender Reihenfolge. „index" und „column" sind optional. „index" enthält wieder die korrespondierenden Indices von „A", das optionale Argument „column" legt fest, nach welcher Spalte „A" zeilenweise sortiert werden soll.

`>> tf = issorted(A)` liefert für „A" eine logische „1" zurück, wenn „A" in aufsteigender Reihenfolge sortiert ist, sonst eine Null und `tf = issorted(A, 'rows')`, wenn die Matrix „A" zeilenweise sortiert ist.

8.1 Grundlegende Datenanalyse

Beispiel. „A" sei eine ungeordnete Matrix. Dann liefert

```
>> issorted(A,'rows')
ans =
 0
>> % wie erwartet
>> % nicht sortiert

>> issorted(sortrows(A,2),'rows')
ans =
 0
>> % ebenfalls

>> issorted(sortrows(A),'rows')
ans =
 1
```

„A" muss folglich im Sinne von „sortrows" nach aufsteigender Reihenfolge sortiert sein.

8.1.6 Summen und Produkte von Arrayelementen

Summen: sum und cumsum. >> B=sum(A) berechnet die spaltenweise Summe des Arrays „A". Ist die Variable ein multidimensionales Array, so legt der Parameter „dim" in B=sum(A,dim) fest, längs welcher Dimension die Summe gebildet werden soll. >> B=cumsum(A,dim) (dim optional) folgt derselben Syntax wie sum, berechnet aber die kumulative Summe $B_i = \sum_{n=1}^{i} A_n$. Für „dim=1" werden die Spaltensummen, „dim=2" die Zeilensummen u.s.f. berechnet.

Produkte: prod und cumprod. prod berechnet die Produkte eines Arrays. Die allgemeine Syntax ist x=prod(A,dim), dabei ist A ein beliebiges Array, „dim" eine ganze Zahl optional. prod(A) bzw. prod(A,1) berechnet die Spaltenprodukte, für dim=2 werden die Zeilenprodukte und für höhere Werte bei multidimensionalen Arrays die Produkte über den entsprechenden Index berechnet. Während Fakultäten sich mit Hilfe der Funktion „factorial" berechnen lassen, können Doppelfakultäten und Faktorielle mit der Funktion „prod" berechnet werden.

```
>> n=7;
>> x=prod(1:2:n); % x!! Doppelfakultaet
>> k=3;
>> % Faktorielle:
>> y=prod(n-k+1:n); % n*(n-1)*...*(n-k+1)
```

B=cumprod(A,dim) berechnet die kumulativen Produkte längs der Dimension „dim", wobei „dim" wieder ein optionaler Parameter ist.

8.1.7 Numerische Integration

MATLAB bietet zur numerischen Integration die Funktionen `quad` (Simpson Integration), `quadl` (Lobatto Integration), die wir beide in Kapitel 11 behandeln werden, sowie eine Trapezintegration, der wir uns nun widmen. Während die in Kap. 11 behandelten Befehle auf Funktionen zugreifen, erwartet `trapz` als Argument Vektoren, längs derer integriert wird.

Die allgemeine Syntax ist Z = `trapz(X,Y,dim`, „X" und „dim" sind dabei optionale Argumente. `trapz(Y)` integriert längs des Vektors „Y" mit Schrittweite 1, während mit `trapz(X,Y)` die Integrationsschrittweite durch X bestimmt ist. „X" muss dabei nicht zwangsläufig äuidistant sein und darf komplex sein. Ist „Y" ein Array, so wird bei einer Matrix „Y" spaltenweise ausgewertet, „dim" legt wieder gegebenenfalls die Dimension fest.

Beispiel. In folgendem Beispiel berechnen wir das Integral von

$$\int_0^\pi \sin^n(x)dx \quad \text{mit} \quad 1 \leq n \leq 5 \,.$$

```
>> x=linspace(0,pi,200);
>> y=sin(x);
>> ya=[y;y.^2;y.^3;y.^4;y.^5];
>> whos
 Name Size Bytes Class

 x 1x200 1600 double array
 y 1x200 1600 double array
 ya 5x200 8000 double array

Grand total is 1400 elements using 11200 bytes

>> trapz(x',ya)
??? Error using ==> trapz
length(x) must equal length of first non-singleton
 dim of y.
```

Die Berechnung erfolgt spaltenweise, daher diese Fehlermeldung. Also entweder muss „ya" transponiert werden oder die Variable „dim=2" gesetzt werden:

```
>> trapz(x',ya')

ans =

 2.0000 1.5708 1.3333 1.1781 1.0667
```

```
>> trapz(x',ya,2)

ans =

    2.0000
    1.5708
    1.3333
    1.1781
    1.0667
```

`>> B=cumtrapz(X,Y,dim)` berechnet die kumulative Integration. Die Syntax folgt dem Befehl `trapz`. Im obigen Beispiel wäre der Rückgabewert „B" eine 200 × 5-Matrix.

8.2 Korrelation und Kovarianz

Die Kovarianzfunktion für zwei statistische Ensembles $x^{(1)}$, $x^{(2)}$ ist durch

$$cov(x^{(1)}, x^{(2)}) = \langle (x^{(1)} - \langle x^{(1)} \rangle)(x^{(2)} - \langle x^{(2)} \rangle) \rangle \tag{8.2}$$

definiert, mit dem Erwartungswert

$$\langle x \rangle = \frac{1}{n} \sum_{i=1}^{n} x_i \ .$$

In MATLAB ist die Kovarianzmatrix durch den Befehl `c = cov(x,y)` realisiert. „x" und „y" sind dabei Vektoren gleicher Länge. Mit `c = cov(x)` und „x" eine Matrix wird deren Kovarianz bzw. im Falle eines Vektors dessen Varianz berechnet. Für eine Matrix wird dabei jede Spalte als eine Variable betrachtet. `cov(...,0)` ist dasselbe wie `cov(...)`, wohingegen für `cov(...,1)` die Kovarianzmatrix noch mit der Dimension skaliert wird.

Korrelationen sind ein Maß für den Gleichlauf zweier Größen. `R = corrcoef(x)` liefert die Korrelationskoeffizienten „R" der Matrix „x" zurück. Wieder werden die Spalten als Variablen und die Zeilen als die einzelnen statistischen Beobachtungen betrachtet. Zwischen den Matrixelementen des Korrelationkoeffizienten und denen der Kovarianzmatrix `c=cov(x)` besteht der folgende Zusammenhang

$$R_{i,j} = \frac{c_{i,j}}{\sqrt{c_{i,i} c_{j,j}}} \ . \tag{8.3}$$

Die Korrelationskoeffizienten zweier Vektoren „x" und „y" derselben Länge lassen sich mittels `R = corrcoef(x,y)` berechnen.
`[R,P]=corrcoef(...)` erlaubt den Hypothesentest auf keine Korrelation; „P" beherbergt hier den statistischen p-Wert. Obere und untere Grenzen „ob" und „un" zu einem 95%-Konfidenzintervall lassen sich mittels `[R,P,un,ob]=corrcoef(...)` berechnen und

[...]=corrcoef(...,'param1',val1,'param2',val2,...) erlaubt weitere Parameter. „Param" kann dabei entweder zu „alpha" oder „rows" gesetzt werden. „Val" bezeichnet die korrespondierenden Werte. Für „alpha" muss dieser Wert zwischen 0 und 1 liegen und legt das Konfidenzlevel $100*(1-alpha)\%$ fest. Für „rows" kann „val" die Werte „all" (Default, für alle Zeilen), „complete" für solche Zeilen, die keine „nans" enthalten, oder „pairwise", um nur solche Zeilenpaare auszuwerten, die beide keine „nans" enthalten, annehmen.

8.3 Finite Differenzen - numerische Ableitung

Matlab besitzt die Befehle `diff`, `gradient` und `del2` zur Differenzbildung bzw. numerischen Ableitung, zur Berechnung des Gradienten und des diskreten Laplace-Operators.

`y=diff(x)` berechnet die Differenz zwischen aufeinanderfolgenden Vektorelementen „x". Ist „x" eine Matrix, so wird „x" zeilenweise ausgewertet. Mit `zc=diff(y)./diff(x)` lässt sich beispielsweise die Ableitung dy/dx numerisch berechnen und mit `y=diff(x,n)` rekursiv die n-fache Differenz. Bei jeder Differenzbildung erniedrigt sich die Dimension des Rückgabewertes um 1. `y = diff(x,n,dim)` berechnet rekursiv die n-te Differenz längs der durch „dim" festgelegten Dimension.

Der Gradient einer Funktion F von n Variablen ist durch

$$\nabla F = \sum_{i=1}^{n} \frac{\partial F}{\partial x_i} \vec{e}_i \; , \tag{8.4}$$

mit Einheitsvektoren $\vec{e}_i$, gegeben. `FX = gradient(F)` berechnet die erste Komponente und `[Fx,Fy,Fz,...] = gradient(F)` alle als Rückgabewert aufgeführten Komponenten. Dabei wird dem ersten Wert die erste Ortsableitung, dem zweiten die zweite und so fort zugeordnet, unabhängig von der gewählten Namensgebung der Variablen. Mit `[...] = gradient(F,h1,h2,...)` wird die genutzte numerische Differenz (Spacing) zur Berechnung der Ableitung festgelegt. Wird nur ein Spacing „h" übergeben, dann wird für alle Komponenten derselbe Wert benutzt.

Mit `L = del2(u)` erlaubt MATLAB eine approximative Berechnung des Laplace-Operators. Für eine n-dimensionale Funktion gilt

$$L = \frac{\nabla^2 u}{2n} = \frac{1}{2n} \sum_{i=1}^{n} \frac{\partial^2 u}{\partial x_i^2} \; . \tag{8.5}$$

Wieder lässt sich mit `L = del2(U,hx,hy,hz,...)` das Spacing für die numerische Approximation zu jeder Dimension oder skalar festlegen.

8.4 Winkel zwischen Unterräumen

`>> theta = subspace(A,B)` berechnet den Winkel zwischen Unterräumen, definiert durch die Spalten der Matrizen „A" und „B". Für Spaltenvektoren „A" und „B" ist

$\theta = \cos^{-1}(A' * B)$, d.h. für linear abhängige Vektoren null und für orthogonale $\pi/2$.

8.5 Filter

8.5.1 Befehlsübersicht

Filterfunktionen filter, filter2

Faltung conv, conv2, convn, deconv

Trend detrend

8.5.2 Filterfunktionen

Filter dienen dem Dämpfen bzw. Hervorheben bestimmter Signalbereiche. Ist $x(n)$ das Eingangssignal zum Zeitpunkt t_n und $y(n)$ das Ausgangssignal, so folgt die in MATLAB implementierte Filterfunktion `filter` der Differenzengleichung

$$y(n) = \sum_{i=1}^{nb} b(i)x(n+1-i) + \sum_{j=1}^{na} a(j+1)y(n-j) \quad . \tag{8.6}$$

Der Aufruf in MATLAB lautet >> y = filter(b,a,x). Das Eingangssignal „x" darf ein komplexes Array sein und wird spaltenweise abgearbeitet. Ist $a(1) \neq 1$, so werden die Filterkoeffizienten mit $a(1)$ normiert; $a(1) = 0$ führt zu einer Fehlermeldung. Mit [y,zf] = filter(b,a,X,zi) lassen sich Anfangsbedingungen „zi" übergeben. „zi" ist dabei ein Vektor der Länge $max(length(a), length(b)) - 1$, „zf" der Antwortvektor der Filterverschiebung. Mit [...] = filter(... ,dim) kann für Arrays „x" die Dimension „dim" übergeben werden, längs der die Filterung erfolgt. In Abb. (8.2) ist das Spektrogramm und in Abb. (8.4) eine Fourieranalyse zu folgendem Filterbeispiel dargestellt.

Filterbeispiel.

```
>> % Erzeugung des Ausgangssignals
>> f0=128;
>> Fs=8192;
>> Ts=1/Fs;
>> t=0:Ts:1-Ts;
>> y=sin(2*pi*f0*t);
>> sound(y,Fs) % Lautsprecherausgabe

>> b,a % Butterworth-Filterkoeffizienten
b =
  1.0e-03 *
```

```
            0.0728  0.2911  0.4366  0.2911  0.0728

a =
            1.0000 -3.4873  4.5893 -2.6989  0.5981

>> ys=randn(1,Fs); % Stoersignal
>> yf=y+3*ys/10;

>> ygf=filter(b,a,yf); % Filtersignal
```

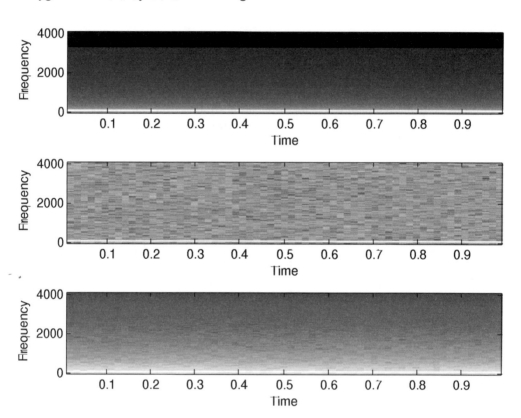

Abbildung 8.2: Von oben nach unten: Spektrogramm des ungestörten, des verrauschten und des gefilterten Signals. Die Spektrogramme wurden mit Hilfe der Signal Processing Toolbox geplottet.

filter2. Die MATLAB Funktion `filter2` dient dem zweidimensionalen digitalen (FIR) filtern. Die allgemeine Syntax ist >> `Y = filter2(h,X,shape)`, dabei bezeichnet „h" die Filtermatrix, „X" die zu filternden Daten. Das Argument „shape" ist optional mit den Werten „full" (liefert die volle 2-dimensionale Korrelation zurück), „same" (dies ist die Standardeinstellung und führt zum zentralen Anteil der Korrelation) und „valid" (liefert nur die Teile der Korrelation ohne zero-padding zurück).

8.5.3 Faltung

conv dient der Faltung und (mathematisch identisch) der Polynommultiplikation. Seien „u" und „v" zwei n-dimensionale Vektoren, dann ist >> w = conv(u,v) gemäß

$$w_k = \sum_{j=1}^{n} u_j \cdot v_{n+1-j} \qquad (8.7)$$

definiert.

>> C = conv2(A,B) berechnet die zweidimensionale Faltung der Matrix „A" mit „B". C=conv2(z,s,A faltet die Matrix „A" mit dem Vektor „z" entlang der Zeilen und mit dem Vektor „s" längs der Spalten. Ist „z" ein Zeilen- und „s" ein Spaltenvektor, dann gilt $conv2(z,s,A) = conv2(z*s,A)$. Wie „filter2" erlaubt auch „conv2" den optionalen Parameter „shape" >> C = conv2(..., 'shape'). Hat „shape" den Wert „full" (Default), so wird die volle 2-D-Faltung berechnet, mit „same" der zentrale Anteil und mit „valid" nur der Anteil ohne zero-padding.

Beispiel.

```
>> A = rand(2);
>> B = rand(3);
>> C = conv2(A,B)

C =

   0.0403   0.2103   0.3536   0.2528
   0.0426   0.3407   0.9386   0.6249
   0.1545   0.7347   0.8096   0.5474
   0.1484   0.2959   0.2312   0.1429

>> Cs = conv2(A,B,'same')

Cs =

   0.3407   0.9386
   0.7347   0.8096
```

>> C = convn(A,B) berechnet die n-dimensionale Faltung der Arrays A und B. Wie „conv2" erlaubt auch „convn" den optionalen Parameter „shape" mit denselben Parametern. >> [q,r] = deconv(v,u) erlaubt eine Dekonvolution oder Polynom-Division, dabei gilt $v = u \cdot q + r$.

8.5.4 Lineare Trends

Mit Hilfe der Funktion detrend lassen sich lineare Trends in einem Vektor beseitigen. Zu y= detrend(x) berechnet MATLAB über einen Least Square Fit eine optimierte Gerade durch die ursprünglichen Datenpunkte „x" und subtrahiert diese Ausgleichsgerade.

Ein Beispiel zeigt Abb. (8.3). Für y = detrend(x, 'constant') wird „x" um seinen arithmetischen Mittelwert korrigiert und mit y = detrend(x, 'linear', bp) wird „x" abschnittsweise um einen linearen Trend korrigiert. „bp" ist dabei ein Indexvektor, der die jeweiligen Abschnitte festlegt. Ist „x" eine Matrix, so wird in allen Fällen die Matrix spaltenweise abgearbeitet.

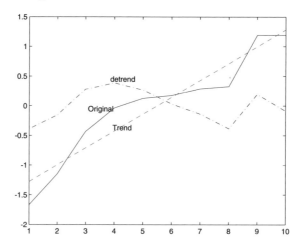

Abbildung 8.3: *Beispiel Detrend: Die durchgezogene Linie ist der Ausgangsvektor, die gestrichelte Linie eine Least-Square-Fit-Gerade durch die Datenpunkte und die strich-punktierte Linie der korrigierte Verlauf.*

8.6 Fourier-Transformationen

Die Fourieranalyse ist eines der wichtigsten Werkzeuge im Umfeld Signal- und Datenverarbeitung im Frequenzbereich. fft und ifft und ihre 2- bzw. n-dimensionalen Varianten fft2, ifft2, fftn und ifftn erlauben eine diskrete bzw. inverse diskrete Fast-Fourier-Transformation. Zur Berechnung diskreter Fourier-Transformationen sind bei der direkten Auswertung $2N^2$ Rechenoperationen (N Zahl der Fourierkoeffizienten) notwendig, beim FFT-Algorithmus ist die Zahl der Rechenschritte dagegen proportional $N \log_2 N$. FFT-Algorithmen erweisen sich daher als sehr effizient, insbesondere bei einer Signallänge von 2^n. Der Aufruf in MATLAB lautet >> y = fft(x). „x" ist das zu transformierende Signal, „y" die Transformierte. Beide Vektoren haben dieselbe Länge und wie in MATLAB notwendig werden die Indizes von 1 bis N gezählt. Daher sind die Fourierkoeffizienten y_k im Bereich $1 \leq k < \frac{N}{2}$ symmetrisch (komplex konjugiert für reelle Signale) zu $\frac{N}{2} < k < N$. Ein Beispiel zeigt Abb. (8.4). y= fft(x,n) berechnet die n-Punkt FFT-Transformierte. Ist die Vektorlänge von „x" kleiner n, so wird „x" für die Transformation mit Nullen aufgefüllt, ist „x" größer, wird „x" entsprechend abgeschnitten. Ist „x" eine Matrix, so wird die Fourier-Transformation spaltenweise ausgeführt. y = fft(x,[],dim) bzw. y = fft(x,n,dim) operiert längs der Dimension „dim". Mittels >> x = ifft(y) wird die inverse diskrete Fast-Fourier-Transformation berechnet, die exakt dieselben Argumente wie die Funktion fft erlaubt.

8.6 Fourier-Transformationen

Beispiel: Fourieranalyse eines Signals. Das folgende Beispiel basiert auf dem Beispiel zur Filterung (s.o.). Das Ergebnis ist in Abb. (8.4) dargestellt.

```
% Signal Erzeugung
f0=128;
Fs=8192;
Ts=1/Fs;
t=0:Ts:1-Ts;
y=sin(2*pi*f0*t);

% Filterkoeffizienten
b =1.0e-03 * [0.0728 0.2911 0.4366 ...
 0.2911 0.0728];
a =[1.0000 -3.4873 4.5893 ...
 -2.6989 0.5981];

ys=randn(1,Fs); % Stoersignal
yf=y+3*ys/10;

ygf=filter(b,a,yf); % Filtersignal

% Fourieranalyse Signal
uy=fft(y);

% Fourieranalyse Stoersignal
uyf=fft(yf);

% Fourieranalyse Filtersignal
uygf=fft(ygf);

% Graphische Darstellung
subplot(3,1,1)
semilogy(0:Fs/2,abs(uy(1:Fs/2+1)))
axis([0 Fs/2 0.5 0.5e05])
set(gca,'Ytick',[1 1.e04])
title('Signal')
subplot(3,1,2)
semilogy(0:Fs/2,abs(uyf(1:Fs/2+1)))
axis([0 Fs/2 0.5 0.5e05])
set(gca,'Ytick',[1 1.e04])
title('Verrauschtes Signal')
subplot(3,1,3)
semilogy(0:Fs/2,abs(uygf(1:Fs/2+1)))
axis([0 Fs/2 0.5 0.5e05])
set(gca,'Ytick',[1 1.e04])
xlabel('Frequenz')
title('Gefiltertes Signal')
```

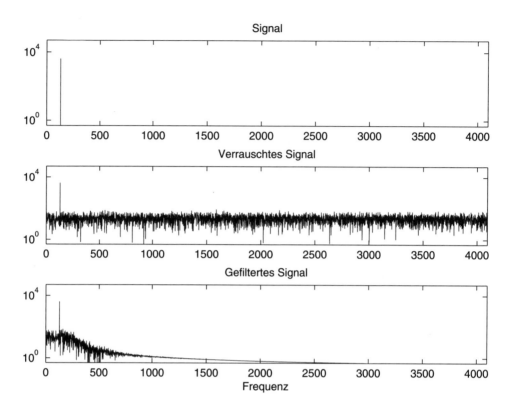

Abbildung 8.4: *Von oben nach unten: Fourieranalyse (Powerspektrum) des ungestörten, des verrauschten und des gefilterten Signals in semilogarithmischer Darstellung. (Vgl. Filterbeispiel in Kap. 8.5.2)*

y = fft2(x) und y = fft2(x,m,n) dient der zweidimensionalen diskreten Fast-Fourier-Transformation. Die erste Variante führt die vollständige Transformation aus, die zweite bildet „x" auf eine m × n-Matrix ab. Ist „x" größer als m × n, wird „x" auf den entsprechenden Wertebereich eingeschränkt, ist „x" kleiner, werden die fehlenden Werte durch Nullen ergänzt. Die inverse zweidimensionale diskrete Fast-Fourier-Transformation lässt sich mittels x = ifft2(y) bzw. x = ifft2(y,m,n) berechnen; die Bedeutung der Argumente ist exakt dieselbe wie für die 2-D-Fast-Fourier-Transformation. Der praktische Algorithmus basiert auf der eindimensionen FFT bzw. IFFT. fft(X) berechnet die Fourier-Transformation spaltenweise. Das Ergebnis wird mit „.'" (real) transponiert und dann erneut die eindimensionale diskreten Fast-Fourier-Transformation ausgeführt: fft2(x) ↔ fft(fff(x).').

Eine multidimensionale (inverse) diskrete Fast-Fourier-Transformation lässt sich mit y = fftn(x) bzw. y = fftn(x, siz) (x = ifftn(y), x = ifftn(y,siz)) bewerkstelligen. Wie im Zweidimensionalen gibt die optionale Variable „siz" die Dimensionen vor, d.h. entweder wird das Argument gemäß „siz" eingeschränkt oder mit Nullen aufgefüllt. Die praktische Berechnung läuft wieder ähnlich dem zweidimensionalen Fall durch die einzelnen Dimensionen mittels der eindimensionalen diskreten FFT.

8.6 Fourier-Transformationen

Die FFT-Transformation eines N-dimensionalen Signals in MATLAB folgt (ohne padding) der Gleichung

$$y(k) = fft(x(n)) \tag{8.8}$$
$$= \sum_{n=1}^{N} x(n) \exp\left(-2\pi i \frac{(n-1)(k-1)}{N}\right) \quad k = 1, 2, \cdots, N .$$

Hat der Vektor x die Länge N, so hat auch die Transformierte y dieselbe Länge. Die Inverse würde noch mit $1/N$ skaliert. Die Funktion fftshift verschiebt y um die Hälfte, so dass die oberen $N/2+1$ Elemente positiven Frequenzen zugeordnet werden und die untere Hälfte negativen. Dies wird beispielhaft in Abb. (8.5) dokumentiert. Die allgemeine Syntax ist >> y = fftshift(x,dim), „x" ist dabei das Ergebnis von fft, fft2 oder fftn. Das Argument „dim" ist optional und legt bei multidimensionalen Arrays „x" die Dimension fest, längs der fftshift operiert. Die Umkehrfunktion ist ifftshift und erlaubt exakt dieselben Argumente wie fftshift.

Beispiel zu fftshift: Das folgende Beispiel dokumentiert die Wirkungsweise von fftshift. Zur Illustration wurde die exakt analytisch Fourier-transformierbare Funktion $\exp(-at)$ gewählt:

$$\frac{1}{i\omega + a} = \int_{-\infty}^{+\infty} \frac{1}{2a} \exp(-at) \quad a \geq 0,\, t \geq 0 . \tag{8.9}$$

Die Berechnung der Abb. (8.5) erfolgte mit dem folgenden MATLAB Skript:

```
n=512; % Zweierpotenz aus Effizienzgr"unden
t=linspace(0,6,n); % Entwicklungspunkte
f=exp(-2*t); % Funktionsentwicklung
ts=t(2)-t(1); % Sample-Zeit
fs=2*pi/ts; %Sample-Frequenz

uf=fft(f);
ufs=fftshift(uf)*ts; % Verschiebung und Skalierung

fa=fs/n*[-n/2:n/2-1]; % Frequenzachse
ff=1./(2 + i*fa); %analytisches Ergebniss
pli=[1:10:240,241:272,273:10:512,512];
plot(fa,abs(ff),fa(pli),abs(ufs(pli)),'d')
scal=max(abs(ff))/max(abs(uf)); % Skalierungsfaktor
hold on
plot(fa,abs(uf)*scal,'--')
hold off
axis([-270,270,0,0.52])
xlabel('Frequenz')
```

Das Array „pli" schränkt die Zahl der zu plottenden Fourierelemente so stark ein, dass sowohl das analytische als auch das numerische Ergebnis sichtbar bleiben und die Rauten nicht vollständig die durchgezogene Linie überdecken.

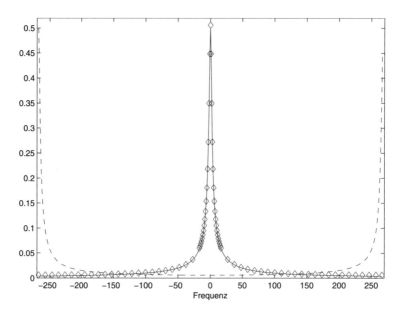

Abbildung 8.5: *Durchgezogene Linie: Analytisches Ergebnis; Rauten: FFTSHIFT-Ergebnis; gestrichelte Linie: Ergebnis FFT.*

8.6.1 FFT-Routinen optimieren

Ab dem Rel. 7 steht mit `fftw` eine Funktion zur Optimierung von Fourier-Transformationen zur Verfügung. `fftw` erlaubt die Optimierung von Berechnungen mit `fft`, `ifft`, `fft2`, `ifft2`, `fftn` und `ifftn`.

`fftw('planner', method)` legt das Verfahren für Fourier-Berechnungen fest. Dies ist insbesondere für Berechnungen, bei denen die Signallänge keine Zweierpotenz ist, zur Beschleunigung der Abarbeitungszeit von Interesse. „method" kann die Werte „estimate", „measure", „patient", „exhaustive" und „hybrid" haben. Nach dem Aufruf von `fftw` wird bei der nächsten Fourier-Berechnung die damit festgelegte Methode zur Beschleunigung der Berechnung verwandt. Bei der ersten Berechnung wird ein geeigneter Algorithmus selbstständig gesucht. Dies hat zur Folge, dass die erste Fourier-Berechnung verhältnismäßig lange dauert. Mit „estimate" wird kein Algorithmus gesucht, mit „measure" werden einige Algorithmen getestet und mit „patient" und „exhaustive" werden noch zusätzliche Algorithmen in den Performancetest einbezogen. Die Voreinstellung ist „hybrid". Für Signallängen kleiner oder gleich 8192 entspricht dies „measure" und für längere Signale „estimate". `method = fftw('planner')` gibt die aktuelle Einstellung zurück.

8.6 Fourier-Transformationen

Mit `str = fftw('wisdom')` werden die internen Informationen der FFTW-Datenbank in der Stringvariablen „str" für den späteren Gebrauch abgespeichert und `fftw('wisdom', str)` lädt die Informationen der Stringvariablen „str". `fftw('wisdom', ")` oder `fftw('wisdom', [])` löscht die interne FFTW-Datenbank. Die praktische Vorgehensweise zur späteren Nutzung eines optimierten FFT-Algorithmus ist erst mit `str = fftw('wisdom')` und `save str` die Informationen in einen Mat-File abzuspeichern und sie später mit `load str` und `fftw('wisdom', str)` wieder zu nutzen. Beispiel:

```
>> f0=128; Fs=8192; Ts=1/Fs; % Erzeugen eines Testsignals
>> t=0:Ts:1-Ts;
>> y=sin(2*pi*f0*t);
>> uy=fft(y);
>> ux=zeros(size(y)); % Speicher preallokieren
>> tic,ux=ifft(uy);toc
Elapsed time is 0.023393 seconds. % Zeit ohne fftw-Optimierung
>> fftw('planner','patient')
>> tic,ux=ifft(uy);toc
Elapsed time is 5.923891 seconds. % Zeit zur fftw-Optimierung
>> tic,ux=ifft(uy);toc
Elapsed time is 0.003293 seconds. % Zeit nach fftw-Optimierung
>> str = fftw('wisdom');
```

9 Berechnungen mit Matrizen

9.1 Elementare Matrizen

9.1.1 Befehlsübersicht

Basismatrizen eye, ones, zeros

Verteilungsvektoren linspace, logspace, :

Vervielfachung repmat, meshgrid

Frequenzvektoren freqspace

Logische Arrays false, true

Zufallsmatrizen rand, randn

9.1.2 Basismatrizen

`ones(d1, d2,..., dn)` bzw. `zeros(d1, d2,..., dn)` erzeugt n-dimensionale Arrays, bei denen alle Elemente den Wert 1 bzw. 0 haben. `x = ones(size(A))` bzw. `x = zeros(size(A))` erzeugt ein Array, das aus lauter Nullen bzw. Einsen besteht mit derselben Dimension wie das Array „A".

`eye(n)` ergibt eine n × n-Einheitsmatrix, `eye(n,m)` erzeugt für den quadratischen Unterblock eine Einheitsmatrix, die zusätzlichen Zeilen bzw. Spalten werden mit Nullen aufgefüllt.
`x = eye(size(A)` erzeugt eine Matrix der Größe „A", die größte quadratische Untermatrix bildet wieder eine Einheitsmatrix, der gegebenenfalls verbleibende Rest wird mit Nullen aufgefüllt. Drei oder höher dimensionale Arrays werden von `eye` nicht unterstützt.

```
    >> eye(6,3)
ans =
     1     0     0
     0     1     0
     0     0     1
     0     0     0
     0     0     0
     0     0     0
```

eye, ones und zeros erlauben zusätzlich den Qualifier „classname" mit den Werten „double", „single", „int8", „uint8", „int16", „uint16", „int32", „uint32", „int64" oder „uint64" zu übergeben. Die erzeugte Matrix ist dann vom Typ „classname". Beispiel:

```
>> Ad = zeros(4,5);              % double
>> Aui = zeros(4,5,'uint64');    % uint64

>> whos
  Name         Size                      Bytes  Class

  Ad           4x5                         160  double array
  Aui          4x5                         160  uint64 array
```

9.1.3 Verteilungsvektoren

`>> y = linspace(a,b,n)` erzeugt einen n-dimensionalen Zeilenvektor y, dessen Nachbarelemente einen äquidistanten Abstand haben. Die untere Intervallgrenze (y(1)) ist „a", die obere (y(n)) „b". Der Parameter „n" ist optional. Die Standardeinstellung ist 100. linspace empfiehlt sich insbesondere dann, wenn die Zahl der Elemente feststeht. Ist dagegen der äquidistante Abstand „dy" fix, so ist der „Doppelpunktoperator" vorzuziehen:
`>> y=a:dy:b`. „dy" ist optional, für y=a:b ist die Schrittweite 1. „b" ist die obere Schranke und wird nicht überschritten.

```
>> y1=0.5:3.4
y1 =
    0.5000    1.5000    2.5000

>> y1=0.5:0.6:3.4
y1 =
    0.5000    1.1000    1.7000    2.3000    2.9000
```

Das logarithmische Pendant zu linspace ist `>> y = logspace(a,b,n)`. Hier wird ein logarithmisch verteilter n-dimensionaler Zeilenvektor in den Grenzen 10^a bis 10^b erzeugt. „n" ist optional, der Defaultwert ist 50. `y = logspace(a, pi, n)` erzeugt einen Vektor mit Werten zwischen 10^a und π.

```
>> z=logspace(0,pi,5)
z =
    1.0000    1.3313    1.7725    2.3597    3.1416
```

Mit Hilfe des Kommandos log10 können anstelle der Potenzwerte direkt die linke und rechte Intervallgrenze eingegeben werden.

Beispiel. Erzeugen eines logarithmisch verteilten Vektors $x_0 \leq x \leq x_1$. Wegen $x_i = 10^{\log_{10} x_i}$ bietet sich folgende Lösung an:

9.1 Elementare Matrizen

```
>> x = logspace(log10(2),log10(3),4)

x =
    2.0000    2.2894    2.6207    3.0000
```

9.1.4 Vervielfachung

meshgrid. meshgrid erzeugt aus einem oder bis zu drei Vektoren eine Matrix bzw. ein 3-D-Array durch geeignete Wiederholung der Zeile bzw. Spalte des Vektors. y1 = meshgrid(x1) erzeugt aus dem n-dimensionalen Vektor eine n × n-Matrix. [y1, y2] = meshgrid(x1, x2) generiert aus den Vektoren „xi" korrespondierende Matrizen „yi". Ist „x1" ein n-dimensionaler Vektor und „x2" m-dimensional, dann sind die Matrizen n × m-dimensional. [y1, y2, y3] = meshgrid(x1, x2, x3) erzeugt die dazugehörigen 3-D-Arrays. Die Dimensionen ergeben sich wie im oberen Fall gemäß den zugehörigen Vektoren. Hauptanwendungsbereich der Funktion meshgrid liegt in der 3-D-Visualisierung, sie kann aber auch gewinnbringend zur Vektorisierung bestehenden Codes eingesetzt werden.

```
>> x=0:0.5:2
x =
         0    0.5000    1.0000    1.5000    2.0000
>> y=0:1:3
y =
     0     1     2     3
>> [X,Y] = meshgrid(x,y)
X =
         0    0.5000    1.0000    1.5000    2.0000
         0    0.5000    1.0000    1.5000    2.0000
         0    0.5000    1.0000    1.5000    2.0000
         0    0.5000    1.0000    1.5000    2.0000
Y =
     0     0     0     0     0
     1     1     1     1     1
     2     2     2     2     2
     3     3     3     3     3
```

repmat. >> B = repmat(A,[m n p...]) repliziert das (multidimensionale) Array „A" m × n × p × ...-fach zu einem multidimensionale Array B.

```
>> A=rand(2)
A =
    0.9355    0.4103
    0.9169    0.8936

>> B=repmat(A,4,2)
B =
```

```
0.9355    0.4103    0.9355    0.4103
0.9169    0.8936    0.9169    0.8936
0.9355    0.4103    0.9355    0.4103
0.9169    0.8936    0.9169    0.8936
0.9355    0.4103    0.9355    0.4103
0.9169    0.8936    0.9169    0.8936
0.9355    0.4103    0.9355    0.4103
0.9169    0.8936    0.9169    0.8936
```

9.1.5 Frequenzvektoren

Die Funktion `freqspace` wird insbesondere im Umfeld Signal- und Bildverarbeitung als Hilfsfunktion bei der Filterung im Frequenzbereich angewandt. `[f1,f2]=freqspace(n)` erzeugt einen äquidistanten Vektor „f1=f2" mit den Elementen $\frac{-n+1}{n}, \frac{-n+3}{n}, \ldots, \frac{n-1}{n}$ für n ungerade und $\frac{-n}{n}, \frac{-n+2}{n}, \ldots, \frac{n-2}{n}$ für n gerade.
`f = freqspace(n)` erzeugt einen Frequenzvektor mit Wertebereich $0, \frac{2}{n}, \frac{4}{n}, \cdots 1$. Für 2-D-Anwendungen gilt `[f1,f2] = freqspace([n,m])`, „f2" wird bezüglich der Zeilendimension „n" und „f1" bezüglich der Spaltendimension „m" ausgewertet.
`[X,Y] = freqspace(...,'meshgrid')` entspricht der Hintereinanderausführung von „freqspace" und „meshgrid" und erzeugt aus den äquidistanten Frequenzvektoren „fi" das zugehörige Gitter. `f = freqspace(n,'whole')` berechnet n äquidistante Werte $0, \frac{2}{n}, \frac{4}{n}, \cdots, \frac{2(n-1)}{n}$.

9.1.6 Logische Arrays

`true` ist eine Abkürzung für `logical(1)` und `false` für `logical(0)`. `A = true(d1, d2, ..., dn)` erzeugt ein logisches n-dimensionales Array der Größe d1 × d2 × ··· dn mit dem Wert 1 und `A = true(size(B))` ein logisches Array mit dem Wert „1" derselben Größe wie „B". Das Gegenstück zu `true` ist `false`, das dieselben Argumente erlaubt, nur sind hier die Werte 0. `true( )` bzw. `false( )` ist bedeutend schneller als `logical(ones( ))` bzw. `logical(zeros( ))`.

9.1.7 Zufallsmatrizen

Mit `rand` lassen sich gleichverteilte und mit `randn` normalverteilte Arrays erzeugen. In beiden Fällen können die Argumente identisch gewählt werden, als Beispiel sei daher nur der Fall gleichverteilter Zufallszahlen betrachtet.

Mit `>> A = rand(n)` wird eine n × n-Zufallsmatrix und mit `>> A = rand(d1, d2, ..., dn)` ein n-dimensionales Zufallsarray erzeugt. `s=rand('state')` gibt einen Vektor „s" zurück, der den gegenwärtigen Zustand des Zufallsgenerators beschreibt. Für „rand" ist dies ein 35-dimensionaler und für „randn" ein zweidimensionaler Spaltenvektor. Die seed „s" lässt sich mit `rand('state',s` setzen, `rand('state',0` startet den Zufallsgenerator wieder mit dem ersten Wert und `rand('state',n`, n ganzzahlig, mit dem n-ten Wert der Zufallssequenz. Häufig wünscht man bei jedem Start des Zufallsgenerators eine veränderte Zufallssequenz. Dies lässt sich beispielsweise mit `rand('state',sum(100*clock))` erreichen.

9.2 Elementare Eigenschaften von Arrays

9.2.1 Befehlsübersicht

Arraygröße length, ndims, numel, size

Logische Arrayfunktionen isempty, isequal, isequalwithequalnans, isfloatpt, islogical, isnumeric, isscalar, isvector, logical

9.2.2 Arraygröße

\>> n = length(A) liefert als Antwort die höchste Dimension eines d-dimensionalen Arrays „A" und >> d = ndims(A) die Dimension „d" des Arrays, mindestens jedoch 2. s = size(A) ermittelt alle Dimensionen des d-dimensionalen Arrays „A" und [n1, n2, ..., ni] = size(A) die ersten $i \leq d$ Dimensionen des d-dimensionalen Arrays. Mit m = size(A,dim) lässt sich die Größe des Arrays längs der Dimension „dim" abfragen. n = numel(A) ermittelt die totale Zahl der Elemente des Arrays „A" und nt = numel(A,varargin) erlaubt mit „varargin" eine Indexliste zu übergeben.

```
>> a=magic(4);
>> b=rand(4);
>> c=randn(4);
>> abc=cat(4,a,b,c);
>> n=numel(abc)
n =
    48
>> n=numel(abc,1:2,3:4,1:4)
n =
    16
```

9.2.3 Logische Arrayfunktionen

Die in Tabelle (9.1) aufgeführten logischen Funktionen sind alle vom Typ isnumeric(A) und erlauben als Argument ein beliebiges Array, das elementweise ausgewertet wird. Ist die Frage wahr, wird der Antwort eine logische „1" (true), sonst eine logische „0" (false) zugeordnet.

ie = isequal(A,B,...) liefert eine „1" zurück, wenn die Arrays identisch gleich sind, andernfalls eine „0". Ist eines der Elemente vom Typ „nan" (not-a-number), ist die Antwort auch bei identischen Arrays „false" (0). Um solche Fälle abzufangen, dient ie = isequalwithequalnans(A,B,...).

al=logical(A) wandelt ein Array in ein logisches Array, das beispielsweise zur logischen Indizierung eines anderen Arrays verwandt werden kann.

```
>> x=-2:0.5:2
x =
```

Tabelle 9.1: Einfache logische Arrayabfragen.

FUNKTION	BEDEUTUNG: IST WAHR
isempty	wenn das Array leer ist.
isfloatpt	für floating points.
islogical	für logische Arrays.
isnumeric	für numerische Werte.
isscalar	für 1×1-Matrizen.
isvector	für Vektoren.

```
  Columns 1 through 7
   -2.0000   -1.5000   -1.0000   -0.5000
                    0    0.5000    1.0000
  Columns 8 through 9
    1.5000    2.0000
>> xl=logical(x)
Warning: Values other than 0 or 1 converted to
                                       logical 1
(Type "warning off MATLAB:conversionToLogical"
              to suppress this warning.)
xl =
     1    1    1    1    0    1    1    1    1
```

Alle Elemente ungleich null werden dabei einer logischen „1" zugeordnet:

```
>> y=rand(1,length(x))
y =
  Columns 1 through 6
    0.8132    0.0099    0.1389    0.2028    0.1987    0.6038
  Columns 7 through 9
    0.2722    0.1988    0.0153
>> yaus=y(xl)
yaus =
  Columns 1 through 6
    0.8132    0.0099    0.1389    0.2028    0.6038    0.2722
  Columns 7 through 8
    0.1988    0.0153
```

Nur diejenigen Elemente werden bei der logischen Indizierung zurückgegeben, bei denen der Indexwert „wahr" (1) ist.

9.3 Matrixumformungen

9.3.1 Befehlsübersicht

Arrayindizes end, ind2sub, sub2ind

Darstellungsänderungen accumarray, cat, circshift, flipdim, fliplr, flipud, reshape, rot90, shiftdim, squeeze

Subarrays blkdiag, diag, find, tril, triu, :

9.3.2 Arrayindizes

Das Schlüsselwort **end** kennzeichnet nicht nur das Ende von beispielsweise Schleifen, sondern auch den maximalen Indexwert eines Arrays. Ist „A" ein multidimensionales Array, dann führt >> b = A(i1, i2, ..., end, ij, ...) in der Position „end" zum zugehörigen maximalen Indexwert.

```
>> a4=magic(4)
a4 =
    16     2     3    13
     5    11    10     8
     9     7     6    12
     4    14    15     1
>> v1=a4(:,3:end)
v1 =
     3    13
    10     8
     6    12
    15     1
```

In MATLAB werden intern Arrays spaltenweise verwaltet. D.h. ein Array wird auf einen korrespondierenden Vektor abgebildet. (Diese Art der internen Arrayverwaltung ist dieselbe wie unter FORTRAN.) Betrachten wir dazu das folgende Beispiel:

$$a4 = \begin{pmatrix} \boxed{16}_{1,1}^{1} & \boxed{2}_{1,2}^{5} & \boxed{3}_{1,3}^{9} & \boxed{13}_{1,4}^{13} \\ \boxed{5}_{2,1}^{2} & \boxed{11}_{2,2}^{6} & \boxed{10}_{2,3}^{10} & \boxed{8}_{2,4}^{14} \\ \boxed{9}_{3,1}^{3} & \boxed{7}_{3,2}^{7} & \boxed{6}_{3,3}^{11} & \boxed{12}_{3,4}^{15} \\ \boxed{4}_{4,1}^{4} & \boxed{14}_{4,2}^{8} & \boxed{15}_{4,3}^{12} & \boxed{1}_{4,4}^{16} \end{pmatrix}$$

Arrayelemente können daher sowohl mit den Multiindizes (tiefgestellt) als auch mit den linearen Indizes (hochgestellt) adressiert werden:

```
>> a4(2,4)        >> a4(14)
ans =             ans =
     8                 8
```

Das Indexpaar (Zeile,Spalte)=(2,4) führt also im obigen Beispiel zum selben Matrixelement wie der lineare Index 14. Zwischen beiden Indexsystemen vermitteln die Befehle `ind2sub` und `sub2ind`. >> [i1,i2,i3,...,in] = ind2sub(siz,ind), dabei ist „siz" ein n-dimensionaler Vektor, der die Arraydimensionen angibt, „ind" der lineare Index und die Rückgabewerte „[i1, ..., in]" die Multiindizes, im Falle einer Matrix folglich [Spaltenindex, Zeilenindex]. Die Umkehrabbildung ist >> ind = sub2ind(siz, i1, i2,..., in), die Bedeutung der Variablen entspricht der von `ind2sub`.

Beispiel. Die mathematische Standardindizierung von Arrays eignet sich besonders, um zusammenhängende Gruppen wie Zeilen, Spalten oder Untermatrizen aus einem Array auszuschneiden. Einzelne nicht zusammenhängende Elemente können dagegen nur mir der linearen Indizierung direkt angesprochen werden:

```
>> a4
a4 =
    16     2     3    13
     5    11    10     8
     9     7     6    12
     4    14    15     1
>> a4([1, 3, 11 : 13])
ans =
    16     9     6    15    13
```

9.3.3 Darstellungsänderungen

accumarray. `accumarray(ind,dat)` erzeugt eine Matrix und ordnet die übergebenen Daten „dat" den durch die Indizes „ind" festgelegten Elementen zu. „ind" hat dabei die Struktur [Zeilenindex, Spaltenindex]. Alle anderen Elemente werden per default mit „0" aufgefüllt.

```
>> ind = [1 2 5;1 2 5 ]';
>> dat = [10.1 10.2 10.3 ]';
>> A  = accumarray(ind, dat)
A =
   10.1000         0         0         0         0
         0   10.2000         0         0         0
         0         0         0         0         0
         0         0         0         0         0
         0         0         0         0   10.3000
```

9.3 Matrixumformungen

Über mehrfach vorkommende Indexpaare wird summiert:

```
>> ind = [1 2 5 5;1 2 5 5]';
>> dat = [10.1 10.2 10.3 10.4]';
>> A  = accumarray(ind, dat)
A =
   10.1000         0         0         0         0
         0   10.2000         0         0         0
         0         0         0         0         0
         0         0         0         0         0
         0         0         0         0   20.7000
```

A = accumarray(ind,val,sz) erzeugt ein Array der Größe „sz". „sz" muss ein Zeilenvektor sein mit derselben Spaltenzahl wie „ind" und die einzelnen Elemente von „sz" müssen mindestens so groß wie der maximale Wert von „ind" sein. A = accumarray(ind, val, sz, fun) führt bezüglich mehrfach vorkommender Indizes die Funktion „fun" aus. „fun" ist dabei das zugehörige Funktionhandle. Die Standardeinstellung ist „fun=@sum", die Funktion „fun" muss natürlich einen Vektor akzeptieren und einen Skalar zurückgeben. Mit A = accumarray(ind,val,size,fun,wert) haben die Elemente nicht aufgeführter Indizes den Wert „wert" statt „0".

```
>> A  = accumarray(ind, dat,[5,5],@min,nan)
A =
   10.1000       NaN       NaN       NaN       NaN
       NaN   10.2000       NaN       NaN       NaN
       NaN       NaN       NaN       NaN       NaN
       NaN       NaN       NaN       NaN       NaN
       NaN       NaN       NaN       NaN   10.3000
```

Erzeugen multidimensionaler Arrays. >> C = cat(n, A1, A2, A3, A4, ...) erzeugt aus den Eingangsarrays das n-dimensionale Array „C". Alle „Ai" müssen dabei für $n \geq 3$ dieselben Größen haben. cat(2,A,B) entspricht [A,B] und cat(1,A,B) [A;B]. Hier müssen nur die Spalten- bzw. Zeilendimensionen in Übereinstimmung sein. Zellvariablen „Z" oder Strukturvariablen „S" mit Feldnamen „feld" lassen sich mittels cat(n,Z{:}) bzw. cat(n,S,feld) in n-dimensionale Arrays wandeln. squeeze(A) entfernt stumme Indizes.

Beispiel.

```
   >> Z={magic(3),round(50*randn(3))}
Z =
    [3x3 double]    [3x3 double]
>> AZ=cat(4,Z{:})
AZ(:,:,1,1) =
     8     1     6
     3     5     7
```

```
           4       9       2
AZ(:,:,1,2) =
           9     -29       6
          -9     109      53
          36      -7       3
>> % Es werden keine 4 Indizes ben"otigt
>> AZ=squeeze(AZ)
AZ(:,:,1) =
           8       1       6
           3       5       7
           4       9       2
AZ(:,:,2) =
           9     -29       6
          -9     109      53
          36      -7       3
```

Indexgymnastik. `>> B = circshift(A, sh)` führt eine Verschiebung der Zeilen von „A" um „sh" durch. Für $sh = 1$ wird die erste Zeile zur zweiten, die zweite zur dritten und so fort, bis schließlich die letzte Zeile zur ersten wird. Für negative Werte wird die Verschiebung in die andere Richtung durchgeführt; werden zwei Werte übergeben, $sh = [zi, si]$, bezieht sich der erste Wert auf den Zeilen- und der zweite auf den Spaltenindex.

`>> B=flipdim(A,dim)`, „dim" bestimmt in welche Richtung die Matrix verschoben wird. Für $dim = 1$ erfolgt die Verschiebung zeilenweise um 1 nach unten. Dies entspricht `B = flipud(A)`. Für $dim = 2$ erfolgt die Verschiebung spaltenweise um 1 nach rechts, dies ist dasselbe wie `B = fliplr(A)`.

`>> B = reshape(A, m, n, ...` ordnet die Elemente des Arrays „A" zu einem $m \times n \times$ ...-Array um. Die Zahl der Elemente in „A" und „B" muss identisch sein. Das Array wird spaltenweise durchlaufen. Für eine, aber nur eine der neuen Dimensionen kann ein Platzhalter „[ ]" gesetzt werden. MATLAB berechnet dann diese Dimension aus der Forderung, dass „A" und „B" dieselbe Zahl an Elementen haben müssen. Das Ergebnis muss für den Platzhalter ganzzahlig sein.

Beispiel: reshape. Ein 3-D-Array „A" wird in eine Matrix mit der Spaltendimension 4 gewandelt. Via Platzhalter „[ ]" wird die Zeilendimension von MATLAB berechnet.

```
>> A
A(:,:,1) =
          16       2       3      13
           5      11      10       8
           9       7       6      12
           4      14      15       1
A(:,:,2) =
          22      36      45      17
          30       8      20      40
          39      20      44       0
          46      46       2       6
```

```
>> B=reshape(A,[],4)
B =
    16     3    22    45
     5    10    30    20
     9     6    39    44
     4    15    46     2
     2    13    36    17
    11     8     8    40
     7    12    20     0
    14     1    46     6
```

\>\> B = rot90(A,k) rotiert die Matrix „A" entgegen dem Uhrzeigersinn um $k \cdot 90°$. Die Variable „k" ist optional, der Standardwert ist 1.

shiftdim verschiebt die Dimension eines Arrays „A". Ist „A" beispielsweise ein 3-D-Array mit „z" Zeilen, „s" Spalten und „k" Ebenen, dann ist shiftdim(A,1) ein 3-D-Array mit „s" Zeilen, „k" Spalten und „z" Ebenen. Allgemein gilt shiftdim(A,n) verschiebt die Dimension um „n" für positive ganze Zahlen nach rechts und für negative nach links. [B,n] = shiftdim(A) erzeugt ein Array „B" mit derselben Elementzahl wie „A", aber alle führenden stummen Indizes sind entfernt. Die Zahl ist in „n" gespeichert.

Beispiel: shiftdim.

```
>> A=round(50*rand(1,1,3))      >> [B,n]=shiftdim(A)
A(:,:,1) =                      B =
    10                              10
A(:,:,2) =                          10
    10                              30
A(:,:,3) =                      n =
    30                              2
```

9.3.4 Subarrays

M = blkdiag(a,b,c,d,...) konstruiert eine blockdiagonale Matrix aus den Einträgen „a", „b" und so fort, wobei blkdiag auch auf geeignete Character-Arrays angewandt werden kann und nicht nur auf numerische Matrizen beschränkt ist. Ein Beispiel dokumentiert am einfachsten, was unter blockdiagonal zu verstehen ist:

Beispiel.

```
>> a=1;
>> b=rand(2)
b =
    0.9708    0.7889
    0.9901    0.4387
>> c=[1 0
      3 4];
```

```
>> M = blkdiag(a,b,c)
M =
    1.0000         0         0         0         0
         0    0.9708    0.7889         0         0
         0    0.9901    0.4387         0         0
         0         0         0    1.0000         0
         0         0         0    3.0000    4.0000
```

Ist „v" ein Vektor, dann erzeugt X = diag(v) eine Diagonalmatrix aus den Werten von „v". X = diag(v,k) erzeugt eine quadratische Matrix, bei der die k-te Nebendiagonale aus den Elementen von „v" besteht und alle anderen Werte null sind. Für positive ganze Zahlen „k" wird die obere und für negative die untere Nebendiagonale erzeugt. Umgekehrt lässt sich auch aus einer Matrix ein Vektor erzeugen. v = diag(X,K) bildet nach denselben Regeln aus der k-ten Nebendiagonale der Matrix „X" einen Vektor und v = diag(X) aus der Diagonalen.

[m,n] = find(X) findet die Zeilen- und Spaltenindizes derjenigen Matrixelemente von „X", die ungleich null sind. l = find(X) führt zum selben Ergebnis, allerdings in der linearen Indizierung eines Arrays. Sollen nicht nur die Indizes der nicht-verschwindenden Matrixelmente, sondern auch deren Werte zurückgegeben werden, so sind drei Rückgabeparameter notwendig:
[m,n,x] = find(X). [...] = find(X,k,'first') bzw. [...] = find(X,k,'last') liefert die ersten „k" bzw. letzten „k" Matrixelemente ungleich null. find kann auch zum Suchen beliebiger Werte oder Bedingungen genutzt werden. X==a ist dann wahr, wenn ein Element „X" den Wert „a" besitzt. Das logische Array hat folglich an allen Stellen, an denen die Bedingung wahr ist, eine 1, an allen anderen eine Null. find liefert dann genau diejenigen Indizes und (indirekt) Werte, die die vorgegebene Bedingung erfüllen.

Beispiel: find. Gesucht sind all diejenigen Werte einer Matrix, die größer als 3 sind.

```
>> Af
Af =
     1     0     2
     0     0     1
     3     0     0
     4     0     5
```

```
>> l=find(Af>3)        >> w=Af(l)
l =                    w =
     4                      4
    12                      5
```

Dreiecksmatrizen. L = tril(X) und U = triu(X) liefert die untere bzw. obere Dreiecksmatrix der Matrix „X". Wie im Fall diag lässt sich die auszuschneidende Matrix durch die Übergabe einer positiven oder negativen Zahl nach oben oder unten verschieben: Lk = tril(X,k) bzw. Uk = triu(x,k).

9.4 Spezielle Matrizen

```
>> X=rand(4)
X =
    0.4983    0.9601    0.2679    0.2126
    0.2140    0.7266    0.4399    0.8392
    0.6435    0.4120    0.9334    0.6288
    0.3200    0.7446    0.6833    0.1338
>> Lk=tril(X,-2)
Lk =
         0         0         0         0
         0         0         0         0
    0.6435         0         0         0
    0.3200    0.7446         0         0
```

9.4 Spezielle Matrizen

9.4.1 Befehlsübersicht

Charakteristisches Polynom compan

Testmatrizen gallery, rosser, vander, wilkinson

Hilbertmatrizen hilb, invhilb

Ausgewählte Matrizen hankel, hadamard, toeplitz

Magische Quadrate magic

Binomialkoeffizienten pascal

9.4.2 Das charakteristische Polynom

Ist „A" eine n × n-Matrix mit Eigenwerten λ, dann gilt

$$p_A(\lambda) = det(A - \lambda * I_n) = 0 \,. \tag{9.1}$$

I_n ist die n-dimensionale Einheitsmatrix und p_A das korrespondierende charakteristische Polynom. A = compan(p) bildet das Polynom „p" auf die Matrix „A" ab, so dass die Eigenwerte von „A" gleich den Nullstellen von „p" sind. (Streng genommen ist „A" ein Vertreter aus der Klasse aller ähnlichen Matrizen, da Ähnlichkeitstransformationen die Eigenwerte erhalten.)

Beispiel: Charakteristisches Polynom. Betrachten wir als Beispiel das Polynom

$$p(x) = x^4 - 5x^2 + 4 \,. \tag{9.2}$$

In MATLAB wird dieses Polynom durch den Vektor >> p=[1 0 -5 0 4]; repräsentiert. Seine Nullstellen können mittels

```
>> lapoly=roots(p)
lapoly =
    2.0000
    1.0000
   -2.0000
   -1.0000
```

berechnet werden. Die dazu korrespondierende Matrix mit denselben Eigenwerten:

```
>> Ala = compan(p)
Ala =
     0     5     0    -4
     1     0     0     0
     0     1     0     0
     0     0     1     0
>> laAla=eig(Ala)
laAla =
    2.0000
    1.0000
   -2.0000
   -1.0000
```

Aus einem Polynom lässt sich die korrespondierende Eigenwertmatrix berechnen und ebenso erlaubt MATLAB, aus den Eigenwerten einer Matrix das zugehörige charakteristische Polynom zu konstruieren:

```
>> pAla =poly(laAla)
pAla =
    1.0000    0.0000   -5.0000   -0.0000    4.0000
>> % zum Vergleich Ausgangspolynom war
>> p
p =
     1     0    -5     0     4
```

Und damit schließt sich der Kreis. `compan` und `poly` erlauben das jeweils korrespondierende Objekt zu berechnen.

9.4.3 Die Testmatrizen „Toolbox Gallery"

Die Funktion `gallery` bietet eine umfangreiche Liste unterschiedlicher Testmatrizen. Die allgemeine Syntax ist `[y1, y2, y3, ...] = gallery('typfun', p1, p2, ...)`, wobei „typfun" den Typ der Testfunktion festlegt. Eine Liste ist in Tab. (9.2) aufgeführt. Die Input Parameter „pi" und die Rückgabewerte „yi" hängen vom jeweilig gewählten Testproblem ab. Eine kurze Beschreibung findet sich in den folgenden Abschnitten, ausführlichere Details auf der ftp-Seite
ftp://ftp.mathworks.com/pub/contrib/linalg/testmatrix/testmatrix.ps

9.4 Spezielle Matrizen

Tabelle 9.2: Liste der Testmatrizen.

cauchy	chebspec	chebvand	chow	circul	clement
compar	condex	cycol	dorr	dramadah	fiedler
forsythe	frank	gearmat	grcar	hanowa	house
invhess	invol	ipjfact	jordbloc	kahan	kms
krylov	lauchli	lehmer	leslie	lesp	lotkin
minij	moler	neumann	orthog	parter	pei
poisson	prolate	randcolu	randcorr	rando	randhess
randsvd	redheff	riemann	ris	rosser	smoke
toeppd	tridiag	triw	vander	wathen	wilk

Gallery. `gallery(3)` erzeugt eine schlecht konditionierte 3×3-Matrix und `gallery(5)` ein für Eigenwertprobleme interessantes Beispiel.

cauchy. `C = gallery('cauchy',x,y)` erzeugt eine n × n-Matrix mit den Elementen

$$C_{i,j} = \frac{1}{x_i + y_j} \quad 1 \leq i, j \leq n,$$

wobei „x", „y" Vektoren der Länge n sind. Sind beides Skalare, so werden diese als `1:x` und `1:y` interpretiert. „y" ist ein optionales Argument, fehlt es, wird $x = y$ gesetzt. Explizite Gleichungen sind sowohl für die Inverse als auch für die Determinante bekannt. Sind „x" und „y" streng isoton, dann ist die Cauchy-Matrix C streng positiv. Unterscheiden sich alle Elemente von „x" von allen von „y" ist die Determinante ungleich null.

chebspec. `C = gallery('chebspec',n,sw)` führt zu Chebyshevs spektraler Ableitungsmatrix der Ordnung n. Für „sw=0" gilt $C^n = 0$ und für „sw=1" ist „C" wohl konditioniert und der Realteil der Eigenwerte ist streng negativ.

chebvand. Die Matrix `C = gallery('chebvand', p)` ist durch $C_{i,j} = T_{i-1}(p_j)$ gegeben, dabei ist „p" ein Vektor und T das Chebyshev-Polynom der Ordnung $i-1$. Ist „p" eine ganze Zahl, werden „p" gleichverteilte Punkte aus dem Intervall [0,1] gewählt. Mit `C = gallery('chebvand', m, p)` und m eine ganze Zahl wird „C" eine m × n-Matrix mit Länge n des Vektors „p".

chow. `A = gallery('chow',n,alpha,delta)` erzeugt eine singuläre Toeplitz-Matrix mit unterer Hessenberg-Form. Die Matrix „A" ist durch $A = H(\alpha) + \delta \cdot I_n$ gegeben, mit $H_{i,j}(\alpha) = \alpha^{i-j+1}$ und I_n der Einheitsmatrix. Die Standardwerte für „alpha" (α) und „delta" (δ) sind „1" und „0".

circul. Zirkulante Matrizen sind Toeplitz-Matrizen, die dadurch ausgezeichnet sind, dass ihre Eigenvektoren sich mit den Spalten einer Fouriermatrix identifizieren lassen. `C = gallery('circul',v)` berechnet eine zirkulante Matrix, deren erste Zeile durch den Vektor „v" gegeben ist. Ist „v" ein Skalar, dann gilt `C = gallery('circul',1:v)`

clement. A = gallery('clement',n,sym) liefert eine n × n-tridiagonale Matrix mit Nullen auf der Hauptdiagonalen und bekannten Eigenwerten. Für ungerade „n" wird „A" singulär. Für sym=0 (Default) ist die Matrix unsymmetrisch, sonst symmetrisch.

compar. A = gallery('compar',A,1) bildet die Diagonalelemente von „A" auf ihren Absolutwert ab. Alle anderen Elemente einer Zeile werden durch einen negativen Wert ersetzt, der sich aus dem Betrag des betragsmäßig größten Nichtdiagonalelements dieser Zeile multipliziert mit „−1" ergibt. Dreiecksmatrizen werden wieder triangular. gallery('compar',A) ist in MATLAB Schreibweise durch diag(B) - tril(B,-1) - triu(B,1) mit B = abs(A) gegeben und ist dasselbe wie gallery('compar',A,0).

condex. A = gallery('condex',n,k,theta), $1 \leq k \leq 4$, erzeugt schlecht konditionierte invertierbare n × n-Matrizen. Der skalare Parameter „theta" hat den Standardwert 100.

cycol. Erzeugt eine m × n-Matrix, deren Spalten sich zyklisch wiederholen. Syntax: A = gallery('cycol',[m n],k), „m" und „n" sind ganze Zahlen, die die Zeilen- und Spaltendimension festlegen. Ein Zyklus besteht aus einer normalverteilten Zufallsmatrix randn(m,k), wobei der Parameter „k" optional ist und per Default durch round(n/4) festgelegt ist.

dorr. [c,d,e] = gallery('dorr',n,theta) bzw. A = gallery('dorr',n,theta) erzeugt eine schlecht konditionierte, diagonal dominante, dünn besetzte, tridiagonale n × n-Matrix. Der Standardwert für „theta" ist 0.01. „d" ist der Diagonalvektor, „c" der untere und „e" der obere Nebendiagonalvektor. „A" ist vom Typ sparse.

dramadah. A = gallery('dramadah',n,k) erzeugt eine n × n-Toeplitz-Matrix aus lauter Nullen und Einsen. Der Absolutwert der Determinante ist „1", die Matrix ist zwar schlecht konditioniert aber invertierbar. Der Standardparameter „k" (Standardwert 1) legt den Typ fest. k=1: Frobeniusnorm größer $c1.75^n$, Konstante c, Inverse ganzzahlig. K=2: Obere Dreiecksmatrix, Inverse ganzzahlig. k=3: det(A) ist die n-te Fibonacci-Zahl.

fiedler. Die Fiedler-Matrix lässt sich mittels A = gallery('fiedler',c) berechnen, wobei „c" ein Vektor der Länge n ist und „A" eine n × n-symmetrische Matrix mit Elementen $|n_i - n_j|$. Ist c ein Skalar, gilt A = gallery('fiedler',1:c). Die Matrix A hat einen dominanten positive Eigenwert, alle anderen Eigenwerte sind negativ.

forsythe. A = gallery('forsythe',n,alpha,lambda) erzeugt eine n × n-Matrix, die bis auf A(n,1) = alpha einem Jordan-Block mit Eigenwert „lambda" entspricht. Die Defaultwerte für die optionalen Argumente „alpha" und „lambda" sind sqrt(eps) und 0. Das charakteristische Polynom von A ist durch $\det(A-tI_n) = (\lambda-t)^n - \alpha*(-1)^n$ gegeben.

frank. Eine berühmte Testmatrix für Eigenwert-Solver ist die n × n obere Hessenberg-Matrix F = gallery('frank',n,k) (Frank-Matrix) mit Determinante 1. Für $k = 1$, sind die Elemente an der Gegendiagonale gespiegelt. Die Eigenwerte von F lassen sich aus den Nullstellen von Hermitepolynomen berechnen. Sie sind positiv und kommen in reziproken Paaren vor. Für n ungerade ist folglich ein Eigenwert gleich 1.

9.4 Spezielle Matrizen

gearmat. Die n × n-Gear-Matrix lässt sich mittels A = gallery('gearmat',n,i,j) berechnen. „A" enthält Einsen in der oberen und unteren Nebendiagonalen, $sign(i)$ an der Stelle $(1, |i|)$ und $sign(j)$ an der Position $(n, n+1-|j|)$, sonst lauter Nullen. Per Default sind die Argumente „i" und „j" n und -n. Alle Eigenwerte sind von der Form $2 \cdot \cos(a)$ und die Eigenvektoren von der Form $[\sin(w+a), \sin(w+2 \cdot a), \cdots, \sin(w+n \cdot a)]$.

grcar. A = gallery('grcar',n,k) berechnet eine n × n-Toeplitz-Matrix mit -1 für die unteren, 1 für die oberen Nebendiagonalelemente und die Diagonalelemente. Der Standardwert für den optionalen Parameter „k" ist 3.

hanowa. A = gallery('hanowa',n,d) liefert eine n × n-Block-Matrix, aus 2 × 2-Blöcken; „n" muss daher gerade sein.

house. In [v,beta,s] = gallery('house',x,k) ist „x" ein n-dimensionaler Spaltenvektor. Die Householder-Matrix H ist durch $H = I_n - beta v \cdot v^t$ gegeben, wobei „v" und „beta" so gewählt sind, dass $H \cdot x = s \cdot e_1$, mit e_1 der erste n-dimensionale Einheitsspaltenvektor, $|s| = |x|^2$. „k" (Standardwert 0) bestimmt das Vorzeichen von „s":

$$\text{sign}(s) = \begin{cases} -\text{sign}(x_1) & \text{für } k = 0 \\ \text{sign}(x_1) & \text{für } k = 1 \\ 1 & \text{für } k = 2 \end{cases}$$

invhess. A = gallery('invhess',x,y) ist die Inverse einer oberen Hessenberg-Matrix, wobei „x" ein Vektor der Länge n ist und „y" der Länge n−1. Der untere Dreiecksanteil ist ones(n,1)*x' und der streng obere Anteil [1 y]*ones(1,n).

invol. A = gallery('invol',n) erzeugt eine n × n-Matrix in Involution, $A \cdot A = I_n$.

ipjfact. [A,d] = gallery('ipjfact',n,k) ergibt eine n × n-Hankel-Matrix „A". „d" ist die Determinante von „A". Für den Standardwert k = 0 sind die Elemente von „A" durch $A_{i,j} = (i+j)!$ und für k = 1 durch $A_{i,j} = \frac{1}{i+j}$ gegeben.

jordbloc. A = gallery('jordbloc',n,lambda) liefert einen n × n-Jordanblock mit Eigenwerten lambda (Default ist 1).

kahan. A = gallery('kahan',n,theta,pert) führt zu einer unteren trapezoidalen n × n-Matrix. Wertebereich für theta: $0 < theta < \pi$, Standard ist 1.2, Standardwert für pert ist 25.

kms. A = gallery('kms',n,rho) berechnet die n × n-Kac-Murdock-Szego-Toeplitz-Matrix mit $A_{i,j} = \rho^{|(i-j)|}$, rho reell, Standardwert 0.5. Für komplexe rho gilt dieselbe Gleichung bis auf den Umstand, dass die untere Dreiecksmatrix komplex konjugiert ist.

krylov. B = gallery('krylov', A, x, j) berechnet die Krylov-Matrix

$$[x, Ax, A^2 x, \cdots, A^{j-1} x]$$

mit „A", n × n-Matrix und x Vektor der Länge n. Standardeinstellung: x = ones(n,1), j = n. B = gallery('krylov',n) ist identisch B = gallery('krylov',(randn(n))).

lauchli. A = gallery('lauchli', n, mu) berechnet eine $(n+1) \times n$-Matrix (Lauchli-Matrix). „A" hat die folgende Form

$$A = \begin{pmatrix} 1 & 1 & 1 & \cdots & 1 \\ \mu & 0 & 0 & \cdots & 0 \\ 0 & \mu & 0 & \cdots & 0 \\ \vdots & \vdots & \vdots & \ddots & \vdots \\ 0 & 0 & 0 & 0 & \mu \end{pmatrix}$$

und ist ein Beispiel für numerische Probleme, die man sich mit Matrixprodukten der Art $A' \cdot A$ einhandeln kann. In diesem Fall entstehen Summen der Form $1 + \mu^2$. Ist $|\mu|$ klein, kann dies zu numerisch bedingten Ungenauigkeiten führen.

lehmer. A = gallery('lehmer',n) führt zu einer $n \times n$-symmetrischen, positiv definiten Matrix, der Lehmer-Matrix mit Elementen $A_{i,j} = \frac{i}{j}$ für $j \geq i$. Die Lehmer-Matrix „A" ist streng positiv, die Inverse tridiagonal und zu numerischen Tests analytisch berechenbar.

leslie. Hinter dieser $n \times n$-Matrix L = gallery('leslie',a,b) verbirgt sich das Leslie-Populations-Modell mit mittleren Geburtsraten $a > 0$ (n-dimensionaler Zeilenvektor) und mittleren relativen Überlebensraten $0 < b \leq 1$ ((n-1)-dimensionaler Zeilenvektor). L = gallery('leslie',n) erzeugt eine Leslie-Matrix, bei der alle Elemente der Vektoren „a" und „b" eins sind, n bezeichnet die Dimension und muss ganzzahlig sein.

lesp. A = gallery('lesp',n) erzeugt eine $n \times n$-tridiagonale Matrix mit reellen Eigenwerten gleichförmig approximativ im Intervall $[-2n - 3.5, -4.5]$ verteilt.

lotkin. Hilbert-Matrizen sind Matrizen mit Elementen $a_{i,j} = 1/(i+j-1)$. A = gallery('lotkin',n) erzeugt eine Lotkin-Matrix, die aus einer Hilbert-Matrix besteht, bei der die erste Zeile durch lauter Einsen ersetzt worden ist. Die Inverse ist ganzzahlig und explizit berechenbar. Numerisch interessant ist der Test auf Ganzzahligkeit des Invertieralgorithmus.

minij A = gallery('minij',n) erzeugt eine $n \times n$-symmetrische, positiv definite Matrix mit Elementen A(i,j) = min(i,j).

moler. (Cleve Moler ist der „Erfinder" von MATLAB)
A = gallery('moler', n, alpha) erzeugt eine symmetrische, positiv definite $n \times n$-Matrix A = U'*U, mit U = gallery('triw', n, alpha). Für alpha $= -1$ gilt $A_{i \neq j} = \min(i,j) - 2$ und $A_{i,i} = i$.

neumann. C = gallery('neumann',n) erzeugt eine dünn besetzte $n \times n$-singuläre Matrix, die von der Diskretisierung eines von-Neumann-Problems mit einer 5-Punkt-Gleichung auf einem regulären Gitter herrührt. „n" muss daher eine quadratische ganze Zahl sein oder ein ganzzahliger 2-elementiger Vektor.

9.4 Spezielle Matrizen

orthog. Q = gallery('orthog',n,k) erzeugt für $k > 0$ orthogonale Matrizen und für $k < 0$ diagonal umskalierte, ursprünglich orthogonale Matrizen. Für „k" sind folgende Werte erlaubt:

$$Q_{r,s} = \begin{cases} \sqrt{\dfrac{2}{n+1}} \cdot \sin(\dfrac{rs\pi}{n+1}) & : k = 1 \\ \dfrac{2}{\sqrt{(2n+1)}} \sin(\dfrac{2rs\pi}{2n+1}) & : k = 2 \\ \dfrac{1}{\sqrt{n}} \exp(2\pi i \dfrac{(r-1)(s-1)}{n}) & : k = 3 \\ \text{Permutation einer unteren Hessenberg-Matrix} & : k = 4 \\ \sin(2\pi \dfrac{(r-1)*(r-1)}{n}) + \cos(2\pi \dfrac{(r-1)*(r-1)}{n}) & : k = 5 \\ \sqrt{2/n} \cos(\dfrac{(r-1/2)(s-1/2)\pi}{n}) & : k = 6 \\ \cos(\dfrac{(r-1)(s-1)\pi}{n-1}) & : k = -1 \\ \cos(\dfrac{(i-1)(j-\frac{1}{2})\pi}{n}) & : k = -2 \end{cases}$$

parter. C = gallery('parter',n) erzeugt eine Matrix mit Elementen $C_{i,j} = \dfrac{1}{i-j+0.5}$. C ist eine Cauchy- und Toeplitz-Matrix. Viele singuläre Werte von C, svd(C), sind nahe π.

pei. A = gallery('pei',n,alpha) führt zu einer symmetrischen Matrix (Pei-Matrix) der Form

$$A = \begin{pmatrix} \alpha & 0 & \cdots & 0 \\ 0 & \alpha & \cdots & 0 \\ \vdots & \vdots & \ddots & 0 \\ 0 & 0 & \cdots & \alpha \end{pmatrix} + \begin{pmatrix} 1 & 1 & \cdots & 1 \\ 1 & 1 & \cdots & 1 \\ \vdots & \vdots & \vdots & \vdots \\ 1 & 1 & \cdots & 1 \end{pmatrix},$$

n bestimmt die Dimension, der Skalar „alpha" den Wert der Diagonalkomponente. Die Pei-Matrix ist für „alpha" gleich null oder $-n$ singulär.

poisson. A = gallery('poisson',n) liefert eine Block-tridiagonale, dünn besetzte Matrix der Dimension n^2, die von der Diskretisierung der Poisson-Gleichung auf einem n × n-Gitter mit einem 5-Punkt-Operator herrührt.

prolate. A = gallery('prolate',n,w) führt zu einer n × n-prolaten, schlecht-konditionierten, symmetrischen Toeplitz-Matrix; w (Defaultwert 0.25) ist ein skalarer, komplexer Parameter. Für $0 < w < 0.5$ ist „A" positiv definit mit nicht-entarteten Eigenwerten im Intervall $[0, 1]$ mit einer Tendenz zur Clusterung nahe Null und Eins.

randcolu. A = gallery('randcolu',n) ergibt eine n × n-Zufallsmatrix mit normierten Spalten. gallery('randcolu',x) führt zu einer n × n-Zufallsmatrix. x muss ein n-dimensionaler, positiver Vektor ($n > 1$) sein, dessen Norm gerade „n" ergibt. Die singulären Werte von „A" sind durch den Vektor „x" gegeben.
gallery('randcolu',x,m), mit $m \geq n$, erzeugt eine m × n-Matrix. Weitere Optionen liefert der zusätzliche Parameter „k", der die Werte null (Default) und eins haben kann: gallery('randcolu',x,m,k). (Siehe den nächsten Punkt „randcorr".)

randcorr. gallery('randcorr',n) ergibt eine n × n-Korrelationsmatrix mit gleichförmig verteilten Zufallseigenwerten. gallery('randcorr',x) erzeugt eine Zufallskorrelationsmatrix, deren Eigenwerte durch den positiven Vektor „x" mit Dimension > 1 gegeben sind. Die Summe der Vektorelemente muss gerade dessen Dimension ergeben. Weitere Optionen liefert der zusätzliche Parameter „k", der die Werte null (Default) und eins haben kann: gallery('randcorr',x,m,k). Für k=0 ist die Berechnung zusätzlich mit einer zufälligen orthogonalen Ähnlichkeitstransformation und mit Givens-Rotationen verknüpft, für k=1 ist die Transformation unterdrückt.

randhess. H = gallery('randhess',n) führt zu einer n × n-reellen, orthogonalen oberen Zufalls-Hessenberg-Matrix und H = gallery('randhess',x), mit „x" ein beliebiger reeller Vektor der Dimension $n > 1$, führt zu einer Matrix H, die aus einem Produkt von n-1 Givens-Rotationen gebildet wird und „x" als Parameter nutzt.

rando. A = gallery('rando',n,k) ergibt eine diskrete, gleichverteilte n × n-Zufallsmatrix mit den Werten

$$A_{i,j} = \begin{cases} 0 \vee 1 & : k = 1 \\ -1 \vee 1 & : k = 2 \\ -1 \vee 0 \vee 1 & : k = 3 \end{cases}$$

Hat n=[r,s] zwei Elemente, dann wird eine r × s-Zufallsmatrix erzeugt.

randsvd. A = gallery('randsvd',n,kappa,mode,kl,ku) führt zu einer gebänderten n × n-, oder falls n=[r,s] 2-elementig und ganzzahlig ist, zu einer r × s-Zufallsmatrix mit vorbestimmten singulären Werten. kappa = cond(A) bestimmt die Kondition der Matrix A, „kl" und „ku" die Zahl der unteren (kl) und oberen (ku) Bänder. „ku" ist optional mit dem Standardwert „kl". Fehlen beide Werte, wird eine volle Matrix erzeugt. „mode" führt für

1   zu einem großen singulären Wert
2   zu einem kleinen singulären Wert
3   zu geometrisch verteilten singulären Werten
4   zu arithmetisch verteilten singulären Werten
5   zu logarithmisch gleichverteilten singulären Zufallswerten.

Für negative Werte ($-5 \cdots -1$) wird der Absolutbetrag zur Bestimmung der singulären Werte benutzt und die Reihenfolge der Diagonaleinträge gegenüber den positiven Werten umgekehrt. Der Standardwert für „kappa" ist $\sqrt{\frac{1}{\text{eps}}}$. Für negative „kappa" wird eine volle, symmetrische, positiv definite Zufallsmatrix erzeugt. In gallery('randsvd',n,

9.4 Spezielle Matrizen

kappa,mode,kl,ku,method) legt „method" das Berechnungsverfahren fest. Standardwert ist null; ein alternatives, für hohe Dimensionen sehr viel rascheres Berechnungsverfahren wird für „method=1" genutzt.

redheff. A = gallery('redheff',n) führt zur Redheffer-Matrix mit Werten

$$A_{i,j} = 1 \text{ für } j = 1 \vee \frac{j}{i} \text{ ganzzahlig, sonst } A_{i,j} = 0.$$

riemann. A = gallery('riemann',n) erzeugt eine Riemann-Matrix mit A= B(2:n+1, 2:n+1) und Elementen

$$B_{i,j} = i - 1 \text{ für } \frac{j}{i} \text{ ganzzahlig, sonst } B_{i,j} = -1.$$

ris. A = gallery('ris',n) führt zu einer symmetrischen n × n-Hankel-Matrix mit Elementen

$$A_{i,j} = \frac{0.5}{n - i - j + 1.5}.$$

Die Eigenwerte von „A" häufen sich um $\pm\pi$.

rosser. A = rosser erzeugt die 8 × 8-Rosser-Matrix mit ganzzahligen Elementen.

smoke. A = gallery('smoke',n) berechnet eine komplexe n × n-Matrix mit Einsen in der oberen Nebendiagonale; $A_{n,1} = 1$ und die Diagonalelemente sind die n-ten Wurzeln aus 1.

```
>> A = gallery('smoke',4)          >> A.^4
A =                                ans =
        i     1     0     0               1     1     0     0
        0    -1     1     0               0     1     1     0
        0     0    -i     1               0     0     1     1
        1     0     0     1               1     0     0     1
```

A = gallery('smoke',n,1) unterscheidet sich von
A = gallery('smoke',n) durch $A_{n,1} = 0$.

toeppd. A = gallery('toeppd',n,m,w,theta)
ist eine n × n-symmetrische, positiv semi-definite Toeplitz-Matrix, gebildet aus, je nach Wert von theta, m Rang 2 oder m Rang 1 symmetrische, positiv semi-definite Toeplitz-Matrizen. Per Default ist m=n, w und theta sind m-dimensionale, gleichverteilte Zufallsvektoren.

toeppen. P = gallery('toeppen',n,a,b,c,d,e) liefert eine dünn besetzte pentadiagonale Toeplitz-Matrix mit den Werten
$P_{3,1} = a, P2,1 = b, P1,1 = c, P1,2 = d$ und $P1,3 = e$, mit a, b, c, d und e Skalare. Standardwerte sind $(a,b,c,d,e) = (1,-10,0,10,1)$.

tridiag. A = gallery('tridiag',c,d,e) führt zu einer tridiagonalen dünn besetzten Matrix mit unterer Nebendiagonale c, Diagonale d und oberer Nebendiagonale e. Die Vektoren c und e müssen um ein Element kleiner als d sein.
A = gallery('tridiag',n,c,d,e), mit den Skalaren c, d und e erzeugt eine n × n-tridiagonale Toeplitz-Matrix mit festen Diagonal- und Nebendiagonalelementen. Die Eigenwerte dieser Matrix sind durch

$$d + 2\sqrt{ce \cos \frac{k\,pi}{n+1}} \quad k = 1 \cdots n$$

gegeben.

triw. A = gallery('triw',n,alpha,k) liefert eine obere Dreiecksmatrix mit Einsen in der Diagonale und α in den ersten $k \geq 0$ Nebendiagonalen. Hat n=[r,s] zwei ganzzahlige Elemente, so wird eine r × s-Matrix erzeugt.

vander. A = gallery('vander',c) bzw. A =vander(c) führt zu einer Vandermonde-Matrix, deren zweitletzte Spalte durch c gegeben ist. Die jth-Spalte ist durch

$$A_{i,j} = c_i^{n-j}$$

bestimmt.

wathen. A = gallery('wathen',nx,ny) ergibt eine n × n-, dünn besetzte Zufallsmatrix, mit $n = 3nx \cdot ny + 2nx + 2ny + 1$. A ist die Massenmatrix eines regulären nx-ny-Gitters eines zweidimensionalen Finiten Elements der Serendipity-Klasse mit 8 Knoten. Die Dichte $\rho(nx,nz)$ ist zufällig gewählt.
A = gallery('wathen',nx,ny,1) erzeugt eine diagonal skalierte Matrix (die Diagonalelemente sind 1), so dass die Eigenwerte im Intervall $[0.25, 4.5]$ liegen.

wilk. [A,b] = gallery('wilk',n) erzeugt mehrere von Wilkinson (The Algebraic Eigenvalue Problem, Oxford University 1965, p 308) diskutierte Matrizen. Für n sind die Werte 3, 4, 5, und 21 erlaubt.

wilkinson. w = wilkinson(n) erzeugt eine n × n-Wilkinson-Matrix. Wilkinson-Matrizen sind tridiagonale Matrizen, deren Eigenwerte paarweise sich nur geringfügig voneinander unterscheiden. Wilkinson-Matrizen eignen sich daher besonders zum Testen von Eigenwertroutinen.

9.4.4 Hilbertmatrizen

hilb, invhilb. H = hilb(n) berechnet die n × n-Hilbert-Matrix, deren Elemente durch

$$H_{i,j} = \frac{1}{i+j-1}$$

definiert sind und die für große n schlecht konditioniert ist. Hi = invhilb(n) liefert für $n \leq 15$ die exakte inverse Hilbertmatrix, sonst eine Approximation.

9.4.5 Ausgewählte Matrizen

Die Hankel-Matrix. Eine Hankel-Matrix ist eine symmetrische Matrix, deren Gegendiagonalelemente konstant sind. Die Syntax ist h = hankel(c), wobei „c" ein n-dimensionaler Vektor ist, der die erste Spalte festlegt. Mit h = hankel(c,r) wird eine Matrix erzeugt, deren erste Spalte durch den Vektor „c" und deren letzte Zeile durch den Vektor „r" bestimmt wird. Bei einem Elementkonflikt hat „c" Priorität.

Beispiel.

```
>> a1=hankel(1:3)
a1 =
     1     2     3
     2     3     0
     3     0     0
>> a1=hankel(1:3,7:10)
Warning: Last element of input column does not
            match first element of input row.
         Column wins anti-diagonal conflict.

a1 =
     1     2     3     8
     2     3     8     9
     3     8     9    10
```

Die Hadamard-Matrix. Hadamard-Matrizen finden Anwendung beispielsweise in der Kombinatorik, der Signalverarbeitung oder zur Beschreibung von Quantencomputern (Q-Bits). In der Literatur sind sowohl mit $1/\sqrt{n}$ (n die Matrixdimension) normierte Hadamard- als auch unnormierte Hadamard-Matrizen gebräuchlich. MATLAB verwendet die nicht-normierte Form. Interpretieren lassen sich Hadamard-Matrizen als Rotationen um $45°$. Für nicht-normierte Hadamard-Matrizen sind die Elemente entweder 1 oder -1 und die Matrix erfüllt $H \cdot H' = n \cdot I_n$. Der Aufruf in MATLAB lautet H = hadamard(n).

Die Toeplitz-Matrizen. Eine Matrix der Form

$$T = \begin{pmatrix} t_0 & t_1 & \cdots & t_{n-1} \\ t_{-1} & t_0 & \ddots & \vdots \\ \vdots & \ddots & \ddots & t_1 \\ T_{1-n} & \cdots & t_{-1} & t_0 \end{pmatrix}$$

heißt Toeplitz-Matrix und ist eindeutig durch die Angabe einer Zeile und einer Spalte bestimmt. Die Syntax lautet T = toeplitz(c,r) mit dem Spaltenvektor „c" und dem Zeilenvektor „r". Bei Elementkonflikten hat „c" Vorrang. Eine symmetrische oder hermitesche Toeplitz-Matrix wird mittels T = toeplitz(r) erzeugt.

9.4.6 Magische Quadrate

Magische Quadrate sind n × n-Matrizen, bei denen Spalten- und Zeilen-, Diagonal- und Gegendiagonalsumme identisch sind. Die Syntax ist `M = magic(n)` mit $n \geq 3$. Das Magische Quadrat zu $n = 4$ heißt auch Dürers magisches Quadrat.

Beispiel.

```
>> A=magic(4)    % Duerers Quadrat
A =
    16     2     3    13
     5    11    10     8
     9     7     6    12
     4    14    15     1

>> sum(A)                % die Spaltensummen
ans =
    34    34    34    34

>> sum(A')               % die Zeilensummen
ans =
    34    34    34    34

>> sum(diag(A))          % die Diagonalsumme
ans =
    34

>> sum(diag(rot90(A)))   % Gegendiagonale
ans =
    34
```

9.4.7 Binomialkoeffizienten

Pascals Matrix der Ordnung n besteht aus den Binomialkoeffizienten, die auch als Pascalsches Dreieck bekannt sind. `A=pascal(n)` erzeugt eine n × n-Matrix, deren Elemente durch die Binomialkoeffizienten gegeben sind. Das Pascalsche Dreieck wird dabei durch die Gegendiagonale aufgespannt. Darüber hinaus sind die Binomialkoeffizienten unvollständig. `A=pascal(n,1)` liefert den unteren Dreiecks-Cholesky-Faktor und `A=pascal(n,2)` eine transponierte und permutierte Version von `A=pascal(n,1)`. A ist dabei eine kubische Wurzel der n-dimensionalen Einheitsmatrix.

```
>> A4 =pascal(4) % Die Binomialkoeffizienten
A4 =
     1     1     1     1
     1     2     3     4
     1     3     6    10
     1     4    10    20
```

9.4 Spezielle Matrizen

```
>> a32=pascal(3,2) %eine dritte Wurzel aus eye(3)
a32 =
     1     1     1
    -2    -1     0
     1     0     0

>> a32*a32*a32   % Test auf dritte Wurzel
ans =
     1     0     0
     0     1     0
     0     0     1
```

10 Lineare Algebra

10.1 Vektoren und Matrizen

10.1.1 Befehlsübersicht

Die Norm norm, normest, normest1

Von Spur bis Determinante det, rank, sprank, trace

Null- und orthogonale Räume null, orth, rref

10.1.2 Die Norm

Das MATLAB Kommando norm kann sowohl auf Vektoren als auch auf Matrizen angewandt werden, nicht jedoch auf höher dimensionale Arrays.

Vektornorm. norm(x) ist identisch norm(x,2) und ergibt die Euklidische Norm $\sqrt{\sum_i x_i^2}$ eines Vektors x. norm(x,p) ist durch $\left(\sum_i |x_i|^p\right)^{1/p}$, mit $1 \leq p < \infty$, definiert. norm(x, inf) liefert das maximale absolute und norm(x,-inf) das minimale absolute Element des Vektors x.

Beispiel.

```
>> x=[1 -2 3]
x =
     1    -2     3
```

```
>> norm(x)              >> norm(x,2)
ans =                   ans =
    3.7417                  3.7417
```

```
>> norm(x,1.34)
ans =
    4.6716
```

```
>> norm(x,inf)          >> norm(x,-inf)
ans =                   ans =
     3                      1
```

Matrixnorm. Die Vektornorm ist durch die euklidische Länge des Vektors bestimmt. Zu Matrixnormen gibt es unterschiedliche Definitionen wie beispielsweise die Supremumsnorm, die Spaltensummennorm und die Zeilensummennorm. Die allgemeine Syntax ist n = norm(A,p), dabei bezeichnet „A" die Matrix, „p" einen optionalen Parameter mit der folgenden Bedeutung:

p = 1 die 1-Norm, das ist die Spaltensummennorm, definiert durch

$$\|A\|_1 = \max_j \sum_{i=1}^n (|a_{ij}|),$$

p = 2 die 2-Norm. Dies ist dasselbe wie n = norm(A):

$$\|A\|_2 = \max_{x \neq 0} \frac{\|Ax\|}{\|x\|},$$

p = inf die Zeilensummennorm, definiert durch

$$\|A\|_\infty = \max_i \sum_{j=1}^n (|a_{ij}|) \quad \text{und}$$

p = 'fro' die Frobenius-Norm, definiert durch

$$\|A\|_{fro} = \sqrt{\sum_{(i,j)=1}^n A_{ij} \cdot A_{ji}}.$$

Insbesondere für große, dünn besetzte Matrizen ist die Funktion normest geeignet, die die 2-Norm einer Matrix näherungsweise berechnet. n2 = normest(S,tol) schätzt die 2-Norm der Matrix „S" mit der Genauigkeit „tol". „tol" ist ein optionaler Parameter mit Defaultwert 10^{-6}. [n2, v] = normest(...) liefert zusätzlich noch die Zahl der notwendigen Iterationen „v". Eine vergleichbare Aufgabe für die 1-Norm erfüllt n1 = normest1(A). Mit n1 = normest1(afun, T, x0, p1,p2,...) kann auch eine Funktion „afun" aufgerufen werden. „pi" sind Parameter, die an „afun" weitergereicht werden. „T" verändert die Zahl der Spalten in der Iterationsmatrix bei der näherungsweisen Berechnung, „xo" legt für die Iteration eine Anfangsmatrix fest. [n1, v, w, it] = normest1(A, ...) berechnet die optionalen Rückgabeparameter „v", „w" und „it", mit der Eigenschaft w = A*v, norm(w, 1) = n1 * norm(v, 1). „it(1)" gibt die Zahl der Iterationen und „it(2)" die Zahl der Matrixmultiplikationen wieder.

10.1.3 Von Spur bis Determinante

d = det(X) berechnet die Determinante einer quadratischen Matrix X. Die Berechnung der Determinante ist numerisch problematisch. Für Aussagen zur Kondition einer Matrix ist daher cond besser geeignet.

10.1 Vektoren und Matrizen

Der Rang einer Matrix gibt die Zahl der linear unabhängigen Spalten bzw. Zeilen einer Matrix an und wird mit `>> r = rang(X,tol)` berechnet. Der Parameter „tol" ist optional für die Genauigkeit der Berechnung mit Standardtoleranz `max(size(A))*norm(A)*eps`.
r =`sprank(A)` ist der strukturelle Rang einer dünn besetzten Matrix (sparse) und ist stets größer oder gleich dem Rang der Matrix A.

t = `trace(A)` berechnet die Spur einer Matrix, also die Summe der Diagonalelemente.

10.1.4 Null- und orthogonale Räume

Eine m × n-Matrix A kann als eine lineare Abbildung von einem n-dimensionalen in einen m-dimensionalen Raum aufgefasst werden

$$A \cdot \vec{x} = \vec{y}. \tag{10.1}$$

Der Urbild- oder Zeilenraum wird von den n-dimensionalen Vektoren $\vec{x}$, der Bild- oder Spaltenraum von den m-dimensionalen Vektoren $\vec{y}$ aufgespannt. Unter dem Nullraum oder Kern von A bezeichnen wir

$$Null(A) = \{(\vec{x}) | A \cdot \vec{x} = \vec{0}\}. \tag{10.2}$$

In MATLAB ist dies mit `NA = null(A)` realisiert. „NA" enthält dann eine orthonormale Basis, die den Nullraum aufspannt. Mit `NA = null(A), 'r'` lässt sich eine Basis für den Nullraum aus der Echelon-reduzierten Form berechnen. Der Bildraum von A ist durch

$$Bild(A) = \{\vec{y} | \vec{y} = A \cdot \vec{x}\} \tag{10.3}$$

definiert, eine orthonormale Basis des Bildraumes ist durch `BA = orth(A)` gegeben.

`[R,jb] = rref(A,tol)` ergibt die reduzierte Row-Echelon-Form von „A" berechnet mittels Gauß-Jordan Elimination. „jb" und „tol" sind optional. „tol" ist der Toleranzparameter mit Standardwert (`max(size(A))*eps*norm(A,inf)`). `R(1:length(jb), jb)` ist eine Einheitsmatrix, die Länge des Vektors „jb" ergibt den Rang der Matrix. Das Demo `rrefmovie(A)` zeigt eine Visualisierung der Iteration. Praktische Anwendung findet die Echelon-Form als Entscheidungshilfe, ob ein Gleichungssystem exakt lösbar ist oder nicht.

Beispiel: Lösbarkeit eines linearen Gleichungssystems. Gegeben sei ein lineares Gleichungssystem der Form

$$A \cdot \vec{x} = \vec{b}. \tag{10.4}$$

Zur Entscheidung ob das Gleichungssystem lösbar ist, berechnen wir die zeilenreduzierte Echelon-Form des Paares [A,b].

```
>> A=magic(4)    % 1. Beispiel  A*x = b
A =
    16     2     3    13
     5    11    10     8
     9     7     6    12
     4    14    15     1
>> rank(A)
ans =
     3
>> b=rand(4,1)
b =
    0.8913
    0.7621
    0.4565
    0.0185
>> rref([A b])   % nicht exakt l"osbar
ans =
    1.0000         0         0    1.0000         0
         0    1.0000         0    3.0000         0
         0         0    1.0000   -3.0000         0
         0         0         0         0    1.0000

>> B=randn(4)    % 2. Beispiel  B*x = b
B =
    1.0668    0.2944   -0.6918   -1.4410
    0.0593   -1.3362    0.8580    0.5711
   -0.0956    0.7143    1.2540   -0.3999
   -0.8323    1.6236   -1.5937    0.6900
>> rref([B b])
ans =
    1.0000         0         0         0    8.8212
         0    1.0000         0         0    3.1303
         0         0    1.0000         0    1.1646
         0         0         0    1.0000    5.9924
>> rank(B)
ans =
     4
```

Im Fall der Matrix „A" besteht die letzte Zeile bis auf das Diagonalelement aus lauter Nullen. Das lineare Gleichungssystem kann folglich nur näherungsweise berechnet werden.

Testen wir das Ergebnis. Aus $A \cdot \vec{x} = \vec{b}$ folgt – so die Inverse existiert – $\vec{x} = A^{-1} \cdot \vec{b}$. In MATLAB lässt sich dies mit Hilfe des \-Operators (vgl. nächster Abschnitt) auch für nicht-invertierbare Matrizen näherungsweise lösen.

```
>> xA=A\b    % Unser 1. Beispiel v.o.
```

10.2 Matrizen und lineare Gleichungen   173

```
Warning: Matrix is close to singular or badly
                                       scaled.
          Results may be inaccurate.
                           RCOND = 1.306145e-17.
xA =
   1.0e+14 *
   1.6792
   5.0375
  -5.0375
  -1.6792
>> resA=sum(abs(b.^2-(A*xA).^2)) % Das Residuum
resA =
   2.7549

>> xB=B\b    % Unser 2. Beispiel v.o.
xB =
   8.8212   % keine Kommentare von MATLAB
   3.1303
   1.1646
   5.9924
>> resB=sum(abs(b.^2-(B*xB).^2)) % Numerisch exakt
resB =
   1.7486e-15
```

10.2 Matrizen und lineare Gleichungen

10.2.1 Befehlsübersicht

Kondition cond, condest, rcond

Faktorisierungen chol, cholinc, cholupdate, linsolve, lu, luinc, qr, qrupdate

Inverse inv, pinv, /, \

Least-Square Algorithmen lsqnonneg, lscov

10.2.2 Kondition

Bei einer vorgegebenen Aufgabe liegen die Schwierigkeiten die Lösung zu ermitteln nicht immer in den zugrunde liegenden Formeln bzw. genutzten Algorithmen. Häufig ist das Problem auch bei exakter Rechnung anfällig gegen Schwankungen in den Eingangsdaten. Bei Matrizen stellt sich die Frage, wie nahe diese einer singulären Matrix kommen. Beide Eigenschaften bzw. Problemkreise werden mit dem Synonym Kondition belegt. Ein schlecht konditioniertes Problem bzw. eine schlecht konditionierte Matrix zeichnet sich durch eine Empfindlichkeit gegenüber geringen Änderungen aus.

Die Konditionzahl einer Matrix gegenüber Inversion ist ein Maß für die Sensitivität der Lösung eines linearen Gleichungssystems und wird in MATLAB mit c = cond(A,p) berechnet. Dabei ist „A" die Matrix, der Parameter „p" optional, die erlaubten Werte (1, 2, 'fro', inf) durch die Matrixnorm festgelegt. cond(A,p) ist gegeben durch norm(A,p) *norm(inv(A),p).

c = condest(A) liefert die Konditionszahl einer quadratischen Matrix basierend auf der Spaltensummennorm (1-Norm) und ist besonders für dünn besetzte (sparse) Matrizen geeignet. [c,v] = condest(A) berechnet zusätzlich einen approximativen Nullvektor, $A \cdot v \approx 0$, für große „c". Mit c = condest(A,t) wird ein positiver ganzzahliger Parameter „t" übergeben (Default:2), der die Zahl der Spalten der Iterationsmatrix verändert. Ein höherer Wert kann die Genauigkeit erhöhen, kostet aber dafür mehr Rechenzeit. Die obere Grenze ist gleich der Dimension der quadratischen Matrix „A".

c1 = rcond(A) berechnet die reziproke 1-Norm Konditionszahl beruhend auf einem LAPACK-Schätzer. Für kleine Matrizen ist das Ergebnis reziprok zu dem von condest. Das heißt wohl-konditionierte Matrizen haben in beiden Fällen einen Wert nahe Eins, für schlecht konditionierte wird C1 sehr klein, c (cond oder condest) dagegen sehr groß. rcond ist effizienter als cond, aber dafür sind die Ergebnisse ungenauer.

10.2.3 Matrix-Faktorisierung

Matrix-Faktorisierungen spielen bei der optimierten Lösung eines linearen Gleichungssystems $A\vec{x} = \vec{b}$ eine gewichtige Rolle. Je nach Eigenschaften der Systemmatrix „A" lassen sich Berechnungsaufwand und Lösungsstabilität bzw. -genauigkeit entscheidend beeinflussen.

LU-Zerlegung. Unter einer LU-Zerlegung versteht man die Faktorisierung einer Matrix in eine untere Dreiecksmatrix mit Einsen in der Diagonalen und eine obere Dreiecksmatrix. MATLAB führt eine Modifikation davon aus. [L,U] = lu(A) ergibt eine obere Dreiecksmatrix U und eine Permutation einer unteren Dreiecksmatrix, wobei die ursprünglichen Einsen der Diagonale nun auf den entsprechend permutierten Positionen zu finden sind.

```
>> A=magic(4)
A =
    16     2     3    13
     5    11    10     8
     9     7     6    12
     4    14    15     1
>> [L,U] = lu(A)
L =
    1.0000         0         0         0
    0.3125    0.7685    1.0000         0
    0.5625    0.4352    1.0000    1.0000
    0.2500    1.0000         0         0
U =
   16.0000    2.0000    3.0000   13.0000
```

10.2 Matrizen und lineare Gleichungen   175

```
            0    13.5000    14.2500    -2.2500
            0         0    -1.8889     5.6667
            0         0         0      0.0000
>> L*U
ans =
           16         2         3        13
            5        11        10         8
            9         7         6        12
            4        14        15         1
```

[L,U,P] = lu(A) berechnet eine obere Dreiecksmatrix L mit Einsen in der Diagonale, eine untere Dreiecksmatrix und eine Permutationsmatrix, so dass L*U = P*A gilt. Y = lu(A) nutzt die LAPACK LU-Zerlegung. Da die Diagonalelemente der unteren Dreiecksmatrix aus Einsen besteht, kann die obere und untere gemeinsam in einer Matrix derselben Größe wie der Ausgangsmatrix abgespeichert werden. D.h. der obere Dreiecksteil einschließlich der Diagonalen entspricht U und der untere L, deren Diagonale noch durch Einsen ergänzt werden muss.

[L,U,P,Q] = lu(S) dient der LU-Zerlegung dünn besetzter (sparse) Matrizen. L und U sind die untere und obere Dreiecksmatrix, P und Q Permutationsmatrizen, so dass P*S*Q = L*U gilt.

LU-Zerlegungen lassen sich mittels vollständiger Gaußscher Elimination durchführen, vorausgesetzt, dass das Diagonalelement (Pivotelement), nach dem die Umformung ausgeführt wird, ungleich Null ist. Die Gauß-Elimination bricht zwingend dann ab, wenn das Pivotelement null wird. Eine Skalierung ist dann nicht mehr möglich. Selbst wenn kein Pivotelement zu null wird, können im Falle sehr kleiner Elemente numerische Instabilitäten auftreten. Zur Stabilisierung werden daher zusätzliche Zeilenvertauschungen ausgeführt, mit dem Ziel möglichst große Pivotelemente zu erhalten. Bewährt hat sich Partielle Pivotisierung. Ein zusätzlicher Gewichtsfaktor entscheidet, ob das aktuelle Diagonalelement zur Umformung genutzt wird oder ob eine Zeilenpermutation erfolgt. [L,U,P] = lu(S, t) kontrolliert mit dem Faktor $0 \leq t \leq 1$ die Pivotisierung. Pivotisierung erfolgt dabei dann, wenn das eigentlich Pivotelement t-mal kleiner als ein anderes Element derselben Spalte unterhalb der Diagonale ist. Standardwert ist $t = 1$, $t = 0$ unterdrückt partielle Pivotisierung. UMFPACK bietet Routinen zur Lösung unsymmetrischer, dünn besetzter Matrizen. [L,U,P,Q] = lu(A,t) setzt auf diesen Routinen auf. Partielle Pivotisierung wird wieder durch den Faktor „t" mit Defaultwert 0.1 gesteuert und es gilt P*S*Q = L*U.

luinc erzeugt eine unvollständige LU-Zerlegung für dünn besetzte (sparse) Matrizen. [L,U] = luinc(As, '0') berechnet eine unvollständige LU-Zerlegung der gleichen (dünnen) Besetzung wie „As". Ohne Rückgabeargumente wird die Zerlegung in derselben Matrix „As" abgespeichert. Dadurch geht zwar die Information über Permutationen verloren aber die Zahl der Elemente ungleich Null bleibt erhalten. [L,U,P] = luinc(As, '0') berechnet eine untere Dreiecksmatrix mit Einsen in der Diagonalen (wie oben) sowie eine obere Dreiecksmatrix und eine Permutationsmatrix „P". [...] = luinc(As, tol) führt eine Approximation mit der Genauigkeit „tol" (positiver Skalar) aus. [...] = luinc(As, Op) erlaubt die Übergabe der Struktur „Op" mit maximal vier Feldern: „tol" für die Toleranz, „milu" (Default 0), „udiag" mit den Werten 1 oder 0 und thresh für die Pivotschwelle mit Werten zwischen null und eins. „Milu" steht für eine modifzierte (1) unvollständige LU-Zerlegung. Udiag ist entweder „1" oder „0", für „1" wird jedes Diagonalement mit dem Wert null durch den Toleranzwert ersetzt.

x = linsolve(A,b) löst ein lineares Gleichungssystem der Form $A\vec{x} = \vec{b}$ via LU-Zerlegung. linsolve führt bei numerischen Problemen, wie schlecht konditionierten Matrizen, zu einer Warnung. Mit [x, r] = linsolve(A,b) wird eine Warnung unterdrückt und statt dessen die Reziproke „r" der Konditionszahl von „A" ausgegeben. x = linsolve(A, b, opts) löst das lineare Gleichungssystem mit dem durch „opts" festgelegten Solver. „linsolve" testet nicht (!) ob die durch „opts" erwarteten Eigenschaften von „A" auch tatsächlich erfüllt werden, führt also gegebenenfalls zu fehlerhaften Ergebnissen. Die Struktur opts kann die folgenden Felder mit den Werten true oder false haben: „LT" A ist eine untere, „UT" A ist eine obere Dreiecksmatrix; „UHESS" A ist eine obere Hessenbergform; „SYM" A ist reell-symmetrisch oder hermitesch; „POSDEF" A ist positiv definit; „RECT" ist allgemein quadratisch und „TRANSA", das transponierte Problem A'*x = b, soll gelöst werden. Als Erläuterung der Eigenschaften wurde jeweils die Bedeutung von „true" aufgeführt. „False" gehört zur Verneinung der aufgelisteten Eigenschaften. Der Aufruf lautet also beispielsweise

```
>> opts.UT = true; opts.TRANSA = true;
>> x = linsolve(A,b,opts)
```

Choleski-Zerlegung. Eine wichtige Klasse von Systemmatrizen sind die positiv definiten, symmetrischen Probleme. In diesem Fall lässt sich das Problem mit einer Choleski-Zerlegung effizient lösen. Ausgangspunkt ist:

$$A\vec{x} = \vec{b}$$
$$A = L' \cdot L \quad \text{Choleski} - \text{Zerlegung} \quad (10.5)$$
$$L' \cdot L\vec{x} = \underbrace{L'\vec{y}}_{y \text{ bestimmen}}$$
$$\underbrace{L\vec{x}}_{x \text{ bestimmen}} = \vec{y}$$

L = chol(A) führt eine Choleski-Zerlegung für hermitesche Matrizen aus. Ist „A" positiv definit gilt L'*L = A. Mit [L,p] = chol(A) ist p=0 für positiv definite Matrizen, sonst ist p eine positive ganze Zahl und L eine obere Dreiecksmatrix der Ordnung q=p-1, so dass L'*L = A(1:q,1:q) gilt.

Das Pendant zu luinc für dünn besetzte (sparse) symmetrische Matrizen ist cholinc. L = cholinc(X,tol) führt eine Choleski-Faktorisierung mit der Toleranz „tol" aus. L = cholinc(X, opt) erlaubt die Übergabe einer Struktur „opt" mit den Feldern „tol" und „michol" für eine modifizierte unvollständige Choleski-Zerlegung (vgl. luinc) und „rdiag" (Wert 1), bei der die Nullstellen auf der Diagonalen von „L" durch die lokale Toleranz ersetzt werden. L = cholinc(X,'0') führt eine unvollständige Choleski-Zerlegung aus, bei der „L" dieselbe Struktur hat wie der untere Dreiecksanteil

der symmetrischen, dünn besetzten Matrix „X". Existiert eine Choleski-Zerlegung „L"
in [L,p] = cholinc(X,'0'), so ist p null, andernfalls ist p eine positive ganze Zahl
und „L" eine obere (p-1)xn Dreiecksmatrix, so dass L'*L mit dem (p-1)x(p-1) oberen Quadranten von „X" übereinstimmt. L = cholinc(X,'inf') erzeugt eine infinite
Choleski-Faktorisierung.

QR-Zerlegung. QR-Zerlegungen sind eine der wichtigsten und am häufigsten genutzten Algorithmen der numerischen Algebra. Bei einer QR-Zerlegung wird eine Matrix „A" in eine obere Dreiecksmatrix „R" und eine orthogonale Matrix „Q" zerlegt,
$A = Q \cdot R$. Eine QR-Zerlegung wird in MATLAB mittels [Q,R] = qr(A) umgesetzt. „A"
darf dabei sowohl eine volle als auch eine dünn besetzte (sparse) Matrix sein. [Q,R]
= qr(A,0) führt eine ökonomische Version des QR-Algorithmus aus. Ist A eine n × m-Matrix mit $n > m$, dann ist Q eine n × m-Matrix und R m × m; für $n \leq m$ sind beide
Varianten identisch. [Q,R,E] = qr(A,.) berechnet für volle (full) Matrizen eine zusätzliche Permutationsmatrix, so dass A*E = Q*R, bzw. in der ökonomischen Variante
A(:,E) = Q*R gilt.

X = qr(A) berechnet für volle Matrizen „A" die QR-Zerlegung basierend auf LAPACK-Routinen, bei der die untere Dreiecksmatrix von „X" „R" ergibt. Für dünn besetzte
Matrizen „A" ist „R" eine obere Dreiecksmatrix, mit R'*R = A'*A.

Für [C,R] = qr(A,B) mit „A" dünn und „B" derselben Zeilenzahl wird die orthogonale Transformation „Q" ohne deren explizite Berechnung zu „B" geschlagen, so dass
C= Q'*B gilt. Hauptanwendungsgebiet ist die Lösung des linearen Gleichungsproblems
$A\vec{x} = \vec{b}$ mittels eines Least Square Fits in zwei Schritten. Erster Schritt ist die Berechnung von [C,R] = qr(A,B), zweiter Schritt ist die Least-Square-Lösung mit Hilfe des
Backslash-Operators x = R \ C.

$$\begin{aligned} A\vec{x} &= \vec{b} \\ Q \cdot R\vec{x} &= \vec{b} \\ R\vec{x} &= \underbrace{Q' \cdot \vec{b}}_{=C} \\ \vec{x} &= R\backslash C \end{aligned} \qquad (10.6)$$

R = qr(A,0) und [C,R] = qr(A,B,0) sind wieder die ökonomischen Varianten für
dünn besetzte Probleme.

[Q2,R2] = qrupdate(Q,R.u,v) erlaubt ein update der QR-Zerlegung von A +u* v',
mit [Q,R] = qr(A) (A volle Matrix) und „u", „v" Spaltenvektoren geeigneter Länge.

10.2.4 Inverse, Pseudoinverse und Backslash-Operator

inv und pinv. A = inv(B) dient der Berechnung der Matrixinversen „A" von „B"
und setzt auf LAPACK-Routinen auf. Die Inverse sollte im Regelfall nicht zur Lösung
linearer Gleichungsprobleme $A\vec{x} = \vec{b}$ genutzt werden, da der Backslash-Operator für
solche Berechnungen meist günstiger ist.

B = pinv(A, tol) ist die Moore-Penrose-Pseudoinverse „B" einer Matrix „A". Der Toleranzparameter „tol" ist dabei optional mit Standardwert max(size(A)) * norm(A) * eps. Ist eine Matrix invertierbar, dann ist ihre Pseudoinverse identisch der Inversen. Für nicht invertierbare Matrizen hat „B" dieselbe Dimension wie die Transponierte von „A" und erfüllt die Bedingungen

$$A \cdot B \cdot A = A \wedge B \cdot A \cdot B = B$$
$$A \cdot B \wedge B \cdot A \quad \text{hermitesch.}$$

pinv ist insbesondere dann von Interesse, wenn das lineare Gleichungssystem $A \cdot \vec{x} = \vec{b}$ keine eindeutige Lösung hat und $\vec{x}$ so bestimmt werden soll, dass zusätzlich die Norm von $\vec{x}$ minimal werden soll. In den meisten anderen Fällen ist der \-Operator vorzuziehen.

Slash- und Backslash-Operator. Die Rechtsinverse B einer Matrix A erfüllt die Bedingung $A \cdot B = E$ mit der Einheitsmatrix E. In MATLAB ist dies mit dem Slash-Operator B /A realisiert. Numerisch werden Berechnungen mit / durch Transponieren auf Berechnungen mit \ zurückgeführt, weshalb nur der Backslash-Operator ausführlich besprochen wird. Neben der Matrix-orientierten Operation gibt es bei beiden noch die elementweise Operation, die mit .-Operator eingeleitet wird.

```
>> A=rand(4)
A =
    0.0153    0.4660    0.2026    0.6813
    0.7468    0.4186    0.6721    0.3795
    0.4451    0.8462    0.8381    0.8318
    0.9318    0.5252    0.0196    0.5028
>> Bop = A/A      % Einheitsmatrix
Bop =
    1.0000         0         0         0
   -0.0000    1.0000    0.0000    0.0000
    0.0000    0.0000    1.0000   -0.0000
         0         0         0    1.0000
>> Bmp = A ./ A   % Einsmatrix
Bmp =
    1    1    1    1
    1    1    1    1
    1    1    1    1
    1    1    1    1
```

Die Linksinverse ist durch die umgekehrte Operation wie oben definiert. Ist die Linksinverse gleich der Rechtsinversen, war die Matrix invertierbar. Häufigste Anwendung für den Backslash-Operator ist die Lösung des linearen Gleichungsproblems $A \cdot \vec{x} = \vec{b}$, gegeben durch x = A \ b. Je nach Eigenschaften von „A" nutzt dabei MATLAB unterschiedliche Berechnungsverfahren.

10.2 Matrizen und lineare Gleichungen

Berechnungsverfahren des \-Operators. Für lineare Gleichungssysteme $A \cdot \vec{x} = \vec{b}$ gibt es dann eine eindeutige Lösung, wenn die Matrix A quadratisch ist und maximalen Rang hat. Für überbestimmte Systeme existiert keine Lösung, für unterbestimmte keine eindeutige Lösung. Ist die Matrix A schlecht konditioniert, ist die Berechnung mittels der numerischen Inversen der Matrix A numerisch instabil. An Stelle des linearen Gleichungssystems wird daher – unabhängig von der exakten Lösbarkeit – die korrespondierende Least-Square-Fit-Aufgabe

$$A \cdot \vec{x} = \vec{b} \Rightarrow \min\{\|A\vec{x} - \vec{b}\|\} \tag{10.7}$$

betrachtet. Für über- und unterbestimmte Systeme kann alternativ zum Backslash-Operator auch die Moore-Penrose-Pseudoinvese genutzt werden:

$$A\vec{x} = \vec{b} \Rightarrow A'A\vec{x} = A'\vec{b} \tag{10.8}$$
$$\vec{x} = \underbrace{(A' \cdot A)^{-1} A'}_{\text{pinv(A)}} \vec{b} \quad ;$$

abgesehen von der Forderung $\|\vec{x}\|$ minimal ist der \-Operator numerisch effizienter. Formal gilt

$$A\vec{x} = \vec{b} \Rightarrow \vec{x} = \underbrace{A^{-1}\vec{b}}_{\rightarrow A\backslash b} \quad , \tag{10.9}$$

die formale Invertierung wird numerisch mit „\" umgesetzt.

Der Backslash-Operator testet zunächst die Eigenschaften der Systemmatrix „A". Dabei werden folgende Fälle unterschieden und Lösungsstrategien angewandt:

- „A" ist quadratisch
  - und triangular oder Permutation einer triangularen Matrix: Lösung durch Rückpermutation.
  - symmetrisch und positiv definit: Lösung durch eine Choleski-Zerlegung.
  - A ist unterhalb der ersten unteren Nebendiagonale null: Hessenberg-Lösungsalgorithmus
  - und erfüllt keine der oben aufgelisteten Eigenschaften: Gauß-Elimination.
- „A" ist nicht quadratisch. In diesem Fall erfolgt die Lösung über eine QR-Zerlegung und orthogonale Transformationen.

Beispiel. Lösung der Aufgabe $A\vec{x} = \vec{b}$
(a) für ein überbestimmtes System:

```
>> A=[1 1 -1;2 1 1;1 0 3;1 2 3];
>> b=rand(4,1)
b =
    0.6038
    0.2722
    0.1988
    0.0153
```

```
>> xp=pinv(A)*b              >> xb=A\b
xp =                         xb =
    0.2716                       0.2716
    0.0061                       0.0061
   -0.0814                      -0.0814
>> norm(xp)                  >> norm(xb)
ans =                        ans =
    0.2836                       0.2836
>> norm(A*xp-b)              >> norm(A*xb-b)
ans =                        ans =
    0.3580                       0.3580
```

(b) für ein unterbestimmtes System:

```
>> A=[1 1 -1;2 1 1;1 0 3;1 2 3]';
>> b=rand(3,1)
b =
    0.7468
    0.4451
    0.9318
```

```
>> xp=pinv(A)*b              >> xb=A\b
xp =                         xb =
    0.0590                       0.3271
    0.2145                            0
    0.1730                       0.3607
    0.0858                       0.0590
>> norm(xp)                  >> norm(xb)
ans =                        ans =
    0.2946                       0.4905
>> norm(A*xp-b)              >> norm(A*xb-b)
ans =                        ans =
    2.4825e-16                   1.2413e-16
```

In beiden Fällen wurde ein Zufallsvektor „b" gewählt. Das Residuum, gleichgültig ob mit der Moore-Penrose- oder dem Backslash-Operator berechnet, unterscheidet sich nicht signifikant. Die Norm des Lösungsvektors ist jedoch im zweiten Fall wie erwartet für die Moore-Penrose-Pseudoinverse kleiner. Vom praktischen Gesichtspunkt ist bei solch kleinen Problemen die Effizienzfrage bedeutungslos. Für sehr große Probleme würden Berechnungen mit dem Backslash-Operator deutlich rascher abgearbeitet als mit `pinv`.

10.2.5 Least Square Fit

`>> [x,dx] = lscov(A,b,V)` ermittelt eine Least-Square-Fit-Lösung „x" von $A\vec{x} = \vec{b} + \vec{e}$, dabei ist „A" eine m × n-Matrix mit m > n, „e" ein normalverteilter Vektor mit Mittelwert 0 und Kovarianz „V". Es handelt sich folglich um ein überbestimmtes Problem. Das Rückgabeargument „dx" ist optional und gibt den Standardfehler wieder.

`x = lsqnonneg(C,d,x0,options)` löst das Least-Square-Fit-Problem $\min\{\|C\cdot\vec{x}-\vec{d}\|\}$ mit „x" positiv. „x0" und „options" sind optionale Parameter. „x0" legt den Startvektor fest; mit „options" lassen sich Optionen übergeben, die mit `optimset` gesetzt werden können. „options" ist eine Struktur. `lsqnonneg` unterstützt die Eigenschaft „Display" mit den Werten „off" (keine Ausgabe), „final" (Ausgabe des Ergebnisses) und „notify" (Standardeinstellung), bei der die Ausgabe nur im Falle der Konvergenz erfolgt, sowie die Eigenschaft „TolX", mit der die Mindesttoleranz für die Berechnungsgenauigkeit übergeben wird.

`lsqnonneg` erlaubt noch die folgenden optionalen Rückgabewerte `[x,resnorm,residual,exitflag,output,lambda] = lsqnonneg(...)`. „resnorm" enthält die 2-Norm des Residuums, „residual" das Residuum, „exitflag" hat einen positiven Wert für konvergierte Lösungen und ist sonst null, „output" ist eine Struktur mit den Informationen genutzter Algorithmen (output.algorithm) und Zahl der Iterationen (output.iterations). Der letzte Wert „lambda" enthält die Lagrangeschen Multiplikatoren, mit lambda(k) < 0, wenn x(k) approximativ verschwindet, und lambda(k) approximativ Null für positive Lösungen x(k).

Beispiel. Das folgende Beispiel vergleicht die berechneten Ergebnisse mittels `lsqnonneg`, `pinv` und `\` miteinander. `lsqnonneg` führt dabei zu einem positiven Ergebnis, das Residuum ist dafür i.A. nicht minimal.

```
>> C = [
    0.0372    0.2869
    0.6861    0.7071
    0.6233    0.6245
    0.6344    0.6170];
>> d = [
    0.8587
    0.1781
    0.0747
    0.8405];

>> x = [C\d pinv(C)*d lsqnonneg(C,d)]
  x =
   -2.5627   -2.5627        0
    3.1108    3.1108   0.6929

>> [norm(C*x(:,1)-d) norm(C*x(:,3)-d)]
ans =
    0.6674    0.9118
```

10.3 Modifikation von Matrix-Faktorisierungen

10.3.1 Befehlsübersicht

Choleski-Modifikationen cholupdate

QR-Modifikationen qrdelete, qrinsert, qrupdate

Ebene Givens-Rotationen planerot

Diagonale und Blockdiagonale balance, cdf2rdf, rsf2csf

10.3.2 Choleski-Modifikationen: cholupdate

cholupdate führt eine Rang-1-Modifikation der ursprünglichen Choleski-Zerlegung aus. Ist R = chol(A) die ursprüngliche Choleski-Zerlegung der Matrix „A", dann ist R1 = cholupdate(R,x,+) ein oberer Dreiecks-Choleski-Faktor zu A + x'*x, mit „x" ein Spaltenvektor; das +-Zeichen ist dabei optional. R1 = cholupdate(R,x,'-') führt eine Rang-1-Modifikation zu A - x'*x aus. Dabei erfolgt eine Fehlermeldung, wenn „R" kein gültiger Choleski-Faktor oder „R1" nicht positiv definit ist. Mit [R1,p] = cholupdate(R,x,'-') wird die Fehlermeldung unterdrückt. Ist „p=0", dann ist R1 ein Choleski-Faktor zu A - x'*x; ist „p" größer null ist R1 ein Choleski-Faktor zur ursprünglichen Matrix „A". Ist „p=1", ist „R1" nicht positiv definit und bei „p=2" war die obere Dreiecksmatrix „R" kein gültiger Choleski-Faktor. cholupdate beruht auf Algorithmen von LINPACK.

10.3.3 QR-Modifikationen

[Q1,R1] = qrdelete(Q,R,j,'col') „Q", „R" ist die QR-Zerlegung einer Matrix A und „Q1", „R1" die QR-Zerlegung einer Matrix, die durch Entfernen der j-ten Spalte von „A" entstand. Das Argument „col" ist optional. Das entsprechende Pendant, bei dem die j-te Zeile von A entfernt worden ist, ist [Q1,R1] = qrdelete(Q,R,j,'row'); „row" ist hier zur Unterscheidung zwingend vorgeschrieben.

Die Umkehrung zu qrdelete ist qrinsert. Sind „Q", „R" die QR-Faktoren einer Matrix A, dann sind „Q1", „R1" aus [Q1,R1] = qrinsert(Q,R,j,x,'col') die QR-Faktoren der Matrix, die aus „A" durch Ergänzung mit dem Spaltenvektor „x" vor der j-ten Spalte erzeugt worden ist. Das Flag „col" ist wieder optional. Das Zeilengegenstück ist [Q1,R1] = qrinsert(Q,R,j,x,'row').

[Q1,R1] = qrupdate(Q,R,u,v) ist ein Rang-1-Update der QR-Faktorisierung einer Matrix A + u*v', wobei „u" und „v" Spaltenvektoren geeigneter Größe sind.

10.3.4 Ebene Givens-Rotationen

[G,y] = planerot(x) führt eine plane Givens-Rotation aus. Dabei gilt y = G*x, mit „x" ein 2-komponentiger Spaltenvektor und „G" orthogonal.

10.3 Modifikation von Matrix-Faktorisierungen

10.3.5 Diagonale und Blockdiagonale

Hauptaufgabe der Funktion `balance` ist die Verbesserung der Genauigkeit bei Eigenwertberechnungen. Dazu wird eine diagonale Skalierung ausgeführt. `[T,B]=balance(A)` führt eine Ähnlichkeitstransformation aus, so dass $B = T\backslash A*T$ gilt. „A" und „B" haben dieselben Eigenwerte – interessant ist `balance` insbesondere für schlecht konditionierte Matrizen A. Ist „A" symmetrisch, sind A und B identisch und T ist die Einheitsmatrix. `[S,P,B] = balance(A)` berechnet separat den Skalierungs- und Permutatonsvektor „S" und „P". Es gilt $T(:,P) = diag(P)$ und $B(P,P) = diag(1./S)*A*diag(S)$. $B = $ `balance(A)` liefert nur die ähnliche Matrix „B" und `B = balance(A,'noperm')` führt die Ähnlichkeitstransformation ohne Permutation der Zeilen und Spalten aus.

Beispiel.

```
>> A = [1   100  10000; .01  1  100; .0001  .01  1]
>> [T,B] = balance(A) % A schlecht konditioniert
T =
   1.0e+03 *
    2.0480         0         0
         0    0.0320         0
         0         0    0.0003

B =
    1.0000    1.5625    1.2207
    0.6400    1.0000    0.7812
    0.8192    1.2800    1.0000

>> eig(B)           >> eig(A) % identische Eigenwerte
ans =               ans =
     0                   0
     3                   3
     0                   0

>> T\A*T   % == B
ans =
    1.0000    1.5625    1.2207
    0.6400    1.0000    0.7812
    0.8192    1.2800    1.0000

>> [S,P,B] = balance(A)
S =                    P =
   1.0e+03 *                1
    2.0480                  2
    0.0320                  3
    0.0003
B =
    1.0000    1.5625    1.2207
```

```
              0.6400    1.0000    0.7812
              0.8192    1.2800    1.0000
>> T(:,P) = diag(S)  % vgl. T oben
T =
   1.0e+03 *
       2.0480         0         0
            0    0.0320         0
            0         0    0.0003
>> B(P,P) = diag(1./S)*A*diag(S)  % vgl. B oben
B =
       1.0000    1.5625    1.2207
       0.6400    1.0000    0.7812
       0.8192    1.2800    1.0000
```

eig führt automatisch balance aus. Um dies zu unterdrücken, dient das Flag „nobalance".

```
>> eig(A,'nobalance')     >> eig(A)
ans =                     ans =
    0.0000                    0
    3.0000                    3
   -0.0000                    0
```

Die Nachkommastellen des „nobalance"-Beispiels rühren von der geringeren Genauigkeit bei der Berechnung der Eigenwerte her.

Sind „vc" und „dc" die Eigenvektoren und die diagonale komplexe Eigenwertmatrix, dann konvertiert [vr,dr] = cdf2rdf(vc,dc) in eine reelle blockdiagonale Darstellung. [uc,tc] = rsf2csf(ur,tr) transformiert die reelle Schur-Form „ur", „tr" (vgl. schur) in eine komplexe.

10.4 Eigenwertprobleme

10.4.1 Befehlsübersicht

Eigenwerte condeig, eig, eigs, ordeig, ordqz, polyeig, poly, qz

Singulärwertzerlegung gsvd, svd, svds

Hessenberg-Form hess

Schur-Form ordschur, schur

10.4.2 Eigenwerte

Sei A eine quadratische Matrix. Dann sind ihre Eigenwerte λ und Eigenvektoren $\vec{x}$ durch die Eigenwertgleichung

$$A\vec{x} = \lambda\vec{x} \qquad (10.10)$$

definiert. Die Menge aller Eigenwerte bezeichnet man als Spektrum der Matrix. MATLAB bietet mit den Kommandos `eig` und `eigs` komfortable Wege, um die Eigenwerte voller oder dünn besetzter Matrizen zu berechnen. Die Kondition einer Matrix hinsichtlich ihrer Eigenwerte kann mittels [v,d,s] = condeig(A) bestimmt werden. „s" ist dabei die Konditionszahl, die durch den reziproken Kosinus zwischen den Linkseigenwerten und den Rechtseigenwerten gegeben ist. Hohe Konditionswerte s implizieren entartete oder fast entartete Eigenwerte. Die Rückgabewerte „v" und „d" sind optional und entsprechen [v,d] = eig(A).

d = eig(A) dient der Berechnung der Eigenwerte „d" einer vollen Matrix und [v,d] = eig(A) berechnet zusätzlich noch die Eigenvektoren der Matrix „A". „d" ist in diesem Fall eine Diagonalmatrix. Bei den Berechnung wird automatisch mittels „balance" (s.o.) eine für Eigenwertberechnungen optimierter Ähnlichkeitstransformation ausgeführt. Mit dem Flag „nobalance" [v,d] = eig(A, 'nobalance') wird diese Transformation untersagt. Mittels [v,d] = eig(A,B) lässt sich das verallgemeinerte Eigenwertproblem

$$A\vec{v} = d \cdot B\vec{v} \qquad (10.11)$$

lösen. Für verallgemeinerte Eigenwertprobleme gibt es noch ein zusätzliches Flag [v,d] = eig(A,B,'flag') mit den Werten „chol" für eine Choleski-Zerlegung oder „qz" für einen QZ-Algorithmus. Die Choleski-Zerlegung wird standardmäßig genutzt für hermitesche Matrizen A und hermitesche, positiv definite Matrizen B. Allgemein verwendet die Funktion `eig` je nach Eigenschaft der Matrix „A" unterschiedliche LAPACK-Routinen. `eig` kann zwar auch zur Eigenwertberechnung dünn besetzter (sparse) Matrizen verwendet werden, `eigs` ist allerdings in diesem Fall vorzuziehen.

Eigenwerte dünn besetzter Matrizen. Dünn besetzte Matrizen, also Matrizen vom Typ „sparse" sind meist zu groß, um das gesamte Eigenwertspektrum zu berechnen. Häufig interessiert auch nur ein Teil des Spektrums. Beispielsweise für Matrizen, die aus Finiten Element-Anwendungen stammen, sind nur die niedrigsten Eigenwerte tatsächlich konvergiert.

d = eigs(A) berechnet die sechs betragsmäßig größten Eigenwerte und [v,d] = eigs(A) zusätzlich die dazu korrespondierenden Eigenvektoren. [...] = eigs(A,B) löst das verallgemeinerte Eigenwertproblem. „B" muss dabei hermitesch, positiv definit und von derselben Dimension wie „A" sein. eigs(A,k) bzw. eigs(A,B,k) berechnet die k größten Eigenwerte und eigs(...,k,sigma) k Eigenwerte nach folgenden Regeln:
Ist „sigma" ein Skalar, dann werden die k Eigenwerte mit dem betragsmäßig geringsten Abstand zu „sigma" berechnet.

hat „sigma" den Wert „lm", dann werden die k betragsmäßig größten Eigenwerte ermittelt. Dies entspricht der Defaulteinstellung.
„sm" führt zu den k betragsmäßig kleinsten Eigenwerten.
Für symmetrische Probleme führt „la" zu den algebraisch größten, „sa" zu den kleinsten und „be" zu den k Eigenwerten von beiden Enden des Spektrums.
Für nicht-symmetrische und komplexe Probleme ergibt „lr" die Eigenwerte mit dem größten, „sr" mit dem kleinsten Realteil und „li" mit dem größten, sowie „si" mit dem kleinsten Imaginärteil.

Zusätzlich lassen sich noch Optionen [...] = eigs(..., options) übergeben. „options" ist dabei eine Struktur; die Felder und ihre Bedeutung sind in Tabelle (10.1) aufgelistet. Anstelle einer Matrix „A" akzeptiert eigs auch den Aufruf einer Funktion. Der allgemeinste Aufruf ist eigs(Afun,n,B,k,sigma,options,p1,p2...). „pi" sind Parameter, die an die Funktion „Afun" weitergereicht werden. Je nach Argumentliste muss Afun entweder A*x (kein Sigma festgelegt), oder A\x für sigma=0 oder „sm", (A - sigma*I)\x bzw. (A - sigma*B)\x für nicht-verschwindendes Sigma zurückliefern. Die Berechnungen basieren auf dem linearen Algebrapaket ARPACK und nutzen Arnoldi- und Lanczos-Routinen aus. Konkret greift eigs über das Mex-Interface arpackc auf die entsprechenden Routinen zu. (ARPACK ist eine frei verfügbare FORTRAN Bibliothek, ähnlich LINPACK und LAPACK.)

Tabelle 10.1: Optionen zu eigs. Die Standardeinstellungen stehen in eckigen Klammern.

options	BEDEUTUNG	WERTE
issym	1 wenn „A" oder „A-sigma*B" berechnet von Afun symmetrisch ist, sonst 0	[0], 1
isreal	1 wenn „A" oder „A-sigma*B" berechnet von Afun reell ist, sonst 0	[0], 1
tol	Toleranz	skalar, [eps]
maxit	maximale Zahl der Iterationen	integer, [300]
p	Zahl der Basisvektoren (Krylovraum)	integer, [2k]
v0	Startvektor	Zufallszahl
disp	Diagnostische Informationen	0, [1], 2
cholB	1 wenn B sein eigener Cholseki-Faktor ist, sonst 0	[0], 1
permB	Permutationsvektor permB, wenn B identisch chol(B(permB,permB)) ist.	permB, [1:n]

Beispiel: Diskretisierung der Poissongleichung.

```
>> A=gallery('poisson',100);
>> whos
  Name      Size          Bytes     Class

  A         10000x10000   755204    double array (sparse)

Grand total is 59600 elements using 755204 bytes
```

10.4 Eigenwertprobleme

Damit haben wir eine dünn besetzte 10000 × 10000-Matrix erzeugt. Alle 10000 Eigenwerte machen sicherlich keinen Sinn. Die größten drei erhalten wir mit:

```
>> eig1=eigs(A,3)
Iteration 1: a few Ritz values of the 20-by-20
     0                              matrix:
     0
     0
Iteration 2: a few Ritz values of the 20-by-20
     7.6360                         matrix:
     7.8431
     7.9679

Iteration 119: a few Ritz values of the 20-by-20
     7.9952                         matrix:
     7.9952
     7.9981

eig1 =

     7.9981
     7.9952
     7.9952
```

bis wir schließlich nach 119 Iterationen das gesuchte Ergebnis erhalten. Mit eigs(A,k, sigma) können wir eine andere Auswahl treffen:

```
>> eig2=eigs(A,3,1.5)
Iteration 1: a few Ritz values of the 20-by-20
     0                              matrix:
     0
     0
Iteration 2: a few Ritz values of the 20-by-20
     343.0137                       matrix:
     668.7737
     668.7737
Iteration 3: a few Ritz values of the 20-by-20
     343.0137                       matrix:
     668.7737
     668.7737

eig2 =

     1.5029
     1.5015
     1.5015
```

und erhalten bereits nach drei Iterationen ein Ergebnis.

Eigenwerte quasitriangularer Matrizen. E = ordeig(T) berechnet die Eigenwerte einer quasitriangularen Schur-Matrix T und E = ordeig(AA,BB) die verallgemeinerten Eigenwerte des quasitriangularen Matrixpaares „AA,BB". Quasitriangulare Matrizen sind keine echten Dreiecksmatrizen. Für eine zufrieden stellende Effizienz sollten jedoch nicht zu viele Elemente ungleich null außerhalb des Dreickanteils existieren.

QZ-Faktorisierung. Zur Lösung eines verallgemeinerten Eigenwertproblems 10.11 werden häufig verallgemeinerte reelle Schur-Zerlegungen des Paares (A,B) betrachtet. Diese Zerlegung kann durch eine modifizierte Form des QR-Algorithmus durchgeführt werden, die auch als QZ-Iteration oder QZ-Zerlegung bezeichnet wird. MATLAB bietet dazu die Funktion [AA,BB,Q,Z] = qz(A,B), mit „AA", „BB" obere Quasi-Dreiecksmatrizen und „Q", „Z" unitär, so dass

$$Q \cdot A \cdot Z = AA \quad \wedge \quad Q \cdot B \cdot Z = BB$$

gilt. [AA,BB,Q,Z,v,w] = qz(A,B) berechnet zusätzlich reelle Matrizen „v", „w", deren Spalten verallgemeinerte Eigenvektoren sind. Für reelle Matrizen „A", „B" kann zusätzlich noch ein Flag, qz(A,B,flag), mit folgender Bedeutung übergeben werden: „complex" (default) erzeugt eine komplexe Zerlegung mit Dreiecksmatrix „AA", „real" eine reelle quasitriangulare Matrix „AA"; d.h. „AA" enthält 2×2- oder 1×1-Diagonalblöcke. Ist „AA" triangular, dann gilt alpha = diag(AA), beta = diag(BB) mit A*v*diag(beta) = B*v*diag(alpha) und diag(beta)*w'*A = diag(alpha)*w'*B sowie die Eigenwerte aus alpha./beta. Ist „AA" quasitriangular, so müssen zunächst die 2×2-Diagonalblöcke in Diagonalform gebracht werden, um die Eigenwerte zu ermitteln. Der verwendete Algorithmus basiert auf LAPACK-Routinen.

ordqz dient zum Umordnen der Eigenwerte der QZ-Faktorisierung. [AAS,BBS,QS,ZS] = ordqz(AA,BB,Q,Z,select): Die Eingangsvariablen (rechte Seite) stammen aus der ursprünglichen QZ-Zerlegung. Die Matrizen „AAS" ··· „ZS" erfüllen dieselben Matrixgleichungen wie die Matrizen der ursprünglichen QZ-Zerlegung. „select" ist ein logischer Vektor, der die Eigenwert-Cluster gemäß E = eig(AA,BB), E(select) auswählt. Statt der Auswahl mit einem logischen Vektor besteht auch eine qualitative Auswahl der Eigenwerte λ mit einem Schlüsselwort sw [...] = ordqz(AA,BB,Q,Z,keyword), das die folgende Werte annehmen kann: „lhp" für den Realteil $\lambda < 0$, „rhp" für einen positiven Realteil, „udi" für $abs(\lambda) < 1$ und „udo" für Eigenwerte, die außerhalb des Einheitskreises liegen $abs(\lambda) > 1$. [...] = ordqz(AA,BB,Q,Z,clusters) ordnen mehrere Cluster in einem Schritt um. „cluster" ist dabei ein Indexvektor, der die betrachteten Cluster festlegt.

Beispiel.

```
>> %      verallgemeinertes Eigenwertproblem:
>> A     % linke Seite
A =
        1090         900         725         690         820
         850        1075         815         720         765
         700         840        1145         840         700
```

10.4 Eigenwertprobleme

```
                765        720        815       1075        850
                820        690        725        900       1090

>> B   % Rechte Seite
B =
            0.1682     0.6756          0          0          0
            0.6756     0.9087     0.6992          0          0
                 0     0.6992     0.8837     0.7275          0
                 0          0     0.7275     0.7065     0.4784
                 0          0          0     0.4784     0.3072

>> [AA,BB,Q,Z,v,w] = qz(A,B)    % QZ-Zerlegung
AA =
   1.0e+03 *
            2.6674     0.6045    -1.2487     0.0608     2.9316
                 0    -0.1731     0.0126     0.0032     0.0790
                 0          0    -0.1890    -0.0478     0.1105
                 0          0          0     0.4689     0.0053
                 0          0          0          0     0.6282

BB =
            0.7496     0.1397    -0.0713    -0.0061     1.4898
                 0     0.1219     0.0121    -0.1942     0.1556
                 0          0     0.4691    -0.0271    -0.1541
                 0          0          0     1.1516    -0.0770
                 0          0          0          0     1.0843

Q =    ....   % fuer das Beispiel nicht wichtig

Z =    ....   % fuer das Beispiel nicht wichtig

v =    ....   % fuer das Beispiel nicht wichtig

w =    ....   % fuer das Beispiel nicht wichtig

>> % logischer Vektor [0 1 0 1 1] zur Umordnung

>> [AAS,BBS,QS,ZS]=ordqz(AA,BB,Q,Z,[0 1 0 1 1])

AAS =
   1.0e+03 *
           -0.1719    -0.0117    -0.0104     0.5972    -0.3832
                 0     0.4677    -0.0365    -0.2367     0.2386
                 0          0     0.6496     2.4764    -1.6857
                 0          0          0     2.3815    -1.5369
                 0          0          0          0    -0.2067
```

```
BBS =
    0.1210    0.1824    0.0164    0.1544   -0.0482
         0    1.1486   -0.1336   -0.0464    0.1556
         0         0    1.1213    1.2764   -0.7418
         0         0         0    0.6692   -0.2224
         0         0         0         0    0.5131


% unwesentliche Ergebnisse ausgespart
%  .....

>> AA./BB   % liefert die Eigenwerte
Warning: Divide by zero.
(Type "warning off MATLAB:divideByZero"
              to suppress this warning.)

ans =
   1.0e+04 *
    0.3558    0.4328    1.7508   -1.0006    0.1968
       NaN   -0.1421    0.1046   -0.0016    0.0507
       NaN       NaN   -0.0403    0.1766   -0.0717
       NaN       NaN       NaN    0.0407   -0.0069
       NaN       NaN       NaN       NaN    0.0579

>> AAS./BBS
Warning: Divide by zero.
(Type "warning off MATLAB:divideByZero"
              to suppress this warning.)

ans =
   1.0e+03 *
   -1.4206   -0.0642   -0.6328    3.8672    7.9560
       NaN    0.4071    0.2730    5.1057    1.5338
       NaN       NaN    0.5793    1.9401    2.2724
       NaN       NaN       NaN    3.5585    6.9105
       NaN       NaN       NaN       NaN   -0.4028

>> % logischer Vektor [0 1 0 1 1] fuehrt zu:
>> % (22) -> (11) | (44) -> (22) | (55) -> (33)
```

Die Funktion qzord ordnet die Eigenwerte entsprechend der im Beispiel angegeben Liste um.

Eigenwerte von Matrizenpolynomen. Mit [x,e] = polyeig(A0,A1,...Ap) bietet MATLAB die Möglichkeit, polynomiale Eigenwertprobleme

$$\sum_{k=0}^{p} \left(\lambda^k A_k\right) \cdot x = 0$$

zu lösen. „Ak" sind die Eingangsmatrizen derselben Ordnung n; die optionale Rückgabematrix $nxn \cdot p$ enthält in ihren Spalten die Eigenvektoren und der Rückgabevektor e ($n \cdot p$-dimensional) die Eigenwerte. Für p=0 liegt ein gewöhnliches Eigenwertproblem vor, für p=1 ein verallgemeinertes und für n=1 ein gewöhnliches Nullstellenproblem für ein Polynom p-ter Ordnung. Die Umkehrung bietet p = poly(nullst), das aus vorgegebenen Nullstellen das zugehörige Polynom wieder rekonstruiert.

10.4.3 Singulärwertzerlegung

Zu einer m × n-Matrix A existieren orthogonale Matrizen U und V, so dass

$$A = UDV^t \qquad D \quad \text{diagonal} \tag{10.12}$$

gilt. Die so erhaltene Zerlegung heißt Singulärwertzerlegung von A. Das bedeutet, die Diagonalelemente von D sind die Wurzeln der Eigenwerte von $A^t A$. Der entsprechende Aufruf in MATLAB lautet [U,D,V] = svd(A). Ist man nur an den Singulärwerten interessiert, genügt D = svd(A). Mit [U,D,V] = svd(A,0) lässt sich eine reduzierte Zerlegung berechnen. Der Lösungsalgorithmus basiert auf QR-Zerlegungen, realisiert mit LAPACK-Routinen. Sind zur Konvergenz mehr als 75 QR-Iterationen notwendig, dann wird die Lösung mit einer Fehlermeldung „Solution will not converge" abgebrochen.

Für eine verallgemeinerte Singulärwertzerlegung zweier Matrizen A, B gleicher Spaltendimension unter folgenden Bedingungen:

$$A = UCX^+ \tag{10.13}$$
$$B = VSX^+ \quad \text{mit} \tag{10.14}$$
$$C^tC + S^tS = I \quad \text{und} \tag{10.15}$$

U und V unitär steht das MATLAB Kommando gsvd zur Verfügung. Die vollständige Syntax lautet [U,V,X,C,S] = gsvd(A,B,0), wobei die „0" wie für svd im Falle der reduzierten Berechnung gesetzt wird. Ist man nur an den verallgemeinerte Singulärwerten interessiert, genügt si = gsvd(A,B), mit si = sqrt(diag(C'*C./diag(S'*S)).

Singulärwertzerlegung dünn besetzter Matrizen. Für dünn besetzte Matrizen A führt D = svds(A) auf die fünf größten Singulärwerte. svds(A,k) berechnet die k größten und svds(A,k,0) die k kleinsten Singulärwerte. Analog zu svd sind weitere Rückgabewerte möglich: [U,D,V] =svds(A,...). Ist A eine m × n dünn besetzte Matrix, dann ist U eine m × k-Matrix mit orthonormalen Spalten, D k × k diagonal und V n × k ebenfalls mit orthonormalen Spalten. U*D*V' ist dann eine rang-nächste Approximation an A. svds basiert auf eigs zur Berechnung der Singulärwerte.

10.4.4 Hessenberg- und Schur-Form

Hessenberg-Form. Eine Hessenberg-Matrix hat die folgende Form

$$H = \begin{pmatrix} h_{11} & h_{12} & h_{13} & \cdots & h_{1n} \\ h_{21} & h_{22} & h_{23} & \cdots & h_{2n} \\ 0 & h_{32} & h_{33} & \cdots & h_{3n} \\ \vdots & \vdots & \ddots & \ddots & \vdots \\ 0 & 0 & 0 & h_{n-1n} & h_{nn} \end{pmatrix}, \qquad (10.16)$$

d.h. alle Matrixelemente unterhalb der ersten unteren Nebendiagonalen sind null. Symmetrische und hermitesche Matrizen haben tridiagonale Hessenberg-Form. QR-Algorithmen werden typischerweise nicht direkt programmiert, laufen vielmehr über eine Hessenberg-Form. Mit `[P, H] = hess(A)` wird die Hessenberg-Form H der Matrix A und die unitäre Transformationsmatrix P berechnet, so dass `A = P*H*P'`. Das Rückgabeargument „P" ist optional. Der Algorithmus zur Berechnung der Hessenberg-Form beruht auf LAPACK-Routinen.

Schur-Form. Eigenwertzerlegungen einer Matrix A beruhen auf Ähnlichkeitstransformationen $A = T\Lambda T^{-1}$ zur Bestimmung der diagonalen Eigenwertmatrix Λ. Zwei Schwierigkeiten können dabei auftreten: Nicht immer existiert eine solche Zerlegung und nicht immer sind solche Berechnungen numerisch stabil. Eine numerisch zufrieden stellende Alternative ist die Berechnung der Schur-Form. Jede Matrix lässt sich durch eine unitäre Ähnlichkeitstransformation $A = TOT^\dagger$ in eine obere Dreiecksmatrix O transformieren, deren Diagonalelement die Eigenwerte von A sind.

`O = schur(A)` liefert die Hessenberg-Form O der Matrix A. Besitzt A komplexe Eigenwerte, dann lassen sich mit `O = schur(A, flag)` zwei unterschiedliche Darstellungen der Schur-Form berechnen: Hat „flag" den Wert „complex", dann ist O triangular und komplex, und für „real" hat O 2×2-Diagonalblöcke, deren Eigenwerte die komplexen Eigenwerte der Matrix A liefern. Die Funktion `rsf2csf` konvertiert die reelle Schur-Form in ihr komplexes Gegenstück. Mit `[U,O] = schur(A,...)` wird zusätzlich die unitäre Transformationsmatrix U, `A = U*O*U'`, berechnet.

`[US,OS] = ordschur(U,O,ews)` ordnet die Eigenwerte entsprechend dem Indexvektor „ews" um.

Beispiel.

```
>> A=magic(4);      % Testmatrix
>> [U,O]=schur(A)
U =
   -0.5000   -0.8236   -0.1472   -0.2236
   -0.5000    0.4236    0.3472   -0.6708
   -0.5000    0.0236    0.5472    0.6708
   -0.5000    0.3764   -0.7472    0.2236
```

```
O =
   34.0000    0.0000    0.0000    0.0000
         0    8.9443   13.4164   -0.0000
         0         0   -8.9443    0.0000
         0         0         0    0.0000
```
```
>> % Umordnung: O an oberster Stelle
>> [US,OS]=ordschur(U,O,[1 3 2 4])
US =
   -0.2236    0.8236   -0.1472   -0.5000
   -0.6708   -0.4236    0.3472   -0.5000
    0.6708   -0.0236    0.5472   -0.5000
    0.2236   -0.3764   -0.7472   -0.5000

OS =
    0.0000   -0.0000   -0.0000   -0.0000
         0    8.9443  -13.4164    0.0000
         0         0   -8.9443   -0.0000
         0         0         0   34.0000
```

Zur Auswahl bestimmter Eigenwertregionen kann mit [US,OS] = ordschur(U,O,sw) ein Schlüsselwort „sw" übergeben werden. Bezeichnet E die Eigenwerte, dann wird für sw gleich „lhp" die Eigenwertregion (left-half plane) real(E) < 0, für „rhp" (right-half plane) real(E) > 0, für „udi" das Innere des Einheitskreises abs(E) < 1 und für „udo" dessen Äußeres abs(E) > 1 ausgewählt.

[US,OS] = ordschur(U,O,clusters) ordnet die Schur-Form bezüglich mehrerer Cluster in einem Schritt um. „clusters" ist dabei ein Vektor der Cluster-Indizes.

10.5 Matrix-Funktionen

Die Mehrzahl der MATLAB-Funktionen führt Matrizenargumente elementweise und nicht im Sinne einer Matrixmultiplikation aus. Beispielsweise führt exp(A) zu

$$\begin{pmatrix} \exp(A_{11}) & \cdots & \exp(A_{1m}) \\ \vdots & \ddots & \vdots \\ \exp(A_{n1}) & \cdots & \exp(A_{nm}) \end{pmatrix}.$$

Die Exponentialfunktion im Sinne einer Matrixmultiplikation sollte dagegen durch

$$\sum \frac{1}{\nu!} A^\nu$$

gegeben sein. Für verschiedene Funktionen gibt es daher das entsprechende Matrixpendant. y = expm(A) berechnet die Exponentialfunktion der Matrix „A" und y =

`logm(A)` deren Logarithmus. Hat „A" negative Eigenwerte, so produziert `logm` die entsprechenden komplexen Werte. Mit `[y,err] = logm(A)` werden Warnungen unterdrückt, „err" enthält dafür einen approximativen Wert für das relative Residuum. Das Berechnungsverfahren basiert auf dem Parlett-Algorithmus.

`y = sqrtm(A)` liefert die Matrixwurzel der Matrix „A". `[y,err] = sqrtm(A)` unterdrückt wiederum Warnmeldungen und gibt dafür das relative Residuum „err" zurück und `[y,alpha,kon]=sqrtm(A)` den Stabilitätsfaktor „alpha" und die Konditionszahl „kon".

Beispiel. Dürers magisches Quadrat `magic(4)` ist eine schlecht konditionierte Matrix. Berechnen wir die Matrixwurzel, so zeigt sich dies an einer hohen Konditionszahl „kon":

```
>> A=magic(4)
A =
    16     2     3    13
     5    11    10     8
     9     7     6    12
     4    14    15     1
>> [y,alpha,kon] = sqrtm(A)
y = ....
alpha =
    1.6017
kon =
    7.6311e+07

>> As
As =
    16     0     0     0
     0    11     0     0
     0     0     6     0
     0     0     0     1
>> [y,alpha,kon] = sqrtm(As)
y =
    4.0000         0         0         0
         0    3.3166         0         0
         0         0    2.4495         0
         0         0         0    1.0000
alpha =
    1.6710
kon =
    1.7445
```

Dagegen ist die Wurzel einer Diagonalmatrix trivial, die Konditionszahl entsprechend klein.

Eine Verallgemeinerung auf beliebige Matrixfunktionen ist `[y, err] = funm(A,fun)`. „A" ist die auszuwertende Matrix, „fun" die Funktion zu der das entsprechende Matrixpendant berechnet werden soll, „y" der Wert der Matrixfunktion und der optionale Parameter „err" enthält wieder approximative Residuen.

10.5 Matrix-Funktionen

Beispiel.

```
>> A=pi*rand(3)
A =
    0.5997    0.5366    1.0683
    2.6511    3.1237    0.9871
    0.5463    1.3816    1.1469
>> ys = sin(A) % elementweise
ys =
    0.5644    0.5112    0.8764
    0.4711    0.0179    0.8345
    0.5195    0.9822    0.9115

>> [y, err] = funm(A, @sin) % Matrixergebnis
y =
   -0.1471   -0.4683    0.5163
   -0.1497   -0.3751   -1.0720
   -0.8229   -0.3241    0.2231
err =
     0

>> %%%   2. Beispiel
>> A=pi*rand(2,3)
A =
    2.9849    1.9065    2.8001
    0.7261    1.5268    2.3942

>> zs = sin(A) % Elementweise Berechnung
zs =
    0.1560    0.9442    0.3349
    0.6640    0.9990    0.6797

>> [y, err]=funm(A,@sin) % Matrixoperation
??? Error using ==> schur
Matrix must be square.

Error in ==> funm at 149
    [U,T] = schur(A,'complex');
```

Für die elementweise Operation ist die Dimension der Matrix „A" gleichgültig. Für die korrespondierende Matrixoperation müssen im Regelfall Potenzen der Argumentmatrix gebildet werden und folglich ist die Matrixfunktion nur für quadratische Matrizen definiert.

11 Optimierung, Integration und Differentialgleichungslöser

11.1 Optimierung

11.1.1 Befehlsübersicht

Lokale Minima fminbnd, fminsearch

Nullstellensuche fzero

Wahlmöglichkeiten optimget, optimset

Parameter- und Variablensuche symvar

11.1.2 Lokale Minima

fminbnd und fminsearch dienen der Bestimmung des kleinsten Funktionswerts innerhalb eines vorgegebenen Intervalls bzw. der Bestimmung eines Minimums einer Funktion. Während fminbnd innerhalb eines vorgegeben Intervalls mit einer Variablen agiert, sucht fminsearch das Minimum einer Funktion ohne Nebenbedingungen. Zu fminsearch sind mehrere Variablen erlaubt. (Weitere Routinen zur Optimierung bietet die Optimzation Toolbox und die Genetic Algorithm and Direct Search Toolbox.)

Der allgemeinste Aufruf ist [x,fval,exitflag,output] = fminbnd(fun,x1,x2,options,P1,P2,...), die einfachste Variante x = fminbnd(fun,x1,x2). „fun" steht für die auszuwertende Funktionen, „x1" und „x2" für die Intervallgrenzen. „fun" kann sowohl ein Function Handle einer m-File-Funktion als auch einer anonymen Funktion sein.

```
>> % Beispiel Funktionsminimum ausserhalb
>> % der vorgegebenen Intervallgrenzen
>> fm = @(x) (x-3).^2;
>> [x, fval, exitflag, output] = fminbnd(fm, 4,6)
x =
    4

fval =
    1
```

```
exitflag =
1

output =
iterations: 21
funcCount: 24
algorithm: 'golden section search,
parabolic interpolation'
message: [1x111 char]
```

Das Minimum der Funktion liegt bei 3, die vorgegebenen Intervallgrenzen schließen das Funktionsminimum nicht ein. In einem solchen Fall liefert MATLAB als kleinsten möglichen Wert eine der beiden Intervallgrenzen, je nach Verhalten der Funktion. Dieses Beispiel dokumentiert ein häufiges Missverständnis bei der Anwendung von `fminbnd`. `fminbnd` bestimmt nicht das Minimum einer Funktion, vielmehr den kleinsten Funktionswert innerhalb eines Intervalls, was nicht zwangsläufig ein Minimum der Funktion sein muss!

Der optionale Rückgabewerte „feval" ist der Funktionswert an der Stelle x. „Exitflag" kann Werte > 0 (konvergierte Lösung), = 0 (maximal erlaubte Zahl der Funktionsberechnungen erreicht) oder < 0 (keine Konvergenz) annehmen. „Output" ist eine Struktur mit den Feldern „iterations" (Zahl der Iterationen), „funcCount" (Zahl der Funktionsberechnungen), „algorithm" (Informationen über den verwendeten Algorithmus) und „message" mit Informationen zum Stoppkriterium, beispielsweise „Optimization terminated: the current x satisfies the termination criteria using OPTIONS.TolX of 1.000000e-04".

Der optionale Eingabewert „options" ist eine Struktur, die die Übergabe von Optionen ermöglicht (vgl. `optimset`). Erlaubte Feldnamen sind: Display mit den Werten „off" (keine Ausgabe), „iter" (jede Iteration wird ausgegeben), „final" (Endergebnis wird ausgegeben) und „notify" (Default, Ausgabe erfolgt nur, falls die Funktion nicht konvergiert.). MaxFunEvals: Maximale Zahl der erlaubten Funktionsauswertungen, MaxIter: Maximale Zahl der erlaubten Iterationen und TolX: Vorgegebene Toleranz. Die weiteren Eingabeargumente „P1", „P2", $\cdots$ werden an die aufgerufene Funktion weitergereicht.

Der allgemeinste Aufruf zu `fminsearch` ist [x, fval, exitflag, output] = fminsearch(fun, x0, options, P1,P2, ...). „feval", „exitflag", „output", „options" und die Parameter „Pi" sind wieder optional. Ihre Bedeutung entspricht exakt der von `fminbnd`. `fminsearch` sucht das Minimum einer skalaren Vektorfunktion „fun". D.h. der Funktionswert ist ein Skalar, die Argumente dürfen Vektoren sein. „x0" ist der Startwert für die Minimumsuche. `fminsearch` sucht nach einem lokalen Minimum. Der Algorithmus basiert auf einer Nelder-Mead-Simplex-Suche.

11.1.3 Nullstellensuche

[x, fval, exitflag, output] = fzero(fun, x0, options, P1, P2,...) dient der Nullstellenbestimmung der skalaren Funktion „fun". „fun" kann eine m-File-Funktion oder ein Function Handle sein, „x0" ist der Startwert für die Nullstellensuche oder

11.1 Optimierung 199

ein entsprechendes Intervall, also ein zweielementiger Vektor. In diesem Fall muss die Funktion „fun" an den Intervallgrenzen unterschiedliche Vorzeichen haben. Die Eingabevariable „options" dient der Festlegung der Optimierungsparameter, ist optional und eine Struktur mit den unterstützten Feldern Display und TolX. Werte und Bedeutung entsprechen denen der Funktion `fminbnd`. Die Parameter „Pi" werden direkt an die Funktion „fun" durchgereicht.

Die Nullstelle wird in „x" abgespeichert, alle anderen Rückgabewerte sind optional. „feval" ist der Wert der Funktion an der ermittelten Nullstelle, „exitflag" ist positiv, wenn eine Nullstelle gefunden wurde, sonst negativ; „output" enthält wieder Informationen zum Berechnungsverlauf: output.algorithm (der verwendete Algorithmus), output.funcCount (Zahl der Funktionsberechnungen), output.iterations (Zahl der durchgeführten Iterationen), output.intervaliterations (Zahl der Iterationen um ein Intervall zu finden, falls notwendig) und output.message mit Informationen zum Stoppkriterium.

`fzero` findet nur solche Nullstellen, die mit einem Vorzeichenwechsel der Funktion einhergehen, Berührpunkte mit der Achse, also Extrema werden nicht gefunden.

Beispiel.

```
>> x = fzero(@cos,[1 5])
??? Error using ==> fzero
The function values at the interval endpoints
 must differ in sign.
```

Bei der Vorgabe eines Intervalls muss die untersuchte Funktion unterschiedliche Vorzeichen an den Intervallgrenzen annehmen.

11.1.4 Wahlmöglichkeiten: optimset und optimget

`optimget` und `optimset` dienen dem bequemen Auslesen bzw. Setzen von Optionen zu den MATLAB Funktionen `fminbnd`, `fminsearch`, `fzero` und `lsqnonneg`. Mit `eigschaft = optimget(options,'param')` wird der Wert des Feldes options.param ausgelesen. Ist das Feld leer wird dem Rückgabewert „eigschaft" in dieser Variante
`>> eigschaft = optimget(options,'param',wert)` der Wert „wert" zugeordnet.

`optimset` liefert eine Liste erlaubter Felder mit den möglichen Werten. Die Standardwerte stehen in geschweiften Klammern.

```
>> optimset
 Display: [ off | on | iter | notify | final ]
 MaxFunEvals: [ positive scalar ]
 MaxIter: [ positive scalar ]
 TolFun: [ positive scalar ]
 TolX: [ positive scalar ]
 FunValCheck: [ {off} | on ]
 OutputFcn: [ function | {[]} ]
```

„Display" bestimmt die Tiefe der Ausgabe, „MaxFunEvals" die maximale Zahl der Funktionsauswertungen, „MaxIter" die maximale Zahl der Iterationen, „TolFun" die Abbruchstoleranz für die Funktionswerte und „TolX" die Abbruchstoleranz für die Funktionsargumente. „TolFun" und „TolX" sind „oder"-Toleranzen. Das bedeutet es genügt, dass eine der beiden Toleranzen erfüllt ist. „FunValCheck" prüft, ob die Zielfunktion gültige Werte liefert, und gibt bei „on" eine Warnung bei „nan" oder komplexen Funktionswerten aus. „OutputFcn" ist eine selbst-definierte oder von MATLAB bereitgestellte Funktion, die nach jedem Iterationsschritt aufgerufen wird. Dies erlaubt die Definition eigener Abbruchkriterien. Bei zusätzlicher Installation der Optimization Toolbox besitzt die Optionsstruktur weitere Felder, die aber in MATLAB unbesetzt sind und daher hier auch nicht aufgelistet werden.

Mit `options = optimset(optimfun)` wird eine Struktur „options" zurückgegeben, deren Felder mit denen zum Kommando „optimfun" gehörigen Voreinstellungen belegt sind. `options = optimset('param1',v1, 'param2',v2, ...)` erzeugt die Struktur „options", bei der die Parameterfelder „parami" mit den Werten „vi" belegt sind, und `options = optimset(oldopts, 'param1',v1, ...)` überschreibt das zu „parami" gehörige Feld der ursprünglichen Struktur „oldopts" mit dem neuen Wert „vi" und speichert die gesamte Struktur in der Rückgabestruktur „options" ab. Alternativ zu diesem Befehl ist `options = optimset(oldopts,newopts)`, bei dem alle Felder von „newopts" die entsprechenden Felder von „oldopts" überschreibt und das Ergebnis der Struktur „options" zuordnet.

11.1.5 Parameter- und Variablensuche

`>> symvar 'expr'` bzw. `s= symvar('expr')` analysiert den MATLAB Ausdruck „expr" und findet die verwendeten Variablen, die in der Zellvariablen „s" abgespeichert werden.

```
>> s=symvar('exp(-i*2*pi*x/x0')
s =
 'x'
 'x0'
```

11.2 Numerische Integration

Zur eindimensionalen numerischen Integration stehen die Funktionen `quad`, `quadv`, `quad8` und `quadl` zur zwei- und dreidimensionalen Integration `dblquad` und `triplequad` zur Verfügung.

11.2.1 Eindimensionale Integration

Quadraturen dienen der Berechnung bestimmter Integrale

$$F = \int_a^b f(x)dx \quad .$$

11.3 Inline Functions

F = quad(f,a,b) berechnet mit einem rekursiven Simpson-Verfahren das obige Integral mit einer Fehlertoleranz von 10^{-6}. „f" ist dabei ein Function Handle. F = quad(f,a,b, tol) führt eine Berechnung mit der Toleranz „tol" aus, und F = quad(f,a,b,tol, zwi) gibt für $zwi \neq 0$ die Zwischenwerte über jedes Integralstück aus und zwar Iterationsschritt, linke aktuelle Integrationsgrenze, aktuelles Intergrationsintervall und unskalierter Integrationsteilwert. Mit F = quad(f,a,b,tol,p1,p2,...) können außerdem die Parameter „pi" an die Funktion „f" durchgereicht werden und mit [F, fiter] =quad(...) wird noch die Iterationszahl zurückgeliefert.

Wie quad basiert auch quadv auf einem rekursiven Simpson-Verfahren. Q = quadv(fun, a,b) berechnet das Integral von „a" nach „b" über die komplexwertige Funktion „fun". „fun" kann eine parametrisierte Funktion sein. Wie quad erlaubt auch quadv dieselben Argumente wie Toleranz, Berechnung von Zwischenwerten und als zusätzlichen Rückgabewert die Zahl der Berechnungsschritte: Q = quadv(fun,a,b,tol), Q = quadv(fun, a,b,tol,zwi) sowie [Q,fiter] = quadv(...). quadv ist insbesondere für parametrisierte Funktionen besser geeignet. Beispielsweise könnte
>> Q = quadv(@(x)besseli(0:10,x),0,1);
mit quad nur über eine Schleife berechnet werden.

Dieselben Argumente wie quad erlaubt auch die Funktion quad8, die auf einem adaptivrekursiven Newton-Codes-Algorithmus beruht, genauer als quad ist, aber in der Zwischenzeit obsolet. An ihre Stelle ist die Funktion quadl getreten, ebenfalls mit derselben Argumentstruktur, die auf einer rekursiven adaptiven Gauß-Lobatto-Quadratur beruht. In der Mehrzahl der Fälle liefert quad die raschste Lösung, bei zu geringer Toleranz führt quadl (quad8) zu falschen Ergebnissen.

11.2.2 Mehrdimensionale Integration

F = dblquad(f, xa,xb,ya,yb, tol, method, p1,p2,...) dient der zwei- und
F = triplequad(f, xa,xb,ya,yb,za,zb, tol, method, p1,p2,...) der dreidimensionalen Quadratur. „f" ist die zu integrierende Funktion, „xa", ... „zb" sind die Integrationsgrenzen, alle weiteren Argumente sind optional. „tol" ist die Integrationstoleranz, „method" kann entweder den Defaultwert „quad", „quadl" oder das Function Handle einer eigenen Integrationsroutine sein. In diesem Fall muss die Integrationsroutine allerdings die Schrittweite der MATLAB Funktion quad übernehmen. „pi" sind wieder Parameter, die direkt an die Funktion „f" weiter gereicht werden.

11.3 Inline Functions

Inline und anonyme Funktionen wurden unter dem allgemeinen Aspekt „Funktionen in MATLAB" in Abschnitt 5.4 diskutiert. Hier nun einige ergänzende Funktionen zu „Inline Functions". Inline Functions werden mit dem Befehl inline erzeugt (s. 5.4). Beispielsweise erzeugt

```
>> g = inline('exp(i*pi*alpha*x)','x','alpha')
g =
```

```
Inline function:
g(x,alpha) = exp(i*pi*alpha*x)
```

die Inline-Funktion $\exp(i\pi\alpha x)$, die wie eine MATLAB Funktion
`>> A = g(2,0:0.1:10);` aufgerufen werden kann. Mit `wa = argnames(fun)` lässt sich deren Argumentliste abfragen:

```
>> wa=argnames(g)
wa =
    'x'
    'alpha'
```

Rückgabeargument ist eine Zellvariable (hier wa) in der die Argumente der Inline-Funktion in der korrekten Reihenfolge aufgelistet werden. Wäre die Funktion „g" ohne explizite Angabe der Argumente erzeugt worden, so müssten die Argumente in der Reihenfolge, in der sie zum ersten Mal bei der Funktionsdefinition auftraten, genutzt werden.

`wf = formula(fun)` speichert den Funktionskörper der Inline-Funktion „fun" in der Stringvariablen „wf" ab. Identisch dazu ist `wf = char(fun)`. Für `char` wird hier die korrespondierende überladene Methode verwandt.

`sv = vectorize(s)` bildet Matrixoperationen der Stringvariablen „s" auf die Elementoperation ab, also beispielsweise den *-Operator auf den .*-Operator. Ist „s" eine Inline-Funktion, dann ist „sv" eine neue Inline-Funktion, bei der ebenfalls Matrixoperationen in Elementoperationen gewandelt wurden.

Zu `argnames` und `formula` liegen keine Informationen in der MATLAB Dokumentation vor. Hilfe finden Sie wie auch in anderen Fällen mittels `help inline/kommando` und (wie bei überladenen Methoden notwendig) zu `char` via `>> help inline/char`.

11.4 Anfangswertprobleme

11.4.1 Befehlsübersicht

Allgemeine Solver ode45, ode23, ode113

DAE und steife Probleme ode23t, ode15s

Steife Probleme ode23tb, ode23s

Implizite Differentialgleichungen ode15i, decic

Verzögerte Differentialgleichungen dde23, ddeget, ddeset

Optionen odeget, odeset

In Tabelle (11.1) sind die in MATLAB verfügbaren Verfahren zur Lösung von Anfangswertproblemen (gewöhnliche Differentialgleichungen) mit einer knappen Charakterisierung aufgelistet.

11.4 Anfangswertprobleme

Tabelle 11.1: *Übersicht der verfügbaren Löser zu gewöhnlichen Differentialgleichungen.*

BEFEHL	KURZERLÄUTERUNG
ode45	Runge-Kutta-Verfahren: Dormand-Prince-Paar
	Eignung: Nicht-steife Probleme, Standardsolver
ode23	Runge-Kutta-Verfahren: Bogacki-Shampine-Paar
	Eignung: Nicht oder schwach steife Probleme
ode23tb	Implizites Runge-Kutta-Verfahren
	Anwendung: Steife Differentialgleichungen
ode23t	Trapezverfahren
	Geeignet für DAE-Gleichungen vom Index 1 (singuläre Massenmatrix) und schwach steife Probleme
ode23s	Modifiziertes Rosenbrock-Verfahren
	Eignung: Steife Differentialgleichungen mit niederer Toleranz
ode15s	Rückwärtsintegration mit numerischer Differentiation
	DAE-Gleichungen vom Index 1, steife Differentialgleichungen
ode113	Adams-Moulton Bashforth Prediktor-Korrektor Methode
	Eignung: Nicht-steife Probleme hoher Genauigkeit
ode15i	Numerische Differentiation
	Anwendung: Implizite DAE-Gleichungen zum Index 1
dde23	Basiert auf ode23
	Lösung verzögerter Differentialgleichungen

11.4.2 Allgemeine Syntax der ode-Solver

Wegen der Ähnlichkeit der Syntax hier zunächst eine Übersicht zu den `ode**`-Lösern und deren Optionen. Spezifische Aspekte werden in den folgenden Unterkapiteln besprochen.

Das Anfangswertproblem (auch Cauchy-Problem genannt) besteht daraus, die Lösung einer gewöhnliche Differentialgleichung (ODE) mit vorgegebenen Anfangswerten

$$\dot{\vec{x}} = f(\vec{x}, t) \qquad \text{mit } \vec{x}(t_0) = \vec{x_0} \tag{11.1}$$

zu bestimmen. MATLAB bietet dazu die in Tabelle (11.1) aufgelisteten Verfahren. Die allgemeine Syntax ist `[t,x,te,xe,ie] = solver(odefun,tint,x0,options,p1,p2...)`, der einfachste Aufruf `[t,x] = solver(odefun,tint,x0)`. „solver" steht für einen der `ode**`-Löser aus Tabelle (11.1) und „odefun" für das zu lösende Differentialgleichungssystem, das als ein Differentialgleichungssystem erster Ordnung formuliert sein muss.

Beispiel: Formulierung der zu lösenden Differentialgleichung. Betrachten wir als Beispiel eine gedämpfte Schwingung

$$\ddot{x} + 2\gamma\dot{x} + \omega^2 x = 0 \tag{11.2}$$

mit dämpfungsfreier Eigenfrequenz ω und Reibungskoeffizient γ. Mit $x = x_1$ und $\dot{x} = x_2$ folgt daraus

$$\dot{x}_1 = x_2 \tag{11.3}$$

$$\dot{x}_2 = -\omega^2 x_1 - 2\gamma x_2 \,. \tag{11.4}$$

Die korrespondierende MATLAB Funktion mit dem Namen „daschw" hat das folgende Aussehen:

```
function dx = daschw(t,x,omega,gamma)

% W. Schweizer
% Beispiel ode-solver gedaempfte Schwingung
% omega Frequenz, gamma Daempfung

% x ist ein 2d-Spaltenvektor, dx seine Ableitung
A=[0 1;-omega.^2 -2.*gamma];
dx = A * x;
```

„odefun" ist der Name der zu lösenden Differentialgleichung bzw. deren Function Handle, d.h. im Beispiel „@daschw". „tint" bezeichnet das Zeitintervall, über dem die Lösung bestimmt werden soll, erlaubt aber auch streng monoton ansteigende, diskrete Zeitwerte [t0 t1 ... tn]. In diesem Fall wird die Berechnung unabhängig von den vorgegebenen Zeitpunkten „ti" mit der geschätzten optimierten Schrittweite durchgeführt, die Rückgabewerte auf die vorgegebenen Zeitpunkte „ti" geeignet interpoliert. „x0" bezeichnet die Anfangswerte des Differentialgleichungssystems und „option" eine Struktur, in der die gewählten Optionen festgelegt werden. Wird hier nichts übergeben, werden die Voreinstellungen gewählt. Die verfügbaren Optionen können mit **odeget** angeschaut und die entsprechende Struktur mit **odeset** gesetzt werden. Details werden wir weiter unten diskutieren. „pi" sind Parameter, die direkt an die Funktion „odefun" weitergereicht werden. Die Rückgabeparameter „t" und „y" sind die berechneten Lösungen „y" des Systems zu den Zeiten „t".

Beispiel: Berechnung der Lösung.

```
>> x0=[0 1]; % Anfangswerte
>> ts=[0 10]; % Berechnungsintervall
>> omega=1; % Parameter zu daschw
>> gamma=1; % Parameter zu daschw
>> % Loesung
>> [t,x]=ode45(@daschw,ts,x0,[],omega,gamma);
>> plot(t,x) % Visualisierung zeitaufgeloest
>> % Orts-, Geschwindigkeitsdarstellung
>> plot(x(:,2),x(:,1))
```

MATLAB erlaubt zusätzlich noch den Aufruf einer Eventfunktion zur Steuerung des Berechnungsablaufs. „te", „ye" und „ie" enthalten in diesem Fall Informationen zu den Nullstellen „ye(te)" der ie-ten Eventfunktion.

Mit einem Rückgabeparameter, sol = solver(...), wird die Lösung in der Struktur „sol" gespeichert. „sol.x" enthält die vom Löser gewählten Zeitschritte als Zeilenvektor, „sol.y" die zugehörige Lösungsmatrix und „sol.solver" den Namen des verwendeten

11.4 Anfangswertprobleme

Algorithmus. „sol.stats" ist wiederum eine Struktur mit Informationen zu der Zahl der Funktionsberechnungen, der Iterationen und den gescheiterten Schritten. „sol.exdata" ist eine Struktur, deren drei Feldelemente den Namen der aufgerufenen MATLAB Funktion, die Anfangsbedingungen und die Optionen enthält. Die Struktur „sol.idata" erlaubt es, mittels der Funktion `deval` die berechnete Lösung in jedem Zwischenpunkt zu interpolieren.

Optionen. An die in Tabelle (11.1) aufgelisteten Solver lassen sich über eine Struktur Optionen übergeben. Der Befehl `odeset` ohne Rück- oder Eingabevariable listet die möglichen Eigenschaften auf. Die Voreinstellungen werden dabei in geschweifter Klammer und der Typ in eckiger Klammer angezeigt.

```
>> odeset
 AbsTol: [ positive scalar or vector {1e-6} ]
 RelTol: [ positive scalar {1e-3} ]
 NormControl: [ on | {off} ]
 OutputFcn: [ function ]
 OutputSel: [ vector of integers ]
 Refine: [ positive integer ]
 Stats: [ on | {off} ]
 InitialStep: [ positive scalar ]
 MaxStep: [ positive scalar ]
 BDF: [ on | {off} ]
 MaxOrder: [ 1 | 2 | 3 | 4 | {5} ]
 Jacobian: [ matrix | function ]
 JPattern: [ sparse matrix ]
 Vectorized: [ on | {off} ]
 Mass: [ matrix | function ]
MStateDependence: [ none | {weak} | strong ]
 MvPattern: [ sparse matrix ]
 MassSingular: [ yes | no | {maybe} ]
 InitialSlope: [ vector ]
 Events: [ function ]
```

Die absoluten und relativen Toleranzen „AbsTol" und „RelTol" sind „Oder-Toleranzen". Das bedeutet, dass es hinreichend ist, wenn eine von beiden erfüllt ist. Typischerweise werden Nulldurchgänge von den absoluten Toleranzen und große Werte von den relativen Toleranzen dominiert. „NormControl" dient der Fehlerkontrolle der Norm der Lösung. Sind e_i die relativen Fehler der i-ten Komponente der Lösung y, dann muss (bei NormControl on) $\|e\| \leq \max\{\text{RelTol} \cdot \|y\|, \text{AbsTol}\}$ erfüllt sein. „OutputFcn" ist eine Funktion, die nach jedem Integrationsschritt aufgerufen wird. Sie kann eine selbstdefinierte Funktion, oder aber auch eine MATLAB Funktion wie beispielsweise odeplot sein. „OutputSel" ist ein Indexvektor, der festlegt welche Komponenten der Lösung der Output-Funktion zur Verfügung stehen sollen. „Refine" liefert eine Verfeinerung der Rückgabewerte via Interpolation. „Stats" legt fest, ob der Löser ergänzende Informationen zur Berechnungseffizienz zurückliefern soll. „InitialStep" schlägt die Länge des ersten Iterationsschritts vor. Ist der Schritt zu groß, wird er vom Solver verworfen und ein kleinerer Schritt gewählt. „MaxStep" legt die maximal erlaubte Schrittweite fest. Die beiden Eigenschaften „BDF" und „MaxOrder" sind nur für `ode15s` relevant und werden daher weiter unten besprochen. „Jacobian", „JPattern" und „Vektorized" sind nur für die Solver `ode15s`, `ode23s`, `ode23t` und `ode23tb` relevant und werden daher im Abschnitt „Steife Probleme" diskutiert. Die Eigenschaften „Mass", „MState-Dependence", „MvPattern", „MassSingular" und „InitialSlope" sind insbesondere im Hinblick auf DAE-Systeme interessant und werden daher in diesem Unterkapitel betrachtet. „Events" erlaubt zusätzlich eine Eventfunktion zu nutzen. Ist diese Eigenschaft „on", dann untersucht der Löser in jedem Berechnungschritt den Eventvektor auf einen Nulldurchgang. Die Eventfunktion liefert dabei drei Rückgabewerte: `[ew, ist, dir] = eventfcn(t,y)`. „ew" ist der erwähnte Eventvektor. Für „ist$\neq$0" (isterminal) wird die Integration der Differentialgleichung bei detektiertem Nulldurchgang beendet, „dir" (direction) legt die Richtung des Nulldurchgangs fest; (-1, +1, 0) steht dabei für negative, positive Richtung oder jeder Nulldurchgang zählt.

Beispiel: Eventfunktion. Die gedämpfte Schwingung soll nur bis zum ersten Nulldurchgang mit negativer Steigung berechnet werden. Der Aufruf ist in diesem Fall

```
>> options=odeset('Events','events');
>> x0=[0 1];
>> ts=[0 10];
>> omega=1;
>> gamma=0.5;
>> [t,x]=ode45(@daschw,ts,x0,options,omega,gamma);
```

mit der Funktion

```
function [value,isterminal,direction] = ...
 events(t,y,varargin)

% Beim Durchlaufen des Nulldurchgangs
% mit negativer Steigung
% soll die Integration beendet werden.

value = y(1); % Schwingungsamplitude
isterminal = 1; % stop Integration
direction = -1; % negative Richtung
```

Die Integration wird folglich beim ersten Nulldurchgang mit negativer Steigung (hier beim Durchlaufen von der positiven zur negativen y-Achse) beendet.

Das Gegenstück zu `odeset` ist das Kommando `op=odeget(options,'name')` bzw. `op=odeget(options,'name',default)`. Die erste Möglichkeit liefert den Wert der Eigenschaft „name". Ist dieser Wert in der Option noch nicht belegt, so wird mit der zweiten Version der Wert „default" zurück gegeben.

11.4 Anfangswertprobleme

Beispiel. In „options" wurde die relative Toleranz mit

```
>> options=odeset(options,'RelTol',1e-06);
```

auf 10^{-6} gesetzt. odeget liefert mit

```
>> optwas=odeget(options,'RelTol',1e-03)
optwas =
1.0000e-06
```

den gesetzten Wert zurück. Wäre diese Eigenschaft noch nicht belegt gewesen, so wäre die Antwort 10^{-3} gewesen.

11.4.3 Allgemeine Solver: ode45, ode23, ode113

Die Löser ode45 und ode23 beruhen auf einem Runge-Kutta-Fehlberg-Verfahren. Für Runge-Kutta n-ter beziehungsweise $(n+1)$-ter Ordnung gilt für die Lösung y

$$y(x_0+h) = y_{exact} + kh^{n+1}$$
$$\tilde{y}(x_0+h) = y_{exact} + \tilde{k}h^{n+2},$$

mit unbekannten Fehlerkoeffizienten k und $\tilde{k}$, da

$$y(x_0+h) - \tilde{y}(x_0+h) = kh^{n+1} - \tilde{k}h^{n+2} \approx kh^{n+1}$$

$$\Rightarrow k \approx \frac{y-\tilde{y}}{h^{n+1}}.$$

Sei ϵ der maximal erlaubte Fehler. Dann ist

$$\epsilon = |y(x_0+h_{neu}) - \tilde{y}(x_0+h_{neu})| = kh_{neu}^{n+1}$$
$$= \frac{h_{neu}^{n+1}}{h^{n+1}}|y(x_0+h) - \tilde{y}(x_0+h)|$$

und folglich

$$h_{neu}^{n+1} = \frac{\epsilon h^{n+1}}{|y(x_0+h) - \tilde{y}(x_0+h)|}. \tag{11.5}$$

Der Vorteil ist offensichtlich. Die Kombination unterschiedlicher Ordnungen erlaubt eine fehlerangepasste Optimierung der Schrittweite. Der Nachteil ist, dass $f(y,t)$ statt n-mal $(2n+1)$-mal berechnet werden muss. Dieses Problem lässt sich durch Auswahl angepasster Zwischenwerte lösen; das Verfahren wird als Runge-Kutta-Fehlberg-Algorithmus bezeichnet und benötigt nur $(n+1)$-Berechnungsschritte. MATLAB nutzt für ode45 ein

Dormand-Prince- und für `ode23` ein Bogacki-Shampine-Paar. Die Ziffern bezeichnen die Ordnung des Lösers.

`ode113` ist ein Adams-Bashforth-Moulton-Solver, basiert also auf einem Mehrschrittverfahren und eignet sich insbesondere für hohe Toleranzen.

Alle drei Solver sind für Standardaufgaben geeignet, nicht aber für steife oder differentialgebraische Systeme. `ode23` ist effizienter, wenn geringe Toleranzen notwendig sind und bietet sich auch als Löser für schwach-steife Systeme an. (Hier ist jedoch meine erste Wahl `ode23tb`.) Eine Übersicht der unterstützten Eigenschaften ist in Tabelle (11.2) aufgelistet, den allgemeinen Aufruf s.o.

Tabelle 11.2: *Übersicht der unterstützten (x) Optionen der verschiedenen ode-Löser.*

PARAMETER	45, 23 113	15s	23s	23T	23TB
RelTol	x	x	x	x	x
AbsTol	x	x	x	x	x
NormControl	x	x	x	x	x
Outputfcn	x	x	x	x	x
OutputSel	x	x	x	x	x
Refine	x	x	x	x	x
Stats	x	x	x	x	x
Events	x	x	x	x	x
MaxSteps	x	x	x	x	x
InitialStep	x	x	x	x	x
Jacobian	-	x	x	x	x
JPattern	-	x	x	x	x
Vectorized	-	x	x	x	x
Mass	x	x	x	x	x
MStateDependence	x	x	-	x	x
MvPattern	-	x	-	x	x
MassSingular	-	x	-	x	-
InitialSlope	-	x	-	x	-
MaxOrder	-	x	-	x	-
BDF	-	x	-	-	-

11.4.4 DAE und steife Probleme: ode23t, ode15s

`ode15s` basiert auf einem Mehrschrittverfahren variabler Ordnung, das auf einem numerischen Differentiationsansatz beruht. Im Gegensatz dazu sind Runge-Kutta-Verfahren Einschrittverfahren. `ode15s` unterstützt als einziger Solver die Eigenschaft „BDF". Für „BDF" „on" wird an Stelle des voreingestellten numerischen Differentiationsverfahrens eine numerische Rückwärtsdifferentiation, ein Gear-Algorithmus, gewählt und mit „MaxOrder" die maximale Ordnung festgelegt. „ode15s" ist eine der Alternativen, wenn `ode45` nur sehr ineffizient arbeitet. Bei geringer Toleranz ist unter Umständen `ode23s` effizienter. Hier hilft nur ein rasches Durchtesten der einzelnen Solver. Auf `ode15s` greift auch der partielle Differentialgleichungslöser `pdepe` zurück.

Differentialalgebraische Gleichungen (DAE) vom Index 1 lassen sich sowohl mit `ode15s` als auch mit `ode23t` lösen. Der Löser `ode23t` beruht auf einem Trapezansatz und ist auch für schwach steife Probleme geeignet.

Beide Löser unterstützten die Eigenschaften „Mass", „MStateDependence", „MvPattern" und „MassSingular", vgl. Tabelle (11.2). „Mass" hat als Wert entweder eine Matrix oder eine MATLAB Funktion, die den Wert der Massenmatrix $M(t,x)$ zurückliefert. Damit lassen sich Differentialgleichungsprobleme der Form

$$M(t,x)\dot{x} = f(x,t) \tag{11.6}$$

lösen. Zusätzlich werden singuläre Massenmatrizen unterstützt, d.h. DAE-Systeme vom Index 1. Der Funktionaufruf erfolgt mit `@mymass`, die Funktion hat die folgende Form: `function m = mymass(t,x)`. Die Eigenschaft „MassSingular" hat die Werte „yes", „no" oder „maybe" (Voreinstellung). „maybe" testet, ob ein DAE-System vorliegt. Hängt die Massenmatrix nicht von der Systemvariablen „x" ab, dann kann der Wert von „MStateDependence" auf „none" gesetzt werden, die Funktion „mymass" hängt dann nur noch von der Zeit „t" ab. Die beiden weiteren Einstellmöglichkeiten „weak" und „strong" indizieren eine schwache oder starke Abhängigkeit der Massenmatrix. Bei einer starken Abhängigkeit der Massenmatrix von „x" kann – falls erfüllt – noch die Eigenschaft „MvPattern" übergeben werden. Der Wert von „MvPattern" ist eine dünn besetzte Matrix „S" mit den Werten „1". S(i,j)=1 bedeutet, dass für alle „k" die (i,k)-Komponente von „M(t,x)" nur von der j-ten Komponente von „x" abhängt. Ein Beispiel zeigt das MATLAB Demo `burgersode`.

11.4.5 Steife Probleme: ode23tb, ode23s

`ode23tb` basiert auf einem impliziten Runge-Kutta-Löser, dessen erste Stufe einer Trapezformel folgt und die zweite einer Rückwärtsdifferentiation zweiter Ordnung. Für niedere Toleranzen ist `ode23tb` häufig effizienter als `ode15s` und eignet sich wie dieser für steife Differentialgleichungssysteme. `ode23s` basiert auf einem Runge-Kutta-Rosenbrock-Verfahren, ist also ein Einschrittverfahren und für manche steife Probleme effizienter als `ode15s`, dies gilt insbesondere bei einer konstanten Massenmatrix. Aber hier heißt es einfach testen.

Die `ode23x`-Solver und `ode15s` unterstützten die Eigenschaften „Jacobian", „JPattern" und „Vectorized". Für ein System aus n gewöhnlichen Differentialgleichungen

$$\begin{pmatrix} \dot{x}_1(t) \\ \dot{x}_2(t) \\ \vdots \\ \dot{x}_n(t) \end{pmatrix} = \begin{pmatrix} f_1(x_1, x_2, \cdots, x_n, t) \\ f_2(x_1, x_2, \cdots, x_n, t) \\ \vdots \\ f_n(x_1, x_2, \cdots, x_n, t) \end{pmatrix} \tag{11.7}$$

besteht die Jacobi-Matrix

$$J = \begin{pmatrix} \dfrac{\partial f_1}{\partial x_1} & \dfrac{\partial f_1}{\partial x_2} & \cdots & \dfrac{\partial f_1}{\partial x_n} \\ \dfrac{\partial f_2}{\partial x_1} & \dfrac{\partial f_2}{\partial x_2} & \cdots & \dfrac{\partial f_2}{\partial x_n} \\ \vdots & \vdots & \ddots & \vdots \\ \dfrac{\partial f_n}{\partial x_1} & \dfrac{\partial f_n}{\partial x_2} & \cdots & \dfrac{\partial f_n}{\partial x_n} \end{pmatrix} \qquad (11.8)$$

aus den partiellen Ableitungen nach den Variablen „x". „Jacobian" kann im Falle einer konstanten Jacobi-Matrix auf eine Matrix verweisen oder mittels eines Function Handles auf eine Funktion, die dann die jeweilig aktuelle Jacobi-Matrix berechnet. Ist die Jacobi-Matrix dünn besetzt, dann ist „JPattern" eine dünn besetzte Matrix „S". Für S(i,j)=1 hängt $f_i(\vec{x}, t)$ nur von der j-ten Komponente von x ab.

Die Voreinstellung für die Eigenschaft „Vectorized" ist „off". Für „on" erwartet der Aufruf `odefun(t,[x1,x2,...])` als Ergebnis `odefun(t,x1)`, `odefun(t,x2)`,..., d.h. die Differentialgleichungsfunktion liefert auf einmal ein ganzes Array von Spaltenvektoren zurück.

11.4.6 Implizite Differentialgleichungen: ode15i

Mit der Funktion `ode15i` kam in MATLAB Rel. 7 eine neue Funktion zum Lösen impliziter gewöhnlicher Differential- und differentialalgebraischer Gleichungen vom Index 1 dazu. Der Aufruf
`[t,x] = ode15i(odefun,tspan,x0,xp0,options,p1,p2...)`
folgt der im Abschnitt „Allgemeine Syntax ..." diskutierten Beschreibung. Zusätzlich zu den Anfangsbedingungen „x0" treten hier noch die Anfangsbedingungen für die ersten Ableitungen „xp0" hinzu. Wie bei den anderen ode-Funktionen können im Falle von Ereignisfunktionen zusätzlich die eventspezifischen Rückgabeparameter „te", „ye" und „ie" auftreten bzw. als Rückgabeparameter auch eine Strukturvariable gewählt werden. Von den Optionen werden folgende Einstellungen unterstützt: Zur Fehlerkontrolle „AbsTol", „RelTol" und „NormControl"; die Rückgabeeigenschaften „OutputFcn", „OutputSel", „Refine" und „Stats"; die ergänzenden Schrittweitenkontrollen „InitialStep" und „MaxStep"; die Jacobi-Matrix mit „Jacobian", „JPattern" und „Vectorized" sowie die Ereignisfunktionen „Events".

Implizite Differentialgleichungen haben die folgende Form

$$f(\vec{x}, \dot{\vec{x}}, t) = 0 \,, \qquad (11.9)$$

und genau in dieser Form muss auch die von `ode15i` aufgerufene Funktion definiert sein. Die übergebenen Anfangswerte $\vec{x}_0$ und $\dot{\vec{x}}_0$ zum Zeitpunkt t_0 müssen konsistent sein, d.h. $f(\vec{x}_0, \dot{\vec{x}}_0, t_0) = 0$ erfüllen. Die MATLAB Funktion `decic` unterstützt die Berechnung konsistenter Anfangsbedingungen.

11.4 Anfangswertprobleme

`[x0mod,xp0mod] = decic(odefun,t0,x0,fixed_x0,xp0, fixed_xp0)` nutzt die Ausgangswerte „x0" und „xpo" zum Zeitpunkt „t0", um konsistente Anfangswerte „xomod" und „xpomod" $f(x_0mod, xp0mod, t_0) = 0$ zu berechnen. Die Funktion f ist in „odefun" definiert. Sollen bestimmte Komponenten von „x0" oder „xp0" fest vorgegeben werden, dann müssen die entsprechenden Komponenten von „fixed_x0" bzw. „fixed_xp0" gleich 1 gesetzt werden. Soll beispielsweise die i-te Komponente von x0 fest sein, dann muss `fixed_x0(i) =1` sein. Mit `decic(..., options, p1,p2,...)` lassen sich Toleranzeinstellungen „RelTol" und „AbsTol" (vgl. `odeset`) verändern und mit „pi" Parameter an die Funktion „odefun" durchreichen. Als weiterer Rückgabeparameter kann zusätzlich noch die Norm von $f(x_0 mod, xp0mod, t_0)$ berechnet werden. Der Aufruf lautet `[x0mod,xp0mod,rnrm] = decic(...)`. Weicht „rnrm" stark von 0 ab, so sollte entweder die Toleranz kleiner gewählt werden oder mit einem neuen Startwert ein besseres Ergebnis berechnet werden.

Beispiel. Betrachten wir als Beispiel

$$\dot{x}^2 - E \cdot x^2 + \alpha x - 2 = 0 \ .$$

Für $\alpha = 0$ und $E < 0$ führt die Lösung auf eine harmonische Schwingung. Die vorgegebenen Startwerte können nicht für beliebige Energien E und Störparameter α gültig sein. Mit `decic` werden konsistente Anfangswerte berechnet.

```
>> [t,x]=keplerbsp_dim1(-2,0.005);

% Funktion:
function [t,x]=keplerbsp_dim1(E,alpha)

options = odeset('RelTol',1e-8,'AbsTol',[1e-8]);
x0=[0.5]; % Anfangswert Ort
xp0=[1]; % Anfangswert Geschwindigkeit
%E=-2;
[x0,xp0,resi] = decic(@kep,0,x0,[],xp0,[1],...
 options,E,alpha);

tspan=[0 10];
[t,x] = ode15i(@kep,tspan,x0,xp0,options,E,alpha);

function abw = kep(t,x,xp,E,alpha)
%alpha=0.001;
abw=[xp(1).^2 - E.*x(1).^2 + alpha*x(1)- 2];
```

11.4.7 Verzögerte Differentialgleichungssysteme: dde23

Bei vielen Problemen aus Technik und Naturwissenschaft hängt bei korrekter Modellierung das aktuelle Ergebnis zum Zeitpunkt t nicht nur von den Variablen zur Zeit t, sondern auch von deren Wert zu einem oder mehreren früheren Zeitpunkten $t - \tau_{tot}$ ab.

Die MATLAB Funktion dde23 bietet die Möglichkeit Differentialgleichungen mit Totzeiten der Form

$$\frac{d}{dt}\vec{x} = f\left(t, \vec{x}(t), \vec{x}(t-\tau_1), \vec{x}(t-\tau_2), \cdots, \vec{x}(t-\tau_k)\right) \tag{11.10}$$

zu lösen. Der Aufruf lautet sol = dde23(ddefun,ttot,history,tspan,options,p1, p2,...). „ddefun" repräsentiert die zu lösende Differentialgleichung und hat die Form: dydt = ddefun(t,x,Z, p1,p2,...). „t" ist die aktuelle Zeit, „x" der Lösungsvektor, „Z" ist eine Matrix, deren Spalten jeweils einen verzögerten Lösungsvektor $Z(:,j) = \vec{x}(t-\tau_j)$ enthalten. Der konstante Vektor „ttot" enthält alle Verzögerungszeiten $\tau_1, \cdots \tau_k$. Zur Lösung einer Differentialgleichung mit Totzeiten τ_i müssen die Lösungvektoren zu den Zeitpunkten $t_0 - \tau_i$ vor dem eigentlichen Integrationsbeginn t_0 bekannt sein. Diese Werte werden von „history" zur Verfügung gestellt. „history" ist entweder ein konstanter Spaltenvektor mit den Lösungen für $t < t0$, ein Function Handle einer Funktion zur Berechnung der notwendigen Werte oder die Lösung „sol" einer Vorgängerrechnung, die durch die aktuelle Berechnung fortgesetzt wird. „tspan" ist ein zweikomponentiger Vektor t_0, t_{end}, der den Integrationszeitraum festlegt. Die Struktur „options" enthält die Einstellungen für den Lösungsalgorithmus und kann mit ddeset und ddeget bearbeitet werden. „pi" sind wieder Parameter, die an die aufrufenden Funktionen durchgereicht werden.

Die Rückgabestruktur „sol" enthält die folgenden Feldelemente: „sol.solver" mit dem Namen des Lösers „dde23", „sol.history" mit Informationen zur History-Funktion und „sol.discont" die Zeitpunkte mit Unstetigkeiten. „sol.x" enthält einen Vektor mit den Integrationszeiten, „sol.y" ein Array mit Lösungen (Ortvektoren) und „sol.yp" ein Array mit den ersten Ableitungen zu den Zeitpunkten „sol.x". „sol.stats" ist wiederum eine Struktur mit Informationen zur Zahl der Berechnungsschritte, Funktionsentwicklungen und Fehlschritte.

dde23 nutzt den ode23-Solver und unterstützt daher diesem Löser vergleichbare Eigenschaften. Mit ddeset ohne Argument erhält man eine Liste der unterstützten Eigenschaften, deren Voreinstellung in geschweiften Klammern beigefügt ist.

```
>> ddeset
  AbsTol: [ positive scalar or vector {1e-6} ]
  Events: [ function ]
  InitialStep: [ positive scalar ]
  InitialY: [ vector ]
  Jumps: [ vector ]
  MaxStep: [ positive scalar ]
  NormControl: [ on | {off} ]
  OutputFcn: [ function ]
  OutputSel: [ vector of integers ]
  RelTol: [ positive scalar {1e-3} ]
  Stats: [ on | {off} ]
```

Die Bedeutung ist dieselbe wie bei den ode-Solvern, erwähnenswert ist, dass wieder Ereignisfunktionen „events" unterstützt werden. Neu hinzugekommen sind „InitialY"

11.4 Anfangswertprobleme

(Anfangswerte an den Totzeiten, Voreinstellung sind die Werte der History-Funktion) und „Jumps" (Zeitpunkte, an denen Unstetigkeiten auftreten). Der Aufruf von ddeset und ddeget folgt denen von odeget und odeset.

Beispiel. Als Beispiel betrachten wir eine Schwingungsgleichung mit Verzögerung τ

$$\dot{y}_1(t) = y_2(t)$$
$$\dot{y}_2(t) = -(2\pi\omega)^2 y_1(t-\tau) \,.$$

Für $\tau = 0$ führt dies zu einer harmonischen Schwingung. Die beispielhafte Umsetzung in MATLAB ist:

```
>> sol=verzosz(0.05,1);
```

Mit

```
function sol = verzosz(ttot,f)
% Verzoegerte Schwingungsgleichung mit
% Totzeit ttot und
% ungestoerter Eigenfrequenz f

fp=2*pi*f;
options=ddeset('RelTol',1e-06,'AbsTol',1e-07);
% Aufruf Loeser
sol=dde23(@oszdgl,ttot,@oszhist,[0 2],options,fp);
% Visualisierung
plot(sol.x,sol.y)

function dxdt = oszdgl(t,x,zh,fp)
% Differentialgleichung
if(t==0)
 x(2)=zh(2); % Anfangswert
end
dxdt = [x(2); -fp^2*zh(1)];

function z = oszhist(t,fp)
% Berechnung der verz"ogerten Werte
z = [sin(fp*(t)); 1];
```

11.5 Randwertprobleme

Gewöhnliche Differentialgleichungen können als Anfangswertproblem, d.h. die Startwerte sind vorgegeben, oder als Randwertproblem, d.h. Werte an Begrenzungen sind vorgegeben, formuliert sein. Mit `bvp4c` bietet MATLAB die Möglichkeit Randwertprobleme der Form

$$\frac{df(x,\vec{y});p}{dx} = f(x,\vec{y};p) \quad \text{mit} \tag{11.11}$$

$$g(\vec{y}_a, \vec{y}_b; p) = 0 \tag{11.12}$$

zu untersuchen. p sind dabei zunächst noch unbekannte, konstante Parameter. Seit dem Rel. 6.5 werden auch Mehrpunkt-Randwertprobleme unterstützt, zuvor nur Zweipunkt-Ränder.

Der Algorithmus von `bvp4c` basiert auf einem Kollokationsverfahren, die vollständige Syntax ist: `sol = bvp4c(@odefun,@bcfun,solinit,options,p1,...)`. „odefun" repräsentiert die Differentialgleichung und hat die folgende Form: `function dxdt = odefun(x,y)`, oder `odefun(x, y,p1,...)`, oder `odefun(x,y,para,...)`, wobei „para" für unbekannte noch zu bestimmende Parameter steht. „bcfun" berechnet das Residuum und hat die folgende Form `function res = bcfun(ya,yb,...)`. „ya" und „yb" sind die Randwerte, der Rest der Argumente ist identisch zu „odefun". „solinit" ist eine Struktur, die eine approximative Lösung anbietet. Die Details werden unten im Rahmen der Funktion `bvpinit` diskutiert. „options" ist eine Struktur, die die entsprechenden Optionen enthält, und ist wie die Parameter „pi", die an die jeweiligen Funktionen durchgereicht werden, optional. Der Rückgabewert „sol" ist eine Struktur mit den folgenden Feldern: „sol.x" sind die Gitterpunkte, an denen die Lösung berechnet wurde, „sol.y" die Lösung der Differentialgleichung und „sol.yp" die Ableitungen an den Gitterpunkten; „sol.solver" enthält den Namen des Lösers (hier bvp4c) und – falls unbekannte Parameter vorlagen – werden deren Werte in „sol.parameters" gespeichert.

bvpinit. `bvpinit` dient der Erzeugung der Struktur „solinit", die eine erste Schätzung anbietet, wobei der Ausdruck Schätzung nicht zu eng gesehen werden darf. Die Syntax ist `solinit = bvpinit(x,yinit,parameters)`. „x" gibt das Gitter vor, an dem die Lösung berechnet werden soll. Von `bvp4c` wird dieses Gitter entsprechend den Toleranzen geeignet modifiziert. Wesentlich sind die Randpunkte, die erhalten bleiben. Vorgabe eines zu feinen Gitters führt zu einer Vergröberung und umgekehrt. Sind starke Variationen in dem Lösungvektor von vorneherein bekannt, dann sollten an diese Stellen Gitterpunkte gelegt werden. „parameters" ist optional und dient im Fall unbekannter Parameter der Übergabe von Anfangswerten. Ist bereits eine Lösung des Randwertproblems bekannt und soll dies in neuen Grenzen berechnet werden, so kann auch die bisherige Lösung übergeben werden `solinit = bvpinit(sol,[aneu bneu],parameters)`. „aneu" oder „bneu" muss außerhalb des bisherigen Intervalls liegen. In „solinit" werden die bisherigen Werte aus „sol" abgespeichert und entsprechend neue Werte durch Extrapolation dazugefügt; „parameters" ist optional. Sollen keine neuen Schätzungen für die Parameter übergeben werden, so übernimmt, sofern welche vorliegen, `bvpinit` die alten Werte und speichert sie in der Struktur „solinit" ab.

11.5 Randwertprobleme

Optionen: bvpget und bvpset. bvpget und bvpset werden in genau derselben Art und Weise aufgerufen und genutzt wie odeset und odeget. bvpset ohne Argumente liefert eine Liste der unterstützten Eigenschaften zurück, die Voreinstellungen sind wieder in geschweifter Klammer aufgelistet.

```
>> bvpset
  AbsTol: [ positive scalar or vector {1e-6} ]
  RelTol: [ positive scalar {1e-3} ]
SingularTerm: [ matrix ]
FJacobian: [ function ]
BCJacobian: [ function ]
  Stats: [ on | {off} ]
  Nmax: [ nonnegative integer {floor(1000/n)} ]
Vectorized: [ on | {off} ]
```

„AbsTol" und „RelTol" sind die absoluten und relativen Toleranzen der Lösung. Für singuläre Randwertprobleme

$$\frac{dy}{dx} = S \cdot \frac{y}{x} + f(x,y,p) \quad \text{mit} \quad x \in [0,b] \quad b > 0 \tag{11.13}$$

kann die singuläre Matrix S als Wert der Eigenschaft „SingularTerm" übergeben werden. „FJacobian" erlaubt die analytische Berechnung partieller Ableitungen der Funktion „f" bezüglich „y". Übergeben werden müssen x und y sowie im Falle unbekannter Parameter p. In diesem Fall wird ebenfalls die partielle Ableitung von f bezüglich p berechnet. Die Rückgabewerte können entweder eine Matrix $[\partial f/\partial y]$ oder eine Zellvariable $\{\partial f/\partial y, \partial f/\partial p\}$ sein. „BCJacobian" ist das Function Handle der Funktion zur analytischen Berechnung der partiellen Ableitung der Randfunktion. Gilt die Randbedingung $bc(ya,yb) = 0$ und ist „BCJacobian" z. Bsp. @bcj, dann werden in der Funktion die partiellen Ableitungen von bc bezüglich ya und yb berechnet und bei unbekannten Parametern „p" die partiellen Ableitungen bezüglich p. Der Funktionsaufruf lautet [dbcdya, dbcdyb, dbcdp] = bcj(ya, yb, p). „Stats" dient der Ausgabe von Parametern zur Effizienzbeurteilung, „Nmax" legt die maximale Zahl der Gitterpunkte in x fest und „Vectorized" „on" teilt bvp4c mit, dass der Aufruf von „odefun" als Ergebnis odefun(x1,y1), odefun(x2,y2),... zurückliefert.

s_int = vbpval(sol,xint) dient der Interpolation von Lösungen an den Positionen „xint". „sol" ist die von bvp4c zuvor bestimmte Lösung. bvpval ist bereits seit dem Release 6.5 obsolet und durch deval ersetzt worden und wird in einer der nächsten Versionen von MATLAB ganz entfallen. deval werden wir im Abschnitt „Differentialgleichungen: Ergänzungsfunktionen" diskutieren und im folgenden Beispiel bereits nutzen.

Beispiel: Quantenoszillator im Kasten. Der eindimensionale, harmonische Oszillator in einem symmetrischen Kasten folgt bei geeigneter Skalierung der folgenden Schrödingergleichung

$$\left(-\frac{d^2}{dx^2} + V(x)\right) u(x) = E u(x) \quad \text{mit} \quad V(x) = \begin{cases} \frac{1}{2}x^2 & : -a < x < a \\ \infty & : x = |a| \end{cases} \tag{11.14}$$

Aus Symmetriegründen genügt es, nur die Hälfte der Lösung für $0 \leq x < a$ zu berechnen. Für positive Parität gelten die Randbedingungen $y(0) = 1, y(a) = 0$ und $y'(0) = 0$; für negative Parität $y(0) = 0, y(a) = 0$ und $y'(0) = 1$. Da der Parameter E nicht bekannt ist, tritt er als zusätzlicher, zu bestimmender Parameter in Erscheinung. Das Ergebnis ist in Abb. (11.1) dargestellt.

```
function sol=harmoscbvp(a,ty)
% Berechnung der quantenmechanischen L"osung
% a ist die Breite des Potentials
% ty sym positive Paritaet
% asym negative Paritaet

% bvpinit
switch ty
 case 'sym'
 lambda = 0.5;
 symf=1;
 solinit = bvpinit(linspace(0,a,10)...
 ,@oscinit,lambda,a,ty);
 case 'asym'
 symf=-1;
 lambda = 1.5;
 solinit = bvpinit(linspace(0,a,10)...
 ,@oscinit,lambda,a,ty);
end
```

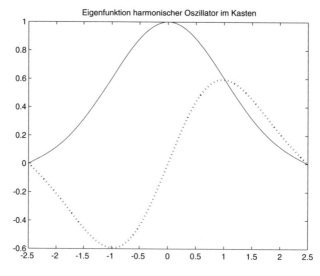

Abbildung 11.1: *Die durchgezogene Linie ist die Lösung (a=2.5) zu positiver und die gestrichelte zu negativer Parität. Dies sind der Grundzustand und der erste angeregte Zustand.*

11.5 Randwertprobleme

```
sol = bvp4c(@oscode,@oscbc,solinit,[],ty);

% Ausgabe und Visualisierung
fprintf('Der Eigenwert ist %7.3f.\n',...
 sol.parameters)

xint = linspace(0,a);
Sxint = deval(sol,xint);
xtot = [-fliplr(xint(2:end)), xint];
ytot = [symf*fliplr(Sxint(1,2:end)),Sxint(1,:)];

plot(xtot,ytot)
title('Eigenfunktion harmonischer Oszillator ...
 im Kasten')

% ----------------------------------------
function dydx = oscode(x,y,lambda,varargin)
% Schroedingergleichung
dydx = [ y(2)
 -(2*lambda - x.*x)*y(1) ];

% ----------------------------------------
function res = oscbc(ya,yb,lambda,ty)
% Randbedingungen
switch ty
 case 'sym'
 res=[ya(1)-1
 yb(1)
 ya(2)];
 case 'asym'
 res=[ya(1)
 yb(1)
 ya(2)-1];
end

% ----------------------------------------
function yinit = oscinit(x,a,ty)
% Schaetzer
switch ty
 case 'sym'
 yinit=[exp(-1/2*x*x)
 -x*exp(-1/2*x*x)];
 case 'asym'
 yinit=[x*exp(-1/2*x*x)
 -x*x*(exp(-1/2*x*x)-1)];
end
```

11.6 Differentialgleichungen: Ergänzungsfunktionen

11.6.1 Funktionsübersicht

Lösungserweiterung deval, odextend

Visualisierung odeplot, odephas2, odephas3

Ausgabefunktion odeprint

Hilfe-Template odefile

11.6.2 Differentialgleichungen: Erweiterung der Lösungen

deval dient der Interpolation der Lösung einer Differentialgleichung, die mit einem der ode-Solver (Anfangswertproblem), mit „dde23" oder mit „bvp4c" (Randwertproblem) berechnet worden ist. Der Aufruf ist [sxi,spxi]=deval(sol,xin,idx) oder, mit vertauschten Argumenten, [sxi,spxi]=deval(xin,sol,idx). „spxi" und „idx" sind optional. „sol" ist die Struktur, die ursprünglich vom Löser berechnet worden ist. „xin" ist ein Vektor oder Array, an dessen Punkte die interpolierten Lösungen gewünscht werden. Extrapolationen werden nicht unterstützt, d.h. die Grenzen müssen innerhalb der ursprünglichen Grenzen liegen. Soll die Interpolation nur für bestimmte Indizes (Richtungen) der ursprünglichen Lösung ausgeführt werden, dann kann mit „idx" ein Indexvektor übergeben werden. Mit einem zweiten Rückgabeparameter „spxi" werden zusätzlich noch die ersten Ableitungen approximativ berechnet. Ein Anwendungsbeispiel zeigt die Visualisierung des obigen Beispiels.

Im Gegensatz zu deval dient odeextend nicht der Interpolation, sondern der Neuberechnung der Differentialgleichung in neuen Grenzen. Unterstützt werden alle ode-Solver. Die ursprünglich berechnete Lösungsstruktur „sol" liefert alle notwendigen Informationen. Die kürzeste Variante ist solext = odextend(sol,[],tfinal). Ändert sich die das Differentialgleichungssystem repräsentierende MATLAB Funktion nicht, so braucht sie odextend auch nicht übergeben werden; ändert sich dagegen das Differentialgleichungssystem, so lautet der Aufruf solext = odextend(sol,odefun,tfinal). „odefun" ist das Function Handle, das die Differentialgleichung $\dot{x} = f(x,t)$ bzw. für ode15i die implizierte Differentialgleichung $f(x,\dot{x},t) = 0$ repräsentiert. Als Anfangswerte werden die in „sol" festgelegten Werte und der dort festgelegt Solver genutzt. Die neue obere Integrationsgrenze wird durch „tfinal" festgelegt. solext = odextend(sol, ...,tfinal,xa) dient der Übergabe neuer Anfangswerte „xa" und solext = odextend (sol,...,tfinal,[xa,xpa]) neuen Anfangswerten „xa", „xpa" für ode15i. Sollen zusätzlich veränderte Optionen genutzt oder Parameter „pi" an die aufzurufende Funktion durchgereicht werden, so ist die Syntax solext = odextend(sol,odefun,tfinal, xa,options,p1,p2...). Bei unveränderten Optionen wird wie immer „options" durch ein leeres Array „[]" ersetzt. Der Rückgabewert „solext" entspricht im Aufbau der Struktur „sol" des bereits besprochenen ode-Lösers.

11.6.3 Hilfe-Template: odefile

odefile ist kein MATLAB Befehl, sondern eine Hilfestellung zur Nutzung der ode-Solver. In odefile, empfohlener Aufruf >> more on, type odefile, more off wird die Syntax der ode-Solver aufgelistet, so dass direkt beispielsweise der Aufruf einer Event-Funktion mit „cut-and-paste" herauskopiert und genutzt werden kann.

11.6.4 Output Functions

Output Functions werden mit Hilfe der Optionen options = odeset('OutputFcn', @odeplot) an den Differentialgleichungslöser übergeben. Bei jedem Iterationsschritt wird die Output Function aufgerufen. Es kann sich dabei sowohl um eine selbst-definierte oder von MATLAB bereitgestellte Funktionen handeln. Zur Visualisierung bietet MATLAB die Funktionen odeplot, odephas2 und odephas3 und als Ausgabefunktion odeprint an.

Visualisierung. Wird an den Solver via odeplot als Output-Funktion übergeben, so wird zu jedem Zeitschritt, bzw. bei einer Verfeinerung mit „refine" in jedem Zwischenschritt, die Funktion odeplot aufgerufen. Die Vorgehensweise ist Folgende (vgl. Beispiel: Eventfunktion):

```
function [t,x]=outputbsp

x0=[0 1]; % Werte zur Integration
ti=[0 10];
omega=1;
gamma=1;
subplot(2,1,1) % Oberes Fenster
options = odeset('OutputFcn',@odeplot);
[t,x]=ode45(@daschw,ti,x0,options,omega,gamma);
subplot(2,1,2) % Unteres Fenster
options = odeset('OutputFcn',@odephas2);
[t,x]=ode45(@daschw,ti,x0,options,omega,gamma);
```

Das Ergebnis zeigt Abbildung (11.2). odeplot kann mit folgenden Argumenten status = odeplot(t,y,flag,varargin) aufgerufen werden: „y" sind die Lösungen des Solvers zum Zeitpunkt „t", „flag" hat zu Beginn den Wert „init" zur Initialisierung, während der einzelnen Schritte ist „flag" leer und am Ende „done". Dieselbe Aufrufstruktur kann auch bei eigenen Funktionen verwandt werden. Es lohnt sich daher mit edit odeplot die Möglichkeiten und Programmierung anzuschauen.

odephas2 und odephas3 dienen zur Erstellung von Phasenraumplots. Die Übergabe erfolgt analog zu odeplot, ein Beispiel zeigt Abbildung (11.2). Bei den erstellten Abbildungen befinden wir uns wieder in der MATLAB Fig-Umgebung, d.h. eine weitere Bearbeitung wie Achsenbeschriftung, Titelerstellung, Veränderung der Linien und Datenpunkte usf. ist möglich.

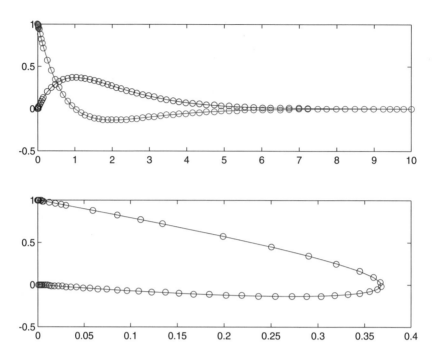

Abbildung 11.2: *Oben: Beispiel zur Ausgabe der Funktion* `odeplot`. *Unten:* `odephas2`.

Ausgabefunktion. `odeprint` wird in derselben Art und Weise wie obige Output-Funktionen aufgerufen und besteht im Wesentlichen aus einem fprintf-Kommando, liefert also in jedem Berechnungsschritt die Lösung zurück.

11.7 Partielle Differentialgleichungen

MATLAB bietet zur Lösung parabolischer oder elliptischer partieller Differentialgleichungssysteme in einer Raum- und einer Zeitkoordinate mit `pdepe` eine Funktion an, die auf der Diskretisierung der Raumvariablen beruht. Das so erzeugte System gewöhnlicher Differentialgleichungen wird mittels der Routine `ode15s`, die für steife DAE-Systeme geeignet ist, gelöst. Die unterstützten Randwertprobleme sind von der Form

$$c\left(x, t, u, \frac{\partial u}{\partial x}\right) \frac{\partial u}{\partial t} = x^{-m} \frac{\partial}{\partial x}\left(x^m f\left(x, t, u, \frac{\partial u}{\partial x}\right)\right) \qquad (11.15)$$
$$+ s\left(x, t, u, \frac{\partial u}{\partial x}\right).$$

Die Lösungfunktion $u(x,t)$ ist auf das endliche Raumintervall $a \leq x \leq b$ und das Zeitintervall $t_0 \leq t \leq t_f$ beschränkt. m kann entsprechend der ebenen, zylindrischen oder sphärischen Symmetrie die Werte $0, 1$ oder 2 annehmen. Für $m > 0$ muss $a \geq 0$ sein.

11.7 Partielle Differentialgleichungen

In Gleichung (11.15) muss c eine positiv definite Diagonalmatrix sein, die Funktion f repräsentiert einen Flussterm und s eine Quelle. Elliptische Differentialgleichungen sind in den partiellen Ableitungen von zweiter Ordnung. Ist ein Diagonalelement $c_{ll} > 0$, so korrespondiert dies zu einem parabolischen Typ, für verschwindende Diagonalelemente zu einer elliptischen, partiellen Differentialgleichung. Mindestens eine der Gleichungen muss parabolisch sein. Unstetigkeiten in c und s, beispielsweise durch unterschiedliche Materialkoeffizienten verursacht, dürfen nur in den Gitterpunkten auftreten. Zur Anfangszeit $t = t_0$ gilt

$$u(x, t_0) = u_0(x) \quad , \tag{11.16}$$

mit $u_0(x)$ als Anfangswertfunktion und für alle Zeiten $t_0 \leq t \leq t_f$ die Randbedingung ($x = a$ und $x = b$)

$$p(x, t, u) + q(x, t) f\left(x, t, u, \frac{\partial u}{\partial x}\right) = 0 \: . \tag{11.17}$$

q ist eine Diagonalmatrix, deren Elemente entweder stets identisch null sind oder nie verschwinden. Der allgemeine Aufruf lautet: `sol = pdepe(m,pdefun,anfun,rafun,xmesh,tspan,options,p1,p2...)`. „m" entspricht dem oben diskutierten Symmetrieparameter m, „pdefun" dem zu lösenden partiellen Differentialgleichungssystem, „anfun" der in Gleichung (11.16) beschriebenen Anfangswertfunktion und „rafun" den in Gleichung (11.17) beschriebenen Randbedingungen. Diese Argumente „..fun" können entweder als Stringvariable den Namen der zugehörigen MATLAB Funktion oder sehr viel problemloser das entsprechende Function Handle übergeben. „xmesh" ist ein streng monoton ansteigender Zeilenvektor, dessen erstes Element durch die linke und dessen letztes Element durch die rechte Ortsintervallgrenze gegeben ist. Die einzelnen Elemente legen fest, für welche Orte x jeweils eine Lösung zu allen Zeiten t bestimmt werden soll. Umgekehrt legt der streng monoton ansteigende Zeitzeilenvektor „tspan" fest zu welchen Zeiten alle Lösungen an den Orten „xmesh" bestimmt werden müssen. Da die Lösungen letztlich auf Rechnungen mit dem Solver `ode15s` beruhen, werden von dem optionalen Struktur-Argument „options" alle Einstellungen unterstützt, die auch für `ode15s` unterstützt werden (vgl. `odeset` und `odeget`). An die oben erwähnten Funktionen „..fun" können zusätzlich die Argumente „pi" durchgereicht werden. Häufig empfiehlt es sich mit `varargin` zu arbeiten.

„pdefun" ist wie folgt aufgebaut: `function [c,f,s] = pdefun(x,t,u,dudx,p1,...)`. „x" und „t" sind Skalare des aktuellen Orts- bzw. Zeitvektors, „u" ist der Spaltenvektor der aktuellen Lösung, „dudx" seine partielle Ableitung nach x und „pi" die durchgereichten Parameter. Die Rückgabeparameter „c", „f" und „s" sind Spaltenvektoren. „c" sind die Diagonalelemente der Matrix c, „f" und „s" entsprechen den Fluss- und Quelltermen. „anfun" hat die Form `function u = anfun(x,p1,...)` und berechnet die Anfangsbedingungen nach Gleichung (11.16), „rafun" legt die Randbedingungen fest: `function [pa,qa,pb,qb] = rafun(a,ua,b,ub,t,p1,...)`. „a" und „b" sind die linken und rechten Orts-Intervallgrenzen, „ua" und „ub" die Werte der Funktion u an den jeweiligen Rändern. Die Rückgabewerte „p" und „q" sind die entsprechende Werte des Vektors p und der Diagonalelemente q aus Gleichung (11.17) an den Rändern.

Der Rückgabewert „sol" von **pdepe** ist ein dreidimensionales Array „sol(i,j,k)" mit der k-ten Komponente „u(k)" und der Lösung $u(x,t)$ am Ort „xmesh(i)" zum Zeitpunkt „tspan(j)". Die MATLAB Funktion **pdeval** erlaubt die approximative Berechnung von Lösungspunkten $u(x,t)$ und partiellen Ableitungen $\partial_x u(x,t)$ an Nicht-Gitterpunkten.

Beispiel: Drift-Diffusionsgleichung. Als einfaches, nicht-triviales Beispiel betrachten wir eine Drift-Diffusionsgleichung

$$\frac{\partial c}{\partial t} = \frac{\partial}{\partial x}\left(D(x)\frac{\partial c}{\partial x}\right) \tag{11.18}$$

mit linearem Diffusionskoeffizienten

$$D(x) = D_0(1 + g(x-a)) \; . \tag{11.19}$$

$c(x,t)$ ist die zeitabhängige Konzentrations- bzw. Teilchenverteilung, a ist die linke Intervallgrenze. Der Teilchenstrom

$$j(x,t) = -D_0 \frac{\partial c(x,t)}{\partial t} \tag{11.20}$$

soll an den Enden verschwinden. Für $g = 0$ führt diese Gleichung auf die übliche Diffusionsgleichung, deren Lösung für eine $\delta(x)$-artige Anfangsverteilung durch die bekannte Gauß-Verteilung gegeben ist. Hier im Beispiel wählen wir $D_0 = 1$, die Anfangsverteilung zu $c(x,0) \propto \delta(x)$ und eine symmetrische räumliche Ausdehnung des Diffusionsgebietes $-a \leq x \leq a$. Damit ergibt sich der Aufruf von **pdepe** zu:

```
% Beispiel Drift-Diffusionsgleichung
% symmetrisch um den Ursprung x = -a ... a
a=10; % legt Ortsintervall fest
xmesh=linspace(-a,a,101);
dx=xmesh(2)-xmesh(1);
%tspan=linspace(0,10,25);
tspan=[0:0.1:1,1.3:0.3:3,4:1:10,12:2:20];
m=0;
g=0.05; % Diffusionssteigung
sol = pdepe(m,@pdedgl,@pdean,@pdera, ...
  xmesh,tspan,[],a,dx,g);
```

Die Differentialgleichung ist in der MATLAB Funktion „pdedgl", die Anfangswerte in „pdean" und die Randbedingungen in „pdera" programmiert.

```
function [c,f,s] = pdedgl(x,t,u,DuDx,a,dx,g)

% Berechnung des linearen Diffusionskoeffiziente
Dx = 1+g.*(x-a);
```

11.7 Partielle Differentialgleichungen

```
f = Dx.*DuDx;
c = 1;
s = 0;
%%%%%%%%%%%%%%

function u0 = pdean(x,a,dx,g);

% Berechnung des Anfangswertes
% d.h. Massenverteilung
% Rechteck um Ursprung
delta=dx+eps;
u0=0.;
if(abs(x)<=delta)
 u0=0.5/delta;
end
%%%%%%%%%%%%%%

function [pl,ql,pr,qr] = pdera(xl,ul,xr,ur,t, ...
 varargin)

% kein Teilchenfluss durch die Raender
pl=0;
ql=1;
pr=0;
qr=1;
```

Das folgende MATLAB Skript dient der Visualisierung der Ergebnisse.

```
% Visualisierung
gesol=size(sol);
for j = 1:gesol(1)
 plot(xmesh,sol(j,:));
 %axis([-10 10 0 1]);
 F(j) = getframe;
end
% Movie abspielen
movie(F,2)
```

11.7.1 Interpolation von Lösungen: pdeval

[uout,duoutdx] = pdeval(m,xmesh,ui,xout) dient der Interpolation der Lösung von pdepe an Zwischenpunkten sowie der Berechnung deren partieller Ableitung. Der Symmetrieparameter „m" und der Ortsvektor „xmesh" entstammen dem Aufruf von pdepe. „ui" ist eine ausgewählte Komponente des Lösungsvektors „sol" zur festen Zeit t(j): ui = sol(j,:,i). „xout" gibt die Punkte vor, an denen die Rückgabewerte approximiert werden sollen. „uout" ist der approximative Lösungsvektor zu „ui" und „duoutdx", dessen partielle Ortsableitung an den Stellen „xout". Ein Beispiel basierend auf der Rechnung zum Beispiel „Drift-Diffusionsgleichung" zeigt Abbildung (11.3).

Beispiel: Approximative Berechnung der partiellen Ableitung.

```
ui=sol(25,:);
xout=xmesh;
[uout,duoutdx] = pdeval(m,xmesh,ui,xout);
```

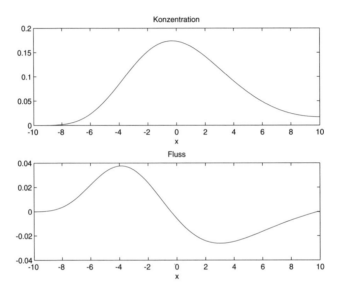

Abbildung 11.3: *Beispiel zur Berechnung der partiellen Ortsableitung mit* `pdeval`. *Konzentration ist die Ausgangslösung, Fluss deren partielle Ortsableitung.*

12 Dünn besetzte Matrizen

Bei vielen Anwendungen treten Matrizen auf, bei denen die Anzahl der Elemente ungleich null signifikant kleiner ist als die Zahl der Elemente gleich null. In solchen Fällen lohnt es sich Speicherformen und Routinen zu definieren, die explizit die hohe Zahl verschwindender Elemente berücksichtigen. Matrizen mit einer hohen Anzahl verschwindender Elemente werden als dünn besetzt oder „sparse" bezeichnet. Betrachten wir als Beispiel eine Matrix mit 10^6 Elementen und 5% davon ungleich null. Als volle Matrix abgespeichert benötigt eine solche Matrix $8 \cdot 10^6$ und als dünn besetzte Matrix (sparse) rund $6 \cdot 10^5$ Byte. Für die absolut gleiche Zahl an Elementen benötigt ein „sparse Array" etwa den 1,5-fachen Speicherplatz, den das reine Abspeichern der Doublezahlen kosten würde.

```
>> whos
  Name      Size          Bytes  Class

  A      1000x1000      8000000  double array
  As     1000x1000       604004  double array (sparse)
```

12.1 Elementare Matrizenoperationen

12.1.1 Befehlsübersicht

Erzeugen und Wandeln sparse, full, spconvert

Matrix-Elemente nnz, nonzeros, nzmax, spones

Speicherplatz spalloc

Funktionen issparse, spfun, find

Visualisierung spy

Faktorisierung symbfact

Parameter setzen spparms

Least Square Analyse spaugment

12.1.2 Erzeugen und Wandeln

Dünn besetzte Matrizen lassen sich auf unterschiedliche Art und Weise erzeugen. Ist „A" ein gewöhnliches 2-D-Array, dann wandelt `As = sparse (A)` „A" in eine dünn besetzte Matrix „As". Direkt lässt sich eine dünn besetzte Matrix mit dem Aufruf `>> S = sparse(i,j,s,m,n)` erzeugen. „i", „j" und „s" sind drei Vektoren gleicher Länge, wobei „i" den Spalten- und „j" den Zeilenindex sowie „s" den zugehörigen Matrixwert angibt. „m" und „n" ergibt die Dimension.

Beispiel: Direktes Erzeugen einer dünn besetzten Matrix.

```
>> A=[1 0 2
     0 0 1
     3 0 0
     4 0 5];      % As hat dieselben
                  % Matrixelemente ungleich 0
>> As=sparse([1 1 2 3 4 4],[1 3 3 1 1 3],...
             [1 2 1 3 4 5],4,3);
```

`S = sparse(i,j,s,m,n,nzmax)` erzeugt eine dünn besetzte Matrix wie oben beschrieben, alloziert aber zusätzlich Speicherplatz für „nzmax"-Elemente ungleich null. Ist die Dimension der Matrix eindeutig durch die Indexvektoren „i" und „j" bestimmt, d.h. gilt `m = max(i)` und `n = max(j)`, dann kann die Angabe der Matrixgröße unterbleiben: `>> S = sparse(i,j,s)`. Mit `Null = sparse(m,n)` lässt sich eine m·n dünn besetzte Nullmatrix erzeugen. Das Gegenstück zu `sparse` ist `Af = full(As)` und erzeugt aus einer dünn besetzten Matrix eine volle Matrix.

```
>> As                    >> Af=full(As)
As =                     Af =
    (1,1)      1              1    0    2
    (3,1)      3              0    0    1
    (4,1)      4              3    0    0
    (1,3)      2              4    0    5
    (2,3)      1
    (4,3)      5
```

`S = spconvert(D)` wandelt die Spalten von „D" in eine dünn besetzte Matrix. Hintergrund ist die Erzeugung dünn besetzter Matrizen aus externen Daten. Für reelle Daten hat „D" drei und für komplexe vier Spalten [i,j,re,im]. Die erste Spalte enthält die Zeilen-, die zweite die Spaltenindizes und die dritte und bei Bedarf (Imaginärteil) die vierte Spalte den Wert. Die Zeile [m n 0] oder [m n 0 0] legt die Zeilen- und Spaltendimension (m,n) fest und darf an einer beliebigen Zeile von D stehen.

12.1.3 Bearbeiten der Matrixelemente

`n = nnz(A)` gibt die Zahl der Elemente ungleich null an. „A" kann sowohl eine volle als auch eine dünn besetzte Matrix sein. Für praktische Berechnung ist die Dichte ρ_{nnz} der

12.1 Elementare Matrizenoperationen

nicht-verschwindenden Matrixelemente von Interesse, die sich aus $\rho_{\text{nnz}} = \text{nnz(A)}/\text{prod}$ (`size(A)`) berechnen lässt.

`w = nonzeros(A)` liefert die Werte aller nicht-verschwindenden Matrixelemente. Bei sehr großen Matrizen kann dies zur Erstellung eines Histogramms `hist(nonzeros(A))` der Matrixelemente ungleich null genutzt werden. `n = nzmax(A)` ist ein Maß für den für nicht-verschwindende Matrixelemente allozierten Speicherplatz. Für volle Matrizen ist „n" die Zahl der Matrixelemente und für dünn besetzte Matrizen die Zahl der nicht-verschwindenden Matrixelemente, dies entspricht dem Ergebnis von `nnz`. Wird eine dünn besetzte Matrix aus sparse Matrixoperationen erzeugt, dann wird dies durch `nzmax` berücksichtigt und das Ergebnis wird sich von `nnz` unterscheiden.

`A1 = spones(As)` ersetzt die nicht-verschwindenden Matrixelemente einer dünn besetzten Matrix „As" durch Einsen; „A1" und „As" haben dieselbe Struktur.

12.1.4 Speicherplatz, Funktionen und Visualisierung

`find` lässt sich genau wie bei vollen Matrizen auch bei dünn besetzten Matrizen anwenden. Bei logischen Argumenten lassen sich auch die nicht-abgespeicherten Null-Matrixelemente mit einbeziehen. Beispielsweise ergibt `[m,n]=find(As==0)` die Indizes aller Matrixelemente mit dem Wert null.

`ts = issparse(As)` testet, ob „As" ein sparse Array ist und liefert ein logisches Wahr, wenn „As" als dünn besetzte Matrix definiert ist, sonst eine logische Null.

`S = spalloc(m,n,nz)` alloziert den Speicherplatz für eine m × n dünn besetzte Matrix mit nz Elementen ungleich null. Werden Matrizen beispielsweise mittels einer Schleife erzeugt, dann empfiehlt es sich den notwendigen Speicherplatz zuvor zu allozieren – bei vollen Matrizen zum Beispiel mit `zeros(m,n)`. Für dünn besetzte Matrizen übernimmt diese Aufgabe `spalloc`.

Visualisierung. `spy(A)` dient der Visualisierung der Struktur einer Matrix A. Mit `spy(A,markersize)`, `spy(A,'LineSpec')` oder `spy(A,'LineSpec',markersize)` lässt sich zusätzlich noch die Größe der Markierungspunkte als ganze Zahl (markersize) sowie die Linieneinstellung wie in Plot-Befehlen (Farbe, Typ der Datenpunkte) in „LineSpec" festlegen, beispielsweise `spy(A,'mp-',12)`. Die x-Achse wird zusätzlich noch mit der Zahl der nicht-verschwindenden Matrixelemente `nnz(A)` beschriftet, s. Abb. (12.1).

Funktionen. `f = spfun(fun,As)` wendet die Funktion „fun" nur auf die nicht-verschwindenden Matrixelemente von As an und erhält so deren ursprüngliche Struktur. „fun" kann dabei ein Function Handle sein.

```
>> As
As =
   (1,1)       -2.7179
   (2,2)      -10.4652
   (3,3)        0.7875
   (4,4)        1.8075
   (5,5)       -7.2035
```

```
>> cosAs = spfun(@cos,As)
cosAs =
    (1,1)      -0.9116
    (2,2)      -0.5059
    (3,3)       0.7056
    (4,4)      -0.2345
    (5,5)       0.6056

>> full(cosAs)
ans =
   -0.9116         0         0         0         0
         0   -0.5059         0         0         0
         0         0    0.7056         0         0
         0         0         0   -0.2345         0
         0         0         0         0    0.6056
```

Dagegen ist

```
>> cos(full(cosAs))
ans =
    0.6125    1.0000    1.0000    1.0000    1.0000
    1.0000    0.8747    1.0000    1.0000    1.0000
    1.0000    1.0000    0.7612    1.0000    1.0000
    1.0000    1.0000    1.0000    0.9726    1.0000
    1.0000    1.0000    1.0000    1.0000    0.8222
```

12.1.5 Faktorisierung und Least-Square-Analyse

Least-Square-Analyse. Die Lösung eines linearen Gleichungssystems der Form $A\vec{x} = \vec{b}$ mit unbekanntem Vektor $\vec{x}$ kann mit Hilfe des Backslash-Operators x = A \ b berechnet werden. S = spaugment(A,c) erzeugt eine dünn besetzte indefinite Matrix S = [c*I A; A' 0], die mit dem Least-Square-Fit-Problem $\min\{\|\vec{b} - A \cdot \vec{x}\|\}$ durch r = b - A*x und S * [r/c; x] = [b; 0] verknüpft ist.

Faktorisierung. symbfact dient einer symbolischen Analyse der Matrixfaktorisierung. c = symbfact(A) und c = symbfact(A,'sym') sind identisch und liefern einen Vektor zurück, der die Zahl der nicht-verschwindenden Elemente jeder Zeile der Choleski-Dreiecksmatrix angibt. c = symbfact(A,'chol') führt dieselbe Analyse für A'*A aus, ohne das Produkt explizit zu bilden. [c,h,parent,post,R] = symbfact(...) erlaubt weitere Rückgabeparameter. „c" ist wieder die Zahl nicht-verschwindender Matrixelemente in jeder Zeile, h die Höhe des Eliminationsbaums, „parent" der Baum selbst, „post" die Postpermutation des Baumes und „R" eine dünn besetzte Matrix, die die Struktur des Choleskifaktors widerspiegelt ohne ihn zu berechnen.

12.1.6 Parameter zu Matrix-Routinen für dünn besetzte Matrizen

spparms erlaubt das Setzen von Parametern für Matrixroutinen zu dünn besetzten Matrizen. Ohne Argumente wird eine Beschreibung der aktuellen Parameter zurückgegeben. values=spparms liefert einen Vektor, der die aktuellen Werte angibt, und [keys,values] = spparms liefert neben dem Vektor der aktuellen Werte noch eine Charakter-Matrix „keys" mit den Schlüsselworten. spparms('default') setzt alle Parameter auf ihre Voreinstellung und für diejenigen, zu denen ein „Tight-Wert" existiert, spparms('tight') auf diesen Wert. In der folgenden Liste sind die wichtigsten in der Reihenfolge des Vektors „values" geordnet. In geschweifter Klammer steht der jeweilige Defaultwert gefolgt vom Tight-Wert und einer knappen Erläuterung.

- „spumoni" {0.0}: Ausgabe-Flag; „0" keine diagnostischen Angaben, „1" Informationen zur Wahl des Algorithmus und zur Speicherallokation, „2" detaillierter Informationen zum Matrix-Algorithmus. (Oder wie es in der Hilfe heißt: „0" keine, „1" einige und „2" zu viel Informationen.)

- „rreduce" {3.0; 1.0}: Für streng positive Werte führt mmd eine Zeilenreduktion in jedem „rreduce"-Schritt aus.

- „wh_frac" {0.5; 0.5}: Zeilen mit einer Dichte > wh_frac werden in colmmd ignoriert.

- „autommd" {1.0}: $\neq 0$, um mmd-Umordnungen bei QR-basierten Backslash-Operationen zu nutzen. (Zu mmd s.u.)

- „autoamd" {1.0}: $\neq 0$, um symamd- und colamd-basierte Umordnungen zum Backslash-Operator zu nutzen. (Zu beiden Befehlen s.u.)

- „piv_tol" {0.1}: Pivottoleranz für den Umfpack-basierten Backslash-Operator

- „bandden" {0.5}: Benutzte Banddichte für den Lapack-basierten Backslash-Operator und gebänderte Matrizen

- „umfpack" {1.0}: Nutzt Umfpack-basierte Solver statt LU-basierte für \-Operator.

Mit spparms('key',value) wird der entsprechende Wert zu dem oben beschriebenen Schlüsselwort „key" gesetzt und value = spparms('key') liefert den zugehörigen Wert zurück.

MATLAB nutzt zur Lösung eines Gleichungssystems $A\vec{x} = \vec{b}$ mit Hilfe des Backslash-Operators, bei dem A nicht die Permutation einer Dreiecksmatrix ist, colmmd und symmmd zur Matrix-Division. (Der Slash-Operator wird durch Transponieren auf den \-Operator abgebildet.) Dieser Automatismus lässt sich mittels >> spparms('autommd', 0) ab- und mit spparms('autommd',1) wieder anstellen. Die meisten weiteren Möglichkeiten von spparms sind eher nicht offensichtlich. Für ein detaillierteres und klareres Verständnis empfiehlt es sich bei Bedarf den ca. 170-seitigen UMFPACK User-Guide zu konsultieren.

12.2 Elementare dünn besetzte Matrizen

12.2.1 Befehlsübersicht

Einheitsmatrix speye

Diagonalen spdiags

Zufallsmatrizen sprand, sprandn, sprandsym

12.2.2 Einheitsmatrizen, diagonale dünn besetzte Matrizen

S = speye(n) erzeugt eine dünn besetzte Einheitsmatrix der Dimension n und S = speye(m,n) eine dünn besetzte Matrix, deren quadratische Untermatrix eine Einheitsmatrix bildet.

spdiags erzeugt eine dünn besetzte gebänderte oder diagonale Matrix oder extrahiert aus einer Matrix den Diagonalteil. [B, d] = spdiags(A) liest alle p nicht-verschwindenden Diagonalelemente aus der m × n-Matrix „A". „B" ist q × p-Matrix, wobei q durch das Minimum von (m,n) gegeben ist. d ist ein Indexvektor der Länge q, dessen Integerwerte die Position der Diagonalwerte festlegen. B = spdiags(A,d) bildet die durch „d" festgelegten Diagonalen und Nebendiagonalen von „A" auf „B" ab. Gleichgültig ob „A" und „d" vom Typ „sparse" sind oder nicht, der Rückgabewert ist stets vom Typ „full".

```
>> As
As =
   (1,1)        1                    >> d=sparse([1 0]);
   (1,2)        2                    >> B=spdiags(As,d)
   (2,2)        3                    B =
   (2,3)        1                         2     1
   (3,3)        1                         1     3
   (3,4)        1                         1     1
```

A = spdiags(B,d,A) ersetzt die durch den ganzzahligen Vektor „d" festgelegten Diagonalen und Nebendiagonalen der Matrix „A" durch die korrespondierenden Spalten von „B". Das Ergebnis ist eine dünn besetzte Matrix.

A = spdiags(B,d,m,n) erzeugt eine m × n dünn besetzte Matrix aus den Spalten von „B", die den durch „d" festgelegten Diagonalen und Nebendiagonalen zugeordnet wird.

```
>> B=rand(5,3);                       (1,3)       0.0185
>> d=[0 2 4];                         (3,3)       0.6068
>> A = spdiags(B,d,5,5)               (2,4)       0.8214
A =                                   (4,4)       0.4860
   (1,1)        0.9501                (1,5)       0.1763
   (2,2)        0.2311                (3,5)       0.4447
```

12.2 Elementare dünn besetzte Matrizen

```
   (5,5)      0.8913              0.2311    0.4565    0.7919
>> B                              0.6068    0.0185    0.9218
B =                               0.4860    0.8214    0.7382
     0.9501    0.7621    0.6154   0.8913    0.4447    0.1763
```

12.2.3 Zufallsmatrizen

Ist „S" eine dünn besetzte Matrix, dann ist R = sprand(S) ebenfalls eine strukturgleiche, dünn besetzte Matrix mit gleichverteilten Zufallswerten. R = sprand(m,n,dichte) erzeugt eine m × n gleichverteilte Zufallsmatrix, deren Dichte durch den Wert von 0 < dichte < 1 bestimmt ist. Mit R = sprand(m,n,dichte,rc) ist zusätzlich eine approximative reziproke Konditionszahl durch rc festgelegt. Erzeugt wird R aus Rang-1-Matrizen.

```
>> R = sprand(10,10,0.2,0.1)
R =
   (5,1)      0.0338
   (7,1)      0.4642
   (9,1)      0.0421
   (4,2)      0.0454
    ...        ...
   (3,7)      0.1292
   (5,7)      0.0477
   (9,7)      0.0595
   (4,8)      0.2783
   (2,9)      0.1000
   (6,9)      0.0441
   (8,10)     0.2154
>> % Die Dichte 0.2 fuehrt zu approximativ
>> % 20 Werte
>> % rc = 0.1 zu einer Konditionszahl von
>> % der Groessenordnung 10:
>> condest(R)
ans =
   11.4304
```

sprandn führt zu einer normalverteilten, dünn besetzten Matrix und erlaubt exakt dieselben Argumente und Rückgabewerte wie sprand.

R = sprandsym(S) erzeugt eine symmetrische, normalverteilte dünn besetzte Matrix, die dieselbe Struktur aufweist wie die größtmögliche quadratische Untermatrix von „S". Die Zufallszahlen haben den Mittelwert 0 und die Varianz 1. Ähnlich sprandn und sprand erlaubt sprandsym die Übergabe weiterer Parameter. Da es sich um eine symmetrische Matrix handelt allerdings nur einen Dimensionsparameter „n", R = sprandsym(n, dichte,rc). Die Bedeutung von „dichte" und „rc" entspricht der von rand, beide sind optional. Zusätzlich kann noch ein Parameter „typ", R = sprandsym(n,density,rc, typ), mit Werten 1, 2 oder 3 übergeben werden. Für 1 wird „R" durch Zufalls-Jacobi-Rotationen aus einer positiv definiten Zufallsdiagonalen erzeugt, für 2 wird „R" aus einer verschobenen Summe äußerer Produkte gebildet und für 3 wird statt „n" eine Matrix übergeben. Die Dichte wird dann ignoriert, „R" hat dieselbe Struktur wie „S" und approximativ die reziproke Konditionalzahl „rc".

12.3 Umordnungsalgorithmen

12.3.1 Befehlsübersicht

Reverse Cuthill-McKee-Permutation symrcm

Dulmage-Mendelsohn-Permutation dmperm

Optimierung von Choleski-Zerlegungen symamd, symmmd

Optimierung von LU-Zerlegungen colamd, colmmd

Spalten- und Zufallspermutation colperm, randperm

12.3.2 Ausgewählte Umordnungen

Reverse Cuthill-McKee-Permutation. Bandmatrizen sind Matrizen, bei denen sich die nicht-verschwindenden Matrixelemente auf der Hauptdiagonalen und einigen wenigen Nebendiagonalen befinden. Die Breite dieses Strangs wird als Bandbreite bezeichnet. Bandmatrizen findet man häufig, beispielsweise bei Finiten-Element-Verfahren. Einer der bekanntesten Algorithmen zur Bandbreitereduktion firmiert unter dem Namen „Reverse-Cuthill-McKee-Algorithmus". Der Algorithmus beruht auf einer geeigneten Numerierung der Spalten und Zeilen, die Träger nicht-verschwindender Matrixelemente sind, zur Reduktion der Bandbreite. MATLAB bietet dazu die Funktion p = symrcm(S). „S" ist eine dünn besetzte Matrix, „p" ein Permutationsvektor, so dass S(p,p) ein möglichst schmales Band aufweist.

Dulmage-Mendelsohn-Permutation. Ein reduzierbares lineares Gleichungssystem $A \cdot \vec{x} = \vec{b}$ lässt sich durch Reduktion der Matrix A auf eine obere Block-Dreiecksmatrix und Rücksubstitution der Blöcke lösen. Ist die Matrix „A" quadratisch und von maximalem Rang, dann liefert p = dmperm(A) eine Zeilenpermutation „p", so dass A(p,:) nicht-verschwindende Diagonalelemente hat.

```
>> A    % Nullen unguenstig verteilt
A =
         0    0.7621         0         0    0.0579
    0.2311         0    0.7919         0         0
    0.6068    0.0185         0         0         0
         0    0.8214    0.7382         0    0.0099
    0.8913         0    0.1763    0.8936         0
```

12.3 Umordnungsalgorithmen

```
>> rank(A)   % Rang maximal
ans =
     5

>> p=dmperm(A) % Permutationsvektor
p =
     2   3   4   5   1

>> A(p,:) % Nullen guenstiger verteilt
ans =
   0.2311        0   0.7919        0        0
   0.6068   0.0185        0        0        0
        0   0.8214   0.7382        0   0.0099
   0.8913        0   0.1763   0.8936        0
        0   0.7621        0        0   0.0579
```

Ist A nicht von maximalem Rang oder quadratisch, so führt [p,q,r,s] = dmperm(A) zu Permutationsvektoren „p" und „q", so dass A(p,q) eine obere Block-Dreiecksmatrix wird. „r" und „s" sind Indexvektoren und der k-te Block hat die Indizes (r(k):r(k+1)-1, s(k):s(k+1)-1). Ist A quadratisch und von maximalem Rang, gilt r = s.

```
>> A  % Ausgangsmatrix
A =
     0   0   0   0   0   1
     0   0   0   0   1   1
     0   1   1   0   0   0
     0   0   0   0   0   1
     0   0   1   1   1   1
     1   0   0   0   0   0
>> rank(A) % Nicht quadratisch
ans =
     5
>> [p,q,r,s] = dmperm(A)
p =
     3   5   6   2   4   1
q =
     2   3   4   1   5   6
r =
     1   3   4   5   7
s =
     1   4   5   6   7
>> A(p,q)  % Permutierte Block-Dreiecksmatrix
ans =
     1   1   0   0   0   0
     0   1   1   0   1   1
     0   0   0   1   0   0
```

```
            0      0      0      0      1      1
            0      0      0      0      0      1
            0      0      0      0      0      1
>> % r und s sind die Indexvektoren
```

12.3.3 Optimierung von Matrix-Zerlegungen

Optimierung von Choleski-Zerlegungen. Zur Optimierung von Choleski-Zerlegungen empfiehlt es sich durch geeignete Umordnungsverfahren die dünn besetzte Matrix zu optimieren. Für symmetrische, positive definite Matrizen „S" berechnet p = symamd(S) einen Permutationsvektor „p", so dass S(p,p) im Regelfall einen dünner besetzten Choleski-Faktor als „S" hat. Mit p = symamd(S,k) lässt sich zusätzlich ein Skalar „k" übergeben, der für n × n-Matrizen Zeilen mit mehr als n*k-Einträgen vom Umordnungsalgorithmus ausblendet. Als weiterer optionaler Rückgabeparameter dient der Vektor „stats", [p,stats] = symamd(...) mit den Elementen stats(1): Zahl der ignorierten dichten oder leeren Zeilen; stats(2): Zahl der ignorierten dichten oder leeren Spalten usw. Neben symamd bietet MATLAB symmmd an, allerdings ist symamd meist effizienter. p = symmmd(S) liefert wiederum einen Permutationsvektor „p", so dass die Choleski-Zerlegung von S(p,p) dünner besetzt ist als die von der symmetrischen, dünn besetzten Ausgangsmatrix „S".

Optimierung von LU-Zerlegungen. Zur Optimierung der LU-Zerlegung bietet MATLAB die Funktionen colamd und colmmd, wobei die erste sich häufig als effizienter erweist (auch wenn ich in eigenen Tests keinen Unterschied bemerkte). Beide Funktionen werden exakt gleich wie ihr Choleski-Pendant symand und symmmd aufgerufen.

MATLAB nutzt zur Lösung eines Gleichungssystems $A \cdot \vec{x} = \vec{b}$, bei dem „A" nicht eine permutierte Dreiecksmatrix ist, automatisch die Routinen colmmd und symmmd zur Lösung via x = A \ b. Mittels spparms('autommd',0) lässt sich diese Automatik ab- und mit spparms('autommd',1) wieder anschalten (vgl. o.).

Beispiel. Optimierung der Matrixstrukturen mit Hilfe der MATLAB Befehle symrcm und colamd. Die Testmatrix wurde als Zufallsmatrix mittels sprandsym erzeugt, die Ergebnisse mit spy visualisiert.

```
% Berechnung der Testmatrix
A=sprandsym(500,0.05,0.1);
% Permutationsvektor zur Bandbreitereduktion
p=symrcm(A);
% Bandreduzierte Matrix
Ap=A(p,p);
% LU Zerlegung
[LA,UA] = lu(A);
% Optimierung der LU-Zerlegung
plu=colamd(A);
Aplu=A(plu,plu);
[LAp,UAp] = lu(Aplu);
```

12.3 Umordnungsalgorithmen

```
% Visualisierung
subplot(2,3,1)
spy(A), title('Testmatrix')
subplot(2,3,4)
spy(Ap), title('Bandreduktion')
subplot(2,3,2)
spy(LA), title('L-Faktor Testmatrix')
subplot(2,3,5)
spy(LAp), title('L-Faktor optimierte Matrix')
subplot(2,3,3)
spy(UA), title('U-Faktor Testmatrix')
subplot(2,3,6)
spy(UAp), title('U-Faktor optimierte Matrix')
```

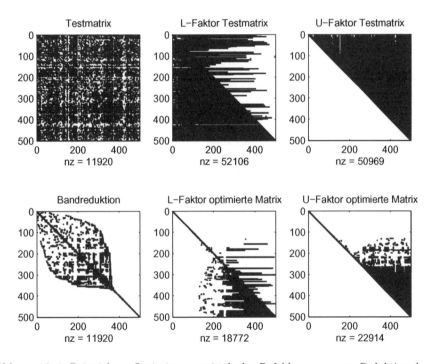

Abbildung 12.1: *Beispiel zur Optimierung mittels der Befehle* symrcm *zur Reduktion der Bandbreite und* colamnd *zur LU-Zerlegung. Interessant ist hier, dass die Ausgangsmatrix nicht geändert ist. nz gibt die Zahl der nicht-verschwindenden Matrixlemente an. Die Gesamtzahl der Matrixelemente ist 250.000.*

12.3.4 Spalten- und Zufallspermutation

`j = colperm(S)` erzeugt einen Permutationsvektor „j", so dass die Spalten der dünn besetzten Matrix `S(:.j)` nach der Zahl der nicht-verschwindenden Elemente in dieser Spalte in ansteigender Ordnung umgruppiert werden. `p = randperm(n)` führt eine Zufallspermutation der ganzen Zahlen `1:n` aus.

12.4 Lineare Algebra

Befehlsübersicht.

Rang und Kondition condest, sprank

Matrixnorm normest

Eigenwertberechnung eigs

Singulärwertzerlegung svds

Matrix Faktorisierung luinc, cholinc

Die Berechnung der Matrix-2-Norm `normest` wurde im Abschnitt 10.1.2 „Norm" und der strukturelle Rang dünn besetzter Matrizen `sprank` in 10.1.3 diskutiert. Eine Beschreibung der Kondition dünn besetzter Matrizen `condest` findet sich im Kapitel 10.2.2. Matrixfaktorisierungen waren Thema des Abschnitts 10.2.3. Dort findet sich auch eine ausführliche Diskussion der MATLAB Kommandos `luinc` und `cholinc`. Die Eigenwertberechnung `eigs` und die Singulärwertzerlegung `svds` dünn besetzter Matrizen wurde bereits im Kapitel 10.4 unter der allgemeinen Fragestellung „Eigenwertberechnungen" diskutiert.

12.5 Lineare Gleichungen

In diesem Abschnitt werden iterative Methoden, die auf Krylov-Teilraumiterationen basieren, zur Lösung linearer Gleichungen mit dünn-besetzter Koeffizientenmatrix vorgestellt. Den Anwendungsbereich listet Tabelle (12.1) auf.

Befehlsübersicht.

Konjugierte Gradientenmethode bicg, bicgstab, cgs, lsqr, pcg

Residuen-Verfahren gmres, minres, qmr

Symmetrisches LQ-Verfahren symmlq

12.5 Lineare Gleichungen

Tabelle 12.1: *Anwendungsbereich der verschiedenen* MATLAB *-Befehle zur Lösung linearer Gleichungen mit großer dünn besetzter Koeffizientenmatrix* $A\vec{x} = \vec{b}$.

NAME	EIGENSCHAFTEN DER DÜNN BESETZTEN KOEFFIZIENTENMATRIX A
cgs	quadratisch
lsqr	-
pcg	quadratisch, symmetrisch, positiv definit
bicg	quadratisch
bicgstab	quadratisch
gmres	quadratisch
minres	quadratisch, symmetrisch
qmr	quadratisch
symmlq	quadratisch, symmetrisch

12.5.1 Konjugierte Gradientenmethode

Das Verfahren der konjugierten Gradienten ist eines der effizientesten Iterationsverfahren zur Lösung linearer Gleichungssysteme $A\vec{x} = \vec{b}$, deren Koeffizientenmatrix hermitesch und positiv definit ist. Es ist insbesondere für sehr große numerische Probleme geeignet. Das Verfahren basiert auf der Methode des steilsten Abstiegs. Startvektor ist der Nullvektor. Verbesserungen der Effizienz lassen sich durch Wahl eines geeigneten Startvektors, durch Präkonditionierung und bikonjugierte Methoden erreichen.

x = cgs(A,b) dient der Lösung eines linearen Gleichungssystems der Form $A\vec{x} = \vec{b}$ mit einer n × n-Koeffizientenmatrix A. A sollte dabei groß und dünn besetzt sein. Statt „A" kann auch ein Function Handle zur Berechnung der Matrix A übergeben werden. Der Spaltenvektor „b" muss n-dimensional sein. Konvergiert cgs, so wird zusätzlich zur Lösung noch eine Meldung der Art „cgs converged at iteration 13 to a solution with relative residual 1.4e-16" ausgegeben, sonst eine Warnung mit der Zahl der Iterationen und dem relativen Residuum. Weitere optionale Parameter sind die Toleranz „tol" mit Voreinstellung 10^{-6}, die Zahl der maximal erlaubten Iterationen „maxit" mit dem Defaultwert min(n,20) sowie die Dimension des linearen Gleichungssystems n. Des Weiteren lassen sich Prekonditionierungsmatrizen „M" oder M1,M2 (M=M1*M2)) beziehungsweise Function Handles zu deren Berechnung übergeben. In diesem Fall wird das äquivalente Problem inv(M)*A*x = ... inv(M)*b gelöst. cgs startet mit einem Nullvektor. Alternativ besteht die Möglichkeit, einen Startvektor „x0" vorzugeben. Werden weitere Parameter „p1, p2, ..." übergeben, so werden diese an die Funktion zur Berechnung der Matrix „A" durchgereicht. Die vollständige Syntax lautet damit ... = cgs(A,b,tol,maxit,M1,M2,x0,p1,p2,...), wobei an Stelle der Matrizen A, M1 und M2 auch Function Handles benutzt werden können. Als ergänzende Rückgabeparameter sind neben der Lösung „x" auch „flag", „relres", „iter" und „resvec" [x,flag,relres,iter,resvec] = cgs(A,b,...) erlaubt. Jeder dieser zusätzlichen Parameter ist optional. „flag" beschreibt die Konvergenz des Verfahrens und kann die Werte 0···4 annehmen, wie in Tabelle (12.2) beschrieben. „relres" gibt das relative Residuum norm(b-A*x)/norm(b) zurück, „iter" die Zahl der notwendigen Iterationen und „resvec" einen Vektor, dessen (iter+1)-Elemente zu jeder Iteration einschließlich des Startwertes gleich Residuumsnorm sind.

x = lsqr(A,b) dient der Lösung eines linearen Gleichungssystems $A\vec{x} = \vec{b}$ basierend auf einem konjugierten Gradientverfahren. Im Gegensatz zu cgs muss die Matrix „A" nicht quadratisch sein, sollte aber ebenfalls dünn besetzt sein. Kann das Gleichungssystem nicht eineindeutig gelöst werden, wird eine Lösung basierend auf einer Least-Square-Fit-Approximation berechnet. Wie cgs erlaubt auch lsqr die Übergabe weiterer optionaler Parameter ... = lsqr(A,b,tol,maxit,M1,M2,x0). Die Bedeutung entspricht denen der Funktion cgs, für eine Erläuterung siehe daher oben. An Stelle der Matrizen „A", „M1" und „M2" können wieder Function Handles zur Berechnung der Matrizen übergeben werden. Als weitere Rückgabeargumente sind – mit derselben Interpretation wie bei der Funktion cgs [x,flag,relres,iter,resvec,lsvec] = lsqr(A,b,...) erlaubt. Die Bedeutung der Werte von „flag" ist in Tabelle (12.2) aufgelistet.

Tabelle 12.2: Bedeutung der Rückgabeflags zu verschiedenen iterativen Verfahren.

FLAG	BEDEUTUNG
0	Konvergenz innerhalb der vorgegebenen Toleranz und maximalen Iterationszahl
1	maximale Iterationszahl erreicht: Keine Konvergenz
2	Präkonditionierer M schlecht konditioniert
3	Zwei aufeinanderfolgende Iterationen identisch Berechnung stagniert
4	Skalare Zwischenwerte zu groß oder zu klein Berechnung kann nicht fortgesetzt werden

Konjugiertes Gradientenverfahren mit Präkonditionierung. x = pcg(A,b) dient der Lösung eines linearen Gleichungssystems $A\vec{x} = \vec{b}$, basierend auf einem konjugierten Gradientenverfahren mit Präkonditionierung. Die n × n-Koeffizientenmatrix „A" muss symmetrisch und positiv definit sein und sollte dünn besetzt sein. pcg erlaubt dieselben Parameter wie cgs:
[x,flag,relres,iter,resvec] = pcg(A,b,tol,maxit,M1,M2,x0,p1,p2,...).
Die Matrizen dürfen wieder durch Function Handles zur Berechnung der entsprechenden Aufgaben ersetzt werden.

Bikonjugiertes Gradientenverfahren. x = bicg(A,b) dient der Lösung eines linearen Gleichungssystems $A\vec{x} = \vec{b}$, basierend auf einem bikonjugierten Gradientenverfahren. Die n × n-Koeffizientenmatrix „A" muss quadratisch sein und sollte dünn besetzt sein. bicg erlaubt die gleichen Parameter wie die Funktion cgs:
[x,flag,relres,iter,resvec] = bicg(A,b,tol,maxit,M1,M2,x0,p1,p2,...).
Vergleichbare Aufgaben erfüllt auch die Funktion bicgstab. Die erlaubten Parameter entsprechen denen von cgs, das Verfahren basiert auf einem stabilisierten, bikonjugierten Gardientenverfahren:
[x,flag,relres,iter,resvec] = bicgstab(A,b,tol,maxit,M1,M2,x0,p1,p2,...).

12.5.2 Methode der Residuen

Die Methode der Residuen ist dadurch charakterisiert, dass die Euklidische Norm des Residuums in jedem Iterationsschritt minimiert wird. x = gmres(A,b) dient der Lösung eines linearen Gleichungssystems $A\vec{x} = \vec{b}$, basierend auf der Methode der Residuen mit Neustart, dem GMRES-Verfahren. Die n × n-Koeffizientenmatrix muss quadratisch sein und sollte dünn besetzt sein. Konvergiert gmres, so wird eine Meldung der Art „gmres(10) converged at outer iteration 2 (inner iteration 9) to a solution with relative residual 3.3e-13" ausgegeben, sonst eine Warnung mit dem relativen Residuum. Neben der obigen Minimalform unterstützt gmres die folgenden Inputparameter gmres(A,b,restart,tol,maxit). „restart" gibt die maximale Zahl der Neustarts an, „tol" bestimmt die Toleranz (Voreinstellung 10^{-6}) und „maxit" die maximale Zahl der äußeren Iterationen. gmres(A,b,restart,tol,maxit, M) und gmres(..., M1,M2) mit M=M1*M2 bietet die Möglichkeit der Präkonditionierung, d.h. es wird das Gleichungssystem inv(M)*A*x = inv(M)*b für „x" gelöst. Als weitere Alternative besteht noch die Möglichkeit einen Startwert „x0" gmres(A,b,...,M1,M2,x0) festzulegen, Voreinstellung ist ein Nullvektor. Anstelle der Matrizen können auch Function Handles gmres(afun,...,m1fun,m2fun,x0,p1,p2,...) übergeben werden. In diesem Fall werden die Funktionen afun(x,p1,p2,...),... aufgerufen, die A*x bzw. M1*x zurückgeben. Die Parameter „pi" werden durchgereicht. Als zusätzliche Rückgabeparameter liefert der Parameter „flag" [x,flag] = gmres(A,b,...) Informationen zur Konvergenz. „Flag" kann die Werte $0\cdots 3$ annehmen (nicht 4), die Bedeutung ist in Tabelle (12.2) aufgelistet. Weitere optionale Rückgabeparameter sind [x,flag,relres,iter,resvec] = gmres(A,b,...). „relres" liefert das relative Residuum der Lösung, „iter" die Zahl der inneren und äußeren Iterationen und „resvec" einen Vektor der Residuen-Normen nach jeder inneren Iteration.

Die Funktion minres basiert auf einem Minimum-Residuen-Verfahren und dient der Lösung des linearen Gleichungssystems $A\vec{x} = \vec{b}$ mit symmetrischer n × n-Koeffizienten-Matrix. Der Aufruf ist x = minres(A,b). minres erlaubt zusätzliche Argumente minres(A,b,tol,maxit,M1,M2,x0), deren Bedeutungen denjenigen von gmres entsprechen. Der Parameter „restart" entfällt. Wieder können an Stelle der Matrizen Funktionsaufrufe treten mit Rückgabewert A*x usf. Parameter rechts vom Startwert „x0" werden an die Funktionen durchgereicht. Als Rückgabeparameter werden [x, flag, relres, iter, resvec, resveccg] = minres(A,b,...) unterstützt, die Bedeutung entspricht denjenigen von gmres. „Flag", siehe Tabelle (12.2), kann wieder die Werte $0\cdots 4$ annehmen. Als weiterer Parameter tritt „resveccg" hinzu, der in jedem Iterationsschritt eine Abschätzung der Residuumsnorm des Konjugierten Gradeintenverfahrens liefert.

qmr bietet die Möglichkeit, das lineare Gleichungssystems $A\vec{x} = \vec{b}$ mit n × n-Koeffizientenmatrix A mittels eines quasi-minimalen Residuen-Ansatzes zu lösen. Die Koeffizientenmatrix „A" sollte groß und dünn besetzt sein. Der Aufruf lautet x = qmr(A,b) und kann wieder durch ergänzende optionale Parameter [x,flag,relres,iter,resvec] = qmr(A,b,tol,maxit,M1,M2,x0) erweitert werden. Die Bedeutung der Parameter entspricht den oben diskutierten, an Stelle der Matrizen sind wieder alternativ Funktionsaufrufe erlaubt und die Übergabe durchgereichter Parameter möglich.

12.5.3 Symmetrisches LQ-Verfahren

Als weiteres Verfahren zur Lösung linearer Gleichungssysteme mit symmetrischer, dünn besetzter Koeffizientenmatrix bietet MATLAB ein symmetrisches LQ-Verfahren. Der Aufruf lautet `x = symmlq(A,b)` und kann durch die bereits oben besprochenen Parameter `[x,flag,relres,iter,resvec,resveccg] = symmlq(A,b,tol,maxit,M1,M2,x0)` ergänzt werden. Zusätzlich zu den in Tabelle (12.2) aufgelistet Werten wird „Flag" für den Fall eines nicht positiv definiten Präkonditionierers `M` gleich 5.

12.6 Grafische Darstellungen

MATLAB bietet mit den Befehlen `treelayout`, `treeplot`, `etree` und `etreeplot` die Möglichkeit, Bäume im Sinne der Grafentheorie zu berechnen. `treelayout` berechnet dazu in einem ersten Schritt die Adjazenzmatrix. Ein Baum mit einem ausgezeichneten Knoten wird als Wurzelbaum bezeichnet. In MATLAB dient als Wurzel die „0". In `[x,y] = treelayout(parent,post)` ist „parent" der Vektor zu den Knoten, „post" ist optional und dient der Permutation. Die Rückgabewerte (x,y) sind die Koordinaten der Punkte in einem Einheitsquadrat der Kantenlänge eins. Das Niveau eines Knotens ist sein Abstand zur Wurzel; das maximal auftretende Niveau ist die Höhe des Baumes „h". Sei „s" die Zahl der Vertizes im obersten Separator. Weitere Rückgabeparameter sind „h" und „s" `[x,y,h,s] = treelayout(...)`. `treeplot(parent,nodeSpec,edgeSpec)` ruft `treelayout` auf und plottet den korrespondierenden Baum. „nodeSpec" und „edgeSpec" sind optionale Parameter zum Setzen von Farben, dem Stil der Knotenpunkte und dem Linienstil. Hier werden dieselben Eigenschaften wie bei Standardplots unterstützt. Ein Beispiel für einen Knotenvektor ist `parent = [0 1 1 2]`. Ein weiteres Beispiel folgt unten.

`symbfact` dient einer symbolischen Analyse der Matrixfaktorisierung und liefert einen Vektor zurück, der die Zahl der nicht-verschwindenden Elemente jeder Zeile der Choleski-Dreiecksmatrix angibt. Derselbe Vektor wird von `etree` zu einer Baumanalyse wie unter `treelayout` beschrieben genutzt. `p = etree(A)` und `p = etree(A,'sym')` sind identisch, `p = etree(A, 'col')` berechnet den Eliminationsbaum zu A'*A. `[p,q] = etree(...)` liefert zusätzlich noch die Postpermutation. `etreeplot(A,nodeSpec, edgeSpec)` plottet den Eliminationsbaum und erlaubt optional wieder (s.o.) die Parameter „nodeSpec" und „edgeSpec" zur grafischen Gestaltung der Knotenpunkte und Linien des Baumes.

gplot. `gplot(A,cxy,LineSpec)` plottet die symmetrische n × n-Adjazenzmatrix „A" mit den 2- oder 3-dimensionalen Koordinaten gespeichert in der n × 2- oder n × 3-Matrix „cxy". Der optionale Parameter „LineSpec" legt den Linientyp und die verwendeten Symbole für die Datenpunkte fest und ist unter dem Plot-Kommando im Detail beschrieben.

Beispiel. Zusammenstellung und Vergleich einiger Befehle zur Berechnung eines Baumes mit `treeplot` und `gplot`. Das Ergebnis ist in Abbildung (12.2) dargestellt.

```
parent=[2 0 2];    % Testbaum
```

12.6 Grafische Darstellungen

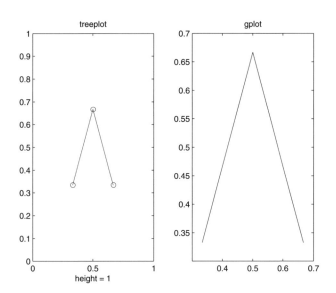

Abbildung 12.2: *Beispiel zur Darstellung eines Baumes mit Hilfe von* treeplot *und mittels der Adjazenzmatrix und* gplot.

```
% Berechnung der Koordinaten
[x,y]=treelayout(parent);
cxy=[x',y'];
subplot(1,2,1)
treeplot(parent)
title('treeplot')
% Berechnung der Adjazenzmatrix
n = length(parent);
j = find(parent);
A = sparse (parent(j), j, 1, n, n);
A = A + A' + speye(n,n);
% Darstellung mit gplot
subplot(1,2,2)
gplot(A,cxy)
title('gplot')
```

Koordinaten und Adjazenzmatrix haben das folgende Aussehen:

```
>> cxy                   >> A
cxy =                    A =
    0.3333    0.3333        (1,1)        1
    0.5000    0.6667        (2,1)        1
    0.6667    0.3333        (1,2)        1
                            (2,2)        1
                            (3,2)        1
                            (2,3)        1
                            (3,3)        1
```

13 Töne

13.1 Audio Input/Output-Objekte und Hardware-Treiber

13.1.1 Befehlsübersicht

In- und Output-Objekte audioplayer, audiorecorder, audiodevinfo, mmfileinfo

Tonausgabe sound, soundsc, wavplay, wavrecord

13.1.2 In- und Output-Objekte

y = audioplayer(x,Fs) liefert das Handle „y" zum Audio-Player-Objekt des Inputsignals „x" zurück. „x" kann ein Vektor oder ein zweidimensionales Array sein. Es werden die folgenden MATLAB Datentypen unterstützt: single und double $(-1\cdots +1)$, int8 $(-128\cdots 128)$, uint8 $(0\cdots 255)$ und int16 $(-32768\cdots 32767)$. Die jeweilig erlaubten Wertebereiche sind in Klammern beigefügt. „Fs" ist die Sample Rate für das Playback und abhängig von der Audio-Hardware. Typische Werte sind $8000, 11025, 22050$ und 44100 Hz. Als weiterer optionaler Parameter mit Voreinstellung 16 kann die Bitquantisierung „nbit" für single- und double-Datentypen übergeben werden, y = audioplayer(x,Fs,nbit). Abhängig von der Hardware werden $8, 16$ und 24 bit unterstützt. audioplayer erlaubt auch ein mit audiorecoder erzeugtes Audio-Player-Objekt „r" zu übergeben: y = audioplayer(r,id). Der Defaultparamter „id" legt den Audio-Device für den Output fest.

Beispiel.

```
>> x=rand(2,10000);
>> play(y)
>> y=audioplayer(x',11025)
       BitsPerSample: 16
       CurrentSample: 1
            DeviceID: -1
     NumberOfChannels: 2
             Running: 'off'
          SampleRate: 11025
            StartFcn: []
             StopFcn: []
                 Tag: ''
```

```
           TimerFcn: []
        TimerPeriod: 0.0500
       TotalSamples: 10000
               Type: 'audioplayer'
           UserData: []
```

```
>> play(y)
```

Dies führt zu einem kakaphonischen Rauschen (sowohl unter Windows 2000 als auch unter Linux). `play` dient dabei zur Wiedergabe. Die unterstützten Aufrufe sind in Tabelle (13.1) aufgelistet.

Tabelle 13.1: Übersicht der unterstützten Audio-Player-Methoden. y ist das Audio-Player-Objekt.

METHODE	KURZERLÄUTERUNG
play(y) play(y,ts) play(y,[ts,te])	Playback läuft von Anfang bis Ende, von ts bis Ende, von ts bis te.
playblocking	erlaubt die gleichen Argumente wie play, gibt aber bis zum Abschluß der Wiedergabe die Kontrolle nicht zurück.
stop(y) pause(y) resume(y)	Unterbricht die Wiedergabe. Unterbricht für Pause. Setzt die Wiedergabe fort.
isplaying(y)	Liefert eine Eins während der Wiedergabe, sonst eine Null.
disp(y) display(y) get(y)	Gibt alle Informationen zu y aus. Wie disp ebenfalls wie disp.
set	Zum Setzen von Eigenschaften: set(y) allgemeine Informationen, set(y,Eigenschaft,Wert).

Die Kommandos `audioplayer` mit 24 Bit und `audiodevinfo` werden nur unter 32-bit-Windows-Betriebssystemen unterstützt. Unter Linux erhält man die folgende Fehlermeldung bzw. Warnung:

```
>> d = audiodevinfo
??? Error using ==> audiodevinfo
AUDIODEVINFO is only for use with 32-bit
Windows machines.

>> y0=audioplayer(x',11025,24)
Warning: 24-bit not supported on UNIX.
Using 16-bit.
```

13.1 Audio Input/Output-Objekte und Hardware-Treiber 245

```
(Type "warning off MATLAB:audioplayer:
Unix24bit" to suppress this warning.)
> In audioplayer.audioplayer at 151
```

`d=audiodevinfo` liefert Informationen zur installierten Audio-Hardware. „d" ist eine Struktur mit den Feldern „input" und „output". `audiodevinfo(io)` liefert für io=0 die Zahl der Audio-Ausgänge, sonst (typisch io=1) die Zahl der Eingänge. Weitere Möglichkeiten bieten die folgenden Argumente: `audiodevinfo(io,ID)` gibt den Namen festgelegt durch die Driver-Kennzahl aus. (Beispielsweise ID=0 und Rückgabewert „SoundMax Digital Audio".) `audiodevinfo(io,ID,'DriverVersion')` liefert die zugehörige Version und `audiodevinfo(io,name)` mit beispielsweise name=„SoundMax Digital Audio" die zugehörige Identifikationsziffer. `audiodevinfo(io,rate,nb,kan)` liefert die Gerätekennziffer (ID) zur ersten Audio-Hardware, die gefunden wird und die Sample Rate „rate", „nb" Bits und „kn" Kanäle unterstützt. Werden die angeforderten Werte nicht unterstützt ist der Rückgabewert „-1". Bei `audidevvinfo(io,ID,rate,nb,kan)` entsprechen die Argumente denen von oben. Erfüllt das Gerät mit der Kennziffer „id" die festgelegten Spezifikationen (Rate, Zahl der Bits und Kanäle), so ist der Rückgabewert „1", sonst „0".

`r=audiorecorder` erzeugt ein Audiorekorder-Objekt (handle). Die einzelnen Felder sind

```
>> r=audiorecorder
       BitsPerSample: 8
        BufferLength: []
       CurrentSample: 1
            DeviceID: -1
     NumberOfBuffers: []
    NumberOfChannels: 1
             Running: 'off'
          SampleRate: 8000
            StartFcn: []
             StopFcn: []
                 Tag: ''
            TimerFcn: []
         TimerPeriod: 0.0500
        TotalSamples: 0
                Type: 'audiorecorder'
            UserData: []
```

Alternativ besteht die Möglichkeit die Sample Rate „Fs", die Zahl der Bits (nb) und Kanäle (kan) vorzugeben, `y = audiorecorder(Fs,nb,kan)` und auch die Audio-ID festzulegen, `y = audiorecorder(Fs,nb,kan,ID)`. Können die Bedingungen nicht erfüllt werden, so erfolgt eine Fehlermeldung, beispielsweise:

```
>> r=audiorecorder(11250,16,3)
??? Error using ==> audiorecorder.audiorecorder
Currently only one and two channel audio is
supported.
```

24-Bit werden nur auf 32-Bit-Windows-Betriebssystemen unterstützt.

Mulitmedia-Informationen. Mit `info = mmfileinfo(fname)` werden Informationen zur Multimediadatei „fname" geliefert. „info" ist eine Struktur mit den Feldern „Filename" (Name der Datei), „Duration" (Länge des Files in s), „Audio" (Struktur, die Informationen zum Format und der Zahl der Kanäle enthält) und „Video" (Struktur mit den Videoinformationen Format, Höhe und Breite der Video Frames). `mmfileinfo` wird nur unter Microsoft Betriebssystemen unterstützt.

13.1.3 Tonausgabe

`sound` und `soundsc` konvertieren einen Eingangsvektor in ein Tonsignal, das auf PCs und den meisten UNIX-Workstations als Sound aus dem Lautsprecher ausgegeben wird. Die allgemeine Syntax ist >> `sound(y,Fs,bits)`, dabei bezeichnet y den Tonvektor mit dem Wertebereich $-1 \leq y \leq +1$. Für Stereosound (sofern vom Computer unterstützt) ist y eine $2 \times$ n-Matrix. Fs und bits sind optionale Argumente. Die Sample-Frequenz „Fs" hängt von der installierten Soundkarte ab, der Defaultwert ist 8192 Hz. Bei einigen Betriebssystemen ist die Sampling-Frequenz auf 8192 Hz fixiert. „bits" legt die Bits/Sample fest. Die meisten Betriebssysteme unterstützen 8 oder 16 bits. Das folgende Beispiel gibt auf dem Lautsprecher einen 128Hz-Ton aus:

```
>> f0=128;           % Signal-Frequenz
>> Fs=8192;          % Sampling-Frequenz
>> Ts=1/Fs;
>> t=0:Ts:1;
>> y=sin(2*pi*f0*t); % Sound
>> sound(y,Fs)
```

Bei manchen Soundkarten ist es empfehlenswert eine kurze Pause an die Tonausgabe via `pause(0.01)` anzuschließen, um eine Fehlermeldung bei aufeinander folgenden Sound-Kommandos zu vermeiden.

`soundsc(y,Fs,bits)` folgt den Aufgaben und dem Aufruf von `sound`, skaliert aber zusätzlich den Vektor oder das Array „y" auf den erlaubten Wertebereich. Als weiteres Argument kann auch der Maximal- und Minimalwert, slim = [min,max], der skalierten Tonmatrix übergeben werden `soundsc(y,Fs,bits,slim)`.

`wavplay` und `wavrecord` wird nur unter Windows-Betriebssystemen unterstützt. Die Syntax ist `wavplay(y,Fs,'mode')` mit dem Tonvektor „y", bzw. für Stereo der 2-spaltigen Tonmatrix und der Samplerate „Fs". „mode" ist ein optionales Argument und hat die Werte „async" (Voreinstellung), bei der die Kontrolle sofort an das Command-Window zurückgegeben wird und „sync", bei dem die Kontrolle erst nach Abspielen des Tones zurückgereicht wird. Für „y" werden dieselben Datentypen wie unter `audioplayer` unterstützt. `wavrecord` zeichnet n Samples des Audiosignals auf. Die Syntax lautet `y = wavrecord(n,Fs)`. Weitere mögliche Argumente legen die Kanalnummer „kn" fest oder spezifizieren den Datentyp „dtyp", `y = wavrecord(..., kn, 'dtyp')`. Entsprechend den unterstützten Datentypen kann „dtyp" die Werte „double" (Voreinstellung, 16 bits/sample), „single" (16 bits/sample), „int16" (16 bits/sample) und „uint8" (8 bits/sample) haben.

13.2 Audio Files

13.2.1 Befehlsübersicht

Importieren und Exportieren auread, auwrite, wavread, wavwrite

Hilfsfunktionen aufinfo, lin2mu, mu2lin

Tonbeispiele chirp, gong, handel, laughter, splat, train

13.2.2 Importieren und Exportieren von Audio Files

`auread` und `auwrite` dient dem Lesen und Schreiben von au-Tonfiles (SUN, Filekennung au). Die allgemeine Syntax y = `auread('aufile')` liest den File „aufile" ein und `[y,Fs,bits] = auread('aufile')` zusätzlich die Sample Rate „Fs" und Zahl der Bits „bits". `[...] = auread('aufile',N)` und `[...] = auread('aufile',[N1,N2])` lesen die ersten N Samples, bzw. Sample N1 bis N2 ein. Der zweielementige Rückgabevektor „s" in s = `auread('aufile','size')` gibt Auskunft über die Zahl der Samples und Kanäle. Das Gegenstück `auwrite(y,'aufile')` schreibt die ein- oder zweispaltige Matrix „y" in dem File „aufile" mit der Filekennung au. Die Werte von „y" dürfen ±1 nicht über- bzw. unterschreiten, sonst werden sie ignoriert. Mit `auwrite(y,Fs,'aufile')` lässt sich noch zusätzlich die Samplefrequenz in Hz und mit `auwrite(y,Fs,N,'aufile')` die Zahl der Bits (erlaubt ist 8 und 16) festlegen. `auwrite(y,Fs,N,'method','aufile')` erlaubt zum Abspeichern die Auswahl zwischen zwei Verfahren: Der Voreinstellung „mu" und „linear". Wählt man „mu", dann müssen auch 8 Bit gewählt werden.

`wavread` und `wavwrite` ist das Microsoft-Gegenstück zu `auread` und `auwrite`. Sieht man von der Auswahlmöglichkeit zweier Verfahren in `auwrite(y,Fs,N,'method','aufile')` ab, so ist der Aufruf vollkommen identisch zu oben. Die Filekennung ist in diesem Fall „.wav". Beide Dateitypen (.au und .wav) können alternativ auch mit dem Import Wizard eingelesen werden. (Vgl. auch Kap. 20.)

13.2.3 Hilfsfunktionen

u = `lin2mu(y)` und y = `mu2lin(u)` dienen der Konvertierung eines linearen 8-Bit Audiosignals in ein mu-kodiertes Signal und umgekehrt. „y" muss im Wertebereich $-1 \cdots +1$ liegen bzw. mu zwischen 0 und 255.

Informationen zu Au- und Wav-Dateien. [m d] = `aufinfo(aufile)` liefert Informationen zu der Au-Datei „aufile". Ist „aufile" eine Au-Datei, dann ist „m" der String „Sound (AU) file" andernfalls leer. Für Au-Dateien enthält der String „d" die Zahl der Samples und Kanäle; handelt es sich nicht um ein AU-File „Not an AU file".

[m d] = `wavfinfo(filename)` liefert Informationen zu MS-Wav-Dateien. „filename" bezeichnet den Dateinamen. „m" enthält für Wav-Dateien die Information „Sound (WAV) file" und ist andernfalls leer. Wie `aufinfo` sind in der Stringvariablen „d" für Wav-Dateien die Zahl der Samples und Kanäle angegeben, handelt es sich dagegen nicht um ein Wav-File „Not an WAV file".

13.2.4 Tonbeispiele

Im Verzeichnis matlabroot/toolbox/matlab/audiovideo (matlabroot steht für den Pfad zu MATLAB) sind mehrere Audio-Datenfiles zu Testzwecken als mat-Files abgespeichert: Ein Pfeifton (chirp; 1.6 s, 8192 Hz), ein Gong (gong; 5.1 s, 8192 Hz), das Hallelujah aus Händels Messias (handel; 8.9 s, 8192 Hz), Gelächter (laughter; 6.4 s, 8192 Hz), ein Pfeifton mit Platschen (splat; 1.2 s, 8192 Hz) und eine Zugpfeife (train; 1.5 sec, 8192 Hz). In Klammer steht jeweils der Name des Mat-Files und die Dauer des Geräuschs. (Falls Sie MATLAB-Schulungen halten sollten, geben Sie diese Liste besser nicht bekannt!) Geladen werden können diese Files entweder mit dem Import Wizard oder mit

```
>> load name.
```

14 2-D-Grafik

Die folgenden fünf Kapitel sind grafischen Anwendungen gewidmet. Die erste Frage, die sich daher stellt, ist: Wozu Daten visualisieren? Visualisierung von Daten dient der Aufdeckung von Phänomenen, dem Sichtbarmachen von Tatsachen. Einfachheit und Klarheit kommt diesem Ziel entgegen. Farbe, Licht, Schattierungen und insbesondere unterschiedliche Linienstile können hilfreich sein, aber auch mehr verdecken als aufdecken. Häufig erweist es sich als günstig einzelne gemeinsam dargestellte Linienzüge sowohl durch den Linientyp – durchgezogen, gestrichelt usw. – als auch durch die Farbe zu unterscheiden. Mit MATLAB betrachtet mögen sich farbige Linien deutlich voneinander unterscheiden, in einem schwarz-weiß ausgedruckten Bericht jedoch unter Umständen ununterscheidbar werden. Bedenken Sie bei der Erstellung von Grafiken auch deren vielleicht schwarz-weiße, verkleinerte Zukunft.

14.1 Elementare 2-D-Grafik

Plot plot, plotyy, polar

logarithmische Plots loglog, semilogx, semilogy

14.1.1 Lineare 2-D-Plots: plot

>> plot(y) plottet den Vektor y gegen dessen Index. Ist y eine Matrix, so wird die Matrix spaltenweise ausgewertet. plot(x,y) plottet den Vektor $y = [y_1, y_2, y_3, \ldots, y_n]$ (Ordinate) gegen den Vektor $x = [x_1, x_2, x_3, \ldots, x_n]$ (Abszisse). Beide Vektoren müssen dieselbe Länge haben. MATLAB verbindet die Punkte (x_1, y_1), (x_2, y_2), (x_3, y_3), … (x_n, y_n) geradlinig. Mehrere Vektoren können mittels >>plot(x1,y1, x2,y2, $\cdots$) in einem Diagramm vereinigt werden. Dazu dienen auch die weiter unten diskutierten Befehle „hold" und „subplot".

Beispiel: Farbe, Datenpunkte und Linientyp. Das Plot-Kommando erlaubt zusätzlich Argumente, denen wir in den folgenden Kapiteln begegnen werden. Hier ein Beispiel wie Farben und Linientypen gewählt werden können. Die Syntax ist stets plot(x,y,'F M S'), wobei x und y die zu plottenden Datenvektoren sind, F für die Farbe, M für den gewählten Datenmarker und S für den Linientyp steht. Default-Werte sind für die Farbe „blau" und für den Linienstil „durchgezogen".

```
>> x=0:0.2:2*pi;
>> y=sin(x);
>> z=sin(x+pi/6);
>> plot(x,y,'r*-',x,z,'mp:')
```

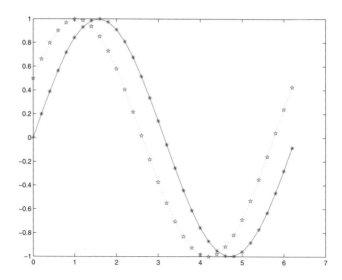

Abbildung 14.1: *Beispiel für zwei Plots in einer Abbildung mit unterschiedlichen Farben (rot und magenta), unterschiedlichen Datenpunkten (Sterne und Pentagramme sowie unterschiedlichen Strichtypen (durchgezogen und gepunktet). Auch in einer Schwarz-Weiß-Darstellung sind beide Linienzüge deutlich voneinander unterscheidbar.*

Das Ergebnis ist in Abbildung (14.1) dargestellt, eine Liste der wählbaren Farben, Linien- und Datentypen findet sich in Tabelle (14.1).

plot: Allgemeine Syntax. Der plot-Befehl hat die allgemeine Syntax
h = plot(x,y, 'FMS', ..., 'Eigenschaft','Wert'). FMS steht dabei für die bereits oben diskutierten Eigenschaften: Farbe, Datenmarker und Linienstil. Der Rückga-

Tabelle 14.1: *Linienfarben, Marker- und Linienstile.*

LINIE		DATENMARKER	
SYMBOL	ERGEBNIS	SYMBOL	ERGEBNIS
b	blau	.	Punkte
g	grün	o	Kreise
r	rot	x	Kreuze
c	cyan	+	Plus
m	magenta	★	Sterne
y	gelb	s	Quadrate
k	schwarz	d	Diamant
		v	Dreieck: ▽
-	durchgezogene Linie	∧	Dreieck: △
:	gepunktete Linie	<	Dreieck links
-.	Strich-Punkt	>	Dreieck rechts
—	gestrichelte Linie	p	Pentagramme
		h	Hexagramme

14.1 Elementare 2-D-Grafik

bewert „h" enthält die Handles der geplotteten Linien. Handles sind sehr vereinfacht ausgedrückt die Hausnummern, unter denen MATLAB grafische Objekte verwaltet. Wir werden auf diesen wichtigen Punkt noch im Detail in Kapitel 17 eingehen. ··· steht für weitere zu plottende Wertepaare und ihre zugehörigen „FMS-Werte". „Eigenschaft" und „Wert" steht für allen Objekten gemeinsame Eigenschaften. Die vier wichtigsten sind: Die Linienbreite (LineWidth), die die Dicke der geplotteten Linie festlegt; MarkerEdgeColor zur Festlegung der Farbe der Berandung der verwendeten Datensymbole; MarkerFaceColor bestimmt die Oberflächenfarbe des Markers und MarkerSize dessen Größe.

```
xx=0:0.2:2*pi;
yx=sin(xx);
zx=sin(xx+pi/6);
plot(xx,yx,'r*-',xx,zx,'mp:','LineWidth',2,...
            'MarkerEdgeColor','y',...
            'MarkerFaceColor','g',...
            'MarkerSize',10)
```

Das Beispiel zeigt auch, dass die „MarkerFaceColor" nur bei solchen Objekten aktiv werden kann, die auch einen umgrenzten Innenhof besitzen. Eine vollständige Liste aller weiteren Eigenschaften ist in Tabelle (14.2) aufgeführt (vgl. auch Tab. (14.1)).

Tabelle 14.2: Allen Linien und Datenpunkten gemeinsame Eigenschaften.

BEZEICHNER	BEDEUTUNG	WERT
LineWidth	Linienbreite in Points (pt)	reelle Zahl Default: 0.5
MarkerEdgeColor MarkerFaceColor	Berandungsfarbe Flächenfarbe	b, g, r, ··· b, g, r, ··· s. Tab.(14.1)
MarkerSize	Größe in Points (pt) der Datensymbole	reelle Zahl Default: 6
Clipping	Einschränkung (an/aus) auf Achsengrenzen.	on (Default), off
EraseMode	Art wie die grafischen Objekte erzeugt bzw. gelöscht werden. Nützlich bei Animationen. Bsp: None schützt Linienobjekt vor löschen.	normal (Default), none, xor, background
SelectionHighLight	Hervorheben der Linie bei Auswahl.	on (Default) off
Visible	Sichtbarkeit (an/aus)	on, off
HandleVisibility	Line-Handle abrufbar (ja/nein)	on (Default) off, callback
HitTest	Legt fest, ob die Linie aktives Objekt werden kann.	on (Default) off

14.1.2 Plot mit zwei y-Achsen: plotyy

Häufig tritt das Problem auf, dass zwei Grafen mit unterschiedlichen Skalierungen in einem Bild vereinigt werden sollen. MATLAB erlaubt dies mit dem Kommando `plotyy`. Die allgemeine Syntax ist >> `[AX,H1,H2]= plotyy(X1,Y1,X2,Y2,'f1','f2')`. Die Rückgabewerte sowie die zusätzlichen Eigenschaften „f1" und „f2" sind optional. Das erste Wertepaar (X1,Y1) wird bezüglich der linken y-Achse in der Default-Farbe blau dargestellt und das zweite Wertepaar(X2,Y2) bezüglich der rechten Achse in grün (Defaultfarbe). f1 und f2 können die Werte „plot", „semilogx", „semilogy" und „loglog" haben und entscheiden, ob eines oder beide Wertepaare linear, halblogarithmisch oder doppeltlogarithmisch dargestellt werden. Die optionalen Rückgabewerte AX, H1 und H2 sind die Achsen-Handles und die Handles der zu plottenden Grafikobjekte. AX(1) ist das linke und AX(2) das rechte Achsen-Handle.

14.1.3 Polardarstellung: polar

>>`h=polar(alpha,r,'FMS')` erzeugt eine Polardarstellung der Vektorenpaare (alpha,r). Wie beim plot-Kommando kann optional das Linienhandle h zurückgegeben und Farbe, Marker- und Linienstil gesetzt werden. Das Ergebnis des folgenden Beispiels ist in Abb. (14.2) gezeigt.

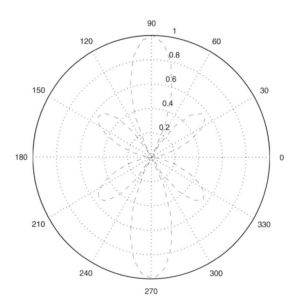

Abbildung 14.2: *Beispiel zu polar(theta,r,'m–')*.

```
>> theta=0:0.1:2*pi;
>> r=sin(theta).*sin(3*theta);
>> polar(theta,r,'m--')
```

14.1.4 Logarithmische Plots

Die allgemeine Syntax der Befehle `loglog`, `semilogx`, `semilogy` entspricht der des plot-Befehls. Wie von der Namensgebung her unschwer zu erkennen ist, dient loglog der doppeltlogarithmschen Darstellung und semilogy bzw. semilogx der halblogarithmischen Darstellung bezüglich der y- bzw. x-Achse. Ein Beispiel ist in Abb. (14.3) dargestellt.

14.2 Achsen und Beschriftungen

14.2.1 Befehlsübersicht

Achsen erzeugen axes, subplot

Achsen bearbeiten axis, box, hold

Gitter grid

Größe pan, zoom

Achsen beschriften xlabel, ylabel, zlabel

Legende, Titel legend, title

Text plotedit, texlabel, text, gtext

14.2.2 Achsen und ihre Eigenschaften

`axes` ist eine Low-Level-Funktion zur Erzeugung von Achsen. In der Objekthierarchie stehen Achsen unter der „Figure" und sind „Parent" von beispielsweise Linien- und Flächenobjekten. Mehr dazu unter Kapitel 17.2. Die allgemeine Syntax ist h=axes('Eigenschaft', 'Wert'), wobei der Rückgabeparameter h das Achsen-Handle und wie die Funktionsargumente optional ist. Beispielsweise erzeugt `axes('Position', [0.05 0.05 0.8 0.7])` eine Achse an der Stelle [0.05 0.05 0.8 0.7]. Dabei geben die ersten beiden Werte die Position des Koordinatenursprungs, hier (0.05,0.05), der dritte Werte die Breite (0.8) und der letzte Wert die Höhe (0.7) des Koordinatensystems an. Die gesamte Länge und Höhe der Abbildung (Figure Window) wird dabei jeweils „1" gesetzt. Mit dem Befehl >>`gca` (GetCurrentAxes) lässt sich das Handle der aktiven Achse erfragen.

14.2.3 Mehrere Plots vereinigen: subplot

Das `subplot`-Kommando bietet eine einfache Möglichkeit mehrere Plots in einem Fenster darzustellen. h=subplot(···) liefert das Handle der gerade erzeugten Achse zurück.

>>subplot(m,n,o) teilt das Fenster in eine m × n-Matrix und aktiviert den o-ten Bereich. Dabei läuft die Zählung von links oben nach rechts unten, zunächst horizontal.
>>subplot(m,n,o,'replace') ersetzt eine bereits bestehende oder erzeugt eine Achse in der o-ten Ebene.
>> subplot('Position',[x0 y0 breite höhe]) erzeugt eine Achse an der durch Position festgelegten Stelle. Die Syntax folgt dabei der Syntax von axes.

subplot kann mit unterschiedlichen Argumenten kombiniert werden. Insbesondere die seit Rel. 6.5 mögliche Angabe der Position erweitert das Kommando subplot deutlich. Zu beachten ist allerdings, dass überlappende Achsen nicht erlaubt sind und das ältere Achsenpaar mit dem entsprechenden Plot gelöscht wird. Das folgende Beispiel zeigt die Kombination von subplot(2,2,p) mit subplot('Position',[···]). Tipp: Überlappende Achsenpaare können mit axes erzeugt werden. Geplottet wird stets in den gerade aktiven Achsenbereich.

```
>> x=logspace(-2,2,500);     % Plot-Daten
>> y=exp(-x.^2/10);
>> subplot(2,2,1)            % Links oben
>> plot(x,y)                 % alle plot-Befehle
>> title('plot')             %    erlaubt
>> subplot(2,2,2)            % Rechts oben
>> loglog(x,y)
>> title('loglog')           % und unten:
>> subplot('Position',[0.125 0.1 0.8 0.35])
>> semilogx(x,y)
>> title('semilogx')
```

subplot erlaubt auch die Vereinigung mehrerer Teilfenster zu einem gemeinsam genutzten Fenster. Dazu werden die verschiedenen Fenster über ihre laufende Kennummer zu einem Fenster zusammengefasst. Beispielsweise besteht subplot(3,5,q) aus fünf Spalten und drei Zeilen. Das folgende Beispiel und Abbildung (14.4) zeigen die Möglichkeiten auf:

```
>> % Erzeugen der Testdaten
>> x=0:0.01:2*pi;
>> y1=sin(x);
>> y2=cos(x);
>> y345=exp(-x/4).*sin(x);
>> y671112=rand(1,length(x))/10+sin(x);
>> y813=exp(-x/4);
>> y9101415=rand(1,length(x))/10+cos(x);
>> % Ausfuehren der Plots
>> subplot(3,5,1)            % Fenster 1
>> plot(x,y1), axis tight, title('1')
>> subplot(3,5,2)            % Fenster 2
>> plot(x,y2), axis tight, title('2')
>> subplot(3,5,3:5)          % Fensterzeile 3-5
```

14.2 Achsen und Beschriftungen

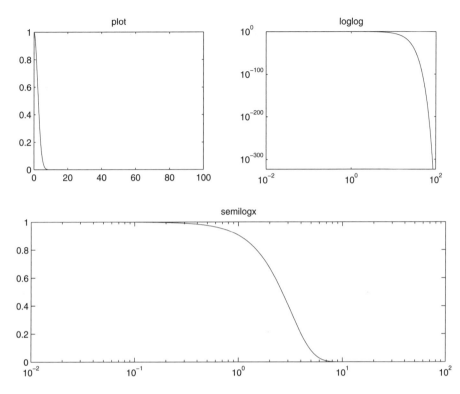

Abbildung 14.3: *Beispiel für die Kombination unterschiedlicher Darstellungen mit subplot. Die beiden oberen Bildbereiche wurden mit subplot(2,2,n) und der untere mit subplot('Position',[···]) aktiviert.*

```
>> plot(x,y345), title('3-5'), axis tight
>> subplot(3,5,[6 7 11 12])
>>                         % Fensterblock 6,7,11,12
>> plot(x,y671112), axis tight
>> title('[6 7 11 12]')
>> subplot(3,5,[8 13])     % Fensterspalte 8, 13
>> plot(x,y813), axis tight, title('[8 13]')
>> subplot(3,5,[9 10 14 15])
>>                         % Fensterblock 9,10,14,15
>> plot(x,y9101415), axis tight
>> title('[9 10 14 15]')
```

14.2.4 Achsen bearbeiten: axis und box

Axis. Mit dem Kommando `axis` lassen sich Achsen skalieren und ihr Erscheinungsbild beeinflussen.

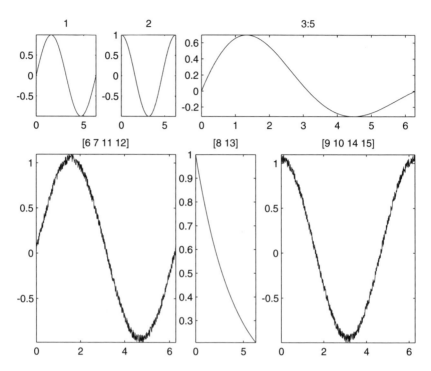

Abbildung 14.4: *Beispiel für die Kombination verschiedener zusammenhängender Teilfenster mit subplot. Die Bildbereiche wurden mit subplot(2,2,ti) erzeugt, wobei „ti" durch die Titel dargestellt ist.*

>>axis([xmin xmax ymin ymax zmin zmax cmin cmax]) beschränkt die x-, y- und im 3-D-Fall die z-Achse auf die angegebenen Werte. cmin und cmax legt bei 3-D-Objekten die Farbgrenzen fest.
>>v = axis liefert einen 4- oder für 3-D-Abbildungen 6-dimensionalen Skalierungsvektor [xmin xmax ymin ymax zmin zmax] zurück.
Sind mehrere Achsen vorhanden, so kann der Befehl axis(ah,···) um das Achsen-Handle ah ergänzt werden. Die Eigenschaft „state" ist obsolet. Der Vollständigkeit halber: die Syntax ist [mode,visibility,direction] = axis('state'). Mode gibt an, ob die Achsenwerte und -Bezeichnungen automatisch (auto) oder manuell (manual) gesetzt wurden; visibility hat die Werte „on" oder „off" und bestimmt die Sichtbarkeit, direction gibt Auskunft über die Position des Koordinatenursprungs und hat die Werte ij oder xy. Achseneigenschaften lassen sich mit dem Kommando axis „Eigenschaft" setzen. Eine Liste aller Möglichkeiten findet sich in Tab. (14.3).

box. box on, box off schaltet einen Kasten um den Plotbereich ein oder aus. Bei mehreren Achsenobjekten kann box mit dem Achsen-Handle ergänzt werden.

Tabelle 14.3: Liste der Achseneigenschaften.

AXIS	BEDEUTUNG
auto	Automatische Erzeugung und Beschriftung aller Achsen
manual	Manuelle Achsenwahl
tight	Achsengrenzen exakt durch Plotdaten beschränkt
fill	Ähnlich „tight", falls die Achsenverhältnisse des Plotbereichs auf manuell gesetzt sind
ij	Koordinatenursprung links oben
xy	Koordinatenursprung links unten
equal	Achseneinheit in alle Richtungen gleich lang
image	equal plus tight
square	Erzeugt einen quadratischen (kubischen) Plotbereich
vis3d	Friert die Achsenverhältnisse zur 3-D-Rotation ein
normal	Wechselt zu den Default-Werten
off	Blendet die Achsen aus
on	Blendet die Achse wieder ein

14.2.5 Hold

`hold` schützt ein Fenster vor überschreiben. Dabei ist `hold` ein so genanntes Toggle-Kommando. D.h. der erste Aufruf schaltet hold ein, der zweite wieder aus. Alternativ können auch die Formen `hold on` und `hold off` genutzt werden.

Beispiel. `plot(x1,y1)` plottet die Daten (x1,x2). `plot(x2,y2)` plottet die Daten (x2,y2) und überschreibt den ersten Plot.

```
>> plot(x1,y1)
>> hold on
>> plot(x2,y2)
>> hold off
```

Mit `hold on` wird der erste Plot geschützt und der zweite hinzugefügt. Das letzte `hold off` schaltet den Schutz wieder ab.

14.2.6 Gitter hinzufügen

`>> grid` ist ein Toggle-Kommando und schaltet beim ersten Aufruf ein Gitter ein, beim zweiten aus. Anstelle von `grid` kann auch `grid on` bzw. `grid off` benutzt werden. `grid minor` ist ebenfalls ein Toggle und erzeugt ein feines Gitter bzw. schaltet es wieder aus. Der doppelte Aufruf `grid minor` entspricht `grid on`. Im Vorausgriff auf das Kapitel 17 sei hier bereits erwähnt wie die Gitterlinien zu nur einer Achse gezeichnet werden können. Mit `>> set(ah,'XGrid','on')` bzw. „off" lassen sich die x-Gitterlinien an- oder abschalten und analog mit „YGrid" die y-Gitterlinien. ah ist das Achsen-Handle. `grid` richtet sich nach der gewählten Achsenmarkierung. Ein Beispiel

```
x=0.01:0.002:pi/2;
y=sin(1./x)./x;
subplot(1,2,1)
plot(x,y), grid
subplot(1,2,2)
plot(x,y), grid
xt=[0 0.05 0.1 0.2 0.4 0.6 1. pi/2];
xl={'', '', '0.1', '', '', '0.6', '1', 'pi/2'};
set(gca,'XTick',xt,'XTickLabel',xl)
```

zeigt Abb. (14.5).

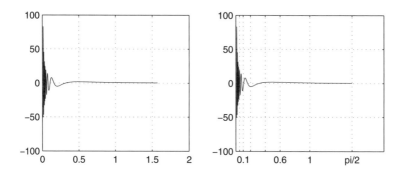

Abbildung 14.5: *Beispiel zum Plotten mit Gitterlinien.*

14.2.7 Zoomen und Scrollen

Das Kommando zoom erlaubt das Raus- und Reinzoomen in 2-D-Plots und kann als Toggle-Kommando verwendet werden. zoom on bzw. off schaltet den interaktiven Zoom an oder aus. zoom xon bzw. zoom yon schaltet den interaktiven Zoom für die x- bzw. y-Achse an. zoom reset speichert den gegenwärtigen Zoomfaktor als Default-Wert. zoom factor verkleinert oder vergrößert das Bild um den Faktor „factor". Existieren mehrere Plotfenster, so kann mit zoom(fh,'Bf') auf das Figure Window mit dem Handle fh zugegriffen werden. „Bf" kann jeden der oben aufgeführten Werte haben.

Mit dem Rel. 7 wurde eine neue Funktionalität zum mausbasierten Scrollen durch 2-D-Abbildungen zur Verfügung gestellt. Mit pan on lassen sich Abbildungen in x- und y-Richtung verschieben, pan xon bzw. pan yon erlaubt das Verschieben in x- bzw. y-Richtung. pan off schaltet die Funktionalität wieder aus. pan allein ist ein Toggle-Kommando und pan(fh) greift auf die Abbildung mit dem Figure Handle „fh" zu. pan ist insbesondere auch in Verbindung mit linkaxes zum Verknüpfen mehrerer Subplots von Interesse (vgl. dazu das Beispiel in der Einleitung). Die Pan-Funktionalität kann auch im Figure Window über das Handsymbol eingeschaltet werden. Mit der rechten Maustaste auf der Figure-Oberfläche öffnet sich ein Fenster, in dem die oben beschriebenen Funktionalitäten per Mausklick auch angewählt werden können.

14.2.8 Achsen beschriften

`xlabel`, `ylabel` und im 3-D-Fall `zlabel` dienen der Beschriftung der Koordinatenachsen. In allen drei Fällen ist die Syntax identisch, beschränken wir uns daher stellvertretend auf die x-Achse.

`xlabel('xachse')` beschriftet die x-Achse mit dem String „xachse". `xlabel(xfun)` führt die Funktion „xfun" aus und erwartet als Rückgabewert einen String zur Achsenbeschriftung. `xlabel(···,'Eigenschaft',Wert,`$cdots$`)` legt das Eigenschaftspaar fest. Eine Liste möglicher Eigenschaften ist in den Tabellen (14.6) und (14.7) aufgeführt. `h=xlabel(···)` liefert das Handle des Textobjektes zurück.

14.2.9 Legende und Titel

`title(Argument)` legt die Überschrift einer Abbildung fest. Dabei kann „Argument" dieselben Werte annehmen wie `xlabel`.
`legend(Arg,pos)` erzeugt zu einer Abbildung eine Legende. Der übliche Weg ist beispielsweise in einem Plot mit zwei Linien der Aufruf `legend('lin1','lin2')`. Die Legende besteht dann aus der Kennzeichnung des Linienstils und der gewählten Datenpunkte und dahinter der durch „lin1" bzw. „lin2" festgelegten Bezeichnung. Die Default-Position ist die rechte obere Bildecke zum zugehörigen Achsenpaar und kann mittels der Maus beliebig verschoben werden. Die möglichen Argumente „Arg" sind in Tabelle (14.4) aufgelistet und der optionale Wert pos (siehe Tabelle (14.5)) legt die Position der Legende fest.

Tabelle 14.4: legend(Arg,pos): Werte und Eigenschaften von Arg.

ARG	BEDEUTUNG
's1','s2',···	Zum i-ten zu plottenden Datenpaar gehöriger String „si"
h,'s1',···	h ist der Handle-Vektor der entsprechenden Grafikobjekte

Tabelle 14.5: legend(Arg,pos): Werte und Eigenschaften von pos.

POS=	BEDEUTUNG
-1	außerhalb der Achsenbegrenzung
0	Innerhalb der Achsenbegrenzung mit minimalem Überlapp mit den Plotpunkten
1	rechte obere Ecke
2	linke obere Ecke
3	linke untere Ecke
4	rechte untere Ecke

Beispiel.

```
x=0:0.1:2*pi;            % Daten
y1=sin(x+pi/10);
```

```
y2=sin(x-pi/10);
h=plot(x,y1,'-',x,y2,'--') % 1. Plot
z=abs(y1-y2);
axis('tight')
axes('Position',[0.2 0.15 0.3 0.2]) % 2. Plot
plot(x,z)
axis('tight')
title('abs(sin(1)-sin(2))')
legend(h,'sin(1)','sin(2)') % Legende zum 1. Plot
```

$x, y1$ und $y2$ sind die Daten des ersten Plots. Mit `h=plot(···)` wird der erste Plot ausgeführt und das zugehörige Handle zurückgegeben. `axis('tight')` sorgt für eine optimale Anpassung der Achsen. Mit `axes(···)` wird nun ein neues Achsenpaar erzeugt, das aktiv ist. Daher wird durch den nächsten Plotbefehl in dieses Achsenpaar gezeichnet. `title` wird ebenfalls bezüglich des aktiven letzten Achsenpaars ausgeführt. Die Legende soll aber zum ersten Plot gehören; dafür sorgt die Angabe des Plot-Handles „h". Das Ergebnis zeigt Abb. (14.6).

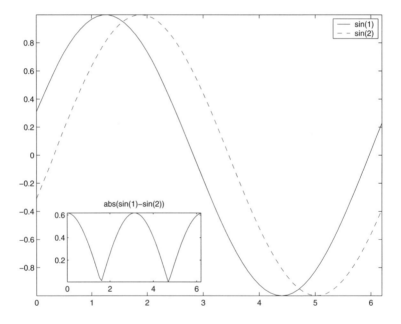

Abbildung 14.6: *Beispiel zu den Kommandos title und legend.*

14.2.10 Text verarbeiten

gtext. `gtext('Text')` öffnet das aktive Fenster mit einem zusätzlichen Fadenkreuz, das durch entsprechende Mausbewegung ausgerichtet werden kann. Drücken der rechten oder linken Maustaste druckt den String „Text" an der gewählten Position im Figure Window aus.

14.2 Achsen und Beschriftungen

plotedit. `plotedit` aktiviert den „Plot Edit Mode", d.h. nach Doppelklick auf ein Grafikobjekt im Figure Window öffnet sich der Property Editor und das entsprechende Grafikelement kann editiert werden. Plotedit ist ein Toggle-Kommando. Als Eigenschaften sind „on" und „off" zum Starten und Beenden des Edit-Modes erlaubt, mit `plotedit(fh,'eigen')` lässt sich das Figure Handle „fh" übergeben; „eigen" kann die Eigenschaften „on", „off", „showtoolsmenue" und „hidetoolsmenue" haben. Die letzten beiden Eigenschaften dienen zum Aufdecken oder Verdecken des Tool-Menues in der Menue-Leiste des Figures.

texlabel. `texlabel` konvergiert einen MATLAB Ausdruck in sein entsprechendes TeX-Äquivalent. `texlabel('alpha')` entspricht \alpha, `texlabel('alpha','literal')` dagegen alpha.

text. `text` ist eine grafische Low-Level-Funktion zum Erzeugen grafischer Text-Objekte. Die allgemeine Syntax ist >> `ht = text(x,y,z,'Text','Eigenschaft','Wert'`.

Tabelle 14.6: Liste der grundlegenden Texteigenschaften. Die Default-Werte stehen in „{ }".

BEZEICHNER	BEDEUTUNG	WERT
Editing	Editieren erlaubt oder nicht	on, {off}
Interpreter	TeX-Interpreter an oder aus	{tex}, latex, none
String	Textstring	Character String
Extend	Text: Position und Größe (xl,yl): linke untere Ecke	[xl,yl,breite,höhe]
HorizontalAlignment	Horizontale Ausrichtung	{left}, center, right
Position	Position	Koordinaten [x,y,z]
Rotation	Orientierung	Skalarer Wert; {0}
Units	Einheiten zu Extent und Position	pixels, normalized, inches, centimeters, points, {data}
VerticalAlignment	Vertikale Ausrichtung	top, cap {middle}, baseline bottom
BackgroundColor	Hintergrundfarbe	[r g b]-Werte
EdgeColor	Berandungsfarbe	[r g b]-Werte
LineWidth	Dicke der Berandungslinie	Skalar (points) {0.5}
LineStyle	Stil der Berandungslinie vgl. plot	{-}, --, :, -., none
Margin	Abstand: Text - Textbox (Ecke)	Skalar (Pixels) {2}
FontAngle	Font Winkel	{normal}, italic, oblique
FontName	Font	{Helvetica}
FontSize	Font Größe Werte in Font Einheiten	{10 points}
FontWeight	Textdichte	light, {normal}, demi, bold

Der Rückgabeparameter „ht" enthält die Texthandles und ist optional. Bei 2-D-Grafiken entfällt die Koordinate „z". Der String „Text" wird an der Koordinatenposition (x, y, z) ausgedruckt, die folgenden Parameter sind optional. Eine Liste der möglichen Basiseigenschaften findet sich in Tabelle (14.6), erweiterte Eigenschaften in Tabelle (14.7).

Tabelle 14.7: *Liste weiterer Texteigenschaften. Die Default-Werte stehen in „{ }".*

BEZEICHNER	BEDEUTUNG	WERT
Clipping	Einschränkung auf den durch die Achsen festgelegten Bildbereich	{on}, off
EraseMode	Löschen und Zeichnen	{normal}, none xor, background
SelectionHighlight	Hervorheben bei Auswahl	{on}, off
Visible	Sichtbar ja, nein	{on}, off
Color	Textfarbe	[r g b] Werte
HandleVisibility	Sichtbarkeit des Texthandles	{on}, off
HitTest	Kann der Text aktives Objekt werden	{on}, off
Selected	Ausgewählter Zustand	on, {off}
Tag	User bestimmtes Label	Beliebiger String
BusyAction	Behandlung von Callback-Routinen	cancel {queue}
ButtonDonwFcn	Callback-Routine bei Mausaktion	String oder Function Handle
CreateFcn	Callback-Routinen beim Erzeugen eines Textes	String oder Function Handle
DeleteFcn	Callback-Routinen beim Löschen eines Textes	String oder Function Handle
Interruptible	Legt fest ob Callback-Routine unterbrochen werden kann	{on}, off
UIContextMenu	Verknüpfung eines Context Menues mit Text	Handle von „uicontextmenu"

Beispiel. In vielen Anwendungsfällen, insbesondere aus der Statistik, ist es von Vorteil einzelne Datenpunkte mit einem Textlabel zu versehen. „dastr" enthält den Textstring, der an die einzelnen Datenpunkte mit dem Textkommando „text" angeheftet wird.

```
xd=rand(1,10)/10+0.01;
yd=rand(1,10)/10+0.015;
dastr=['10.01.'; '17.01.';'24.01.';...
       '31.01.';'07.02.';'14.02.';...
       '21.02.';'28.02.';'07.03.';'14.03.'];
plot(xd,yd,'o')
text(xd,yd,dastr,'fontsize',10,...
    'verticalalignment','bottom');
xlabel('Portfolio A');
ylabel('Portfolio B');
```

14.3 Ausdruck

```
title('Rendite -1');
xmin=min([xd yd]);
xmax=max([xd yd]);
xp=linspace(xmin,xmax);
hold on
plot(xp,xp)
hold off
```

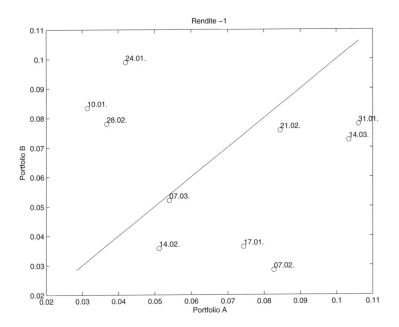

Abbildung 14.7: Anwendungsbeispiel zum Kommando text.

14.3 Ausdruck

print, printopt und orient dienen zum Ausdrucken von Grafiken oder Simulink-Modellen.

orient. Mit „orient" kann die Orientierung des Ausdruckes festgelegt werden. orient liefert die gegenwärtige Einstellung zurück. Mit orient eig, bzw. mit orient(fh,eig) kann die Orientierung festgelegt werden. „fh" ist dabei das Figure Handle oder der Name des Simulink-Modells, „eig" kann entweder „portrait", „landscape" oder „tall" sein.

print, printopt und saveas. [pcmd,dev]=printop liefert das aktuelle Betriebssystem-spezifische Printkommando und den entsprechenden Device zurück, also beispielsweise auf einem Linux-Rechner

```
>> [pcmd,dev]=printopt
pcmd =
lpr -r
dev =
-dps2
```

Im Matlabpfad befindet sich unter toolbox/local/ der File printopt.m, das für die Defaulteinstellungen verantwortlich ist und das gegebenenfalls editiert werden kann.

`print` druckt die aktuelle Abbildung entsprechend den Rückgabewerten von „printopt" aus. Die funktionale Form ist `print(···)`, wobei die Argumente sich nicht von den folgenden Beschreibungen unterscheiden. `print filename` leitet den Ausdruck in den File „filename" um und `print -ddriver` in den durch „driver" spezifizierten Drucker. Eine umfangreiche Liste findet sich in der Dokumentation. Druckerunabhängig sind verschiedene PostScript- und Windows-Wahlmöglichkeiten, die in Tabelle (14.8) aufgelistet sind.

Tabelle 14.8: Liste ausgewählter Druckertreiber.

POSTSCRIPT		WINDOWS	
TREIBER	PRINTKOMMANDO	TREIBER	PRINTKOMMANDO
schwarz/weiß	-dps	Color	-dwinc
Farbig	-dpsc	Monochrom	-dwin
level 2:			
schwarz/weiß	-dps2		
Farbig	-dpsc2		

`print -dformat` kopiert die aktuelle Abbildung in das System Clipboard unter Windows. Erlaubte Werte sind für „format" entweder -dmeta (Window Enhanced Metafile) oder -dbitmap (Window Bitmap). `print -options` legt die möglichen Printoptions fest. Eine Liste findet sich in Tabelle (14.9).

saveas. `saveas` dient zum Speichern einer Abbildung in unterschiedliche Formate. Diese Funktionalität wird auch durch das Plot Window unter dem Menü „File → save as" unterstützt. Der Kommandozeilen-orientierte Aufruf lautet `saveas(h,'filename.ext')` oder `saveas(h,'filename','format')`. Im ersten Fall wird das Figure mit dem Handle „h" in der Datei „filename.ext" abgespeichert, das Format ist durch die Dateikennung „ext" festgelegt. Im alternativen zweiten Fall legt „format" das Format fest. Die unterstützten Formate sind in Tabelle (14.10) aufgelistet.

Tabelle 14.9: Liste möglicher Printoptions.

OPTION	BEDEUTUNG
-adobecset	für ältere PostScriptdrucker; steht für:
	Use Adobe PS default character set encoding
-append	nur PostScript
	Anhängen an bereits existierenden PS-File
-cmyk	nur PostScript
	Druck mit CMYK Farben anstelle RGB
-ddriver	Festlegung des Druckertreibers (s.o.)
-dformat	Grafikformat (s.o.)
-dsetup	Ausgabe des Printer Setup Dialogs
-fhandle	Festlegung des Figure Handles
-loose	nur PostScript
	Benutzen einer „loose Bounding Box"
-noui	Unterdrückung von User Interface Objekten (GUI)
-OpenGL	Nutzt OpenGL Renderer
-painters	Renderer nutzt Painters Algorithmus
-Pprinter	Festlegung des Drucker (s.o.)
-rnumber	nur PostScript und Ghostscript
	Festlegung der Auflösung (dots per inch)
-swindowtitle	Festlegung des Simulink Windows
-v	nur Windows: Ausgabe des Printer Dialogs
-zbuffer	Nutzt ZBuffer Renderer

Tabelle 14.10: Liste der beim Speichern von Abbildungen unterstützten Formate. („n SL" steht für „nicht für Simulink geeignet".)

FORMAT	KURZERLÄUTERUNG
ai	Adobe Illustrator 88
bmp	Windows Bitmap
emf	Enhanced Metafile
eps	EPS Level 1
fig	MATLAB Figure (n SL)
jpg	JPEG Format (n SL)
m	MATLAB M-file (n SL)
pbm	Portable Bitmap
pcx	24 bit Paintbrush
pgm	Portable Graymap
png	Portable Network Graphics
ppm	Portable Pixmap
tif	komprimiertes TIFF-Format

14.4 Grafische Hilfsfunktionen

`getplottool` und `showplottool` dienen zum Zeigen und Auflisten der grafischen Komponenten der Figure-Umgebung. Ist „fh" das Figure Handle, dann liefert `c = getplottool(fh,'tool')` Informationen zur auf Java basierenden Figure-Palette (tool = figurepalette), für „tool = plotbrowser" zum Java Plot-Browser und für „tool = propertyeditor" zum Java Property-Editor der entsprechenden Abbildung. „c" ist das korrespondierende Objekt.

`showplottool` dient zum Aufdecken oder Verstecken der entsprechenden Figure Plot Tools. Die erlaubte Syntax ist `showplottool('tool')`, wobei „tool" einer der folgenden drei Strings sein kann: figurepalette, plotbrowser oder propertyeditor. Mit `showplottool('plotbrowser')` beispielsweise öffnet sich im aktuellen Figure Window das „Plot Browser"-Fenster.

Dieselbe Funktionalität bietet `showplottool('on','tool')`, das das durch „tool" festgelegte Eigenschaftsfenster öffnet, während `showplottool('off','tool')` es wieder schließt. `showplottool('toggle','tool')` versieht „tool" mit der Toggle-Eigenschaft, das heißt beim ersten Aufruf wird das korrespondierende Objekt geöffnet, beim zweiten geschlossen. `showplottool(fh,...)` wirkt statt auf das gegenwärtig aktive Plot-Fenster auf das durch das Figure Handle festgelegte.

15 3-D-Grafik

15.1 Grundlegende 3-D-Plots

Liniengrafik plot3

Polygonplots fill3

Flächengrafik mesh, meshc, meshz, surf, surfc

15.1.1 Lineare 3-D-Plots: plot3

Das Kommando `plot3` ist das 3-dimensionale Gegenstück zu `plot` und dient der Erstellung von Liniengrafiken im Dreidimensionalen. `plot3(x,y,z)` unterscheidet sich von `plot` nur durch das Auftreten der dritten Koordinate. Tatsächlich kann die Funktion `plot` auch als dreidimensionaler Plot mit senkrecht stehender z-Achse interpretiert werden, was sich leicht durch Aktivieren des Rotationsbuttons im Figure Window dokumentieren lässt. Das folgende Beispiel ist in Abbildung (15.1) dargestellt.

```
>> t=0:0.01:5;
>> x=exp(-t/3).*cos(2*pi*t);
>> y=exp(-t/3).*sin(2*pi*t);
>> xlabel('x(t)')
>> ylabel('y(t)')
>> zlabel('t^2')
>> plot3(x,y,z)
```

15.1.2 3-D-Polygone: fill3

`fill3` erzeugt farbig ausgefüllte Polygone. Die allgemeine Syntax ist
```
>> h = fill3(x,y,z,C,'Eigenschaft',Wert),
```
dabei ist der optionale Rückgabeparameter h das Handle zu fill3, (x,y,z) sind die Polygonvertices und C eine Farbmatrix (Colormap). Die erlaubten Eigenschaften entsprechen denen von Patch-Objekten und sind in Kapitel 16.8 aufgelistet. Das folgende Beispiel dokumentiert die Eigenschaften:

```
>> x=rand(3,10);              >> c=rand(3,10);
>> y=rand(3,10);              >> fill3(x,y,z,c)
>> z=rand(3,10);
```

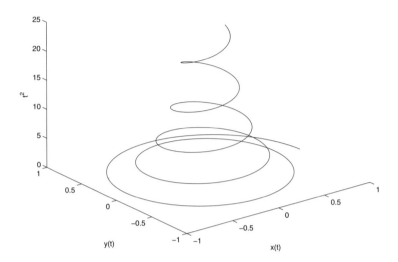

Abbildung 15.1: *Beispiel für einen dreidimensionalen Linienplot. Kommandos wie beispielsweise xlabel oder auch legend und text können wie im 2-D-Fall genutzt werden.*

x ist eine 3 × 10-Zufallsmatrix und liefert jeweils 1 Ecke der 10 Polygone; ebenso y und z. Die Zufallsmatrix c dient als Farbmatrix.

15.1.3 Gittergrafiken: Die Mesh-Familie

Die Befehle der Mesh-Familie erzeugen eine offene Gittergrafik einer dreidimensionalen Fläche. Die allgemeine Syntax ist bei allen drei gleich:
`>> h=mesh(X,Y,Z,C,'Eigenschaft',Wert)`. Dabei ist der optionale Rückgabeparameter h das Handle, X,Y und Z die Matrizen, die die Schnittlinien mit dem Gitter kennzeichnen und C eine Farbmatrix. `meshc` superponiert einen Konturplot und `meshz` einen Sockel. „Eigenschaft" und Wert entsprechen denen von Surface-Objekten und sind in Kapitel 17.3 aufgelistet. Das folgende Beispiel ist in Abb. (15.2) dargestellt:

```
>> x=-2.:0.1:2.;      % Gitterraster in x-Richtung
>> y=x;               % Gitterraster in y-Richtung
>> [X,Y]=meshgrid(x,y); % Gittermatrix
>> Z=X.^2 - Y.^2;     % hyperbolisches Paraboloid
>> meshc(X,Y,Z)       % 3-d Gittergrafik .
```

15.1.4 Flächengrafiken: Die Surf-Familie

Die surf-Familie besteht aus den beiden Befehlen `surf` für Flächengrafiken und `surfc` für eine Flächengrafik mit superponiertem Kontur-Plot. Syntax und Bedeutung der

15.2 Achsen und Beschriftung

Parameter `h=surf(X,Y,Z,C,'Eigenschaft',Wert)` entsprechen denen von mesh. Eine weitere wichtige Gestaltungsmöglichkeit bietet die Wahl von „shading", vgl. dazu Kap. 15.3. Ein Beispiel zeigt Abb. (15.2).

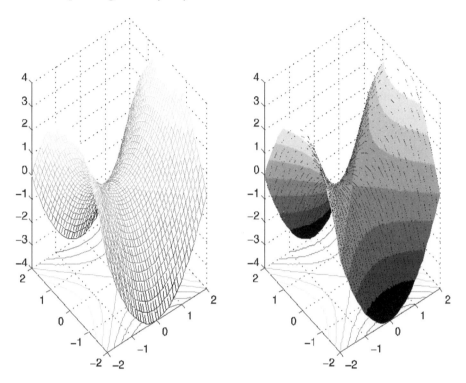

Abbildung 15.2: *Auf der linken Seite das Ergebnis von* >> *meshc(X,Y,Z) und rechts* >> *surfc(X,Y,Z) mit* >> *shading interp.*

15.2 Achsen und Beschriftung

Grundlegende Aspekte der Achsen und der Beschriftungen sind im Zwei- und Dreidimensionalen identisch. Die Beschriftung der Abbildungen und Achsen mittels title, x-, y-, oder zlabel, text, gtext und plotedit wurden bereits im vorigen Abschnitt besprochen (vgl. Kap. 14.2) und lassen sich sinngemäß auf den dreidimensionalen Fall übertragen. Dasselbe gilt für die Befehle axis, axes zu den Achsen, dem Erzeugen bzw. Überlagern mehrerer Abbildungen mittels subplot und hold on, dem Überlagern eines Gitters mittels grid, oder eines Kastens mit box.

Achsenverhältnisse daspect, pbaspect

Achsengrenzen xlim, ylim, zlim

Farbbalken colorbar

15.2.1 Achsengrenzen und -verhältnisse

Relative Verhältnisse: daspect und pbaspect. daspect setzt das relative Verhältnis einer Achseneinheit zueinander. Zum Beispiel bedeutet daspect([1 1 3]), dass die Länge einer Einheit der x- gleich der Länge einer Einheit der y- gleich der Länge von drei Einheiten der z-Achse ist. >> k=daspect liefert die aktuellen Werte zurück. >> daspect([ax ay az]) setzt die Achsenverhältnisse der aktiven Achsen. Mit Hilfe des Achsen-Handles ah, daspect(ah,···), kann man auf eine beliebige Achse zugreifen. Mit den Argumenten „auto" lässt sich der „Auto-Mode" mit „manual" der „Manual-Mode" einstellen und mit „mode" der eingestellte Mode abfragen.

pbaspect erlaubt dieselben Argumente wie daspect, wobei hier die Verhältnisse der Plotbox abgefragt bzw. gesetzt werden. Während mit daspect die relativen Einheiten der Achsen zueinander skaliert werden, werden mit pbaspect die relativen Längen der Achsen zueinander festgelegt.

Achsengrenzen: x-, y- und zlim. x-, y- und zlim dienen der Begrenzung der entsprechenden Achsen, ihre Syntax ist identisch. Beispielsweise werden mit xlim die aktuellen Intervallgrenzen der x-Achse abgefragt und mit xlim([xmin xmax]) gesetzt. Ähnlich den Kommados daspect oder pbaspect lässt sich mit xlim(ah,···) die Achse mit dem Achsen-Handle „ah" ansprechen, mit xlim('auto') wird der „auto", mit xlim('manual') der „manual" Mode gesetzt und mit xlim('mode') abgefragt.

15.2.2 Farbbalken: colorbar

Mit colorbar wird ein vertikaler Farbbalken (Default) zur 2- oder 3-D-Grafik erzeugt. Äquivalent dazu ist colorbar('vert'), während mit colorbar('horiz') ein horizontaler Farbbalken der Grafik hinzugefügt wird. colorbar(···, 'peer', ah) erzeugt einen Farbbalken zur Achse mit dem Handle ah und h=colorbar(···) liefert das Handle der aktuell erzeugten Colorbar zurück. colorbar(ah) fügt der Achse mit dem Handle „ah" einen Farbbalken in der voreingestellten rechten Bildhälfte bei. Mit colorbar(..., 'location','wert') kann eine spezifische Orientierung bezüglich der Achse ausgewählt werden. „location" kann die folgende Werte haben: North (horizontal innerhalb der Plot-Box oben), South (horizontal innerhalb der Plot-Box unten), East (vertikal innerhalb der Plot-Box rechts) und West (vertikal innerhalb der Plot-Box links). Die entsprechenden Werte für außerhalb der Plot-Box lauten NorthOutside, SouthOutside, EastOutside und WestOutside. Neben der Position lassen sich mit colorbar(...,'Eigenschaften','Wert') noch verschiedene Eigenschaften (beispielsweise YTickLabel) setzen. Eine vollständige Liste der Eigenschaften wird unter den Achseneigenschaften in Abschnitt 17.2 diskutiert.

Farbbalken mit festen Grenzen. Das MATLAB Kommando caxis (vgl. nächster Abschnitt) erlaubt die Colorbar mit festen Grenzen zu versehen. Ein Beispiel zeigt der folgende Programmcode, das Ergebnis ist in Abb. (15.3) dargestellt.

```
x=-1:0.1:1; y=x; [X,Y]=meshgrid(x,y);
Z=25*X.^2+Y.^2;
```

15.2 Achsen und Beschriftung

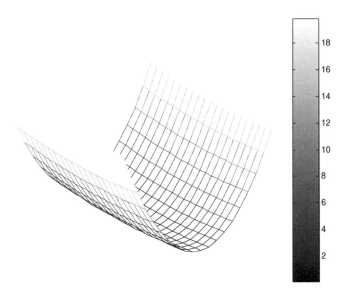

Abbildung 15.3: *Mittels caxis manual und caxis([0,20]) wurde der Farbbalken auf die Grenzen $0 \cdots 20$ eingegrenzt. set(gca,'Visible','off') blendet zusätzlich noch die Achsen aus.*

```
mesh(X,Y,Z)
set(gca,'Visible','off')
%   colorbar manuell setzen
caxis manual; caxis([0,20]);
colorbar;
```

Gemeinsamer Farbbalken. Das folgende Beispiel zeigt, wie innerhalb von MATLAB ein gemeinsamer Farbbalken eingerichtet werden kann. Zum Ausdrucken empfiehlt es sich allerdings, mit einem künstlichen Achsensystem und einem künstlichen Plot zu arbeiten, deren Eigenschaft „visible" auf „off" gesetzt wurde.

```
%   Plots ausfuehren und handles speichern
ax(1) = subplot(3,1,1);
peaks(10);
ax(2) = subplot(3,1,2);
peaks(20);
ax(3) = subplot(3,1,3);
peaks(30);
h=colorbar;
% Colorbar ersteckt sich ueber den letzten Subplot
% Positionierung umskalieren
for k=1:3
    pos=get(ax(k), 'Position');
    axes(ax(k))
    set(ax(k),'Position',...
```

```
                [pos(1), pos(2), 0.67 pos(4)])
end
set(h,'Position',[0.85 0.1 0.05 0.81]);
```

(peaks ist eine Testfunktion zu Flächendarstellungen und erlaubt auch drei Rückgabeargumente.)

Zum Ausdrucken geeignete Version (Abb. (15.4)):

```
% h=colorbar; entfaellt und
% statt set(h,...)
al=subplot('Position',[0.9 0.1 0.25 0.81]);
[X,Y,Z]=peaks(30);
ap=mesh(X,Y,Z);
set(al,'visible','off')
set(ap,'visible','off')
colorbar('left')
```

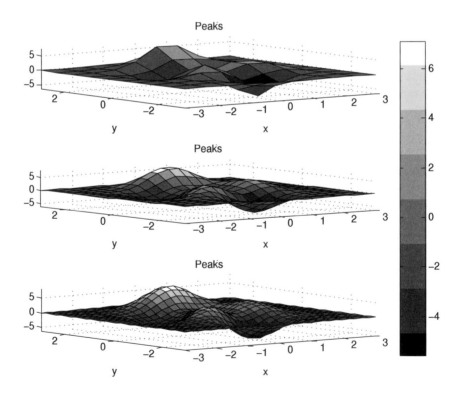

Abbildung 15.4: *Gemeinsamer Farbbalken für mehrere Subplots.*

15.3 Farbe

15.3.1 Befehlsübersicht

Farbmatrix colormap, colormapeditor, colordef

Farbskalierung caxis

Farbhelligkeiten brighten

Hintergrundfarbe whitebg

Farbschattierung shading, hidden

Schwarz-Weiß-Monitor graymon

15.3.2 Die Farbmatrix

In MATLAB werden bei Farbgrafiken die Farben als $m \otimes 3$-Matrix übergeben. Die einzelnen RGB-Werte liegen zwischen 0 und 1 und repräsentieren spaltenweise die entsprechenden R_{ot}-$G_{rün}$-B_{lau}-Werte. (Die Transformation von RGB- auf HSV-Werte wurde in Abschnitt 6.10 angesprochen.) Mit dem Kommando `FM = colormap` erhält man die aktuell verwendete Farbmatrix „FM" zurück. Ist FMneu eine $m \otimes 3$-RGB-Farbmatrix, so lässt sich mittels `colormap(FMneu)` eine neue Farbmatrix übergeben. Mit `colormap vordef` bzw. `colormap('vordef')` lassen sich in MATLAB bereits vordefinierte Farbmatrizen übergeben. Tabelle (15.1) listet die verfügbaren Farbtafeln auf.

Tabelle 15.1: Farbtafeln.

COLORMAP	VORHERRSCHENDE FARBTÖNE
default	Voreinstellung
hsv	farbgesättigt
hot	schwarz, rot, gelb und weiß
gray	Grautöne
bone	grau-blau
copper	Kupfertöne
pink	pastel-pink
white	farblos
flag	alternierend rot, weiß, blau und schwarz
lines	farbige Linienstrukturen
colorcube	
vga	
jet	farbgesättigt
prism	
cool	cyan und magenta
autumn	rot und gelb
spring	magenta und gelb
winter	blau und grün
summer	gelb und grün

Farbeditor. `>> colormapeditor` öffnet den Farbeditor, ein grafisches User Interface zum komfortablen Verändern der Farben einer Abbildung. Der ColorMapEditor hat eine Menüleiste; dort lassen sich unter „Tools" die voreingestellten Farbtafeln aus Tab. (15.1) auswählen. Zusätzlich besteht der Farbeditor aus der aktuellen Farbskala mit verschiebbaren Reglern, die die aktuell genutzten Farbgrenzen und -aufteilungen verändern lassen. Weitere Farbregler lassen sich durch Klicken mit der rechten Maustaste unter der Farbskala erzeugen. Der aktuelle Farbwert kann zusätzlich noch als HSV- oder RGB-Wert abgelesen werden.

Farbskalierung. `caxis` dient der Farbachsenskalierung von Surface-, Patch- und Imageobjekten. Ein Anwendungsbeispiel zeigt Abb. (15.3). `caxis([cmin cmax])` setzt die Farbgrenzen auf die vorgegebenen Minimum- und Maximumwerte. `caxis auto` überlässt MATLAB die Wahl der Farbgrenzen und `caxis manual` sowie `caxis( caxis)` friert die Farbgrenzen auf die aktuell gewählten Grenzen ein. `cv = caxis` gibt die aktuellen Grenzen als zweizeiligen Vektor zurück. Mit `caxis(ah,...)` wird die Farbskalierung zur Achse mit dem Handle „ah" angesprochen. `caxis` verändert die „CLim"- und „CLimMode"-Eigenschaft der Achse, die im Kapitel 17.2 angesprochen werden wird.

Farbhelligkeiten. `brighten(hd)` hellt $(0 < \text{hd} < 1)$ die aktuelle Colormap auf oder dunkelt $(-1 < \text{hd} < 0)$ sie ein. `brighten(hf,hd)` wirkt auf alle Kinder der Figure mit dem Handle „hf". Mit `FMneu = brighten(hd)` wird eine neue entsprechend modifizierte Farbmatrix „FMneu" der aktuellen Farbmatrix erzeugt und `FMneu = brighten(FM,hd)` erzeugt aus der „alten" Farbmatrix „FM" eine Neue ohne die aktuelle Abbildung zu verändern.

Hintergrundfarbe. `whitebg` wandelt die aktuelle Hintergrundfarbe in ihre komplementäre um. D.h. weiß wird zu schwarz, der doppelte Aufruf stellt wieder die ursprüngliche Abbildung her. `whitebg(h)` wandelt die Hintergrundfarben aller durch die Handles „h" festgelegten Figures in ihre komplementären Farben, `whitebg(ColorSpec)` und `whitebg(h,ColorSpec)` wechseln die Hintergrundfarben aller Achsenobjekte des aktuellen Figures bzw. der durch die Figure Handle „h" festgelegten Abbildungen. „ColorSpec" ist dabei ein dreidimensionaler Vektor der korrespondierenden RGB-Werte.

15.3.3 Farbschattierung

`shading arg` legt die Schattierung einer Farbfläche fest. „arg" kann die Werte „flat", „faceted" und „interp" annehmen. Die Standardeinstellung bei `surf` ist beispielsweise „faceted". Dies führt zu einzelnen Farbvierecken mit schwarzer Umrandung. Bei „flat" entfallen die Begrenzungslinien und bei „interp" wird kontinuierlich über die Farbfläche interpoliert. Testen Sie dazu einmal

```
>> peaks(35)
>> FM=rand(25,3);
>> colormap(FM)
>> shading interp
```

`hidden` dient dem Entfernen verdeckter Linien in Mesh Plots. `hidden` ist ein Toggle-Kommando, d.h. es wechselt bei jedem Aufruf von sichtbar Machen der verdeckten

Linien zu unsichtbar und umgekehrt. Mit `hidden on` bzw. `hidden off` werden verdeckte Linien unsichtbar bzw. sichtbar.

15.3.4 Schwarz-Weiß-Monitor

`graymon` setzt die Voreinstellungen der Figure-Eigenschaften auf einen Schwarz-Weiß-Monitor für die korrespondierende Grauwerte-Darstellung.

15.4 Beleuchtung und Transparenz

15.4.1 Befehlsübersicht

Beleuchtung surfl, lighting

Reflexionen diffuse, material, specular

Flächennormale surfnorm

Transparenz alpha, alphamap, alim

15.4.2 Beleuchtung

`surfl` gehört zu der bereits beschriebenen `surf`-Familie und erlaubt ähnliche Argumente, zusätzlich werden Beleuchtungseffekte unterstützt. Der Standardaufruf ist `surfl(Z)` bzw. `surfl(X,Y,Z)` und entspricht dem von `surf`. `surfl(...,'light')` erzeugt eine glänzende, selbstleuchtende Oberfläche und `surfl(...,s)` legt die Richtung der Beleuchtungsquelle fest. „s" ist ein 2- oder 3-dimensionaler Vektor, dessen Elemente entweder durch den Elevations- und Azimuthwinkel (Voreinstellung $45°$ gegen den Uhrzeiger vom aktuellen Blickwinkel ausgehend) oder durch die 3-D-Koordinaten gegeben ist. In `surfl(X,Y,Z,s,k)` ist „k" ein 4-dimensionaler Vektor, der die Reflexionskonstanten festlegt. Voreinstellung ist [.55,.6,.4,10]. `h = surfl(...)` schließlich gibt das Handle des Grafikobjekts zurück.

`lighting alg` bestimmt den Algorithmus zur Berechnung der Beleuchtungseffekte. „alg" kann die Werte flat, gouraud, phong und none annehmen. Je nach gewähltem Verfahren verändern sich die beleuchteten und beschatteten Flächen. „none" schaltet den Effekt aus.

15.4.3 Reflexionen

`R = diffuse(Nx,Ny,Nz,Q)` berechnet den diffusen Reflexionsfaktor für eine Fläche unter dem Normalenvektor $\vec{N}$. „Q" legt die Richtung der Lichtquelle fest und kann entweder ein 3-D-Vektor sein oder ein 2-D-Winkelvektor in sphärischen Koordinaten. Der diffuse Reflexionsvektor entspricht der zweiten Komponente in „k" in `surfl(X,Y,Z,s,k)` (s.o.).

Die Reflexionseigenschaft von Oberflächen wie surface- und patch-Objekten wird durch den Befehl `material wert` gesetzt. Als „wert" ist shiny (strahlend, unter Umständen werden die Schattenflächen vergrößert), dull (eher diffuse), metal (hohe Reflexion) und default erlaubt. Alternativ können relative Reflexionskoeffizienten `material([ka kd ks])`, Spiegelwerte n `material([ka kd ks],n)` und Farbreflexionen s `material([ka kd ks],n,s)` genutzt werden.

R = `specular(Nx,Ny,Nz,S,V)` berechnet den Spiegelreflexionskoeffizienten. Wie unter diffuse ist $\vec{N}$ der Normalenvektor der Fläche, „Q" und „B" sind die Richtung der Lichtquelle und des Beobachters, die wieder entweder als 3-D-Vektoren oder als 2-D-Winkelvektoren in sphärischen Koordinaten übergeben werden können.

15.4.4 Flächennormale

`surfnorm(Z)` und `surfnorm(X,Y,Z)` visualisiert die Flächennormalen einer Oberfläche und `[N1,N2,N3] = surfnorm(X,Y,Z)` berechnet die Normalenvektoren. Sind „X", „Y", „Z" n × m-Matrizen, dann auch die Normalenkomponenten „Ni". Die Berechnung der Normalenvektoren basiert auf einem bikubischen Fit.

15.4.5 Transparenz

Die Funktionen `alpha`, `alphamap` und `alim` setzten oder beeinflussen die Transparenz-Eigenschaften von Surface-, Patch- oder Image-Objekten. Diese Eigenschaften werden im Kapitel 17 unter den jeweiligen Objekten detaillierter vorgestellt werden.

`alpha` dient der Kontrolle der Transparenzeigenschaften eines grafischen Objektes. `alpha(face_alpha)` setzt die FaceAlpha-Eigenschaft, die für Patch-Objekte die Werte scalar (Voreinstellung 1), flat und interp (bikubische Interpolation) sowie allgemein „texture", „opaque" und clear annehmen kann. `alpha('opaque')` ist dasselbe wie `alpha(1)` und `alpha('clear')` entspricht `alpha(0)`. Die Face-Alpha-Eigenschaft bestimmt die Transparenz der Flächen der einzelnen Grafikelemente. Die Bedeutung wird bei den einzelnen Objekten im 17. Kapitel diskutiert.
`alpha(alpha_data)` ist wie die Farbmatrix CData aufgebaut und gibt zu jedem Element die Transparenz wieder. Für Surface-Objekte kann „alpha_data" die Werte „x" (AlphaData Eigenschaft wie XData), „y" (wie YData) und „z" (wie ZData) sowie „color" (wie CData) und „rand" für Zufallswerte annehmen. Für Image-Objekte sind die Werte „x", „y" und „z" zwar erlaubt, werden aber ignoriert. „color" und „rand" haben wiederum dieselbe Bedeutung. Für Patch-Objekte werden die FaceVertexAlphaData-Eigenschaften gesetzt, die wiederum die Transparenz bestimmen. Es sind dieselben Werte wie oben erlaubt. `alpha(alpha_data_mapping)` setzt die AlphaDataMapping-Eigenschaft. Erlaubt sind die Werte „scaled", „direct" und „none". `alpha(oh, .)` setzt die Transparenzeigenschaften nur für die Objekte mit dem Handle „oh".

Die Funktion `alphamap` dient zum Steuern der AlphaMap-Eigenschaft eines grafischen Objektes und wirkt, sofern ohne Handle, auf die aktuelle Abbildung. `alphamap(alpha_map)` setzt die Alpha-Werte der aktuellen Abbildung und `alpha_map = alphamap(fh)` liest sie aus. „fh" ist optional und wirkt auf die Abbildung mit dem Figure Handle fh, „alpha_map" ist ein m-dimensionaler Zeilenvektor. `alphamap('parameter')` erzeugt eine neue AlphaMap oder modifiziert die bestehende. In Tabelle (15.2) sind die möglichen Werte aufgelistet. `alphamap('parameter',l)` erzeugt eine neue AlphaMap der Länge „l". `alphamap('parameter', delta)` modifiziert die bestehende AlphaMap. Ist beispielsweise der Parameter „spin", dann bedeutet delta die Drehung von AlphaMap. `alphamap(fh,...)` wirkt statt auf die aktuelle Abbildung auf diejenige mit Figure Handle „fh". `alpha_map = alphamap('parameter')` erzeugt aus der aktuellen Alpha-Map eine neue basierend auf „parameter".

Tabelle 15.2: *Übersicht der unterstützten Parameter in* `alphamap('parameter')`.

'PARAMETER'	KURZERLÄUTERUNG
default	Setzt die AlphaMap auf die voreingestellten Werte
rampup	Erzeugt eine lineare AlphaMap mit zunehmender Opazität
rampdown	mit abnehmender Opazität
vup	AlphaMap undurchsichtig im Zentrum linear durchscheinend zum Rand
vdown	AlphaMap durchsichtig im Zentrum linear undurchsichtig zum Rand
increase	AlphaMap wird zunehmend undurchsichtig
decrease	AlphaMap wird zunehmend durchsichtig
spin	Rotiert die AlphaMap

`alim` setzt oder erfragt die Grenzen von Alpha. Die Syntax ist `alpha_lim = alim` zum Erfragen und `alim([amin amax])` zum Festlegen der Grenzen. `alim_mode = alim('mode')` liefert und `alim('alim_mode)` gibt die Art und Weise vor, wie die Grenzen festgelegt werden. Es gibt zwei unterschiedliche Modi, „auto" und „manual". `alim(ah, ...)` wirkt auf die Achse mit dem Achsen-Handle „ah".

15.5 Veränderung des Blickwinkels

Zur Veränderung des Blickwinkels bei 3-D-Grafiken dienen Drehungen um das Abbildungszentrum – nicht um den Koordinatenursprung. Dies ist auch sinnvoll, da der Koordinatenursprung unter Umständen weit außerhalb der Bildebene liegen kann. Mit `view(a,e)` wird eine aktive Drehung um den Azimuth-Winkel „a" (Winkel in der xy-Ebene) und um den Elevationswinkel „e" (kippt die xy-Ebene nach oben) durchgeführt. `view([x,y,z])` erfüllt dieselbe Aufgabe, (x,y,z) sind kartesische Koordinaten. `view(1)` und `view(2)` wählt die 2-D- bzw. 3-D-Voreinstellung. An Stelle der Koordinaten kann auch eine 4 × 4-Transformationsmatrix „T" übergeben werden, `view(T)`. Neben der aktiven Drehung lässt sich die aktuelle Orientierung im Raum abfragen, `r = view`, wobei „r" analog zu den obigen Möglichkeiten entweder „T" oder die Winkel „[a,e]" sein kann.

T = viewmtx(az,el) dient zur Berechnung der orthografischen und T = viewmtx (az,el,phi) der perspektivischen Transformationsmatrix. „phi" ist der Beobachtungswinkel. Zusätzlich lässt sich via T = viewmtx(az,el,phi,xc) noch ein dreikomponentiger Zielpunkt innerhalb des Plotkubus vorgeben. (Bei einer orthografischen Projektion besteht das Beobachtungsvolumen aus einem rechtwinkligen Parallelepiped, bei einer perspektivischen Projektion aus einer stumpfen Pyramide.)

Das Toggle-Kommando rotate3d schaltet die mausbasierte Rotation an oder aus, rotate3d on bzw. rotate3d off überspielt die Toggle-Eigenschaft. rotate3d(fah, ...) übergibt entweder ein Figure oder ein Axes Handle, so dass rotate3d nicht auf das aktuell aktive, sondern auf das zum Handle gehörige Objekt wirkt.

15.6 Kamerafunktion

Die Kameraeigenschaft von MATLAB bietet eine Fülle beeindruckender Visualisierungsmöglichkeiten und wird auch durch geeignete Menüs im Plot-Fenster unterstützt.

15.6.1 Befehlsübersicht

Kameraposition campos, camtarget, camva, camup, camproj

Kamerakontrolle camorbit, campan, camdolly, camzoom, camroll, camlookat, cameratoolbar

Beleuchtungskontrolle camlight, lightangle

15.6.2 Kameraposition

campos dient der Kontrolle der Kameraposition. Die aktuellen Werte werden ohne Eingabeargument zurückgeliefert und mit Eingabewert gesetzt. campos([cpos]) setzt die Position der Kamera, wobei „cpos" ein kartesischer Vektor ist. campos('mode') gibt den aktuell gewählten Mode zurück und campos('auto') bzw. campos('manual') setzt ihn auf „auto" bzw. „manual". campos(ah, ...) wirkt auf die Grafik mit dem Achsen-Handle „ah".

camtarget setzt oder erfragt den Ort des Kameratargets. Die erlaubten Argumente entsprechen exakt denen von campos. camva dient der Kontrolle des Kamerablickwinkels. Als Argument dient der Beobachtungwinkel. Ohne Argument wird der aktuelle Wert zurückgegeben. Wie in campos kann der Mode erfragt („mode") oder gesetzt („auto" und „manual") werden. camup legt die Richtung fest, bezüglich der die Kamera in der Bildszene orientiert ist. Die möglichen Argumente entsprechen denen der obigen Funktionen, der zugehörige Vektor ist in kartesischen Koordinaten.

camproj('pj') legt den Projektionstyp fest. Unterstützt werden orthografische („orthographic") und perspektivische („perspective") Projektionen. Ohne Argument wird die aktuelle Einstellung zurückgegeben. Zusätzlich kann noch ein Achsen-Handle „ah", camproj(ah,...), übergeben werden. Ohne Achsen-Handle wirkt camproj auf das aktuelle Objekt.

15.6.3 Kamerakontrolle

`camorbit(dtheta,dphi)` rotiert die Kamera mit „dtheta,dphi" um das Kameraziel. „dtheta" ist der horizontale und dphi der vertikale Drehwinkel. Mit geeigneten Schritten lässt sich mit einem kleinen Codefragment

```
>> for k=1:100
pause(0.1), camorbit(dphi,dtheta)
end
```

eine Abbildung von allen Seiten betrachten und in Verbindung mit dem Befehl `movie` auch ein kurzer Film zur Visualisierung drehen. Zwei weitere optionale Argumente sind „coordsys", mit dem der Rotationspunkt, und „direction", mit dem die Rotationsachse festgelegt werden kann, `camorbit(dtheta,dphi,'coordsys','direction')`. „coordsys" kann zwei Werte haben: „data", das ist die Default-Einstellung. Die Rotationsachse wird durch das Kameratarget und „direction" (Voreinstellung positive z-Achse) definiert und „camera", hier ist die Rotation durch das Kameratarget definiert. „direction" ist ein drei-komponentiger kartesischer Vektor. Soll die Kameradrehung nicht auf die aktuelle Abbildung wirken, so muss zusätzlich noch ein Achsen-Handle „ah" übergeben werden, `camorbit(ah,...)`. `campan` ist das Gegenstück zu `camorbit`. Hier wird das Kameraziel um die Kamera rotiert. `campan` hat exakt dieselben Argumente wie `camorbit`.

`camdolly(dx,dy,dz)` bewegt die Kameraposition und das Kameraziel um „(dx,dy,dz)". Mit `camdolly(dx,dy,dz,'targetmode')` können zwei unterschiedliche Bewegungstypen festgelegt werden. „movetarget" ist die Voreinstellung, d.h. sowohl Kameraposition als auch Kameraziel werden bewegt. Bei „fixtarget" wird ausschließlich die Kamera bewegt. `camdolly(dx,dy,dz,'targetmode','coordsys')` erlaubt zusätzlich das Koordinatensystem festzulegen, bezüglich dessen die Werte „(dx,dy,dz)" interpretiert werden sollen. Zur Festlegung der Achse kann auch ein Achsen-Handle „ah", `camdolly(ah,...)`, übergeben werden.

`camzoom(zf)` dient – wie die Namensgebung bereits verrät – dem Zoomen. Für $0 < zf < 1$ wird der aktuelle Bildausschnitt verkleinert und für $zf > 1$ vergrößert. Mit `camzoom(ah,zf)` lässt sich zusätzlich auch das Achsen-Handle „ah" übergeben, auf das `camzoom` wirken soll. `camroll(dtheta)` rotiert die Kamera mit dem Winkel „dtheta" um die Beobachtungsrichtung und `camroll(ah,dtheta)` legt zusätzlich das Achsen-Handle fest. Sind mehrere Objekte in einer Abbildung vereinigt, dann erlaubt `camlookat(oh)` eines der Objekte gezielt zu beobachten. „oh" ist das zugehörige Handle. Dies kann auch ein Achsen-Handle sein. Ohne Argument wird die aktuelle Achse ausgewählt.

```
>> [x y z] = sphere;
>> s1 = surf(x,y,z);
>> hold on
>> s2 = surf(x+3,y,z+3);
>> s3 = surf(x,y,z+6);    % Drei Kugeln
>> camlookat(s3)          % Kugel s3 steht im
>> hold off               % Betrachtungszentrum
```

Einrichten der Kameramenüleiste. `cameratoolbar` fügt der aktuellen Figure-Umgebung die Kameramenüleiste hinzu.
`cameratoolbar('NoReset')` erzeugt die Kameramenüleiste, ohne Kamera-Eigenschaften zu setzen.
`cameratoolbar('SetMode', mode)` belegt den Mode der Menüleiste vor. Unterstützte Werte für Mode sind: „orbit", „orbitscenelight", „pan", „dollyhv", „dollyfb", „zoom", „roll", „walk", „nomode".
`cameratoolbar('SetCoordSys',coordsys)` legt die Achse für die Kamerabewegung fest. „coordsys" kann die Werte „x", „y", „z" und „none" haben.
`cameratoolbar('Show')` zeigt, `cameratoolbar('Hide')` versteckt die Kameramenüleiste und `cameratoolbar('Toggle')` schaltet auf die Toggle-Eigenschaft um.
`cameratoolbar('ResetCameraAndSceneLight')` setzt die aktuellen Kamera- und Szenenbeleuchtung auf die Default-Werte;
`cameratoolbar('ResetCamera')` setzt die Kamera,
`cameratoolbar('ResetSceneLight')` setzt die Szenenbeleuchtung und `cameratoolbar('ResetTarget')` das Kameraziel auf die Default-Werte.
`ret = cameratoolbar('GetMode')` liefert den aktuellen Mode und `ret = cameratoolbar('GetCoordSys')` die aktuelle Achseneinstellung zurück. Mit `ret = cameratoolbar('GetVisible')` erhält man eine Eins wenn die Kameramenüleiste eingeschaltet ist, sonst eine Null. `ch = cameratoolbar` gibt das Handle der Kameramenüleiste zurück und schaltet sie gegebenenfalls auf sichtbar.
`cameratoolbar('Close')` entfernt die Kameramenüleiste.

15.6.4 Beleuchtungskontrolle

`camlight` erzeugt oder bewegt ein Beleuchtungsobjekt bezogen auf die Kamerakoordinaten. `camlight headlight` erzeugt ein Licht an der Kameraposition: `camlight right` oder `camlight` rechts oberhalb und `camlight left` links oberhalb sowie `camlight(az,el)` an der durch den Azimuth- und Elevationswinkel festgelegten Position. Das Kameraziel dient dabei als Koordinatenursprung für die Rotation, gedreht wird bezüglich der Kameraposition. Mit `camlight(...'style')` kann eine Punktquelle ('local', Default) oder eine unendlich entfernte Quelle ('infinite', parallele Lichtstrahlen) ausgewählt werden. Um mehrere Lichtquellen zu verwalten, kann deren Handle „lh" genutzt werden `camlight(lh,...)` und mit `lh = camlight(...)` in der Variablen „lh" abgespeichert werden.

`lightangle` dient der Positionierung oder Erzeugung eines Lichtobjekts. Zum Erzeugen eines Lichtobjekts kann auch `light` (s. Kap. 17) benutzt werden. `lh = lightangle(az,el)` erzeugt ein Lichtobjekt an der durch den Azimuth- und Elevationswinkel (az,el) festgelegten Position. Der optionale Rückgabeparameter „lh" ist das zugehörige Handle, das auch zur Festlegung der angesprochenen Lichtquelle `lightangle(lh,az,el)` dient. Mit `[az el] = lightangle(lh)` wird die zugehörige Winkelposition abgefragt (vgl. auch `view`).

15.7 Hardcopy und Ausdruck

`print` und `printopt` steuert die Erzeugung von Kopien. `print` schickt die aktuelle Grafik zu dem durch `printopt` festgelegten Drucker bzw. wählt den im Computersystem voreingestellten Drucker. `print filename` speichert das aktuelle Bild im File „filename". Ohne File- oder mit MATLAB unbekannter Fileextension wird betriebssystemabhängig ein geeignetes Format gewählt, mit bekannter Fileextension das dazugehörige Format. `print -ddriver` schickt die Abbildung zu dem durch „ddriver" festgelegten Drucker. In Tabelle (15.3) sind die unterstützten Drucker und zugehörigen Befehle aufgelistet. `print -dformat` wird nur unter Windows-Betriebssystemen unterstützt. Die aktuelle Abbildung wird mit dem angegebenen Format im Clipboard gespeichert. `print -dformat filename` speichert die aktuelle Grafik mit dem angegebenen Format im File „filename". Eine Liste der unterstützten Formate steht in Tabelle (15.4). Mit `print ... -options` können weitere Optionen übergeben werden, die in Tabelle (15.5) aufgelistet sind.

Der Befehl >> `[pcmd,dev] = printopt` liefert das benutzte Print-Kommando sowie das voreingestellte Format zurück. Voreinstellungen können in dem File „printopt.m" editiert werden, das in der MATLAB Root im Verzeichnis toolbox/local liegt. (Defaultwerte: Unix und Linux: Printbefehl: lpr -r, Format -dps2; Windows: COPY /B %s LPT1, -dwin). Neben dem oben beschriebenen Aufruf wird alternativ die Operatorschreibweise `print(...)` unterstützt. (Anmerkung: Das Erstellen von Level-2-PostScript-Files ist effizienter als Level-1-PostScript-Files.)

`orient` dient der Orientierung des Printausdruckes. Ohne Argument wird der aktuelle Wert („landscape", „portrait" oder „tall") zurückgegeben. Gesetzt wird die Druckausrichtung mit `orient wert`, wobei „wert" einer der drei obigen Werte sein kann. Um eine konkrete Abbildung anzusprechen kann das Figure Handle „fh" `orient(fh)`, bzw. für Simulink-Modelle der Modellname „sm" `orient(sm)` benutzt werden. Dasselbe gilt für das Setzen der Ausrichtung `orient(fh,orientation)` bzw. `orient(sm,orientation)`.

`vrml(fh,filename)` speichert die Grafik mit dem Handle „fh" in einem VRML 2.0 File.

Tabelle 15.3: *Übersicht der unterstützten Drucker. GS steht für Ghostscript-Unterstützung.*

DRUCKER	AUFRUF	GS
Canon BubbleJet BJ10e	-dbj10e	Ja
Canon BubbleJet BJ200 color	-dbj200	Ja
Canon Color BubbleJet BJC-70/BJC-600/BJC-4000	-dbjc600	Ja
Canon Color BubbleJet BJC-800	-dbjc800	Ja
DEC LN03	-dln03	Ja
Epson und kompatible 9- oder 24-pin Matrix-Nadel-Drucker	-depson	Ja
Epson und kompatible 9-pin mit Zwischenzeilen (3-fache Auflösung)	-deps9high	Ja
Epson LQ-2550 und kompatible; color (nicht unter HP-700 unterstützt)	-depsonc	Ja
Fujitsu 3400/2400/1200	-depsonc	Ja
HP DesignJet 650C color (nicht unterstützt unter Windows oder DEC Alpha)	-ddnj650c	Ja
HP DeskJet 500	-ddjet500	Ja
HP DeskJet 500C (Schwarz/Weiß)	-dcdjmono	Ja
HP DeskJet 500C (mit 24 bit/pixel Farbe und high-quality Floyd-Steinberg Farb-Dithering) (nicht unterstützt unter Windows oder DEC Alpha)	-dcdjcolor	Ja
HP DeskJet 500C/540C color (nicht unterstützt unter Windows oder DEC Alpha)	-dcdj500	Ja
HP Deskjet 550C color (nicht unterstützt unter Windows oder DEC Alpha)	-dcdj550	Ja
HP DeskJet and DeskJet Plus	-ddeskjet	Ja
HP LaserJet	-dlaserjet	Ja
HP LaserJet+	-dljetplus	Ja
HP LaserJet IIP	-dljet2p	Ja
HP LaserJet III	-dljet3	Ja
HP LaserJet 4.5L and 5P	-dljet4	Ja
HP LaserJet 5 und 6	-dpxlmono	Ja
HP PaintJet color	-dpaintjet	Ja
HP PaintJet XL color	-dpjxl	Ja
HP PaintJet XL color	-dpjetxl	Ja
HP PaintJet XL300 color (nicht unterstützt unter Windows oder DEC Alpha)	-dpjxl300	Ja
HPGL für HP 7475A und andere kompatible Plotter. (Z-Buffer Renderer kann nicht gewählt werden)	-dhpgl	-
IBM 9-pin Proprinter	-dibmpro	Ja
PostScript schwarz/weiß	-dps	-
PostScript farbig	-dpsc	-
PostScript Level 2 schwarz/weiß	-dps2	-
PostScript Level 2 farbig	-dpsc2	-
Windows farbig (nur Windows)	-dwinc	-
Windows monochrom (nur Windows)	-dwin	-

Tabelle 15.4: *Übersicht der unterstützten Print-Formate. B/V steht für Bitmap oder Vektor, ML steht für* MATLAB *und GS für Ghostscript.*

FORMAT	B/V	KOMMANDO	ML/GS
BMP monochrome BMP	B	-dbmpmono	GS
BMP 24-bit BMP	B	-dbmp16m	GS
BMP 8-bit (256-color)	B	-dbmp256	GS
BMP 24-bit	B	-dbmp	ML
EMF	V	-dmeta	ML
EPS schwarz/weiß	V	-deps	ML
EPS Farbe	V	-depsc	ML
EPS Level 2 schwarz/weiß	V	-deps2	ML
EPS Level 2 Farbe	V	-depsc2	ML
HDF 24-bit	B	-dhdf	ML
ILL (Adobe Illustrator)	V	-dill	ML
JPEG 24-bit	B	-djpeg	ML
PBM (plain format) 1-bit	B	-dpbm	GS
PBM (raw format) 1-bit	B	-dpbmraw	GS
PCX 1-bit	B	-dpcxmono	GS
PCX 24-bit color PCX file format, three 8-bit planes	B	-dpcx24b	GS
PCX 8-bit Newer color PCX file format (256-color)	B	-dpcx256	GS
PCX Older color PCX file format (EGA/VGA, 16-color)	B	-dpcx16	GS
PCX 8-bit	B	-dpcx	ML
PDF Farb-PDF-Fileformat		-dpdf	GS
PGM Portable Graymap, plain	B	-dpgm	GS
PGM Portable Graymap, raw	B	-dpgmraw	GS
PNG 24-bit	B	-dpng	ML
PPM Portable Pixmap, plain	B	-dppm	GS
PPM Portable Pixmap, raw	B	-dppmraw	GS
TIFF 24-bit	B	-dtiff	
alternativ		-dtiffn	ML
TIFF Vorschau auf EPS Files	B	-tiff	

Tabelle 15.5: Übersicht der von Print unterstützten Optionen.

OPTION	KURZERLÄUTERUNG
-adobecset	nur PostScript, nutzt auschließlich PS-Default-Charakter
-append	nur PostScript; Grafik wird angehängt
-cmyk	nur PostScript, statt RGB-Farben CMYK-Farben
-ddriver	nur Drucken, vgl. unterstützte Drucker
-dformat	zum Exportieren in Files, vgl. unterstützte Formate
-dsetup	Drucker Setup Dialog
-fhandle	Figure Handle der zu druckenden Abbildung
-loose	nur PostScript und Ghostscript, loose bounding box
-noui	drucken von User Interfaces wird unterdrückt
-opengl	Render nutzt OpenGL
-painters	Render nutzt Painters-Algorithmus
-Pprinter	Festlegung des Druckernamens
-rnumber	nur PostScript und Ghostscript, Festlegung der Auflösung in dots/inch
-swindowtitle	Name des zu druckenden Simulink-Modells
-v	nur Windows, ruft Print-Dialog-Box auf
-zbuffer	Render nutzt Z-buffer-Algorithmus

16 Fortgeschrittene Grafikaufgaben

16.1 Funktionsplotter

Die „ez-Familie" bietet einfach zu nutzende Funktions-Plotbefehle, bei denen weitgehend auf das Erzeugen expliziter Daten verzichtet werden kann.

16.1.1 Befehlsübersicht

2-D-Liniengrafiken ezplot, ezpolar, fplot

Konturplots ezcontour, ezcontourf

3-D-Linienplot ezplot3

3-D-Grafik ezmesh, ezmeshc, ezsurf, ezsurfc

Plotterhilfsfunktion ezgraph3

16.1.2 2-D-Liniengrafiken

Für explizite Funktionen f(x) plottet `ezplot(f)` die Funktion f(x) im Defaultbereich $-2\pi \leq x \leq 2\pi$. Eigene Grenzen lassen sich mit `ezplot(f,[xmin,xmax])` übergeben. Für implizite Funktionen f(x,y) plottet `ezplot(f)` f(x,y) = 0 im Wertebereich $-2\pi \leq x \leq 2\pi, -2\pi \leq y \leq 2\pi$. Mit `ezplot(f,[xmin,xmax,ymin,ymax])` lassen sich andere Grenzen übergeben.
Sind die x- und y-Intervalle identisch, genügt `ezplot(f,[min,max])`. Ein Beispiel zeigt Abb. (16.1). Zum Plotten parametrischer Kurven x(t), y(t) über den Wertebereich $0 \leq t \leq 2\pi$ dient `ezplot(x,y)`, soll ein anderer Wertebereich betrachtet werden `ezplot(x,y,[tmin,tmax])`. Ein Figure Handle „fh" lässt sich mit `ezplot(...,fh)` und ein Achsen-Handle „ah" via `ezplot(ah,...)` übergeben. Das Handle „h" wird mit `h = ezplot(...)` zurückgegeben.

`ezpolar(f)` plottet die Kurve $\rho = f(\theta)$ in Polardarstellung über den Wertebereich $0 \leq \theta \leq 2\pi$. Andere Grenzen werden mit `ezpolar(f,[a,b])` übergeben. Ein Achsen-Handle „ah" lässt sich mittels `ezpolar(ah,...)` nutzen und `h = ezpolar(...)` gibt das Line Handle der Kurve zurück.

`fplot('fun',gr)` plottet die Funktion „y = fun(x)" in den Grenzen „gr = [xmin, xmax]". „fun" kann wie im Beispiel eine explizit formulierte Funktion, der Name einer Funktion oder ein Function Handle sein. Der Rückgabewert muss zu jedem x-Wert ein Zeilenvektor sein. Zusätzlich lassen sich Linieneigenschaften wie Farbe, Form der

Datenpunkte und Art der Interpolationslinien (LineSpec) sowie Toleranzen für die Auswertung (tol) übergeben: `fplot('fun',gr,LineSpec)`, `fplot('fun',gr,tol)` und `fplot('fun',gr,tol,LineSpec)`. Mit `fplot('fun', gr, n)` wird die Funktion mit mindestens $n+1$ Datenpunkten geplottet, Defaulteinstellung ist 1. Wird ein Achsen-Handle „ah" übergeben, dann plottet `fplot(ah,...)` in das damit festgelegte Achsensystem; mit Rückgabewerten `[x,y] = fplot('fun',gr,...)` wird kein Plot ausgeführt, vielmehr die Daten in „x" und „y" abgespeichert. Außerdem besteht die Möglichkeit Parameter „pi" an die aufzurufende Funktion durchzureichen:
```
>> [...] = fplot('fun',gr,tol,n,LineSpec,p1,p2,...).
```

Beispiel. Ein einfaches Beispiel zu `ezplot` und `fplot`. Das Ergebnis ist in Abb. (16.1) dargestellt.

```
>> subplot(2,1,1)
>> ezplot('x^2 - 3*y^3',[-1 1 -0.01 0.8])
>> subplot(2,1,2)
>> fplot('abs(exp(-j*x*(0:9))*ones(10,1))',[0 2*pi])
>> title('fplot')
```

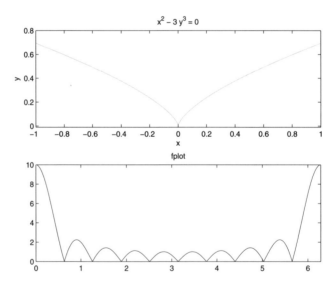

Abbildung 16.1: *Beispiel zum Plotten einer impliziten Funktion mit* `ezplot` *(oben) und zum Funktionsplotter* `fplot` *(unten).*

16.1.3 Konturplots

`ezcontour` erzeugt einen Konturplot und `ezcontourf` einen farbig ausgefüllten Konturplot. Beide unterstützen dieselben Aufrufe und werden in exakt derselben Weise genutzt. Die folgende Diskussion beschränkt sich daher auf `ezcontour`.

16.1 Funktionsplotter

ezcontour(f) erzeugt Konturlinien der Funktion f(x,y) im Wertebereich $-2\pi < x < 2\pi$ und $-2\pi < y < 2\pi$. Andere Grenzen lassen sich mit dem 4-komponentigen Vektor ber=[xmin xmax ymin ymax] plotten: ezcontour(f,ber). ezcontour(...,n) plottet die Konturlinien über ein n × n-Gitter, Voreinstellung ist n=60.

Mit ezcontour(ah,...) kann in eine vorgegebene Achse mit Handle „ah" geplottet werden und h = ezcontour(...) liefert das Handle des Parent-Objekts (vgl. HGgroup), zu der die Patch-Objekte gehören, zurück.

16.1.4 3-D-Linienplot

ezplot3 ruft einen parametrigen 3-D-Funktionsplotter auf. ezplot3(x,y,z) plottet die Raumkurve $x(t), y(t), z(t)$ im Wertebereich $0 \leq t \leq 2\pi$ und ezplot3(x,y,z,[tmin, tmax]) im vorgebenen Wertebereich tmin ... tmax. Eine animierte Darstellung erhält man mit ezplot3(...,'animate'). Längs der Kurve bewegt sich eine rote Kugel und vermittelt so zusätzlich die Richtung, in der die Kurve durchlaufen wird. Links unten erscheint ein „Repeat-Button", mit der sich die Animation wiederholen lässt. Bei Wiederholung werden verschiedene Variablen angelegt, unter anderem eine Struktur, deren Feldelemente einige Handles sowie die Plotdaten enthalten. Mittels des Achsen-Handles „ah" kann die Achse spezifiziert werden, ezplot3(ah,...), in die geplottet werden soll. h = ezplot3(...) liefert das zugehörige Line Handle zurück.

16.1.5 3-D-Grafik

ezmesh dient der einfachen Erzeugung dreidimensionaler Gittergrafiken. ezmeshc erzeugt zusätzlich noch Konturlinien. ezsurf erzeugt eine 3-D-Flächendarstellung und ezsurfc fügt zusätzlich noch einen Höhenlinienplot bei. Alle vier Befehle werden exakt in derselben Weise aufgerufen, es genügt daher nur einen vorzustellen.

ezmesh(f) erzeugt eine Gittergrafik der Funktion f(x,y) und ezsurf(f) die entsprechende Flächendarstellung. f ist ein String, der die Funktion repräsentiert. Der Defaultbereich ist $-2\pi < x < 2\pi$ und $-2\pi < y < 2\pi$, ein anderer Wertebereich kann mit dem 4-komponentigen Vektor „ber" ezmesh(f,ber) gewählt werden. Eine parametrische Fläche $x(s,t), y(s,t), z(s,t)$ lässt sich mittels ezmesh(x,y,z) im voreingestellten Wertebereich $-1\pi \leq s \leq 2\pi$ und $-1\pi \leq t \leq 2\pi$ plotten und mit ezmesh(x,y,z,[smin,smax, tmin,tmax]) werden neue Grenzen übergeben. Sind beide Parameterbereiche identisch, genügt ezmesh(x,y,z,[min,max]). Mit ezmesh(...,n) wird ein n × n-Plotgitter übergeben. Voreinstellung ist n=60. ezmesh(...,'circ') plottet über eine zentrierte Scheibe. Wieder lässt sich via ezmesh(ah,...) ein Achsen-Handle übergeben bzw. über h = ezmesh(...) das zugehörige Handle abrufen.

Beispiel. Das folgende Beispiel zeigt die Visualisierung der Funktion

$$f(x,y) = \sin(x)\cos(x)\exp\left(-\frac{y^2}{4}\right)$$

über ein 40 × 40-Gitter und

$$f(x,y) = \frac{x}{1+x^2+y^2}$$

als Flächenplot mit überlagerten Konturlinien geeignet rotiert. Das Ergebnis zeigt Abb.
(16.2).

```
>> subplot(2,1,1)
>> ezmesh('sin(x)*cos(x)*exp(-y^2/4)',40)
>> subplot(2,1,2)
>> ezsurfc('y/(1 + x^2 + y^2)', ...
>>         [-5,5,-2*pi,2*pi],35)
```

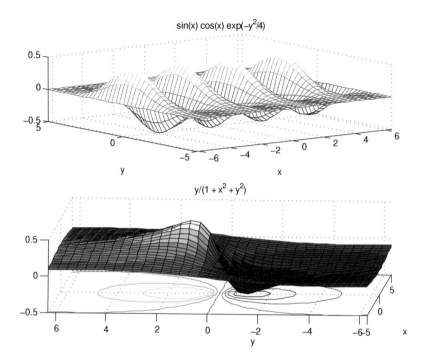

Abbildung 16.2: *Beispiel zu* ezmesh *(oben) und* ezsurfc *(unten)*.

Plotterhilfsfunktion. ezgraph3 dient dem Aufruf einer der 3-D-Grafikfunktionen wie surf oder mesh. Der Aufruf ist ezgraph3(plotfun,myfun) mit „plotfun" eine der MATLAB 3-D-Flächengrafikfunktionen. „myfun" kann eine Stringvariable, ein Funktionsname oder ein Function Handle zu einer Funktion der Form $z = f(x, y)$ sein; beispielsweise >> ezgraph3('surf','ezgraph3bsp',[-1 1 -1 1]) oder
>> ezgraph3('surf','x²+y²',[-1 1 -1 1]). Zusätzlich können wie im Beispiel Grenzen ezgraph3(plotfun,f,[xmin xmax ymin ymax]) oder Eigenschaften ezgraph-3(..., eig) übergeben werden. „eig" kann ein Stringarray „rect" (kartesische Koordinaten) oder „circ" (Plot über zentrierte Scheibe) oder eine ganze Zahl (Zahl der Gitterpunkte) sein. Mit ezgraph3(plotfun,x,y,z) wird eine parametrische Fläche $x(s,t), y(s,t), z(s,t)$ über den Wertebereich $-2\pi \cdots 2\pi$ geplottet. Ein anderer Wertebereich kann mittels ezgraph3(plotfun,x,y,z,[smin,smax,tmin,tmax]) bzw. bei iden-

tischen Parametergrenzen mit `ezgraph3(plotfun,x,y, z,[min,max])` gewählt werden. Plotten in das Achsenpaar mit dem Achsen-Handle „ah" erlaubt `ezgraph3(ah,...)` und `h = ezgraph3(...)` liefert das aktuelle Handle zurück.

16.2 2-D-Grafik

Elementare 2-D-Grafik-Befehle wurden bereits in Kapitel 14 diskutiert. Spezielle Darstellungen wie Histogramme wurden in Kapitel 8 im Rahmen der Datenanalyse und statistischen Auswertung erläutert. Hier wollen wir nun spezielle 2-D-Grafikaufgaben wieder aufgreifen, die natürlich einen Überlapp mit den bereits erwähnten Kapiteln aufweisen.

16.2.1 Befehlsübersicht

Balkendiagramme bar, barh, pareto

Kuchenplots pie

Treppenplots stairs

Diskrete Sequenzen stem

Polardiagramme rose, compass, feather

Streuplots plotmatrix, scatter

Kometenplot comet

Fehlerbalken errorbar

2-D-Gebiete und -Polygone area, fill

16.2.2 Balkendiagramme

Vertikale und horizontale Balkendiagramme lassen sich mit den Befehlen `bar` und `barh` erstellen. Beide Kommandos unterstützen dieselben Argumente, es genügt daher nur einen zu diskutieren.

`bar(Y)` erstellt von dem Array oder Vektor „Y" ein Balkendiagramm. Arrays werden spaltenweise ausgewertet, als x-Achse dient der Zeilenindex. Mit `bar(x,Y)` kann ein monoton steigender Vektor x übergeben werden, der die Lokalisierung der Balken längs der x-Achse (bzw. für `barh(x,Y)` längs der y-Achse) festlegt. Die Zahl der Elemente von „x" muss gleich der Zeilendimension von „Y" sein. Ein Beispiel ist in Abb. (16.3) dargestellt.

Mit `bar(...,width)` lässt sich die Breite der einzelnen Balken festlegen. Voreinstellung ist 0.8. `bar(...,'style')` legt die Darstellungsform fest. Default ist „grouped", d.h. die mehrspaltigen Arrays werden in einzelnen Balken nebeneinander gesetzt, bei „stacked" werden die Balken aufeinandergesetzt und die zugehörigen Balkenhöhen addiert. Mit

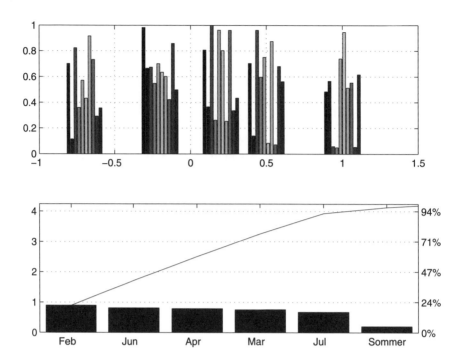

Abbildung 16.3: *Beispiel zu Bar-* `bar(xi,x)` *(oben) und Paretoplots* `pareto(xp,besch)` *(unten).*

`bar(...,'balfarb')` kann die Farbe der Balken festgelegt werden. Mögliche Werte sind wie bei Linienplots: „r", „g", „b", „c", „m", „y", „k" und „w", bis auf „k" (blac<u>k</u>) die Anfangsbuchstaben der jeweiligen Farbe (red, ...). Will man auf einen Plot mit dem Achsen-Handle „ah" zugreifen, so ist dies mittels `bar(ah,...)` möglich. `h = bar(...)` gibt die zugehörigen Handles der Balkenreihe (hggroup) zurück und `hpatches = bar ('v6',...)` gibt die Patch-Handles wie unter dem Vorgängerrelease 6.x üblich zurück.

`pareto(xp)` erzeugt ähnlich `bar` einen Balkenplot, allerdings muss „xp" ein Vektor sein und die Balken werden in abfallender Ordnung angeordnet. Als x-Achse dient der Index. Zusätzlich zeigt eine Linie den jeweiligen Anteil in % der kumulativen Summe der einzelnen Beiträge auf der linken y-Achse. Ein Beispiel zeigt Abb. (16.3). Mit `pareto(xp,besch)` lässt sich die x-Achse beschriften und mit `pareto(xp,xl)` lassen sich der x-Achse Werte zuordnen. „besch" muss eine Zellvariable und „xl" ein Double-Vektor sein. Die Zahl der Elemente ist durch die Dimension des Vektors „xp" bestimmt. `h = pareto(...)` liefert das zugehörige Handle zurück.

Beispiel: Bar- und Paretoplots Abb. (16.3).

```
% Daten fuer Bar-Plot
x=rand(5,10);
% x-Achse Bar-Plot
```

```
xi=[-0.7,-0.2, 0.2, 0.5, 1.0];
subplot(2,1,1)
bar(xi,x)
grid on
% Daten fuer Pareto-Plot
xp=rand(1,7);
% x-Achsen Beschriftung
besch={'Jan';'Feb';'Mar';'Apr';'Jun';'Jul';'Sommer'};
subplot(2,1,2)
pareto(xp,besch)
grid on
```

16.2.3 Diskrete Daten

Der Auswertung einzelner Datensequenzen dienen neben Histogrammen `hist` Kuchendiagramme `pie`, Treppenplots `stairs` oder die Darstellung diskreter Sequenzen `stems`. Entsprechende Polardarstellungen wie beispielsweise Winkeldiagramme `rose` werden im nächsten Abschnitt vorgestellt.

Kuchendiagramme. `pie(x)` plottet ein Kuchendiagramm des Vektors „x". Mit `pie(x,explode)` lassen sich einzelne Kuchenstücke herausrücken. „explode" ist ein Vektor derselben Länge wie „x", ein Eintrag ungleich Null rückt dann das entsprechende Kuchenstück heraus. Mit `pie(...,besch)` lassen sich die einzelnen Kuchenstücke beschriften. „besch" ist eine Zellvariable aus Charakterarrays. Soll die Grafik in einem Plot mit dem Achsen-Handle „ah" erstellt werden, so ist das via `pie(ah,...)` möglich, `h = pie(...)` liefert die entsprechenden Handles (Patch und Text) zurück.

Treppenplots. `stairs(y)` erzeugt einen Treppenplot der Matrix „y". „y" wird dabei spaltenweise ausgewertet, d.h. jede Spalte führt zu einem eigenen Treppenzug. Der Zeilenindex liefert dabei die Werte für die x-Achse. Sollen die Treppenstufen einem bestimmten x-Wert zugeordnet werden, so kann mit `stairs(x,y)` dieser Wert übergeben werden. „x" muss dabei monoton und seine Dimension gleich der Zeilendimension von „y" sein. `stairs(x,y)` eignet sich auch zur Darstellung zeitaufgelöster (x-Achse) diskreter Signale. Mit `stairs(...,LineSpec)` lassen sich wie bei `plot` Farbe, Datenpunkte und Linientyp einstellen.
Weitere Eigenschaften können mit `stairs(...,'Eigen',wert)` beeinflusst werden (siehe unten). Durch Vorgabe eines Achsen-Handles „ah" wird die Achse festgelegt, in die geplottet werden soll, `stairs(ah,...)`, und mit `h = stairs(...)` lassen sich die zugehörigen Handles der Variablen „h" zuordnen. Der Aufruf `[xb,yb] = stairs(y,·)` führt den Treppenplot nicht aus, sondern speichert die entsprechende Position der Stufen in den Vektoren „xb" und „yb" ab.

Die unterstützten Eigenschaften von `stairs` sind in der folgenden Liste aufgeführt. Der Defaulttyp bzw. -wert ist in geschweiften Klammern beigefügt. Die Bedeutung wird in Abschnitt 17.3 unter den Eigenschaften der grafischen Objekte (hier line) diskutiert.

Color (RGB-Werte, z. Bsp. [0.2 0.3 0.6])
EraseMode: [{normal} | background | xor | none]
LineStyle: [{-} | -- | : | -. | none]

LineWidth (z. Bsp. 0.6)
Marker: [+ | o | * | . | x | square | diamond | v | ∧ | > | < | pentagram | hexagram | {none}]
MarkerSize (z. Bsp. 1.0)
MarkerEdgeColor: [none | {auto}] oder ColorSpec.
MarkerFaceColor: [{none} | auto] oder ColorSpec.
XData, YData, ZData
ButtonDownFcn: String oder Function Handle oder Zell-Array
Children und Parent
Clipping: [{on} | off]
CreateFcn: String oder Function Handle oder Zell-Array
DeleteFcn: String oder Function Handle oder Zell-Array
BusyAction: [{queue} | cancel] (Nützlich im Zusammenhang mit GUIs)
HandleVisibility: [{on} | callback | off]
HitTest: [{on} | off]
Interruptible: [{on} | off]
Selected: [on | {off}]
SelectionHighlight: [{on} | off]
Tag und UIContextMenu
UserData
Visible: [{on} | off]

Diskrete Sequenzen. `stem(y)` bietet eine weitere Möglichkeit diskrete Daten, beispielsweise diskrete Signale, zu visualisieren. Ist „y" ein Array, so wird „y" spaltenweise ausgewertet. `stem(y)` erzeugt senkrechte Striche, die am oberen Ende durch kleine Kreise begrenzt werden. Der Zeilenindex dient als x-Wert. Mit `stem(x,y)` lässt sich ähnlich zu den obigen Kommandos ein geeigneter x-Achsen-Wert übergeben. `stem(...,'fill')` legt fest, ob der Kreis an der Spitze leer oder gefüllt sein soll. Mit `stem(..., LineSpec)` lassen sich die Linieneigenschaften (Farbe, Daten- und Linientyp) wie unter `plot` festlegen. Soll in die Achse mit Handle „ah" geplottet werden, so wird dies durch `stem(ah,·)` bewerkstelligt. `h = stem(...)` liefert das Handle zurück, `hlines = stem('v6', ...)` das Line Handle wie unter den Rel. 6.x.

16.2.4 Polardiagramme

Die oben diskutierten MATLAB-Kommandos fußen auf kartesischen Darstellungen. Wenden wir uns nun den Polardarstellungen zu.

Winkelhistogramme. Die Funktion `rose` dient der Erstellung von Winkelhistogrammen. Abb. (16.4) zeigt einen Vergleich mit einem üblichen Histogramm. `rose(theta)` erstellt ein Polarhistogramm über die Verteilung „theta". Die Voreinstellung sind 20 äquidistante Winkelintervalle. Mit `rose(theta,nintervall)` lässt sich dieser Wert verändern und mit `rose(theta,x)` wird die Positionierung und damit die Zahl der Intervalle festgelegt. `rose(ah,...)` plottet das Winkelhistogramm in die Achse mit dem Achsen-Handle „ah" und `h = rose(...)` liefert das zugehörige Handle zurück. Mit `[a,b] = rose(...)` wird der Plot unterdrückt und die Histogrammpositionen in „a", „b" abgespeichert, so dass `polar(a, b)` zur selben Grafik führen würde.

16.2 2-D-Grafik

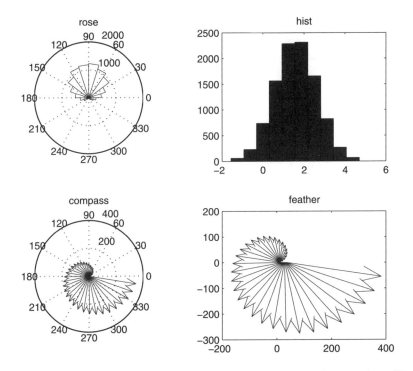

Abbildung 16.4: *Vergleich eines Winkelhistogramms mit einem kartesischen Histogramm (oben) und Vergleich der Funktion* compass *mit* feather *(unten).*

Beispiel Abb. (16.4 oben).

```
% Normalverteilung im Winkelraum um pi/2
winkelhauf=angle(exp(i*randn(1,10000)))+pi/2;
% Haeufikeiten
subplot(2,2,1)
rose(winkelhauf)
title('rose')
subplot(2,2,2)
hist(winkelhauf)
title('hist')
```

Vektordiagramme. compass und feather eignen sich insbesondere zur Polardarstellung komplexer Zahlen. Beide MATLAB Funktionen erlauben dieselben Argumente, es genügt daher nur eines der Kommandos zu besprechen. Abb. (16.4) zeigt einen Vergleich beider Funktionen. Dargestellt ist eine komplexe im Winkelraum äquidistant aufgelöste Spirale.

Mit compass(z) wird ein Polarplot des komplexen Arrays „z" erstellt und mit compass(x,y) eines der reellen Arrays „x", „y". Dieser Aufruf ist äquivalent zum oberen mit $z = x + iy$. Analog zu plot lassen sich Farbe, Daten- und Linientyp durch die

Eigenschaft „LineSpec" via compass(...,LineSpec) setzen und in eine vorgewählte Achse compass(ah,...) mit dem Achsen-Handle „ah" plotten. Das aktuelle Handle liefert der Aufruf h=compass(...) zurück.

Beispiel Abb. (16.4 unten).

```
k=[1:10:360];            % Winkelwerte
winkdata=k*pi/180;
z=k.*exp(i*winkdata);    % komplexe Werte
subplot(2,2,3)           % compass
compass(z)
title('compass')
subplot(2,2,4)           % feather
feather(z)
title('feather')
```

16.2.5 Streuplots

scatter(x,y,S,C) erzeugt eine Punktewolke der Vektoren „x" und „y". „S" und „C" sind optionale Parameter. „S" legt die Größe der Kreise in points^2 fest und „C" ihre Farbe. Ist „S" eine skalare Größe, dann werden alle Kreise gleich groß gewählt. Eine individuelle Wahl ist ebenfalls möglich, dann muss „S" von derselben Dimension wie die Vektoren „x" und „y" sein. „C" kann entweder ein Vektor der Länge von „x" und „y" sein, dann wird über die bestehende Colormap interpoliert, oder aber eine n × 3-RGB-Matrix mit der Dimension n von „x", dann wird dem q-ten Punkt der Farbwert der q-ten Zeile von „C" zugeordnet. Sollen die Datenpunkte nicht als Kreise dargestellt werden, dann kann mit scatter(...,markertype) eine andere Form gewählt werden. Unterstützt werden dieselben Werte wie beim plot-Kommando. Mit scatter(..., 'filled') werden die Datenpunkte ausgefüllt und mit scatter(...,'Eigen',wert) lassen sich zu den unterstützten Eigenschaften verschiedene Werte einstellen. Eine Übersicht ist unten aufgelistet. scatter(ah,...) plottet in die Figure mit dem Achsen-Handle „ah", h = scatter(...) liefert das Handle der Hg-Group und hlines = scatter('v6',...) alle Patch-Handles wie unter den alten Rel. 6.x üblich. Ein Beispiel zu scatter zeigt Abb. (16.5).

plotmatrix(x,y) dient einem Streuplot der Matrix „x" gegen die Matrix „y". Die beiden Matrizen werden spaltenweise in einer Subplot-Aufteilung gegeneinander geplottet. Zwei n × 3-Matrizen führen folglich zu neun Teilplots. Mit einem Argument plotmatrix(A) werden in den Diagonalplots die Histogramme der Spalten und in den anderen Plotfenstern die unterschiedlichen Spalten gegeneinander in einem Scatterplot dargestellt. Ein Beispiel zeigt Abb. (16.5). Mit plotmatrix(...,'LineSpec') lassen sich wie unter plot Farbe, Linientyp und Datentyp festlegen. [H, AX, BigAx, P] = plotmatrix(...) liefert alle notwendigen Handles zurück. „H" ist eine Matrix der Line Handles, „AX" eine Matrix der Achsen-Handles, „BigAx" ein Achsen-Handle zu einer unsichtbar gesetzten Achse bezüglich der gegebenenfalls Titel, Texte etc. orientiert sind und „P" ist ein Handle zu den Histogrammen, so welche erzeugt worden sind.

16.2 2-D-Grafik

Beispiel Abb. (16.5).

```
>> % Erzeugen der Beispieldaten
>> x=randn(10000,1);
>> min(x)
ans =
   -3.7989
>> max(x)
ans =
    3.7476
>> A=[x,sin(x),cos(x)];
>> plotmatrix(A)
```

Die erste Spalte von A folgt einer Normalverteilung, die Scatterplots führen je nach Spaltenpaar zu einem Sinus, Kosinus oder Kreis.

Eigenschaften der Scattergroup. Eine detaillierte Erläuterung findet sich in Kap. 17.3. Die Voreinstellungen sind in geschweifter Klammer dargestellt.
BeingDeleted: [on | {off}] Read Only

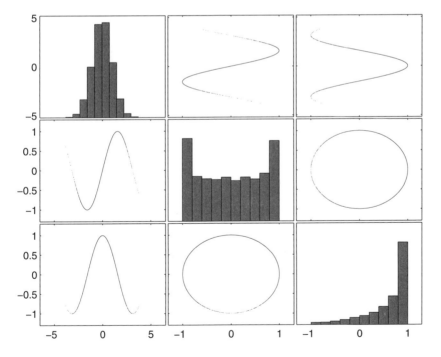

Abbildung 16.5: plotmatrix(A) *zeigt in den Diagonalplots ein Histogramm und beispielsweise in der ersten Zeile* hist(A(:,1), scatter(A(:,2), A(:,1)) *und* scatter(A(:,3), A(:,1)) *und so fort.*

BusyAction: [{queue} | cancel]
ButtonDownFcn: String oder Function Handle oder Zell-Array
Children
CData und CDataSource
Clipping: [{on} | off]
CreateFcn: String oder Function Handle oder Zell-Array
DeleteFcn: String oder Function Handle oder Zell-Array
DisplayName: String
EraseMode: [{normal} | none | xor | background]
HandleVisibility: [{on} | callback | off]
HitTest: [{on} | off]
HitTestArea: [on | {off}]
Interruptible: [{on} | off]
LineWidth: Breite in Points {0.5}
Marker: [+ | o | * | . | x | square | diamond | v | ∧ | > | < | pentagram | hexagram | {none}]
MarkerEdgeColor: [none | {auto} | flat] oder ColorSpec.
MarkerFaceColor: [{none} | auto | flat] oder ColorSpec.
Parent: Achsen-Handle, hggroup oder hgtransform
Selected: [on | {off}]
SelectionHighlight: [{on} | off]
SizeData: Points^2
Tag
Type
UIContextMenu
UserData: Array
Visible: [{on} | off]
XData, YData und ZData
XDataSource, YDataSource und ZDataSource

16.2.6 Kometenplot

Der Graf, der nach einem Kometenplot entsteht, unterscheidet sich nicht von `plot`. Bei der Erzeugung durchläuft jedoch ein kleiner Kreis mit einem „Kometenschwanz" den Graf zur Visualisierung bzw. Animation. Die Syntax ist `comet(y)` oder `comet(x,y)`. Im ersten Fall wird der Vektor „y" gegen seinen Index im zweiten Fall in Abhängigkeit vom gleichgroßen Vektor „x" animiert. In `comet(x,y,p)` bestimmt der Skalar $0 \leq p < 1$ als relativer Längenfaktor die Größe des Kometenkörpers. `comet(ah,...)` erlaubt in das bestehende Achsenpaar mit dem Handle „ah" zu plotten.

16.2.7 Fehlerbalken

Messungen sind häufig mit einem Fehler behaftet. Bei der Visualisierung erlaubt `errorbar`, diese Fehler als begleitende Balken zu plotten. Die Syntax ist `errorbar(y,E)` für die Darstellung der Messung „y" und `errorbar(x,y,E)` in Abhängigkeit von „x". „E" ist ein Vektor, der zu jedem Datenpunkt die halbe Größe des symmetrischen Fehlerbalkens angibt. Sind „x" und „y" Matrizen, dann muss auch „E" eine Matrix derselben

16.2 2-D-Grafik

Größe sein. Sollen die Fehlerbalken unsymmetrisch sein, dann kann mit `errorbar(x,y,u,o)` ein unterer und oberer Fehlerbalken übergeben werden. Wie unter dem Plot-Befehl lassen sich auch hier Farbe, Linien- und Datenpunkttyp via `errorbar(...,LineSpec)` verändern und mit `errorbar(...,'Eig',wert)` Eigenschaften übergeben. Eine Liste ist unten beigefügt. Mit `h = errorbar(...)` werden die zugehörigen Handles und mit `hlines=errorbar('v6', ...)` die Line Handles wie in Rel. 6.x ausgegeben.

Unterstützte Eigenschaften der Fehlerbalken. Eine detaillierte Erläuterung findet sich in Kap. 17.3. Die Voreinstellungen sind in geschweifter Klammer dargestellt.
BeingDeleted: [on | {off}] Read Only
BusyAction: [{queue} | cancel]
ButtonDownFcn: String oder Function Handle oder Zell-Array
Children
CData und CDataSource
Clipping: [{on} | off]
Color: ColorSpec (3-elementige RGB-Matrix oder die vordefinierten Farbnamen zur Festlegung der Farbe der Fehlerbalken)
CreateFcn: String oder Function Handle oder Zell-Array
DeleteFcn: String oder Function Handle oder Zell-Array
DisplayName: String
EraseMode: [{normal} | none | xor | background]
HandleVisibility: [{on} | callback | off]
HitTest: [{on} | off]
HitTestArea: [on | {off}]
Interruptible: [{on} | off]
LData: Array derselben Größe wie die X- und Y-Daten. Legt die Länge der Fehlerbalken unter dem Datenpunkt fest.
LDataSource: String
LineStyle: [{-} | -- | : | -. | none]
LineWidth: Breite in Points {0.5}
Marker: [+ | o | * | . | x | square | diamond | v | ∧ | > | < | pentagram | hexagram | {none}]
MarkerEdgeColor: [none | {auto} | flat] oder ColorSpec.
MarkerFaceColor: [{none} | auto | flat] oder ColorSpec.
Parent: Achsen-Handle, hggroup oder hgtransform
Selected: [on | {off}]
SelectionHighlight: [{on} | off]
Tag
Type
UData: Array derselben Größe wie die X- und Y-Daten. Legt die Länge der Fehlerbalken über einem Datenpunkt fest.
UDataSource String
UIContextMenu
UserData: Array
Visible: [{on} | off]
XData und YData
XDataSource und YDataSource

16.2.8 2-D-Gebiete und -Polygone

Flächenplot. Ein Flächenplot legt eine oder mehrere Kurven fest, unter denen die Fläche ausgefüllt ist. Eine Beispiel zeigt Abb. (16.6). Die Syntax ist `area(y)` für einen durch „y" und `area(x,y)` durch einen von „y" in Abhängigkeit von „x" festgelegten Flächenplot. Die durch „x" und „y" gegebene Kurve ist dieselbe wie bei einem Plot, lediglich die Fläche zwischen 0 und dem aktuellen y-Wert ist ausgefüllt bzw. mit `area(...,hy)` zwischen „hy" und dem aktuellen y-Wert. Mit `area(..., 'Eig',wert, ...)` lassen sich weitere Eigenschaften übergeben. Eine knappe Übersicht der unterstützten Eigenschaften ist nach diesem Abschnitt aufgelistet. Soll in eine bereits bestehende Achse geplottet werden, so kann mit `area(ah, ...)` das entsprechende Achsen-Handle „ah" übergeben werden. Mit `h = area(...)` wird das Handle der zugehörigen Hg-Group zurückgegeben und mit `hold=area('v6',...)` die Handles entsprechend den Vorläuferreleases 6.x.

Eigenschaften der Flächenplots. Eine detaillierte Erläuterung findet sich in Kap. 17.3. Die Voreinstellungen sind in geschweifter Klammer dargestellt.
BaseValue: double (y-Werte der Flächenstücke)
BeingDeleted: [on | {off}] Read Only
BusyAction: [queue | {cancel}]
ButtonDownFcn: String oder Function Handle oder Zell-Array
Children
Clipping: [{on} | off]
CreateFcn: String oder Function Handle oder Zell-Array
DeleteFcn: String oder Function Handle oder Zell-Array
DisplayName: String
EdgeColor: [{[0 0 0]} | none | ColorSpec] (Farbe der Begrenzungslinien der Flächen)
EraseMode: [{normal} | none | xor | background]
FaceColor [{flat} | none | ColorSpec] (Farbe des gefüllten Bereichs)
HandleVisibility: [{on} | callback | off]
HitTest: [{on} | off]
HitTestArea: [on | {off}]
Interruptible: [{on} | off]
LineStyle: [{-} | -- | : | -. | none]
LineWidth: Breite in Points {0.5}
Marker: [+ | o | * | . | x | square | diamond | v | ∧ | > | < | pentagram | hexagram | {none}]
MarkerEdgeColor: [none | {auto} | flat] oder ColorSpec.
MarkerFaceColor: [{none} | auto | flat] oder ColorSpec.
Parent: Achsen-Handle, hggroup oder hgtransform
Selected: [on | {off}]
SelectionHighlight: [{on} | off]
Tag
Type
UIContextMenu
UserData: Array
Visible: [{on} | off]
XData, YData und ZData

16.2 2-D-Grafik

XDataMode [{auto} | manual]
XDataSource, YDataSource und ZDataSource

Polygone. `fill(x,y,c)` erzeugt ein gefülltes 2-D-Polygon aus den Daten „x" und „y". „c" ist entweder eine Farbmatrix mit der Zeilendimension von „x" oder eine Farbfestlegung mittels der von Plot unterstützten Abkürzungen („r", „y", ...). Ein Beispiel zeigt Abb. (16.6). Mehrfache Polygonzüge können mit `fill(x1,y1,c1,x2,y2,c2,...)` durchgeführt werden und weitere Eigenschaften mit `fill(..., 'Eig',wert)` übergeben werden. Da es sich hier um Patch-Objekte handelt, werden auch deren Eigenschaften unterstützt, die wir in Kap. 17.3 diskutieren. Das zugehörige Patch-Handle kann mit `h = fill(...)` erfragt werden.

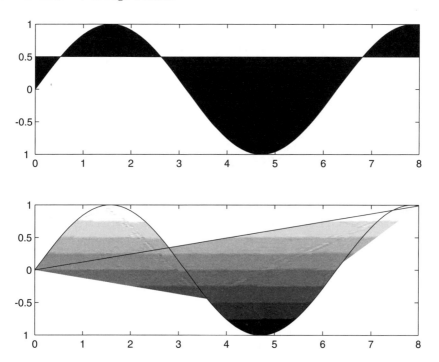

Abbildung 16.6: *Beispiel zu „area" und „fill". Die Daten wurden mittels x=0:0.1:8; y=sin(x); erzeugt. Der obere Plot mit* `area(x,y,0.5)` *und der untere mit* `fill(x,y,y)`. *„y" übernimmt hier zusätzlich noch die Rolle des Farbvektors.*

16.3 Höhenlinienplot

16.3.1 Befehlsübersicht

2-D-Höhenlinien contour, contourc, contourf

Beschriftung clabel

Pseudo-Farbdiagramm pcolor

3-D-Höhenlinien contour3

16.3.2 2-D-Konturplots

contour erzeugt einen zweidimensionalen Höhenlinienplot und contourf erstellt einen farbig ausgefüllten Konturplot. Die zum Plotten genutzten Höhenlinien lassen sich, explizit ohne einen Plot zu erstellen, mit contourc berechnen. contour und contourf unterstützten exakt dieselben Argumente und contourc alle diejenigen, die nicht direkt zum Plotten benötigt werden. Es genügt daher stellvertretend ein Beispiel zu diskutieren.

contour(Z) plottet die Höhenlinien der Matrix Z, wobei die Werte als Höhe über der x-y-Ebene interpretiert werden. Mit contour(Z,n) werden n Höhenlinien geplottet und mit contour(Z, v) Höhenlinien zu den Vektorwerten von „v". Anstelle der Matrix „Z" können auch drei Argumente contour(x,y,Z,.) übergeben werden. „x" und „y" bestimmen die Achsengrenzen. Sind „x" und „y" Matrizen, so müssen sie von derselben Dimension wie „Z" sein. Ein Achsen-Handle „ah", in das geplottet werden soll, lässt sich mit contour(ah,...) übergeben und Linien-, Datenpunkttyp und Farbe analog zum Plot-Kommando mit contour(...,LineSpec) festlegen. [C,h] = contour(...) liefert die Höhenlinienmatrix „C" sowie das Handle zum ContourGroup-Objekt. Aus Kompatibilitätsgründen lässt sich an Stelle des Hg-Group-Handles auch ein Handle-Vektor der Line-Objekte mit [C,h] = contour('v6', ...) wie in den Releases 6.x zurückgegeben. Ein Beispiel zu einem Höhenlinienplot mit Beschriftung zeigt Abb. (16.7).

Beschriftung. Die Beschriftung der Höhenlinien erfolgt mit clabel. clabel(C,h) bzw. clabel(C,h,v) beschriften den mit [C,h] = contour(...) erstellten Höhenlinienplot. „v" ist der Vektor der Höhenlinienwerte. Eine Auswahl mit der Maus ermöglicht clabel(C,h,'manual'). Sollen die Label zu dem aktuellen Konturplot dazugefügt werden, so kann auf das Handle „h" verzichtet werden clabel(C,...). Die zugehörigen Text-Handle „th" erhält man mit th = clabel(...), zusätzlich werden alle Text-Eigenschaften clabel(...,'Eig',wert,...) unterstützt. Diese Eigenschaften werden im Detail im Kapitel 17 besprochen. clabel(...'LabelSpacing',points) erlaubt den Abstand zwischen den Höhenlinien und den Beschriftungen in Points (Voreinstellung 72 pt) zu setzen.

16.3 Höhenlinienplot

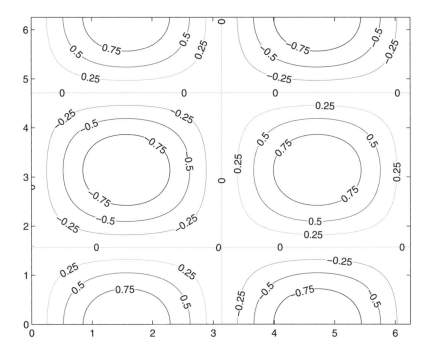

Abbildung 16.7: *Beispiel zu einem Höhenlinienplot mit Beschriftung.*

Beispiel Abb. (16.7).

```
            % Erzeugen der Daten
x=0:0.05:2*pi;
y=x;
[X,Y]=meshgrid(x,y);
            % 3-D-Daten
Z=sin(X).*cos(Y);
            % Hoehenlinien
v=-1:0.25:1;
            % Ausfuehren des Plots
[C,h]=contour(x,y,Z,v);
            % Beschriften der Hoehenlinien
clabel(C,h,v)
```

16.3.3 Pseudo-Farbdiagramm

Pseudofarbplots oder Checkerboardplots (Damebrettplots) werden mit dem MATLAB-Befehl `pcolor` erzeugt. `pcolor` erzeugt eine grafische Oberfläche, bei der die ZData-Elemente zu null gesetzt werden. Das heißt genau auf die x-y-Ebene geblickt führt (`view(0,90)`) bei einem `surf`-plot auf ein ähnliches Ergebnis. `pcolor(C)` erzeugt einen

Pseudoplot. Die Matrix „C" wird linear auf einen Index der aktuellen Farbmatrix abgebildet.
pcolor(X,Y,C) plottet einen Pseudofarbplot von „C" an der durch „X" und „Y" festgelegten Position und pcolor(ah,...) plottet in ein bestehendes Achsensystem mit dem Handle „ah". h = pcolor(...) liefert das entsprechende Surface-Handle zurück.

Beispiel. Eine Hadamard-Matrix hat nur die Werte -1 und $+1$ und liefert folglich geplottet ein Schachbrettmuster. Dies kann auch interessant zur Visualisierung von ansonsten strukturlosen Körpern sein, beispielsweise zur Drehung einer Kugel (vgl. movie).

```
subplot(2,1,1)
hpc=pcolor(hadamard(20))
subplot(2,1,2)
h=surf(hadamard(20))
view(0,90)
```

16.3.4   3-D-Höhenlinien

contour3(Z, ...) bzw. contour3(X,Y,Z, ...) erzeugt einen 3-D-Höhenlinienplot. Als Argumente werden exakt dieselben Argumente wie unter contour unterstützt, also ebenfalls die Festlegung der Zahl der Konturlinien „n", die Werte der Höhenlinien „v", Achsen-Handle „ah" und die Linieneigenschaften „LineSpec" sowie die Rückgabewerte [C,h] = contour3(...).

16.4   3-D-Grafik

16.4.1   Befehlsübersicht

Histogramme und Balkendiagramm bar3, bar3h, hist3

Kuchenplots pie3

Diskrete Sequenzen stem3

Streuplots scatter3

Kometenplots comet3

Wasserfall-Diagramme waterfall

Gebänderte Plots ribbon

Triangulierungen triplot, trimesh, trisurf

Tetraeder-Darstellungen tetramesh

16.4.2 Diskrete 3-D-Daten

In diesem Abschnitt werden die Plotbefehle zur Darstellung diskreter Daten vorgestellt.

3-D-Histogramme. Zweidimensionale Datenfelder lassen sich statistisch mittels 3-D-Histogrammen zur Darstellung der Häufigkeitsverteilung untersuchen. Ist „X" eine m × 2-Matrix, dann erstellt `hist3(X)` ein Histogramm über einem 10x10 äquidistanten Gitter. Andere Gitterwerte lassen sich mit `hist3(X, nbins)` wählen. Für nicht äquidistante Strukturen kann ein Zellarray „cver" übergeben werden, dessen erstes Element die Aufteilung in x-Richtung und dessen zweites die in y-Richtung bestimmt. Jede Komponente muss monoton steigend sein.

```
>> % Beispiel  hist3(X, cver)
>> X=rand(10000,2);
>> hist3(X)
>> cver{1}=[0 0.3 0.4 0.5 0.7 0.9 1.];
>> cver{2}=linspace(0,1,4);
>> hist3(X,cver)
```

Mit `hist3(X, 'Edges', wert)` können die Positionen der Ecken der Histogrammsäulen übergeben werden. „wert" ist wiederum ein 2-dimensionales Zellarray und jede Dimension monoton steigend. Der Wert eines Elements k von „X" wird zur Säule (i,j) dann gerechnet, wenn

$$\text{wert}\{1\}(i) \leq \mathrm{X}(k,1) < \text{wert}\{1\}(i+1)$$

und

$$\text{wert}\{2\}(j) \leq \mathrm{X}(k,1) < \text{wert}\{2\}(j+1)$$

gilt. Mit dem Aufruf `N = hist3(X,...)` bzw. `[N,C] = hist3( X,...)` wird kein Histogramm geplottet, sondern die Häufigkeit „N" zu jeder Histogrammsäule mit Zentrum „C" ausgegeben. „N" ist eine Matrix, „C" ein Zellarray. Grafikeigenschaften (Figure Properties) lassen sich mit `hist3(..., 'eig1',w1, 'eig2',w2, ...)` übergeben (vgl. Kap. 17).

Balkenplots. 2-dimensionale Balkenplots können mit den Befehlen `bar` und `barh` erzeugt werden. Das 3-D-Pendant ist `bar3(y)` bzw. `bar3h(y)` für horizontale Balkenplots. Die unterstützten Aufrufe folgen exakt denen des zweidimensionalen Falls in Abschnitt 16.2.2.

Kuchenplots. 3-dimensionale Kuchenplots lassen sich mit `pie3(x)` erstellen und einzelne Kuchenstücke mit `pie3(x,explode)` herausrücken. `pie3` folgt exakt der Struktur von `pie` in Abschnitt 16.2.3.

Diskrete Sequenzen. `stem3(z)` plottet die Datensequenz „z" in der x-y-Ebene. Anstelle des Aufrufs `stem(x,y)` tritt folglich `stem3(x,y,z)`. Sieht man von dieser dreidimensionalen Erweiterung ab, so folgt `stem3` exakt den Möglichkeiten von `stem` wie sie in Abschnitt 16.2.3 diskutiert wurden.

Streudiagramme. Der zweidimensionale Streuplot `scatter(x,y)` bzw. `>> scatter(x,y,S,C)` lässt sich in drei Dimensionen via `scatter3(x,y,z)` bzw. `>> scatter3(x,y,z,S,C)` fortsetzen. `scatter3` unterstützt dieselben Argumente – sehen wir von drei Dimensionen ab – wie `scatter` in Abschnitt 16.2.5.

16.4.3 Kometenplots

`comet3(x,y,z,p)` führt dreidimensionale Kometenplots aus und, sehen wir von der zusätzlichen Dimension ab, folgt denselben Aufrufen wie `comet` in Abschnitt 16.2.6.

16.4.4 Wasserfall-Diagramme

Die Funktion `waterfall` verhält sich ähnlich wie `meshz`, erzeugt aber keine Linien von Matrixspalten. Ein Beispiel zeigt Abb. (16.8). `waterfall(X,Y,Z)` erzeugt ein Wasserfallplot aus den Matrizen „X", „Y" und „Z". „X" und „Y" sind optional. Wird nur „Z" übergeben, dann läuft „X" und „Y" in Einserschritten von 1 bis zur Zeilendimension von „Z". Als weiterer Wert kann eine Matrix „C" zur Farbskalierung übergeben werden, `waterfall(X,Y,Z,C)`, die dieselbe Dimension wie „Z" haben muss. Mit `waterfall(ah,...)` kann in ein Achsensystem mit Handle „ah" geplottet werden und `h = waterfall(...)` liefert das aktuelle Patch-Handle zurück.

16.4.5 Gebänderte Plots

`ribbon(Y)` führt einen gebänderten Plot aus. „X" läuft per Default von eins bis zur Zeilendimension von „Y" in Einserschritten, kann aber für andere Werte auch übergeben werden. Die Anpassung der Breite (Voreinstellung 0.75) wird durch einen weiteren Parameter „breit" unterstützt. `ribbon(X,Y,breit)`. Mit `ribbon(ah,...)` kann in ein bereits bestehendes Achsenpaar mit Achsen-Handle „ah" geplottet werden und `h = ribbon(...)` liefert das Handle des aktuellen Surface-Objekts.

Beispielcode zu Abb. (16.8).

```
% Erzeugen der Beispieldaten
t=linspace(3,0); s=exp(-t);
x=0:0.2:4*pi;   y=sin(x).^2;
xp=s'*y;
% Ausf"uhren der Plots
subplot(2,1,1)
waterfall(xp)
title('waterfall'), axis tight
subplot(2,1,2)
ribbon(xp)
axis tight, title('ribbon')
```

16.4 3-D-Grafik

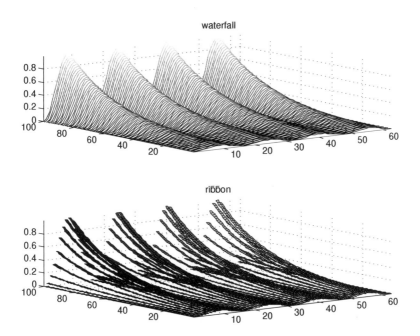

Abbildung 16.8: *Beispiel zu* `waterfall(xp)` *und* `ribbon(xp)`. *Für beide Plots wurden dieselben Daten verwendet.*

16.4.6 Triangulierungen

`triplot` erzeugt einen Dreiecksplot, gehört also streng genommen in den Bereich 2-D-Grafik, passt allerdings inhaltlich besser zu „Triangulierungen". Seien die Dreiecke definiert durch eine m × 3-Matrix „TRI", beispielsweise erzeugt mittels des MATLAB-Befehls `delaunay`. `triplot(TRI,x,y)` plottet eine Dreiecksüberdeckung. „x" und „y" sind die Koordinaten, eine Zeile von „TRI" definiert ein Dreieck. Beispielsweise bilden die Verbindungslinien zu den Punkten [x(k), y(k)] - [x(l), y(l)] - [x(m), y(m)] - [x(k), y(k)] mit k=TRI(n,1), l=TRI(n,2), m=TRI(n,3) ein Dreieck. Mit `triplot(TRI,x,y,color)` können Farben, bzw. mit `triplot(..., 'param','wert', 'param','wert',...)` Parameter übergeben werden, wie sie von Line-Objekten unterstützt werden (vgl. Kap. 17). Ein Handle-Vektor zu den Dreiecken erhält man mit `h = triplot(...)`.

`trimesh(Tri,X,Y,Z)` dient der Triangulierung im Dreidimensionalen und, sehen wir einmal von der dritten Dimension ab, folgt exakt dem Aufruf und den Möglichkeiten von `triplot`. Dasselbe gilt auch für `trisurf`. Während `trimesh` eine Gittertriangulierung zeigt, führt `trisurf` zu einer Flächendarstellung vergleichbar den Unterschieden zwischen `mesh` und `surf`.

16.4.7 Tetraeder-Darstellungen

`tetramesh(T,X,c)` dient der Überdeckung des Raumes mit Tetraedern. Die m × 4-Matrix „T" definiert die Tetraeder und kann beispielsweise mit `delaunay3` erzeugt werden. Eine Zeile von „T" bestimmt die Tetraeder-Ecken, „X" ist die zugehörige n × 3-Koordinatenmatrix und der optionale m-dimensionale Indexvektor „c" ordnet den einzelnen Tetraedern entsprechend der verwendeten Farbmatrix Farben zu. Mit `h = tetramesh(...)` erzeugt man einen Handle-Vektor der erzeugten Tetraeder. Eigenschaften können via `tetramesh(...,'param','wert',...)` übergeben werden, wobei die Eigenschaften von Patch-Objekten (s. Kap. 17) unterstützt werden.

16.5 Visualisierung

Eine Liste der Visualisierungsbefehle erhält man mit >> `doc vissuite` oder >> `help vissuite`. Bereits diese Liste ist eine beeindruckende Aufzählung der Möglichkeiten, die MATLAB zur Visualisierung bietet. Das Erzeugen von Volumenfeldern und zugehörigen Schnittebenen wird ausführlich am Beispiel der Funktion `slice` diskutiert.

16.5.1 Befehlsübersicht

Divergenz und Rotation, Berechnung curl, divergence

Datenglättung smooth3

Geschwindigkeitplots quiver, quiver3

Schnitte contourslice, flow, slice

Isoplots isosurface, isonormals, isocaps, isocolors

Strömungsbilder, Berechnung stream2, stream3, interpstreamspeed

Strömungsbilder, Plots streamline, streamtube, streamribbon, streamslice, streamparticles

Kegelplot coneplot

Volumenfunktionen subvolume, reducevolume, volumebounds

Patch-Optimierung reducepatch, shrinkfaces

Images image, imagesc, gray, contrast

16.5.2 Datenaufbereitung

Berechnung der Divergenz und Rotation. Ein 3-D-Vektorfeld hat in jedem Raumpunkt eine Richtung und eine Stärke. D.h im Gegensatz zu einer skalaren Funktion wird ein Vektorfeld nicht durch eine ein-komponentige Größe in jedem Raumpunkt beschrieben. Im Folgenden beschreiben „X", „Y" und „Z" die Koordinaten und „U", „V" und „W" das 3-D-Vektorfeld. „X", „Y" und „Z" müssen monoton sein und Arrays haben wie sie beispielsweise von `meshgrid` erzeugt werden.

16.5 Visualisierung

`curl` dient der Berechnung der Rotation „curl·" und der Winkelgeschwindigkeit „cav" eines Vektorfeldes senkrecht zum Fluss, `>> [curlx,curly,curlz,cav] = curl(X,Y,Z,U,V,W)`. Die Koordinatenarrays „X", „Y" und „Z" sind optional, Voreinstellung ist `[X Y Z] = meshgrid(1:n,1:m,1:p)` mit `[m,n,p] = size(U)`. Optional sind auch die Rückgabewerte „curlz" und „cav". Mit `[curlz,cav]= curl(X,Y,U,V)` wird die z-Komponente der Rotation und die Winkelgeschwindigkeit senkrecht zur z-Achse berechnet. „X" und „Y" sind wieder optional. Mit `cav = curl(...)` wird nur die Winkelgeschwindigkeit berechnet. (MATLAB stellt mit dem Datensatz „Wind" `>> load wind` ein eindrucksvolles Datenbeispiel zu Volumenberechnungen und -visualisierungen zur Verfügung. Die Daten beruhen auf Windströmungen über dem nordamerikanischen Kontinent.)

Die Divergenz eines 3-D-Vektorfeldes kann mittels `div = divergence(X,Y,Z,U,V,W)` berechnet werden. Die Koordinatenarrays „X", „Y" und „Z" sind wieder optional und erfüllen dieselben Bedingungen wie unter `curl`. Die Divergenz eines 2-D-Vektorfeldes kann mit `div = divergence(X,Y,U,V)` berechnet werden. „X" und „Y" müssen wieder monoton sein und sind optional mit Defaultwert `[X,Y] = meshgrid(1:n,1:m)` für „U" m × n-Array.

Datenglättung. `smooth3` dient zum Glätten dreidimensionaler Vektorfelder, kann aber auch für skalare Funktionen missbraucht werden wie das Beispiel zeigt, vgl. Abb. (16.9). Der allgemeinste Aufruf ist `W = smooth3(V,'filter',size,sd)`. „V" ist das 3-D-Vektorfeld, alle anderen Inputvariablen sind optional. „filter" erlaubt zwei mögliche Konvolutionskerne „gaussian" und die Voreinstellung „box". „size" bestimmt die Größe des Konvolutionskerns und ist ein 3-dimensionaler Zeilenvektor mit Defaultwerten [3 3 3]. Wird ein skalerer Wert übergeben, so sind alle drei Werte gleich diesem skalaren Wert. Für eine Gauß'sche Filterung kann zusätzlich noch die Standardabweichung „sd" festgelegt werden, Voreinstellung ist 0.65.

Das folgende Beispiel zeigt die Glättung einer verrauschten Flächenfunktion, die dazu künstlich mit `cat(3,...)` zu einem 3-D-Feld aufgeblasen wird. Das Ergebnis ist in Abb. (16.9) dargestellt.

```
>>           % Berechnung der Testdaten
>> x=-1:0.1:1; [X,Y] = meshgrid(x,x);
>> Z=X.^2+Y.^2+rand(21)/5;
>>           % 3-D-Daten f"ur smooth3 mit cat
>> ZS3=smooth3(cat(3,Z,Z));
>> ZS=ZS3(:,:,1);  % geglaettete Daten
>>                 % Plot
>> subplot(1,2,1)
>> surfc(X,Y,Z)
>> title('Original')
>> subplot(1,2,2)
>> surfc(X,Y,ZS)
>> title('Glaettung')
```

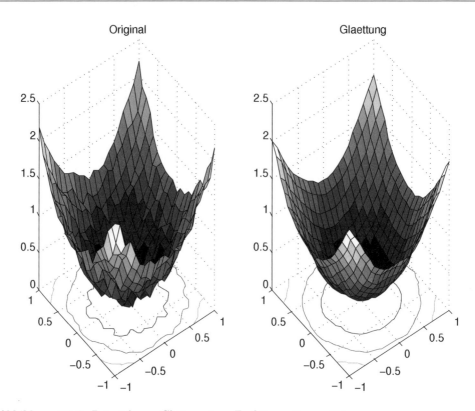

Abbildung 16.9: *Beispiel zum Glätten einer Funktion mit* `smooth3`.

16.5.3 Geschwindigkeitsabbildungen

`quiver` und `quiver3` dienen dem Erstellen von zwei- bzw. dreidimensionalen Geschwindigkeitsplots. Bis auf diesen Unterschied unterstützen beide Funktionen die gleichen Argumente und Eigenschaften. Es genügt also stellvertretend `quiver3` zu diskutieren. Mit `quiver3(x,y,z,u,v,w)` werden die Geschwindigkeitsvektoren (Pfeile) „u", „v" und „w" an den Positionen „x", „y" und „z" geplottet. („z" und „w" würden bei `quiver` entfallen.) Alle sechs Variablen müssen Matrizen derselben Größe sein. Aus „x", „y", „z" können die Flächennormalen mit `[u,v,w] = surfnorm(x,y,z)` berechnet und der Plot beispielsweise mit `quiver3` ausgeführt werden. `quiver3(z,u,v,w)` plottet die Vektoren an den durch die z-Werte festgelegten gleichverteilten Flächenpositionen. In `quiver3(...,scale)` ist „scale" ein Skalierungsfaktor. Verwendung von „scale" führt zunächst dazu, dass die Vektoren so skaliert werden, dass sie nicht überlappen. Der Wert „0" schaltet die automatische Skalierung ab. Mit `quiver3(...,LineSpec)` können die auch unter `plot` unterstützten Linien-, Datentypen und Farben übergeben werden, `quiver3(...,LineSpec,'filled')` füllt die Fläche der gewählten Datenpunkte aus. Mit `quiver3(ah,...)` wird in das Achsensystem mit dem Handle „ah" geplottet und `h = quiver3(...)` liefert den Handlevektor der Hg-Group zurück, `hold = quiver3('v6',...)` wie unter dem Vorgängerrelease die Handles zu den Line-Objekten.

16.5.4 Schnitte

Volumenvisualisierung dient der Visualisierung eines dreidimensionalen Objektes, in der jeder Punkt wiederum einen skalaren Wert (Stärke) oder einen Vektorwert (Stärke und Richtung) trägt. Sind Höhenlinienplots (Konturplots) oder Flächenplots zur Visualisierung nicht hinreichend, bieten geeignet gewählte Schnitte eine Alternative.

slice(X,Y,Z,V,sx,sy,sz) erzeugt Schnittebenen des Volumenfeldes V. „X", „Y" und „Z" sind 3-dimensionale Objekte. Sind beispielsweise die eindimensionalen Vektoren „x", „y" und „z" die zugehörigen Koordinatenbereiche, dann lassen sich die 3-D-Objekte gemäß [X,Y,Z] = meshgrid(x,y,z) und die Volumenfunktion aus V(X,Y,Z) erzeugen. Dies dokumentiert das folgende Beispiel:

```
>> x=[-2:.2:2]*pi;y=[-2:.25:2]*pi;z=-2:.2:2;
>> [X,Y,Z]=meshgrid(x,y,z);
>> %        Volumenfunktion
>> V=exp(-Z.^2).*sin(X).*cos(X);
>> whos
  Name         Size           Bytes   Class

  V            17x21x21       59976   double array
  X            17x21x21       59976   double array
  Y            17x21x21       59976   double array
  Z            17x21x21       59976   double array
  x            1x21             168   double array
  y            1x17             136   double array
  z            1x21             168   double array
```

Schnittbilder können dann mit >> slice(X,Y,Z,V,[1 1 1],[0 0 0],[0 0 0]) geplottet werden, wobei „sx", „sy", „sz" die entsprechenden Schnittebenen festlegen. Sind alle Komponenten der jeweiligen Vektoren „s." gleich (wie im Beispiel), dann hätte es auch genügt Skalare (1,0,0) zu übergeben. Das Ergebnis des obigen Beispiels ist in Abb. (16.10) dargestellt.

Die 3-D-Arrays „X", „Y" und „Z" sind optional. Ist „V" ein $m \times n \times p$-Array, dann wird $x = 1 \cdots n$, $y = 1 \cdots m$ und $z = 1 \cdots p$ gesetzt. Soll keine Schnittebene sondern eine gekrümmte Fläche als Schnittfläche dienen, so kann dies mittels slice(X,Y,Z, V, XI,YI,ZI) durchgeführt werden. (XI,YI,ZI) sind die Matrizen, die die Fläche im Raum festlegen. Beispiel:

```
>> %  Berechnung der Schnittfl"ache
>> [XI,YI] = meshgrid(x,y);
>> ZI=(XI.^2+YI.^2)/35-2;
>> %  Darstellung der Schnittfl"ache
>> subplot(1,2,1)
>> surf(XI,YI,ZI)
>> title('Schnittflaeche')
>> axis tight
```

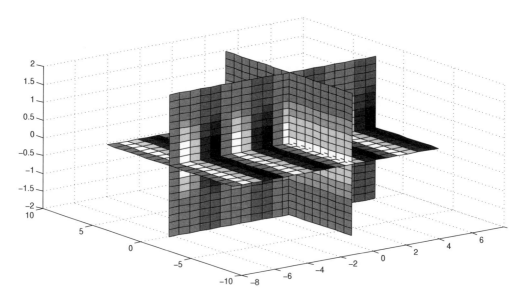

Abbildung 16.10: Beispiel zu slice.

```
>> %    Darstellung des Schnitts von V auf dieser
>> %    Schnittflaeche
>> subplot(1,2,2)
>> slice(X,Y,Z,V,XI,YI,ZI)
>> title('Slice')
>> axis tight
```

Das Ergebnis zeigt Abb. (16.11). Wieder sind „X", „Y" und „Z" optional.
Mit slice(...,'method') kann noch das Verfahren festgelegt werden, mit dem die Interpolation zur Berechnung von Zwischenpunkten ausgeführt werden soll. Zur Verfügung steht „linear" für eine trilineare Interpolation (Default), „cubic" für eine trikubische Interpolation und „nearest" für eine Nächste-Nachbar-Interpolation. Soll in ein bestimmtes Achsensystem mit Handle „ah" geplottet werden, so lässt sich dies via slice(ah,...) bewerkstelligen und h = slice(...) liefert die Handles der Surface-Objekte.

contourslice. contourslice plottet in die entsprechende Schnittfläche Höhenlinien. Der Aufruf ist contourslice(X,Y,Z,V,Sx,Sy,Sz) bzw. contourslice(X,Y,Z,V,Xi, Yi,Zi). Die Bedeutung der Variablen entspricht exakt der von slice und wieder sind „X", „Y" und „Z" optional mit denselben Defaultwerten wie unter slice. Ebenfalls lassen sich dieselben Interpolationsmethoden auswählen, ein Achsen-Handle übergeben oder ein Vektor-Handle der Patch-Objekte zurückgeben. Des Weiteren ist es möglich die Zahl der Konturlinien „n" festzulegen oder einen Vektor „vl" zu übergeben, längs dessen die Höhenlinien geplottet werden sollen: contourslice(...,x) mit x=n oder vl. Soll im Level „cl" eine einzelne Höhenlinie übergeben werden, so erlaubt dies contourslice(...,[cl,cl]).

16.5 Visualisierung

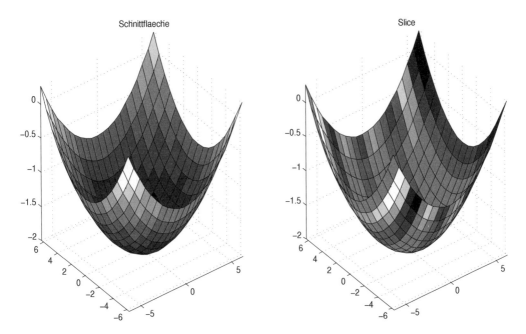

Abbildung 16.11: *Zweites Beispiel zu* `slice`. *Links ist die Schnittfläche dargestellt, rechts der Schnitt durch das Volumenfeld.*

Testdaten erzeugen. `flow` dient dem Erzeugen von Testdaten, um Funktionen wie beispielsweise `slice` oder `interp3` zu demonstrieren. `v = flow` erzeugt ein $50 \times 25 \times 25$-Array und `v = flow(n)` ein $2n \times n \times n$-dimensionales Array. Mit $v = $ flow(x,y,z) wird eine Geschwindigkeitsprofil an den Punkten „x,y,z" erstellt; Koordinaten und Volumendaten lassen sich mittels `[x,y,z,v] = flow(...)` für Testzwecke erzeugen:

```
>> [x,y,z,v]=flow;
>> xslice = [-1.2,.8,2]; yslice = 2; zslice = [-2,0];
>> slice(x,y,z,v,xslice,yslice,zslice)
```

16.5.5 Iso-Oberflächen

Neben den Schnittflächen bieten Isoflächen eine weitere interessante Idee der Volumenvisualisierung. Hier werden Flächen im Raum ausgewählt, längs derer das Volumenfeld V konstant ist. `fv = isosurface(X,Y,Z,V,isowert)` berechnet für V=isowert die Isofläche und legt die korrespondierenden Werte in der Struktur „fv" mit den Feldern „vertices" und „faces" (Flächen) ab. „fv" kann direkt von `patch` aufgerufen werden. Ohne Rückgabewert wird der Plot ausgeführt. „X", „Y" und „Z" repräsentiert wie unter `slice` die 3-D-Koordinatenarrays und „V" das Volumenfeld. Die 3-D-Koordinatenarrays „X", „Y" und „Z" sind optional mit denselben Defaultwerten wie unter `slice`. Wird kein „isowert" übergeben, dann wird aus den Histogrammwerten ein geeigneter Wert ausgewählt. `fvc = isosurface(...,colors)` berechnet die interpolierten Farbwerte im

„facevertexcdata"-Feld, das alternativ zu den CData die Farben eines Patch-Objekts festlegt. Shared Vertizes werden aus Speichereffizienzgründen erzeugt, kosten aber zusätzlich Rechenzeit. Soll auf diese Eigenschaft verzichtet werden, so ist dies mit `fv = isosurface(...,'noshare')` möglich. Eine Verfolgung des Berechnungsfortschritts erlaubt `fv = isosurface(..,'verbose')` und an Stelle einer Struktur mit den beiden Vertex- und Flächen-Feldern können diese Werte auch direkt in Arrays abgespeichert werden `[f,v] = isosurface(...)`.

Isonormale. Die Vertexliste legt die Kanten eines Patch-Objekts fest, die „faces" sind die zugehörigen Flächen, die durchnumeriert werden (vgl. `patch`, Abb. (16.14)). Zur Berechnung der Isonormalen „n" dient `n = isonormals(X,Y,Z,V,vertlist)`. „X", „Y", „Z" sind die 3-D-Koordinatenarrays, „V" ist das Volumenfeld und „vertlist" die Liste der Vertices, zu denen die Normalen über den Gradienten des Volumenfeldes berechnet werden. Alternativ dazu kann `n = isonormals(X,Y,Z,V,p)` genutzt werden, bei dem die Vertizes des Patches, identifiziert durch das Patch-Handle „p", genutzt werden. Für beide Befehle sind die Koordinatenarrys „X", ... optional, die Voreinstellung entspricht der des Befehls `slice`. `n = isonormals(...,'negate')` kehrt die Richtung der Normalen um. `isonormals(V,p)` und `isonormals(X,Y,Z,V,p)` setzt die VertexNormal-Eigenschaft des Patches (vgl. Kap. 17) mit dem Handle „p" auf die berechneten Isonormalen.

`isocaps` blickt, lax gesprochen, von Flächen konstanten Wertes auf das Äußere oder Innere eines Volumenfelds. Ein Beispiel zeigt Abb. (16.12). Die Syntax lautet `fvc = isocaps(X,Y,Z,V, isowert)`. Die Bedeutung ist dieselbe wie bei `isosurface` und „X", „Y", „Z" sind ebenfalls optional mit derselben Voreinstellung. „fvc" ist eine Struktur, die als Felder die Vertexwerte, Flächen und Farben enthält, und optional. Ohne Rückgabewert wird das Ergebnis direkt geplottet. Bei `fvc = isocaps(...,'was')` kann „was" die Werte „above" (default) oder „below" haben und entscheidet, ob die Werte oberhalb oder unterhalb der Isofläche für die „Schlussstücke" mit betrachtet werden. `fvc = isocaps(...,'webene')`: „webene" kann die Werte „all" (default), xmin, xmax, ymin, ymax, zmin, oder zmax annehmen und entscheidet auf welchen Ebenen die „Caps" geplottet werden sollen. `[f,v,c] = isocaps(...)` speichert die Flächen (f), Vertex (v) und Farbe (c) in diesen drei Arrays ab statt in der Struktur fvc.

MATLAB bietet mit dem beigefügten Testdatensatz „mri.mat" MRI-Schnitte durch einen menschlichen Schädel. Das folgende Programmbeispiel dokumentiert die oben diskutierten Befehle. Mit `isosurface` wird die Isooberfläche des Kopfes visualisiert. Wenn Sie das Beispielbild drehen, erkennen Sie Nase und ein Ohr. `isocaps` betrachtet die darüber liegenden Daten. In Abb. (16.12) ist rechts oben die Isofläche mit `isosurface` und darunter mit `isocaps` dargestellt. Das Hauptbild zeigt die Überlagerung beider.

```
figure, load mri
D = squeeze(D);
D(:,1:60,:) = [];
axes('Position',[0.62 0.6 0.35 0.35],...
    'visible','off')
p1 = patch(isosurface(D, 5),'FaceColor','red',...
    'EdgeColor','none');
```

16.5 Visualisierung

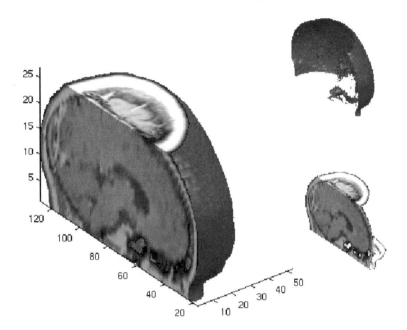

Abbildung 16.12: *Rechts oben die Isooberfläche erzeugt mit* isosurface, *darunter ein Blick auf die weiteren Daten mit* isocaps *und schließlich beide im Hauptbild vereinigt. (Schalten Sie einmal die Kamera-Toolbar dazu und drehen Sie das Hauptbild.)*

```
view(3); axis tight; daspect([1,1,.4])
colormap(gray(100))
camlight left; camlight; lighting gouraud
axes('Position',[0.65 0.15 0.35 0.35],...
    'visible','off')
p2 = patch(isocaps(D, 5),'FaceColor','interp',...
    'EdgeColor','none');
title('isocaps')
view(3); axis tight; daspect([1,1,.4])
colormap(gray(100))
camlight left; camlight; lighting gouraud
axes('Position',[0.0 0.05 0.775 0.815])
p1 = patch(isosurface(D, 5),'FaceColor','red',...
    'EdgeColor','none');
p2 = patch(isocaps(D, 5),'FaceColor','interp',...
    'EdgeColor','none');
view(3); axis tight; daspect([1,1,.4])
colormap(gray(100))
camlight left; camlight; lighting gouraud
isonormals(D,p1)
```

`nc = isocolors(X,Y,Z,C,vertlist)` berechnet die Farben der Isoflächen Vertizes (vertlist) basierend auf den Farbwerten C. „C" sind Indexfarben. Mit `nc = isocolors(X,Y,Z, R,G,B, vertlist)` können auch RGB-Werte übergeben werden. „X", „Y", „Z" sind optional (vgl. `isosurface`). Mit `nc = isocolors(..., PatchHandle)` werden die durch das PatchHandle identifizierten Patch-Vertizes genutzt und ohne Rückgabewert die FaceVertexCData-Eigenschaft (vgl. Kap. 17) des Patches durch die berechneten Werte gesetzt.

16.5.6 Strömungsdarstellung

Ein dreidimensionales Vektorfeld hat sowohl eine Stärke als auch eine Richtung in jedem Raumpunkt. Eine natürliche Interpretation ist, mit einem Vektorfeld einen Teilchenfluss durch das Volumen zu assoziieren und zur Visualisierung zu nutzen. Dies genau ist die Aufgabe von Strömungsbildern.

Berechnung der Strömungsdaten. `stream2` und `stream3` dienen der Berechnung von zwei- und dreidimensionalen Strömungsdaten. Sehen wir von der Dimension ab, so folgen beide derselben Syntax. Es genügt daher, stellvertretend `stream3` zu betrachten. Sind „X", „Y", „Z" die 3-D-Koordinatenarrays und „U", „V", „W" das 3 D-Volumenfeld, dann lässt sich mit `XYZ = stream3(X,Y,Z,U,V,W,startx,starty,startz)` ein Zellarray „xyz" berechnen, das die Vertex-Arrays enthält. „startx", „starty" und „startz" sind 3-D-Arrays, die die Startposition der Strömungslinien bestimmen. In `stream2` würde die jeweilig dritte Komponente entfallen. Die 3-D-Koordinatenarrays sind optional, die Voreinstellung entspricht der von `slice`. Als weitere Parameter können die Schrittweite „sw" in Einheiten einer Zelle und die maximale Zahl der Vertizes „maxvert" übergeben werden, `stream3(..., [sw,maxvert])`. Ein Beispiel, bei dem zur Berechnung eines Teilchenflusses `stream3` genutzt wurde, zeigt Abb. (16.13).

`interpstreamspeed(X,Y,Z,U,V,W,vertices)` interpoliert Strömungsvertices, die beispielsweise mit `stream3` berechnet worden sind, basierend auf den Vektorfeldern „U", „V" und „W". Die 3-D-Koordinatenarrays „X", „Y", „Z" sind optional, vgl. dazu `slice`. Für 2-D-Felder entfallen jeweils die Z-W-Arrays. Alternativ kann `interpstreamspeed` auch mit einem 3-D-Array, das die Geschwindigkeit („speed") repräsentiert, aufgerufen werden, `interpstreamspeed(X,Y,Z,speed,vertices)`.
Mit `interpstreamspeed(., sf)` wird ein Skalierungsfaktor „sf" für die Anzahl der berechneten Vertizes übergeben. Ist „sf" beispielsweise drei, so wird nur ein Drittel der Vertizes erzeugt. Mit Rückgabewert `vertsout = interpstreamspeed(...)` werden die Vertizes in der Zellvariable „vertsout" abgespeichert.

Strömungsplots. `streamline`, `streamribbon`, `streamslice` und `streamtube` erlauben alle einen Aufruf der Form `streamxxx(X,Y,Z,U,V,W, startx,starty,startz)`, die Parameter folgen exakt der Bedeutung der Parameter in `stream3`. Wieder sind die Koordinatenarrays „X", „Y", „Z" optional.

`streamline` plottet die Strömungslinien. Hier kann anstelle der 3-D-Arrays auch die beispielsweise mit `stream3` erzeugte Zellstruktur „xyz" der Vertexarrays übergeben werden, `streamline(xyz)`. Für 2-D-Systeme entfällt wiederum „Z" und „W". Mit `streamline(...,options)` kann entweder ein ein- oder zweikomponentiger Vektor „options"

16.5 Visualisierung

übergeben werden, der die Schrittweite (Voreinstellung 0.1) oder die Schrittweite und die maximale Zahl der Vertizes (Default 1000) festlegt. Soll in ein bereits bestehendes Achsensystem mit Handle „ah" geplottet werden, so kann mit `streamline(ah,...)` das Achsen-Handle übergeben werden und `h = streamline(...)` gibt einen Vektor der Line Handles zurück. Die einzelnen Elemente gehören zu je einer Strömungslinie.

`streamribbon` dient dem Plotten von Strömungsbändern. Ein Beispiel zeigt Abbildung (16.13). `streamribbon(vertlist,X,Y,Z,av, speed)` erwartet eine vorberechnete Liste der Vertizes in der Zellvariable „vertlist", wie sie beispielsweise `stream3` liefert, sowie die Rotationswinkelgeschwindigkeit „av" und die Flussgeschwindigkeit „speed". „X", ..., „speed" sind 3-D-Arrays, wobei die Koordinatenarrays „X", „Y", „Z" optional sind. Mit `streamribbon(vertlist,twistangle)` kann auch die Verdrehung der Strömungsbänder direkt übergeben werden. Die Werte sind in rad angegeben, „twistangle" ist ein Zellarray, die einzelnen Arrays müssen von derselben Dimension wie die korrespondierenden Vertizes sein. Mit `streamribbon(...,br)` lässt sich die Breite der Bänder setzen. `streamribbon(ah,...)` erlaubt, in ein bereits bestehendes Achsensystem mit Handle „ah" zu plotten. Mit `h = streamribbon(...)` erhält man einen Handlevektor zu den Surface-Objekten.

Wie `streamline` erlaubt auch `streamslice` 2-D-Objekte zu betrachten. Es entfällt ebenfalls die jeweils dritte Komponente. `streamslice(...,dicht)` modifiziert die automatisch gewählte Dichte an Strömungslinien. „dicht" muss größer 0 sein, 1 entspricht der Voreinstellung, 2 führt zu einer approximativ doppelten Zahl an Strömungslinien. `streamslice(...,'pfeil')` legt fest, ob Richtungspfeile geplottet werden oder nicht, und hat die beiden Werte „arrows" (Default) und „noarrows" für die Unterdrückung der Richtungspfeile. Mit `streamslice(...,'method')` kann das Interpolationsverfahren ausgewäht werden. Zur Verfügung stehen „linear" (Default), „cubic" und „nearest" für eine Nächste-Nachbar-Interpolation. Mit `streamslice(ah,...)` wird in ein bereits bestehendes Achsensystem mit Handle „ah" geplottet und `h = streamslice(...)` liefert ein Vektor-Handle der Line-Objekte. `[vertices arrowvertices] = streamslice(...)` liefert zwei Zellarrays mit den Vertizes der Strömungslinien und Richtungspfeile. Beide können an jede der `stream...`-Plotfunktionen übergeben werden.

`streamtube` erzeugt Strömungsröhren, deren Breite proportional der Divergenz des Vektorfeldes ist. Neben den oben unter `streamxxx` beschriebenen Argumenten erlaubt `streamtube` auch die direkte Übergabe des Vertex-Zellarrays „vertlist", beispielsweise mit `stream3` erzeugt, sowie die zugehörige Divergenz `streamtube(vertices, X,Y,Z, divergence)`. Die Koordinatenarrays sind wieder optional. Mit `streamtube(vertlist,br)` kann ein optionales Zellarray „br" zur Festlegung der Breite der Röhren übergeben werden. Die Dimension der einzelnen Vektorelemente muss dabei der Dimension der Vertizes entsprechen. Ohne „br" wird die Breite automatisch gewählt. Mit `streamtube(...,[scale n])` kann ein Skalierungsfaktor „scale" (Defaultwert 1) zur Skalierung der Breite der Strömungsröhren und die Zahl der Punkte n (Default 20) entlang des Umfangs einer Röhre übergeben werden. `streamtube(ah,...)` plottet in ein bereits bestehendes Achsensystem mit Handle „ah" und `h = streamtube(...)` liefert das Vektor-Handle „h" aller Surface-Objekte zurück.

`streamparticles` plottet Strömungsteilchen eines Vektorfelds. Die Strömungsteilchen werden wie Datenpunkte verwaltet, d.h. die Marker-Eigenschaft genutzt. Ein Beispiel

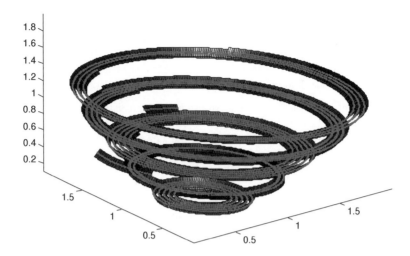

Abbildung 16.13: *Darstellung eines Rotationsfelds mittels* `streamparticles` *und* `streamribbon`.

zeigt Abb. (16.13). Mit `streamparticles(vertlist,n)` wird ein 2- oder 3-D-Zellarray (vgl. `stream3`) der Vertizes übergeben. Der Parameter „n" ist optional und legt fest, wie viele Strömungsteilchen geplottet werden sollen. Eigenschaften lassen sich mittels `streamparticles( ...,'Eig',wert,...)` spezifizieren. Unterstützt wird (Defaultwerte in geschweifter Klammer):

- „Animate" {0}, positive ganze Zahl; legt die Zahl der Wiederholungen der Animation fest. 0 steht für keine Animation, inf wiederholt die Animation so lange bis Ctrl-c gedrückt wird.

- „FrameRate", Animation-Frames pro Sekunde (positive ganze Zahl). Bei inf läuft die Animation so schnell es der Computer erlaubt.

- „ParticleAlignment": Bindet die Teilchen an die Strömungslinien, [on | {off}]. Bei „on" sitzt eine Teichen jeweils am Beginn jeder Strömungslinie.

Strömungsteilchen sind Line-Objekte und erlauben daher auch beispielsweise die Eigenschaft „Markers" und damit verknüpfte Eigenschaften wie „MarkerEdgeColor" {none}, „MarkerFaceColor" {red}, „Marker" {o} und „LineStyle" {none} zu setzen.
„EraseMode", [normal | none | {xor} | background], kontrolliert wie Objekte geplottet und gelöscht werden. Mit `streamparticles(lh,...)` wird in ein bereits bestehendes Achsensystem mit Handle „ah" geplottet und `h = streamparticles(...)` liefert einen Vektor mit den Handles aller Line-Objekte zurück.

Beispiel Abb. (16.13).

```
% Stream Beispiel Rotationsfeld
% Koordinatenbereiche
```

```
figure
x=0.1:0.1:2;y=x;z=x;
% 3-D-Arrays
[X,Y,Z]=meshgrid(x,y,z);
% Abstand hoch 3
R32=(sqrt(X.^2+Y.^2+Z.^2)).^3;
U=(Y-Z)./R32;
V=(Z-X)./R32;
W=(X-Y)./R32;
[sx,sy,sz] = meshgrid(0.25, 0.5:0.5:1.9,...
                      0.5:0.5:1.9);
%   Visualisierung
xyz=stream3(X,Y,Z,U,V,W,sx,sy,sz);
%    streamline(xyz)
streamparticles(xyz,'Markers',2)
view(3), axis tight
streamribbon(X,Y,Z,U,V,W,sx,sy,sz);
```

16.5.7 Kegelabbildungen

Kegelplots, `coneplot`, repräsentieren die Daten eines Vektorfelds als einen Kegel mit Richtung und Länge proportional der Geschwindigkeit in dem jeweiligen Punkt des Vektorfelds. Neben den optionalen 3-D-Koordinatenarrays „X", „Y", „Z" dienen die Volumenfelder „U", „V" und „W" sowie die 3-D-Ortsfelder „Cx", „Cy", „Cz" zur Lokalisierung der Kegel im Vektorfeld, `coneplot(X,Y,Z,U,V,W,Cx, Cy,Cz)`. Die Voreinstellung der 3-D-Koordinatenarrays folgt der von `slice`. Weitere Eigenschaften können mittels eines Parameters „pa" übergeben werden, `coneplot(...,pa)`. Ist „pa" eine reelle Zahl, so werden die Kegel automatisch dem Graf angepasst und mit „pa" skaliert. Voreinstellung ist 1. 0 unterdrückt die automatische Skalierung. Ist „pa" ein Array derselben Größe wie die Volumenfelder „U", „V" und „W", dann werden die Werte als Farbwerte zu den Kegeln interpretiert. Mit pa=„quiver" werden anstelle von Kegeln Pfeile geplottet. „pa" kann auch genutzt werden, um das Interpolationsverfahren festzulegen. Als Wert kann „linear", „cubic" oder „nearest" übergeben werden. Die Bedeutung entspricht der von `interp3`. Mit `coneplot(X,Y,Z,U,V,W,'nointerp')` wird die Interpolation unterdrückt und die Position durch die 3-D-Koordinatenarrays und die Orientierung gemäß den Volumenfeldern festgelegt. Soll in ein bereits bestehendes Achsensystem mit Handle „ah" geplottet werden, so lässt sich dies mittels `coneplot(ah,...)` bewerkstelligen und `h=coneplot(...)` liefert das Handle der Patch-Objekte (Cones) zurück.

16.5.8 Volumenfunktionen

Teilvolumina zur Visualisierung können mit `subvolume` aus den Volumendaten „V" extrahiert werden. Mit dem MATLAB-Kommando [Nx,Ny,Nz,Nv] = subvolume(X,Y,Z, V, teilvol) legen wir das auszuwählende Teilvolumen fest. Die 3-D-Koordinatenarrays „X", „Y", „Z" sind optional (vgl. `slice`) und „teilvol = [xmin, xmax, ymin, ymax, zmin, zmax]" legt die Grenzen fest. Bei den korrespondierenden Rückgabewerten sind wiederum „Nx", „Ny" und „Nz" optional.

[nx,ny,nz,nv] = reducevolume(X,Y,Z,V,[Rx,Ry,Rz]) dient nicht der Auswahl von Teilvolumina, sondern der Reduzierung der Elemente in den 3-D-Arrays. „[Rx,Ry,Rz]" bestimmt das wievielte Element jeweils beibehalten wird. Ist die Zahl in alle drei Richtungen gleich, kann statt des 3-elementigen Vektors ein Skalar übergeben werden. Die Koordinatenarrays sowohl auf der Eingabe- als auch auf der Rückgabeseite sind optional und folgen den Voreinstellungen wie unter slice beschrieben.

Die Aufgabe von grenze = volumebounds(X,Y,Z,V) bzw. grenze = volumebounds (X,Y,Z,U,V,W) ist es, die Achsengrenzen sowohl für die Koordinaten als auch die Farbwerte „[xmin xmax ymin ymax zmin zmax cmin cmax]" zu bestimmen, wobei die 3-D-Koordinatenarrays optional sind. „grenze" lässt sich direkt an die axis-Funktion (beispielsweise axis(volumebounds(X,Y,Z, V))) durchreichen.

16.5.9 Patch-Optimierung

reducepatch(hp,r) reduziert die Zahl der Flächen eines Patches mit dem Handle „hp" und versucht, die Gestalt des ursprünglichen Objekts zu erhalten. „r" wird dabei auf zwei unterschiedliche Art und Weisen interpretiert. Für r < 1 wird „r" als der Bruchteil der ursprünglichen Flächen interpretiert. Ist „r" beispielsweise 0.3, dann wird die Zahl der Flächen auf 30% des ursprünglichen Wertes gesenkt. Ist r > 1, so wird „r" als die Zahl der erwünschten Flächen interpretiert. Für r=400 wird die Zahl der Flächen sukzessive reduziert bis nur noch 400 übrig bleiben. Mit nfv = reducepatch(ph,r) wird die reduzierte Menge der Flächen und Vertizes in „nfz" abgespeichert. Wird an Stelle des Handles „ph" eine Struktur mit den Vertizes und Flächen übergeben, dann wirkt reducepatch auf diese Struktur. Statt in einer Struktur können die Flächen und Vertizes auch getrennt übergeben werden bzw. mit „nfz=[nf, nv]" wird das Ergebnis statt in der Struktur „nfz" in den einzelnen Arrays abgespeichert. reducepatch(...,'fast') unterstellt, dass keine gemeinsamen Vertizes existieren, vielmehr alle eindeutig sind und reducepatch(...,'verbose') gibt den Fortschritt auf dem Bildschirm aus.

shrinkfaces(ph,sf) reduziert die Größe der Patch-Flächen mit Handle „ph". „sf" ist der Verkleinerungsfaktor. Zum Beispiel verkleinert sf= 0.6 jede Fläche auf 60% ihrer ursprünglichen Größe. Gemeinsame Vertizes werden dazu zunächst in eindeutige Vertizes gewandelt. Mit einem Rückgabewert wird das Ergebnis in einer Struktur und mit zwei Rückgabewerten in zwei Arrays abgespeichert. Statt eines Handles kann wie unter reducepatch entweder eine Struktur oder zwei Arrays mit den zugehörigen Flächen und Vertizes übergeben werden. Der Verkleinerungsfaktor „sf" ist optional mit Voreinstellung 0.3.

16.5.10 Images

Im Zuge der billigen digitalen Kameras ist heute fast jeder mit „Images" vertraut. MATLAB bietet zum Einlesen die Funktionen imread, zum Schreiben imwrite sowie für Informationen iminfo. image dient dem Plotten eines Bildes und ist sowohl eine Highlevel-Funktion, deren Eigenschaften wir uns in diesem Abschnitt ansehen wollen, als auch eine Low-Level-Funktion, der wir uns in Kapitel 17 noch einmal zuwenden werden.

16.5 Visualisierung

Ist „C" eine n × m-Matrix, so wird mit `image(C)` das Bild in ein n × m-Raster eingeteilt und jedes Element von „C" entspricht einem Farbwert des korrespondierenden Bildsegments. Dabei wählt der Wert „w" die w-te Zeile der zugehörigen Farbmatrix aus. Alternativ kann mit C als n × m × 3-Matrix ein RGB-Farbwert übergeben werden. `image(x,y,C)` erlaubt die „x"- und „y"-Achsen mit geeigneten Werten zu versehen. „x" und „y" wirken sich ausschließlich auf die Achsenbeschriftung aus. Nutzen wir `image` als High-Level-Funktion, so können via `image(...,'eig',wert,...)` Eigenschaften übergeben werden. Als Low-Level-Funktion genutzt, lautet der Aufruf `image('eig',wert,...)` und mit `h = image(.)` erhalten wir das zugehörige Handle zurück. Die High-Level-Variante ruft die Funktion `newplot` auf. Das folgende Beispiel dokumentiert die direkte Nutzung einer Farbmatrix. Die unterstützten Eigenschaften werden im Abschnitt 17 vorgestellt.

Beispiel. Im folgenden Beispiel wird zunächst eine Farbmatrix „nc" mit den Farbwerten rot= [100], grün= [010] und blau= [001] erstellt und mit `image` ein Bild und anschließend dasselbe Ergebnis mittels eines 3-dimensionalen Farbarrays reproduziert.

```
% Farbmatrix fuer Figure
nc=[1 0 0;0 1 0;0 0 1];
figure, colormap(nc)
% Image erstellen
testm=[1 1 1;1 2 3; 2 3 1; 3 1 2;3 3 3];
image(testm)
% 3-D-Farbarray fuer image erzeugen
R=[1 1 1; 1 0 0; 0 0 1;0 1 0;0 0 0];
G=[0 0 0;0 1 0;1 0 0;0 0 1; 0 0 0];
B=[0 0 0;0 0 1;0 1 0; 1 0 0; 1 1 1];
RGB=cat(3,R,G,B);
% Image erstellen
figure, image(RGB)
```

`imagesc(x,y,C)` skaliert die Imagedaten auf die Farbwerte der aktuellen Farbmatrix um. „x" und „y" sind wieder optional und dienen der Beschriftung der Achsen. Soll der genutzte Wertebereich der Imagedaten eingeschränkt werden, so kann mit „clims", `imagesc(...,clims)`, ein zweikomponentiger Vektor übergeben werden, der die untere und obere Schranke für „C" festlegt. Die durch „clims" festgelegten Werte werden linear auf die Farbmatrix abgebildet. Werte von „C" außerhalb der festgelegten Schranke werden dem tiefsten bzw. höchsten Farbwert zugeordnet. Mit `h = imagesc(...)` wird das Handle des Image-Objekts zurückgegeben. Skalierungen werden häufig im Zusammenhang mit Grauwerten genutzt. cg= `gray(n)` erzeugt eine n × 3 grau-skalierte Farbmatrix. Zur Kontrasterhöhung dient `cmap = contrast(X,m)`. „cmap" ist die Grauwerte-Farbmatrix, „X" enthält die Imagedaten und der optionale Parameter „m" legt die Zahl der Zeilen von „cmap" fest.

16.6 Animation

Mit den im Folgenden aufgelisteten Befehlen stellt MATLAB einen einfachen Weg zur dynamischen Visualisierung – zur Animation – zur Verfügung.

16.6.1 Befehlsübersicht

Animation erstellen getframe, movie, moviein

Animation rotieren rotate

Konvertierung zu Image frame2im, im2frame

(Siehe auch: `noanimate` (Kap. 17.3) und `movie2avi` (Kap. 20.4)) .

16.6.2 Erstellen einer Animation

Der erste Schritt zum Erstellen einer Animation ist das Kreieren einer Bildabfolge, die mit einer Figure-Umgebung dargestellt wird. Mit `F = getframe` wird das aktuelle Bild in die Struktur F abgebildet, die aus den Feldern „cdata" einer $m \times n \times 3$-Farbmatrix und dem Feld „colormap" besteht. Mit `F = getframe(h)` wird auf das Bild mit dem Figure- oder Achsen-Handle „h" zugegriffen und `F = getframe(h,rect)` erlaubt einen Bildbereich, festgelegt durch rect = [x0 y0 breite höhe], auszuwählen. „x0", „y0" sind die Koordinaten der linken unteren Ecke. Die Einheiten sind so gewählt, dass die gesamte Bildbreite und -höhe jeweils 1 ist.

`movie(F,n,fps)` spielt das Strukturarray „F" n-mal und „fps" legt fest wie viele Frames pro Sekunde abgespielt werden. „n" darf auch ein Vektor sein. Beispielsweise führt `movie(F,[3 2 4 1], 1)` dazu, dass pro Sekunde ein Frame gezeigt wird. Die Animation besteht aus den Frames 2–4–1 und wird dreimal wiederholt. „n" und „fps" sind optional mit den Voreinstellungen eine Wiederholung und 12 Frames pro Sekunde (vorausgesetzt ihr Computer erlaubt das). Mit `movie(h,...)` wird zum Abspielen das Bild mit dem Figure- oder Achsen-Handle „h" genutzt und `movie(h,M,n, fps, loc)` nutzt zum Abspielen den durch den vierelementigen Vektor „loc" festgelegten Bereich, wobei allerdings nur die ersten beiden Einträge in Pixel zur Festlegung der linken unteren Ecke genutzt werden. Ein Beispiel für eine Animation zeigt das folgende Beispiel.

Beispiel: Rotation einer Kugel. Die Kugel enthält keine Oberflächenmerkmale. Um die Rotation durch eine Drehmatrix sichtbar zu machen, wurde daher mittels einer Hadamard-Matrix eine Oberflächenstruktur erzeugt.

```
k = 5;
n = 2^k-1;
theta = pi*(-n:2:n)/n;
phi = (pi/2)*(-n:2:n)'/n;
X0 = cos(phi)*cos(theta);
Y0 = cos(phi)*sin(theta);
```

```
Z0 = sin(phi)*ones(size(theta));
colormap([0 0 0;1 1 1]);
C = hadamard(2^k);
kdreh=linspace(0,2*pi,72);
for kb=1:length(kdreh)
    X=X0*sin(kdreh(kb)) + Y0*cos(kdreh(kb));
    Y=Y0*sin(kdreh(kb)) - X0*cos(kdreh(kb));
    Z=Z0;
    surf(X,Y,Z,C)
    axis square
    set(gca,'Visible','off')
    F(kb)=getframe;
end
movie(F,3)
```

Eine Alternative zur direkten Rotation mit einer Drehmatrix wie im Beispiel bietet die MATLAB Funktion `rotate(h,achse,winkel)`. „h" ist das zugehörige Achsen-Handle, „achse" ein dreikomponentiger Vektor, der die Richtung festlegt und „winkel" der Drehwinkel, um den gedreht werden soll. Im obigen Beispiel ist der Koordinatenursprung der Punkt, um den gedreht wird. `rotate` dreht um das Zentrum der Plot-Box. Mit `rotate(...,origin)` lässt sich der Ursprung, um den gedreht werden soll, festlegen. „origin" ist ein dreikomponentiger Vektor in den Einheiten der aktuellen Achsen.

`F = movein(n)` dient der Preallokation des Speichers für das von `getframe` erzeugte Strukturarray und wird seit MATLAB Rel. 6.x nicht mehr benötigt.

16.6.3 Image-Konvertierung

`[X,Map] = frame2im(F)` bildet ein mit `getframe` erzeugtes Movieframe „F" auf Imagedaten „X" und die korrespondierende Farbmatrix „Map" ab. Die Umkehrung lautet `F = im2frame(X,map)`. Ist „X" ein m × n × 3-True-Color-Image, ist „map" bedeutungslos und kann auch weggelassen werden.

16.7 Farbfunktionen

Indizierte Imagedaten, auch als Indexfarben bezeichnet, bestehen aus einer Datenmatrix „X" und einer Farbmatrix „map". „map" ist eine p × 3-Matrix, die die Farben festlegt. RGB-Werte sind Farbwerte, bei denen der erste Eintrag den Rot-, der zweite den Grün- und der dritte den Blauanteil bestimmt. Die Werte liegen zwischen $0\cdots 1$. 0 steht für „keinen Anteil", 1 für Farbsättigung. Die indizierten Imagedaten legen eine direkte Abbildung der Pixel auf die Farbmatrix fest. Die Zeilen- und Spaltenindizes von „X" bestimmen die Position, der Matrixwert die auszuwählende Zeile und damit die Farbe der Farbmatrix „map". `RGB = ind2rgb(X,map)` konvertiert die indizierten Imagedaten der m × n-Matrix „X" und p × 3-Matrix „map" in ein True-Color-Format. „RGB" ist dann eine m × n × 3-True-Color-Matrix (vgl. Beispiel Kap. 16.5.10), deren einzelne Komponenten aus Rot-, Grün- und Blauwerten bestehen. Die grafische Darstellung der Farbmatrix „map" ist mittels `rgbplot (map)` möglich, das drei Linien in den Grundfarben mit den jeweiligen RGB-Werten plottet.

`[L,C,M,MSG] = colstyle('linespec')` bildet die Linienfestlegung (Farbe, Typ der Datenpunkte und Interpolationslinie) auf die Variablen „L", „C" und „M" ab. Bei Auftreten eines Fehlers wird die Fehlermeldung in „MSG" abgespeichert.

`spinmap` verschiebt die Farbmatrix um je einen Schritt bis die gesamte Farbmatrix durchlaufen ist. Das heißt die erste Zeile wird auf die zweite Zeile, die zweite auf die dritte und so fort abgebildet. Die Abbildung durchläuft dann die gesamte, durch die verwendete Farbmatrix festgelegte Skala. Mit `spinmap(t,inc)` kann die Durchlaufgeschwindigkeit „t" und das Zeileninkrement „inc" festgelegt werden. Mit der nicht empfehlenswerten Variante `spinmap ('inf')` wird die Farbmatrix so lange durchlaufen bis der Prozess durch CTRL-C abgebrochen wird.

16.8 Modellierung

16.8.1 Befehlsübersicht

Patches patch, surf2patch

Geometrische Körper cylinder, ellipsoid, sphere

16.8.2 Patches

`patch` ist eine Low-Level-Grafik-Funktion zur Erzeugung von Patches. Ihre Eigenschaften werden im Abschnitt 17 besprochen. Ein Patch-Objekt besteht aus einem oder mehreren Polygonen, definiert durch die Vertizes. Ein Beispiel zeigt Abb. (16.14). Mit `patch (X,Y,C)` wird ein zwei- und mit `patch(X,Y,Z,C)` ein dreidimensionales farbig ausgefülltes Patch-Objekt der Farbe „C" erzeugt. „X", „Y" und „Z" sind die Vertex-Koordinaten und „C" die Farbe. `patch(FV)` erzeugt ein Patch-Objekt aus der Struktur „FV", die aus den beiden Feldern „Vertizes" und „Flächen" und optional den Flächenfarben (FaceVertexData) besteht. Eigenschaften können mit `patch(...'eigen',wert...)` bzw. `patch('eigen',wert...)` übergeben werden und `h = patch(...)` liefert das Patch-Handle zurück.

Programm-Code zu Abb. (16.14).

```
vertex=[-0.5 -0.5 0;     ... % Vertex 1
         0.5 -0.5 0;     ... % Vertex 2
         0.5  0.5 0;     ... % Vertex 3
        -0.5  0.5 0;     ... % Vertex 4
         0    0  -1];    ... % Vertex 5
flaechen = [1 2 3 4 ;    ... % face 1
            1 2 5 nan;   ... % face 2
```

16.8 Modellierung

```
         2 3 5 nan;  ... % face 3
         3 4 5 nan;  ... % face 4
         4 1 5 nan]; ... % face 5

p=patch('vertices',vertex,'faces',flaechen,...
    'FaceColor',[0.3 1 0.3])
axis([-1 1 -1 1 -1 0])
```

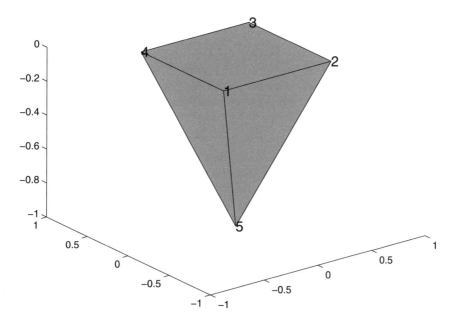

Abbildung 16.14: *Beispiel für ein Patch-Objekt, erzeugt mittels Vertizes und Flächen. Die Ziffern sind die im Beispielcode aufgeführten Nummern der Vertizes.*

Konvertieren von Surface-Objekten zu Patch-Objekten. fvc = surf2patch(h) wandelt das Surface-Objekt mit Handle „h" in ein Patch-Objekt. In der Struktur „fvc" werden die Vertizes und Flächen abgespeichert. Mit fvc = surf2patch(arg) und arg = „Z" oder „Z,C" bzw. arg = „X,Y,Z" oder „X,Y,Z,C" werden die Surfaces „ZData" und „Cdata" bzw. „X-", „YData" in die korrespondierenden Patch-Objekte gewandelt und in der Struktur „fvc" abgespeichert. Mit fvc = surf2patch(...,'triangles') werden Dreiecksflächen statt der Vierecks-Oberflächen erzeugt und mit [f,v,c] = surf2patch(...) wird das Ergebnis statt in einer Struktur in Matrizen abgespeichert.

16.8.3 Geometrische Körper

[X,Y,Z] = cylinder berechnet die Koordinatenwerte eines Einheitszylinders, die mit 3-D-Grafikroutinen geplottet werden können. Soll der Radius des Zylinders variiert werden, so kann ein Radiusvektor „r" übergeben werden, [X,Y,Z] = cylinder(r), und mit

[X,Y,Z] = cylinder(r,n) die Zahl der Plotpunkte „n" längs des Umfangs festgelegt werden. Beispielsweise erzeugt

```
>> t=0:0.2:2*pi;r=sin(t);
>> figure, cylinder(r,36)
```

einen Zylinder mit einem sinusförmig modellierten Mantel. Ohne Rückgabewert cylinder(...) wird direkt ein Surf-Plot ausgeführt und mit cylinder(ah,...) in das durch das Achsen-Handle „ah" festgelegte Achsenpaar geplottet.

Mit [X,Y,Z] = ellipsoid(xc,yc,zc,xr,yr,zr,n) werden die Datenpunkte eines Ellipsoids berechnet. Der erste Koordinatensatz legt das Zentrum, der zweite die Halbachsen fest. Der optionale Parameter „n" (Voreinstellung 20) bestimmt die Auflösung bzw. Dimension der 3-D-Koordinatenarrays „X", „Y", „Z". Ohne Rückgabewert wird direkt ein Ellipsoid via surf geplottet und mit ellipsoid(ah,...) das Achsensystem mit Handle „ah" ausgewählt.

sphere(n) plottet eine Einheitskugel, wobei „n" die Auflösung bestimmt. „n" ist optional mit Defaultwert 20. Mit [X,Y,Z] = sphere(...) werden die Werte in den 3-D-Koordinatenarrays gespeichert. Skalierungen sind dann durch einfache Multiplikation möglich.

16.9 Grafische Daten einblenden

Der Data Cursor Mode erlaubt das mausgesteuerte Einblenden grafischer Daten in einer Abbildung. Mit datacursormode on bzw. datacursormode off wird der Data Cursor Mode für die aktuelle Abbildung an- bzw. abgeschaltet. Ohne „on" und „off" agiert datacursormode als Toggle-Kommando, d.h. es schaltet sich bei Wiederholung ab und an. Mit datacursormode(fh,...) wird auf das Figure Window mit dem Figure Handle „fh" zugegriffen und mit dcmobj = datacursormode(fh) wird ein Data-Cursor-Mode-Objekt zurückgegeben.

```
>> was=datacursormode(gcf)
 was =
       graphics.datacursormanager

>> get(was)
             Enable: 'on'
    SnapToDataVertex: 'on'
        DisplayStyle: 'datatip'
           UpdateFcn: []
              Figure: [1x1 figure]
```

Die Eigenschaften können mit set(...) gesetzt werden. „Enable" kann entweder „on" oder „off" sein und schaltet den Data Cursor Mode an oder ab. „SnapToDataVertex" kann ebenfalls die Werte „on" und „off" annehmen. Bei „on" wird der nächstgelegene

16.9 Grafische Daten einblenden

Datenwert ausgegeben und bei „off" die Position des Mauszeigers. „DisplayStyle" entscheidet über die Darstellung der Daten. Bei „datatip" wird nahe dem Datenpunkt ein kleines Textfenster geöffnet und bei „window" ein Textfenster innerhalb der Figure-Umgebung. „UpdateFcn" kann ein Function Handle sein, um eine eigene Darstellung der Daten zu erzeugen. Mit der rechten Maustaste lässt sich bei aktiviertem Daten-Cursor ein Eigenschaftsfenster öffnen, mit dem sich obige Eigenschaften teilweise per Mausklick einstellen und bestehende Datenfenster löschen bzw. neue hinzufügen lassen.

Mit >> `wasinfo = getCursorInfo(was)` erhält man Informationen über das Handle des zugehörigen grafischen Objekts und die Position des Daten-Cursor-Objekts „was". Mit dem Handle (wasinfo.Target) kann auf das grafische Objekt zugegriffen und es entsprechend verändert werden.

17 Grafik-Handling

Grafische Objekte werden in MATLAB hierarchisch verwaltet. Die „Verwaltungsnummer", unter dem das jeweilige Objekt angesprochen und gegebenenfalls seine Eigenschaften verändert werden, ist das Handle. Den prinzipiellen Aufbau zeigt Abb. (17.1). Zur einfacheren Zuordnung wurden hier die englischen Bezeichnungen beibehalten. An der Spitze steht die Root, dies ist der Bildschirm oder der Computer. Das Handle ist hier stets die Null. Die nächste Ebene ist das Figure, die Bildoberfläche. Dessen Handle ist per Default ganzzahlig. Das erste Figure hat das Handle 1, das zweite 2 und so fort. Diese Eigenschaft (s.u.) kann auch auf Zufallswerte umgestellt werden. In der dritten Hierarchieebene befinden sich die UI-, die Achsen- und die Hidden-Annotation-Achsen-Objekte. UI-Objekte sind die User-Interface-Objekte UI-menue (Menüleiste), UI-control (die Bedienoberfläche, Push Button etc.) und UI-contextmenu (Aufgabe der rechten Maustaste). Grafische Bedienoberflächen (graphical user interface) werden im nächsten Kapitel besprochen. Annotation-Objekte sind Objekte wie Pfeile, Linien oder Textboxen und die Hidden Annotation Axes sind unsichtbare Achsen, unter denen diese Objekte in der Abbildung angeordnet sind. Den Achsen-Objekten untergeordnet sind die Core-Graphics-Objekte, das sind die grundlegenden Elemente einer Grafik wie beispielsweise Patch-, Surface-, Line- oder Textobjekte. Plot-Objekte sind beispielsweise die Quiver-, Contour- oder Scattergruppe. Verbleiben als Letztes noch die Group-Objekte, die es erlauben eine Gruppe von Objekten (`hggroup`) dieser untersten Ebene gemeinsam zu verwalten, wie es beispielsweise bei der Volumenvisualisierung notwendig ist. Eine Übersicht zeigt die folgende Aufstellung:

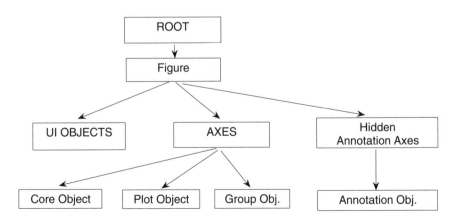

Abbildung 17.1: *Darstellung der hierarchischen Struktur der Grafikobjekte.*

Basis Graphik Objekte axes, image, light, line, patch, rectangle, surface, text

Plot-Objekte areaseries, barseries, contourgroup, errorbarseries, lineseries, quivergroup, scattergroup, stairseries, stemseries, surfaceplot

17.1 Das Figure Window

17.1.1 Befehlsübersicht

Erzeugen eines Figures figure, gcf

Schließen, Erneuern und Löschen close, clf, refresh, shg

OpenGl opengl

17.1.2 Erzeugen eines Figures

Eine Figure-Umgebung wird automatisch bei Befehlen wie `plot` angelegt, kann aber auch mit `figure` erzeugt werden. Das Figure mit dem Handle „h" wird mit `figure(h)` geöffnet und das Figure Handle mittels `h = figure(...)` in der Variablen „h" abgespeichert.

`>> h = gcf` gibt das aktuelle Figure Handle zurück und steht für **g**et **c**urrent **f**igure. Eigenschaften werden mit `figure('eigen', wert,...)` paarweise übergeben. Die folgende Liste listet die Eigenschaften mit einer kurzen Erläuterung und den Voreinstellungen in geschweifter Klammer auf.

- Alphamap: m-dimensionaler Spaltenvektor, per Default 64 × 1. „Alphamap" wirkt auf Surface-, Image- und Patch-Objekte und beeinflusst deren Transparenz.

- BackingStore: [{on} | off]; bei „on" speichert MATLAB eine Kopie im Offscreen Pixel Buffer. „BackingStore" entscheidet ob bei jedem Wechsel des Windows das Figure Window erneut geplottet werden muss. Abschalten kann die Bilderzeugung beschleunigen. Der OpenGl-Renderer setzt automatisch „off".

- BeingDeleted [on | {off}] Read Only; Eigenschaft, die angibt ob ein Objekt gerade gelöscht wird oder nicht.

- BusyAction: [{queue} | cancel]; die BusyAction legt fest wie Aktionen ausgeführt werden, die CallBacks unterbrechen.

- ButtonDownFcn: String, Function Handle oder Zellarray. Callback-Funktion, die ausgeführt wird, wenn eine Maustaste gedrückt wird, während der Mauszeiger auf das Bild weist.

- Children: Ein Handle-Vektor, „Children" einer Figure. Dies ist die nachgeordnete Hierarchie-Ebene, also UI-Objekte und Achsen; vgl. Abb. (17.1).

- Clipping: [{on} | off]: hat keinen Effekt auf Figures.

17.1 Das Figure Window

- CloseRequestFcn: String, Function Handle oder Zellarray;
  Callback-Funktion, die beim Schließen des Figures ausgeführt wird.

- Color: Legt die Hintergrundfarbe fest. Dabei können sowohl die Abkürzungen wie „r" für „red" oder RGB-Werte übergeben werden.

- Colormap: m × 3-Farbmatrix.

- CreateFcn: String, Function Handle oder Zellarray.
  Die CreateFcn wird während der Erzeugung eines Objekts ausgeführt.

- CurrentAxes: Handle der aktuellen Achse.

- CurrentCharacter: Letzte Taste, die bei aktivem Figure Window gedrückt wurde.

- CurrentObject: Handle des gerade aktiven Objekts.

- CurrentPoint: Zweielementiger Vektor, der die x- und y-Koordinaten des letzten Mausklicks auf der Figureoberfläche enthält. Dieser Wert wird bei Ausführen der WindowButtonMotionFcn und WindowButtonUpFcn aktualisiert.

- DeleteFcn: String, Function Handle oder Zellarray; wird beim Schließen oder Löschen des Figureobjekts ausgeführt.

- DockControls: [{on} | off]; die Figure-Oberfläche kann mit dem MATLAB Command Window und anderen Fenstern zu einem gemeinsamen Fenster vereinigt werden (dock und undock). DockControls legt fest, ob diese Eigenschaft verfügbar ist oder nicht.

- DoubleBuffer: [{on} | off] erlaubt ein Bild zunächst in einem Pixel Buffer zu schreiben und dann in einem Schritt auszugeben. Dadurch werden beispielsweise Animationen beschleunigt.

- FileName: String, Name des GUI-FIG Files. Diese Eigenschaft wird beispielsweise von GUIDE genutzt.

- FixedColors: m × 3-RGB-Matrix; Festlegung aller genutzten Farben, die nicht von der Figure-Farbmatrix herrühren. Dies betrifft die Achsenlinien und -labels, Line-, Text-, UIcontrol- und UImenu-Objekte.

- HandleVisibility: [{on} | callback | off]; die Eigenschaft bestimmt, ob ein Handle sichtbar ist oder nicht. Ein Handle auf unsichtbar zu setzen kann dann von Nutzen sein, wenn man verhindern möchte, dass die Eigenschaften des zugehörigen Objekts zufällig verändert werden.

- HitTest: [{on} | off] legt fest, ob eine Figure auf Grund eines Mausklicks das aktuelle Figure werden kann. (Häufig bei GUIs abgestellt.)

- IntegerHandle: [{on} | off] legt fest, ob als Figure Handle ganze Zahlen oder Zufallszahlen genutzt werden.

- Interruptible: [{on} | off] legt fest, ob eine Figure-Callback-Funktion durch eine andere Callback-Funktion unterbrochen werden kann.

- InvertHardcopy: [{on} | off] entscheidet, ob Hardcopies mit schwarzem Hintergrund und weißen Linien geplottet werden sollen. Bei „off" entspricht der Ausdruck der Bildschirmdarstellung.

- KeyPressFcn: String, Function Handle oder Zellarray;
  Callback-Funktion wird bei Tastendruck auf der Figureebene ausgeführt.

- MenuBar: [none | {figure}] legt fest, ob es eine Menüzeile gibt oder nicht. Mit `uimenu` erzeugte Menüs sind davon nicht betroffen.

- MinColormap: Skalar ({64}), spezifiziert die minimale Zahl an Farbelementen.

- Name: String, Titel des Figure Windows.

- NextPlot: [new | {add} | replace | replacechildren]; diese Eigenschaft entscheidet wie der nächste grafische Aufruf verwaltet wird. Die Voreinstellung „add" führt dazu, dass das aktuelle Fenster zur Darstellung genutzt wird. „Reset" setzt alle Eigenschaften bis auf die „Position" auf die Defaultwerte und „replacechildren" löscht alle Child-Objekte, ohne die Figure-Eigenschaften selbst auf die Defaultwerte zu setzten. „new" erzeugt stattdessen eine neue Figure-Umgebung mit den getroffenen Voreinstellungen.

- NumberTitle: [{on} | off] entscheidet, ob die jeweilige Figure-Nummer angezeigt wird oder nicht.

- PaperOrientation: [{portrait} | landscape | rotated]
  Bestimmt die Orientierung des Papierausdrucks.

- PaperPosition: Legt die Positionierung der Abbildung auf dem Ausdruck durch einen 4-komponentigen Vektor fest, [xlinks, ylinks, breite, höhe]. Die ersten beiden Komponenten bestimmen die linke untere Ecke, die nächsten beiden die Breite und Höhe des Printfensters.

- PaperPositionMode: [auto | {manual}]; in der „manual"-Einstellung werden die Abbildungsgrößen der Bildschirmdarstellung auf den Drucker entsprechend den PaperPosition-Werten umskaliert. Im Auto-Mode wird die Abbildung 1:1 vom Bildschirm auf das Papier übertragen.

- PaperSize: Größe des aktuell verwendeten Papiers in PaperUnits (s.u.).

- PaperType: [{usletter} | uslegal | A0 | A1 | A2 | A3 | A4 | A5 | B0 | B1 | B2 | B3 | B4 | B5 | arch-A | arch-B | arch-C | arch-D | arch-E | A | B | C | D | E | tabloid | <custom>]
  Wahl des Standard-Papiertyps. Die Größen sind in Tabelle (17.1) aufgelistet.

- PaperUnits: [{inches} | centimeters | normalized | points]; gewählte Maßeinheit für den Papierausdruck. Bei wechselnden Papierformaten erspart man sich mit „normalized" die jeweilige Anpassung an das verwendete Papierformat. Für

17.1 Das Figure Window

Tabelle 17.1: *Übersicht der unterstützten Papierformate. (1 Zoll = 25,4 mm)*

Typ	Grösse	Typ	Grösse
usletter	8.5 x 11 Zoll	uslegal	11 x 14 Zoll
tabloid	11 x 17 Zoll		
A0	841 x 1189 mm	A1	594 x 841 mm
A2	420 x 594 mm	A3	297 x 420 mm
A4	210 x 297 mm	A5	148 x 210 mm
B0	1029 x 1456 mm	B1	728 x 1028 mm
B2	514 x 728 mm	B3	364 x 514 mm
B4	257 x 364 mm	B5	182 x 257 mm
arch-A	9 x 12 Zoll	arch-B	12 x 18 Zoll
arch-C	18 x 24 Zoll	arch-D	24 x 36 Zoll
arch-E	36 x 48 Zoll	A	8.5 x 11 Zoll
B	11 x 17 Zoll	C	17 x 22 Zoll
D	22 x 34 Zoll	E	34 x 43 Zoll

„normalized"-Einheiten hat die linke untere Ecke die Koordinaten (0,0), die Breite und Höhe ist gleich eins.

- Parent: Handle des zugehörigen Parent-Objekts. Für das Figure-Objekt ist die Root mit dem Handle 0 „Parent".

- Pointer: [crosshair | fullcrosshair | {arrow} | ibeam | watch | topl | topr | botl | botr | left | top | right | bottom | circle | cross | fleur | custom];
  bestimmt die Gestalt des Mauszeigers im Figure Window. Zur Erzeugung eines eigenen Symbols dient der Wert „custom" und die Eigenschaft „PointerShapeCData". Beispiel:

```
g = linspace(0,20,16);
[X,Y] = meshgrid(g);
Z = 2*sin(sqrt(X.^2 + Y.^2));
set(gcf,'Pointer','custom',...
        'PointerShapeCData',flipud((Z>0) + 1))
```

- PointerShapeCData: 16×16-Matrix bestehend aus den Werten „1" für schwarz, „0" für weiß und „NaN" für transparent. (Vgl. Beispiel unter „Pointer".)

- PointerShapeHotSpot: Ein Element der Matrix „PointerShapeCData" legt die Zeigerposition fest. PointerShapeHotSpot ist ein 2-elementiger Vektor ({[1,1]}), der den Spalten- und Zeilenindex in der Matrix „PointerShapeCData" festlegt, das die Zeigerposition bestimmt.

- Position: 4-elementiger Vektor, der die Position des Figure Windows auf dem Bildschirm bestimmt. Der Aufbau ist [x0, y0, breite, höhe], wobei „x0,y0" die Position der linken unteren Ecke bestimmt und die anderen beiden Werte die

Breite und Höhe des Fensters. Auf Systemen mit mehreren Bildschirmen kann „x0,y0" auch negative Werte annehmen, die Einheiten sind durch „Units" (s.u.) bestimmt.

- Renderer: [{painters} | zbuffer | OpenGL | None]; Render-Methode zur Darstellung der Abbildung auf dem Bildschirm und der Hardcopy. Für einfache, eher kleine Bilder ist „painters" am raschesten, „zbuffer" ist häufig genauer und für umfangreiche Abbildungen rascher als „painters", benötigt aber häufig mehr Speicher. „OpenGl" ist am verbreitetsten und MATLAB nutzt entweder die Software- oder Hardware-Implementation (vgl. Abschnitt „OpenGl").

- RendererMode: [{auto} | manual]; automatische oder Benutzer-definierte Auswahl.

- Resize: [{on} | off]; bestimmt ob ein Figure Window mit der Maus in seiner Größe verändert werden kann. Für GUIs, die mit dem GUIDE erstellte wurden, ist die Voreinstellung „off".

- ResizeFcn: String, Function Handle oder Zellarray; die damit verknüpfte Callback-Funktion wird bei einer Größenveränderung des Figure Windows ausgeführt.

- Selected: [on | off] zeigt ob ein Objekt ausgewählt ist oder nicht. Typische Anwendung im Zusammenhang mit der „ButtonDownFcn".

- SelectionHighlight: [{on} | off] legt fest, ob ein Figure „Auswahl" anzeigt oder nicht.

- SelectionType: [{normal} | open | alt | extend] legt die Maus-Selektion Typ fest. (Normal: linke Maustaste; extend: shift und linke Maustaste oder linke + rechte Maustaste (Windows), mittlere Maustaste (UNIX); alternate: Strg+linke Maustaste oder rechte Maustaste; open: Doppel-Klick.)

- ShareColors: [{on} | off]: obsolet.

- Tag: Benutzer-definierter String zur Identifikation eines Objekts.

- ToolBar: [none | {auto} | figure] entscheidet, ob die Toolbar gezeigt wird oder nicht. (none: keine; auto: ja, aber nicht, wenn UIcontrol-Objekte genutzt werden; figure: Toolbar stets vorhanden.)

- Type: String (read only); legt den Typ fest und ist hier stets „figure".

- UIContextMenu: Handle eines UIcontextmenu-Objekts (vgl. MATLAB-Funktion uicontextmenu).

- Units: [inches | centimeters | normalized | points | {pixels} | characters]; legt die Einheiten fest, die MATLAB nutzt. In „normalized Units" ist die linke untere Ecke durch die (0,0) bestimmt und die Breite und Höhe jeweils gleich eins.

- UserData: Matrix; jede beliebige Matrix, die mit einer Abbildung assoziiert sein soll, kann hier zugeordnet werden. „Figure" nutzt diese Daten nicht direkt, es kann aber mir `set` und `get` darauf zugegriffen werden.

17.1 Das Figure Window

- Visible: [{on} | off] legt fest, ob das Objekt (hier das Figure Window) sichtbar sein soll oder nicht.

- WindowButtonDownFcn: String, Function Handle oder Zellarray; Callback-Funktion, die ausgeführt wird, wenn sich auf der Fensteroberfläche der Mauszeiger befindet und eine Maustaste gedrückt wird.

- WindowButtonMotionFcn: String, Function Handle oder Zellarray; Callback-Funktion, die ausgeführt wird, wenn auf der Window-Oberfläche der Mauszeiger bewegt wird.

- WindowButtonUpFcn: String, Function Handle oder Zellarray; Callback-Funktion, die ausgeführt wird, wenn der Mauszeiger sich auf der Fensteroberfläche befindet und die Maustaste losgelassen wird.

- WindowStyle: [{normal} | modal | docked]; legt das Verhalten des Figure Windows fest. „modal" bedeutet, dass Tastatur, Maus und alle MATLAB-Fenster blockiert sind solange das Fenster sichtbar ist. (Bei Verwendung mehrerer modaler Fenster sollten Sie sicherstellen, dass Sie sich nicht durch einen Fehler selbst von der Verwendung von MATLAB aussperren.) „docked" bedeutet, dass das Abbildungsfenster entweder am MATLAB Command Window fest verankert ist, oder mit anderen Abbildung ein gemeinsames Window bildet. Zwischen den einzelnen Abbildungen kann dann mittels Kartenreiter gewechselt werden. Die Voreinstellung „normal" erzeugt ein eigenständiges Window, ohne andere MATLAB-Anwendungen zu blockieren.

- WVisual: Identifizierungsstring (nur MS Windows) zur Festlegung des Pixel-Formats.

- WVisualMode: [{auto} | manual] (nur MS Windows) Auto oder Benutzerdefinierte Auswahl.

- XDisplay: Bildschirm-Identifier (nur UNIX). Legt den Ausgabebildschirm fest. Insbesondere interessant, wenn man von einem Rechner auf einen anderen, auf dem MATLAB läuft, zugreift.

  Beispiel: Der Computer heißt Alcor: `>> set(gcf,'XDisplay','Alcor:0.0')`. Ob „Alcor:0" oder „0.0", kann von der verwendeten Shell abhängen.

- XVisual: [{ 0x23 (TrueColor, depth 16, RGB mask 0xf800 0x07e0 0x001f) } | 0x24 (TrueColor, depth 16, RGB mask 0xf800 0x07e0 0x001f)] X-Server Identifier (nur UNIX). Mit `>> !xdpyinfo` erhält man detaillierte Informationen zum eingerichteten X-Server.

- XVisualMode: [{auto} | manual] legt fest ob der Visual-Mode Benutzer-definiert oder von MATLAB festgelegt wird.

17.1.3 Grundlegende Operationen

`close` schließt das aktuelle und `close(h)` das Figure mit dem Handle „h"; `close all` schließt alle und `close all hidden` alle einschließlich denen mit versteckten Handles. Dies gilt insbesondere für GUIDE erzeugte GUIs. Mit `status = close(...)` erhält man eine Information über Erfolg (1) oder Misserfolg (0).

`clf` steht für **cl**ear current **f**igure window und löscht alle grafischen Objekte, deren Handle nicht versteckt ist. Unabhängig davon löscht `clf('reset')` alle grafischen Objekte und `fh = clf(...)` liefert das entsprechende Figure Handle zurück.

`refresh` wiederholt den Bildaufbau und `redraw(h)` den der Abbildung mit Figure Handle „h". `shg` bringt das aktive Figure Window in den Vordergrund.

17.1.4 Der OpenGl-Renderer

`opengl` dient der Beeinflussung der Renderer-Auswahl. Mit >> `opengl mode` wird der OpenGl-Mode ausgewählt. Mögliche Werte sind „autoselect", d.h. OpenGl wird dann ausgewählt, wenn es möglich ist, mit „neverselect" wird OpenGl unterdrückt und mit „advice" wird eine Meldung ausgegeben, wenn der Renderer-Mode auf „manual" gesetzt wird. Ohne Argument gibt `opengl` den aktuellen Status zurück und `opengl info` gibt Informationen zur verwendeten Version und Vendor von OpenGl. `s = opengl data` gibt dieselben Informationen aus, aber speichert sie in der Struktur „s".

Der Mode „autoselection", erlaubt MATLAB OpenGl dann zu verwenden, wenn es opportun erscheint. Erzwingen lässt sich dies mit `set(gcf,'Renderer','OpenGL')`. Auf UNIX-Betriebssystemen nutzt MATLAB die Software-Version, die der MATLAB-Distribution beigefügt ist. Unter MS-Windows ist OpenGl Bestandteil des Betriebssystems. Mit `feature('UseGenericOpenGL',1)` wird MATLAB unter MS-Windows gezwungen, Generic OpenGl zu wählen. Dies kann dann notwendig sein, wenn sich Probleme mit OpenGl ergeben. OpenGl ist dann notwendig, wenn Sie transparente Oberflächen nutzen wollen. Eine Alternative kann bei Problemen auch das Umstellen der Hardwarebeschleunigung auf die zweit unterste Stufe sein. Mit `feature('UseGenericOpenGL',0)` wird erneut Hardware-OpenGl ermöglicht und der aktuelle Status lässt sich mit `feature('UseGenericOpenGL')` abfragen.

Unter http://www.mathworks.com/support/tech-notes/1200/1201.shtml findet sich eine Informationsseite zu OpenGl unter MATLAB.

17.2 Erzeugung und Kontrolle der Achsen

Befehlsübersicht. axes, cla, gca, ishold

`axes` ist ein Low-Level-Kommando und erzeugt ein Achsen-Objekt. Parent ist das Figure-Objekt. Bei Aufruf von High-Level-Grafikbefehlen wie `plot` wird automatisch ein Achsen-Objekt erzeugt. `axes(h)` aktiviert die Achse mit dem Handle „h" und `h = axes( ...)` liefert das Achsen-Handle zurück. Eigenschaften können paarweise mit `axes('eigen', wert,...)` übergeben werden. Die folgende Liste gibt einen Überblick

17.2 Erzeugung und Kontrolle der Achsen

über die unterstützten Eigenschaften. Voreinstellungen stehen in geschweifter Klammer. Auf Eigenschaften, die bereits unter dem Figure-Objekt (Kap. 16.1) hinreichend erläutert wurden, wird nicht erneut eingegangen.

- ActivePositionProperty: [position | {outerposition}] legt fest, welchen Wert MATLAB zur Reskalierung der Achsen bei Größenänderungen der Abbildung nutzt.

- ALim: [amin, amax]; zweielementiger Vektor, der festlegt, wie die AlphaData Werte auf Surface-, Patch- und Imageobjekte abgebildet werden. Auf „amin" wird der erste Alpha-Wert und auf „amax" der letzte abgebildet. Zwischenwerte werden linear interpoliert, kleinere und größere Werte werden fest auf den ersten bzw. letzten Wert abgebildet.

- ALimMode: [{auto} | manual] für „auto" werden die ALim-Werte so gewählt, dass der gesamte Alpha-Datenraum umfasst wird, bei „manual" werden die vorgegebenen ALim-Werte genutzt.

- AmbientLightColor: Gleichförmige Hintergrundbeleuchtung aller Objekte der Achse. Die Farbfestlegung erfolgt via Kurzform, z. Bsp. „r", Langform („red") oder mittels expliziter RGB-Werte.

- AspectRatio: obsolet.

- BeingDeleted: [on | {off}]; s. Kap. 17.1.

- Box: [on | off] legt fest ob ein Kasten um die Achsen gelegt wird.

- BusyAction: [queue | cancel] s. Kap. 17.1.

- ButtonDownFcn: String, Function Handle oder Zellarray; s. Kap. 17.1.

- CameraPosition: [x, y, z] Achsenkoordinaten; bestimmt den Kameraort in Achsenkoordinaten.

- CameraPositionMode: [{auto} | manual] für „auto" wird von MATLAB die Kameraposition entlang einer Linie, die durch den Azimuth- und Elevationswinkel von view gegeben ist, in festem Abstand gewählt, sonst die durch CameraPosition vorgegebenen Werte.

- CameraTarget: [x, y, z] Achsenkoordinaten; legt fest, auf welchen Punkt die Kamera ausgerichtet ist.

- CameraTargetMode: [{auto} | manual] für „auto" ist das CameraTarget das Zentrum der Plotbox, sonst der durch CameraTarget vorgegebene Wert.

- CameraUpVector: [x, y, z] Achsenkoordinaten {[0 0 1]}; legt die Drehung der Kamera um die Sichtlinie, definiert durch CameraPosition und CameraTarget, fest.

- CameraUpVectorMode: [{auto} | manual]; bei „auto" wird für 3-D-Sicht [0 0 1] und für 2-D [0 1 0] für den CameraUpVector gewählt, sonst der vorgegebene Wert.

- CameraViewAngle: Skalar zwischen 0 und 180 Grad. Bestimmt die Sichtebene der Kamera.

- CameraViewAngleMode: [{auto} | manual]; für „auto" wird der minimale Winkel gewählt, der die gesamte Szene überdeckt, sonst der Wert von CameraViewAngle.

- Children: Handle-Vektor der Child-Objekte, vgl. Abb. (17.1).

- CLim: [cmin, cmax]; zweielementiger Vektor, der festlegt wie die CData-Werte der Surface- und Patch-Objekte auf die Colormap der Figure abbildet. Das Verhalten ist ähnlich dem von ALim.

- CLimMode: [{auto} | manual]; bei „auto" wird „cmin" das Minimum und „cmax" das Maximum von CData zugeordnet, sonst werden die Werte von CLim gewählt.

- Clipping: [{on} | off]; hat keinen Effekt auf Achsen.

- Color: Bestimmt die Hintergrundfarbe der Plotbox. Als Wert kann einer der vordefinierten Begriffe wie „b" oder „blue" oder ein RGB-Vektor übergeben werden.

- ColorOrder: m × 3-RGB-Matrix; wird von `plot` und `plot3` genutzt, um die Farben aufeinanderfolgender Linien festzulegen.

- CreateFcn: String, Function Handle oder Zellarray; vgl. Kap. 17.1.

- CurrentPoint: 2 × 3-Matrix; Ort des letzten Mausklicks in Einheiten der Achsenwerte. Die erste Zeile gibt den Schnittpunkt von hinten und die zweite Zeile von der Vorderseite an.

- DataAspectRatio: [sx sy sz]; relative Skalierung der Daten. Zum Beispiel führt [1 2 1] dazu, dass eine Einheit in x-Richtung, zwei Einheiten in y-Richtung und wieder 1 Einheit in z-Richtung sind. (Vgl. auch `axis`).

- DataAspectRatioMode: [{auto} | manual]; legt fest ob DataAspectRatio Benutzer-definiert ist oder nicht. Wird die Eigenschaft „DataAspectRatio" gesetzt, wird der Mode automatisch auf „manual" gesetzt.

- DeleteFcn: String, Function Handle oder Zellarray; vgl. Kap. 17.1.

- DrawMode: [{normal} | fast] kontrolliert das verwendete Renderer-Verfahren. Bei „fast" wird die Bildabfolge in der Reihenfolge der Plot-Kommandos ausgeführt, so dass unter Umständen eigentlich verdeckte Bildelemente sichtbar bleiben. Dafür ist keine Umsortierung notwendig, so dass die Grafik rascher erstellt wird. Für den ZBuffer-Renderer wird die Wahl ignoriert, d.h. dies entspricht stets „normal".

- FontAngle: [{normal} | italic | oblique]; legt den Fontwinkel für Achsenbeschriftungen fest.
  FontName: Bestimmt die ausgewählte Schrift.
  FontSize: Schriftgröße in FontUnits.
  FontUnits: [inches | centimeters | normalized | {points} | pixels]; legt die Einheit für FontSize fest.

17.2 Erzeugung und Kontrolle der Achsen

FontWeight: [light | {normal} | demi | bold]; legt die Druckstärke fest. x-, y- und zlabel werden solange nicht in „bold" ausgegeben, solange sie nicht manuell auf „bold" gesetzt sind. Dagegen werden die „Ticks" sofort geändert.

- GridLineStyle: [−| − −| {:} | − .| none]; Linientyp der Gitterlinien.

- HandleVisibility: [{on} | callback | off]; vgl. Kap. 17.1.

- HitTest: [{on} | off] legt fest, ob ein Achsensystem auf Grund eines Mausklicks das aktuelle Achsenobjekt werden kann. (Häufig bei GUIs abgestellt.)

- Interruptible: [{on} | off]; wie bei Figure (Kap. 17.1), nur dass das Objekt jetzt die Achse ist.

- Layer: [top | {bottom}]; entscheidet ob Achsenlinien und Ticks über oder unter den Achsen-Children-Objekten geplottet werden.

- LineStyleOrder: [{−} | − −| : | − .| none]; legt bei mehreren Linienplots die zu benutzenden Interpolationslinien zwischen Datenpunkten und ihre Reihenfolge fest. Die vier unterstützten Typen können in beliebiger Reihenfolge und beliebig oft auftreten und auch in eine Zellvariable eingebettet werden. Die vorgegebene LineStyleOrder wird gegebenenfalls durch High-Level-Befehle überschrieben. Soll dies vermieden werden, so kann die Root-Eigenschaft „DefaultAxesLineStyleOrder", z. Bsp. `set(0,'DefaultAxesLineStyleOrder','-*',':','o')`, genutzt werden.

- LineWidth: {0.5}; Dicke der Linie in Points.

- MinorGridLineStyle: [−| − −| {:} | − .| none]; Linientyp der feinen Gitterlinien.

- NextPlot: [new | add | {replace} | replacechildren]; wie unter Figure, Kap. 17.1, nur dass das betrachtete Objekt jetzt die Achse an Stelle des Figure-Objekts ist.

- OuterPosition: {[0 0 1 1]}; 4-elementiger Vektor, der das Rechteck bestimmt, das die äußeren Achsengrenzen einschließlich Beschriftungen und Ränder festlegt. Die ersten beiden Werte bestimmen die Position der linken unteren Ecke, die beiden nächsten Breite und Höhe in „normalized Units". Es sind negative Werte oder Werte größer eins erlaubt. Beschriftungen liegen dann unter Umständen teilweise außerhalb des Figure Windows und werden abgeschnitten.

- Parent: Figure- oder UIpanel-Handle, vgl. Kap. 17.1.

- PlotBoxAspectRatio: [px py pz]; legt die relative Skalierung der Plotbox in die drei Raumrichtungen fest.

- PlotBoxAspectRatioMode: [{auto} | manual]; Benutzer- oder MATLAB-kontrolliertes Skalierungsverhalten. Wird die Eigenschaft PlotBoxAspectRatio gesetzt, wird der Mode automatisch auf „manual" gesetzt.

- Position: [x0 y0 breite höhe]; vierelementiger Vektor, der die Achsenbox im Figure Window positioniert. Die ersten beiden Werte bestimmen die linke unter Ecke, die nächsten beiden Breite und Höhe.

- Projection: [{orthographic} | perspective]; Projektionstyp dreidimensionaler Abbildungen.

- Selected: [on | off]; vgl. Kap. 17.1.

- SelectionHighlight: [{on} | off]; vgl. Kap. 17.1.

- Tag: String, Identifikation eines Objekts mittels Benutzer-definierter Kennzeichnung.

- TickDir: [{in} | out]; Richtung der Achsenskalenstriche. Für 2-D ist die Voreinstellung „in", für 3-D „out".

- TickDirMode: [{auto} | manual]; Benutzer-definierte Richtung oder von MATLAB vorgegebene Richtung der Achsenskalenstriche.

- TickLength: 2-elementiger Vektor. Das erste Element gibt die Länge der Achsenskalierungsstriche für 2-D-, das zweite für 3-D-Darstellungen an. Die Einheiten sind relativ zur längsten Achse.

- TightInset: [links unten rechts oben]; „Read only"; Ränder, die zur Achsen-Position hinzugefügt werden für Text Lables. Der Positions-Vektor plus dem Tight-Inset-Vektor liefert folglich die Begrenzungslinien, die gerade Achsen und Beschriftungen umschließen.

- Title: Handle des Text-Objekts. Dieses Handle kann beispielsweise dazu genutzt werden, um einen bestehenden Titel zu verändern.
  Z. Bsp. Farbe: `set(get(gca,'Title'),'Color','r')`
  oder löschen: `set(get(gca,'Title'),'String',[])`

- Type: Legt den Typ fest und ist hier stets „axes".

- UIContextMenu: Handle des UIcontextmenu-Objekts.

- Units: [inches | centimeters | {normalized} | points | pixels | characters]; legt die Einheit fest, in der die Position-Eigenschaften gewertet werden.

- UserData: Matrix, die mit dem Achsen-Objekt assoziiert sein soll, vgl. Kap. 17.1.

- View: obsolet.

- Visible: [{on} | off] legt die Sichtbarkeit der Achse fest. Insbesondere bei Image-Objekten kann es nützlich sein, das Achsenobjekt auf unsichtbar zu stellen. Der Hintergrund hat dann die Farbe des Figure Windows (Voreinstellung [0.8 0.8 0.8]).

- XAxisLocation: [top | {bottom}], YAxisLocation: [{left} | right]; legt die Lokalisierung der X- bzw. Y-Achse fest. Damit entscheidet sich, wo die Skalierungsstriche mit Werten stehen.

- XColor, YColor, ZColor: Legt die Farbe der jeweiligen Achsenlinie, Skalenstriche und Beschriftung fest. Es können sowohl die vordefinierten Bezeichner für Farben als auch RGB-Werte übergeben werden.

17.2 Erzeugung und Kontrolle der Achsen

- XDir, YDir, ZDir: [{normal} | reverse]; Orientierung der Achse. „normal" ist von links nach rechts bzw. unten nach oben bzw. vorne nach hinten. „reverse" kehrt die Richtung um.

- XGrid, YGrid, ZGrid: [on | {off}]: Ist einer der Werte „on", werden Gitterlinien senkrecht zur zugehörigen Achse gezeichnet.

- XLabel, YLabel, ZLabel: Handle des Text-Objekts zu den jeweiligen Achsenbezeichnern. (Vgl. Beispiele unter „Title".)

- XLim, YLim, ZLim: [min max]; zweikomponentiger Vektor, der die jeweiligen Achsengrenzen bestimmt.

- XLimMode, YLimMode, ZLimMode: [{auto} | manual]; legt fest, ob von MATLAB die durch die Daten vorgegebenen Grenzen oder Benutzer-definierte Grenzen gewählt werden.

- XMinorGrid, YMinorGrid, ZMinorGrid: [on | {off}]; Ein- oder Ausschalten der feinen Gitterlinien.

- XMinorTick, YMinorTick, ZMinorTick: [on | {off}]; Ein- oder Ausschalten der Skalierungsstriche an den Gitterlinien.

- XScale, YScale, ZScale: [{linear} | log]; Wahl einer linearen oder logarithmischen Achsenskalierung.

- XTick, YTick, ZTick: Datenvektor zur Positionierung der Skalenstriche.

- XTickLabel, YTickLabel, ZTickLabel: Zellvariable aus Charakterarrays, die die Bezeichner an den Skalierungsstrichen festlegen. Beispiel:

```
x=0:0.01:2*pi;
y=sin(x); plot(x,y)
set(gca,'XTick',[0 pi/2 pi 3*pi/2 2*pi]);
set(gca,'XTickLabel', ...
   {'0';'pi/2'; 'pi'; '3*pi/2'; '2*pi'})
```

Wenn Ticklabels gesetzt werden, dann sollten stets die zugehörigen Ticks ebenfalls gesetzt werden, da sonst beim Zoomen unter Umständen Skalierungsstriche und Bezeichner nicht mehr zueinander passen.

- XTickLabelMode, YTickLabelMode, ZTickLabelMode: [{auto} | manual]; legt fest, ob die Bezeichner an den Skalierungsstrichen Benutzer-definiert sind oder nicht.

- XTickMode, YTickMode, ZTickMode: [auto | manual]; legt fest, ob die Skalierungsstriche benutzerabhängig oder von MATLAB gesetzt werden. TickLabelMode und TickMode sollten stets entweder beide auf „auto" oder beide auf „manual" gesetzt werden, sonst passen bei Größenänderungen der Abbildung – wie sie auch beim Drucken auftritt – Skalierungsstrich und Bezeichner unter Umständen nicht mehr zusammen. Ein Beispiel zeigt Abb. (17.2).

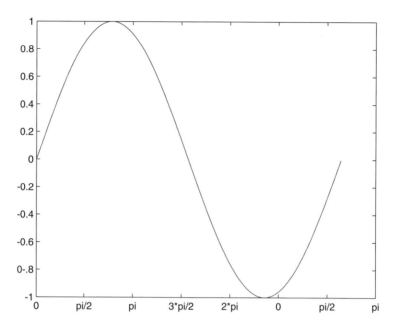

Abbildung 17.2: *Hier wurden die XTicklabels mit set(gca,'XTickLabel', ... '0';'pi/2'; 'pi'; '3*pi/2'; '2*pi') gesetzt, aber XTickMode auf „auto" belassen. Bezeichner und Skalierungsstrich sind nicht mehr in Übereinstimmung. Da nicht genügend Bezeichner vorhanden sind, werden sie wiederholt.*

h = gca liefert das Handle des aktuellen Achsenobjekts. gca steht für get current axes. cla löscht von der aktuellen Achse alle Objekte, deren Handle nicht versteckt (not hidden) ist, und cla reset alle Objekte. hold entscheidet, ob neue Objekte zu einer Achse hinzugefügt oder bereits bestehende überschrieben werden. Mit k = ishold lässt sich die Einstellung testen. Ist „k=1", werden neue Objekte hinzugeführt. Dies entspricht der Einstellung hold on.

17.3   Grafische Objekte

17.3.1   Befehlsübersicht

Textobjekte text

Linienobjekte line, lineseries

Rechteckobjekte rectangle

Patchobjekte patch

Flächenobjekte surface

Bildobjekte image

17.3 Grafische Objekte 341

Annotation-Objekte annotation

Löschmodus noanimate

Beleuchtungobjekte light

Linkeigenschaften linkaxes, linkprop

17.3.2 Textobjekte

`text(x,y,'string')` bzw. `text(x,y,z,'string')` ist eine Low-Level-Funktion zur Erzeugung von Text an der Position x,y,z. Eigenschaften, `text(...'Eig',wert,...)`, können paarweise übergeben werden und das Handle erhält man mit `h = text(...)` zurück. Eine Übersicht der Eigenschaften zeigen Tab. (14.6) und (14.7), Anwendungen und Befehl wurden in Kap. 14.2.10 ausführlich diskutiert.

Texteigenschaften, die nicht bereits unter „Figure" diskutiert wurden.

- BackgroundColor: [Colorspec | {none}]; BackgroundColor legt die Farbe des rechteckigen Textfensters fest. „Colorspec" steht sowohl für die auch unter „plot" nutzbaren Kürzel oder vollständigen Namen für die vordefinierten Farben, als auch für die RGB-Darstellung.

- Clipping: [on | {off}]; Clipping entscheidet, ob Text, der über die Achsengrenzen hinausreicht, gedruckt wird oder nicht. Bei „off" werden Achsengrenzen ignoriert, bei „on" wird der Text an den Achsengrenzen abgeschnitten.

- Color: Als Wert können sowohl die vordefinierten Namen wie auch RGB-Vektoren verwendet werden. Color bezeichnet die Textfarbe. Der Defaultwert ist schwarz ([0 0 0]).

- EdgeColor: [ColorSpec | {none}]; Farbe der Berandungslinie des Textfelds.

- Editing: [on | {off}]; die Defaulteinstellung „off" verbietet das interaktive Editieren des Textes. Tipp: Interaktives Ändern des Textes ist sehr einfach mittels `set(ht1,'Editing','on')` möglich. Nach dem Verlassen des Textfeldes wird die Eigenschaft „Editing" automatisch wieder auf „off" geschaltet.

- EraseMode: [{normal} | background | xor | none]; legt fest wie ein Textobjekt geplottet und gelöscht wird. Bei „normal" wird das Textobjekt bei Bedarf neu geplottet. Dies ist das beste, aber langsamste Verfahren. „none" erhält das Textfeld in der Figureumgebung auch nach dem Löschen, speichert aber die Informationen nicht ab. Das bedeutet, dass beispielsweise bei einem Ausdruck das Textfeld nach dem Löschen – auch wenn es weiterhin auf dem Bildschirm sichtbar ist – nicht ausgedruckt wird. Dies kann bei der Suche nach der optimalen Platzierung nützlich sein.

- Extent: [x0 yo breite hoehe]; legt das Rechteck fest, in das der Text eingebettet wird. Wird als „Units" die Defaulteinstellung „Data" gewählt, dann sind die Werte in Achseneinheiten festgelegt. „x0, y0" legt die Position der linken unteren Ecke fest, „breite" die Breite und „hoehe" die Höhe des Textfeldes.

- HorizontalAlignment: [{left} | center | right]; legt fest wie der Text bezüglich des „Positionvektors" plaziert wird. „left" bezieht sich auf das linke Ende, „right" auf das rechte und „Center" auf die Mitte des Texts.

- Interpreter: [latex | {tex} | none]; mit der Interpreter-Eigenschaft wird festgelegt, ob tex oder LaTeX unterstützt wird. Beispielsweise erzeugt

  ```
  set(ht1,'Interpreter','Latex','String',...
            '$\int\frac{f(x)}{g(x)}dx$')
  ```

  im Latex-MathMode $\int \frac{f(x)}{g(x)} dx$ im Textfeld mit dem Handle „ht1".

- LineStyle: [{−} | − − | : | − . | none]; legt den Linienstil der Textberandung fest und LineWidth die Breite der Linien. Default Units sind „points".

- Margin bestimmt den Abstand zwischen Textumrandung und Schrift.

- Position ist ein zwei- oder dreielementiger Vektor, der die Position des Textes festlegt. Defaulteinheiten sind „Data", also die entsprechenden Achsenwerte.

- Rotation legt die Orientierung des Textfeldes fest. Übergeben wird der Winkel gegen den Uhrzeigersinn.

- String ist der Text, der auf dem Bild ausgedruckt werden soll.

- Units: [inches | centimeters | normalized | points | pixels | characters | {data}]; legt die Einheiten für die Extent- und Position-Eigenschaft fest. Bei Defaulteinstellung „Data" werden die Achseneinheiten benutzt.

- VerticalAlignment: [top | cap | {middle} | baseline | bottom]; legt die vertikale Ausrichtung des Textes fest.

Eigenschaften, die bereits unter Figure besprochen wurden. Hier sind diejenigen Eigenschaften aufgelistet, die auf Grund der Diskusion in Kap. 17.1 selbsterklärend sind: BeingDeleted, BusyAction, ButtonDownFcn, Children (Textobjekte haben keine), CreateFcn, DeleteFcn, HandleVisibility, HitTest, Interruptible, Parent (entweder Achsen-Handle, Hggroup oder Hgtransform), Selected, SelectionHighlight, Tag, Type, UserData, UIContextMenu, Visible.

Font-Eigenschaften. Zu Font-Eigenschaften FontAngle, FontName, FontSize, FontUnits und FontWeight vgl. Kap. 17.2. „Text" hat hier dieselben Voreinstellungen wie „axes".

17.3.3 Linienobjekte

`line(x,y,z)` plottet die durch die Vektoren „x", „y" und im 3-D-Fall „z" festgelegten Punkte. Mit `line(...,'Eig',wert,...)` lassen sich die Eigenschaften übergeben und `hl = line(...)` liefert das zugehörige Line Handle zurück. Die Mehrzahl der von `line` unterstützten Eigenschaften haben dieselben Voreinstellungen wie bereits in Tabelle

(14.2) oder Kap. 17.1 und 17.2 diskutiert. Tab. (17.2) listet die Eigenschaften mit einem Verweis auf den Ort der früheren Diskussion auf. Neu treten die Eigenschaften XData, YData und ZData hinzu. Bei allen drei handelt es sich um Koordinaten-Vektoren oder Matrizen. Matrizen werden spaltenweise ausgewertet. Parent-Objekt zu Line ist Axes, HgGroup oder HgTransform.

`lineseries` ist eine Hilfsfunktion zu `plot`.

Tabelle 17.2: Übersicht der unterstützten Eigenschaften von `line`.

EIGENSCHAFT	VGL.	EIGENSCHAFT	VGL.
BeingDeleted	Kap. 17.1	BusyAction	Kap. 17.1
ButtonDownFcn	Kap. 17.1	Children	leer, hat keine
Clipping	Tab. (14.2)	Color	Tab. (14.1)
CreateFcn	Kap. 17.1	DeleteFcn	Kap. 17.1
EraseMode	Tab. (14.2)	HitTest	Tab. (14.2)
HandleVisibility	Tab. (14.2)	Interruptible	Kap. 17.1
LineStyle	Kap. 17.3.2	LineWidth	Tab. (14.2)
Marker	Tab. (14.1)	MarkerEdgeColor	Tab. (14.2)
MarkerFaceColor	Tab. (14.2)	MarkerSize	Tab. (14.2)
Parent	s.o.	Selected	Kap. 17.1
SelectionHighlight	Tab. (14.2)	Tag	Kap. 17.1
Type	line	UIContextMenu	Kap. 17.1
UserData	Kap. 17.1	Visible	Tab. (14.2)
Xdata	s.o.	YData	s.o.
ZData	s.o.		

17.3.4 Rechteckobjekte

Rectangle-Objekte sind 2-D-Objekte. Mit `rectangle` wird ein Quadrat im positiven Quadranten mit linker unterer Ecke im Koordinatenursprung und Kantenlänge eins geplottet. `rectangle('Position',[x0,y0,b,h])` positioniert das Rechteck an der Stelle (x0,y0) (linke untere Ecke) mit Breite b und Höhe h. Einheiten sind die Koordinateneinheiten. Mit `rectangle(...,'Curvature',[kx,ky])` lässt sich die Krümmung der Seitenlinien einstellen. „kx" und „ky" liegen zwischen „0" (gerade Linie) und „1" (maximale Krümmung).

```
>> rectangle('position',[1 1 1 1],'curvature',[1 1])
>> axis equal
```

erzeugt einen Kreis. Damit ein Kreis wie ein Kreis erscheint und nicht zu einer Ellipse verzerrt wird, müssen entweder mit >> `axis equal` oder `daspect([1,1,1])` die (x,y)-Achseneinheiten gleich gewählt werden. Verlängern der Breite oder Höhe
>> `rectangle('position',[-2 1 1 2],'curvature',[1 1])`
führt zu einer Ellipse. Mit `hr = rectangle(...)` wird das entsprechende Handle zurückgegeben, Eigenschaften werden mittels `rectangle(...,'Eig',wert)` übergeben.

Die folgenden Eigenschaften wurden bereits in Kap. 17.1 unter `figure` diskutiert:
BeingDeleted, BusyAction, ButtonDownFcn, Create- und DeleteFcn, HandleVisibility, HitTest, Interruptible, Selected und SelectionHighlight, Tag, UIContextMenu, UserData, Visible.
Weitere unterstützte Eigenschaften (Defaultwerte in {}) sind:

- Children: Rectangle-Objekte haben keine Children-Objekte.

- Clipping: [{on} | off] vgl. `text`.

- Curvature: Ist ein ein- oder zweikomponentiger Vektor zwischen 0 und 1, der die Krümmung der Seitenlinien parallel zur x- bzw. zur y-Achse bestimmt.

- EdgeColor: Farbe der Berandungslinie (vgl. `text`).

- FaceColor: [ColorSpec | {none}]; Farbe der Oberfläche. „ColorSpec" kann sowohl eine der vordefinierten Farbbezeichnungen wie „r" oder „red" sein als auch ein RGB-Vektor.

- EraseMode: vgl. `line`.

- LineStyle und LineWidth: vgl. `line`.

- Position: Positionierung und Größe des Rectangle-Objekts, s. oben.

- Parent: Parent-Objekt ist entweder ein Achsenobjekt oder HgGroup oder HgTranform.

Voreinstellungen zu Rectangle-Objekten können auch mit dem Kommando `set(wo, 'DefaultRectangleProperty',wert...)` verändert werden. „wo" kann den Wert „0" für die Root haben oder ein Figure Handle (gcf) oder ein Axes Handle (gca) sein. „Property" steht für eine der oben aufgelisteten Eigenschaften und „wert" für ihren Wert.

17.3.5 Patch- und Flächenobjekte

Patch- und Flächenobjekte können mit dem Befehl `patch` bzw. `surface` erzeugt werden. Da beide viele Eigenschaften gemeinsam haben, hier zunächst eine Liste der gemeinsamen Eigenschaften:

- AlphaDataMapping: [none | direct | {scaled}]; legt das Transparenz-Verfahren fest und wird damit wie „AlphaData" interpretiert. Bei „none" liegen die Werte zwischen 0 und 1; „direct" nutzt die direkten Werte und „scaled" skaliert die Werte so um, dass der durch die Achseneigenschaft „ALim" festgelegte Bereich überdeckt wird.

- AmbientStrength: $0 \cdots 1$; Stärke der indirekten Beleuchtung (ambient light), die die gesamte Szene ausleuchtet.

17.3 Grafische Objekte

- BackFaceLighting: [unlit | lit | {reverselit}]; Beleuchtung der Flächen, wenn die Vertex-Normale von der Kamera wegweist. „unlit" keine Beleuchtung, „lit" Standardbeleuchtung und „reverselit", so als ob der Vertex auf die Kamera weisen würde.

- BeingDeleted, BusyAction, ButtonDownFcn, CreateFcn und DeleteFcn.
Siehe Kap. 17.1 `figure`.

- CData sind für Patch-Objekte die Patch- und für Surface-Objekte die Vertexfarben. CData kann sowohl als RGB-Matrix wie auch als True-Color-Matrix übergeben werden.

- CDataMapping: [direct | {scaled}]; legt fest wie die Farbdaten für Patch-Objekte bzw. Surface-Objekte interpretiert werden. „Scaled" skaliert die Daten entsprechend der Achseneigenschaft „CLim" (vgl. `caxis`), „direct" verwendet die Daten als direkte Indizes in der Farbmatrix.

- Children: Leer-, Surface- und Patch-Objekte sind kinderlos.

- Clipping: [{on} | off]: für Clipping „on" wird kein Anteil des Surface- bzw. Patch-Objekts außerhalb der Achsengrenzen geplottet.

- DiffuseStrength: $0 \cdots 1$ {0.6}; Intensität der diffusen Beleuchtung.

- EdgeAlpha: [Skalar: {1} | flat | interp], oder {Alpha}; Transparenz der Berandung von Patch- bzw. Oberflächen (Surface-Objekten). „Skalar" ist der Wert zwischen und 0 und 1, der die Transparenz aller Objekte bestimmt. Bei „flat" werden die AlphaDaten (Patch-Objekte: FaceVertexAlphaData, Surface-Objekte: AlphaData) direkt herangezogen, bei „interp" wird linear interpoliert.

- EdgeColor: [{ColorSpec} | none | flat | interp]; Farbe der Berandungslinien. „ColorSpec" ist ein RGB-Vektor oder eine der MATLAB vordefinierten Farben; „none" bedeutet, es werden keine Berandungslinien gezeichnet. „flat": Die Farbe jedes Vertizes kontrolliert die Farbe der darauf folgenden Berandung (Patch) bzw. die CData-Werte des ersten Vertex zu einer Fläche bestimmten die Farbe (Surface). „interp" bezeichnet die lineare Interpolation der CData bzw. FaceVertexData (nur Patch-Objekte).

- EdgeLighting; [{none} | flat | gouraud | phong]; Algorithmus für die Beleuchtung. „none": keine; „flat": gleichförmig, „gouraud": Berechnung an den Vertizes, lineare Interpolation längs der Linien; „phong": Interpolation über Vertex-Normale (meist bessere Effekte, aber sehr viel zeitaufwändiger).

- EraseMode: [{normal} | background | xor | none]; legt fest wie ein Patch- bzw. Surface-Objekt geplottet und gelöscht wird (vgl. `text`).

- FaceAlpha: [Skalar {1} | flat | interp]; Transparenz der Patch- oder Surface-Fläche. Ein skalarer Wert $(0 \cdots 1)$ legt die Transparenz aller Objekte einheitlich fest. „Flat", AlphaData (Surface-Objekte) bzw. FaceVertexAlphaData (Patch-Objekte) bestimmen die Transparenz und bei „interp" erfolgt eine bilineare Interpolation.

- FaceColor: [{ColorSpec}| none | flat | interp]; Farbe der Flächen-Objekte (vgl. EdgeColor).

- FaceLighting: [{none} | flat | gouraud | phong]; Algorithmus für die Beleuchtung (vgl. EdgeLighting).

- HandleVisibility, HitTest, Interruptible: vgl. Kap. 17.1 `figure`.

- LineStyle, LineWidth: Stil und Breite der jeweiligen Berandungslinien. Die Möglichkeiten sind in Tab. (14.2) und (14.1) aufgelistet.

- Marker, MarkerEdgeColor, MarkerFaceColor, MarkerSize: Die Marker-Symbole sind mit den Vertizes verknüpft, siehe Tab. (14.2) und (14.1).

- NormalMode: [{auto} | manual]; legt fest ob die Vertex-Normalen von MATLAB automatisch oder manuell berechnet werden sollen.

- Parent: Achsen-Objekt, HgGroup oder HgTransform.

- Selected, SelectionHighlight: vgl. Kap. 17.1 `figure`.

- SpecularColorReflectance: $0 \cdots 1$; Farbe des Reflexionslichts. Für 0 hängt die Farbe sowohl von der Lichtquelle als auch dem Reflexionsobjekt ab; für 1 ist die Farbe durch das Beleuchtungsobjekt bestimmt und für Zwischenwerte wird zwischen diesen beiden Fällen interpoliert.

- SpecularExponent: > 1, typisch $5 \cdots 20$. Bestimmt die Größe des Spiegelpunktes bei Lichtreflexion.

- SpecularStrength: $0 \cdots 1$; Intensität des Reflexionslichts.

- Tag, Type, UIContextMenu, UserData, Visible: vgl. Kap. 17.1, `figure`.

- VertexNormals: Matrix der Flächen-Normalen.

- XData, YData, ZData: X-, Y- und Z-Daten der Patch-Vertizes bzw. Surface-Punkte.

Patchobjekte. Der Befehl `patch` wurde bereits in Kap. 16.8.2 besprochen. Die allgemeine Syntax lautet `patch(X,Y,Z,C)` bzw. `patch(...'Eig', wert...)`, wobei „X", „Y", „Z" die Vertexkoordinaten und „C" die Farbwerte repräsentieren. „Eig" steht für die zu übergebenden Eigenschaften und „wert" für den zugehörigen Wert. Für 2-D-Systeme entfällt die z-Koordinate, für den vollständige Befehlsumfang s. Kap. 16.8.2. Die meisten Eigenschaften sind gemeinsam mit Surface-Eigenschaften oben aufgelistet. Ein Beispiel für ein Patch-Objekt zeigt Abb. (16.14). Weitere spezifische Patch-Eigenschaften sind:

- Faces: Verknüpfungsmatrix, die festlegt welche Vertizes miteinander verknüpft sind, vgl. Abb. (16.14).

17.3 Grafische Objekte

- FaceVertexCData: legen die Farbe der Patches definiert durch Flächen- und Vertizes fest. Für indizierte Farbe kann FaceVertexCData ein Skalar sein (alle Patches haben dieselbe Farbe) oder ein n-dimensionaler Spaltenvektor mit n gleich der Zahl der Zeilen der „Faces" oder „Vertizes". Im ersten Fall wird eine Farbe pro Fläche, im zweiten pro Vertex festgelegt. Für true-Colors kann FaceVertexCData entweder ein RGB-Vektor sein (nur eine Farbe für alle) oder eine n × 3-Matrix, wobei n wieder gleich der Zeilenzahl entweder der Flächen oder der Vertizes ist.

- FaceVertexAlphaData: legt die Transparenz der Vertizes fest. FaceVertexAlphaData kann ein skalarer Wert sein, der die Transparenz aller Objekte festlegt. In diesem Fall muss die FaceAlpha-Eigenschaft „flat" sein. Ist FaceVertexAlphaData ein m-dimensionaler Spaltenvektor, mit m gleich der Zahl der Flächen (gleich Zeilenzahl der Flächenmatrix), dann wird für jede Fläche gesondert die Transparenz festgelegt. Die Eigenschaft FaceAlpha muss hier ebenfalls „flat" sein. Ist m die Zeilenzahl der Vertexmatrix, dann wird die Transparenz für jedes Vertexelement einzeln festgelegt. FaceAlpha muss dann auf „interp" gesetzt sein.

- Vertices: Matrix der Vertexkoordinaten, vgl. Abb. (16.14).

Flächenobjekte. `surface(Z)` ist eine Low-Level-Funktion zur Erzeugung von Flächen-Objekten. Wird nur ein Matrix-Argument („Z") übergeben, so wird „Z" über ein gleichförmiges Gitter basierend auf dem Indexbereich von „Z" geplottet. Mit drei-Matrixargumenten `surface(X,Y,Z)` werden zusätzlich x- und y-Koordinaten übergeben und mit `surface(...,C)` für die Farben die Farbmatrix „C" genutzt. `h = surface(...)` liefert das zugehörige Handle zurück und mit `surface(..., 'eig', wert,...)` können weitere Eigenschaften übergeben werden. Neben den bereits erwähnten Eigenschaften unterstützt `surface` noch:

- AlphaData: m × n-Matrix vom Typ double oder uint8. Legt die Transparenz jedes Objekts fest. AlphaDataMapping (s.o.) legt dabei die Interpretation der Daten fest.

- MeshStyle: [{both} | row | column]; legt die Gitterstruktur fest.

Beispiel. Surface-Objekte können auch genutzt werden, um farbige Linienobjekte zu erzeugen. Das Ergebnis zeigt Abb. (17.3).

```
x = 0:.02:5*pi;
y = sin(x);             % Sinus
z = zeros(1,length(x)); % z-Variable
% Farbe durch Sinus-Wert bestimmt:
c = y;
surface([x;x],[y;y],[z;z],[c;c],...
'facecolor','none',...
'edgecolor','flat',...
    'edgelighting','phong',...
'linewidth',3);
```

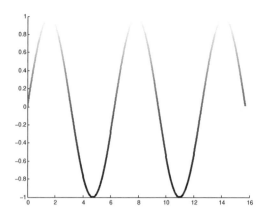

Abbildung 17.3: *Farbiges Sinusband mittels* `surface` *erzeugt.*

17.3.6 Bildobjekte

In Kap. 16.5.10 wurde der Befehl `image` zum Erstellen von Images vorgestellt. Via `image(..,'eig',wert,..)` bzw. `image('eig', wert,...)` lassen sich an `image` die folgenden Eigenschaften übergeben bzw. setzen. Voreinstellungen sind wieder mit {} gekennzeichnet.

- Bereits in Kap. 17.1 unter `figure` diskutierte Eigenschaften: BeingDeleted, BusyAction, ButtonDownFcn, CreateFcn, DeleteFcn, HandleVisibility, HitTest, Interruptible, Selected, SelectionHighlight, Tag, UIContextMenu, UserData, Visible

- AlphaData: m × n-Matrix vom Typ double oder uint8. AlphaData bestimmen die Transparenz jedes Elements der Image-Daten. Die Art und Weise hängt vom gewählten Verfahren ab, das durch AlphaDataMapping: [{none} | direct | scaled] bestimmt ist, s. vorigen Abschnitt.

- CData: Matrix oder m × n × 3-Array; bestimmt die Farbe jedes rechteckigen Bereichs, was letztlich das Image bildet. MATLAB bestimmt die Farbe in Abhängigkeit von CDataMapping: [{direct} | scaled]. Bei der Defaulteinstellung „direct" werden die Farbwerte von CData direkt den Bildbereichen zugeordnet, bei „scaled" entsprechend den Clim-Werten skaliert.

- Children: leere Matrix, Images haben keine „Kinder".

- Clipping: [{on} | off]; per Voreinstellung sind Images auf den Achsenbereich beschränkt, mit Clipping „off" werden Bildbereiche außerhalb des Achsenbereichs ebenfalls dargestellt.

- EraseMode: [{normal} | background | xor | none]; vgl. Kap. 17.3.5.

- Parent ist das Achsen-, Hggroup- oder Hgtransform-Objekt.

- XData und YData sind 2-komponentige Vektoren, die die Position der Elemente von CData(1,1) und CData(m,n) festlegen, wobei CData eine m × n-Matrix ist. Defaultwerte sind XData = [1, size(CData,2)] und YData = [1, size(CData,1)].

17.3.7 Annotation-Objekte

Annotation-Objekte sind grafische Objekte, die einer Abbildung hinzugefügt werden. Mit `annotation('was',x,y)`, wobei „was" entweder „line", „arrow", „doublearrow" oder „textarrow" sein kann, wird das entsprechende Objekt der Abbildung an der Position x(1), y(1) bis x(2), y(2) hinzugefügt. Mit `annotation('was',[x,y,b,h])` und „was" „textbox", „ellipse", „rectangle" wird das grafische Objekt „was" an der Position x,y (linke untere Ecke) mit der Breite „b" und der Höhe „h" hinzugefügt. Mit `annotation(fh, ...)` kann auch ein Figure Handle und mit `annotation(...,'eig', 'wert')` eine Eigenschaft und der zugehörige Wert des Annotation-Objekts übergeben werden. `annoh = annotation(...)` liefert schließlich das Handle des erzeugten Objektes zurück. Beispielsweise erzeugt

```
>> annotation('rectangle',[x1,y1,w,h],...
   'FaceAlpha',.2,'FaceColor','red','EdgeColor','red');
```

ein durchscheinendes, rotes Rechteck, das zum Hervorheben eines Teilplots verwendet werden könnte, s. Abb. (17.4).

17.3.8 Noanimate

`noanimate(wie,fh)` setzt den Löschmodus von Image-, Patch-, Surface- und Text-Objekten. Das Figure Handle „fh" ist optional. „wie" kann entweder „save" sein, dann ist der „EraseMode" für alle Objekte auf „normal" gesetzt oder „restore", dann wird der Wert angenommen, der vor dem Aufruf mit „noanimate" gesetzt war. „Noanimate" ist insbesondere dann sinnvoll, wenn eine Abbildung in ein tiff- oder jpeg-Format exportiert werden soll.

17.3.9 Lichtobjekte

`hl = light('eig', wert,...)` erzeugt ein Licht-Objekt mit dem Handle „hl". Der Rückgabewert „hl" ist optional. Lichtobjekte können nicht wie beispielsweise Axes-Objekte direkt gesehen werden, wohl aber ihr Effekt. Die unterstützten Eigenschaften (Voreinstellungen {}) sind:

- Bereits in Kap. 17.1 unter `figure` diskutierte Eigenschaften: BeingDeleted, BusyAction, ButtonDownFcn, CreateFcn, DeleteFcn, HandleVisibility, HitTest, Interruptible, Tag, UIContextMenu, UserData, Visible, Clipping (ohne Effekt).
- Color: Lichtfarbe, RGB-Wert oder einer der von MATLAB vordefinierten Bezeichner (vgl. `plot`).
- Children: leere Matrix, Light hat keine „Kinder".

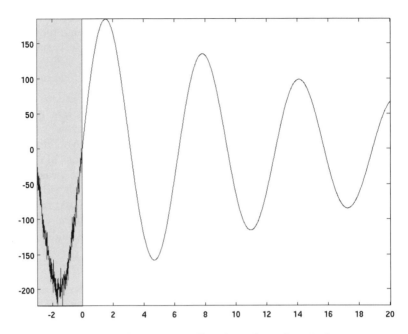

Abbildung 17.4: *Hervorheben des gestörten Einschwingbereichs mittels*
`>> annotation('rectangle',[0.13,0.11,0.775/23*3,0.815],...`
`'FaceAlpha',.2,'FaceColor','red','EdgeColor','red');`

- Position: [x,y,z] in Achsen-Einheiten; legt den Ort des Licht-Objekts fest. Für „Style = local" gilt die exakte Position und für „Style=infinite" legt Position die Richtung fest, aus der das parallele Strahlenbündel kommt.

- Parent ist das Achsen-, Hggroup- oder Hgtransform-Objekt.

- Style: [{infinite} | local] legt fest, ob das Strahlenbündel parallel, das heißt das Lichtobjekt im Unendlichen, oder divergent (vgl. Position) ist.

- Type: Type ist immer „light". Legt den Typ des grafischen Objekts fest.

17.3.10 Linkeigenschaften

`linkaxes` synchronisiert die verschiedenen Achsengrenzen in 2-D-Subplots innerhalb einer Figure-Umgebung. Mit `linkaxes(ah)` werden die x- und y-Grenzen der Achse mit dem Handle „ah" synchronisiert. `linkaxes(ah, 'option')` erlaubt die Übergabe von Optionen. Mögliche Werte sind: „x" (wirkt nur auf x-Achsen), „y" (nur auf y-Achsen), „xy" (x- und y-Achsen) und „off" (die Synchronisation der Grenzen wird ausgesetzt). Weitergehende Möglichkeiten bietet `hlink = linkprop(ohs, {'eig1','eig2',...})`. Wird nur eine Eigenschaft „eig" übergeben, kann auf die geschweiften Klammern verzichtet werden. `linkprop` setzt für alle Objekte, deren Handle in „ohs" aufgeführt ist,

die entsprechende Eigenschaft. Die Methoden, wie die zugehörigen Link-Objekte modifiziert werden, sind:
addtarget(hlink,ohs) und removetarget(hlink,ohs), um grafische Objekte dem Target hinzuzufügen oder zu entfernen,
addprop(hlink,'eig') und removeprop(hlink,'eig'), um Eigenschaften „eig" den Link-Eigenschaften hinzuzufügen oder zu entfernen.

17.4 Grafische Operationen

17.4.1 Befehlsübersicht

Objekteigenschaften: Setzen und Lesen get, set, reset

Finden von Objekten findobj

Handles nutzen gcbf, gcbo, gco

Objektzugriff copyobj, delete, drawnow, refreshdata

Anwendungsdaten getappdata, isappdata, rmappdata, setappdata

17.4.2 Setzen und Lesen von Eigenschaften grafischer Objekte

get dient dem Auslesen von Eigenschaften grafischer Objekte. a=get(h) liefert alle Eigenschaften des Objekts mit Handle „h" und a=get(h,'eig') den Wert der Eigenschaft „eig". „a" ist eine Struktur und optional. Werden n Eigenschaften in einem Zellarray abgefragt, >> {mxn Zellarray} = get(H,{'eig' n-Zellarray}), so wird die Antwort für n Objekte in einer m × n-Zellvariablen abgespeichert.

Werte von Eigenschaften, die MATLAB nutzt, sofern diese Eigenschaften nicht explizit festgelegt oder per Default-Einstellung vordefiniert wurden, werden als Factory-Werte (factory-defined values) bezeichnet und können mit a = get(0,'Factory') aufgelistet werden. Dabei handelt es sich um mehrere hundert Eigenschaften, deren einzelne Werte mittels a = get(0,'FactoryObjectTypePropertyName') ermittelt werden können. Die Namensgebung setzt sich stets aus „factory", dem OBJEKTnamen und der *Eigenschaft*, beispielsweise „factoryFIGURE*DoubleBuffer*" zusammen. Voreingestellte Werte zu einzelnen grafischen Objekten mit Handle „h" erhält man über a = get(h,'Default'), einzelne Eigenschaften über a = get(h,'DefaultObjectTypePropertyName'). Wie unter „factory" setzt sich auch hier das Argument aus „Default", dem Objektnamen und der Eigenschaft, also beispielsweise „DefaultLineLineWidth", zusammen. Die erfragte Voreinstellung ist „LineWidth" des Objekts „Line".

set dient dem Setzen grafischer Eigenschaften und wird exakt gleich wie get aufgerufen. Mit a = set(h) erhält man eine Liste aller Eigenschaften des Objekts mit Handle „h" und deren möglichen Werten. Die Defaulteinstellung steht in geschweifter Klammer. Die Lesbarkeit von Code lässt sich durch die Verwendung von Strukturen erhöhen.

set erlaubt als Argument auch eine Struktur, deren Feldname durch die zu setzenden
Eigenschaften bestimmt wird. Beispiel:

```
>> myfig.color=[1 0 0];
>> myfig.numbertitle='off';
>> myfig.name='Beispiel';
>> set(gcf,myfig)
```

Eigenschaften auf ihre Defaultwerte zurückzusetzen erlaubt reset(h).

17.4.3   Finden von Objekten: findobj

Insbesondere bei komplexeren grafischen Anwendungen ist findobj ein nützlicher Helfer zum Aufspüren bestimmter grafischer Objekte bestimmter Eigenschaften. h=findobj liefert das Root Handle sowie die Liste aller Familienmitglieder (anschaulich gesprochen Kinder und Enkel); der Root, s. Abb. (17.1). h = findobj('Eig',wert,...) liefert die Handles „h" aller grafischen Objekte mit der Eigenschaft „Eig" und Wert „wert". Alternativen sind mittels logischer Operatoren möglich. Sollen alle grafischen Objekte gefunden werden, die zwei bestimmte Eigenschaften haben (and) oder entweder diese oder jene (or), so ist dies mit h = findobj('Eig',wert,'-logop','Eig',wert,...) möglich. Als logischer Operator -logop wird -and, -or, -xor und -not unterstützt. Das Finden grafischer Objekte, deren Eigenschaftswert den regulären Ausdruck „regaus" enthält, erlaubt h = findobj('-regexp','Eig','regaus',...). Mit h = findobj(oh, ...) kann die Suche auf bestimmte Objekte mit Handle „oh" und deren Kinder, Enkel usf. eingeschränkt werden. h = findobj(oh, '-depth',d,...) beschränkt die Suche auf eine bestimmte Tiefe „d" und h = findobj(oh,'flat', 'Eig', wert,...) auf die Objekte mit Handle „oh".

Beispiel.

```
>> x=0:0.1:2*pi; y1=sin(x); y2=cos(x);
>> hl=plot(x,y1,'r',x,y2,'g')
hl =
   152.0022
   153.0012
>> hlr=findobj(gca,'Type','line','-and','Color','r')
hlr =
   152.0022
```

sucht alle grafischen Line-Objekte mit der Farbe rot, die Children des aktiven Achsenobjekts (gca) sind.

17.4.4   Handles nutzen

hf = gcf und ha = gca sind Aufrufe, die das aktive Figure- bzw. Achsen-Handle liefern. Callback-Funktionen sind insbesondere im Zusammenhang mit Graphical User

17.4 Grafische Operationen   353

Interfaces von Interesse. In vielen Fällen ist es nützlich die damit verknüpften Handles zu ermitteln. `hf = gcbf` liefert das Handle „hf" derjenigen Figureumgebung, auf der ein Callback ausgelöst wurde, und `[ho, hf] = gcbo` zusätzlich das Handle des Objekts „ho", das den Callback ausgelöst hat. „hf" ist hier optional. `ho = gco(hf)` ermittelt das Handle „ho" des aktiven Objekts; das Figure Handle „hf" ist optional.

17.4.5 Auf grafische Objekte zugreifen

`neu_h = copyobj(h,p)` kopiert das grafische Objekt mit Handle „h" in das grafische Objekt mit Handle „p". „p" muss dabei die Rolle des Parent-Objekts übernehmen. Ist beispielsweise „h" ein Line-Objekt und „p" ein Figure-Objekt, so führt dies zu der Fehlermeldung

```
>> hn=copyobj(hlr,2)
??? Error using ==> copyobj
Object line[1] can not be a child of parent figure[1].
```

Im obigen Beispiel könnte „p" ein Axes-Objekt sein.

`delete filen` bzw. `delete('filen')` löscht den File mit dem Namen „filen" und `delete(h)` das grafische Objekt mit Handle „h", vgl. auch `clf`.

`drawnow` überspringt die vorgegebene Ausführungsreihenfolge und plottet die Grafik sofort. Dies ist insbesondere dann von Nutzen, wenn wir beispielsweise in einer For-Schleife die Entwicklung einer Grafik oder Dynamik eines Vorgangs betrachten wollen. Ohne `drawnow` würden in solchen Fällen die Schleifen abgearbeitet werden und erst das Endergebnis visualisiert.

`refreshdata` hat zu `drawnow` vergleichbare Aufgaben. Mit `refreshdata` wird nicht nur der Plot ausgeführt, sondern zusätzlich mit neuen Daten upgedatet. Grafische Objekte wie beispielsweise die Hggroup-Objekte besitzen die Eigenschaften „XDataSource", „YDataSource" und „ZDataSource", über die MATLAB-Variablen dem grafischen Objekt zugeordnet werden können. Beispielsweise verknüpft `[c h] = contour(z,'ZDataSource','z')`; die Variable „z" mit den z-Plotwerten. Mit `refreshdata` können diese Werte upgedatet werden. `refreshdata(fh)` greift auf das Figure mit Handle „fh" zu und `refreshdata(oh)` auf das grafische Objekt mit Handle „oh". Mit `refreshdata(oh, 'workspace')` wird festgelegt, aus welchem Speicherbereich die Plotdaten upgedatet werden sollen. Als Möglichkeiten stehen „base" für den Base-Space und „caller" für den Function-Space der Funktion, aus der `refreshdata` heraus aufgerufen wurde, zur Verfügung. Beispiel:

```
>> z = peaks(20);
>> h = surf(z,'ZDataSource','z');   % plot mit peaks(20)
>> z = peaks(40);
>> refreshdata                       % updaten mit peaks(40)
```

17.4.6 Anwendungsdaten

Der Nutzen von Anwendungsdaten ist insbesondere für Graphical User Interfaces (GUI) von Interesse. Sollen beispielsweise Daten einmal berechnet, aber mehrmals genutzt werden, so können diese Daten innerhalb des GUIs entweder über die Handle-Struktur oder über Application Datas verwaltet werden. `daten = getappdata(h, name)` liefert die dem grafischen Objekt mit Handle „h" unter dem Namen „name" zugeordneten Daten und speichert sie in der Struktur „daten" unter dem Feldnamen „name" ab. „name" ist dabei optional. Mit `setappdata(h,name,wert)` werden die Daten „wert" dem grafischen Objekt mit Handle „h" unter dem Namen „name" zugeordnet. Existiert „h" nicht, so führt dies zu einer Fehlermeldung. `isappdata(h,name)` testet, ob „name" dem Objekt „h" zugeordnete Daten sind. Ist dies wahr, so ist der Rückgabewert 1, sonst 0. Dem Entfernen der Anwendungsdaten „name" innerhalb des grafischen Objekts mit Handle „h" dient `rmappdata(h,name)`.

17.5 Ergänzende Funktionen: closereq, newplot und ishandle

`closereq` schließt das aktive Figure. Während `figure` eine neue Figure-Umgebung erzeugt, erzeugt `newplot` zusätzlich noch ein Achsenobjekt. Mit `ah = newplot` wird das Achsen-Handle zurückgegeben und `ah = newplot(hsave)` erzeugt Figure und Achse, ohne die durch „hsave" definierten Objekte zu löschen. `newplot` liest aus dem aktuellen Figure zunächst die durch „NextPlot" festgelegten Eigenschaften und richtet sein Verhalten danach (vgl. Kap. 17.1). `ant = ishandle(h)` testet, ob die Einträge von „h" Handles sind und liefert entweder eine 1 (wahr) oder eine 0 (falsch).

17.6 ActiveX-Client-Funktionen

ActiveX-Client-Funktionen werden nur unter Microsoft PCs unterstützt. Für UNIX- und Linuxbetriebssysteme existiert kein Pendant. Mit `h = actxcontrol('progid', position, figh, event_handler, 'filename')` wird ein ActiveX-Kontrollobjekt im Figure Window erzeugt. Bis auf das Argument „progid" sind alle anderen Eingabeargumente optional. „h" repräsentiert das zugehörige COM-Objekt.

```
f = figure('position', [300 300 600 500]);
cal = actxcontrol('mscal.calendar', ...
              [0 0 600 500], f)
cal =
   COM.mscal.calendar
```

Die damit verknüpften Methoden können mit „h.methode", beispielsweise cal.get, erfragt werden. „position" legt die Positionierung des ActiveX-Objekts in Pixel fest. Die ersten beiden Werte sind die Position der linken unteren Ecke, dann Breite und Höhe. „figh" ist das Figure Handle, in dem das ActiveX-Objekt platziert werden soll.

„event_handler" verknüpft das ActiveX-Objekt mit Events, beispielsweise Mausklicks und „filename" legt den File fest, aus dem der Anfangszustand geladen werden soll.

`h = actxserver('progid')` erzeugt einen COM-Server und liefert das COM-Objekt „h" zurück. „progid" ist der zugehörige Programmidentifier, beispielsweise Excel.Application für Excel oder matlab.application für MATLAB. Mit `h = actxserver('progid', 'systemname')` wird ein Remote-COM-Server auf dem Remote-System „systemname" etabliert. Befehle wie „actxserver" erlauben einen Automation-Server zwischen unterschiedlichen Programmen einzurichten, beispielsweise um aus Excel auf MATLAB oder umgekehrt zu zugreifen. Beispiele finden sich unter den MATLAB Tech-Notes im Internet: http://www.mathworks.com/support/tech-notes, weitere Beschreibungen im Kap. 27.

18 Das Grafische User Interface

GUI-Objekte uicontrol, uicontextmenu, uimenu, uipanel

18.1 GUI-Funktionen

Das Erstellen von Graphischen User Interfaces wird durch den GUIDE unterstützt, der in Kap. 24 vorgestellt wird. Abb. (18.1) zeigt einen Überblick über die Objekthierarchie Graphischer-User-Interface-Elemente, die wir im Folgenden vorstellen werden.

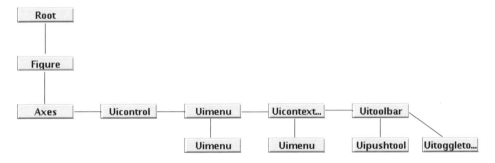

Abbildung 18.1: Hierarchische Struktur der GUI-Objekte.

18.1.1 Befehlsübersicht

GUI-Objekte erzeugen uicontrol, uimenu, uipanel, uibuttongroup, uicontextmenu

Toolbars erzeugen uipushtool, uitoggletool, uitoolbar

Warten und fortfahren uiresume, uiwait

Interaktive Status uirestore, uisuspend

Ausführungsreihenfolge uistack

Mauseingabe ginput, dragrect

Textanpassung textwrap

Interaktive Objektwahl selectmoveresize

Warten auf Ereignisse waitfor, waitforbuttonpress

Rechtecke reskalieren rbbox

18.1.2 GUI-Objekte erzeugen

`uicontrol`, `uimenu`, `uipanel`, `uibuttongroup`, und `uicontextmenu` erzeugen **G**raphical-**U**ser-**I**nterface-Objekte (GUI), deren spezifische Details weiter unten diskutiert werden. Gemeinsam haben alle GUI-Objekte die folgenden Eigenschaften, die bereits im Kap. 17.1 unter „figure" besprochen wurden: BusyAction, CreateFcn, DeleteFcn, HandleVisibility, Interruptible, Parent, Position, Tag, UserData und Visible. Eine der wichtigen Eigenschaften ist „Tag", unter dessen Namen das GUI-Objekt verwaltet wird.

UIcontrol-Objekte. Beispielsweise erzeugt

```
fh = figure('NumberTitle','off','Name','GUI-Bsp.');
ah = axes('Position',[0.1 0.1 0.65 0.85]);
membrane;
ph = uicontrol(fh,'Style','PushButton',...
            'Units','normalized',...
            'Position',[0.8 0.08 0.18 0.12],...
            'String','ENDE','ToolTipString',...
                'Schliesst dieses Fenster',...
            'CallBack','close(gcbf)');
```

eine Abbildung, auf der sich das MATLAB Logo (membrane) und ein Druckknopf (PushButton) befindet, der nach Anklicken mit der Maus das Fenster schließt (vgl. Abb. (18.2)). Beschriftet (String) ist der PushButton mit „ENDE". Bewegt sich die Maus über den Druckknopf, öffnet sich ein kleines Fenster (ToolTipString) mit der Information „Schließt dieses Fenster". Zusätzlich befindet sich auf dem PushButton noch eine Abbildung. Siehe dazu das Beispiel unter CData in den aufgelisteten Eigenschaften. Die Syntax lautet >> `uic_h = uicontrol('Eig',wert,...)` zur Erzeugung eines UIcontrol-Objekts der Eigenschaft „Eig" mit dem Wert „wert". Soll zusätzlich noch das Handle des Parent-Objekts „hpa" übergeben werden, lautet der Befehl `uic_h = uicontrol(hpa, ...)`. Um einen Druckknopf (PushButton) im aktuellen Bild zu erzeugen, genügt `uic_h = uicontrol. uicontrol(uic_h)` aktiviert das UIcontrol-Objekt mit dem Handle uic_h.

Neben den bereits erwähnten Eigenschaften unterstützen UIcontrol-Objekte die folgenden Eigenschaften (Voreinstellungen in geschweifter Klammer):

- BackgroundColor: Legt die Farbe (RGB-Vektor oder in MATLAB vordefinierte Farben, vgl. „plot") des UIcontrol-Objekts fest.
- ButtonDownFcn: Callback-Funktion, die ausgeführt wird, wenn die Maustaste gedrückt wird während sich der Mauszeiger innerhalb eines 5 Pixel breiten Bereichs um das UIcontrol-Objekt befindet.
- Callback: Funktion, die ausgeführt wird wenn das UIcontrol-Objekt aktiviert wird.
- CData: Truecolor-Bild, das auf dem UIcontrol-Objekt dargestellt wird. Wollen wir im obigen Beispiel den PushButton noch mit einem Bild zieren (Image), so könnten wir beispielsweise wie folgt vorgehen:

18.1 GUI-Funktionen

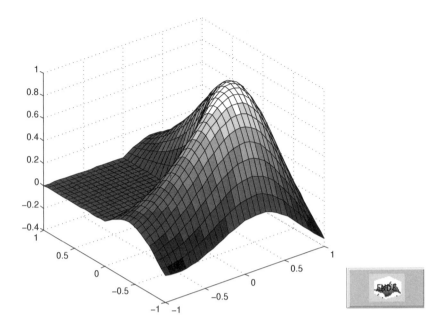

Abbildung 18.2: *Beispiel für ein grafisch gestaltetes GUI, hier PushButton.*

```
figure,membrane; % soll auf PushButton
F=getframe(gcf); % mxnx3 RGB-Image
% Abfragen der Groesse des Pushbuttons in points
set(ph,'units','points')
pos=get(ph,'Position');
% Skalierung
grf=size(F.cdata);
verh=[grf(1)/pos(3),grf(2)/pos(4)];
skalierung=ceil(max(verh));
%
rows=1:skalierung:grf(1);
X=F.cdata(rows,:,:);
cols=1:skalierung:grf(2);
pbimage=X(:,cols,:);
% Ohne Umskalierung wuerde nur ein Teil
% des Bildes auf dem PushButton erscheinen
set(ph,'Cdata',pbimage)
```

Das Ergebnis zeigt Abb. (18.2).

- Children: UIcontrol-Objekte haben keine Kinder.

- Enable: [{on} | inactive | off]; die Defaulteinstellung ist „on". Bei „inactive" ist das UIcontrol-Objekt ohne Funktion und bei „off" zusätzlich noch ausgegraut.

- Extent: vierelementiger Vektor, der das Rechteck für die Beschriftung definiert. Der Vektor hat stets die Form [0 0 breite höhe].

- FontAngle: [{normal} | italic | oblique] legt die Schriftneigung, FontName den Schrifttyp und FontSize die Schriftgröße in FontUnits fest. FontUnits: [{points} | normalized | inches | centimeters | pixels] FontWeight: [light | {normal} | demi | bold] legt noch die Schriftdicke fest.

- ForegroundColor: Farbe der Beschriftung (Eigenschaft String); festgelegt durch RGB-Werte oder vordefinierte Farben (vgl. plot).

- HitTest: hat keinen Effekt auf UIcontrol-Objekte.

- HorizontalAlignment: [left | {center} | right]; Ausrichtung der UIcontrol-Beschriftung (String).

- KeyPressFcn: Callback-Routine, die bei Tastendruck ausgeführt wird, sofern das UIcontrol-Objekt aktiviert ist (beispielsweise festgehaltener Mausklick).

- ListboxTop: Kann nur auf Listbox-Objekte angewandt werden. ListboxTop ist ein Skalar, der den Index desjenigen Elements festlegt, welches an oberster Stelle erscheint. Die Voreinstellung ist 1.

- Max und Min sind skalare Werte. Ihre Bedeutung hängt von dem jeweiligen UIcontrol-Objekt ab. Für Check-Boxen, Radio-Buttons und Toggle-Buttons ist Max der Rückgabewert (Value) bei angewähltem Objekt, sonst Min. Für editierbare Textfelder gilt: für max $-$ min $>$ 1 werden mehrzeilige Texteingaben akzeptiert, sonst nur einzeilige. List-Boxen akzeptieren mehrfache Auswahl für max $-$ min $>$ 1, sonst nur einfache Auswahl. Für Sliders ist Max der maximale ({1}) und Min ({0}) der minimale Wert. Alle anderen UIcontrol-Objekte haben keine Min- oder Max-Eigenschaft.

- Selected und SelectionHighlight: s. Kap. 17.1, figure.

- SliderStep: 2-elementiger Vektor [min_s max_s], der die relative Schrittweite des Sliders bezogen auf dessen gesamten Wertebereich (Max-Min) angibt. min_s ist die Schrittweite bei Klicken auf die Pfeiltaste, max_s bei Klicken auf den Körper.

- String: Beschriftung des UIcontrol-Objekts für Check-Boxen, editierbare Textfelder, Push-Buttons, Radio-Buttons, statische Textfelder und Toggle-Buttons. Bei editierbaren Textfeldern wird „String" vom Benutzer eingegeben. Für List-Boxen und Pop-Up-Menüs definiert „String" die auswählbaren Elemente.

- Style legt den Typ des UIcontrol-Objekts fest. Mögliche Werte sind:

    - PushButton: Druckknopf, bei Anklicken wird eine durch die Callback-Funktion definierte Aktion ausgeführt.
    - ToggleButton: Kippschalter (Toggle Button); schaltet zwischen zwei Zuständen.

18.1 GUI-Funktionen

- RadioButton: Radio Button schalten zwischen zwei Zuständen und treten meist paarweise auf.
- CheckBox: Check Box, schaltet zwischen zwei Zuständen.
- Edit: Editierbares Textfeld; dient der Benutzer-definierten Eingabe von Texten. Die Eigenschaften „Min" und „Max" entscheiden, ob nur einzeilige oder auch mehrzeilige Texte eingegeben werden können.
- Text: Static Textfeld; erzeugt einen nicht-editierbaren Text, der über die Eigenschaft „String" verändert werden kann (statisches Textfeld).
- Slider: Schieber, mit dem innerhalb eines vorgegebenen Wertebereichs („Min", „Max") Werte ausgewählt („Value") werden können. Die zugehörigen Eigenschaften stehen in Klammern. Ist die Breite größer als die Höhe, so ist der Slider horizontal orientiert, sonst vertikal. Mit der Eigenschaft „SliderStep" wird die Schrittweite festgelegt.
- ListBox: List Box, erzeugt eine Liste Benutzer-definierter Zeichenketten. Siehe auch ListboxTop.
- PopupMenu: Pop-up-Menü, Nutzer kann aus einer vorgebenen Liste Werte auswählen.

- ToolTipString: Text, der angezeigt wird, wenn der Mauszeiger auf dem entsprechenden Objekt ruht.

- Type: Typ des grafischen Objekts, hier stets „uicontrol".

- UIContextMenu: Callback-Funktion, die mit einem rechten Mausklick verknüpft ist.

- Units: [{pixels} | normalized | inches | centimeters | points | characters]; Einheit der Extent- und Position-Eigenschaft. (Für den GUIDE ist die Voreinstellung „normalized".) „Normalized" hat den Vorteil, dass bei Änderungen der Abbildungsgröße Elemente, deren Position und Größe durch normalized Units festgelegt sind, mit umskaliert werden, da ja „normalized" die Bildausdehnung zu eins setzt, während beispielsweise 1 cm unabhängig von der Abbildungsgröße stets 1 cm bleibt.

- Value: Aktueller Wert des UIcontrol-Objekts. Für Check-Boxen, Pop-up-Menüs, Radio Buttons und Toggle Buttons ist „Value" gleich „Max" für den aktiven Zustand, sonst gleich „Min". Für List-Boxen ist „Value" durch den Index der ausgewählten Zeichenkette gegeben und für den Slider durch die Position des Schiebers. Alle anderen UIcontrol-Objekte haben diese Eigenschaft nicht.

UIbuttongroup-Objekte. UIbuttongroup-Objekte wurden mit Rel. 7.0 neu eingeführt und stellen ein Rahmenfeld (grafischer Container) bereit, das das wechselseitige Verhalten von Radio Buttons und Toggle Buttons steuert. Neben diesen beiden Objekten können weitere UIcontrol-Objekte, Achsen, UIpanel- und UIbuttongroup-Objekte enthalten sein, aber keine ActiveX-Komponenten. UIbuttongroup überschreibt das Callback-Verhalten der enthaltenen Radio und Toggle Buttons, vgl. SelectionChangeFcn.

Die Syntax lautet `uib_h = uibuttongroup('eig1,wert1,'eig2',wert2, ..)` mit optionalem Rückgabeparameter uib_h, das Handle der UIbuttongroup. Neben den bereits in Abschnitt 17.1 diskutierten Eigenschaften werden die folgenden unter `uicontrol` vorgestellten Eigenschaften unterstützt:
BackgroundColor, ButtonDownFcn, FontAngle, FontName, FontSize, FontUnits, FontWeight, ForegroundColor, HitTest, Selected und SelectionHighlight, UIContextMenu und Units.

Als weitere bzw. modifizierte Eigenschaften treten hinzu (Defaultwerte in geschweiften Klammern):

- BorderType: [none | {etchedin} | etchedout | beveledin | beveledout | line]; legt die grafische Ausgestaltung fest. BorderWidth: Skalar, der die Breite bestimmt.

- Children: Vektor der Handles derjenigen grafischen Objekte, die auf der UIbuttongroup angesiedelt sind.

- Clipping: [{on} | off]; Voreinstellung ist, dass die UIbuttongroup-Objekte an den Grenzen des Rahmenfeldes abgeschnitten werden. Die Funktionalität bleibt davon unberührt.

- HighlightColor: RGB-Vektor oder vordefinierte Farbe.

- ResizeFcn: Callback-Funktion, wird bei Größenänderung ausgeführt.

- SelectedObject: Skalares Handle desjenigen Radio- oder Toggle-Button-Objekts, das aktuell ausgewählt wurde. Vorausgewählt ist das historisch zuerst plazierte Objekt.

- SelectionChangeFcn: String oder Function Handle zu der Callback Routine, die ausgeführt werden soll, wenn das ausgewählte Radio- oder Toggle-Button-Objekt wechselt. Wird die Callback Routine via Function Handle aufgerufen, dann werden zwei Argumente übergeben. Das erste Argument ist das Handle der UIbuttongroup, das zweite eine Datenstruktur mit den Feldern „EventName" (Inhalt: „SelectionChanged"), „OldValue" (Handle des ursprünglichen Objekts bzw. leeres Array, falls zuvor kein Objekt ausgewählt war) und „NewValue" (Handle des aktuell ausgewählten Objekts).

- ShadowColor: „Schattenfarbe", RGB-Wert oder einer der vordefinierten Farbbezeichner.

- Title: String, der als Titel der Button Group dient und deren Position via TitlePosition nennt: [{lefttop} | centertop | righttop | leftbottom | centerbottom | rightbottom].

UIpanel-Objekte. Neben der UIbuttonGroup sind auch noch die UIpanel-Objekte neu hinzugekommen. UIpanel-Objekte dienen als Nachfolger der UIcontrol-Elemente „frame" aus den Releases 6.x. Frames könnten zwar noch mittels `uicontrol(fh, 'Style','Frame', ...)` erzeugt werden, sind aber obsolet.
UIpanel-Objekte werden mittels `uip_h = uipanel('eig1,wert1,'eig2',wert2, ..);`

18.1 GUI-Funktionen

kreiert und können bis auf ActiveX-Elemente alle anderen UIcontrol- und Achsen-Objekte enthalten. Wie die früheren Frames dienen UIpanel-Objekte der grafischen Strukturierung eines GUIs.

Die unterstützten Eigenschaften sind (vgl. UIcontrol): BackgroundColor, ButtonDownFcn, FontAngle, FontName, FontSize, FontUnits und FontWeight, ForegroundColor, HitTest, Selected und SelectionHighlight, UIContextMenu und Units sowie (siehe UIbuttongroup): BorderType und BorderWidth, Children, Clipping, HighlightColor, ResizeFcn, ShadowColor, Title und TitlePosition.

UImenu-Objekte. UImenü-Leisten in Abbildungsfenstern werden durch h = uimenu('eig',wert,...) bzw. h = uimenu(ph, 'eig', wert,...) erzeugt. Der Rückgabewert „h" – das UImenü-Handle – ist optional, „ph" ist das Parent Handle. Das Erstellen von Menü-Objekten wird vom GUIDE unterstützt. `uimenu` erlaubt das Erzeugen hierarchischer Menüstrukturen. Beim Aufruf von `uimenu` fügt MATLAB der bestehenden Menüleiste einen neuen Menüreiter hinzu.

```
>> h=uimenu('Label','mein-Menue');
>> uimenu(h,'Label','sub1')
>> uimenu(h,'Label','sub2')
>> uimenu(h,'Label','sub3')
```

erzeugt im aktuellen Figure Window das Menü „mein-Menue" mit den drei Untermenüs „sub1" bis „sub3". `uimenu` unterstützt die bereits unter UIcontrol diskutierten Eigenschaften: Callback, CreateFcnCallback, DeleteFcnCallback, Enable, ForegroundColor, HandleVisibility, Interruptible, Parent, Position, Tag, UserData, Visible sowie:

- Accelerator: Legt ein Tastaturzeichen fest, das an Stelle der Mausselektion gemeinsam mit der Strg-Taste zur Menüauswahl genutzt werden kann.
- Checked: [{off} | on]; bei „on" wird das Menü mit einer Prüfmarke versehen.
- Children: sind die Handles der zugehörigen Untermenüs.
- Label: String zur Beschriftung des Menüs.
- Separator: [on | {off}]; legt fest, ob die obere Begrenzungslinie sichtbar ist oder nicht.
- Type: Ist stets „uimenu".

UIcontextmenu-Objekte. h = uicontextmenu('eig',wert,·) erzeugt beim Klicken mit der rechten Maustaste auf ein grafische Objekt ein Menü, dessen Eigenschaften mit `uimenu` festgelegt werden. Beim direkten Aufruf ist „visible" auf „off" gesetzt und die Defaultposition ist (0,0). Für die praktische Anwendung ist es daher günstiger, das UIcontextmenu-Objekt direkt mit dem gewünschten grafischen Element zu verbinden.

```
cmenu = uicontextmenu;  % definiert das Default
%               uicontextmenu-Objekt    Plot:
```

```
x=0:0.1:2*pi;y=sin(x);
hline = plot(x,y, 'UIContextMenu', cmenu);
% Callbacks f"ur die Menueauswahl
cb1 = ['set(hline, ''Color'', ''r'')'];
cb2 = ['set(hline, ''Color'', ''m'')'];
% Menues definieren
item1 = uimenu(cmenu, 'Label', 'Rot', ...
          'Callback', cb1);
item2 = uimenu(cmenu, 'Label', 'Magenta', ...
          'Callback', cb2);
item3 = uimenu(cmenu, 'Label', 'Schliessen', ...
          'Callback', 'close(gcbf)');
```

Die erste Zeile definiert das UIcontextmenu-Objekt, das direkt in der dritten Zeile als Eigenschaft von „line" übergeben wird. die „itemk"-Zeilen erzeugen dann das damit verknüpfte Menü.

UIcontextmenu unterstützt die folgenden Eigenschaften, die bereits unter „uicontrol" diskutiert wurden: BusyAction, Callback sowie:

- Children sind die zugeordneten UImenu-Objekte,
  CreateFcn, DeleteFcn, HandleVisibility, Interruptible.

- Parent können Figures, UIpanel und UIbuttonGroup sein. Ein UIcontextmenu-Objekt lässt sich durch Ändern des Parent Handles von einem Objekt zum Nächsten verschieben.

- Position ist per Default (0,0). Tag, Type, UserData und Visible.

18.1.3 Toolbars erzeugen

Die folgenden Objekte sind in Rel. 7 neu hinzugekommen und erlauben das Erzeugen einer Werkzeugleiste (Toolbar). Mit `ht = uitoolbar('eig1',wert1,'eig2',wert2,...` bzw. `ht=uitoolbar(h,...)` wird eine Toolbar erzeugt. Die unterstützten Eigenschaften wurden bereits unter UIcontrol diskutiert und sind: BeingDeleted, BusyAction, Children, CreateFcn, DeleteFcn, HandleVisibility, Interruptible, Parent (ist Figure), Tag, Type, UserData und Visible.

- Children: sind die Handles von UIpushtools und UItoggletools, die in der Toolbar eingebettet sind.

`htt = uipushtool('eig1',wert1,'eig2',wert2,...)` bzw. `htt = uipushtool(ht, ...)` erzeugt einen Push-Button in der UItoolbar. Die unterstützten Eigenschaften (siehe UIcontrol) sind: BeingDeleted, BusyAction, CData, CreateFcn, DeleteFcn, Enable, HandleVisibility, Interruptible, Tag, ToolTipString, Type, UserData und Visible.

- ClickedCallback: String oder Callback-Funktion, die bei Mausklick ausgeführt wird, sofern UIpushtool-Eigenschaft „enable" den Wert „on" hat.

18.1 GUI-Funktionen

- Parent ist stets die zugehörige Toolbar.

- Separator vgl. UImenu.

`htt = uitoggletool('eig1',wert1,'eig2',wert2,...)` bzw. `htt = uitoggletool (ht, ...)` erzeugt einen Toggle Button in der zugehörigen Toolbar. Die unterstützten Eigenschaften sind (vgl. UIcontrol): BeingDeleted, BusyAction, CData, CreateFcn, DeleteFcn, Enable, HandleVisibility, Interruptible, Tag, ToolTipString, Type UserData und Visible.

- ClickedCallback: String oder Callback-Funktion; unabhängig von der Schalterstellung mit Mausklick verknüpfter Callback (vgl. UIpushtool).

- OffCallback, OnCallback: String oder Function Handle; Funktion, die ausgeführt wird wenn die Eigenschaft „enable" auf „on" steht und der Kippschalter aus- bzw. eingeschaltet wird.

- Parent: Objekt ist die zugehörige Toolbar.

- Separator: Trennlinie, vgl. UImenu.

- State: [on | {off}]; Zustand des Kippschalters.

18.1.4 Warten und Fortfahren

uiresume und uiwait. `uiwait(h,timeout)` unterbricht den Programmfluss bis entweder `uiresume(h)` ausgeführt oder das Figure mit Handle „h" geschlossen wurde oder die mit „timeout" festgelegte Zeit verstrichen ist. „timeout" ist optional.

Warten auf Ereignisse. `waitfor(h)` friert den Programmfluss ein bis das Figure mit Handle „h" geschlossen wurde. `waitfor(h,'Eig')` unterbricht die Abarbeitung bis die Eigenschaft „eig" des Figures mit Handle „h" geändert wird. Dies kann nicht mehr aus der Kommandozeile erfolgen, aber beispielsweise über GUI-Callbacks oder den Property-Inspector. `waitfor(h,'Eig',wert)` unterbricht den Programmfluss so lange bis „eig" den Wert „wert" hat. `waitfor` kann auch mit Strg-C beendet werden.

`k = waitforbuttonpress` unterbricht die Abarbeitung so lange, bis ein Mausklick oder ein Tastendruck detektiert wird. Der Mauszeiger muss dabei auf dem aktiven Figure Window stehen. Bei einem Mausklick ist „k=0", bei einem Tastendruck „1". Rel.7 und Rel. 6.x verhalten sich bei einem Mausklick mit der linken Maustaste auf ein UIcontrol-Element unterschiedlich. Unter dem aktuellen Release wird der UIcontrol-Callback erneut ausgeführt. Wollen Sie dies unterbinden, so können Sie unmittelbar vor dem `waitforbuttonpress` die UIcontrol-Eigenschaft „enable" auf „off" setzten und nach dem `waitforbuttonpress` wieder auf „on".

18.1.5 Interaktiver Status und Ausführungsreihenfolge

Interaktiver Status. `ifigeig = uisuspend(fh)` hebt alle interaktiven Eigenschaften des Figures mit Handle „fh" auf und speichert deren Werte in der Struktur „ifigeig". Mit `uirestore(ifigeig)` wird wieder der ursprüngliche Zustand hergestellt. `uirestore(ifigeig, 'children')` updated nur die Children-Objekte, `uirestore(ifigeig ,'nochildren')` nur das Figure, aber nicht die zugehörigen Children-Objekte, `uirestore(ifigeig, 'uicontrols')` nur die zugeordneten UIcontrol-Objekte und `uirestore(ifigeig, 'nouicontrols')` alles bis auf die „UIcontrol-Kinder".

Ausführungsreihenfolge. `uistack(h, stackopt)` verändert die Ausführungsreihenfolge des Objekts mit Handle „h", und zwar für „stackopt" gleich „up" um einen Schritt nach oben, „down" einen Schritt nach unten, „top" an die Spitze und „bottom" an das Ende. Mit `uistack(h, 'up', n)` bzw. `uistack(h, 'down', n)` wird das Objekt mit Handle „h" in der Ausführungsreihenfolge um n Schritte verschoben.

18.1.6 Mauseingabe

Bewegt man den Mauszeiger über die Figure-Oberfläche, dann erzeugt `[x,y] = ginput(n)` ein Fadenkreuz und bei Tastendruck wird der korrespondierende (x,y)-Wert in den Variablen „x", „y" abgespeichert bzw. bei einem Rückgabewert ein n × 2-Array erzeugt. `ginput` unterstützt ausschließlich 2-D-Abbildungen. Mit `[x,y] = ginput` werden so lange Werte in die Variablen „x" und „y" eingelesen bis die Return-Taste gedrückt wird. `[x,y,button] = ginput(...)` liefert neben den Koordinatenwerten noch die Maustaste, die gedrückt wurde. 1 für die linke, 2 für die mittlere und 3 für die rechte Maustaste.

`[frect] = dragrect(irect,schrittw)` erzeugt ein Rechteck, dessen Größe durch den Vierervektor „irect" ([x0, y0, Breite, Höhe]) gegeben ist. Der optionale Wert „schrittw" bewegt das Viereck mit der vorgegebenen Schrittweite. `dragrect` wird sofort ausgeführt, wenn die Maustaste nicht aktuell gedrückt ist. Sinnvoll kann `dragrect` daher nur in Verbindung mit einer Callback-Funktion verwendet werden, beispielsweise `set(1,'WindowButtonDownFcn', 'dragrect([10 10 200 100])')`.

18.1.7 Textanpassung

`[outstring,position] = textwrap(h,instring)` dient der Textanpassung. „h" bezeichnet das grafische Objekt und das Zellarray „instring" den anzupassenden String. Der Rückgabewert „outstring" ist der geeignete umformatierte String und der optionale Wert „position" die empfohlene Position. Dies ist insbesondere bei der Beschriftung von statischen Textfeldern interessant, da man sich keine Vorabgedanken über die optimale Anordnung der einzelnen Zeilen machen muss.

18.1.8 Interaktive Objektwahl

`A = selectmoveresize` ist hauptsächlich als Callback-Funktion `set(h, 'ButtonDownFcn','selectmoveresize')` für Achsen und UIcontrol-Objekte von Interesse, da selectmoveresize per Mausklick die Auswahl des Objekts mit Handle „h" erlaubt und

18.2 Dialog-Boxen

dessen Kopieren, das Verschieben des kopierten Objekts und dessen Größenänderung unterstützt. A ist eine Struktur, deren Felder aus dem Handle und dem Aktionstyp (select, copy, move oder resize) besteht.

18.1.9 Rechtecke reskalieren

`finalRect = rbbox(...)` erzeugt ein Rechteck zur Auswahl eines Bildbereichs. Beispiel:

```
>> k = waitforbuttonpress;
finalRect = rbbox;
```

erlaubt nach einem Mausklick mit festgehaltener Maustaste einen Rechteckbereich im aktuellen Figure Window auszuwählen, dessen aktuelle Koordinaten nach Loslassen der Maustaste in „finalRect" abgespeichert werden. Die allgemeine Syntax ist `rbbox(initialRect,fixedPoint,stepSize)` bzw. `finalRect = rbbox(...)`. Alle Argumente sind optional. „initialRect" gibt die Anfangsgröße des Rechtecks als Vierervektor wieder (x,y-Koordinaten linke untere Ecke, Breite, Höhe), „fixedPoint" friert die linke untere Ecke des Auswahlrechtecks (rubberband box) fest und „stepsize" legt fest wie oft das Rechteck upgedatet wird.

18.2 Dialog-Boxen

MATLAB bietet unterschiedliche, vorgezimmerte Dialog-Boxen. Ein Beispiel zeigt Abb. (18.3).

Abbildung 18.3: *Beispiel für eine Dialogbox: uigetdir.*

18.2.1 Befehlsübersicht

File Handling uigetfile, uigetdir, uiputfile

Daten-Handling uiimport, uiopen, uisave, uiload

Font-Dialog uisetfont

Print-Dialog pagedlg, pagesetupdlg, printdlg, printpreview

Töne, Farben, Bilder axlimdlg, imageview, soundview, uisetcolor, movieview

Hilfe, Warnungen, Fehler errordlg, helpdlg, msgbox, questdlg, warndlg

Dialoge dialog, inputdlg, listdlg, menu, waitbar

18.2.2 File Handling

`>> dir_name = uigetdir('start_pfad','dialog_titel')`
öffnet eine Dialogbox, die es erlaubt durch die Directory-Struktur zu blättern, s. Abb. (18.3). Der ausgewählte Pfad wird in „dir_name" abgespeichert. Die Inputargumente sind optional. Mit „start_pfad" lässt sich der Ausgangspfad wählen und mit „dialog_titel" eine eigene Überschrift. „start_pfad" unterstützt unter Linux die Tilde als Abkürzung für das Home-Verzeichnis sowie relative Pfadangaben. (Unter UNIX-Betriebssystemen, nicht Linux, kann die Dialog-Box über zwei weitere Parameter positioniert werden.)

`uigetfile('filter','dialog_titel','DefaultName')` erlaubt das Durchstöbern einzelner Verzeichnisse nach Files. Die Inputargumente sind optional. „filter", beispielsweise {'*.m';'*.mdl';'*.mat';'*.*'}, schränkt die Anzeige auf Files mit ausgewählter Filekennung ein. „dialog_titel" ist eine selbstgewählte Überschrift für die Dialog-Box und „DefaultName" ein voreingestellter File- oder Directory-Name (dann zusätzlich / oder \ je nach Betriebssystem) für die Fileauswahl. `uigetfile(...,'Location',[xy])` erlaubt unter UNIX-Betriebssystemen eine Positionierung der File-Dialog-Box. `uigetfile(...,'MultiSelect',sm)` erlaubt mehrere Files mittels Shift- und Maustaste zu selektieren. „sm" kann die Werte „on" und „off" haben. Als Rückgabewerte sind `[FileName,PathName,FilterIndex] = uigetfile(...)` erlaubt. File- und PathName sind der Filename und der zugehörige absolute Verzeichnispfad, FilterIndex gibt die Position des ausgewählten Filetyps im eingestellten Filefilter an. Im obigen Beispiel 1 für „*.m", 2 für „*.mdl" und so fort.

`uiputfile` öffnet ein Dialog-Fenster zum Speichern von Files. Sieht man von „MultiSelect" ab, das hier nicht unterstützt wird, entspricht die Parameterstruktur exakt der von `uigetfile`.

18.2 Dialog-Boxen

18.2.3 Daten-Handling

`uiimport` öffnet den Import Wizard (s. Kap. 2). Der Import Wizard kann auch über das MATLAB Fenster und Start ⇒ MATLAB ⇒ Import Wizard oder über das File-Menü und Import Data geöffnet werden. `uiimport(filename)` startet den Import Wizard und öffnet automatisch den File „filename", `uiimport('-file')` öffnet zunächst ein Dialog-Auswahlfenster und `uiimport( '-pastespecial')` ein Clipboard. Mit `S = uiimport(...)` werden die entsprechenden Filevariablen in den Feldern der Struktur „S" abgespeichert.

`uiload` öffnet eine File-Dialog-Box zum Laden von Datenfiles. `uiload` basiert auf dem `load`-Kommando. Das entsprechende Pendant ist `uisave`, das ein Dialog-Fenster zum Speichern der Workspace-Variablen zur Verfügung stellt. `uiopen` bietet ein File-Dialog-Fenster mit voreingestellter File-Selektion zum Öffnen von Files.

18.2.4 Font-Dialog

`uisetfont` erlaubt die interaktive Auswahl geeigneter Fonts zu Text-, Achsen- und UIcontrol-Objekten. Das Auswahlfenster bietet unterschiedliche Schriftdicken, -neigungen und -größen an. In einem Testfeld (Sample Field) wird die geplante Auswahl präsentiert. `uisetfont(h)` erlaubt den direkten Zugriff auf das grafische Objekt mit Handle „h". `uisetfont(S)` initialisiert die Font-Auswahl entsprechend der Struktur „S", mit den erlaubten Feldern FontName, FontUnits, FontSize, FontWeight und FontAngle. Zusätzlich ist noch ein Dialogtitel via `R = uisetfont(..., 'DialogTitel')` und ein Rückgabeparameter „R" erlaubt. In der Struktur „R" werden die gewählten Fonteinstellungen abgespeichert. „R" kann dann direkt an grafische Objekte als Eigenschaft übergeben werden.

Beispiel.

```
>> figure,ha=axes
ha =
  153.0012

>> S = uisetfont(ha)
S =
      FontName: 'century schoolbook l'
     FontUnits: 'points'
      FontSize: 10
    FontWeight: 'normal'
     FontAngle: 'normal'
```

Im Beispiel wurde ein Achsenobjekt erzeugt und verschiedene Fonts durchgespielt. Die entsprechenden Änderungen werden direkt auf das Achsenobjekt mit Handle „ha" übertragen und letztlich in der Struktur „S" abgespeichert.

18.2.5 Print-Dialog

`pagedlg` öffnet ein Seiten-Dialog-Fenster zur Vorauswahl seitenrelevanter Voreinstellungen (Größe, Orientierung usf.). `pagesetupdlg(fig)` stellt ein Dialog-Fenster zum Einstellen aller Seiteneigenschaften zum Ausdrucken von Abbildungen zur Verfügung. Dies bezieht sowohl Linien- als auch Texteigenschaften mit ein. „fig" ist dabei das zugehörige Figure Handle.

`printdlg` öffnet ein Print-Dialogfenster und `printdlg(fig)` erlaubt zusätzlich das direkte Drucken der Abbildung mit Figure Handle „fig". `printdlg('-crossplatform', fig)` zeigt den MATLAB Standard-Printer-Dialog und `printdlg('-setup',fig)` öffnet das Dialog-Fenster im SetUp-Mode, so dass Druckervoreinstellungen gesetzt werden können, ohne dass tatsächlich gedruckt wird. Dies kann allerdings durch Berechtigungen in Ihrer lokalen Computerumgebung eingeschränkt sein. `printpreview(f)` zeigt eine Vorabbildung des Ausdrucks auf dem Bildschirm, aus dem sich dann auch wieder das Drucker-Dialog-Fenster per Mausklick öffnen lässt.

18.2.6 Töne, Farben, Bilder

`axlimdlg` öffnet ein Dialogfenster zum Einstellen der Achsengrenzen. `imageview(fn)` zeigt eine Vorabbildung des Images aus dem Datenfile mit Namen „fn" und `imageview (X,map,titel)` die Daten „X" mit Farbmatrix „map" und dem frei gewählten Titel „titel". „map" und „titel" sind optional. `c = uisetcolor(h_or_c, 'DialogTitle');` stellt ein Farbdialogfenster zur interaktiven Farbwahl zur Verfügung. „h_or_c" kann entweder ein Handle oder ein RGB-Tripel sein. „DialogTitle" ist der Titel des Fensters und „c" der erzeugte Farbvektor. `uisetcolor` unterstützt nur die Eigenschaften „Color" und „ForeGroundColor", für alle anderen Objekte, wie beispielsweise Surface-Objekte, führt dies zu einer Fehlermeldung:

```
>> c=uisetcolor(hc,'was')
??? Error using ==> uisetcolor
Color selection is not supported for
surface objects, but only for
objects with Color or ForeGroundColor properties.
```

`movieview(M,name)` zeigt eine grafische Animation, erzeugt mit `movie` und einer Wiederholtaste. `soundview(soundData,soundFreq,name)` zeigt und spielt Töne ab. Die ersten beiden Argumente bezeichnen die Sounddaten und das optionale „name" den Titel des Fensters. Ein Beispiel zeigt Abb. (18.4).

18.2.7 Hilfe, Warnungen, Fehler

`errordlg` erzeugt ein Fehler-Dialogfenster, das so lange sichtbar bleibt bis der ok-Knopf betätigt wurde. Mit `h = errordlg('fehlermeldung','dlgname','on')` lassen sich optionale Parameter übergeben bzw. das Handle „h" zurückgeben. „fehlermeldung" steht für die auszugebende Fehlermeldung, „dlgname" ist der Name des Dialogfensters, mit „on" wird gegebenenfalls auf ein bereits bestehendes Fehler-Dialogfenster zugegriffen. Die Größe des Fensters wird an die Größe des Fehlerstrings angepasst.

18.2 Dialog-Boxen

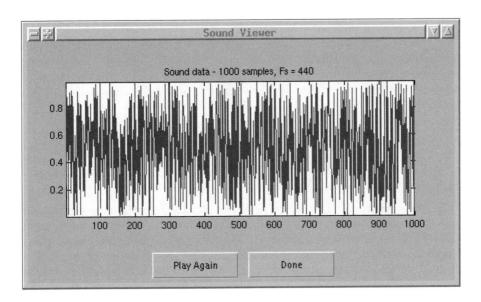

Abbildung 18.4: *Beispiel zu* soundview. *Das Fenster wurde mit* >> *xs=rand(1000,1);* >>*soundview(sound(xs), 440)) erzeugt.*

h = warndlg('warnung','dlgname') öffnet ein Dialogfenster mit einem Warnungszeichen und als Meldung den String „warnung". „dlgname" ist der Name des Dialogfensters. Die Größe des Fensters wird an die Größe des Strings „warnung" angepasst. Die Argumente sind optional.

h = helpdlg('hiiiilfe','dlgname') öffnet ein Hilfe-Dialogfenster mit dem Text „hiiiilfe" und dem Titel „dlgname". Die Größe des Fensters wird an den Hilfestring angepasst, die Argumente sind optional.

h = msgbox(nachricht,titel,'icon') öffnet ein Nachrichtenfenster. „nachricht" bezeichnet den Nachrichtenstring, an dessen Größe die Ausdehnung des Fensters angepasst wird. Alle anderen Parameter sind optional. Mit „titel" kann eine Fensterüberschrift erzeugt werden, „icon" legt ein farbig beigefügtes Icon fest. Mögliche Werte sind „none", „error" (dann wie bei „errordlg"), „help" (wie „helpdlg"), „warn" (wie „wrndlg") und „custom" für ein eigenes Icon, h = msgbox(message,titel,'custom',icDa,icCmap). In diesem Fall müssen zur grafischen Gestaltung des Icons die Imagedaten „icDa" und zugehörige Farbmatrix „icCmap" übergeben werden. Mit h = msgbox(...,'erzMode') kann noch der Erzeugungsmodus festgelegt werden. „erzMode" kann die Werte „modal", „non-modal" und „replace" haben.

>> button = questdlg('qstring');
öffnet ein Fragefenster mit der Frage „qstring" und drei Schaltflächen: „Yes", „No" und „Cancel". Die ausgewählte Antwort wird als String in der Rückgabevariablen „button" abgespeichert. Der voreingestellte Rückgabewert bei Betätigung der Return-Taste ist „yes", kann aber als weiterer Parameter übergeben werden. Zusätzlich lassen sich mit „titel" eine eigene Fensterüberschrift und mit „str1" ... „str3" eigene Beschriftungen der

Schaltflächen wählen, button = questdlg('qstring', 'titel', 'str1', 'str2', 'str3', 'default'). Werden weniger Variablen übergeben, reduziert sich die Zahl der Auswahlflächen entsprechend. Der optionale Parameter „default" muss bei eigenen Beschriftungen gesetzt werden und kann als Wert nur eine der Buttonbeschriftungen haben, die den Rückgabewert bei Drücken der Returntaste festlegt.

18.2.8 Dialoge

h = dialog('eig',wert,...) erzeugt ein Figure Window mit den für Dialoge optimierten Eigenschaften. Mit „eig" und „wert" können die von Figure unterstützten Eigenschaften gesetzt werden (vgl. Kap. 17.1).

an = inputdlg(prompt,dlg_titel,num_lines,defAns, Resize) erzeugt eine modale Eingabe-Dialogbox. Bis auf „prompt" sind alle anderen Variablen optional. „prompt" steht für die Bezeichner der Eingabetextfelder und ist bei mehreren eine Zellvariable. Der Rückgabewert „an" ist ebenfalls eine Zellvariable. „dlg_titel" ist die gewählte Überschrift der Dialogbox, „num_lines" ist ein Skalar, Spaltenvektor oder eine zweispaltige Matrix, die die Zahl der Zeilen für jedes Eingabefeld festlegt. Ist „num_lines" eine Matrix, dann bestimmt die erste Spalte um welchen Prompt es sich handelt und die zweite wie viele Zeilen dieser Prompt maximal unterstützt. Ein Beispiel zeigt Abb. (18.5). „defAns" sind vorgegebene Antwortzeilen und „Resize" kann die Werte „on" oder „off" haben und legt fest, ob die Dialogbox in ihrer Größe verändert werden kann.

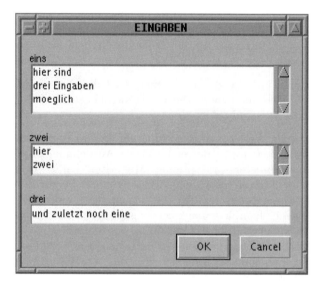

Abbildung 18.5: *Beispiel einer Eingabe-Dialogbox. Das Fenster wurde mit* a=inputdlg({'eins'; 'zwei'; 'drei'},'EINGABEN',[3;2;1]) *erzeugt.*

[wahl,ok] = listdlg('ListString',S) erzeugt eine Listbox. „ListString" ist die Eigenschaft, die Zellvariable „S" ist die Stringvariable, die die Auswahlliste enthält. Der Rückgabewert „wahl" ist ein Integervektor oder Skalar mit der Position der ausgewähl-

18.2 Dialog-Boxen

ten Werte in der Zellvariablen „S" und „ok" ist 1, wenn der ok-Knopf gedrückt wurde oder die Auswahl per Doppelklick erfolgte, bei „cancel" dagegen 0. Weitere unterstützte Eigenschaften sind (Voreinstellungen in geschweifter Klammer):

- SelectionMode: [single | {multiple}]; erlaubt die Auswahl eines oder mehrerer Einträge.
- ListSize: {[160 300]}; Größe ([Breite, Höhe]) der Listbox in Pixel.
- InitialValue: {1}; Indexvektor der vorausgewählten Einträge.
- Name: Titel der Dialog-Listbox.
- PromptString: Stringmatrix oder Zellarray; Überschrift der Auswahlliste.
- OKString: {'OK'}; Name des OK-Buttons.
- CancelString: {'Cancel'} Name des Cancel-Buttons.
- uh: {18}; Höhe der Schaltflächen in Pixel.
- fus: {8}; Größe der Abstände zwischen den einzelnen Elementen.

k = menu('titel','w1','w2',...,'wn') erzeugt ein Menüfenster mit Überschrift „titel" und n Schaltflächen mit der Bezeichnung „w1" ··· „wn". Der Rückgabewert „k" ist ein Skalar, der angibt die wievielte Schaltfläche von oben angeklickt wurde.

>> h = waitbar(1,'titel');

erzeugt ein Dialogfenster mit Handle „h", das einen roten Balken zeigt. „x" legt fest bis zu welcher Länge der Balken bereits rot ausgefüllt ist und das optionale „titel" die Fensterüberschrift. 0 ≤ x ≤ 1 dient dazu den Verlauf einer Berechnung zu visualisieren. Mit `waitbar(x,'title','CreateCancelBtn','wait_callback')` kann eine zusätzliche Schaltfläche mit einer Callback-Funktion eingerichtet werden. Da die „waitbar" vom Typ Figure ist, werden alle Eigenschaften eines Figure-Objekts (s. Kap. 17.1) waitbar(..., 'eig',wert,...) unterstützt. waitbar(x,h,'neu_titel') verändert die Länge des Wartebalkens mit Handle „h" auf die anteilige Länge „x" und setzt eine neue Überschrift.

Beispiel: Berechnungsverlauf anzeigen.

```
>> h = waitbar(0,'Es dauert noch ...');
>> for i=1:100, % hier beginnt die Berechnung
>>      pause(0.1);
>>      waitbar(i/100)
>>      % Der Verlauf wird dokumentiert
>> end
>> close (h) % waitbar schliessen
```

18.3 GUI Utilities

18.3.1 Befehlsübersicht

Menü-Funktionen makemenu, menubar, umtoggle, winmenu

Button-Gruppen btngroup, btnresize, btnstate, btnpress, btndown, btnup

Suchfunktionen findfigs, findall , figflag

Informationshilfen allchild, ancestor, getptr, getstatus, listfonts, overobj, popupstr

Clipboard-Kopieren clipboard

Interaktives Editieren edtext

GUI-Hilfsfunktionen hidegui, movegui, guihandles, guidata

Figure-Hilfsfunktionen remapfig, setptr, setstatus, figurepalette, plotbrowser, plottools, propertyeditor

Interaktiven Mode beenden uiclearmode

18.3.2 Menü-Funktionen

makemenu(fh,labels,cb) erzeugt bzw. ergänzt die Menüleiste des Figures mit Handle „fh". „labels" ist ein Charakter-Array, das die Namen der Menüs festlegt. Untermenüs werden mit > eingeleitet. „Calls" ist eine Charaktermatrix, die die Callbacks enthält.

menubar liefert die Eigenschaft „none" zurück und wird insbesondere bei Dialogboxen zur korrekten Voreinstellung der Menübar-Eigenschaft verwandt. Das heißt
>> figure('MenuBar',menubar) erzeugt ein Figure Window ohne Menüleiste.

umtoggle(hm) vertauscht die Checked-Eigenschaft von UImenu-Objekten von „off" zu „on" und umgekehrt.

winmenu(hm) erzeugt das Windowmenü, aus dem die einzelnen MATLAB Windows unter dem Menü mit Handle „hm" direkt aktiviert werden können. winmenu(fh) sucht das Menü mit Tagname „winmenu" im Figure „fh" und initialisiert es und cb = winmenu('callback') liefert den gesetzten Callback zurück.

18.3.3 Button-Gruppen

h = btngroup('eig1',wert1,'eig2',wert2, ...)
erzeugt eine Gruppe von Button-Objekten mit Handle „h" mit den aufgelisteten Eigenschaften. Notwendige Eigenschaften sind „GroupID", ein Identifikationsstring der Button-Group, und „ButtonID", ein Charakter-Array zur Button-Identifikation.

btnresize(ah) skaliert die Button Group mit Achsen-Handles „ah" um. zus = btnstate(fh,GroupID,ButtonID) liefert den aktuellen Zustand des Schalters mit der vorgegebenen Button- und GroupID und Figure Handle „fh". „zus" ist für „gedrückt" 1 und für „oben" 0. Mit `btnpress(fh,GroupID,ButtonID)` lässt sich aus dem Command Window ein Tastendruck simulieren. Alle Button-Group-Objekte haben eine Button-DownFcn, die `btnpress` ruft und entsprechend der Press-Type-Eigenschaft agiert und `btndown(fh,GroupID,ButtonID)` bzw. `btnup((fh,GroupID,ButtonID)` ruft, um die tatsächliche Schalter-Aufgabe auszuführen.

18.3.4 Suchfunktionen

`findfigs` findet alle sichtbaren Fenster, die außerhalb des Bildschirms plaziert sind und verschiebt sie in den Bildschirmbereich. Die obsolete Funktion `fl = figflag(fn)` diente dem Testen, ob ein Figure-Objekt mit Namen „fn" existiert (fl = 1) oder nicht (0). `oh = findall(handle_list)` findet alle Objekte, die in der Hierarchie unter den Objekten mit Handle „handle_list" stehen und liefert deren Handle „oh" zurück. Durch die Übergabe von Eigenschaften „eig" und deren Werte „wert" lässt sich die Suche entsprechend verfeinern, `oh = findall(handle_list,'eig',wert,.)`.

18.3.5 Informationshilfen

`chand = allchild(hand_list)` liefert die Handles aller Child-Objekte zu den Objekten aus „hand_list". `p = getptr(gcf)` liefert eine Zellvariable zurück, die die aktuelle Wahl des Mauszeigers angibt. `st = getstatus(fh)` liefert die String-Eigenschaft des UIcontrol-Elements mit Tag-Namen „Status" des Figures mit Handle „fh".
`c = listfonts` liefert eine Zellvariable „c" mit der Liste der vom Betriebssystem unterstützten Fonts. `h = overobj( type)` liefert die Handle der Objekte vom Typ „type" im Pointer Window.
`str = popupstr(h)` liefert den ausgewählten String im Popup-Menü mit Handle „h".

In `p = ancestor(h,type)` ist „type" eine Zellvariable, die eine Liste zusammengehöriger grafischer Objekte enthält, oder eine Stringvariable im Falle eines einzelnen Objekts. `ancestor` liefert das Handle „p" des „h" am hierarchisch nächsten zugeordneten Objekts, wobei „h" das entsprechende Handle bezeichnet.
Mit `p = ancestor(h,type,'toplevel')` wird das entsprechend hierarchisch am höchsten stehende Objekt ermittelt. Beispiel:

```
>> p = ancestor(gcf,{'figure','axes','root'})
p =
    1

>> p = ancestor(gcf,{'figure','axes','root'},'toplevel')
p =
    0
```

18.3.6 Zwischenablage nutzen

`clipboard` erlaubt das Kopieren von Daten von und zur Zwischenablage. Alternativ steht dafür auch der Import Wizard zur Verfügung. Die Syntax ist `clipboard('copy', data)` zum Kopieren der Daten „data" aus MATLAB in die Zwischenablage. Je nach Betriebssystem und Anwendung kann der Inhalt mit der mittleren Maustaste ausgegeben werden. `str = clipboard('paste')` kopiert den aktuellen Inhalt der Zwischenablage nach MATLAB und `data = clipboard('pastespecial')` greift für das Abspeichern in MATLAB auf `uiimport` zurück.

18.3.7 Interaktives Editieren

`edtext` dient zum interaktiven Editieren der String-Eigenschaft von GUI-Objekten.

18.3.8 GUI-Hilfsfunktionen

Verstecken und Verschieben. `hidegui` versteckt das aktuelle Figure vor der Kommando-Zeile. Dies hat zur Folge, dass beispielsweise `close all`, oder `gcf` nicht auf dieses Figure wirkt. Mit `hidegui('zus')` wird der Hidden State gesetzt. „zus" kann die Werte „on" (sichtbar) oder „off" (nicht sichtbar) haben. `hidegui(h,'zus')` setzt oder erfragt den Zustand des Figures mit Handle „h". (`close all hidden` ignoriert die `hidegui`-Eigenschaft.)

`movegui(h,'position')` verschiebt das Figure mit Handle „h" an den durch „position" festgelegten Ort. Alle Argumente sind optional. „position" kann die Werte „north" (oben Mitte), „south" (unten Mitte), „east" (rechts Mitte), „west" (links Mitte), „northeast" (rechte obere Ecke), „northwest" (linke obere Ecke), „southeast" (untere rechte Ecke), „southwest" (linke untere Ecke), „center" (Bildschirmmitte) oder „onscreen" (nächste Position, bei der das Figure Window vollständig auf dem Bildschirm erscheint) haben.

GUI-Handles und -Daten. `handles = guihandles(o_handle)` gibt die Handles aller Figure-Objekte als Struktur zurück, wobei die Feldnamen durch die Tags gegeben sind. `handles = guihandles` liefert die Handle-Struktur des aktuellen Figures. `guidata(object_handle, data)` speichert die Variable „Data" in den Applikation-Data des Figures und `data = guidata(object_handle)` liefert die Daten wieder zurück.

18.3.9 Figure-Hilfsfunktionen

Verschiedenes. `remapfig(pos)` bildet den Inhalt des Figure Windows in einen Teilbereich ab, der durch den vierkomponentigen Positionsvektor „pos" in normalized Units festgelegt ist. Wie üblich sind die ersten beiden Argumente der x- und y-Wert der linken unteren Ecke und die beiden anderen Breite und Höhe. `remapfig(altpos,neupos, fh,oh)` wirkt nur auf das Objekt mit Handle „oh". „fh" ist das Figure Handle. Die beiden ersten Argumente sind vierkomponentige Positionsvektoren in normalized Einheiten. Ohne das Argument „oh" wirkt der Befehl auf das gesamte Figure-Objekt und ohne „fh" auf das aktuelle Figure.

18.4 Präferenzen

`setptr` setzt den Mauszeiger im Figure Window (vgl. `getptr`). Eine vollständige Liste findet sich in der MATLAB Dokumentation. `setstatus(fh,string)` setzt die String-Eigenschaft des UIcontrol-Elements mit Tag „status" auf „string". fh ist das Figure Handle mit Voreinstellung „gcf".

Figure-Palette. `figurepalette('show')` öffnet die Figure-Palette des aktuellen Figure-Objekts, `figurepalette('hide')` versteckt sie und `figurepalette('toggle')` schaltet die Toggle-Eigenschaft ein. Das heißt bei jedem Aufruf wechselt die Figure-Palette von „offen" nach „versteckt" nach „offen" usw. `figurepalette(fh,...)` wirkt auf das Figure Window mit Handle „fh".

Plot-Hilfsfunktionen. `plotbrowser('on')` öffnet, `plotbrowser('off')` schließt den Plot-Browser. `plotbrowser('toggle')` schaltet die Toggle-Eigenschaft ein und `plotbrowser(fh,...)` wirkt auf das Figure mit Handle „fh".

`plottools('on')` bzw. `plottools` öffnet den Property Editor, die Figure-Palette sowie den Plot Browser und `plottools('off')` schließt sie wieder. `plottools(...,'tool')` wirkt nur auf das durch Tool festgelegte Werkzeug. „tool" kann die Werte „figurepalette", „plotbrowser" oder „propertyeditor" haben und `plottools(fh,...)` wirkt nur auf das Figure-Objekt mit Handle „fh".

Property Editor. `propertyeditor('on')` und `propertyeditor` öffnen den Property Editor, `propertyeditor('off')` schließt ihn wieder und `propertyeditor('toggle')` schaltet die Toggle-Eigenschaft ein. `propertyeditor(fh,...)` wirkt nur auf das Figure-Objekt mit Handle „fh".

18.3.10 Interaktiven Mode beenden

`uiclearmode` löscht den interaktiven Figure Mode. `uistate = uiclearmode(fh, function, arg)` beendet den interaktiven Mode und speichert den aktuellen Zustand zuvor in „uistate" ab, das als Argument für `uirestore` dienen kann. Ereignisse wie beispielsweise WindowButtonFcn werden gelöscht und die Funktion „function" mit Argument „arg" installiert.

18.4 Präferenzen

Präferenzen sind MATLAB-Eigenschaften, die systemabhängig zwischengespeichert werden und bei neuen MATLAB-Sessions als gesetzte Eigenschaft zur Verfügung stehen.

18.4.1 Befehlsübersicht

Hinzufügen, entfernen addpref, rmpref

Erhalten, setzen getpref, setpref, ispref

GUI uigetpref, uisetpref

18.4.2 Präferenzen hinzufügen und entfernen

`addpref('group','pref','wert')` erzeugt eine Präferenz, definiert durch eine Gruppenzugehörigkeit, die individuelle Präferenz „pref" und ihren Wert „wert". Jeder legale Variablenname ist erlaubt. Mit „pref" als Zellvariable können auch mehrere Präferenzen derselben Gruppe gleichzeitig angesprochen werden. `rmpref('group','pref')` entfernt eine gesetzte Präferenz wieder.

18.4.3 Präferenzen erhalten und setzen

`wert = getpref('group','pref')` gibt den Wert der Präferenz zurück und `getpref('group','pref', default)` gibt entweder den aktuellen Wert zurück oder, falls die Präferenz nicht existiert, erzeugt sie sie mit dem Wert „default". Mehrere Präferenzen derselben Gruppe können gleichzeitig via Zellvariablen angesprochen werden.

`setpref('group','pref','wert')` setzt eine Präferenz, zum gleichzeitigen Setzen mehrere Präferenzen derselben Gruppe dienen wieder Zellvariablen. `ispref('group','pref')` testet, ob eine Präferenz existiert (1) oder nicht (0).

18.4.4 Präferenz-GUIs

`wert = uigetpref('group','pref',title,quest,p_ch)` öffnet ein GUI mit einer multiple-choice Dialog-Box, aus der ein Wert von „p_ch" angewählt werden kann, der in „wert" abgespeichert wird. „group" und „pref" definieren die Präferenz, sollte sie noch existieren, wird sie erzeugt. „title" ist die Dialog-Überschrift und „question" ein beschreibender Text. `uisetpref('addpref','group','pref','wert')` ist das entsprechende Gegenstück zu `uigetpref`. (S. auch `addpref` und `setpref`.)

19 Stringfunktionen

19.1 Zeichenketten-Funktionen

Charakter-Arrays (Strings) werden in MATLAB mit Hilfe einfacher Anführungszeichen (Hochkommas) erzeugt.

```
>> a=['abcd'
      'efg']
??? Error using ==> vertcat
All rows in the bracketed expression must have
the same number of columns.
```

Für sie gelten dieselben Regeln wie für numerische Arrays, d.h. jede Zeile hat dieselbe Spaltendimension und umgekehrt.

```
>> a=['abcd'
      'efg ']

a =
abcd
efg
```

Die im Folgenden gezeigten Funktionen erleichtern und unterstützen das Arbeiten mit Strings bzw. Charakter-Arrays.

19.1.1 Befehlsübersicht

Zeichenketten erzeugen char, cellstr, setstr

Leerstellen blanks, deblank, strtrim, strjust

Konvertieren double

Tests ischar, iscellstr, isletter, isspace, isstr, isstrprop

Ausdrücke finden regexp, regexpi, regexprep, findstr, strfind, strtok

Ausdrücke vergleichen strcmp, strncmp, strcmpi, strncmpi, strmatch

Strings zusammenfügen strcat, strvcat

Zeichen ersetzen strrep

Groß- und Kleinbuchstaben upper, lower, deblankl

19.1.2 Zeichenketten erzeugen

`zx = char(ix)` wandelt den ganzzahligen Integer-Ascii-Code „ix" in die entsprechenden Zeichen „zx" um.

```
>> ascii = char(reshape(32:127,32,3)')

ascii =
 !"#$%&'()*+,-./0123456789:;<=>?
@ABCDEFGHIJKLMNOPQRSTUVWXYZ[\]^_
`abcdefghijklmnopqrstuvwxyz{|}~~?
```

Die Umkehrung leistet `double`. `c = cellstr(S)` wandelt eine Charakter-Matrix in eine Zellvariable. Dabei wird jede Zeile ein eigenes Element der Zellvariablen. Mit `char` wird das Ergebnis wieder umgekehrt und ein Charakter-Array erzeugt. `setstr` ist das Rel. 4 Pendant zu `char`.

19.1.3 Leerstellen optimieren

`blanks(n)` erzeugt einen String mit n Leerzeichen.
`a = deblank(b)` entfernt die Leerzeichen am Ende eines Strings „b". Ist „b" eine Zellvariable, dann wirkt `deblank` elementweise. `a = strtrim(b)` entfernt die führenden und schließenden Leerzeichen. `a = strjust(b,'eig')`, ist „b" eine Charakter-Matrix, deren einzelne Zeilen entweder mit Leerzeichen beginnen oder enden, dann orientiert `strjust` entsprechend dem optionalen Argument „eig" die Zeilen um. Voreinstellung ist „right" für rechtsbündig, „left" für linksbündig und „center" für zentriert.

19.1.4 Konvertieren

`double(a)` wandelt die Stringvariable „a" in den korrespondierenden ASCII-Code. Das Ergebnis ist vom Typ „double". `double` kann auch auf andere Datentypen wie beispielsweise int8 zum Konvertieren in eine Double-Zahl angewandt werden.

19.1.5 Typen-Tests

Die im Folgenden aufgelisteten Befehle dienen zum Testen und liefern ein logisches Wahr (1) wenn die Bedingung wahr ist, sonst ein logisches Falsch.

- `ischar(A)`, Test auf Charakter-Array
- `iscellstr(A)` ist wahr, wenn die Eingabe eine Zellvariable bestehend aus Strings ist.
- `isletter(a)` ist obsolet und testet den Inhalt auf Buchstaben. Nachfolger ist `isstrprop`.
- `isspace(A)` dient dem Detektieren von Leerzeichen in Charakter-Arrays.

19.1 Zeichenketten-Funktionen

- `isstr(A)` testet, ob „A" ein Charakter-Array ist. Es stammt noch aus dem Rel. 4 und wurde durch `ischar` ersetzt.

- `isstrprop(a,'kategorie')` ist eine der neuen Funktionen und sehr flexibel. Unterstützt werden die folgenden Kategorien:

    - alpha: Wahr für Buchstaben
    - alphanum: für alphanumerische Zeichen
    - cntrl: für Kontrollzeichen wie Zeilenumbrüche
    - digits: für numerische Zeichen
    - graphic: für grafische Zeichen
    - lower: für Kleinbuchstaben
    - print: für grafische Zeichen und Zeilenumbrüche
    - punct: für Satzzeichen (z. Bsp. ?)
    - wspace: für Leerzeichen einschließlich {' ', '\t', '\n', '\r', '\v', '\f'}
    - upper: für Großbuchstaben
    - xdigit: für diejenigen Elemente, die gültige hexadezimale Zahlen sind.

19.1.6 Ausdrücke finden

regexp, regexpi, regexprep. Die Funktionen `regexp`, `regexpi` und `regexprep` können zum Suchen und Ersetzen regulärer Ausdrücke in Strings verwandt werden. Reguläre Ausdrücke können beliebige Abfolgen einzelner Charakter sein. Mit Hilfe der folgenden Operatoren können flexibel reguläre Ausdrücke erzeugt werden:

.: Jeder einzelne Charakter einschließlich Leerstellen. Beispielsweise steht „..olf" für jeden beliebigen Ausdruck, der mit zwei Zeichen beginnt und mit „olf" endet.

[abc]: Alternativ (a oder b oder c) jeder Charakter aus der Klammer, beispielsweise steht „[RW]olf" für Rolf oder Wolf.

[^abc]: Jeder Charakter, der nicht in der Klammer steht.

\s: Jeder Leerzeichen-Charakter (Leerstellen, Tabs, Zeilenumbrüche, ...).

\S: Jeder Nicht-Leerzeichen-Charakter (vgl. Tab. (19.1)).

\w: Äquivalent zu [a-zA-Z_0-9].

\W: Nicht \w.

\d: Äquivalent zu [0-9].

\D: Nicht \d.

Tabelle 19.1: *Liste besonderer Charakters.*

OPERATOR	AUFGABE
\a	Alarm
\b	Backspace
\e	Escape
\f	Seitenvorschub
\n	neue Zeile
\r	Wagenrücklauf
\t	horizontaler Tabulatorschritt
\v	vertikaler Tabulatorschritt
\oN	Charakter des oktalen Werts N
\o{N}	wie \oN
\xN	Charakter des hexadezimalen Wertes N
\n{N}	wie \xN
\char	literaler Charakter. Hat ein Charakter eine besondere Bedeutung, so lässt sich die mit \ ausschalten.

Tabelle 19.2: *Logische Operatoren.*

OPERATOR	AUFGABE
(expr)	Erzeugen eines Tokens (s.u.)
(?:expr)	Gruppieren ohne ein Token zu erzeugen
(?>expr)	atomare Gruppierung
(?#expr)	Einfügen eines Kommentars
expr1|expr2	„expr1" oder „expr2"
ˆexpr	expr soll nur zu Beginn des Suchstrings verglichen werden
expr$	expr soll nur am Ende des Suchstrings verglichen werden
\<expr	expr soll zu Beginn eines Wortes verglichen werden
expr\>	expr soll am Ende eines Wortes verglichen werden
\<expr\>	expr soll exakt auf ein Wort abgebildet werden.

Spezielle Charakter sind in Tabelle (19.1) aufgelistet. MATLAB unterstützt auch die in Tabelle (19.2) aufgelisteten logischen Operatoren in regulären Ausdrücken.

Lookaround Operatoren besitzen genau zwei Elemente: Das Vergleichs- und das Testmuster. Unterstützt werden die folgenden Operatoren:

- expr1(?=expr2): Teste Ausdruck expr1, wenn er von expr2 gefolgt wird.

- expr1(?!expr2): Teste Ausdruck expr1, wenn er nicht von expr2 gefolgt wird.

- (?<=expr1)expr2: Teste Ausdruck expr2, wenn expr1 vorausgeht.

- (?<!expr1)expr2: Teste Ausdruck expr2, wenn expr1 nicht vorausgeht.

19.1 Zeichenketten-Funktionen

Quantifier legen fest wie viele Instanzen eines einzelnen regulären Ausdrucks getroffen werden müssen oder sollen. Tab. (19.3) listet die unterstützten Quantifier auf.

Beispiel: quantifier. (vgl. `regexp` und Tab. (19.3))

```
>> such='a(bcdef)?';  % Der Suchstring
>> finden='a'; % Darin wird gesucht
>> regexp(finden,such,'match') %
ans =
    'a'

>> such='abcdef'; % Dagegen
>> regexp(finden,such,'match')
ans =
    {}
>> % such muss hier vollstaendig in finden
   %                         enthalten sein.
```

Tabelle 19.3: Liste der Quantifier. „expr" ist das zugehörige Charakter-Array, das vervielfältigt werden soll.

OPERATOR	BEDEUTUNG
expr?	identisch zu expr{0,1}, vgl. Beispiel
	muss 0 oder einmal getroffen werden
expr*	identisch zu expr{0,}
	muss 0 oder häufiger getroffen werden
expr+	identisch zu expr{1,}
	muss mindestens einmal getroffen werden
expr{n}	muss exakt n-mal getroffen werden
expr{n,}	muss mindestens n-mal getroffen werden
expr{n,m}	muss mindestens n-mal und darf
	höchstens m-mal getroffen werden
qu_expr	steht für einen der oberen 6 Ausdrücke der linken Spalte,
	die zusätzlich noch mit einem „?" (lazy quantifier) oder
	„+" (possessive quantifier) erweitert werden können.

Token. Das letzte wichtige Begriffsbild im Zusammenhang mit regulären Ausdrücken sind Token. (Die Konstruktionselemente, die Token erlauben, sind erst im Zusammenhang mit MATLAB Befehlen sinnvoll nutzbar. Es empfiehlt sich daher, die folgenden Begriffsbilder zu überfliegen und nach der Diskussion von `regexp` nochmals hierher zurückzukehren.)

Jedes Suchmuster „xyz" lässt sich durch Einklammern „(xyz)" in ein Token wandeln. Mehrere Token lassen sich hintereinander schalten, beispielsweise „(aus1)(aus2)(aus3)". Den einzelnen Token wird von links nach rechts entsprechend ihrer Position eine Zahl zwischen 1 und 255 zugeordnet. Es werden folgende Operatoren unterstützt:

- \n: Das n-te Token wird über \n angesprochen.
- $n: Einfügen des n-ten Tokens bei einem Treffer. Wird nur von `regexprep` unterstützt.
- (?<name>xyz): dem Token wird ein Name zugeordnet.
- \k<name>: das Token wird über seinen Namen „name" angesprochen
- (?(tok)xyz): Wenn ein Token „tok" erzeugt wird, wird „xyz" gesucht
- (?(tok)xyz1|xyz2): Wenn ein Token „tok" erzeugt wird, suche den erste String „xyz1", sonst „xyz2".

regexp und regexpi. Die Funktionen `regexp` und `regexpi` dienen dem Suchen bestimmter Zeichen in Strings. `regexp` unterscheidet im Gegensatz zu `regexpi` zwischen Groß- und Kleinbuchstaben. Bei beiden ist der Aufruf identisch, es genügt daher eine der beiden genauer vorzustellen.

Die einfachste Form ist `s = regexp('ausdr','sstr')`. Hier wird der Suchstring „sstr" im vorgegebenen Ausdruck „ausdr" gesucht und die Anfangsposition zurückgegeben. Mit `[s1, s2, ...] = regexp('ausdr','sstr','q1','q2', ..., 'once')` lassen sich bis zu sechs zusätzliche Qualifier „qi" übergeben. Die Rückgabeargumente korrespondieren zu den Qualifiern und treten in derselben Reihenfolge auf. Die „qi" können folgende Werte sein:

- start: Anfangsindex des Treffers
- end: Endindex des Treffers
- tokenExtents: Zellarray mit den Start- und Endindizes jedes Substrings in „ausdr", das ein Token in „sstr" trifft.
- match: Zellarray, das den Text jedes Substrings von „ausdr" enthält, der „sstr" trifft.
- tokens: Zellarray mit dem Text jedes Tokens
- names: Structure-Array mit den Namen und dem Text jedes benannten Tokens.

Beispiel.

```
>> ausdr='ehne mehne muh und raus bist du';
>> sstr='\w*(e|u)\w*';
>> [m,s,e] = regexp(ausdr,sstr,'match',...
>>                  'start','end')
m =
    'ehne'   'mehne'   'muh'   'und'   'raus'   'du'
s =
       1        6       12      16      20       30
e =
       4       10       14      18      23       31
```

19.1 Zeichenketten-Funktionen

Der Suchstring „sstr" besteht aus \w, also allen Buchstaben und Ziffern, „*" beliebig oft, „(e|u)" es muss „e" oder „u" vorhanden sein und wieder \w*. „bist" ist das einzige Wort, das die Suchbedingungen nicht erfüllt. Lassen wir das erste \w oder das zweite weg, so würden die Buchstaben vor oder nach den Vokalen „e" bzw. „u" fehlen. „s" sind die Start- und „e" die Endindizes der Treffer.

regexprep. s = regexprep('ausdr','sstr','repstr,options) ersetzt alle in „ausdr" vorkommenden „sstr" durch „repstr". „options" ist optional und kann die folgenden Werte haben:

- „ignorecase": unterscheidet beim Vergleich von „ausdr" und „sstr" nicht zwischen Groß- und Kleinschreibung.

- „preservecase": unterscheidet beim Vergleich von „ausdr" und „sstr" nicht zwischen Groß- und Kleinschreibung, erhält aber Groß- und Kleinschreibung beim Ersetzen (vgl. Beispiel).

- „once": nur der erste Treffer wird ersetzt.

- „n": nur der erste Treffer wird ersetzt.

```
>> ausdr='Gross oder klein';
>> sstr='(g\w*|k\w*)';
>> regexprep(ausdr,sstr,'A','preservecase')
ans =
A oder a
```

„(g\w*|k\w*)" steht für „g" oder „k" gefolgt von beliebigen Buchstaben oder Ziffern. Ohne „preservecase" würde nur „klein" ersetzt werden, mit „preservecase" wird für den Suchstring die Groß- und Kleinschreibung bedeutungslos, aber beim Ersetzen berücksichtigt.

findstr und strfind. k = findstr(str1,str2) sucht im längeren der beiden Strings den kürzeren und gibt die jeweilige Index-Position als Vektor „k" zurück. findstr unterscheidet zwischen Groß- und Kleinschreibung. k = strfind('str','was') sucht „was" in „str" und gibt bei Erfolg den entsprechenden Startindex zurück. „str" kann auch ein Zellarray mit Stringvariablen sein, der Rückgabewert ist in diesem Fall ebenfalls eine Zellvariable.

strtok. token = strtok('str') gibt den ersten Token im String „str" zurück. Per Default wird als Trennzeichen das Leerzeichen benutzt. Mit token = strtok('str', Tz) kann auch ein anderes Trennzeichen als Vektor „Tz" übergeben werden. [token, rem] = strtok(...) liefert neben dem ersten Token den Rest des Strings in „rem" zurück.

19.1.7 Ausdrücke vergleichen

k=strcmp('str1','str2') vergleicht die beiden Strings „str1" und „str2" miteinander und liefert ein Logisches Wahr (1), wenn sie identisch sind, sonst ein Falsch (0). „str1" und „str2" können auch Zellvariablen derselben Dimension sein, die dann komponentenweise verglichen werden. Der Rückgabewert ist ein logisches Array. k = strncmp('str1', 'str2', n) vergleicht nur die ersten „n" Charakter und kann wie strcmp auch auf Zellvariablen ausgedehnt werden. strcmpi und strncmpi werden wir strcmp und strncmp aufgerufen, unterscheiden aber nicht zwischen Groß- und Kleinschreibung.

x = strmatch('str', drin) durchforstet zeilenweise das Charakter-Array oder komponentenweise die Zellvariable „drin", ob Strings enthalten sind, die mit „str" beginnen. Soll nicht nur der Anfang in Übereinstimmung sein, sondern „str" exakt „drin" abbilden, dann kann noch die Option „exact" gesetzt werden, x = strmatch('str', drin,'exact')

Beispiel.

```
>> drin={'eins';'zwei';'einmal';'zweimal';'einzig'};
>> x=strmatch('ein',drin)
x =
     1
     3
     5

>> x=strmatch('ein',drin,'exact')
x =
   Empty matrix: 0-by-1
```

19.1.8 Strings zusammenfügen

t = strcat(s1, s2, s3, ...) fügt die Strings horizontal zusammen. Beim Zusammenfügen von Texten zu Charakter-Arrays haben häufig unterschiedliche Zeilen unterschiedliche Längen, was zu folgendem Problem führt:

```
>> test=['Zwei Wege boten sich mir dar'
'ich waehlte den der weniger betreten war']
??? Error using ==> vertcat
All rows in the bracketed expression must have
the same number of columns.
```

Die Lösung ist, dass die zu kurzen Zeilen durch Leerzeichen aufgefüllt werden müssen. Diese Aufgabe übernimmt strvcat:

```
>> test2=strvcat('Zwei Wege boten sich mir dar',...
    'ich waehlte den der weniger betreten war')
```

```
test2 =

Zwei Wege boten sich mir dar
ich waehlte den der weniger betreten war
```

Die allgemeine Syntax ist `S = strvcat(t1, t2, t3, ...)`.

19.1.9 Zeichen ersetzen

strrep. `str = strrep(str1, str2, str3)` ersetzt all Vorkommnisse von „str2" in „str1" durch „str3".

Groß- und Kleinbuchstaben tauschen. `t = upper('str')` ersetzt alle Kleinbuchstaben durch Großbuchstaben und `t = lower('str')` umgekehrt. „t" und „str" können auch Zellarrays sein. `t = deblankl('str')` konvertiert Groß- in Kleinbuchstaben und entfernt alle Leerstellen.

19.2 Umwandlung von Zeichenketten

Die folgenden Funktionen dienen zum Wandeln von Stringvariablen in andere Datentypen und zurück: num2str, int2str, mat2str, str2double, str2num, str2mat.

`str = int2str(N)` wandelt die ganze Zahl „N" in den String „str". „N" kann auch eine Integermatrix sein. Dieselbe Aufgabe erfüllt `str = num2str(A)` für numerische Arrays. Hier können noch weitere optionale Argumente übergeben werden. `str = num2str(A,genau)` erlaubt die Anzahl der zu nutzenden Ziffern mit der Variablen „genau" festzulegen und `str = num2str(A,format)` legt das zu nutzende Format entsprechend `fprintf` fest. Die Umkehrung zu num2str ist `x = str2num('str')`, mit dem ein Charakter-Array in ein Double Array gewandelt wird. `str = mat2str(A,n)` wandelt die Matrix mit n Stellen Genauigkeit in ein String Array. „n" ist optional.

`x = str2double('str')` konvertiert eine Stringvariable in eine Double-Zahl. „str" kann auch Zellvariable sein, x ist dann ein Double Array. Nicht konvertierbare Elemente werden in NaNs gewandelt. `x = str2num('str')` wandelt den String „str" in eine Double-Zahl. „str" kann dabei auch beispielsweise eine vordefinierte Zahl wie „pi" sein. Bei `str2double` würde dies zu NaN führen.

`S = str2mat(T1, T2, T3, ...)` erzeugt aus den „Ti" zeilenweise ein Charakter-Array. `str2mat` ist nicht die Umkehrung von `mat2str` und obsolet. Es sollte statt dessen `char` genutzt werden.

20 File Handling und Datenverwaltung

20.1 Daten- und Textdateien

20.1.1 Befehlsübersicht

Files öffnen und schließen fopen, fclose

Aus- und Eingabefunktionen Themen:

    ASCII-Files dlmread, dlmwrite

    Lotus123-Files wk1read, wk1write, wk1finfo

    Excel-Files xlsread, xlswrite, xlsinfo

    Kommaseparierte Listen csvread, csvwrite

    Textfiles textscan, textread

    Daten importieren importdata

Lesen und Schreiben formatierter Files fgetl, fgets, fprintf, fscanf, input

Stringfunktionen sprintf, sscanf, strread

Lesen und Schreiben binärer Files fread, fwrite, multibandread, multibandwrite

20.1.2 Öffnen und Schließen von Files

`fopen` und `fclose` dienen dem Öffnen, dem Auslesen von Fileinformationen und Schließen von Files.

fopen. Die Syntax zum Öffnen von Files ist `[fid,message] = fopen( filename,permission,machineformat)`, dabei sind die Attribute „permission" und „machineformat", sowie der Rückgabewert „message" optional. „filename" bezeichnet den Dateinamen, hier kann auch der Bezeichner „all" gewählt werden. MATLAB erlaubt eine relative Pfadangabe zu der gewählten Datei. Wird die Datei nicht gefunden, durchforstet MATLAB den Suchpfad. Die Wahlmöglichkeiten zur Eigenschaft „permission" sind in Tabelle (20.1) aufgelistet und regeln die Schreib- und Leserechte. Wird das erweiternde Attribut „+" gesetzt, also z. Bsp. „w+" (vgl. Tabelle (20.1)), so kann nicht unmittelbar nach

Tabelle 20.1: *Rechte beim Öffnen von Dateien*

r	(Default) nur Lesen.
w	Schreiben eines Files. Bereits bestehender Inhalt wird überschrieben. Existiert die Datei nicht, so wird eine neue Datei angelegt.
a	Wie „w", Daten werden jedoch an das Fileende angehängt.
r+	Öffnen einer Datei zum Lesen und Schreiben.
w+	Wie „w"; zusätzlich wird das Lesen der Datei erlaubt.
a+	Wie „a"; zusätzlich wird das Lesen der Datei erlaubt.
A	Anhängen von Daten (für Bandlaufwerke).
W	Schreiben von Daten (für Bandlaufwerke).
t	Zusätzliches Attribut für Textmodus. Beispiel „rt", „wt+"

dem Schreiben gelesen werden und umgekehrt. Zwischen den Eingabe- und Ausgabekommandos muss in diesem Fall entweder ein „fseek" oder ein „frewind" stehen. (Vgl. Kap. 20.7)

Das Attribute „machineformat" behandelt die Datei so, als ob das entsprechende Maschinenformat vorliegen würde. Dies ist insbesondere zur Unterscheidung binärer Dateien im „Big Endian" und „Little Endian"-Format nützlich. Eine Liste der Formate ist in Tabelle (20.2) aufgeführt.

Tabelle 20.2: *Verzeichnis der Dateiformate „machineformat".*

Format	Alternativ	Bedeutung
cray	c	Cray; Fließkomma mit big-endian Byte-Ordnung
ieee-be	b	IEEE; Fließkomma mit big-endian Byte-Ordnung
ieee-le	l	IEEE; Fließkomma mit little-endian Byte-Ordnung
ieee-be.l64	s	IEEE; 64-bit Fließkomma mit big-endian Byte-Ordnung
ieee-le.l64	a	IEEE; 64-bit Fließkomma mit little-endian Byte-Ordnung
native	n	Numerisches Format (default) unter MATLAB
vaxd	d	VAX; für Fließkommazahlen im D-Format
vaxg	g	VAX; für Fließkommazahlen im G-Format

20.1 Daten- und Textdateien

Der Rückgabewert „fid" (*fileid*entifier) ist eine ganze Zahl und dient der Dateikennzeichnung. „fid= 1" steht für Standardausgang, den Bildschirm, und „fid= 2" für den Fehlerkanal. Die Datei „filename" wird beispielsweise mit >> `fid = fopen(filename)` zum Lesen geöffnet. „fid" wird dann als erstes Argument bei nachfolgenden Ein-und Ausgaberoutinen benutzt. Schlägt das Öffnen oder Anlegen eines Files fehl, hat „fid" den Wert −1. Der optionale Rückgabewert „message" enthält in diesem Fall eine Fehlermeldung und ist sonst leer. Mit `[filename,permission, machineformat] = fopen(fid)` lassen sich alle relevanten Dateiinformationen auslesen.

fclose. >> `status = fclose(fid)` dient dem Schließen des Files mit der Datei-Identifikationsnummer „fid" und `fclose('all')` dem Schließen aller offenen Dateien. „status" hat bei Erfolg den Wert 0, sonst −1.

20.1.3 Aus- und Eingabefunktionen

ASCII-Files: dlmread und dlmwrite. `dlmread` und `dlmwrite` dienen zum Lesen ASCII-formatierter Dateien.

`dlmwrite(filename,M,delimiter,Z,S)` schreibt die Matrix „M" in die Datei „filename" und benutzt zur Trennung der einzelnen Zahlen das durch „delimiter" optional festgelegte Trennsymbol. Voreinstellung zur Trennung ist das Komma (,), mit „\t" wird der Tabulator genutzt. „Z" und „S" sind optionale ganzzahlige Parameter, die die Verschiebung der Zeile (Z) und Spalte (S) beim Auslesen der Matrix M vorgeben. Gestartet wird am Matrixelement (Z+1,S+1).

>> `M = dlmread(filename,delimiter,Z,S)` dient zum Einlesen der Daten aus der ASCII-Datei „filename". Die Bezeichnungen folgen denen von „dlmwrite". Mittels `M = dlmread(filename,delimiter,range)` und `range =[Z1 S1 Z2 S1]` besteht die Möglichkeit nur den durch „range" bestimmten Bereich einzulesen. Eine Alternative zu „dlmread" bietet der Import Wizard, der mit „Import Data" unter „File" aufgerufen wird. Eine Beschreibung findet sich im Kap. 2 Grafische Utilities.

Lotus123-Files. `M = wk1read(filename,z,s,range)` dient dem Lesen von Lotus123-Tabellenblättern in die Matrix M. „z" und „s" legt den Spaltenindex fest, ab dem der File „filename" eingelesen werden soll, und startet bei (0,0). „range" ist ein 4-elementiger Vektor mit den Einträgen [Zeile_oben_links Spalte_oben_links Zeile_unten_rechts Spalte_unten_rechts]. Bis auf „filename" sind alle anderen Variablen optional. Zum Schreiben von Matrizen „m" in Lotus123-Tabellenblätter mit dem Namen „filename" dient `wk1write(filename, M,z,s)`, „z" und „s" sind optional. Mit `[extens, type] = wk1finfo('filename')` kann man testen, ob eine lesbare Lotus123-Datei vorliegt. Ist dies der Fall, dann ist „extens" „WK1" und „type" „Lotus 123 Spreadsheet".

Excel-Files. Excel-Dateien lassen sich direkt mit dem Import-Wizard (vgl. Kap. 2) einlesen. Mit Excel lässt sich außerdem über ActiveX oder dde-Verbindung kommunizieren. Mit >> `N = xlsread('filename')` lassen sich die Daten der Tabelle 1 der Exceldatei „filename" einlesen und `N = xlsread ('filename', -1)` erlaubt die interaktive Auswahl des Tabellenblatts und Datenbereichs. `N = xlsread('filename',sheet)` liest das ausgewählte Tabellenblatt und `N = xlsread('filename','range')` den mit "range" ausgewählten Bereich des ersten Excelblattes. "range" folgt dabei der Excel-Bezeichnung, also beispielsweise "D2:H4". Soll nicht auf die Default-Tabelle zugegriffen werden, so kann mit N = `xlsread('filename',sheet,'range')` "sheet" die auszuwählende Tabelle festgelegt werden. N = `xlsread( 'filename',sheet,'range','basic')` nutzt den Basic Mode, "range" bleibt dabei unberücksichtigt und kann als leerer String " übergeben werden. Sollen zusätzlich Textdaten ausgelesen werden, so ist dies mittels [`N, T`] = `xlsread('filename', ...)` möglich. In "N" stehen die numerischen und in der Zellvariable "T" die Textdaten. [`N, T, rd`] = `xlsread('filename', ...)` erzeugt zusätzlich ein Zellarray "rd" mit gemischten ungewandelten numerischen und Textdaten.

`>> [status, message] = xlswrite('filename', M, sheet, 'range')` erlaubt, die MATLAB-Matrix "M" in die Exceldatei "filename" zu schreiben. Bis auf diese beiden Argumente sind alle anderen optional. Mit "sheet" kann eine spezielle Tabelle und mit "range" der Bereich ausgewählt werden. Wird in Excel-Notation nur ein Argument, z. Bsp "H1", übergeben, dann legt dies die linke obere Ecke fest, zwei Argumente legen wieder den Bereich fest. Auch mit "range" kann "sheet" weggelassen werden, in diesem Fall wird auf das Default-Tabellenblatt zurückgegriffen. Das Rückgabeargument "Status" hat bei Erfolg den Wert "1", sonst "0". In "message" werden gegebenenfalls Warnungen und Fehlermeldungen abgespeichert.

[`type, sheets`] = `xlsinfo('filename')` oder `>> xlsinfo filename` gibt für Exceldateien "Microsoft Excel Spreadsheet" zurück bzw. speichert dies in der Variablen "type" ab, sofern ein xls-File vorliegt und ist sonst leer. In der optionalen Zellvariablen "sheets" sind die Tabellennamen abgespeichert.

Kommaseparierte Listen. M = `csvread('filename', zeile, spalte, range)` dient dem Einlesen kommaseparierter, formatierter Datenfiles. Bis auf den Dateinamen "filename" sind alle Argumente optional. "zeile" und "spalte" geben den Zeilen- und Spaltenindex vor, ab dem die Daten eingelesen werden sollen, beginnend bei null. Der vierkomponentige Vektor "range" ([lo1 lo2 ru1 ru2]) gibt via linker oberer und rechter unterer Ecke den auszulesenden Bereich an. Alternativ kann auch eine Tabellenblatt-Notation "A1..D9" benutzt werden. Sollten im Datenfile leere Felder enthalten sein, so füllt `csvread` die Positionen mit Nullen. Komplexe Zahlen, beispielsweise $-3+5i$, müssen in der Form $-3+5i$ oder j ohne jegliche Trennzeichen geschrieben werden. Leerzeichen würden als Trennsymbol interpretiert werden. Das Gegenstück zu `csvread` ist `>> csvwrite('filename',M,zeile,spalte)`. "M" ist der abzuspeichernde Datensatz.

```
>> m = [3 6 9 12+3i; 5-10i 15 20 25; ...
              7 14 21 pi; 0 nan 7 inf];
>> csvwrite('csvlist.dat',m)
```

Der File "csvlist.dat" hat das folgende Aussehen

```
3,6,9,12+3i
5-10i,15,20,25
7,14,21,3.1416
0,NaN,7,Inf
```

20.1 Daten- und Textdateien

Die komplexen Zahlen werden ohne Freiräume geschrieben, nan und inf werden als nan und inf übernommen und beim Auslesen ebenfalls in NaNs und Infs wieder abgebildet.

Textfiles. `C = textscan(fid, 'format')` liest aus dem mit `fopen` geöffneten File mit der File-Identifikation-Number „fid" Daten aus und speichert sie in der Zellvariable „C" ab. Die unterstützten Formate sind in Tabelle (20.3) aufgeführt. Soll ein Format n-fach wiederholt werden, so kann dies bequem mittels `C = textscan(fid, 'format', n)` übergeben werden. In der Formatanweisung kann beispielsweise mittels %Ns das Einlesen eines Strings (%s) auf die Feldlänge N eingeschränkt werden. Weitere Eigenschaften können als Wertepaar `C = textscan(fid,'format',eig,wert, ...)` bzw. `C=textscan(fid,'format',n,eig,wert, ...)` übergeben werden. Die unterstützten Eigenschaften sind in Tabelle (20.4) aufgelistet.

`textread` liest wie `textscan` aus einem File „filename" Daten aus und ordnet sie den Variablen „A", „B", $\cdots$ zu; `[A,B,C,...] = textread('filename','format')`. Im Gegensatz zu `textscan` muss der File nicht zuvor mit `fopen` geöffnet werden. Neben den in Tabelle (20.5) aufgelisteten Formatanweisungen unterstützt `textread(...,'eig', 'wert',...)` die in Tabelle (20.6) aufgeführten Eigenschaften. Durch eine ergänzende Integervariable „n" lasen sich die Formatanweisungen auch vervielfachen.

Tabelle 20.3: Unterstützte Formatanweisungen von `textscan`.

FORMAT	BEDEUTUNG
%n	Einlesen einer Zahl und Konvertieren zu double.
%d	Einlesen einer Zahl und Konvertieren zu int32.
%d8	Einlesen einer Zahl und Konvertieren zu int8.
%d16	Einlesen einer Zahl und Konvertieren zu int16.
%d32	Einlesen einer Zahl und Konvertieren zu int32.
%d64	Einlesen einer Zahl und Konvertieren zu int64.
%u	Einlesen einer Zahl und Konvertieren zu uint32.
%u8	Einlesen einer Zahl und Konvertieren zu uint8.
%u16	Einlesen einer Zahl und Konvertieren zu uint16.
%u32	Einlesen einer Zahl und Konvertieren zu uint32.
%u64	Einlesen einer Zahl und Konvertieren zu uint64.
%f	Einlesen einer Zahl und Konvertieren zu double.
%f32	Einlesen einer Zahl und Konvertieren zu single.
%f64	Einlesen einer Zahl und Konvertieren zu double.
%s	Einlesen eines Strings.
%q	Einlesen eines möglicherweise in Anführungszeichen stehenden Strings.
%c	Einlesen eines Charakters einschließlich „White Space".
%[...]	Einlesen der Charakters die den Klammerausdruck treffen, bis die erste Abweichung auftritt. Einbeziehen einer „[": %[]...
%[^...]	Verneinung von %[...].
%[^]...]	Schließt „]" aus.

Tabelle 20.4: Zusätzliche Eigenschaften zu `textscan`.

EIGENSCHAFT	WERT	DEFAULT
bufSize	Maximale Stringlänge in Bytes	4095
commentStyle	Symbole, die zu ignorierende Kommentarbereiche festlegen	
delimiter	Trennsymbol	
emptyValue	Interpretation leerer Zellen in Tabellen	NaN
endOfLine	End-of-line-Charakter	File bestimmt
expChars	Definition des Exponenten	'eEdD'
headerLines	Zahl der zu ignorierenden Kopfzeilen	0
returnOnError	Verhalten bei Lesefehler (1=wahr oder 0)	1
treatAsEmpty	Strings, die als leerer Wert betrachtet werden. Kann einzelner String oder Zellarray von Strings sein	
whitespace	White-space Charakter	\b, \t

Tabelle 20.5: Unterstützte Formatanweisungen von `textread`.

FORMAT	BEDEUTUNG
%d	Einlesen einer Zahl und Konvertieren zu int32.
%u	Einlesen einer Zahl und Konvertieren zu uint32.
%f	Einlesen einer Zahl und Konvertieren zu double.
%s	Einlesen eines Strings.
%q	Einlesen eines möglicherweise in Anführungszeichen stehenden Strings.
%c	Einlesen eines Charakters einschließlich „White Space".
%[...]	Liest den durch in [...] stehende Charakter definierten längsten String.
%[^...]	Verneinung von %[...].
Literals	Ignoriert den durch Literal festgelegten Wert, s. Beispiel.
%*...	Ignoriert den durch „..." festgelegten Datentyp.
%w...	Liest die durch w festgelegt Feldbreite.

Beispiel: Literals in textread. Auszug aus dem Datenfile:

```
Messung      Parametersatz  Erg1 Erg2 Mit?
Schweizer    para7          12.1 2    ja
```

Die zweite Zeile soll eingelesen werden:

```
>> [names, types, x, y, answer] = textread(...
'textbsp.dat','%s %s %f %d %s', 1,'headerlines',1)
```

20.1 Daten- und Textdateien

Tabelle 20.6: Zusätzliche Eigenschaften zu `textread`.

EIGENSCHAFT	WERT	BEDEUTUNG
whitespace	Leerzeichen	Kann jedes der folgenden Zeichen sein.
	' '	Leerzeichen
	\b	Eine Position nach links
	\f	Seitenvorschub
	\n	Sprung zum Beginn der folgenden Zeile
	\r	Wagenrücklauf
	\t	Horizontal Tabulatorschritt
bufsize	Positive ganze Zahl	Maximale Stringlänge in Bytes. Default ist 4095
commentstyle	MATLAB	Ignoriert nach %
commentstyle	Shell	Ignoriert nach #
commentstyle	c	Ignoriert zwischen /* und */
commentstyle	c++	Ignoriert nach //
delimiter	Charakters	Trennsymbol zwischen den Elementen
emptyvalue	Double (0)	Stellvertreterwert für leere Datenzellen
endofline	Zeichen oder '\r\n'	Festlegung des Zeilenendes
expchars	Exponent	Default ist e E d D
headerlines	Ganze Zahl	Zahl der zu ignorierenden Kopfzeilen

```
names =
    'Schweizer'
types =
    'para7'
x =
    12.1000
y =
    2
answer =
    'ja'
```

„para" soll unterdrückt werden. Dazu lässt sich ein Literal verwenden:

```
>> [names, types, x, y, answer] = textread(...
'textbsp.dat','%s para%s %f %d %s', 1,...
                    'headerlines',1)

names =
    'Schweizer
types =
    '7'
x =
    12.1000
```

```
y =
    2
answer =
    'ja'
```

Daten importieren. `A = importdata('filename','delimiter')` lädt Daten von „filename" in die Variable „A". „delimiter" ist optional und legt den Spaltendelimiter fest. `importdata` entscheidet anhand der Filekennung welche Hilfsfunktion zum Einlesen genutzt wird.

20.1.4 Lesen und Schreiben formatierter Files

fgetl und fgets. `>> tline = fgetl(fid)` liest eine Zeile der Datei mit Filehandling „fid" ein und lässt dabei Zeilenumbrüche beim Einlesen unberücksichtigt; `>> tline = fgets(fid)` wie `fgetl` liest aber Zeilenumbrüche mit. Findet „fgetl" oder „fgets" einen End-of-File-Indikator, wird der Wert -1 zurück gegeben.

fprintf und fscanf. `fprintf` schreibt formatierte Daten in einen File und `fscanf` liest formatierte Daten aus.

fprintf: „fprintf" verhält sich ähnlich, aber nicht identisch der gleichnamigen Ansi-C-Funktion. Die Syntax ist `count = fprintf(fid,format,A,...)`.
„fid" kennzeichnet den File, „format" gibt die Formatvorschrift für die Ausgabe wieder und „A" ist die zu schreibende Matrix. Dies wird durch die folgenden beiden Beispiele verdeutlicht.

Beispiel 1:

```
>> x=0:0.2:1;
>> A=[x; exp(x)];
>> fid = fopen('exp.txt','w');
>> fprintf(fid,'%6.2f %12.8f\n',A);
>> fclose(fid)
ans =
     0
>> type exp.txt

    0.00    1.00000000
    0.20    1.22140276
    0.40    1.49182470
    0.60    1.82211880
    0.80    2.22554093
    1.00    2.71828183
```

A enthält eine Matrix mit den Werten x und exp(x). Durch `fopen` wird eine formatierte Datei zum Schreiben angelegt. `fprintf(···)` schreibt in diese Datei (fid) mit der Formatanweisung „%6.2f %12.8f\n". type exp.txt zeigt das entsprechende Resultat. 6 bzw.

20.1 Daten- und Textdateien

12 geben die Feldgröße an, d.h. die gesamte zur Verfügung gestellte Breite. .2 bzw. .8 geben die Zahl der Nachkommastellen an, f besagt, dass es sich um eine Fließkommadarstellung handelt. Eine Liste aller Formatanweisungen ist in den Tabellen (20.7) und (20.8) aufgeführt. Zusätzlich kann noch ein Flag %−12.5e gesetzt werden. % legt stets den Start der Formatanweisung fest.

Tabelle 20.7: Unterstützte Formatanweisungen.

FORMAT	BEDEUTUNG	BEISPIEL
−	Unterdrücken des linken Randes	%−8.5d
+	Stets Ausgabe des Vorzeichens	%+8.5d
0	Führende Leerstellen werden mit Nullen aufgefüllt	%+8.5d
n	Feldbreite	%8···
.m	Zahl der Nachkommastellen	%8.3f

Tabelle 20.8: Unterstützte Formatanweisungen.

FORMAT	BEDEUTUNG
%c	Einzelner Charakter
%d	vorzeichenbehaftete Dezimalnotation
%e	Wissenschaftliche Notation (3.1415e+00)
%E	Wissenschaftliche Notation (3.1415E+00)
%f	Festpunkt-Notation
%g	%e oder %f, je nachdem was kompakter ist
%G	wie %g, aber Großbuchstaben
%i	vorzeichenbehaftete ganze Zahl
%o	vorzeichenlose oktale Notation
%s	Charakterstring
%u	vorzeichenlose dezimale Notation (unsigned)
%x	Hexadezimale Notation (a-f)
%X	Hexadezimale Notation (A-F)
	Escape-Sequenzen
\b	Eine Position nach links
\f	Seitenvorschub
\n	Sprung zum Beginn der folgenden Zeile
\r	Wagenrücklauf
\t	Horizontaler Tabulatorschritt
\\	Ausgabe: \
\"	Anführungszeichen
"	Anführungszeichen
%%	Prozentzeichen

Beispiel 2. `fprinf` liefert auch eine bessere und flexiblere Darstellung des Bildschirmausdrucks als `disp`. Die File-Identifikationsnummer ist hier optional, der Bildschirm hat die glqq 1".

```
>> fprintf(1,'%12.8f\n',pi)
  3.14159265
>> fprintf(1,'%-12.8f\n',pi)
3.14159265
>> disp(pi)
    3.1416

>> % und fuer linksbuendige Tabellen
>> % Dezimalpunkt stets an derselben Stelle

>> fprintf(1,'%012.8f\n',A)
011.06175565
008.85848695
302.11519373
004.86847456
```

Ohne die „0" wäre der Dezimalpunkt ebenfalls stets an derselben Position, mit „−1" würden alle Leerstellen verschwinden.

fscanf. `fscanf` ist das Gegenstück zu `fprintf` und unterstützt dieselben Formatanweisungen, s. Tabelle (20.8). Die allgemeine Syntax ist `[A,count] = fscanf(fid,format,size)`, „count" und „size" sind optional. „fid" kennzeichnet die zu lesende Datei, die zuvor mit `fopen` geöffnet wurde, und „A" die zu schreibende Variable. „size" legt fest wie viele Daten ausgelesen werden, die in „count" mitgezählt werden. „size" kann die folgenden Werte haben:

- n: Es werden n Elemente in einen Spaltenvektor eingelesen.
- inf: Es werden alle Werte bis zur End-of-File-Markierung gelesen.
- [m,n]: Es werden soviele Daten eingelesen bis eine m × n-Matrix gefüllt ist. Im Gegensatz zu „m" kann „n" inf sein.

input. Mit `ein=input('was')` erwartet MATLAB im Command Window eine Eingabe. „was" ist der Prompt, mit dem Informationen zur gewünschten Eingabe ausgegeben werden können, „ein" ist die Variable, in die der Eingabewert abgespeichert werden wird. Handelt es sich um eine Stringvariable, so erlaubt `ein = input('was','s')` die Eingabe des Strings ohne Hochkomma und `ein = input('was','\n)` führt einen Zeilenvorschub aus.

20.1.5 Stringfunktionen

`[s, errmsg] = sprintf(format, A, ...)` schreibt formatierten Daten „A" in den String „s". In „errmsg" werden etwaig auftauchende Fehlermeldungen gespeichert, ist sonst aber leer. `sprintf` unterstützt dieselben Formate und hat dieselben Eigenschaften wie `fprintf`, vgl. Tabelle (20.7) und (20.8). Das Gegenstück zu `sprintf` ist
`>> [A,count,errmsg,nextindex] = sscanf(s,format,size).`
Es dient dem Auslesen von Daten aus einem String in die Variable „A" und unterstützt dieselben Formatanweisungen, vgl. Tabelle (20.8). „count", „errmsg", „nextindex" und „size" sind optional. „count" und „size" haben exakt dieselbe Bedeutung wie in `fscanf` (s.o.). „errmsg" dient dem Aufnehmen von Fehlermeldungen, „nextindex" gibt den nächsten einzulesenden Indexwert an. Hat „s" 23 Elemente, die eingelesen wurden, dann hat nextindex den Wert 24.

`[A, B, ...] = strread('str', 'format', N, param, value, ...)` liest ebenfalls Daten aus einem formatierten String. Bis auf „str" sind alle anderen Variablen optional. Die unterstützten Formate und Eigenschaften entsprechen exakt denen von `textread`, vgl. Tabelle (20.5) und (20.6).

20.1.6 Lesen und Schreiben binärer Files

`fread` und `fwrite` dienen dem Lesen und Schreiben binärer Files, die zuvor mit `fopen` geöffnet werden müssen. Während für formatierte, also lesbare Files das Maschinenformat bedeutungslos ist, wird dies für Binärdateien dann wichtig, wenn beispielsweise Daten auf einem Rechnertyp wie einem PC eingelesen werden, die auf einem anderen Rechnertyp wie Workstations erzeugt worden sind. Die einfachste Syntax ist `A = fread(fid)`. Hier werden die Daten des Files mit der File-Identifikationsnummer „fid" in die Variable „A" eingelesen. Mit `[A, count] = fread(fid, count, genau, skip, machineformat)` können weitere optionale Argumente übergeben werden, wobei „count" und „skip" auch ausgelassen werden können. „count" kann die Werte n (lies n Elemente in einen Spaltenvektor), inf (lies bis zum Fileende) oder [n,m] (lies die ersten $n \cdot m$ Elemente spaltenweise in eine n × m-Matrix) haben. Der Parameter „genau" legt die Ein- und Ausgabegenauigkeit fest. Tabelle (20.9) listet die Möglichkeiten auf. MATLAB erlaubt dabei sowohl die eigene Klassifizierung als auch das entsprechende C- oder FORTRAN-Äquivalent. Um die Ausgabegenauigkeit festzulegen, nutzt „genau" ein zweiseitiges Argument, beispielsweise „bit4=>int8" für „lies vorzeichenbehaftete 4-bit-Integer gepackt in Bytes ein und gib 8-bit-Integer aus", oder „double=>real*4", „lies Double (8 Byte) ein und konvertiere in Single (4 Byte)". Ist das Ein- und Ausgabeformat gleich, dann kann als Kurzform auch ein * übergeben werden. Beispielsweise steht die Kurzform „*double" für „double=>double". Die Voreinstellung für „genau" ist „uchar". Mit der Eigenschaft „skip" kann ein Wiederholungsfaktor für die Formatfestlegung übergeben werden; „skip" ist folglich eine ganze Zahl mit Defaultwert 1. „machineformat" unterstützt dieselben Computertypen mit denselben Bezeichnern wie `fopen`, siehe Tabelle (20.2).

Das Gegenstück zu `fread` ist `fwrite`. Bevor in ein Binärfile geschrieben werden kann, muss zunächst die Datei mit `fopen` geöffnet werden. `count = fwrite(fid,A,genau,skip)` erlaubt dann, in diesen File die Variable „A" zu schreiben. „skip" ist optional

Tabelle 20.9: `fread` *und* `fwrite` *unterstützen Formatanweisungen sowohl in* MATLAB *Notation (linke Spalte) als auch das C- bzw. FORTRAN-Äquivalent (mittlere Spalte).*

MATLAB	C, FORTRAN	BEDEUTUNG
'schar'	'signed char'	Vorzeichenbehafteter 8-Bit-Charakter
'uchar'	'unsigned char'	Vorzeichenloser 8-Bit-Charakter
'int8'	'integer*1'	8-Bit-Integer
'int16'	'integer*2'	16-Bit-Integer
'int32'	'integer*4'	32-Bit-Integer
'int64'	'integer*8'	64-Bit-Integer
'uint8'	'integer*1'	Vorzeichenlose 8-Bit-Integer
'uint16'	'integer*2'	Vorzeichenlose 16-Bit-Integer
'uint32'	'integer*4'	Vorzeichenlose 32-Bit-Integer
'uint64'	'integer*8'	Vorzeichenlose 64-Bit-Integer
'float32'	'real*4'	4-Byte Reelle Zahl
'float64'	'real*8'	8-Byte Reelle Zahl
'double'	'real*8'	8-Byte Reelle Zahl
	Plattform abhängig:	
'char'	'char*1'	8-Bit-Charakter
'short'	'short'	16-Bit-Integer
'int'	'int'	32-Bit-Integer
'long'	'long'	Integer 32 oder 64 Bits
'ushort'	'unsigned short'	Vorzeichenlose 16-Bit-Integer
'uint'	'unsigned int'	Vorzeichenlose 32-Bit-Integer
'ulong'	'unsigned long'	Vorzeichenlose Integer; 32 oder 64 bits
'float'	'float'	4-Byte Reelle Zahl
'bitN'		Vorzeichenbehaftete Integer, $1 \leq N \leq 64$
'ubitN'		Vorzeichenlose Integer, $1 \leq N \leq 64$

und dient wie unter `fread` der Formatwiederholung, die mit „genau" (Tabelle (20.9)) festgelegt wird.

Beispiel zu fread und fwrite. Im folgenden Beispiel speichern wir eine Double-Matrix „Ad" binär ab, lesen sie erneut ein und in einem weiteren Beispiel wandeln wir die Doubles in Charakters um.

```
>> % Binaer Abspeichern
>> Ad
Ad =
    77    97   116   108    97    98    55
   107   111   109   112    97   107   116

>> fid = fopen('test.bin','wb');
>> fwrite(fid,Ad,'double');
>> fclose(fid);
```

20.1 Daten- und Textdateien

```
>> % Wieder Einlesen
>> fid=fopen('test.bin','rb');
>> C=fread(fid,'double')
C =
    77
   107
    97
   111
   .........
   116

>> fclose(fid);
>> % Double Einlesen und in Character wandeln
>> fid=fopen('test.bin','rb')
>> Cc=fread(fid,'double=>char')
Cc =
M
k
a
o
.........
t


>> Cc1=reshape(Cc,2,7)
Cc1 =
Matlab7
kompakt
```

Binäre gebänderte Daten. `multibandread` und `multibandwrite` dienen dem Lesen und Schreiben 3-dimensional abgelegter, binärer Daten (interleaved Data). Die ersten beiden Dimensionen sind die üblichen Zeilen und Spalten, die dritte Dimension durchblättert die einzelnen Bänder. Mit X = `multibandread(filename, size, precision, offset, interleave, byteorder)` lassen sich die Daten aus dem Binärfile „filename" auslesen und im 3-D-Array X abspeichern. „size" ist ein dreikomponentiger Vektor [nr nrtot nband], wobei nr die Zahl der Zeilen ist, nrtot die Gesamtzahl der Elemente in jeder Zeile und nband die Gesamtzahl der Bänder (dritte Dimension). „precision" kann jeden Wert haben, den auch `fread`, s. Tabelle (20.9), unterstützt. „offset" gibt die Position des ersten einzulesenden Datenelements an und beginnt bei 0. „interleave" bestimmt die Art, wie die abgelegten Daten eingelesen werden und hat drei Möglichkeiten:

- „bsq": Band-Sequentiell; jedes Band wird vollständig ausgelesen.

- „bil": Von jedem Band wird eine vollständige Zeile ausgelesen.

- „bip": Von jedem Band wird je ein Pixel (Element) ausgelesen.

Die Eigenschaft „byteorder" legt fest ob die Daten im Little-Endian („ieee-le") oder Big-Endian Format („ieee-be") abgespeichert werden; siehe auch `fopen`.

Dem Schreiben gebänderter Daten dient `multibandwrite`. `multibandwrite(data,filename,interleave)` schreibt die Daten „data" in die Datei „filename" und legt die Daten in der mit „interleave" festgelegt Reihenfolge (s.o.) ab. `multibandwrite(data, filename,interleave,start,totalsize)` speichert die Daten in Blöcken ab. „start" ist ein 3-elementiger Zeilenvektor, der festlegt, ab welcher Stelle ([Zeile, Spalte, Band]) die Daten geschrieben werden und der 3-elementige Zeilenvektor „totalsize" gibt die Gesamtzahl der Zeilen, Spalten und Bänder an. Neben diesen Parametern können noch weitere Eigenschaften übergeben werden, `multibandwrite(...,eig,wert,...)`. Dabei werden folgende Eigenschaften unterstützt:

- precision: Formatanweisung entsprechend Tabelle (20.9).
- offset: Zahl der zu überspringenden Bytes vor dem ersten Datenwert.
- machfmt: Maschinenformat ieee-le oder ieee-be, s.o.
- fillvalue: Zahl der zu ergänzenden Datenwerte im Falle fehlender Werte.

20.2 Hierarchische Grafik-Handles verwalten

20.2.1 Befehlsübersicht

Hg-Gruppen-Objekte hggroup, hgtransform, makehgtform

Laden und Speichern hgload, hgsave

Exportieren hgexport

20.2.2 Hg-Gruppen-Objekte

`h = hggroup` erzeugt ein Hg-Group-Objekt, das alle Children eines Achsenobjekts oder weitere Hg-Gruppen verwalten kann. Mit `h = hggroup(...,'eig',wert,...)` können Eigenschaftspaare übergeben werden. Dabei werden alle Eigenschaften unterstützt, die im Abschnitt 17 diskutiert wurden. Mit `set` und `get` können diese Eigenschaften auch über das Handle angesprochen werden. Wie `hggroup` erlaubt auch `h = hgtransform`, Gruppen grafischer Objekte gemeinsam zu verwalten. Die Objekte werden über deren Parent-Eigenschaft zugeordnet.

```
h = hgtransform;
surface('Parent',h,...)
```

`hgtransform` erlaubt ebenfalls das direkte Setzen von Eigenschaften via `h = hgtransform(...,'eig',wert,...)` oder das indirekte mittels `set` und `get`. Sinn dieser gemeinsamen Verwaltung ist, die zugehörigen Objekte wie eine Einheit zu behandeln und, beispielsweise mittels `makehgtform`, alle zugehörigen Objekte gemeinsam zu transformieren.

`M` = `makehgtform` erzeugt eine 4 × 4-Transformationsmatrix zur Translation, Skalierung und Rotation grafischer Objekte. Mit dem Aufruf `M = makehgtform('eig',wert` können spezifische Aufgaben ausgeführt werden. „eig" kann die folgenden Werte haben:

- „translate", [tx,ty,tz]: führt eine Verschiebung entlang der x-Achse um tx, der y-Achse um ty und der z-Achse um tz aus.

- „scale", s: Skalierung mit dem Faktor „s" entlang der z-Achse und für [sx,sy,sz] entlang der jeweiligen Achse um den festgelegten Faktor.

- „xrotate", t; „yrotate", t; „zrotate", t; führt eine Rotation um t um die jeweilige Achse aus.

- „axisrotate", [ax,ay,az], t: Rotation um die [ax,ay,az]-Achse mit Winkel t.

20.2.3 Laden, Speichern, Exportieren

Laden und Speichern. Grafische Objekte werden in Fig Files binär abgespeichert. Mittels `h = hgload('filename')` lassen sich Fig Files neu laden. „filename" ist der Name des Fig Files, h enthält die Handles. Mit `[h,alte_eig] = hgload(...,eig)` wird die ursprüngliche Eigenschaftstruktur „alte_eig" des Fig Files durch die neue „eig" überschrieben. „Eig" ist eine Struktur, deren Feldname durch die unterstützten Eigenschaften festgelegt ist. `h = hgload(...,'all')` überschreibt das Defaultverhalten und ladet auch Objekte wie die Default-Toolbar und -Menüs.

`hgsave('filename')` speichert das aktuelle Figure in den File „filename" mit der Defaultextension „fig". `hgsave(h,'filename')` speichert die durch das Handle „h" identifizierten Objekte und `hgsave(...,'v6')` in einer auch vor dem Rel.7 lesbaren Form. `hgsave(...,'all')` überschreibt das Defaultverhalten und speichert alle Objekte ab.

Exportieren. `hgexport(h, 'filename')` schreibt das Figure mit Handle „h" in die Datei „filename" und `hgexport(h, '-clipboard')` speichert das Figure im Window Clipboard ab.

20.3 Bilddateien verwalten

20.3.1 Befehlsübersicht

Bilddateien lesen und schreiben imread, imwrite

Bildinformationen imfinfo, imformats

Konversion zu Java im2java

20.3.2 Bilddateien lesen und schreiben

`imread` dient dem Einlesen von Pixelgrafiken aus Bilddateien, die Visualisierung erlaubt `image`. Die Syntax hängt teilweise vom jeweiligen Bildformat ab. Die unterstützten Formate sind in Tabelle (20.10) aufgelistet. `A = imread(filename,fmt)` liest Pixelgrafiken aus der Datei „filename" mit dem Format „fmt" ein und `[X,map] = imread(filename,fmt)` ordnet die Bildwerte einer indizierten Bilddatei „X" und einer Farbtafel „map" zu.

`[...] = imread(filename)` liest aus der Filekennung das zugehörige Format aus und `[...] = imread(URL,...)` sucht das Bild unter der Internet-URL. `[...] = imread(...,idx)` liest das idx-te Image aus einer Multi-Image-Datei. Unterstützt werden die Formate CUR, GIF, ICO und TIFF. Mit `[...] = imread(...,'PixelRegion',{zeilen, spalten})` lässt sich ein durch Zeilen und Spalten ausgewähltes Teilbild einlesen. „zeilen" und „spalten" sind jeweils zwei- oder dreikomponentige Vektoren, die den auszulesenden Bereich über den Anfangs- und Endindex festlegen. Bei drei Komponenten gibt die mittlere Komponente zusätzlich die Schrittweite an. Als Format wird hier ausschließlich TIFF unterstützt. Für GIF-Formate erlaubt `[...]=imread(...,'frames',idx)` die Auswahl des idx-ten Frames. Allerdings müssen zunächst alle Frames eingelesen werden. Für HDF-Formate wird via `[...] = imread(...,ref)` das durch die Referenzzahl „ref" gekennzeichnete Image aus einer Multi-Image-HDF-Datei eingelesen. Die Zuordnung kann mit `infinfo` ermittelt werden. PNG-Formate lassen zusätzlich die Möglichkeit zu Transparenzwerte auszulesen oder den korrespondierenden Pixeln mit `[...] = imread(...,'BackgroundColor',bg)` eine Hintergrundfarbe zuzuordnen. Die Farbmatrix „bg" hängt von der verwendeten Farbmatrix (indiziert, RGB oder Graustufen) ab. Eine weitere Möglichkeit ist die zusätzliche Ausgabe der Transparenzmatrix „alpha" `[A,map,alpha] = imread(...)`. Dies wird außer von PNG noch von den Formaten ICO und CUR unterstützt.

`imwrite` dient dem Abspeichern von Pixelgrafiken in eine Datei „filename". Bis auf „cur" und „gif" werden alle in Tabelle (20.10) aufgelisteten Formate unterstützt. Die Syntax lautet `imwrite(A, filename,fmt)` oder `imwrite(X,map,filename,fmt)` um das Image „A" unter dem Format „fmt" abzuspeichern. Alternativ kann auch ein indiziertes Bild „X" mit zugehöriger Farbmatrix „map" übergeben werden. „fmt" ist optional, `imwrite` wählt per Voreinstellung das durch die Filekennzeichnung festgelegte Format. Paarweise lassen sich auch weitere formatabhängige Eigenschaften `imwrite(...,Param1,wert1,Param2,wert2...)` wie Komprimierung, Bildtiefe oder Autorenname übergeben. (Vgl. auch `imformats`.)

20.3.3 Bildinformationen

`info = imfinfo(filename,fmt)` liefert eine Struktur „info" mit Informationen zur Pixeldatei „filename". Das Format „fmt" ist optional. Beispielsweise führt
`>> imfinfo('/usr/local...`
`/matlab7/toolbox/matlab/demos/street2.jpg')` zu

`ans =`
        `Filename: '/usr/local/matlab7/toolbox/`

20.3 Bilddateien verwalten

Tabelle 20.10: Von `imread` *unterstützte Bildformate. Mit Ausnahme von „cur" und „gif" werden alle Formate auch von* `imwrite` *unterstützt.*

FORMAT	NAME	VARIANTE
bmp	Windows Bitmap	Dekomprimiert: 1-, 4-, 8-, 16-, 24- und 32-Bit
		RLE-Images: 4- und 8-Bit
cur	Windows Cursor Resources	Dekomprimiert 1-, 4- und 8-Bit
gif	Graphics Interchange Format	1- bis 8-Bit Images
hdf	Hierarchical Data Format	8- und 24-Bit Raster-Image-Daten
ico	Windows Icon resources	Dekomprimiert 1-, 4- und 8-bit Images
jpg	Joint Photographic	Alle JPEG-Formate.
jpeg	Experts Group	
pbm	Portable Bitmap	1-Bit Images (binär oder ASCII)
pcx	Windows Paintbrush	1-, 8- und und 24-Bit images
pgm	Portable Graymap	ASCII kodiert beliebiger Farbtiefe
		binär kodiert bis 16 Bits pro Grauwert
png	Portable Network Graphics	1-, 2-, 4-, 8-, 16-Bit Grauwerte
		8- und 16-Bit indizierte Images
		24- und 48-Bit RGB-Images
pnm	Portable Anymap	PBM-, PGM- und PPM-Formate
ppm	Portable Pixmap	ASCII kodiert beliebiger Farbtiefe
		binär kodiert bis 16 Bits
		pro Farbkomponente
ras	Sun Raster	1-Bit Bitmap, 8-Bit indiziert,
		24-Bit True Color und
		32-Bit True Color mit Alpha-Daten
tif, tiff	Tagged Image File Format	Alle Tiff-Formate
xwd	X Windows Dump	1- und 8-Bit ZPixmaps,
		XYBitmaps, und 1-Bit XYPixmaps

```
                          matlab/demos/street2.jpg'
        FileModDate: '23-Mar-2004 00:54:40'
           FileSize: 39920
             Format: 'jpg'
      FormatVersion: \grqq{}
              Width: 640
             Height: 480
           BitDepth: 24
          ColorType: 'truecolor'
    FormatSignature: \grqq{}
    NumberOfSamples: 3
       CodingMethod: 'Huffman'
      CodingProcess: 'Sequential'
            Comment: {}
```

Andere Bildformate enthalten andere bzw. zusätzliche Informationen.

`imformats` listet alle von MATLAB registrierten Pixelformate und damit von `imwrite`, `imread` und `imfinfo` unterstützte Formate auf. >> `formats = imformats`

```
formats =
1x16 struct array with fields:
    ext
    isa
    info
    read
    write
    alpha
    description
```

liefert eine Struktur der möglichen Format-Werte. Dabei bedeutet:

- ext: Die Fileextension.

- isa: Der File, bzw. dessen Function Handle, das das Fileformat bestimmt.

- info: Der File, bzw. dessen Function Handle, das die Fileinformationen liest.

- read: Der File, bzw. dessen Function Handle, das die Bilddaten ausliest.

- write: Der File, bzw. dessen Function Handle, das die Bilddaten aus MATLAB Daten erzeugt.

- alpha: 1, wenn das Format alpha-Werte unterstützt, sonst 0.

- description: Eine Beschreibung des Fileformats.

`formats=imformats('fmt')` liefert Informationen in der Struktur „formats", sofern MATLAB das Format „fmt" unterstützt, andernfalls ist „formats" ein leeres Struktur-Array. `formats = imformats(format_struct)` setzt die Ausgabestruktur auf die neue Struktur „format_struct" und `formats=imformats('factory')` setzt die Ausgabestruktur wieder auf die Voreinstellung zurück.

20.3.4 Konversion zu Java

Die abstrakte Java-Klasse java.awt.Image repräsentiert plattformunabhängig ein Image. Mit `im2java` kann aus der MATLAB Darstellung eine korrespondierende Java Instanz erzeugt werden. Die Inputdaten können dabei vom Typ double, uint8 oder uint16 sein und bleiben bei der Konvertierung erhalten. Die Syntax lautet `jimage = im2java(I)` für Intensitätsimages „I", `jimage=im2java(X,MAP)` für indizierte Bilder „X" mit zugehöriger Colormap „X" und `jimage = im2java(RGB)` für RGB-Grafiken.

20.4 Audio- und Videodateien

20.4.1 Befehlsübersicht

Audio-Files lesen und schreiben auread, auwrite

WAV-Files lesen und schreiben wavread, wavwrite

AVI-Files bearbeiten aviread, aviinfo, avifile

Animationen und AVI-Files addframe, movie2avi

20.4.2 Audio-Files lesen und schreiben

y = auread('aufile') liest einen AU-File mit dem Dateinamen „aufile" in einen Vektor „y" ein. „y" kann dann beispielsweise mit sound abgehört werden. Die Amplituden liegen zwischen −1 und +1. Hat der AU-File die Standard-Dateikennung .au, so braucht diese nicht angegeben zu werden. Alternativ kann auch der Import Wizard genutzt werden. auread unterstützt Mehrkanaldaten von Audiodateien der Formaten 8 Bit mu-law, 8, 16 und 32 Bit linear sowie Floating Point. [y,Fs,bits] = auread('aufile') liefert zusätzlich die Abtastfrequenz „fs" und die Anzahl der Bits pro Sample. [...] = auread('aufile',N) liefert nur die ersten N und [...] = auread('aufile',[N1,N2]) die Samples N1 bis N2 von jedem Kanal. siz = auread('aufile','size') liefert die Länge der Audiodaten und die Zahl der Kanäle in einem zweielementigen Vektor zurück.

auwrite(y,Fs,N,'method','aufile') erzeugt aus den Daten „y" einen Au-File unter dem Namen „aufile". Die Abtastfrequenz „Fs" in Hz, die Zahl der Bits „N" im Encoder und die gewählte Methode „method" sind Defaultparameter. „N" kann die Werte „8" oder „16" annehmen, als Methode werden mu-law (8 Bit) und linear unterstützt.

20.4.3 WAV-Files lesen und schreiben

y = wavread('filename') dient dem Einlesen von Microsoft Wav-Dateien. Als Alternative steht der Import Wizard zur Verfügung. Die Amplituden liegen zwischen −1 und +1. Mit [y,Fs,bits] = wavread('filename') lassen sich ähnlich auread die Abtastrate und die Bits per Sample auslesen. [...]=wavread('filename',N) liest die ersten N und [...]=wavread('filename', [N1 N2]) die Sample N1 bis N2 aus. siz = wavread('filename','size') liefert die Länge der Wav-Daten und die Zahl der Kanäle im zweielementigen Vektor „siz".

wavwrite(y,'filename') schreibt die Daten „y" in die WAV-Datei „filename", dabei werden 8-, 16-, 24- und 32-Bit-WAV-Dateien unterstützt. Die Amplituden müssen zwischen −1 und +1 liegen, andernfalls werden sie bei „1" abgeschnitten. Für 16-Bit-Files kann via wavwrite(y,Fs,'filename') die Abtastfrequenz „Fs" übergeben werden. N-Bit-Daten mit Abtastfrequenz „Fs" können mittels wavwrite(y,Fs,N,'filename') abgespeichert werden. Erlaubte Werte für „N" sind 8, 16, 24 und 32.

20.4.4 AVI-Files bearbeiten

mov = aviread(filename) und mov=aviread(filename,index) erlauben es, True-Color (m × n × 3-Farbmatrizen) oder indizierte Farben einzulesen und mit movie(mov) zu betrachten. fileinfo = aviinfo(filename) liefert in der Struktur „fileinfo" Informationen zu der AVI-Datei „filename".

Erzeugen eines AVI-Files und Auslesen der Informationen. Im ersten Schritt wollen wir aus einem MATLAB Movie einen AVI-File erzeugen. Zur allgemeinen Syntax von movie2avi s.u.

```
% Berechnen des Movies
Z = peaks; surf(Z);
axis tight
set(gca,'nextplot','replacechildren');
% Record the movie
for j = 1:20
    surf(sin(2*pi*j/20)*Z,Z)
    F(j) = getframe;
end

% Avifile erzeugen
movie2avi(F,'peaksbsp')
```

Auslesen der Informationen

```
>> fileinfo=aviinfo('peaksbsp')

fileinfo =

              Filename: 'peaksbsp.avi'
              FileSize: 8973602
           FileModDate: '17-Aug-2004 20:09:29'
             NumFrames: 20
       FramesPerSecond: 15
                 Width: 435
                Height: 343
             ImageType: 'truecolor'
       VideoCompression: 'none'
               Quality: 75
     NumColormapEntries: 0
```

Je nach AVi-File werden die folgenden Informationen ausgegeben:

- AudioFormat: Name des Audioformats (sofern vorhanden).
- AudioRate: Abtastrate der Audiodaten in Hz.

20.4 Audio- und Videodateien

- Filename: Name des Datenfiles.
- FileModDate: Datum der letzten Veränderung.
- FileSize: Größe der Datei in Bytes.
- FramesPerSecond: Zahl der Frames pro Sekunde (Integer).
- Height: Höhe des AVI-Movie in Pixel (Integer).
- ImageType: Grafiktyp; „truecolor" oder „indexed".
- NumAudioChannels: Zahl der Audio-Kanäle, sofern Audio-Daten vorhanden sind.
- NumFrames: Gesamtzahl der Movie-Frames.
- NumColormapEntries: Zahl der Colormap-Entries; für Truecolor „0".
- Quality: Ziffer zur Qualitätsbeurteilung zwischen 0 und 100. Je höher desto besser; allerdings sind diese Werte nicht immer gesetzt und daher mit Vorsicht zu genießen.
- VideoCompression: String, der den benutzten Kompressionsmode angibt.
- Width: Breite des AVI-Movie in Pixel.

`aviobj=avifile(filename,'eig',wert,...)` dient dem Erzeugen einer neuen AVI-Datei aus der ursprünglichen Datei „filename". aviobj ist ein AVI-Objekt, das auf „filename" verweist und beispielsweise mit `addframe` (s.u.) eingesetzt wird. Die Eigenschaftspaare „eig" und „wert" sind optional und können die folgenden Werte annehmen:

- „colormap": m × 3-Farbmatrix mit m ≤ 256 und ≤ 236 für Indeo-Kompression.
- „compression": Text-String, der den Kompressions-Codec festlegt.
  Für Windows: „Indeo3", „Indeo5" (Defaultwert), „Cinepak", „MSVC" oder „None",
  für UNIX: „None".
- „fps": Frames pro Sekunde; Voreinstellung ist 15 fps.
- „keyframe": Für Kompressions-Codec, die temporäre Kompression erlauben ist dies die Zahl der Key-Frames pro Sekunden (Default: 2).
- „quality": Qualitätskennziffer zwischen 0 und 100. Voreinstellung ist 75. Je höher dieser Wert ist desto besser die Qualität.
- „videoname": Beschreibender Name, maximale Länge 64 Charakter.

20.4.5 Animationen und AVI-Files

Wollen wir dem im obigen Beispiel erzeugten AVI-File ein weiteres Frame hinzufügen, so ist dies mittels `addframe`

```
>> surf(peaks);
>> F(j+1)=getframe;
>> mov=addframe(mov,F(j+1));
```

möglich. Die allgemeine Syntax ist `aviobj=addframe(aviobj, frame1,frame2,...)`. „aviobj" ist ein AVI-Objekt, das mittels `avifile` erzeugt worden ist. „framei" sind weitere Frames, die hinzugefügt werden sollen. Mit `aviobj=addframe(aviobj,mov)` werden die Frames des MATLAB Movies „mov" eingebaut und mit `aviobj = addframe(aviobj,h)` das Figure- oder Axis-Objekt mit Handle „h".

Mit `movie2avi(mov,filename,'eig',wert, ...)` (vgl. obiges Beispiel) wird aus einem MATLAB Movie eine AVI-Datei erzeugt. Die Eigenschaftspaare „eig", „wert" sind optional und können exakt dieselben Werte wie in `avifile` (s.o.) annehmen.

20.5 Internet-Unterstützung

MATLAB bietet mit `urlread` und `urlwrite` die Möglichkeit direkt auf das Internet zuzugreifen. `sendmail` erlaubt das Versenden von E-Mails und `createclassfromwsdl` das Erzeugen von MATLAB Klassen aus WSDL-Klassen. WSDL steht für Web Service Description Language und definiert einen plattform-, programmiersprachen- und protokollunabhängigen XML-Standard zur Beschreibung von Netzwerkdiensten. WSDL ist wie beispielsweise SGML eine Metasprache.

20.5.1 Internetzugriff

Mit `s = urlread('url')` greift man auf die URL-Adresse zu und liest deren Inhalt in den String „s" ein. „url" kann dabei eine http-Internet-Adresse sein, aber auch eine Datei, auf die wie üblich mit „file:///···" zugegriffen wird. Mit `s = urlread('url', 'method','para')` können Parameter an die URL-Adresse übergeben werden. Als Methoden werden „get" und „post" unterstützt, „para" ist eine Zellvariable. Ist beispielsweise das Internet-Dokument in einzelne Punkte mit dem Parameter „number" aufgeteilt, dann würde `s = urlread('url','post',{'number',7})` den Wert 7 übergeben und (falls vorhanden) auslesen. Mit `[s,status] = urlread(...)` werden in „status" etwaige Fehlermeldungen abgelegt. Auf binäre Dateien kann nicht zugegriffen werden, dies sollte insbesondere beim Zugriff auf FTP-Server beachtet werden. Zum Öffnen eines MATLAB Web Browsers steht der Befehl `web` (vgl. Kap. 2) zur Verfügung. Während `urlread` den Inhalt in eine Variable abbildet, speichert `[f,status]=urlwrite('url','filename','method','para')` den Inhalt in einer Datei mit dem Namen „filename". Bis auf „url" und „filename" sind alle Variablen bzw. Parameter optional. „method", „para" und „status" haben dieselbe Bedeutung wie unter `urlread`, „f" speichert den gewählten Dateinamen ab.

20.5.2 E-Mail aus MATLAB schreiben

Mit `sendmail('empf','sub','nachricht','anhang')` können an die E-Mail-Adresse „empf" mit dem Betreff „sub" die Information „nachricht" und gegebenenfalls ein Anhang gesandt werden. „nachricht" ist entweder ein String- oder ein Zell-Array. Zeilenumbrüche können durch eine 10 erzwungen werden und erfolgen gegebenenfalls automatisch nach 75 Zeichen. „anhang" ist ein Zell-Array mit den zu versendenden Files. „nachricht" und „anhang" sind optional. Bevor eine E-Mail versandt werden kann müssen zunächst die Präferenzen entsprechend dem vorliegenden E-Mail-System mit `setpref` gesetzt werden.

Beispiel.

```
>> setpref('Internet','SMTP_Server','smtp.xyz.com')
>> setpref('Internet','E_mail',...
>>         'my_email_adr@was_auch1.de')
>> sendmail('email_adr@was_auch.de',...
>>         'Subject-das wars bereits','undsofort')
```

Hier steht „smpt" für den Server- und „xyz" für den Hostnamen und „my_email_adr@was_auch1.de" für die eigene E-Mail-Adresse.

20.5.3 WSDL-Klassen erzeugen

Mit `createClassFromWsdl('source')` wird aus der WSDL-Applikation eine MATLAB Klasse erzeugt. Im lokalen Directory, in dem dieser Befehl ausgeführt wird, wird ein Klassendirectory mit demselben Namen wie die WSDL-Applikation automatisch angelegt, in dem dann die neuen überladenen Methoden abgespeichert werden und somit innerhalb MATLAB zur Verfügung stehen.

20.6 FTP-Zugriff

MATLAB bietet mit dem Befehl `ftp` die Möglichkeit direkt auf einen FTP-Server zuzugreifen. Mit `fobj = ftp('host','username','password')` wird ein ftp-Objekt „fobj" erzeugt und die entsprechende FTP-Verbindung hergestellt. „host" ist der Pfad auf den FTP-Server, zum Beispiel ftp.mathworks.com, „username" und „password" sind optional und bei einem „anonymous"-Zugriff (wie in viele FTP-Server bieten) leer. Der Zugriff auf „sftp" unter Linux beispielsweise kann durch Editieren der Datei „ftp.m" ergänzt werden. Dort muss dann der entsprechende ftp-client modifiziert werden und der neue File wird am besten unter einem neuen Namen abgelegt. Die Kommunikation erfolgt über das ftp-Objekt „fobj". Beispielsweise listet `dir(fobj)` das Verzeichnis auf dem FTP-Server auf, `cd(fobj,'newdir')` wechselt in das neue Verzeichnis „newdir", mit den FTP-Befehlen mput und mget erfolgt der Datentransfer und `close(ftp)` schließt die Server-Verbindung wieder. Eine Liste von Kommandos ist in Tabelle (20.11) aufgeführt.

Tabelle 20.11: *Liste ausgewählter FTP-Befehle. „fobj" ist das ftp-Objekt.*

BEFEHL	BEDEUTUNG
ascii	FTP-Datentransfer für lesbare Dateien
	Aufruf: ascii(fobj)
binary	FTP-Datentransfer für binäre Dateien
	Aufruf: binary(fobj)
cd	Directory-Wechsel auf dem FTP-Server
delete	Löschen eines Files auf dem FTP-Server
close	Schließen der FTP-Verbindung
ftp	Herstellen der FTP-Verbindung
mget	Herunterladen mehrerer Files
mkdir	Erzeugen eines neuen Verzeichnisses auf dem FTP-Server
mput	Kopieren mehrerer Files auf den FTP-Server
rename	Umbenennen von Files auf dem FTP-Server
rmdir	Verzeichnis auf dem FTP-Server löschen.

20.7 File Handling

„fid" steht im Folgenden stets für die File-Identification-Number, dem Rückgabewert von `fopen`.

20.7.1 Befehlsübersicht

File-Positionierung frewind, fseek, ftell

Filestatus feof, ferror

Temporäre Dateien tempdir, tempname

Voreinstellungen prefdir, matlabroot, mexext

Dateinamen partitionieren fileparts, filesep, fullfile, pathsep

Komprimierte Dateien zip, unzip

CDF File Handling cdfread, cdfinfo, cdfwrite, cdfepoch, todatenum

FITS File Handling fitsinfo, fitsread

XML File Handling xmlread, xmlwrite, xslt

20.7.2 File-Positionierung

Wurde eine Datei mit `fopen` geöffnet und in diese Datei bereits geschrieben oder herausgelesen, dann lässt sich mit `frewind(fid)` die Fileposition auf den Dateianfang zurückstellen.

20.7 File Handling

`status = fseek(fid,offset,origin)` setzt die Fileposition des Files mit der File-Identifikation-Number „fid" neu. Die Datei muss zunächst mit `fopen` geöffnet worden sein. „origin" kann die Werte „bof" (Dateianfang), „cof" (gegenwärtige Position) oder „eof" (Dateiende) haben. „offset" ist eine ganze Zahl, die für positive Werte die Fileposition um diesen Wert in Richtung Dateiende und für negative Werte Richtung Dateianfang verrückt. Betrachten wir als Beispiel einen File (fid) mit der ersten Zeile *1234567890ABCDEFGHIJKLMNOPQRSTUVWXYZabcdefghijkl*. Mit `fseek(fid,13,'bof')` würden wir an die Position 14, dies ist das *D*, rücken. War die Aktion erfolgreich hat „status" den Wert 0, sonst -1. Mit `position = ftell(fid)` wird die entsprechende aktuelle Position, im obigen Beispiel 13, zurückgegeben. Führte `ftell` zu einem Fehler, ist der Rückgabewert -1.

20.7.3 File-Status

`eofstat = feof(fid)` liefert 1, wenn das Ende des Files erreicht ist, sonst 0. `[message,errnum] = ferror(fid)` erfragt die letzte Fehlermeldung als String in „message" und das optionale „errnum" enthält die Fehler-Statusnummer. Trat kein Fehler auf, ist „message" leer und „errnum" 0. Mit `message = ferror(fid, 'clear')` wird der Fehler-Indikator gelöscht. `ferror` wird insbesondere im Zusammenhang mit dem Einlesen oder Schreiben eingebettet in eine if-Abfrage angewandt. Funktionen wie beispielsweise `fget` liefern eine -1 zurück, wenn sie nicht erfolgreich waren.

20.7.4 Temporäre Dateien und Voreinstellungen

`tmp_dir = tempdir` liefert den Namen des temporären Verzeichnisses zurück und `tmp_nam = tempname` den Namen einer potentiellen temporären Datei.

`d = prefdir` liefert den Verzeichnisnamen des Directories, das die MATLAB Präferenz-Files (matlab.prf, history.m, shortcuts.xml, MATLABDesktop.xml und Your_Saved_LayoutMATLABLayout.xml) enthält. Sollte dieses Verzeichnis nicht existieren, so kann es mit `d = prefdir(1)` erzeugt werden.

`rd = matlabroot` liefert den absoluten Pfad des Matlab-Installationsdirectories. `ext = mexext` gibt die plattformabhängige Filekennung der mex-Files zurück.

20.7.5 Dateinamen partitionieren

`>> [pathstr,name,ext,versn] = fileparts('filename')` gibt Auskunft über Pfad, Dateinamen, Filekennung und Version. MATLAB analysiert dabei den übergebenen String, kontrolliert aber nicht, ob Pfad oder Datei überhaupt existieren. Der Fileseparator, der Directory- und Filenamen voneinander trennt, lässt sich mit `filesep` erfragen und wird auch bei der Zerlegung mittels `fileparts` genutzt. Unter Windows führt dies zu `>> f=filesep` f = \ und unter UNIX/Linux zu f = /. `c = pathsep` liefert den plattformabhängigen Pfad-Separator.

`f = fullfile('dir1','dir2',...,'filename')` fügt die einzelnen Pfadbestandteile und Filenamen zu einem Ganzen zusammen. Beispielsweise erhält man mit

```
>> f = fullfile(matlabroot,'toolbox','matlab',...
>>               'local','ex_nicht.m')
f =
/usr/local/matlab7/toolbox/matlab/local/ex_nicht.m
```

eine Variable „f" mit vollständigem Pfad einschließlich Filenamen. Aber auch hier wird der Wahrheitsgehalt nicht überprüft. `matlabroot` ist allerdings vordefiniert. Viele Kommandos akzeptieren partielle Pfadnamen, beispielsweise `which`. Dabei ist ein partieller Pfadname ein Pfadname relativ zum MATLAB Directory. In der MATLAB Dokumentation findet man dazu Hinweise via >> `doc partialpath`.

20.7.6 Komprimierte Dateien

`zip('zipfname','fname')` erzeugt aus der Datei „fname" eine komprimierte Version unter dem Namen „zipfname" im Zip-Format. Das Zusammenpacken eines gesamten Verzeichnisses mit dem Namen „directory" erlaubt `zip('zipfname','directory')` und `zip('zipfname', 'quelle', 'rootdirectory')` erlaubt relative Pfadnamen bezüglich des durch „rootdirectory" definierten Verzeichnisses; „quelle" kann sowohl eine Datei als auch ein Verzeichnis sein. Zum Auspacken komprimierter Dateien dient `unzip('zipfname')` und zum Verschieben in das Verzeichnis „directory" `unzip('zipfname','directory')`.

20.7.7 CDF File Handling

CDF-Files sind Datenfiles, die im Common Data Format (CDF) der NASA abgelegt sind. Die Daten liegen dabei unformatiert vor. Mit `data = cdfread(file)` werden die Daten von „file" in die Zellvariable „data" eingelesen. Das Einlesen ausgewählter Records erfolgt mit `data = cdfread(file, 'records',recnums, ...)`, wobei die einzelnen Records durch den Vektor „recnums" festgelegt sind. `data = cdfread(file, 'variables', varnames, ...)` liest nur diejenigen Variablen ein, die durch die n × 1-Charakter-Zellvariablen „varnames" festgelegt sind. `data=cdfread(file, 'slices', dimensionvalues, ...)` liest die durch n × 3-Matrix „dimensionvalues" festgelegten Records ein. Sollen weitere Informationen zum CDF-File ausgegeben werden, so ist dies mit `[data, info] = cdfread(file, ...)` möglich.

`info = cdfinfo(file)` liefert spezifische Informationen zum CDF-Datenfile „file". Beispielsweise verwaltungsrelevante Daten wie Datum der letzten Änderung, aber auch inhaltliche Informationen beispielsweise zu den Variablen.

Mit `cdfwrite(file, variablelist)` lassen sich die mit der Variablenliste „variablelist" verknüpften Daten in die CDF-Datei „file" schreiben. „variablelist" ist ein Zell-Array, in dem paarweise Variablennamen und zugehörige Werte aufgeführt sind. Mit `cdfwrite(file, variablelist, 'eig',wert)` lassen sich weitere Eigenschaften übergeben. „WriteMode" kann die Werte „overwrite" oder „append" haben, je nachdem ob die Daten angehängt werden sollen oder nicht. Mit „Format" und den Werten „multifile" oder „singlefile" wird festgelegt, ob jede Variable in einem eigenen File abgespeichert wird oder nicht. Weitere Eigenschaften sind in der MATLAB Dokumentation beschrieben. `E = cdfepoch(date)` erzeugt ein cdfepoch Objekt, die Zahl der Millisekunden seit dem 0.1.0000. „date" ist entweder eine ganze Zahl, die das Datum repräsentiert (s. `datenum`) oder ein MATLAB gültiger Datumsstring. Mit `n = todatenum(E)` wird ein CDF-Datum in ein MATLAB Datum gewandelt.

20.7.8 FITS File Handling

FITS steht für Flexible Image Transport System und ist ein in der Astronomie gebräuchliches Datenformat. FITS erlaubt das Speichern multidimensionaler Arrays. Mit `S = fitsinfo(filename)` werden aus „filename" Informationen wie beispielsweise Inhalt, Größe, Datum etc. ausgelesen. `data = fitsread(filename)` liest die primären Daten aus, nicht-definierte Datenwerte werden durch NaNs ersetzt. Dieselbe Aufgabe hat `data = fitsread(filename, 'raw')`, hier bleiben jedoch nichtdefinierte Datenwerte unberücksichtigt. `data = fitsread(filename, extname)` liest die durch „extname" definierten Datenarrays aus. „extname" kann „primary", „table" (ASCII-Daten), „bintable" (binäre Daten), „image" und „unknowns" sein. Innerhalb eines FITS-Files sind einzelne Tabellen mit den jeweiligen „Extensions" definiert. Sollte mehr als eine Tafel derselben „extname" Kennung vorliegen, so wird zwischen ihnen durch einen Index unterschieden, `data = fitsread(filename, extname, index)`.

20.7.9 XML File Handling

XML ist die Abkürzung von **E**xtensible **M**arkup **L**anguage und ist lose mit HTML verknüpft. Viele Dokumententypen lassen sich unter einer gemeinsamen Formatvorlage bearbeiten. Für diesen Zweck können innerhalb XML DTDs (Document Type Definitions) festgelegt werden. Eine der Möglichkeiten XML Dateien auszuwerten basiert auf DOM (Document Object Model), das von W3C standardisiert wurde. Vorteil von DOM ist, dass alle Elemente in einer hierarchischen Struktur vorliegen. Daraus ergibt sich jedoch auch sein Nachteil, der hohe Speicherbedarf.

`DOMnode = xmlread(filename)` liest das XML-Dokument oder eine URL „filename" und speichert das Dokument in einem DOM-Objekt. `xmlwrite(filename, DOMnode)` erzeugt aus einem DOM-Objekt „DOMnode" einen xml-File „filename.xml" und `str = xmlwrite(DOMnode)` ein Charakter-Array.

XSL steht für **E**xtensible **S**tylesheet **L**anguage und dient der Erzeugung druckbarer Layouts aus XML-Dokumenten. XSLT ist für die Transformation zuständig. Mit `result = xslt(quelle, style, dest)` wird die XML-Quelldatei „quelle" mithilfe des XSL-Stildokuments (enthält Formatierungsanweisungen und Stilangaben) in die Datei „dest" transformiert. „quelle" kann auch ein DOM-Objekt sein und anstelle von Filenamen können auch URL-Adressen stehen. „result" ist die URL des erzeugten Dokuments. Alternativ dazu stellt der Aufruf `[result,style] = xslt(...)`. `xslt (...,'-web')` das Ergebnis direkt im WEB-Browser dar. Neben der funktionalen Form wird auch beispielsweise die Form `xlst quelle.xml style.xsl dest.html -web` unterstützt.

20.8 HDF-Bibliothek

HDF steht für **H**ierachical **D**ata **F**ormat und ist eine Mischform von Metadaten und Rohdaten. Es wurde von der NCSA entwickelt und wird zunehmend von der NASA genutzt. MATLAB unterstützt dieses Datenformat mit vielen Low-Level-Funktionen, die alle mit `hdf...` beginnen.

20.8.1 HDF4- und HDF-EOS-Dateien

`hdf` stellt ein Mex-Interface zu HDF-Datenfiles zur Verfügung. `dat = hdfread(fname, dataset)` liest die durch „fname" festgelegte Datei und den durch „dataset" spezifizierten Datensatz ein und legt sie in der Variablen „dat" ab. Mit `dat = hdfread(hinfo)` werden alle in der Struktur festgelegten Datenmengen eingelesen. Zusätzlich lassen sich noch viele Eigenschaften mittels `data = hdfread(...,eig1,wert1,...)` übergeben, die jedoch ein tieferes Verständnis der hdf-Dateistruktur erfordern und daher hier nicht weiter diskutiert werden. Mit `[data,map] = hdfread(...)` werden Bilddateien eingelesen und in „map" die zugehörige Farbmatrix abgelegt. `S = hdfinfo(filename)` liefert in der Struktur „S" Teilinformationen zum Inhalt der HDF-Datei „filename". Mit `S = hdfinfo(filename,mode)` kann zusätzlich festgelegt werden, ob es sich um eine HDF- („hdf") oder HDF-EOS-Datei („eos") handelt.

`hdftool` bzw. `h = hdftool(filename)` öffnet einen File-Import-Browser zum Öffnen von HDF-Dateien mittels des HDF Import Tools, ein grafisches User-Interface. Das Handle „h" ist optional; wird ein Filename übergeben, wird dieses direkt im HDF Import Tool zugewiesen. `hdftoolswitchyard` ist eine Hilfsfunktion des HDF Import Tools.

Weitere MEX-basierte Hilfsfunktionen – Syntax `hdf..(funktion,para,wert)` – sind:

- `hdfan`: speichert, verwaltet und ruft Textinformationen ab.

- `hdfdf24`: zur Verarbeitung von Rasterbildern. Dieses Bildformat wird auch von `imread` und `imwrite` unterstützt. Ebenso `hdfdf8` zur Bearbeitung von 8-Bit Rasterbildern.

- Hilfsfunktionen zum Öffnen, zum Schließen und zur Fehlerbehandlung sind: `hdfh`, `hdfhd` und `hdfhe`.

- `hdfml` ist eine Hilfsfunktionen, die das Arbeiten mit HDF-Files als Gateway-Funktion unter MATLAB unterstützt. Wie die anderen Funktionen dieser Liste liegt `hdfml` als MEX-File vor. D.h. damit verknüpfte Variablen werden mit >> `clear mex` gelöscht.

- `hdfsd` unterstützt die Bearbeitung multidimensionaler Arrays.

- `hdfv` zur Bearbeitung von V-Gruppen und Raster-Images.

- Der Bearbeitung multivariater Daten und deren tabellenorientierte Verwaltung dient `hdfvf`, `hdfvh` und `hdfvs`.

- Die Funktionen `hdfgd`, `hdfpt` und `hdfsw` dienen als Interface zur HDF-EOS-Bibliothek.

20.8.2 HDF5-Dateien

Der Bearbeitung von HDF5-Dateien dient `hdf5read`, `hdf5info` und `hdf5write`. Mit `dat = hdf5read(fname,dataset)` werden wie bei `hdfread`, die durch „dataset" festgelegten Daten aus der HDF5-Datei „fname" ausgelesen und in „dat" abgespeichert. Metadaten lassen sich mittels `attr = hdf5read(fname, attributname)` auswerten, wobei „attributname" alle Metadaten des dadurch festgelegten Attributs kennzeichnet. `[data, attr] = hdf5read(..., 'ReadAttributes', BOOL)` liest alle Daten und die zugehörigen Attribute. Die Voreinstellung für „BOOL" ist „false". Mit `data = hdf5read(hinfo)` kann alternativ eine Struktur „hinfo" übergeben werden. `fileinfo = hdf5info(fname, 'ReadAttributes',bool)` liest Informationen aus der Datei „fname" aus. Das Parameterpaar „ReadAttributes, bool" ist optional. `hdf5write(fname, location,dataset)` schreibt die Daten „dataset" in den File „fname" unter Lokalisierung „location", beispielsweise „/dat1". „location" kann auch eine Struktur sein. Es können auch mehrere Daten als Liste „loc1,data1,loc2,data2,...." übergeben werden sowie zusätzliche Parameter `... = hdfwrite (..., 'WriteMode','mode')`, wobei „mode" festlegt, ob ein bestehender Datensatz überschrieben („overwrite") oder an diesen angehängt („append") werden soll.

20.9 Der serielle Port

Mit `obj = serial('port','eig',wert,...)` wird ein serielles Port-Objekt „obj" erzeugt. „port" ist der serielle Portname, das Eigenschaftspaar „eig" und „wert" optional. Mit `set(obj,...)` und `get(obj,...)` können die Eigenschaften „eig" ebenfalls gesetzt bzw. angezeigt werden. `set(obj)` listet die Eigenschaften und ihre Wertemöglichkeiten auf. Die folgende Liste zeigt die unterstützten Eigenschaften, die Defaultwerte stehen in geschweiften Klammern. Weitere Funktionen sind unten aufgelistet.

```
>> set(obj)
   ByteOrder: [ {littleEndian} | bigEndian ]
   BytesAvailableFcn: string -or- function handle
                     -or- cell array
   BytesAvailableFcnCount
   BytesAvailableFcnMode: [ {terminator} | byte ]
   ErrorFcn: string -or- function handle
           -or- cell array
   InputBufferSize
   Name
   ObjectVisibility: [ {on} | off ]
   OutputBufferSize
   OutputEmptyFcn: string -or- function handle
                  -or- cell array
   RecordDetail: [ {compact} | verbose ]
   RecordMode: [ {overwrite} | append | index ]
   RecordName
   Tag
```

```
Timeout
TimerFcn: string -or- function handle
         -or- cell array
TimerPeriod
UserData

SERIAL specific properties:
BaudRate
BreakInterruptFcn: string -or- function handle
                   -or- cell array
DataBits
DataTerminalReady: [ {on} | off ]
FlowControl: [ {none} | hardware | software ]
Parity: [ {none} | odd | even | mark | space ]
PinStatusFcn: string -or- function handle
              -or- cell array
Port
ReadAsyncMode: [ {continuous} | manual ]
RequestToSend: [ {on} | off ]
StopBits
Terminator
```

Die Gültigkeit eines seriellen Port-Objekts kann mit `out = isvalid(obj)` getestet werden.

Übersicht der Hilfsfunktionen zur seriellen Schnittstelle. In der folgenden Übersicht bezeichnet `s = serial('COM1');` das serielle Port-Objekt.

- `clear(s)` löscht das serielle Port-Objekt „s".

- `delete(s)` löscht das serielle Port-Objekt „s" aus dem Speicher.

- `>> disp(s)` oder `>> s` gibt Informationen zum seriellen Objekt „s" auf dem Bildschirm aus.

- `fclose(s)` schließt die Verbindung zu „s".

- `[tl, count, msg= fgetl(s)` liest eine Textzeile des seriellen Objekts „s" ein und speichert sie in „tl" ab. „count" und „msg" sind optional und zählen die Zeilenzahl bzw. speichern Meldungen ab.

- `[tl, count, msg= fgets(s)` berücksichtigt wie `fgetl` zusätzlich den Terminator.

- `fopen(s)` verbindet das serielle Port-Objekt mit der Schnittstelle.

- `fprintf(s,'format','cmd','mode')` schreibt Text, „format" folgt der C-Konvention und ist optional, „cmd" ist die Stringvariable, die den zu schreibenden Text enthält, „mode" ist optional und kann entweder synchron (sync) oder asynchron (async) sein.

20.10 Hilfsfunktionen 419

- `[A,count,msg] = fread(s,size,'precision')` dient dem Lesen binärer Daten. In „A" werden die binären Daten gespeichert, „count" und „msg" sind optional (s.o.). „size" ist die Zahl der zu lesenden Daten, „precision" ist optional und legt die zu lesende Zahl der Bits pro Wert fest. Das Gegenstück zu `fread` ist `fwrite(s,A,'precision','mode')`. „precision" und „mode" sind optional. „mode" kann die Werte „sync" und „async" annehmen.

- `[A,count,msg] = fscanf(s,'format',size)` liest Daten in „A" ein. „count" und „msg" sind optional (s.o.), ebenso „format", das der C-Konvention folgt und „size", das die Zahl der zu lesenden Werte angibt.

- `instrcallback(s,event)` liefert Informationen, wenn ein Ereignis stattfindet.

- `instrfind` listet die seriellen Port-Objekte auf. Als Argumente können auch einschränkende Eigenschaften oder „s" übergeben werden.

- `length(s)`: Länge eines seriellen Port Objekt Arrays.

- `readasync(s,size)`: Asynchrones Einlesen von „s". „size" ist optional und gibt die Zahl der Bytes an.

- `record(s,'switch')`: Aufzeichnen von Daten und Informationen in eine Datei. „switch" ist optional und kann die Werte „on" und „off" haben. Ohne „switch" ist „record" ein Toggle-Kommando.

- `serialbreak(s, zeit)` unterbricht die Verbindung; „zeit" ist optional und legt die Dauer der Unterbrechung in ms fest.

- `size`: Dimensionen des seriellen Port Objekt Arrays.

- `stopasync(s)` stoppt den asynchronen Lese- oder Schreibvorgang.

20.10 Hilfsfunktionen

`clc` steht für **C**lear **C**ommand Window und löscht die Oberfläche des Eingabefensters, ohne eine der Variablen zu löschen. `home` bewegt den Cursor in die linke obere Ecke. Dies ermöglicht im Gegensatz zu `clc`, auch weiterhin zu alten Eingaben zu scrollen.

`M = str2rng(RNG)` konvergiert die Tabellennomenklatur in einen numerischen Bereich.

```
>> m=str2rng('A1..H2')
m =
     0     0     1     7
```

`wk1const` ist ein Skript zur Definition von Lotus-Records und `wk1wrec(fid, rect, vr)` dient dem Schreiben von Kopfzeilen zu Lotus-Tabellen.

21 Zeitfunktionen

21.1 Basisfunktionen

21.1.1 Befehlsübersicht

Aktuelle Zeit clock, date, now

Darstellung: Datum datenum, datestr, datevec

Datum verschieben addtodate

21.1.2 Aktuelle Zeit

>> c = clock gibt die aktuelle Zeit in der Form [Jahr Monat Tag Stunde Minute Sekunde] an. Bis auf Sekunden sind alle anderen Werte ganze Zahlen. date liefert das aktuelle Datum in der Darstellung dd-mmm-yyyy. t = now liefert das aktuelle Datum einschließlich der Zeit als serielles Datum. Die 1 entspricht dabei dem 1. Januar des Jahres 0. Dies ist insbesondere bei Exceldaten zu beachten. Dort ist der Bezugstag der 1. Januar 1900 (oder 1904). Mit rem(now,1) lässt sich die aktuelle Zeit und mit floor(now) das aktuelle Datum als serielle Zahl bestimmen.

21.1.3 Darstellung: Datum

N = datenum(DT) konvergiert das Datum „DT" oder Datumsvektoren in die serielle Darstellung. Bezugszeitpunkt ist der 1. Januar 0. Mit N = datenum(DT, P) lässt sich ein Bezugsjahr für „DT" übergeben. Ist DT="12-jun-12" und liegt P zwischen 1813 und 1912, dann wird das Jahr 1912 angenommen; ist P=1913, dann wird das Jahr 2012 angenommen. Üblicherweise legt man mit P das Jahrhundert fest. Mit N = datenum(DT, F) wird durch „F" das Datumsformat festgelegt. Zusätzlich kann auch wieder ein Bezugsjahr „P" N = datenum(DT, F, P) übergeben werden. Des Weiteren werden Jahr (Y), Monat (M), Tag (D) N = datenum(Y, M, D) und zusätzlich noch die Stunde (H), Minute (MI) und Sekunde (S) N = datenum(Y, M, D, H, MI, S) unterstützt. Die Umkehrung zu datenum ist datestr. str = datestr(DT) konvergiert das serielle Datum in eine lesbarere Datumsform. Dabei werden via str = datestr(DT, dateform, P) die in Tabelle (21.1) aufgelisteten Datumsformate unterstützt. Das Bezugsjahr (Pivotjahr), Variable „P", ist optional. Mit str=datestr(..., 'local') wird eine lokale Datumsversion genutzt. Voreinstellung ist „en_US".

V=datevec(DT, F,P) konvertiert ein serielles Datum oder einen Datumsstring „DT" in eine Vektordarstellung mit den Komponenten [Jahr Monat Tag Stunde Minute

Tabelle 21.1: *Unterstützte Datumsformate. Alternativ kann sowohl die Kennziffer (K) oder die Stringdarstellung übergeben werden.*

K	STRINGDARSTELLUNG	BEDEUTUNG
	d	steht für Tag, Anfangsbuchstabe
	dd	zweiziffrige Tagesdarstellung
	m	steht für Monat, Anfangsbuchstabe
	mm	zweiziffrige Monatsdarstellung
	mmm	Monatsdarstellung mit 3 Buchstaben
	yy	zweiziffrige Jahresdarstellung
	yyyy	vierziffrige Jahresdarstellung
0	'dd-mmm-yyyy HH:MM:SS'	Bsp: 01-Mar-2000 15:45:17
1	'dd-mmm-yyyy'	Bsp: 01-Mar-2000
2	'mm/dd/yy'	Bsp: 03/01/00
3	'mmm'	Monatsdarstellung mit drei Buchstaben, Bsp: Mar
4	'm'	Monatsname, erster Buchstabe, Bsp.: M
5	'mm'	zweistellige Monatsdarstellung, Bsp.: 03
6	'mm/dd'	zweistellig, Monat/Tag, Bsp.: 03/01
7	'dd'	Zweistellige Tag-Darstellung, Bsp.: 01
8	'ddd'	Tag in drei Buchstaben, Bsp.: Wed
9	'd'	Tagesname, erster Buchstabe, Bsp: W
10	'yyyy'	vierziffrige Jahresdarstellung, Bsp.: 2000
11	'yy'	zweiziffrige Jahresdarstellung, Bsp.: 00
12	'mmmyy'	Bsp.: Mar00
13	'HH:MM:SS'	Bsp.: 15:45:17
14	'HH:MM:SS PM'	PM- und AM-Zeitdarstellung, Bsp.: 3:45:17 PM
15	'HH:MM'	Bsp.: 15:45
16	'HH:MM PM'	PM- und AM-Zeitdarstellung, Bsp.: 3:45 PM
17	'QQ-YY'	Quartals-Jahresdarstellung, Bsp.: Q1-01
18	'QQ'	Quartalsdarstellung, Bsp.: Q1
19	'dd/mm'	Bsp.: 01/03
20	'dd/mm/yy'	Bsp.: 01/03/00
21	'mmm.dd.yyyy HH:MM:SS'	Bsp.: Mar.01,2000 15:45:1722
22	'mmm.dd.yyyy'	Bsp.: Mar.01.2000
23	'mm/dd/yyyy'	Bsp.: 03/01/2000
24	'dd/mm/yyyy'	01/03/2000
25	'yy/mm/dd'	Bsp.: 00/03/01
26	'yyyy/mm/dd'	Bsp.: 2000/03/01
27	'QQ-YYYY'	Quartalsdarstellung, Bsp.: Q1-2001
28	'mmmyyyy'	Bsp.: Mar2000
29	'yyyy-mm-dd'	ISO 8601, Bsp.: 2000-03-01
30	'yyyymmddTHHMMSS'	ISO 8601, Bsp.: 20000301T154517
31	'yyyy-mm-dd HH:MM:SS'	2000-03-01 15:45:17

21.2 Datums- und Zeitfunktionen

Sekunde]. Die Formatangabe „F" und das Bezugsjahr „P" sind optional. Anstelle eines Vektors können die einzelnen Datumskomponenten auch skalaren Variablen zugeordnet werden: [Y, M, D, H, MI, S] = datevec(DT).

21.1.4 Datum verschieben

R = addtodate(D, N, F) modifiziert das bestehende serielle Datum „D" durch hinzuaddieren der ganzen Zahl „N" zu dem durch „F" festgelegten Feld.

```
>> verg = addtodate(now,-20,'day')
verg =
     7.321626947583148e+05

>> verg = datestr(...
           addtodate(...
             datenum('23-Aug-2004'),-20,'day'),...
               'dd-mmm-yyyy')
verg =
03-Aug-2004
```

21.2 Datums- und Zeitfunktionen

21.2.1 Befehlsübersicht

Kalenderfunktionen calendar, eomday, weekday

Datumsachsen plotten datetick

Zeitdifferenz etime

Zeit stoppen tic, toc

CPU-Zeit cputime

Pausefunktion pause

21.2.2 Kalenderfunktionen

c = calendar liefert den aktuellen Monat als 6×7-Matrix, wobei die erste Spalte die Sonntage angibt und c = calendar(d) den Monat zum Datum „d". „d" kann sowohl ein serielles Datum als auch Datumsstring sein. Ohne optionale Rückgabevariable „c" wird zusätzlich eine Überschrift mit Monat und Jahr und eine Kopfzeile mit den Wochentagen ausgegeben. Mit c = calendar(y,m) erhalten Sie die Monatsübersicht zum Jahr „y" und Monat „m".

Einsteins Geburtsmonat. A. Einstein ist am 14.3.1879 geboren.

```
>> calendar(1879,3)
            Mar 1879
   S    M   Tu    W   Th    F    S
   0    0    0    0    0    0    1
   2    3    4    5    6    7    8
   9   10   11   12   13   14   15
  16   17   18   19   20   21   22
  23   24   25   26   27   28   29
  30   31    0    0    0    0    0
```

E = eomday(Y,M) gibt die Zahl der Monatstage zum Monat „M" im Jahr „Y" aus. [n, s] = weekday(D, form, locale) gibt den Wochentag zum Datum „D" aus. „D" kann dabei sowohl ein serielles Datum als auch ein Datumsstring sein. Die Rückgabewerte sind die Tagesziffer „n" beginnend bei 1 mit dem Sonntag und der Tagesname „s" als String. Die Variablen „form" und „local" sind optional. „form" kann die Werte „short" (3-Buchstaben-Abkürzung für den Tagesnamen) oder „long" (Tagesname ausgeschrieben) annehmen und „local" für die lokale Namensgebung mit Voreinstellung „en_US".

21.2.3 Datumsachsen plotten

Zum Plotten von Zeitreihen wird zunächst ein serielles Datum zum Einteilen der Achse übergeben. Mit `datetick(achse)` werden die seriellen Werte in einem Datumsformat ausgegeben. „achse" bezeichnet die Datumsachse und kann die Werte „x", „y" oder „z" haben. Das Datumsformat wird anhand der Achsenwerte ausgewählt. Mit `datetick(achse,df)` wird ein Datumsformat „df" vorgegeben. Unterstützt werden die Formate 0 bis 28 von Tabelle (21.1). Sehr häufig werden bei unterschiedlichen Datumsformaten die Achsen ungünstig umskaliert. Um dies zu vermeiden, können mit `datetick(...,'keeplimits')` die Achsengrenzen und mit `datetick(...,'keepticks')` die Achsenstriche eingefroren werden. Soll auf eine bestimmte Achse mit Handle „ah" zugegriffen werden, so ist dies mit `datetick(ah,...)` möglich.

21.2.4 Zeitdifferenz

e = etime(t2,t1) bestimmt die zwischen „t2" und „t1" vergangene Zeit. Die Eingangsvariablen sind sechskomponentige Vektoren der Form [Jahr Monat Tag Stunde Minute Sekunde].

21.2.5 Zeit stoppen

Die Tic-Toc-Stoppuhr. MATLAB bietet mit `tic` und `toc` eine Stoppuhr. Mit `tic` wird die Uhr auf null gesetzt, `toc` gibt dann die vergangene Zeit in Sekunden mit 6 Nachkommastellen an.

CPU-Zeit. t = cputime gibt die seit MATLAB Start vergangene und von MATLAB genutzte CPU-Zeit aus. Dieser Wert kann sich deutlich von den mit `tic` und `toc` ermittelten Werten unterscheiden, ist aber die bei einem Programmlauf tatsächlich von MATLAB genutzte Zeit.

21.2.6 Pausefunktion

`pause` unterbricht den Programmablauf bis zu einem beliebigen Tastendruck und `pause(n)` bis n Sekunden vergangen sind. Mit `pause on` können mehrere Pause-Befehle ausgeführt werden und `pause off` schaltet Pause ab.

21.3 Timer Support

Timer-Objekte werden durch den Befehl `timer` erzeugt, durch `timerfind` und `timerfindall` unterstützt sowie durch `start` und `startat` ausgeführt und durch `stop` beendet.

`t = timer` bzw. `t=timer('eig1',wert1,'eig2',wert2, ...)` erzeugt ein Timer-Objekt mit den Eigenschaften „eigi". Eigenschaften lassen sich mit `set` setzen und mit `get` anschauen. `timer` unterstützt die folgenden Eigenschaften (Defaultwerte in geschweifter Klammer):

- AveragePeriod: Mittlere Zeit zwischen den Ausführungen der Callback-Funktion „TimerFcn" (Read only).

- BusyMode: [{drop} | queue | error]; Aktion, die ein Timer-Objekt ausführt, wenn die Callback-Funktion „TimerFcn" aufgerufen wird, während ein anderes MATLAB Programm aktiv ist. „drop", Timer Funktion wird nicht ausgeführt, „error", eine Fehlermeldung wird ausgegeben und „queue", die Timer Funktion wird bald möglichst ausgeführt.

- ErrorFcn: String, Function Handle oder Zellarray.
  Callback-Funktion, die im Falle eines Fehlers ausgeführt werden soll.

- ExecutionMode: [{singleShot} | fixedSpacing | fixedDelay | fixedRate]; Ausführungsart der Timer-Ereignisse. singleShot: einmaliges Ausführen; fixedSpacing: die Zeit wird nach Beenden, bei fixedDelay bei Beginn der Timer Callback-Funktion „TimerFcn" gezählt und bei fixedRate wird die Zeit ab dem Moment gezählt, in dem die Timer Callback-Funktion der MATLAB Ausführungsqueue hinzugefügt wird.

- InstantPeriod: Zeit zwischen den letzten beiden Ausführungen der „TimerFcn" (Read only).

- Name: Timer-Objekt-Name.

- ObjectVisibility: [{on} | off]; Sichtbarkeit bezüglich `timerfind` (s.u.).

- Period: Zeit zwischen den Ausführungen der „TimerFcn" in Sekunden.

- Running: Gibt Auskunft, ob das Timer-Objekt läuft (Read only).

- StartDelay: Verzögerungszeit zu Beginn in Sekunden.

- StartFcn, StopFcn: String, Function Handle oder Zellarray;
  Callback-Funktion, wird beim Starten bzw. Anhalten des Timer-Objekts ausgeführt.

- StopFcn: String, Function Handle oder Zellarray;

- Tag: Benutzer-spezifisches Label.

- TasksToExecute: Legt fest, wie oft das Timer-Objekt ausgeführt werden soll.

- TasksExecuted: Anzahl der ausgeführten TimerFcn-Callbacks (Read only).

- TimerFcn: String, Function Handle oder Zellarray;
  Callback-Funktion, die vom Timer-Objekt einmal oder mehrmals ausgeführt wird.

- Type: Objekttyp, hier stets „timer".

- UserData: ans Timer-Objekt gebundene Benutzer-Daten.

`start(obj)` startet und `stop(obj)` beendet ein Timer-Objekt. Ein Timer-Objekt wird außerdem beendet, wenn die Zahl der TimerFcn-Callbacks festgelegt in TasksToExecute erreicht wurde oder ein Fehler bei der Ausführung des TimerFcn-Callback auftrat. `startat(obj,zeit)` startet ein Timer-Objekt „obj" in dem durch „zeit" festgelegten Moment. „zeit" kann ein serielles Datum oder ein Zeitstring sein. Es werden dabei die Formate 0, 1, 2, 6, 13, 14, 15, 16 oder 23 der Tabelle (21.1) unterstützt. „zeit" kann auch als Datumsvektor bestehend aus den Elementen [Jahr Monat Tag] oder [Jahr Monat Tag Stunde Minute Sekunde] übergeben werden. Wie bei `datestr` wird auch die Angabe eines Bezugsjahres „P" `startat(obj,S,P)` unterstützt. `wait(obj)` blockiert die Kommandozeileneingabe bis das Timer-Objekt beendet ist oder im Falle eines Arrays alle Timer-Objekte „obj" beendet sind.

`out = timerfind` liefert ein Verzeichnis aller im MATLAB Speicher befindlichen Timer-Objekte und `out=timerfind('eig1', wert1, ...)` schränkt die Ausgabe auf diejenigen Objekte ein, die die Eigenschaften „eigi" mit „werti" besitzen. Die Eigenschaften können auch in einer Struktur, deren Feldnamen die Eigenschaftsnamen sind, übergeben werden. Mit `out=timerfind(obj,'eig1', wert1, ...)` und „obj" ein Array aus Timer-Objekten wird die Suche auf die dadurch festgelegten Objekte eingeschränkt. `timerfind` kann nur diejenigen Timer-Objekte finden, deren ObjectVisibility-Eigenschaft auf „on" steht. `out = timerfindall` findet dagegen alle Timer-Objekte unabhängig von deren ObjectVisibility-Eigenschaft und erlaubt dieselben Argumente wie `timerfind`.

22 Datentypen und Strukturen

MATLAB verwaltet intern alle Datentypen (Variablen) als Arrays. Einen Überblick über die unterstützten Datentypen zeigt Abb. (22.1). Bis einschließlich Rel. 6.5 wurden Berechnungen nur mit dem Datentyp „double" direkt unterstützt, alle anderen dienten vornehmlich der Speicherreduktion. Mit Rel. 7 hat sich dies teilweise geändert. Auf die entsprechenden Änderungen wird bei jedem Datentyp gesondert hingewiesen. Selbstverständlich lassen sich eigene Methoden (overloaded methods) definieren, die dann eigene Berechnungen mit jeweils ausgewählten Datentypen erlauben.

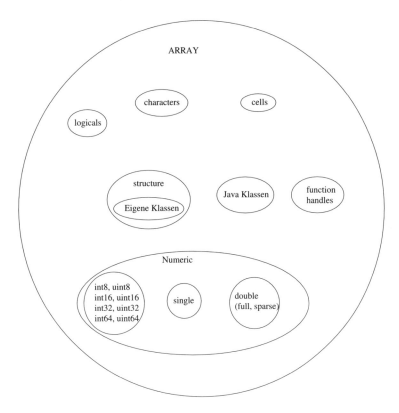

Abbildung 22.1: Überblick über die unterstützten Datentypen.

22.1 Datentypen

Fließkommazahlen double, single

Ganzzahlige Werte int8, int16, int32, int64, uint8, uint16, uint32, uint64, intwarning

Datentyp wandeln cast

Strings char

Containervariablen cell, struct

Java javaArray, javaMethod, javaObject

22.1.1 Fließkommazahlen

double(x) wandelt die Variable „x" in eine Fließkommazahl mit 8 Byte (Double-Precision) Genauigkeit, dem MATLAB Standardformat für Fließkommazahlen.
>> B = single(A) wandelt die Elemente der Matrix „A" in 4 Byte Fließkommazahlen.

```
>> format long
>> x=pi
x =
   3.14159265358979
>> y=single(x)
y =
   3.1415927
>> z=double(y)
z =
   3.14159274101257
```

„y" ist eine 4 Byte genaue Zahl, die durch Rundung aus einer 8 Byte Zahl entstand. Beim Wandeln mit `double` werden die fehlenden Stellen zufällig aufgefüllt. Vor Rel. 7 wurden Berechnungen mit Single Precision (einfacher Genauigkeit) nicht unterstützt.

22.1.2 Effizienz der Berechnungen mit unterschiedlichen Datentypen

Seit dem MATLAB Release 7 wird nicht nur das Abspeichern von Variablen des Datentyps „Single" und der verschiedenenen Integertypen unterstützt, sondern auch numerische Berechnungen, sofern sie auf grundlegenden arithmetischen Operationen beruhen. Das folgende Beispiel wurde mit einem alten Pentium III Rechner ausgeführt und zeigt, dass angepasste numerische Datenformate neben Speicherplatz auch Berechnungszeit sparen. Die Matrix „Ag" ist eine 2000×2000-Matrix mit ganzzahligen, positiven Elementen.

22.1 Datentypen

```
% Berechnungszeit mit Double
>> tic,Ag.*Ag;toc
Elapsed time is 0.495343 seconds.

>> Asing=single(Ag);
% Berechnungszeit mit Single
tic,Asing.*Asing;toc
Elapsed time is 0.283977 seconds.

>> Aint=int8(Ag);
% Berechnungszeit mit Integer
tic,Aint.*Aint;toc
Elapsed time is 0.133604 seconds.

>> Auint=uint8(Ag);
% Berechnungszeit mit unsigned Integer
tic,Auint.*Auint;toc
Elapsed time is 0.129343 seconds.

>> %%%
% Speicherbedarf der Matrizen
>> whos
  Name         Size              Bytes  Class
  Ag           2000x2000      32000000  double array
  Aint         2000x2000       4000000  int8 array
  Asing        2000x2000      16000000  single array
  Auint        2000x2000       4000000  uint8 array
```

22.1.3 Ganzzahlige Werte

MATLAB unterstützt die in Tabelle (22.1) aufgelisteten Integer-Datentypen. Die den Namen ergänzenden Ziffern geben dabei jeweils die Genauigkeit in Bit an. Der Aufruf für alle in Tabelle (22.1) aufgelisteten Funktionen ist xi = ·int·(x); „x" ist die in das entsprechende ganzzahlige Format zu wandelnde Variable, „xi" das Integer-Pendant, das durch Rundung zum nächstgelegenen ganzen Wert entsteht. Der führende Punkt

Tabelle 22.1: Unterstützte Integer-Formate.

Typ	Zahlenbereich	Typ	Zahlenbereich
int8	-128 $\cdots$ 127	uint8	0 $\cdots$ 255
int16	-32.768 $\cdots$ 32.767	uint16	0 $\cdots$ 65.535
int32	-2.147.483.648 $\cdots$ 2.147.483.647	uint32	0 $\cdots$ 4.294.967.295
int64	-k-1 $\cdots$ k	uint64	0 $\cdots$ 2*k+1
	mit k= 9.223.372.036.854.775.807		

ist entweder leer oder steht für das „u" bei unsigned Integer-Datentypen, der schließende Punkt für die Ziffer.

Beispiel: Runden zu Ganzen Zahlen. Wann das Runden ausgeführt wird, ist von entscheidender Bedeutung:

```
n=int8([1 2 3 4]);
ipi=int8(pi);
vorher=ipi*n    % hier Integer * Integer
nachher=n*pi    % hier Integer * Double

vorher =
     3    6    9   12

nachher =
     3    6    9   13
```

Viele MATLAB Operationen wie das Umordnen von Matrixelementen, arithmetische, logische Operationen und dergleichen werden unterstützt, allerdings nicht alle MATLAB Funktionen.

```
   >> x=int8(45)
x =
    45
>> sin(45)
ans =
    0.85090352453412
>> z=sin(x)
??? Function 'sin' is not defined for values
    of class 'int8'.

>> Aint=int8(Ag);
>> Aint*Aint;   % Matrixmultiplikation
??? Error using ==> mtimes
At least one operand must be scalar.
```

Integer-Stolpersteine. Die Addition (Subtraktion) von Variablen des Datentyps „Double" ist streng genommen nicht vertauschbar, da durch die endliche Bitdarstellung die reellen Zahlen nur mit einer gewissen Körnigkeit aufgelöst werden können. Dies sollte beispielsweise bei if-Abfragen berücksichtigt werden. Für die ganzen Zahlen gilt diese Einschränkung so nicht, allerdings müssen die Grenzen beachtet werden: int8(128) $\Rightarrow$ 127, aber int8(-128) $\Rightarrow$ -128 und daher unter Umständen die Ausführungsreihenfolge:

```
>> x=uint8(8);
>> y=uint8(6);
```

22.1 Datentypen

```
>> -y+x
ans =
    8
>> x-y
ans =
    2
```

Die Berechnung wird von links nach rechts ausgeführt. Für nicht vorzeichenbehaftete Zahlen führt daher ein „−" unter Umständen zur unteren Schranke, und die ist null!

Ist das Argument ein Charakter-Array, dann werden die ASCII-Ziffern zurückgegeben: `>>erg=int8('Aha');`, erg = [65 104 97]. Strukturen und Zellvariablen können in ihrer Gesamtheit nicht zum Typ Integer gewandelt werden. Feld- bzw. elementweise ist dies möglich. Vor Rel. 7 wurden Berechnungen mit Ganzen Zahlen nicht unterstützt.

Warnungen anschalten. Mit der Unterstützung der Ganzen Zahlen bei Berechnungen kam auch die neue Funktion `intwarning` dazu. `intwarning('action')` bzw. `s = intwarning('action')` erlaubt Warnungen an- oder abzuschalten. „action" kann die Werte „on", „off" oder „query" haben. Mit „on" bzw. „query" werden die folgenden Warnungen ausgegeben:

- intConvertNaN: Warnung, dass NaN in eine Integer-Variable gewandelt werden soll.

- intConvertNonIntVal: Warnung, dass eine Nicht-Integer-Variable in eine Integer-Variable gewandelt werden muss. In diesem Fall wird zur nächsten Ganzen Zahl gerundet.

- intConvertOverflow: Overflow-Warnung bei Wandlung aus einer numerischen Klasse in eine Integer-Klasse. Ist der numerische Wert zu groß, so ist der Rückgabewert der maximal erlaubte Wert der Integerklasse. Eine typische Warnung ist „Warning: Out of range value converted to intmin('int8') or intmax('int8')".

- intMathOverflow: Warnung, dass ein Overflow bei einer arithmetischen Operation mit Ganzen Zahlen auftritt.

Der Wert „on" unterscheidet sich von „query" dadurch, dass bei „query" zusätzlich der Status aller Warnungen aufgelistet wird. Mit dem Rückgabewert „s" wird der ursprüngliche Zustand in der Strukturvariablen „s" abgespeichert, die mit `intwarning(s)` auch wieder übergeben werden kann.

22.1.4 Datentypen wandeln

Die Funktion `B = cast(A, newclass)` erlaubt das Wandeln von Variablen des einen Datentyps in einen anderen. Die Datentypen müssen miteinander verträglich sein:

```
>> A=[3 + 7i; pi - 2*pi*i]
A =
```

```
           3.0000 + 7.0000i
           3.1416 - 6.2832i
>> Bi = cast(A,'int8')
Bi =
     3 +     7i
     3 -     6i

>> Bchar = cast(A,'char')
??? Error using ==> cast
Complex values cannot be converted to chars.
```

„newclass" kann dabei alle unterstützten MATLAB Datentypen annehmen. Unterstützt werden logical, char (Stringvariablen), int8, uint8, int16, uint16, int32, uint32, int64, uint64, single (4 Byte Zahlen), double (8 Byte Zahlen), cell, struct, function-handles, selbst definierte MATLAB Klassen und Java-Klassen.

22.1.5 Strings

S = char(X) wandelt das positiv ganzzahlige Array „X" oder die Zellvariable „X" in das korrespondierende Charakter-Element um. Die Ziffern werden im ASCII-Code interpretiert. char wurde im Detail in Kapitel 9 vorgestellt.

22.1.6 Containervariablen

Unbenannte Containervariablen. Zellvariablen erlauben unterschiedliche Datentypen in einer Variablen zu verwalten und werden mittels geschweifter Klammern erzeugt. c = cell(n) erzeugt eine n × n-Zellvariable bestehend aus leeren Matrizen und c = cell(m,n,p,...) eine m × n × p ··· Zellvariable aus leeren Matrizen. c = cell(size(A)) erzeugt eine Zellvariable bestehend aus leeren Matrizen der Größe des Arrays „A" und c = cell(javaobj) konvertiert ein Java-Array oder -Objekt in ein MATLAB Zellarray. Weitere Funktionen und Beispiele werden im Abschnitt „Zellfunktionen" (s.u.) diskutiert.

Benannte Containervariablen. Zellvariablen werden als unbenannte Containervariablen bezeichnet, da die einzelnen Elemente durchgezählt werden. Strukturen können ähnliche Aufgaben übernehmen, dienen aber zusätzlich noch der objektorientierten Programmierung. Die einzelnen Elemente der Strukturen werden nicht durch Ziffern, sondern durch Feldnamen voneinander unterschieden. s = struct('field1', we1, 'field2', we2, ...) erzeugt eine Struktur mit dem Namen „s" und den Feldnamen „field1", ···, die den Inhalt „we1", ··· haben. Strukturname und Feldname werden durch einen Punkt getrennt und können auch einfach durch >> s.field1=we1, ··· erzeugt werden. Funktionen zu Strukturen werden im Detail im Abschnitt 22.5 „Struktur-Funktionen" diskutiert.

22.1.7 Java

`javaArray('package_name.class_name',x1,...,xn)` erzeugt ein leeres Java-Array der Dimensionen x1,..,xn. „xi" ist die Argumentliste. „package_name.class_name" (zum Beispiel 'java.lang.Double') legt die entsprechende Java-Klasse fest. Um Java-Methoden in MATLAB einzubinden, dient `X = javaMethod('method_name','class_name', x1,..,xn)` für statische und `X = javaMethod('method_name',J,x1,...,xn)` für nichtstatische Methoden zum Objekt „J". „method_name" ist die Methode zu „class_name". `J = javaObject('class_name',x1,...,xn)` erzeugt den Java-Konstruktor zur Klasse „class_name".

22.2 Wandeln von Datentypen

22.2.1 Befehlsübersicht

Hexadezimaldarstellung hex2num, hex2dec, dec2hex, num2hex

Binärdarstellung bin2dec, dec2bin

Darstellung: Beliebige Basis base2dec, dec2base

22.2.2 Hexadezimaldarstellung

`x=hex2num(S)` wandelt die hexadezimale Darstellung „S" in die korrespondierende Fließkommadarstellung vom Typ „Double". „S" wird als Charakter-Array übergeben, dabei wird jede Zeile als eine Zahl interpretiert, „x" wird ein Vektor, dessen Spaltendimension gleich der von „S" ist.

```
>> S=num2hex([12.;16.])
S =
4028000000000000
4030000000000000
>> hex2num(S)
ans =
    12
    16
```

Beim Wandeln muss beachtet werden, ob „S" eine IEEE-Floatingzahl oder eine ganzzahlige, positive Dezimalzahl repräsentiert. Mit `>> x = hex2dec(S)` wird „S" in die korrespondierende Dezimaldarstellung konvertiert. Den Unterschied verdeutlicht das folgende Beispiel:

```
>> S=dec2hex([16;12])       0C
S =                         >> hex2dec(S)
10                          ans =
```

```
       16                             ans =
       12                               1.0e-230 *
                                         0.12882297539194
                                         0.00000000000000
>> hex2num(S)    % ABER
```

Die jeweiligen Umkehrungen lauten S=dec2hex(x) bzw. S=num2hex(x). S = dec2-hex(x,n) erzeugt eine hexadezimale Darstellung der Ganzen Zahl „x" mit „n" Stellen.

22.2.3 Binärdarstellung

x=bin2dec('s') wandelt die binäre Darstellung einer Ganzen Zahl bzw. eines Vektors in die Dezimaldarstellung um. Die Umkehrung ist s = dec2bin(x,n), wobei „n" optional ist und die Stellenzahl angibt. Wird ein Charakter übergeben, so wird die Binärdarstellung des zugehörigen ASCII-Codes benutzt:

```
>> s=dec2bin('a')
s =
1100001
>> bin2dec(s)
ans =
    97
>> double('a')
ans =
    97
```

22.2.4 Zahlendarstellung zu einer beliebigen Basis

x = base2dec('s',bas) konvertiert die Zahlendarstellung „s" zur Basis „bas" in ihr Dezimalkomplement. Die Umkehrung lautet s = dec2base(x,bas,n), „n" ist optional und bestimmt die Zahl der Stellen.

Beispiel. $x = 11$ zur Basis 4 ist $4^2 + 3$.

```
>> x=base2dec('23',4)
x =
    11
```

Da ab der Basis 10 Buchstaben notwendig sind und das lateinische Alphabet 26 Buchstaben zur Verfügung stellt, ist die höchste in MATLAB unterstützte Basis 36.

22.3 Ergänzende Array-Funktionen

Array-Funktionen und Matrixumformungen wurden in Abschnitt 9 bereits diskutiert. Insbesondere cat zur Verkettung mehrerer Arrays und der Erzeugung höher dimensionaler Arrays aus Matrizen, squeeze zur Dimensionsreduktion, shiftdim zur Dimensionsverschiebung und meshgrid zur Erzeugung äuidistanter n-dimensionaler Arrays aus Vektoren. Diese Funktionalitäten werden durch die hier diskutierten Funktionen `ndgrid` zur Erzeugung von Arrays und zur Interpolation und `permute`, `ipermute` zur Permutation der Arraydimensionen ergänzt.

Arrays für beliebig dimensionale Funktionen und zur Interpolation. [X1, X2, X3, ...] = ndgrid(x1, x2, x3, ...) erzeugt aus dem durch die Vektoren oder Arrays „xi" festgelegten Bereich die Arrays „Xi". Die k-te Dimension des Arrays „Xi" ist eine Kopie des k-ten Elements von „xi". Sind die Eingangsgrößen „xi" alle identisch, genügt die Übergabe von einem Vertreter.

Permutation der Array-Dimensionen. B = permute(A, indvec) führt eine Permutation der Indexreihenfolge des Arrays „A" entsprechend dem ganzzahligen Indexvektor „indvec" durch.

```
>> A=rand(3,4,5);
>> B=permute(A,[3 2 1]);
>> whos
  Name      Size        Bytes   Class

  A         3x4x5        480    double array
  B         5x4x3        480    double array
```

Die Inverse zu `permute` ist A = ipermute(B, indvec)

22.4   Zell-Funktionen

Mittels `cell` (s.o.) oder der geschweiften Klammer {·} lassen sich Zellvariablen erzeugen. Zellvariablen sind unbenannte Containervariablen, da sich unterschiedliche Datentypen oder -größen gemeinsam verwalten lassen; „unbenannt", da die einzelnen Elemente sich nicht durch Feldnamen wie bei Strukturen, sondern durch ihre Indizes voneinander unterscheiden. Die folgenden Funktionen dienen der Bearbeitung von Zellvariablen.

22.4.1   Befehlsübersicht

Darstellungsfunktionen celldisp, cellplot

Logische Testfunktion iscell

Anwendungsfunktion cellfun

Zellvariable und Arrays mat2cell, cell2mat, num2cell

Zell- und Strukturvariable cell2struct, struct2cell

Ausgabe-Eingabe-Verknüpfung deal

22.4.2 Darstellungsfunktionen

`celldisp(C)` gibt rekursiv den gesamte Inhalt der Zelle „C" auf dem Bildschirm in der Form C1= ··· aus. Soll anstelle von „C" ein anderer Variablenname „name" benutzt werden, so ist dies mittels `celldisp(C,name)` möglich. Achtung, dies entspricht keiner Wertezuweisung, nur einer unterschiedlichen Darstellung der Bildschirmausgabe.

Ist „c" eine Zellvariable, dann gewinnt man mit `cellplot(c)` einen raschen grafischen Überblick über die Struktur der Zellvariable, vgl. Abb. (22.2). In einem Figure Window wird der Inhalt visualisiert, numerische Arrays in rot, dünn besetzte Matrizen in gelb, Charakters in orange, Strukturen in grün und, sollte ein Element der Zelle wiederum eine Zellvariable sein, so wird sie entsprechend ihrem Inhalt aufgelöst. Leere Elemente der Zelle bleiben weiß. Mit `cellplot(c,'legend')` wird eine Farblegende zur Erläuterung der einzelnen Farben beigefügt und mit `handles = cellplot(...)` die Surface Handle zurückgegeben. Die Eigenschaften der einzelnen Surface-Elemente können mit `set(···)` verändert werden.

Beispiel: Visualisierung einer Zellvariablen.

```
>> c{1,1} = 'kurz';
>> c{1,1} = 'magic(4)';
>> c{1,2} = 'Eigenwerte von magic(4)';
>> c{2,1} = magic(4);
>> c{2,2} = eig(c{2,1});
>> c{3,1} = c; % Zelle in Zelle
>> str.was = 'ein Beispeil';
>> str.wert=rand(10);
>> c{3,2} = str; % Struktur in Zelle
>> cellplot(c,'legend')
```

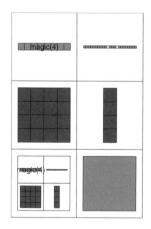

Abbildung 22.2: Visualisierung der Zellvariable „c".

22.4.3 Logische Test- und Anwendungsfunktion

Logische Testfunktion. `tf = iscell(A)` gibt ein logisches „true" (1) zurück, wenn „A" eine Zellvariable ist, sonst eine Null.

Anwendungsfunktion. `cellfun` führt für alle Elemente einer Zellvariablen eine vorgegebene Funktion aus. `cellfun` erkennt keine überladenen Methoden, kann also nicht auf Objekte angewandt werden. `D = cellfun('fname',c)` führt die Funktion „fname" über die Zellvariable „c" aus und liefert das Ergebnis im Array „D". Unterstützt werden die folgenden Funktionen: isempty, islogical, isreal, length, ndims und prodofsize (Zahl der Elemente in jedem Zellarray). Mit `D = cellfun('size',c,k)` lässt sich die Größe längs der Dimension „k" bestimmen und `D = cellfun('isclass',c,'classname')` testet, ob ein Element von „c" der Klasse „classname" angehört.

22.4.4 Zelle und Array

mat2cell und cell2mat. `c = mat2cell(x,d1,d2,...,dn)` bildet das n-dimensionale Array „x" in eine mehrdimensionale Zellvariable ab. „d1" bis „dn" sind Vektoren, die die Dimensionen der Zellelemente festlegen. Beispielsweise führt `c = mat2cell(x, [10 20 30],[25 25])` mit der 60×50-Matrix „x" zu einer Zellvariablen, deren Elemente die Größe

$$\begin{pmatrix} 10 \times 25 & 10 \times 25 \\ 20 \times 25 & 20 \times 25 \\ 30 \times 25 & 30 \times 25 \end{pmatrix}$$

haben. Die Zahl der Zeilen und Spalten des Arrays und der Zellvariabeln müssen übereinstimmen. Für multidimensionale Arrays muss für jede Dimension die zugehörige Elementzahl der Zellvariablen mit der des Arrays übereinstimmen. `c = mat2cell(x,r)` erzeugt eine einspaltige Zellvariable.

Die Umkehrung von `mat2cell` ist `x = cell2mat(c)`, das aus der mehrdimensionalen Zellvariablen „c" das mehrdimensionale Array „x" erzeugt, vorausgesetzt, die Dimensionen der einzelnen Zellelemente passen zusammen.

```
>> c{1,1}=rand(2,3);
>> c{1,2}=rand(2,3);
>> x=cell2mat(c); % Das geht
>> c{2,1}=rand(2,3);
>> c{2,2}=rand(2,2); % Dimension 2x2 !
>> x=cell2mat(c)
??? Error using ==> cat
CAT arguments dimensions are not consistent.

Error in ==> cell2mat at 95
    m = cat(1,m{:});
```

Zellvariable aus numerischen Arrays. c = num2cell(A) bildet jedes Element des numerischen Arrays „A" in ein eigenes Zellelement ab. Beispielsweise entsteht aus einer n × m-Matrix eine n × m-Zelle. Mit c = num2cell(A, dim) wird „A" in eine Zellvariable längs der vorgegebenen Dimension „dim" erzeugt. dim=1 erzeugt aus einer n × m-Matrix eine 1 × m- und dim=2 eine n × 1-Zellvariable.

22.4.5 Zell- und Strukturvariablen

Zell- und Strukturvariablen sind beides Containervariablen und können daher problemlos ineinander überführt werden. Mit s = cell2struct(c,fields,dim) wird die Zellvariable „c" auf die Strukturvariable „s" abgebildet. Da Strukturvariablen Feldnamen tragen, werden mit dem Charakter- oder Zellarray „fields" die Feldnamen übergeben. „dim" legt fest bezüglich welcher Zelldimension die Strukturvariable erzeugt wird.

Beispiel: cell2struct.

```
>> c{1,1}=1.1;   c{1,2}=1.2;   c{1,3}=1.3;
>> c{2,1}=2.1;   c{2,2}=2.2;   c{2,3}=2.3;
>> % c ist ein 2x3 Cell-Array
>> % Dimension \glqq 2\grqq{}
>> feld2={'eins','zwei','drei'};
>> s2=cell2struct(c,feld,2)
s2 =
2x1 struct array with fields:
    eins
    zwei
    drei
>> % Dimension 1
>> feld1={'eins','zwei'};
>> s1=cell2struct(c,feld1,1)
s1 =
3x1 struct array with fields:
    eins
    zwei
>> % Beispiel Inhalt
>> s2.eins         >> s1.eins
ans =              ans =
    1.1000             1.1000
ans =              ans =
    2.1000             1.2000
                   ans =
                       1.3000
```

Die Umkehrung von cell2struct ist c=struct2cell(s). Zellvariablen sind unbenannte Containervariablen, Feldnamen sind folglich bedeutungslos. Aus einer m × n-Struktur mit p Feldern wird eine p × m × n-Zellvariable erzeugt.

22.4.6 Ausgabe-Eingabe-Verknüpfung

`deal` ordnet Eingangsvariablen direkt den Ausgabevariablen zu und ist nicht auf Zellvariablen eingeschränkt. `[Y1,Y2,Y3,...] = deal(X)` erzeugt identische Kopien „Yi" der Eingangsvariablen „X" und `[Y1,Y2,Y3,...] = deal(X1,X2,X3,...)` ordnet „Xi" „Yi" zu. Am effizientesten ist `deal` im Zusammenhang mit Listen:

```
>> [a1,a2,a3,b1,b2,b3]=deal(c{1,1:3},c{2,1:3});
```

„c" ist im Beispiel eine n × m-Zellvariable, n > 1 m > 2, deren ersten beiden Zeilen und die ersten drei Spalten auf die neuen Variablen „ai", „bi" abgebildet werden. Die Ausgabevariablen sind vom selben Typ wie der jeweilige Inhalt der Zellelemente. Hat ein Zellelement beispielsweise ein double Array beherbergt, dann ist die zugehörige Ausgabevariable ebenfalls vom Typ double.

22.5 Struktur-Funktionen

22.5.1 Befehlsübersicht

`struct` dient der Erzeugung von Strukturvariablen (s.o.). Zur Bearbeitung von Strukturen dienen die folgenden Funktionen:

Feldinhalt getfield, setfield

Felder fieldnames, rmfield

Feldumordung orderfields

Logische Funktionen isfield, isstruct

22.5.2 Feldebene

Feldinhalt. `f = getfield(s,'field')` bildet den Inhalt des Feldelements „field" der skalaren Strukturvariablen „s" auf „f" ab. Für Strukturarrays lautet die Syntax `f = getfield(s,{i,j},'field',{k})`. „f" wird das k-te Element des (i,j)-ten Strukturelements des Feldes „field" zugewiesen. Beispiel: Ist „s" ein 2 × 3-Strukturarray, dann kann i die Werte 1 oder 2 und j 1 ⋯ 3 haben. „k" ist nur dann notwendig, wenn das k-te Element des ausgewählten Feldelements ausgelesen werden soll. Das heißt, der obige Aufruf ist äquivalent zu `f = s(i,j).field(k)`. Neben diesem statischen Zugriff auf die Felder ist auch ein dynamischer Zugriff (s.u.) möglich.

Während `getfield` dem Auslesen des Inhalts dient, wird `setfield` zum Setzen benutzt. Die Syntax ist analog `s=setfield(s, {i,j}, 'field', {k} ,v)`, „v" ist der entsprechende Inhalt und obiger Ausdruck äquivalent zu `s(i,j).field(k) = v`. Für skalare Strukturen entfallen die in geschweifte Klammern gesetzten Indizes.

Felder. `names = fieldnames(s)` gibt die Feldnamen einer Struktur „s" zurück und `names = fieldnames(obj)` die Eigenschaftsnamen eines Objekts. „obj" kann sowohl ein MATLAB, Java- als auch COM-Objekt sein. `names = fieldnames(obj,'-full')` liefert ergänzende Informationen. In allen Fällen ist „names" eine Zellvariable.

`s = rmfield(s,'field')` löscht das Feld „field" des Strukturarrays „s". Ist „field" ein Charakterarray oder eine Zellvariable aus Strings, dann werden alle damit benannten Felder gelöscht.

Feldumordung. `s = orderfields(s1)` ordnet die Felder in alphabetischer Reihenfolge festgelegt durch den ASCII-Code. `s = orderfields(s1, s2)` ordnet die Felder der Struktur „s1" so um, dass die neue Struktur dieselbe Feldordnung aufweist wie die Struktur „s2". „s1" und „s2" müssen daher dieselben Feldnamen besitzen. Für `s = orderfields(s1, c)` basiert die Umordnung auf dem vorgegebenen Zellarray „c" und `s = orderfields(s1, perm)` nutzt für die Umordnung einen Permutationsvektor „perm", der auch als optionaler Rückgabewert `[s, perm] = orderfields(...)` gewonnen werden kann. `orderfields` kann bei tieferen (horizontalen) Feldstrukturen nicht rekursiv genutzt werden.

Feldnamen dynamisch verwalten. Insbesondere bei Funktionsaufrufen ist die statische Feldverwaltung unbequem. MATLAB erlaubt auch eine dynamische Feldzuordnung, d.h. einen Aufruf der Art `s.(x)`. „s" ist die Struktur, „x" ein Charakterarray mit dem Namen des entsprechenden Feldes.

```
>> s(1).f1=magic(4);
>> s(2).f1='magic'; s(3).f1='Dimension 4';
>> x='f1';
>> s.(x)   % alle 3 Elmente zum Feld f1
ans =

    16     2     3    13
     5    11    10     8
     9     7     6    12
     4    14    15     1
ans =
magic
ans =
Dimension 4
>> s(1).(x)  % nur das erste Element
ans =
    16     2     3    13
     5    11    10     8
     9     7     6    12
     4    14    15     1
```

22.5.3 Logische Funktionen

`tf = isfield(A, 'field')` ist wahr (logische 1), wenn „A" eine Struktur mit Feld „field" ist und `tf = isstruct(A)`, wenn „A" eine Struktur ist, sonst falsch (logische 0). Sind einzelne Felder in einem Struktur-Array leer, so sind sie doch vorhanden, d.h. `isfield` führt auch dann zu einem logischen Wahr.

```
>> s(2)                          >> isfield(s(2),'fnur1')
ans =
                                 ans =
     f1: 'magic'
  fnur1: []                              1
```

22.6 Funktions-Handling

Vorbemerkungen. Function Handles ist ein MATLAB Datentyp, der in Arrays verwaltet und auch abgespeichert werden kann und Informationen (z. Bsp. Funktionsnamen, Typ, Pfad, Methoden) über eine Funktion in Form einer Struktur enthält. Function Handles erlauben auch einen Zugriff auf Unterfunktionen und Privat-Funktionen (Funktionen, die in einem Verzeichnis mit dem Namen „private" abgelegt sind). Function Handles sind effizienter bei wiederholtem Zugriff und erhöhen die Sicherheit, da auch Pfadinformationen in Function Handles mit abgespeichert sind. Allgemein gilt die Empfehlung Function Handles immer dann einzusetzen, wenn dies möglich ist, und sie gegenüber der Übergabe des Funktionsnamens als String zu bevorzugen. Dies gilt insbesondere für Function Functions, also Funktionen, die als Argument wiederum Funktionen haben. Beispiel dafür sind die `ode`-Funktionen. Function Handles werden für einen effizienten Programmierstil unter MATLAB zunehmend wichtiger. (Hinweis: `feval` erlaubt nur skalare Function Handles.)

str2func, func2str und functions. `fhandle = str2func('str')` erzeugt ein Function Handle aus dem Funktionsnamen „str" und ist äquivalent zu `fhandle=@str`. `S = functions(fhandle)` bildet alle verfügbaren Informationen wie Pfad, Filenamen überladene Methode etc. in der Struktur „S" ab. `functions` ist für Debug-Aufgaben gedacht und sollte nicht in Programmen eingesetzt werden. Die Umkehrung von `str2func` ist `fn = func2str(fh)`, das das Handle wieder in einen Funktionsnamen übersetzt.

22.7 Objektorientierte Programmierung

22.7.1 Funktionen zur objektorientierten Programmierung

Bei der objektorientierten Programmierung stehen die Datenstrukturen im Mittelpunkt der Betrachtung und besitzen eigene Algorithmen. Das Gerüst bilden Objekte und Klassen (Objekttypen), Attribute (Variablen) und Methoden.

Befehlsübersicht.

Objekte class, substruct

Methoden auflisten methods, methodsview

Prioritäten setzen inferiorto, superiorto

Logische Funktionen isa, isobject

Objekte. Die Konstruktion einer neuen Klasse folgt dem folgenden Schema: Alle Funktionen und Methoden liegen in einem eigenen Klassenverzeichnis, dessen Name stets mit @ eingeleitet wird, also beispielsweise meindir/@meinclass. Die Daten der Klasse werden in Strukturen abgelegt. Im Klassenverzeichnis muss es einen Konstruktor geben, der die Objekte der Klasse erzeugt, eine Display-Methode zur Darstellung. `set`- und `get`-Methoden dienen dem Zugriff auf einzelne Elemente.

`str = class(object)` liefert die zum Objekt gehörige Klasse zurück. Ansonsten wird `class` innerhalb des Klassenverzeichnisses im Konstruktor zur Erzeugung eines Objekts genutzt. Der Konstruktor muss den Klassennamen (im Folgenden „cname") haben. `obj = class(s,'cname')` erzeugt aus der Struktur „s" ein Objekt „obj" der Klasse „cname". Eine von „parent1", ... abgeleitete Klasse wird durch `obj=class(s,'cname', parent1,parent2,...)` erzeugt. D.h. die Methoden und Felder des Parentobjekts werden weiter vererbt. Das zugehörige leere Element wird durch `obj=class(struct([]), 'cname',parent1,...)` erzeugt. Ein typisches Beispiel für einen Konstruktor (Child und Parent) ist:

```
function c = child(Eig_parent, Eig_weitere)

p = parent(Eig_parent); % Parent-Objekt
c.weitere = Eig_weitere;
c = class(c,'child',p); % erzeugt Child-Objekt
```

`S = substruct(type1,subs1,type2,subs2,...)` erzeugt ein Strukturargument für die überladenen Methoden `subsasgn` und `subsref`, die vom MATLAB Interpreter genutzt werden.

Methoden auflisten. `m = methods('cname')` bzw. `m = methods('object')` bilden alle verfügbaren überladenen Methoden der Klasse „cname" bzw. des Objekts „object" in der Zellvariablen „m" ab. `m = methods(·, '-full')` liefert die vollständige Liste aller verfügbaren Methoden sowie zusätzliche Eigenschaften wie Vererbung etc.

`methodsview packagename.classname` für Javaklassen sowie `methodsview cname` bzw. `methodsview(object)` für MATLAB, Java- oder Com-Objekte bzw. -Klassen öffnen ein grafisches Fenster, in dem alle verfügbaren Methoden mit ergänzenden Informationen wie Vererbung, Ausnahmen etc. aufgelistet werden.

22.7 Objektorientierte Programmierung

Prioritäten setzen. Agieren Objekte unterschiedlicher Klassen miteinander, muss die Priorität festgelegt werden. Dies erfolgt im Konstruktor. Das Objekt mit der höchsten Priorität legt die Methode fest, die aufgerufen wird. Bei gleicher Hierarchiestufe erfolgt die Festlegung von links nach rechts. inferiorto('class1','class2',...) im Klassenkonstruktor „meinclass" legt fest, dass die Methode zu „meinclass" nicht angewandt wird, wenn das zugehörige Objekt gemeinsam mit Objekten der Klassen „class1", ... aufgerufen wird.

Ist beispielsweise eine Methode meinsumme sowohl für das Objekt „om" der Klasse „meinclass" definiert als auch für „o1" der Klasse „class1", dann wird für meinsumme(om,o1) die Methode der Klasse „class1" aufgerufen. Das Gegenstück zu inferiorto bildet superiorto('class1','class2',...). In diesem Fall würde die Methode von „meinclass" genutzt.

Logische Funktionen. K = isa(obj,'cname') ist wahr (logische 1), wenn „obj" ein Objekt der Klasse „cname" oder einer Unterklasse ist, sonst falsch (logische 0); tf = isobject(A) ist wahr, wenn „A" ein MATLAB Objekt ist und sonst falsch. MATLAB Klassen können sein: logical, char, int8, uint8, int16, uint16, int32, uint32, int64, uint64, single, double, cell, function handle und selbst definierte sowie Java-Klassen.

22.7.2 Überladene Operatoren

Die im Folgenden aufgelisteten Operatoren sind in MATLAB für Standardvariablen definiert und können mit selbstdefinierten Objekten als überladene Methoden genutzt werden:

- minus für a-b, plus für a+b.
- times für a.*b, mtimes für a*b.
- mldivide für a\b, mrdivide für a/b.
- rdivide für a./b, ldivide für a.\b.
- power für a.^b, mpower für a^b.
- uminus für −a, uplus für +a.
- horzcat für [a b], vertcat für [a;b].
- le für a≤b, lt für a<b; gt für a>b, ge für a≥b.
- eq für a==b, ne für a~=b.
- not für ~a.
- and für a&b, or für a|b.
- subsasgn für a(i)=b, a{i}=b und a.feld=b; subsref für a(i), a{i} und a.feld. (vgl. substruct)

- `colon` für a:b.
- `end` für a(end).
- `transpose` für a.', `ctranspose` für a'.
- `subsindex` für x(a).
- `loadobj` für laden von Objekten aus .mat-Dateien und `saveobj` speichern von Objekten in .mat-Files.

23 Versionskontrolle

MATLAB besitzt keine eigene Versionskontrolle, unterstützt aber verschiedene Systeme, die unter den Präferenzen eingestellt werden können: Im MATLAB Fenster unter dem Register „File" zu „preferences", dort unter „General" zu „Source Control". Zur Auswahl stehen unter Linux/UNIX: ClearCase (Rational Software Corporation, CVS, PVCS (Merant)), RCS und, frei wählbar für ein eigenes System, „Custom". Unter Windows werden alle Produkte unterstützt, die den „Microsoft Common Source Control"-Standard erfüllen. Fenstergesteuert lassen sich dann vorhandene einzelne oder mehrere MATLAB Files in die Versionskontrolle einbinden.

23.1 Kommandos zur Versionskontrolle

Befehlsübersicht.

Installiertes Produkt cmopts

Versionskontrolle checkin, checkout, undocheckout

Grafisches Interface verctrl (nur Windows)

Produktspezifische Kommandos rcs, pvcs, clearcase, sourcesafe, customverctrl

Installiertes Produkt. >> `cmopts` liefert als Antwort das unter Präferenzen eingebundene Versionskontrollprodukt. Dabei wird allerdings nicht getestet, ob diese Produkt überhaupt auf dem Computer installiert wurde und zur Verfügung steht. Wurde zur Versionsüberwachung kein Produkt in MATLAB eingebunden, lautet die Anwort „none".

Die folgenden Befehle machen nur Sinn, wenn ein Versionskontrollsystem installiert und mit MATLAB verknüpft wurde.

Versionskontrolle. `checkin('filename','comments','string')` bzw.
>> `checkin({'filename1','filename2','filename3',..},'comments','string')`
binden die Files „filename" in das Kontrollsystem ein. „comments" übergibt den MATLAB String „string" an das Versionskontrollsystem. Weitere Möglichkeiten stehen mit dem Paar „option", „wert" zur Verfügung, `checkin('filename','option', 'wert', ...)`. Unterstützt wird „force" mit den Werten „on" und „off" (Voreinstellung). Bei „on" wird die Datei eingecheckt, auch wenn sie seit dem letzten Mal unverändert blieb. „lock" sorgt dafür, dass beim Wert „on" der File ausgecheckt bleibt, Kommentare werden dagegen übergeben. Der Defaultwert ist „off".

Mit checkout('filename') bzw. checkout({'filename1','filename2','filename3', ...}) werden die Dateien „fielname" ausgecheckt. Wieder können Optionen übergeben werden: checkout('filename','option','wert',..). Zusätzlich zu den bereits besprochenen Möglichkeiten „force" und „lock" kommt noch „revision" mit der zugehörigen Versionsnummer dazu. In diesem Fall wird die festgelegte Version ausgecheckt. chekcout lässt sich mit undocheckout('filename') bzw. undocheckout({'filename1','filename2','filename3', ...}) wieder rückgängig machen.

Grafisches Interface. verctrl öffnet eine grafische Benutzeroberfläche – steht allerdings nur unter MS-Windows zur Verfügung. Die Syntax lautet fileChange = verctrl('command',{'filename1','filename2', ...},handle); „handle" legt ein Window Handle fest, das durch

```
>> import java.awt.*;
>> frame = Frame('Test frame');
>> frame.setVisible(1);
>> winhandle = ...
com.mathworks.util.NativeJava....
  hWndFromComponent(frame)
```

erzeugt wird. verctrl liefert eine logische 1 zurück, wenn die Files „filename" sich geändert haben, sonst eine Null. „command" bestimmt die Aufgabe und kann die folgenden Werte haben:

- get: Holt Dateien zum Betrachten und Kompilieren, aber nicht zum Editieren (Read Only).

- checkout: Stellt Dateien zum Editieren zur Verfügung.

- checkin: Testet die Files, speichert die Änderungen und erzeugt eine neue Version.

- uncheckout: Macht „checkout" rückgängig.

- add: Fügt Dateien dem Versionkontrollsystem zu.

- history: Listet die Entwicklungsgeschichte der Dateien auf.

Soll nur ein File betrachtet werden, dann entfällt die geschweifte Klammer und die Fileliste reduziert sich auf einen Namen. Ohne Rückgabeargument kann „command" den Wert „remove" haben und entfernt dann die aufgelisteten Dateien aus dem Versionskontrollsystem. Wird nur ein File übergeben, kann „command" folgende Werte haben:

- properties (listet die Dateieigenschaften auf) und

- isdiff (Vergleich mit der letzten Version; bei Unterschied ist der Rückgabewert eine logische 1, sonst 0).

23.1 Kommandos zur Versionskontrolle

Mit der Syntax `verctrl('command','file')` kann „command" den Wert „showdiff" haben. In diesem Fall werden die Unterschiede zwischen der aktuellen Version der Datei und der Vorgängerversion aufgezeigt. Mit `list = verctrl('all_systems')` erhält man eine Liste aller installierten Versionskontrollsysteme.

Produktspezifische Kommandos. Die folgenden Kommandos sind abhängig vom jeweils eingebundenen Versionskontrollsystem und tragen dessen Namen.
`rcs(filename,arg)` führt die entsprechende Aktion bezüglich des oder der Files „filename" aus. Mögliche Argumente „arg" sind „checkin", „checkout" und „undocheckout" (vgl. oben); „lock" mit den Werten „on" und „off" zum Sperren eines Files, „revision", das die entsprechende Aktion bezüglich der vorgegebenen Version ausführt, und „outputfile", das Dateien nach „outputfile" schreibt.

`pvcs(filename,arg)` unterstützt „checkin", „checkout" und „lock" und zusätzlich „view" mit den Werten „on" oder „off". Bei „on" wird der File im MATLAB Window ausgegeben. „configfile" zum Verweis auf einen Konfigurationsfile (pvcs-spezifisch). „revision" und „outputfile" wie oben unter `rcs` bereits beschrieben.

`clearcase(filename,arg)` unterstützt die Argumente „checkin", „checkout", „lock" und „revision" (vgl. `rcs` sowie „force" mit den Werten „on" und „off", das die entsprechende Aktion erzwingt.

`sourcesafe(filename,arg)` unterstützt die bereits oben diskutierten Argumente „checkin", „checkout", „force", „revision" und „outputfile" sowie „unlock".

`customverctrl(fname,arg)` dient dem Aufruf eines nicht von MATLAB unterstützten Versionskontrollsystems und ist eine reine Rumpfdatei ohne funktionellen Inhalt.

24 Guide

Graphische User Interfaces (GUI) bieten einen komfortablen und sicheren Weg, Funktionalitäten zur Verfügung zu stellen. Bei Funktionsaufrufen werden an die Funktion Variablen übergeben. Die grafische Variablenübergabe im Rahmen eines GUIs erlaubt mit grafischen Elementen die notwendigen Variablen, Bereiche und so fort darzustellen und Eigenschaften für den Benutzer besser offenzulegen als dies im Rahmen eines einfachen Funktionsaufrufs möglich wäre. Im Kap. 18 wurde die direkte Programmierung grafischer Elemente angesprochen; Abb. (18.1) zeigt die hierarchische Struktur. In diesem Kapitel werden wir den Guide diskutieren, der die Entwicklung und das Layout von GUIs unterstützt. Guide steht für **G**raphical **U**ser **I**nterface **D**esign **E**nvironment.

24.1 GUI Design Tools

Der Guide wird mit dem Kommando >> `guide` geöffnet. Das Startfenster, Abb. (24.1), bietet eine Auswahl zwischen verschiedenen Templates oder auch die Möglichkeit, ein bereits erzeugtes GUI zu öffnen. Wählen wir „Blank GUI (Default)", so öffnet sich das Fenster aus Abb. (24.2). Mit `guide('meingui.fig')` kann auf ein bereits bestehendes User Interface mit dem Namen „meingui" bzw. mit `guide(fhandles)` auf das Figure Handle eines GUIs zugegriffen werden.

Auf der linken Seite (Abb. (24.2)) ist die Component Palette, deren Darstellung mit den Präferenzen (unter File, Guide, show names in component palette) auch auf Symbole reduziert werden kann. Abb. (24.2) entspricht der Darstellung unter Windows, unter Linux fällt „activeX control" weg, ansonsten ist unter beiden Betriebssystemen der Aufbau identisch. Unter HP UNIX wird der Guide nicht unterstützt. An UIcontrol-Elementen stehen Push Buttons, Slider, Radio Button, Check Box, Edit Text, Static Text, Pop-up Menu, Listbox, Toggle Button, Panel, Button Group und unter Windows Betriebssystemen ActiveX Control zur Verfügung, ergänzt durch ein Axes-Objekt. Die Funktionalität der einzelnen Objekte wurde in Kap. 18.1 diskutiert.

Die Guide Toolbar bietet über grafische Symbole (von rechts nach links) den „activate Button" (grüner Pfeil), Object Browser, Property Inspector, M-File Editor, Tab Editor, Menu Editor und das Alignment Tool, deren Funktionalitäten im Folgenden besprochen werden. Die einzelnen Elemente lassen sich auch unter Tools ansprechen, Abb. (24.3). Abb. (24.4) zeigt links das Alignment Tool und rechts das GUI Option Tool.

Nach grober Fertigstellung des grafischen Layouts lässt sich durch Markieren der einzelnen Bestandteile mit der Maus und dem Alignment Tool eine Ausrichtung nach unterschiedlichen Gesichtspunkten (horizontal, vertikal, Vorderfront zentriert und so fort) vornehmen. Eine Ausrichtung von UIcontrol-Elementen ist auch an Kommandozeilen

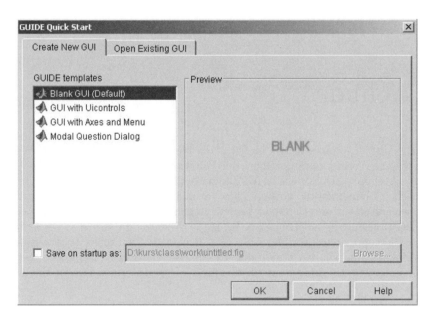

Abbildung 24.1: *Guide-Begrüßungsfenster*

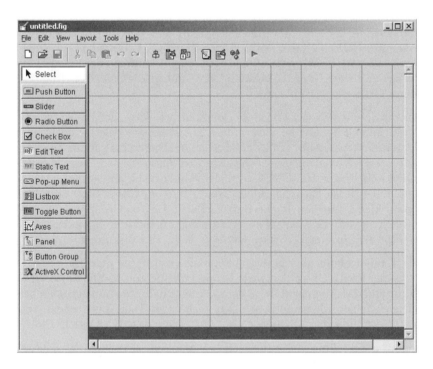

Abbildung 24.2: *Guide mit Component-Palette (rechts). Die einzelnen Elemente lassen sich mit der Maus auf der Entwicklungsoberfläche plazieren.*

24.1 GUI Design Tools

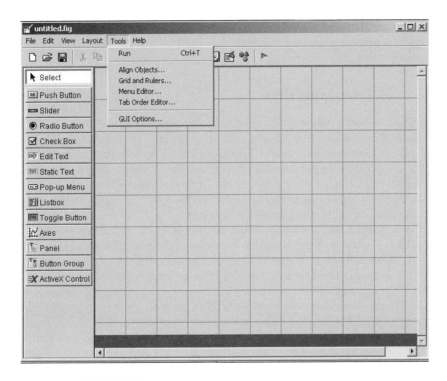

Abbildung 24.3: *GUIDE Tools.*

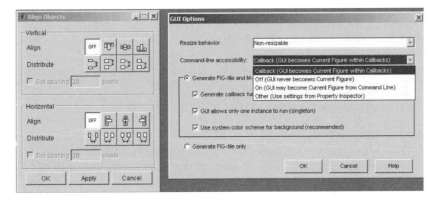

Abbildung 24.4: *Links das Alignment Tool zur Ausrichtung der grafischen Objekte, rechts das GUI Option Tool.*

orientiert mittels `align` möglich. Die vollständige Syntax lautet `align(HandleList, HorizontalAlignment, VerticalAlignment)`. „HandleList" ist die Liste der Handles, „HorizontalAlignment" kann None, Left, Center, Right, Distribute oder Fixed sein und „VerticalAlignment" kann None, Top, Middle, Bottom, Distribute oder Fixed sein. Bei

„Fixed" muss der Abstand als weiteres Argument übergeben werden. Zusätzlich ist noch ein Rückgabeargument `posmat = align(···)` möglich. „posmat" ist die Verschiebungsmatrix zwischen der ursprünglichen und der neuen Position.

24.1.1 GUI Option Tool

Das GUI Option Tool erlaubt die folgenden Auswahlmöglichkeiten:
Resize Behavior mit den Einstellungen „Non-resizable" (Voreinstellung), „Proportional" und „User-specified". Soll das GUI in seiner Größe veränderbar sein, dann sollte als Einheit für die Positionierung der Objekte „normalized" verwandt werden. Andernfalls werden sich die einzelnen Objekte bei einer Größenänderung des GUIs über die grafische Oberfläche bewegen, denn 10 cm vom rechten Bildrand sind 10 cm, gleichgültig wie groß die aktuelle Abbildung gerade sein sollte.
Mit der **Command Line Accessibility** wird festgelegt ob und unter welchen Umständen das GUI das aktuelle Figure werden kann. Die möglichen Einstellungen sind: Callback (GUI becomes current figure within callbacks). Dies ist die Voreinstellung. Off (GUI never becomes current figure), On (GUI can become current figure from command line). Diese Einstellung erlaubt, auch aus der Kommandozeile in die Achsenobjekte zu plotten. Die letzte Auswahlmöglichkeit ist Other (use settings from property inspector). Den Property Inspector werden wir weiter unten besprechen.
Generate .fig and .m file erlaubt die Einstellungen „Generate callback function prototypes", „Application allows only one instance to run" und „Use system color scheme ...". Diese Einstellungen sind die bequemsten. Es wird sowohl ein Fig File erzeugt als auch ein M-File Template mit vorbereiteten Callback-Funktionen. Callback-Funktionen sind diejenigen Funktionen, die bei Auslösung eines Ereignisse, z. Bsp. beim Drücken eines Push Buttons, eine Aufgabe ausführen. „Application allows only one instance to run" ist die so genannte Singelton-Eigenschaft. Hier entscheiden Sie, ob bei wiederholtem Aufruf eines GUIs nur ein GUI geöffnet wird (Defaulteinstellung) oder mehrere Instanzen desselben GUIs. Die Alternative zu dieser Auswahl ist
Generate .fig file only, bei der nur ein Fig File mit dem GUI-Layout erzeugt wird.

24.1.2 Objekte erzeugen und Eigenschaften festlegen

Mit Hilfe der linken Maustaste lassen sich die Elemente der Component-Palette auf der grafischen Entwicklungsoberfläche des Guide plazieren. Mit der rechten Maustaste können die einzelnen Elemente kopiert und an den Ecken mit der rechten Maustaste in ihrer Größe angepasst werden. Eine Gruppe von UIcontrol-Elementen kann mit der Maus markiert und mit dem Alignment Tool ausgerichtet werden. Nach Fertigstellung des Layouts dient der Property Inspector der Festlegung der weiteren Eigenschaften.

Durch Doppelklicken auf eines der Objekte oder auf die Guide-Entwicklungsfläche öffnet sich der Property Inspector. Kommandozeilen-orientiert kann der Property Inspector auch via `inspect(h)` geöffnet werden. Das optionale Argument h ist dabei entweder das Handle des Grafikobjekts oder ein Handle Array. Für die einzelnen UIcontrol-Elemente ist der Property Inspector identisch aufgebaut. Die einzelnen Eigenschaften sowohl für das Figure-Objekt als auch für die UIcontrol-Objekte wurden in den Abschnitten 17 und 18 besprochen. Hier werden nur einige wenige wichtige Eigenschaften wiederholt.

„Background Color" dient der Farbgestaltung. „CreateFcn" und „DeleteFcn" der Übergabe von Callback-Funktionen, die beim Erzeugen oder Löschen aktiv werden. Die Font-Eigenschaften und „Foreground Color" dienen der Farbgestaltung von Berandungslinien und Texten. „ListboxTop" ist der Index desjenigen Strings, der in der Listbox an oberster Stelle erscheint. „Max" und „Min" bezeichnen die maximalen und minimalen Werte. Die exakte Bedeutung (vgl. Kap. 18.1) hängt dabei vom jeweiligen UIcontrol-Element ab. Beim Slider bezeichnet dies die extremalen Werte. „SliderStep" sind die relative Änderungen beim Klicken auf den Sliderkörper (1. Wert) oder auf die Pfeiltasten (2. Wert). „String" legt fest was auf dem jeweiligen UIcontrol-Objekt steht. „Style" erlaubt eine Änderung des UIcontrol-Typs aus dem Property Inspector. Die einzelnen grafischen Objekte werden in einer Struktur „handle" verwaltet. „Tag" bezeichnet den Feldnamen dieser Struktur, unter dem das jeweiligen grafische Objekt angesprochen wird. Guide vergibt diese Namen in historischer Reihenfolge. Bei einem komplexen GUI sollte man geeignete Tag-Namen wählen, die mit der Funktionalität verknüpft sind, um später eine einfachere Zuordnung zwischen grafischem Objekt und Tag-Namen zu haben. „TooltipString" legt den Text fest, der erscheint wenn der Mauszeiger über dem Objekt ruht. „Value" kennzeichnet den jeweiligen Wert des UIcontrol-Objekts, beispielsweise beim Slider die aktuelle Position des Schiebers. Dieser Wert muss für den Slider zwischen „Max" und „Min" liegen, sonst kann der Guide den Slider nicht erzeugen.

Nachdem das Layout und die grafischen Eigenschaften festgelegt und Tag-Namen etc. vergeben worden sind, wird mit dem „Run-Button" (grüne Pfeiltaste) der Guide aktiviert und das zugehörige Figure sowie der M-File erzeugt.

24.2 GUI M-File

Den GUI M-File, in dem die Funktionalitäten des Graphical User Interfaces festgelegt sind, wollen wir an einem konkreten Beispiel Schritt für Schritt diskutieren. Dazu nehmen wir als Beispiel ein GUI bestehend aus zwei Push Buttons, mit denen alternativ ein Sinus oder ein Kosinus geplottet werden soll. Dazwischen befindet sich ein statisches Textfeld, das anzeigt was geplottet wurde. Zusätzlich existiert ein Slider zum Verändern der Frequenz mit drei statischen Textfeldern, der minimale und maximale Wert sowie in der Mitte der aktuelle Wert. Der Frequenzbereich soll im Beispiel zwischen 1 und 5 Hz liegen.

Starten wir mit dem Layout: Der oberste Push Button soll den Sinus plotten. Als String wählen wir „Sinus", als Tag „pbsin" und beim Kosinus „Kosinus" und „pbcos". Der Tagname des dazugehörigen Static-Text-Objekts „txtsc" ist String „Sinus", da zunächst ein Sinus geplottet werden soll. Die zum Slider gehörenden statischen Textfelder beschriften wir mit dem minimalen, maximalen und ausgewählten Startwert des Sliders. Für den mittleren wählen wir als Tag-Namen „txtsl", auf die anderen muss nicht zugegriffen werden. Beim Slider setzten wir „Min" auf 1, „Max" auf 5 sowie „Value" auf 1; als Tag-Namen wählen wir „slider". Das Ergebnis zeigt Abb. (24.5).

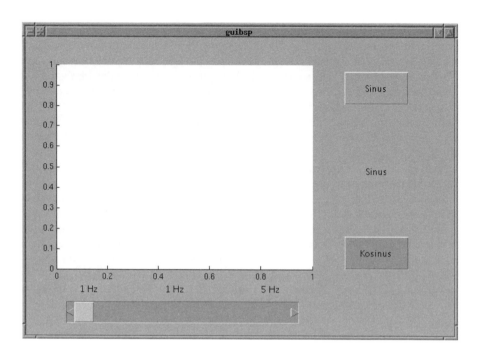

Abbildung 24.5: Beispiel GUI.

Gehen wir nun Schritt für Schritt das von MATLAB erzeugte Function Template durch.

24.2.1 Die Initialisierung

In der Hauptfunktion wird die Initialisierung ausgeführt. Hier erfolgen die Namenszuordnungen. Dabei spielt der Filename eine herausragende Rolle. Wollen Sie später den Filenamen ändern, dann am besten mit Hilfe des Guide guide('myoldgui') und erneutem Abspeichern unter dem neuen Namen. In der Hauptfunktion steht auch die Singelton-Eigenschaft. Singelton ist eine logische Variable, d.h. 0 für falsch und 1 für wahr. Singelton legt fest, wie viele Instanzen ihres GUIs bei wiederholtem Aufruf geöffnet werden. Für wahr (1) wird nur eine Instanz geöffnet.

```
function varargout = guibsp(varargin)
% GUIBSP M-file for guibsp.fig
%      GUIBSP, by itself, creates a new GUIBSP or raises the existing
%      singleton*.
%
%      H = GUIBSP returns the handle to a new GUIBSP or the handle to
%      the existing singleton*.
%
%      GUIBSP('CALLBACK',hObject,eventData,handles,...) calls the local
%      function named CALLBACK in GUIBSP.M with the given input
%                                                          arguments.
```

```
%
%       GUIBSP('Property','Value',...) creates a new GUIBSP or raises the
%       existing singleton*.  Starting from the left, property value
%                                                                 pairs are
%       applied to the GUI before guibsp_OpeningFunction gets called. An
%       unrecognized property name or invalid value makes property
%                                                                 application
%       stop.  All inputs are passed to guibsp_OpeningFcn via varargin.
%
%       *See GUI Options on GUIDE's Tools menu.  Choose "GUI allows only
%       one instance to run (singleton)".
%
% See also: GUIDE, GUIDATA, GUIHANDLES

% Copyright 2002-2003 The MathWorks, Inc.

% Edit the above text to modify the response to help guibsp

% Last Modified by GUIDE v2.5 24-Nov-2004 20:40:03

% Begin initialization code - DO NOT EDIT
gui_Singleton = 1;
gui_State = struct('gui_Name',       mfilename, ...
                   'gui_Singleton',  gui_Singleton, ...
                   'gui_OpeningFcn', @guibsp_OpeningFcn, ...
                   'gui_OutputFcn',  @guibsp_OutputFcn, ...
                   'gui_LayoutFcn',  [] , ...
                   'gui_Callback',   []);
if nargin && ischar(varargin{1})
    gui_State.gui_Callback = str2func(varargin{1});
end

if nargout
    [varargout{1:nargout}] = gui_mainfcn(gui_State, varargin{:});
else
    gui_mainfcn(gui_State, varargin{:});
end
% End initialization code - DO NOT EDIT
```

24.2.2 Die Opening-Funktion

Die Opening Function wird nur beim Öffnen des GUIs ausgeführt. In sie gehören alle Aufgaben, die nur einmal erledigt werden sollen und die dem gesamten GUI oder großen Teilen zur Verfügung stehen sollen. In unserem Beispiel zeigt das GUI an, dass ein Sinus mit der Frequenz 1 geplottet worden ist. Diese Aufgabe packen wir in die Opening Function:

```
% --- Executes just before guibsp is made visible.
function guibsp_OpeningFcn(hObject, eventdata, handles, varargin)
% This function has no output args, see OutputFcn.
% hObject    handle to figure
% eventdata  reserved - to be defined in a future version of MATLAB
% handles    structure with handles and user data (see GUIDATA)
% varargin   command line arguments to guibsp (see VARARGIN)

% Choose default command line output for guibsp
handles.output = hObject;

% Update handles structure
guidata(hObject, handles);

%%%%%%    ERGAENZUNG   %%%%%%%%
x=0:0.005:1;
y=sin(2*pi*x);
plot(x,y)
%%%%%%    Daten allgemein verf"ugbar machen
setappdata(handles.figure1,'x',x)

% vgl. dazu Callback-Funktionen
handles.sc=1;
guidata(hObject, handles);

% UIWAIT makes guibsp wait for user response (see UIRESUME)
% uiwait(handles.figure1);
```

Mit `setappdata(handles.figure1,'x',x)` können dem gesamten GUI die einmal berechneten Daten zur Verfügung gestellt werden. Dies ist insbesondere dann von Interesse, wenn mit der Ermittlung der Daten ein hoher Berechnungsaufwand verknüpft ist. Mehrmaliges Berechnen in verschiedenen Callback-Funktionen würde nur unnötige Rechenzeit kosten. Mit `wert=getappdata(handles.figure1,'x');` wird auf diese Daten wieder zugegriffen. Eine Alternative wäre auch gewesen diese Daten unter einem neuen Feldnamen der Handle-Struktur (z. Bsp. handles.x) zuzufügen und mit `guidata(hObject, handles);` dem gesamten Gui zur Verfügung zustellen. Ein Beispiel dazu sehen wir weiter unten.

24.2.3 Die Output-Funktion

Die Output-Funktion spielt beispielsweise beim Aufruf eines zweiten GUIs aus einem ersten GUI eine große Rolle. Mit ihr lässt sich die gesamte Handle-Struktur übergeben und so aus dem ersten auf das zweite GUI direkt zugreifen. Häufig werden aus Unkenntnis dieses Verfahrens statt dessen unnötigerweise globale Variablen verwandt. Kennen Sie beispielsweise das Handle einer Pop-up-Table, so können Sie deren Werte direkt auslesen und müssen diese Werte nicht global deklarieren, um sie anderen Anwendungen zugänglich zu machen. Dies erhöht die Datensicherheit.

24.2 GUI M-File

```
% --- Outputs from this function are returned to the command line.
function varargout = guibsp_OutputFcn(hObject, eventdata, handles)
% varargout  cell array for returning output args (see VARARGOUT);
% hObject    handle to figure
% eventdata  reserved - to be defined in a future version of MATLAB
% handles    structure with handles and user data (see GUIDATA)

% Get default command line output from handles structure
varargout{1} = handles.output;
```

24.2.4 Die Callback-Funktionen

Aufgabe der Callback-Funktionen ist die einzelnen UIcontrol-Objekte mit einer Funktionalität zu versehen.

```
% --- Executes on button press in pbsin.
function pbsin_Callback(hObject, eventdata, handles)
% hObject    handle to pbsin (see GCBO)
% eventdata  reserved - to be defined in a future version of MATLAB
% handles    structure with handles and user data (see GUIDATA)

% 1. Schritt auslesen des Frequenzwertes aus dem Slider
f=get(handles.slider,'value');
% 2. Schritt Daten aus Opening Function
x=getappdata(handles.figure1,'x');
% 3. Schritt Plotten
y=sin(2*pi*f*x);
plot(x,y)
% 4. Schritt Static Textfeld beschriften
set(handles.txtsc,'String','Sinus');
% 5. Schritt Slider mitteilen was geplottet werden soll
%             wenn der Schieber bewegt wird
%             Updaten der Handles Struktur
handles.sc=1;
guidata(hObject, handles);


% --- Executes on button press in pbcos.
function pbcos_Callback(hObject, eventdata, handles)
% hObject    handle to pbcos (see GCBO)
% eventdata  reserved - to be defined in a future version of MATLAB
% handles    structure with handles and user data (see GUIDATA)

% 1. Schritt auslesen des Frequenzwertes aus dem Slider
f=get(handles.slider,'value');
% 2. Schritt Daten aus Opening Function
x=getappdata(handles.figure1,'x');
```

```
% 3. Schritt Plotten
y=cos(2*pi*f*x);
plot(x,y)
% 4. Schritt Static Textfeld beschriften
set(handles.txtsc,'String','Kosinus');
% 5. Schritt Slider mitteilen was geplottet werden soll
%              wenn der Schieber bewegt wird
%              Updaten der Handles Struktur
handles.sc=0;
guidata(hObject, handles);

% --- Executes on slider movement.
function slider_Callback(hObject, eventdata, handles)
% hObject    handle to slider (see GCBO)
% eventdata  reserved - to be defined in a future version of MATLAB
% handles    structure with handles and user data (see GUIDATA)

% Hints: get(hObject,'Value') returns position of slider
%        get(hObject,'Min') and get(hObject,'Max')
%        to determine range of slider

% 1. Schritt einlesen des aktuellen Frequenzwertes
f=get(hObject,'value');
% 2. Schritt beschriften des Static Textfeldes
Anzeige = [num2str(f),' Hz'];
set(handles.txtsl,'String',Anzeige)
% 3. Schritt x-Daten
x=getappdata(handles.figure1,'x');
% 4. Schritt Plot updaten
if handles.sc
    y=sin(2*pi*f*x);
else
    y=cos(2*pi*f*x);
end
plot(x,y)

% Ein bisschen Farbe
set(handles.txtsl,'ForegroundColor',[(f-1)/4 0 (5-f)/4])
set(hObject,'BackgroundColor',[(f-1)/4 0 (5-f)/4])
line(x+.002,y,'LineWidth',2,'Color',[(f-1)/4 0 (5-f)/4])
axis tight

% --- Executes during object creation, after setting all properties.
function slider_CreateFcn(hObject, eventdata, handles)
% hObject    handle to slider (see GCBO)
% eventdata  reserved - to be defined in a future version of MATLAB
% handles    empty - handles not created until after all CreateFcns called
```

```
% Hint: slider controls usually have a light gray background.
if isequal(get(hObject,'BackgroundColor')
    get(0,'defaultUicontrolBackgroundColor'))
    set(hObject,'BackgroundColor',[.9 .9 .9]);
end
```

Mit `f=get(handles.tag,'Eigenschaft')` wird der Wert der Eigenschaft des Objekts „handles.tag" ausgelesen. Befindet man sich in der Callback-Funktion des Objekts genügt `f=get(hObject,'Eigenschaft');`. Die Argumentliste der einzelnen Funktionen ist `function fn_name(hObject, eventdata, handles)`. Der Wert von „hObject" ist das Handle des lokalen Objekts, also im Fall von `function pbsin_Callback(hObject, eventdata, handles)` das Handle des Push Button „Sinus". „eventdata" ist eine reservierte Variable für zukünftige Aufgaben und gegenwärtig leer. „handles" ist die Handle-Struktur des gesamten GUIs. Mit `getappdata` können mit `setappdata` gesetzte Daten eingelesen werden. Wird die Handle-Struktur erweitert, wie im Fall „handles.sc", dann wird mit dem Befehl `guidata` diese Struktur dem gesamten GUI verfügbar gemacht. Wiederholte Aufgaben wie beispielsweise Plotten könnten auch in eine weitere Unterfunktion geschoben werden.

24.3 UI-Menüs mit dem Guide erzeugen

UI-Menüs lassen sich mit dem Guide mit Hilfe des Menü-Editors erzeugen. Der Menü-Editor lässt sich entweder durch Klicken auf das Menü-Symbol oder über das Tool-Menü öffnen. Der Menü-Editor erlaubt sowohl das Erzeugen einer Menü-Leiste als auch das Erzeugen eines Context-Menüs. Ein Context-Menü erscheint, wenn mit der rechten Maustaste auf ein grafisches Objekt geklickt wird. Ein typisches Anwendungsbeispiel ist die Möglichkeit, per Mausklick zu entscheiden, ob ein Linienzug in einem Plot durchgezogen, gestrichelt und so fort sein soll. Mit dem Menü-Editor kann per Mausklick (in der Menüleiste ganz links) ein neues Menü erstellt werden. Beschriftung und Tag können auf der rechten Seite des Menü-Editors gesetzt werden. Ein Untermenü wird durch Anklicken des zweiten Symbols von links erzeugt. Wechselt man auf „Context Menu", so kann per Mausklick ein Context-Menü erstellt werden. Wieder wird auf der rechten Seite ein geeignetes Tag gesetzt. Unter „more options" öffnet sich der Property Inspector, mit dem die Default-Eigenschaften verändert werden können. Deren Bedeutung wurde in Abschnitt 18 erläutert.

Aktivieren des Guide erzeugt wieder ein Fig File, in dem das grafischer Layout angelegt ist, sowie ein M-File mit Callback Function Templates. Der erste Teil des M-File besteht wieder aus Initialisierungsteil, Open- und Output-Funktion. Die Callback-Funktion kann wieder durch direktes Editieren mit einer Aufgabe versehen werden, die bei Anwahl des Menüs ausgeführt werden soll.

25 FORTRAN und C in MATLAB einbinden

Externe Programme lassen sich in MATLAB mittels der MEX-Funktionalität einbinden. MEX steht für **M**atlab **Ex**ecutable. Direkt unterstützt werden FORTRAN und C. MEX-Files werden dabei genau wie MATLAB Funktionen aufgerufen, sind jedoch plattformabhängig. Aus dem externen Quell-Code wird mit Hilfe eines Compilers das ausführbare Programm erzeugt. Tab. (25.1) listet die Dateierweiterungen und Tab. (25.2) die unterstützten Compiler auf.

Tabelle 25.1: Liste der Dateierweiterungen.

BETRIEBSSYSTEM	DATEIERW.	BETRIEBSSYSTEM	DATEIERW.
HP-UNIX	mexhpux	Solaris	mexsol
Linux: 32 bit	mexglx	64 bit	mexi64
Mac OS X	mexmax	MS Windows	dll

25.1 Aufbau einer MEX-Datei

Gleichgültig ob C- oder FORTRAN-Quellcode eingebunden werden soll, erster Schritt ist das Schreiben einer Gateway-Routine, die zwischen MATLAB Datenstrukturen und denen der einzubindenden Sprache vermittelt. Alle MATLAB Daten werden im so genannten mxArray abgebildet. MATLAB stellt eine Gruppe von Funktionen, die mit mx··· beginnen, zur Verfügung, um MATLAB Arrays zu manipulieren, sowie eine Gruppe von mex···-Funktionen, um auf der MATLAB Umgebung zu operieren. (mxArrays werden wir weiter unter diskutieren.)

C. Das MEX-File besteht aus drei Komponenten, dem Header, der eigentlichen Gateway-Funktion und dem einzubindenden Quellcode. Der Header enthält die Include-Anweisungen. Die Gateway-Routine besteht aus der mexFunction, die zwischen Quellcode und MATLAB vermittelt. Die mexFunction ist stets gleich aufgebaut. Ihre prinzipielle Struktur zeigt das folgende Codefragment:

```
#include "mex.h"

void mexFunction(int nlhs, mxArray *plhs[], int nrhs,
                 const mxArray *prhs[])
{....
 .....
}
```

Tabelle 25.2: *Liste der unterstützten Compiler und zugehörigen Optionfiles für MEX-Files, die Engine- und Mat-Anwendungen.*

BETRIEBSSYSTEM	COMPILER	OPTION-FILE
Windows	Borland C++, Version 5.0 & 5.2	bccopts.bat
	Borland C++Builder 3.0 (5.3)	bcc53opts.bat
	Borland C++Builder 4.0 (5.4)	bcc54opts.bat
	Borland C++Builder 5.0 (5.5)	bcc55opts.bat
	Lcc C Compiler (in MATLAB)	lccopts.bat
	Microsoft C/C++ 5.0	msvc50opts.bat
	Microsoft C/C++ 6.0	msvc60opts.bat
	Watcom C/C++ 11	wat11copts.bat
	DIGITAL Visual FORTRAN 5.0	df50opts.bat
	Compaq Visual FORTRAN 6.1	df61opts.bat
	Compaq Visual FORTRAN 6.6	df66opts.bat
Windows	Engine und MAT	
	Borland C 5.0 & 5.2	bccengmatopts.bat
	Borland C 5.3	bcc53engmatopts.bat
	Borland C 5.4	bcc54engmatopts.bat
	Borland C 5.5	bcc55engmatopts.bat
	Lcc C Compiler	lccengmatopts.bat
	Microsoft Visual C 5.0	msvc50engmatopts.bat
	Microsoft Visual C 6.0	msvc60engmatopts.bat
	Watcom C 11	wat11engmatopts.bat
	DIGITAL Visual FORTRAN 5.0	df50engmatopts.bat
	Compaq Visual FORTRAN 6.1	df60engmatopts.bat
UNIX	System ANSI Compiler	mexopts.sh
	GCC	gccopts.sh
UNIX/Engine	System ANSI Compiler	engopts.sh
UNIX/MAT	System ANSI Compiler	matopts.sh

Die Headerdatei besteht aus Include-Anweisungen, mex.h muss stets eingebunden werden. Hier können auch bedingte Kompilierungsdirektiven aufgeführt werden. Der Aufbau der mexFunction lässt sich am einfachsten verstehen wenn wir eine mathematische Gleichung in MATLAB betrachten:
>> [y1,y2] = meinefunktion(x1,x2,x3).
Auf der rechten Seite stehen die Eingabeparameter, links die Rückgabewerte. In der mexFunction steht rhs für **r**ight **h**and **s**ide und lhs für **l**eft **h**and **s**ide. „nrhs" ist die Zahl der an die Funktion übergebenen Parameter, im Beispiel sind es 3. „nlhs" ist die Zahl der zurück gelieferten Parameter, im Beispiel 2. „prhs" ist der Zeiger auf die übergebenen Variablen. Da diese Variablen in MATLAB existieren und nicht verändert werden sollten, taucht das Schlüsselwort const auf und der Zeiger plhs auf die Rückgabewerte. (Genauer gesagt handelt es sich um Zeiger auf ein Array von mxArray-Zeigern.)

FORTRAN.

```
subroutine mexFunction(nlhs, plhs, nrhs, prhs)
integer plhs(*), prhs(*)
integer nlhs, nrhs
```

Die FORTRAN subroutine mexFunction ist ähnlich dem C-Gegenstück aufgebaut und muss wie in C die Zahl der Eingabeparameter „nrhs" und die Eingabearrays „prhs" sowie die Zahl der Rückgabeargumente „nlhs" und Rückgabearrays „plhs" aufweisen.

25.1.1 Der MEX-Befehl

Mit Hilfe des MEX-Befehls wird der externe Quell-Code kompiliert. `mex -setup` gibt eine Liste unterstützter Compiler aus, aus der sich ein installierter Compiler auswählen lässt. Die vollständige Syntax zum Kompilieren des Quell-Codes lautet
\>\> `mex optionen quellfiles libfiles`.
Die Liste der Optionen findet sich in Tab. (25.3). Unter Windows können nur entweder C- oder FORTRAN-Quellen verwandt werden, unter UNIX können beide auch gemischt werden. Der erste Dateityp entscheidet, ob ein C- oder FORTRAN-Einstiegspunkt zu wählen ist. Das MEX-Executable hat eine höhere Aufrufpriorität als MATLAB M- oder P-Code.

25.2 Das mxArray

Zum Erstellen eines MEX-Files sind MATLAB Arrays – die mxArrays – unverzichtbar. Alle MATLAB Variablen, gleichgültig ob Struktur, Zellvariable oder einfacher Skalar, werden als mxArray verwaltet. mxArray ist eine Struktur, die unter anderem die Informationen über Variablentyp, Dimension, zugeordnete Daten, ob reell oder komplex enthält. Bei Strukturen und Objekten werden zusätzlich die Feldnamen abgespeichert und bei dünn besetzten Matrizen (Sparse Arrays) die zugehörigen Indizes und die nichtverschwindenden Elemente. Wie in FORTRAN werden MATLAB Arrays prinzipiell spaltenweise abgespeichert (vgl. Kap. 9.3). Die mxArray-Klasse enthält Informationen über die Anzahl der Zeilen, Spalten, Dimensionen sowie die Zuordnung auf die reellen und imaginären Daten. MATLAB bietet mehr als 100 Funktionen um auf mxArrays zuzugreifen und zu manipulieren. Dabei gibt es sprachspezifische Unterschiede. Unter FORTRAN werden beispielsweise keine logischen Variablen unterstützt. Im Folgenden wird eine Auswahl der wichtigsten mx-Routinen vorgestellt.

25.2.1 mx-Routinen zum Erstellen einfacher Variablen

mxCreateDoubleMatrix. `mxCreateDoubleMatrix` dient dem Erstellen eines zweidimensionalen mxArrays mit 8 Byte Genauigkeit und wird sowohl unter C als auch unter FORTRAN unterstützt. Eingabeparameter sind die Anzahl der Zeilen und Spalten und ein Flag, das festlegt ob reelle oder komplexe Zahlen vorliegen (`mxReal`, `mxComplex`).

Tabelle 25.3: Liste der möglichen Optionen.

OPTION	BEDEUTUNG
@ <txt_file>	<txt_file> wird als Kommandozeile in das MEX-Skript eingebunden.
-argcheck	Testen der Parameter externer MATLAB API Funktionen (C). API steht für Application Programm Interface.
-c	Erstellen einer Objektdatei ohne Linken.
-D<name> [#<def>]	Definieren eines C-Präprozessor-Makros <name>. UNIX erlaubt auch -D<name> [=<def>].
-f <file>	Nutzt <file> als Optionsdatei.
-g	Debugger-Flags einbinden.
-h	MEX-Hilfe ausgeben.
-I<pathname>	Legt Pfad des Include-Verzeichnisses fest.
-inline	mx-Funktionen einbinden (MEX-Funktion wird u. U. versionsabhängig).
-l<file>	(UNIX) Mit Bibliotheksfunktion <file> linken.
-L<pathname>	(UNIX) <pathname> in die Liste der Bibliotheksverzeichniss aufnehmen.
<name>#<def>	Überschreiben der für die Variable <name> festgelegten Option.
<name>=<def>	UNIX-Pendant zu oben.
-O	Optimierte ausführbare Datei.
-outdir <name>	Alle erzeugten Files im Verzeichnis <name> speichern.
-output <name>	Executable hat Namen <name>.
-setup	Default Option-File.
-U<name>	C-Präprozessor-Makro <name> freigeben (undefine).
-v	Alle Systemmeldungen ausgeben.
-V5	Erzeugt MATLAB 5-kompatiblen MEX-File.

mxCreateNumericMatrix. `mxCreateNumericMatrix` erzeugt eine Matrix, in der alle Datenelemente von dem durch class festgelegten Typ sind. Die Tabelle (25.4) listet die MATLAB Klassennamen sowie C- und FORTRAN-Datentypen auf. (Vgl. unten `mxCreateNumericArray`.)

mxCreateDoubleScalar. `mxCreateDoubleScalar` erzeugt einen Skalar doppelter Genauigkeit.

mxCreateNumericArray. `mxCreateNumericArray` dient zum Erzeugen eines numerischen Arrays beliebiger Dimension. In C lautet der Aufruf:

```
#include "matrix.h"
mxArray *mxCreateNumericArray(int ndim, const int *dims,
        mxClassID class, mxComplexity ComplexFlag);
```

25.2 Das mxArray

Tabelle 25.4: Liste der numerischen Datentypen.

MATLAB	C	FORTRAN
int8	mx_INT8_CLASS	INTEGER*1
int16	mx_INT16_CLASS	INTEGER*2
int32	mx_INT32_CLASS	INTEGER*4
int64	mx_INT64_CLASS	
uint*	mx_UINT*_CLASS *: 8, 16, 32, 64	
single	mxSINGLE_CLASS	REAL*4
double	mxDOUBLE_CLASS	REAL*8
single		COMPLEX*8
double		COMPLEX*16

„ndim" bezeichnet die Zahl der Dimensionen, in „dims" steht die Zahl der Elemente der jeweiligen Dimension. Für ein $3 \times 2 \times 4$-Array ist ndim=3, dims[0]=3, dims[1]=2 und dims[2]=4. mxClassID class ist durch die in Tab. (25.4) aufgelisteten Möglichkeiten gegeben und das „ComplexFlag" ist entweder mxReal oder mxComplex.

In FORTRAN lautet die Funktion:

```
integer*4 function mxCreateNumericArray(ndim, dims, classid, ComplexFlag)
integer*4 ndim, dims, classid, ComplexFlag
```

Die Bedeutung entspricht der von C. Das ComplexFlag ist 0 für reelle und 1 für komplexe Daten, die classid durch **mxClassIDFromClassName(mlclass)** festgelegt, wobei „mlclass" der MATLAB Klassenname ist.

mxCreateSparse. mxCreateSparse dient dem Erzeugen dünn besetzter Matrizen und wird sowohl unter C als auch unter FORTRAN unterstützt.

Beispiel: Erzeugen einer Matrix. Das folgende Code-Fragment zeigt die prinzipielle Vorgehensweise zum Erzeugen einer reellen Matrix unter C auf. Test auf korrekte Variablenübergabe und dergleichen wurden ausgespart.

```
#include "mex.h"

void hier_steht_meine_C_Berechnung(...)
{
   .....
}

void mexFunction(int nlhs, mxArray *plhs[], int nrhs,
                 const mxArray *prhs[])
{
  int mzeile, nspalte;
```

```
    /* Test auf korrekte Variablen etc hier */

    /* Input reeller Skalar, vgl. unten .*/
    mzeile = mxGetM(prhs[0]);
    nspalte = mxGetN(prhs[0]);

   /* Erzeugen einer rellen Matrix fuer die Ausgabe*/
    plhs[0] = mxCreateDoubleMatrix(mzeile,nspalte, mxREAL);

    /* Hier geht es weiter mit anderen Aufgaben */
}
```

Dieselbe Aufgabe (reelle m × n-Matrix) unter FORTRAN:

```
      subroutine mexFunction(nlhs, plhs, nrhs, prhs)

      integer mxGetM, mxGetN
      integer mxCreateDoubleMatrix
      integer plhs(*), prhs(*)
      integer m, n

C     Test auf korrekte Argumente etc. hier.

C     Groesse der Eingangsmatrix
      m = mxGetM(prhs(1))
      n = mxGetN(prhs(1))
      size = m*n


C     Erzeugen einer rellen Matrix fuer die Ausgabe
      plhs(1) = mxCreateDoubleMatrix(m, n, 0)

C     Fortsetzung der Aufgaben
C     Aufruf weiterer subroutines.
      call meine_subroutine(...)

      return
      end
```

Charakterarrays erzeugen. mxCreateString dient dem Erstellen einer einzeiligen Zeichenfolge unter C oder FORTRAN. Unter C wäre der typische Aufruf
char *str;
plhs[0] = mxCreateString(str);
und unter FORTRAN
strmxA = mxCreateString('mein String'). Um ein leeres n-dimensionales Charak-

ter-mxArray zu erzeugen, dient `mxCreateCharArray` und für eine Charaktermatrix `mxCreateCharMatrixFromStrings`.

25.2.2 mx-Routinen zum Zugriff auf einfache Variablen

Während mx-Funktionen zum Erstellen von Daten mit dem Präfix mxCreate beginnen, erfolgt der Zugriff über mxGet-Funktionen.

mxGetPr und mxGetPi. `mxGetPr` und `mxGetPi` sind mit die am häufigsten genutzten Funktionen. Sie erlauben den Zugriff auf die reellen (r) und die imaginären Datenelemente eines mxArrays (C und Fortran) und liefern die Startadresse des zugehörigen mxArrays.

mxGetM und mxGetN. `mxGetM` und `mxGetN` dient sowohl unter C als auch unter FORTRAN der Bestimmung der Zeilen (M) und der Spaltenzahl (N).

mxGetData und mxGetImagData. `mxGetData` liefert den Pointer auf reelle Daten unter C und FORTRAN, die nicht vom Typ double (REAL*8) sind. Das „imaginäre Pendant" ist `mxGetImagData`.

mxGetScalar. Um die erste reelle Komponente eines mxArrays auszulesen dient `mxGetScalar`.

Dünn besetzte Matrizen. Die mx-Routinen `mxGetIr`, `mxGetJc` und `mxGetNzmax` dienen als Hilfsfunktionen dem Auslesen von mxArrays dünn besetzter Matrizen. „Ir" ist die Startadresse der Zeilen-, „Jc" die der Spaltenindizes und „Nzmax" die Anzahl der nicht-verschwindenden Elemente. Im Regelfall ist Nzmax gleich der Zahl der Elemente der ganzzahligen Indexarrays „Ir" und „Jc".

25.2.3 Strukturen

Erzeugen von Strukturen. `mxCreateStructArray` und `mxCreateStructMatrix` dienen dem Erzeugen N- bzw. 2-dimensionaler, leerer mxArrays. Als Argumente dienen die Anzahl der Dimensionen, die Größe der einzelnen Dimensionen bzw. die Zahl der Zeilen und Spalten, die Zahl der Felder und die Feldnamen selbst. Die typische Vorgehensweise ist, beispielsweise mit `mxCreateStructMatrix`, ein leeres Structure mxArray zu erzeugen und mit `mxSetField` die Felder zu bevölkern. Während `mxSetField` als Argument den Feldnamen erwartet, nutzt `mxSetFieldByNumber` die Feldnummer. Mit `mxAddField` und `mxRemoveField` lassen sich dem Structure mxArray weiter Felder hinzufügen bzw. entfernen.

Zugriff auf Strukturen. Strukturen bestehen aus dem Strukturnamen und den Feldern. Der Zugriff auf die Felder kann über den Feldnamen oder über eine Feldnummer erfolgen. Dazu dienen die Routinen `mxGetField` zum Auslesen der Feldwerte über den Feldnamen und via `mxGetFieldByNumber` über die Feldnummer. `mxGetFieldNameByNumber` bestimmt den Feldnamen anhand der Feldnummer und die Umkehrung zur Bestimmung der Feldnummern bei gegebenem Feldnamen lautet `mxGetFieldNumber`.

`mxGetNumberOfFields` ermittelt schließlich die Zahl der Felder eines gegebenen Structure mxArrays. Alle oben aufgelisteten Funktionen werden sowohl unter C als auch unter FORTRAN unterstützt.

25.2.4 Zellvariablen

Ähnlich den Strukturen erzeugen `mxCreateCellArray` und `mxCreateCellMatrix` leere N- bzw. 2-dimensionale Zell-mxArrays. Mit `mxGetCell` und `mxSetCell` werden die Werte eines Zell-mxArrays ausgelesen bzw. gesetzt. Der typische Aufruf wäre:

```
/* Erzeugen einer Zelle mit m Zeilen und n Spalten */
data = mxCreateCellMatrix(m,n)

/* Setzen des ersten Wertes */
mxSetCell(data,0,Wert)
```

Zellarrays werden sowohl unter C als auch unter FORTRAN unterstützt.

25.2.5 Abfragen

mxIs-Routinen dienen der Überprüfung des Datentyps eines gegebenen mxArrays und sind durch ihre Namensgebung selbstklärend. Der Rückgabewert ist entweder ein logisches „true" oder „false". Unter FORTRAN und C werden die folgenden Abfragen unterstützt: `mxIsCell`, `mxIsChar`, `mxIsClass`, `mxIsComplex`, `mxIsDouble`, `mxIsEmpty`, `mxIsFinite`. `mxIsFromGlobalWS` ist wahr, wenn die Variable aus dem MATLAB global Workspace stammt. `mxIsInf`, `mxIsInt8`, `mxIsInt16`, `mxIsInt32`, `mxIsLogical`, `mxIsNaN`, `mxIsNumeric`, `mxIsSingle`, `mxIsSparse`, `mxIsStruct`, `mxIsUint8`, `mxIsUint16` und `mxIsUint32`. In C kommen noch zusätzlich `mxIsInt64`, `mxIsUint64`, `mxIsLogicalScalar` und `mxIsLogicalScalarTrue` dazu.

25.2.6 Allgemeine Aufgaben

`mxGetClassName` und `mxGetClassId` dienen dem Bestimmen eines mxArray-Klassennamens entweder als Zeichenfolge oder über die ganzzahlige Klassenidentifikation. `mxSetClassName` dient der Konvertierung eines mx-Structure Arrays in ein mx-Objektarray.

Die Zahl der Elemente eines mxArrays kann mittels `mxGetNumberOfElements` bestimmt werden, die Zahl der Dimensionen mit `mxGetNumberOfDimensions` und der für jedes Element benötigte Speicherplatz mit `mxGetElementSize`. Die Anzahl der Zeilen und Spalten geben `mxGetM` und `mxGetN`. Informationen zur Gleitkommagenauigkeit, zum maximalen Wert und zur Repräsentation von Nans liefern die Routinen `mxGetEps`, `mxGetInf` und `mxGetNaN`.

Mit `mxSetData` kann ein Zeiger auf die Daten eines numerischen Arrays festgelegt werden, mit `mxSetDimenions` können die Dimensionen eines mxArrays modifiziert werden und mit `mxSetM` und `mxSetN` die Zahl der Zeilen und Spalten. `mxSetPr` und `mxSetPi` ändern die reellen und imaginären Daten und `mxSetIr`, `mxSetJc` sowie `mxSetNzmax` die korrespondierenden Werte eines dünn besetzten mxArrays.

25.2.7 Speicherverwaltung

Beispiel: Variablenübergabe. Das folgende Codefragment zeigt eine MATLAB Funktion mit drei Eingabe- und zwei Rückgabewerten:

```
function [raus1, raus2] = meinefun(rein1, rein2, rein3)

% irgendwelche Kommentare und Berechnungen

raus1 = ...
raus2 = ...
raus3 = ...

% Ende der Funktion
```

Aus dem MATLAB Prompt wird diese Funktion via
`>> [x,y] = meinefun(u,v,w)`
genutzt. Beim Aufruf der Funktion wird u → rein1, v → rein2 und w → rein3 zugeordnet, beim Beenden der Funktion x ← raus1 und y ← raus2. Die MATLAB Variablen „nargin" sind 3 und „nargout" 2. Das korrespondierende C-Mex-File hat das folgende Aussehen: „nlhs" ist 2 und „nhrs" 3. Das C-Codefragment der Funktion meinemex.c:

```
# include "mex.h"
void mexFunction( int nlhs, mxArray *plhs[],
                  int nrhs, const mxArray *prhs[])
{
/* Kommentare, Eingabetests etc. */

plhs[0] = mxCreate....
plhs[1] = mxCreate....

/* Eingaben basierend auf prhs[0], prhs[1], prhs[2] */
/* Berechnungen etc ...                             */
}
```

Die Mex-Funktion wird über `>> mex meinemex.c` kompiliert und via
`>> [x,y] = meinemex(u,v,w)`
aufgerufen. Beim Aufruf wird u → prhs[0], v → prhs[1] und w → prhs[2] zugeordnet. Der Zeiger sollte innerhalb der Mex-Funktion nicht verändert werden, da er ja Eingabevariablen aus MATLAB abbildet. Wenn „plhs[.]" mittels der mxCreate-Routinen erstellt werden, wird Speicher für die damit verknüpften Variablen reserviert und die Werte zugewiesen. Beim Beenden der Funktion wird x ← plhs[0] und y ← plhs[1] zugeordnet.

Speicherverwaltung. `mxCalloc` dient der Allokation von dynamischem Speicher, um einen Speicherbereich fester Größe zu reservieren und mit Nullen zu initialisieren. Dagegen alloziert `mxMalloc` Speicher ohne Initialisierung. `mxMalloc` nutzt dabei die MATLAB

Speicherverwaltung. Während `mxCalloc` allozierter Speicher nach Beendigung der Mex-Funktion automatisch freigegeben wird, sollte `mxMalloc` dynamisch allozierter Speicher mit `mxFree` freigegeben werden und mit `mxCreate` Routinen allozierter Speicher mit `mxDestroyArray`. Um von der Funktion `mxCalloc` reservierten Speicherbereich erneut zu reservieren, dient `mxRealloc`. Alle oben erwähnten Funktionen werden sowohl unter FORTRAN als auch unter C unterstützt.

Beim dynamischen Allozieren von Speicher mittels Zeigern muss vor dem Löschen des Zeigers der Speicherbereich wieder freigegeben werden, andernfalls entsteht ein Speicherloch. Da die Eingabeparameter konstante Arrays sind, darf der Pointer „prhs" nicht direkt „plhs" oder einer temporären Variablen zugewiesen werden. Zur Festlegung der Daten in einem mxArray dienen unter anderem die Funktionen `mxSetPr`, `mxSetPi`, `mxSetData` und `mxsetImagData`. Wird eine dieser Routinen genutzt, dann darf kein mit `mxCalloc`, `mxMalloc` oder `mxRealloc` reservierter Speicherbereich verwandt werden.

Weitere mx-Funktionen finden sich in der MATLAB Dokumentation unter „External Interfaces Reference" und dort unter „C MX-Functions" bzw. „FORTRAN MX-Functions".

25.3 Die mex-Funktionen

Die mex-Funktionen sind eine Sammlung von Bibliotheksroutinen zum Informationsaustausch innerhalb der MATLAB Umgebung. Die Funktionen `mexPutVariable` und `mexGetVariable` dienen zum Datentransfer zwischen mxArray und dem MATLAB Arbeitsbereich. Unter FORTRAN ordnet beispielsweise die Funktion (im FORTRAN-Sinn) `mexPutVariable(„base", „matvar", pm)` das mxArray mit Pointer „pm" der MATLAB Variablen „matvar" im Base-Space zu. `mexGetVariable` hat die umgekehrte Aufgabe.

`mexCallMATLAB` dient dem Aufruf einer MATLAB Funktion oder einem weiteren MEX-File. Bei Erfolg wird eine Null zurückgegeben. `mexEvalString` führt eine Stringevaluation unter MATLAB aus. Im Gegensatz zu `mexCallMATLAB` ist keine Variablenrückgabe (also linksseitiges Argument im mxArray-Sinn) möglich. Bei Erfolg wird wieder eine Null zurückgegeben.

`mexPrintf` dient der Ausgabe einer Zeichenfolge über den MATLAB Prompt. Sowohl unter FORTRAN(!) als auch unter C folgen die Formatangaben dem ANSI-C-Standard. Innerhalb eines MEX-Files muss `mexPrintf` an Stelle von „printf" genutzt werden. `mexPrintf` referenziert auf die MATLAB intern bereits verlinkte C-printf-Routine und erspart damit das Einbinden der gesamten stdio-Bibliothek.

In MEX-Files sollten Typ und Zahl der Argumente getestet werden. Ein typisches Codefragment schaut wie folgt aus (Beispiel eine Eingabe- und mindestens eine Rückgabevariable):

```
# include "mex.h"
void mexFunction(int nlhs, mxArray *plhs[],
                 int nrhs, const mxArray *prhs[])
```

```
{
....

if (nlhs != 0 || nrhs != 1)
{
flag = 1;
mexErrMsgTxt(\glqq Fehler: Falsche Input/Output Argumente\grqq{});
}
else
flag = 0;

if (flag==0)
{

.......
/* Beispielsweise */
mexPrintf(\glqq Class Name : %s\n\grqq{}, mxGetClassName(prhs[0]));
.......

}
}
```

Weitere Abfragen könnten über die Routinen `mxIs...` erfolgen. Fehlermeldungen mit und ohne eine Message-ID können mit `mexErrMsgTxt` und `mexErrMsgIdAndTxt` erzeugt werden. Die MEX-Funktion wird in diesem Fall beendet und kehrt zum MATLAB Prompt zurück. Neben den Fehlerabfragen gibt es auch die Möglichkeit Warnungen via `mexWarnMsgIdAndTxt` und `mexWarnMsgTxt` auszugeben. Alle vier Routinen werden sowohl von C als auch von FORTRAN unterstützt.

Weitere mex-Routinen finden sich in der MATLAB Dokumentation unter „External Interfaces Reference" und dort unter „C MEX-Functions" bzw. „FORTRAN MEX-Functions".

25.4 Die MAT-Funktionen

MATLAB speichert Variablen in einem eigenen, binären Format ab, dem so genannten Mat-File. Mat-Files enthalten eine betriebssystemabhängige Signatur, die es erlaubt unter MATLAB jede Mat-Datei einzulesen, gleichgültig unter welchem Betriebssystem sie erzeugt worden ist. Das Präfix „mat" kennzeichnet Routinen, die auf Mat-Files operieren. C- oder FORTRAN-Programme, die aus Mat-Files lesen oder in Mat-Files schreiben, nutzen mx-Funktionen, um auf die korrespondierenden mxArrays zuzugreifen. In C-Files muss die Include-Datei mat.h eingebunden werden, die matrix.h für die mx-Funktionsunterstützung mit beinhaltet. Unter UNIX muss der Runtime Bibliothekspfad via

setenv LD_LIBRARY_PATH $MATLAB/bin/$ARCH

unter einer C-Shell und mittels

LD_LIBRARY_PATH=$MATLAB/bin/$ARCH:$LD_LIBRARY_PATH
export LD_LIBRARY_PATH

unter einer Bourne-Shell eingebunden werden. $MATLAB steht dabei für das MATLAB Root Directory und $ARCH für die Systemarchitektur (Beispiel für Linux 32bit: LD_LIBRARY_PATH=/usr/local/matlab7sp1/bin/glnx86).
Kompiliert wird das File via >> `mex -f $MATLAB/bin/matopts.sh meinmat.c`. Unter Windows dienen die Compiler-abhängigen engmatopts.bat-Files als zusätzliche Optionfiles, beispielsweise >> `mex -f $MATLAB\bin\win32\mexopts\msvc71engmatopts.bat meinmat.c`,1 und der entsprechende Pfad (PATH) muss gesetzt sein. Eine vollständige Liste findet sich in Tabelle (25.2).

Um auf mat-Files aus C- oder FORTRAN-Dateien zugreifen zu können, müssen Mat-Files ähnlich den Low-Level-Routinen zunächst mit `matOpen` geöffnet werden. Unter Fortran: mp = `matOpen('file.mat', 'x')` und unter C: mp = `matOpen(file.mat, „x")`;. „file" steht für den Dateinamen. „x" kann die Werte „r" für den Lese- und „w" für den Schreibmode annehmen. Existiert der File nicht, wird es erzeugt. Für „x=u", den Update-Mode, kann ein bestehendes Mat-File zum Lesen und Schreiben geöffnet werden. Um Mat-Files der Version 4.0 zu schreiben, steht noch der Qualifier „x=w4" zur Verfügung, „wL" für Characters unter MATLAB Version 6 und „wz" zum Schreiben komprimierter Daten. Der Rückgabewert „mp" enthält einen File Pointer und bei Misserfolg den Wert 0. Mit `status = matClose(mp)` wird das File mit Pointer „mp" geschlossen, bei Erfolg hat „status" den Wert 0.

`matGetDir` liefert eine Liste aller mxArrays eines Mat-Files und `a = matGetVariable( pm, "mxAname")`; liest das mxArray unter dem Namen „mxAname" aus der Datei mit File Pointer „pm" aus. Die Art des Aufrufs unter C und FORTRAN weist dabei nur sprachbedingte Unterschiede auf, vgl. `matOpen`. Informationen aus dem Array Header lassen sich mittels `matGetVariableInfo` auslesen, nicht aber die Daten. Das Gegenstück zu `matGetVariable` ist `status = matPutVariable(pm, "mxAname", a)`. Hat „status" den Wert 0 war die Aktion erfolgreich und ein mxArray unter dem Namen „mxAname" mit Inhalt „a" ist angelegt worden. C speichert Arrays zeilenweise, MATLAB und FORTRAN jedoch spaltenweise ab. Daher müssen beim Wiedereinlesen unter MATLAB unter C gespeicherte Matrizen transponiert werden.

Beispiele zu FORTRAN und C-Files finden sich im MATLAB Verzeichnis extern → examples → eng_mat; weitere Mat-Funktionen in der MATLAB Dokumentation unter „External Interfaces Reference" und dort unter „C Mat-File Functions" bzw. „FORTRAN Mat-File Functions".

25.5 Die Engine

MATLAB stellt Routinen zur direkten Kommunikation aus einem C- oder FORTRAN-Programm mit einer MATLAB Instanz zur Verfügung. Unter Windows wird die Kommunikation über COM-Objekte und unter Unix/Linux via Pipes realisiert. Während die Mex-Funktionalität erlaubt C- oder FORTRAN-Programme in MATLAB einzubin-

25.5 Die Engine 473

den, erlaubt die Engine-Funktionalität MATLAB mit C und FORTRAN zu verknüpfen. Engine-Routinen starten mit dem Präfix „eng". Wie unter Mat-Funktionen wird wieder mit `mex -f option` ... ein Option File eingebunden. Eine Liste der Option Files findet sich in Tabelle (25.2). Wiederum muss wie unter den Mat-Funktionen der entsprechende Pfad (Windows PATH, UNIX LD_LIBRARY_PATH) gesetzt sein (s.o.). Bindet der FORTRAN Compiler unter UNIX MATLAB shared libraries ein, so muss deren Pfad ebenfalls unter LD_LIBRARY_PATH oder äquivalenten Pfaden explizit mit eingebunden werden.

Öffnen und Schließen einer MATLAB Instanz. Mit `engOpen` wird eine MATLAB Instanz für eine Serverapplikation geöffnet: Unter C und UNIX `ep = engOpen("\ 0")`, unter Windows `ep = engOpen(NULL)` und unter FORTRAN `ep = engOpen('matlab')`. „ep" ist der Pointer (Engine-ID) auf die MATLAB Engine-Instanz. Unter C wird zusätzlich noch der Befehl `engOpenSingleUse` unterstützt, der es erlaubt durch wiederholten Aufruf mehrere MATLAB Prozesse zu starten. Unter UNIX und Linux kann als Argument auch ein Host-Name übergeben werden. In diesem Fall wird die Engine auf einem Remote Host mittels einer Remote Shell (rsh) gestartet. Die Display-Variable wird ebenfalls gesetzt, so dass die lokalen Ausgaben auf dem korrekten Computer erfolgen. Selbstverständlich müssen die Rechte für den Zugriff gesetzt sein. Der erste Schritt ist folglich, mit `engopen` oder `engOpenSingleUse` eine MATLAB Instanz zu öffnen. Im nächsten Schritt werden dann mit mx-Funktionen die notwendigen mxArrays für die Variablen erzeugt. Mit `status = engClose(ep)` unter FORTRAN bzw. `engClose(ep)` wird die MATLAB Engine-Sitzung geschlossen. Bei Erfolg ist der Rückgabewert eine 0, sonst eine 1.

Variablenübergabe. `d = engGetVariable(ep, "d")`; dient dem Kopieren einer MATLAB Variablen aus dem MATLAB Workspace. „ep" ist der Engine Pointer und „d" der Variablenname. Mit `engOutputBuffer(ep, buffer, BUFSIZE)`; wird ein Charakter-Puffer für die MATLAB Ausgabe festgelegt (s.u.). Das Gegenstück zu `engGetVariable` ist `status = engPutVariable(ep, 'x', X)` (hier die FORTRAN-Variante als Beispiel). „X" ist der Pointer des korrespondierenden mxArrays und „x" der Variablennamen in der MATLAB Engine-Instanz „ep". Bei Erfolg ist der Rückgabewert 0, sonst 1.

Befehlsübergabe. `engEvalString(ep, "auszufuehren")`; dient der Stringevaluation von „auszufuehren" unter MATLAB. Ein typisches Codefragment zum Plotten der Variablen „y" in Abhängigkeit von „x" ist (C):

```
char buf[256];
engOutputBuffer(ep, buf, 256);
engEvalString(ep, "plot(x,y);");
```

Die Variablen „x" (200-elementiger Vektor) und „y" könnten zuvor beispielsweise mit

```
X = mxCreateDoubleMatrix(1, 200, mxREAL);
engPutVariable(ep, "x", X);
engEvalString(ep, "y = sin(x);");
```

im MATLAB Base Space der Engine-Instanz erzeugt worden sein.

Beispiele zu FORTRAN und C-Files finden sich im MATLAB Verzeichnis extern →
examples → eng_mat; weitere Eng-Funktionen in der MATLAB Dokumentation unter
„External Interfaces Reference" und dort unter „C Engine Functions" bzw. „FORTRAN
Engine Functions".

25.6 Das Generic DLL-Interface

DLL steht für **D**ynamische **L**ink **L**ibrary. Eine Bibliothek stellt Funktionalitäten verschiedenen Anwendungsprogrammen zur Verfügung. DLLs bzw. SO-Dateien (sharedobject-Dateien unter UNIX und Linux) erlauben mehreren verschiedenen Anwendungen (Ausführungsdateien) den gleichzeitigen Zugriff. (Im Folgenden steht stellvertretend DLL für DLL und SO.) In den jeweiligen Anwendungen existiert ein Verweis auf die zur Laufzeit einzubindenden DLLs, die dann gemeinsam mit der Ausführungsdatei in den Speicher geladen werden. Dies hat den Vorteil, dass im Vergleich zu statischen Bibliotheken die Ausführungsdateien (Executables) signifikant kleiner sind. Die MATLAB Schnittstelle zu generischen DLLs ermöglicht eine direkte Einbindung der DLL und damit eine direkte Interaktion mit ihren Funktionalitäten von MATLAB aus. Voraussetzung dafür ist jedoch, dass die DLL über eine C-Schnittstelle verfügt.

Die prinzipielle Vorgehensweise zum Aufruf einer DLL in MATLAB besteht aus dem Laden der DLL, dem Auflisten der verfügbaren Funktionen der DLL, dem Aufrufen der Bibliotheksfunktionen und schließlich dem Löschen der DLL aus dem MATLAB Arbeitsspeicher.

Das Laden von DLLs. Damit MATLAB auf die Funktionalitäten einer DLL zugreifen kann, muss die DLL zunächst mit `loadlibrary` in den Speicher von MATLAB geladen werden. Mit `loadlibrary('shrlib', 'hfile')` wird auf die DLL- (Windows) bzw. SO-Datei (Linux/Unix) „shrlib" zugegriffen und die zur Header-Datei „hfile" gehörenden Funktionen geladen, s. Abb. (25.1). Die dynamische Bibliothek muss in der MATLAB Pfadvariablen aufgeführt oder im entsprechenden Verzeichnis sein. Mit `loadlibrary('shrlib', @protofile)` wird ein Prototyp M-File anstelle der HeaderDatei genutzt. Zusätzlich lassen sich via `loadlibrary('shrlib', ..., 'options')` Optionen übergeben. Alternativ kann auch die Form `loadlibrary shrlib hfile options` genutzt werden. Folgende Optionen stehen zur Verfügung: „addheader" zur Einbindung zusätzlicher Headerfiles, „alias" um den Namen der Bibliothek über einen AliasNamen anzusprechen, „path" zur Übergabe eines Pfads für den zu nutzenden Headerfile und „mfile" zur Erzeugung eines Prototyp M-Files im aktuellen Verzeichnis.

Anzeigen der Funktionen der geladenen Shared Library. Mit `m = libfunctions('libname')` werden die Namen aller Funktionen der geladenen Shared Library „libname" aufgelistet und mit `m = libfunctions('libname', '-full')` zusätzlich eine Beschreibung. Alternativ steht die Form `libfunctions libname -full` zur Verfügung. Eine grafische Auflistung bietet `libfunctionsview('libname')` bzw. `libfunctionsview libname`. Ein Beispiel zeigt Abb. (25.1).

Aufruf von Funktionen der geladenen Shared Library. Der Aufruf einer Funktion erfolgt mit `[x1, ..., xN] = calllib('libname', 'funname', arg1,...,argN)`.

25.6 Das Generic DLL-Interface

Functions in library libmx		
Return Type	Name	Arguments
[int32, MATLAB array, string]	mxAddField	(MATLAB array, string)
[string, MATLAB array]	mxArrayToString	(MATLAB array)
[int32, MATLAB array, int32Ptr]	mxCalcSingleSubscript	(MATLAB array, int32, int32Ptr)
lib.pointer	mxCalloc	(uint32, uint32)
MATLAB array	mxClearScalarDoubleFlag	(MATLAB array)
[MATLAB array, int32Ptr]	mxCreateCellArray	(int32, int32Ptr)
MATLAB array	mxCreateCellMatrix	(int32, int32)
[MATLAB array, int32Ptr]	mxCreateCharArray	(int32, int32Ptr)
[MATLAB array, stringPtrPtr]	mxCreateCharMatrixFromStrings	(int32, stringPtrPtr)
MATLAB array	mxCreateDoubleMatrix	(int32, int32, mxComplexity)
MATLAB array	mxCreateDoubleScalar	(double)
[MATLAB array, int32Ptr]	mxCreateLogicalArray	(int32, int32Ptr)
MATLAB array	mxCreateLogicalMatrix	(uint32, uint32)
MATLAB array	mxCreateLogicalScalar	(bool)
[MATLAB array, int32Ptr]	mxCreateNumericArray	(int32, int32Ptr, mxClassID, mxComplexity)
MATLAB array	mxCreateNumericMatrix	(int32, int32, mxClassID, int32)
MATLAB array	mxCreateSparse	(int32, int32, int32, mxComplexity)
MATLAB array	mxCreateSparseLogicalMatrix	(int32, int32, int32)
[MATLAB array, string]	mxCreateString	(string)
[MATLAB array, string]	mxCreateStringFromNChars	(string, int32)
[MATLAB array, int32Ptr, stringPtrPtr]	mxCreateStructArray	(int32, int32Ptr, int32, stringPtrPtr)
[MATLAB array, stringPtrPtr]	mxCreateStructMatrix	(int32, int32, int32, stringPtrPtr)
MATLAB array	mxDestroyArray	(MATLAB array)
[MATLAB array, MATLAB array]	mxDuplicateArray	(MATLAB array)

Abbildung 25.1: *Mit* `>> loadlibrary('libmx','matrix')` *wurde die Bibliothek „libmx" geladen. matrix.h befindet sich im* MATLAB *Verzeichnis /extern/include. Die Abbildung zeigt* `>> libfunctionsview libmx`*. Das Beispiel wurde unter Linux erstellt.*

Der Bibliotheksname ist „libname", „funname" der Funktionsname und „arg." die übergebenen Argumente sowie „x." die Rückgabewerte.

Löschen einer Bibliothek. Mit `unloadlibrary('libname')` bzw. `unloadlibrary libname` wird die Bibliothek „libname" wieder aus dem MATLAB Arbeitsspeicher gelöscht.

Weitere Hilfsfunktionen. `libisloaded('libname')` bzw. `libisloaded libname` testet ob die dynamische Bibliothek „libname" geladen ist. Ist „libname" geladen, ist der Rückgabewert 1, sonst 0.

`p = libpointer` gibt einen leeren Zeiger zurück, `p = libpointer('type')` gibt einen leeren Zeiger mit Referenz auf den Datentyp „type" zurück und mit `p = libpointer('type', wert)` wird der Datentyp „type" mit dem Wert „wert" initialisiert.

`s = libstruct('structtype')` dient dem Erstellen einer Instanz der korrespondierenden C-Struktur der Bibliothek in MATLAB. Mit `s = libstruct('structtype', mlstruct)` wird die Struktur mit „mlstruct" initialisiert.

26 Java und MATLAB

Java ist eine objektorientierte Programmiersprache und seit MATLAB Version 5.3 ist die MATLAB Entwicklungsumgebung in Java implementiert. Das MATLAB Java Interface erlaubt einen Zugriff auf Java. Java ist plattformunabhängig. Der Java Quellcode wird zunächst von einem Compiler in einen plattformunabhängigen Byte Code (.class Files) übersetzt. Erst dieser Byte Code wird dann von einem Interpreter in einen lauffähigen Maschinencode übersetzt. Die von MATLAB installierte bzw. genutzte Version kann mittels

```
>> version -java

ans =

Java 1.4.2_05 with Sun Microsystems Inc. Java HotSpot(TM) Client VM
    (mixed mode)
```

ermittelt werden.

26.1 Vorbemerkungen zu Java

Im Zusammenhang mit Java-Programmen und ihrer Nutzung innerhalb MATLAB sind die folgenden Begriffsbilder von Interesse:

- **Klassen** sind Datentypen, in denen Variablen und Methoden zusammen deklariert werden können, die den Objekten dieser Klasse dann zur Verfügung stehen.
- Ein Java-**Objekt** ist eine spezifische Instanz einer Java-Klasse. Ein Objekt enthält die Werte und die mit der Klasse assoziierten Methoden operieren auf ihnen. Klassen sind Datentypen, **Instanzen** oder Objekte sind Variablen von Klassen.
- **Methoden** sind Bestandteile von Klassen und beschreiben die ausführbaren Operationen. Java-Methoden sind das Analogon zu den MATLAB Methoden.
- Klassen sind in zusammenhängende Gruppen sortiert, die **Packages** heißen.
- **private/public** legen die Zugriffsrechte fest. Private Variablen sind lediglich in der Klasse selbst sichtbar, public Variablen dagegen auch von außen. Protected Variablen und Methoden sind in allen abgeleiteten Klassen und im zugehörigen Package sichtbar.
- **Static:** Auf statische Methoden kann zugegriffen werden, ohne dass eine Instanz existieren muss. Der Inhalt statischer Variablen kann nicht verändert werden.

26.2 Java-Klassen und -Objekte

26.2.1 Java-Klassen

Die Basis von Java sind die Java-Klassen. MATLAB bindet bereits eine Gruppe spezifischer Klassen ein (s. auch Kap. 3.5.3). Wenn MATLAB startet wird aus „classpath.txt" (in der MATLAB Root unter toolbox → local angesiedelt) der Java-Klassenpfad eingebunden. Veränderungen an diesem File werden folglich erst nach einem Neustart aktiv. Weitere Java Packages und Klassen lassen sich mit `import` einbinden. Beispielsweise enthält das Package java.awt Klassen zum Aufbau grafischer Oberflächen. Die Klasse „frame" enthält die Fenster und würde mit

```
>> import java.awt.*
>> javfra = Frame('Nochn Frame')

javfra =

java.awt.Frame[frame0,0,0,0x0,invalid,hidden,
  layout=java.awt.BorderLayout,title=Nochn Frame,resizable,normal]
```

eingebunden. Ohne Argument liefert >> `import` eine Liste der dynamisch eingebundenen Packages bzw. Klassen. Hier im Beispiel „java.awt.*'. Mit >> `clear import` werden die importierten Klassen und Packages wieder gelöscht.

26.2.2 Java-Objekte

Java-Objekte lassen sich in der Java-Syntax durch direkten Aufruf des Klassen-Konstruktors oder in der MATLAB Syntax J = `javaObject('Klassenname',x1,...,xn)` mit der Variablenliste „xi" erzeugen. Beispiel: Java-like lautet der Aufruf >> f1 = java.awt.Frame('Frame 1'); dasselbe liefert >> `javaObject('java.awt.Frame', 'Frame 1')`. Da das Package java.awt mit `import` eingebunden wurde, kann der Klassenkonstruktor auch direkt ohne Referenz auf das Package (wie oben gezeigt) aufgerufen werden. `javaObject` wird im Regelfall nur dann angewandt, wenn der Klassenname aus mehr als 31 aufeinander folgenden Zeichen besteht oder zur Laufzeit über eine Variable eingebunden werden soll. Die Java-Syntax stellt das bevorzugte Verfahren dar.

26.2.3 Java-Methoden

Java-Methoden sind – vereinfacht – das Analogon zu Funktionen in MATLAB und können via MATLAB oder Java-Syntax eingebunden werden. Die MATLAB Syntax greift auf die Java-Methode direkt zu, beispielsweise >> `setTitle(javfra, 'Titel')`; mehr Java orientiert ist >> `javfra.setTitle('Titel')`. Als weitere Möglichkeit kann auch der Befehl X = `javaMethod('methodenname','klassenname',x1,...,xn)` genutzt werden. Dies bietet sich nur dann an, wenn der Name der Methode sich aus mehr als 31 Zeichen zusammensetzt oder zur Laufzeit als Input eingebunden werden soll.

26.2 Java-Klassen und -Objekte

Mit

```
>> javfra.show
>> javfra.setBounds(100,100,800,550)
```

wird das oben erzeugte Fenster schließlich sichtbar gemacht.

Mit m = methods('klassenname') werden die Methoden der Klasse, mit m = methods('object') die Methoden des Objekts aufgelistet. Mit dem Qualifier „full" m = methods(..., '-full') wird eine vollständige Beschreibung der Methode einschließlich Vererbung ausgegeben.

```
>> methods Frame -full

Methods for class java.awt.Frame:

Frame() throws java.awt.HeadlessException
Frame(java.awt.GraphicsConfiguration)
Frame(java.lang.String) throws java.awt.HeadlessException
 plus weitere ca 100 Zeilen, die hier aus Platzgruenden ausgespart
 sind.
```

methodsview liefert die entsprechenden Informationen in einem separaten Fenster. Die Syntax ist methodsview packagename.classname, methodsview classname oder methodsview(object), beispielsweise >> methodsview java.awt.Frame.

Mit ismethod(h, 'name') lässt sich testen, ob die Methode „name" eine vom Objekt „h" unterstützte Methode ist. Trifft dies zu, ist die Antwort eine logische 1, sonst eine 0.

26.2.4 Objekt-Eigenschaften

Java-Objekte haben in MATLAB Eigenschaften vergleichbar den Handle-Graphics-Objekten. Der Zugriff erfolgt mit der get- und set-Methode.

```
>> t = getTitle(javfra)
 t =
 Titel
>> get(t)
Bytes = [ (5 by 1) int8 array]
Class = [ (1 by 1) java.lang.Class array]

BeingDeleted = off
ButtonDownFcn =
Children = []
Clipping = on
CreateFcn =
DeleteFcn =
BusyAction = queue
HandleVisibility = on
```

```
HitTest = on
Interruptible = on
Parent = []
Selected = off
SelectionHighlight = on
Tag =
Type = java.lang.String
UIContextMenu = []
UserData = []
Visible = on

>> x=rand(10,10);
>> set(t,'UserData',x)
```

26.3 Daten

Java-Klassen und -Objekte unterscheiden sich von ihren MATLAB Gegenstücken. Daten müssen daher geeignet konvertiert werden.

26.3.1 Austausch von Daten

Betrachten wir das folgende Beispiel:

```
>> import java.awt.*
>> javfra = Frame('Nochn Frame');
>> setTitle(javfra, 'Titel')
>> t = getTitle(javfra)
 t =
 Titel
 >> javfra.setBounds(100,100,800,550)
>> fwo = getLocation(javfra)
 fwo =
 java.awt.Point[x=100,y=100]
```

„fwo" ist vom Typ java.awt.Point, das heißt es behält seine Java-Objekt-Eigenschaft.

```
 >> zahl = java.lang.Double(pi)
```

zahl =

3.141592653589793

```
 >> zahl*2
 ??? Function 'mtimes' is not defined for values of class
                             'java.lang.Double'.
```

26.3 Daten

```
Error in ==> mtimes at 16
  builtin('mtimes', varargin{:});
```

Mit

```
>> xpi=floatValue(zahl)
xpi =
    3.1416
>> 2*xpi
ans =
    6.2832
```

kann das Java-Objekt „zahl" in ein MATLAB Objekt vom Typ „double" konvertiert werden. Dies ist auch mit der MATLAB Funktion **double** möglich. Ebenso lassen sich Strings einfach mit dem Befehl **char** konvertieren:

```
>> t                    >> tmat = char(t)
 t =        tmat =
 Titel                   Titel

>> class(t)             >> class(tmat)
ans =                   ans =
java.lang.String        char
```

Die Lokalisierung unseres Java Frames ist in „fwo" abgespeichert. Die einzelnen Koordinatenwerte können direkt mit `get(fwo,'x')` ausgelesen werden. Der Rückgabewert ist vom MATLAB Typ „double", kann also unmittelbar unter MATLAB weiter verarbeitet werden.

26.3.2 Java Arrays

Mehrdimensionale Java Arrays bestehen aus eindimensionalen Arrays (Vektoren), deren Elemente wiederum Arrays darstellen. `java_array` oder `javaArray` dient dem Erzeugen eines Java Arrays (s.a. Kap.21.1). Die Syntax ist bei beiden gleich:
`jarray = javaArray('package_name.class_name',x1,...,xn)`. „jarray" ist das erzeugte leere Array, „xi" sind die Dimensionen.

Beispiel: Erzeugen einer 3×4-Matrix.

```
>> jaarray=javaArray('java.lang.Double',3,4)
 jaarray =
 java.lang.Double[][]:
    []    []    []    []
    []    []    []    []
    []    []    []    []

>> for m=1:3
```

```
        for n=1:4
            jaarray(m,n) = java.lang.Double(m*n);
        end
    end
>> jaarray
 jaarray =
 java.lang.Double[][]:
    [1]    [2]    [3]    [ 4]
    [2]    [4]    [6]    [ 8]
    [3]    [6]    [9]    [12]
```

Der Aufruf mit einem Index liefert die entsprechende Zeile, mit 2 Indizes kann auf das zugehörige Element zugegriffen werden.

```
>> jaarray(2)
 ans =
 java.lang.Double[]:
    [2]
    [4]
    [6]
    [8]

>> jaarray(2,3)
 ans =
 6.0
```

Mit `double` kann das Java Array direkt nach MATLAB konvergiert werden. Im Beispiel handelt es sich zwar um Ganze Zahlen, diese liegen aber unter Java als Doubles vor. Eine direkte Konvertierung nach Integer ist daher nicht möglich. Dazu sind zwei Schritte notwendig: Erst die Abbildung nach MATLAB und dann auf MATLAB Integer, `>> maarray=int8(double(jaarray))`. Einige MATLAB Funktionen, wie beispielsweise `size` und `length`, können als overloaded Method direkt auf Java-Objekte angewandt werden. Die Mehrzahl führt jedoch zu einer Fehlermeldung der Art `??? Function '...' is not defined for values of class 'java....'`.

26.3.3 Java-Internetanbindung

Einer der großen Vorteile, MATLAB mit Java zu verknüpfen, ist die sich dadurch bietende Möglichkeit des einfachen Internetzugriffs. Das java.net-Paket stellt Klassen zur Verbindung mit anderen Rechnern über das Internet zur Verfügung. Die Klasse InetAddress verwaltet Internet-Adressen, die Klasse URL erlaubt die Konstruktion von URL-Objekten und Socket bietet die Möglichkeit der Rechnerkommunikation via Socket-Modell.

Zur Konstruktion eines URL Objekts muss der Konstruktor von java.net.URL aufgerufen werden: `url = java.net.URL(['http://www.mathworks.de'])`;. Die Verbindung kann dann über `klappts = openstream(url);` etabliert werden. „klappts" ist ein Objekt vom Typ InputStream. Zum Testen kann natürlich auch über >> url = java.net.URL(['file:///usr/share/doc/']) zunächst auf ein eigenes Verzeichnis zugegriffen werden.

```
>> klappts = openStream(url)
klappts =
java.io.ByteArrayInputStream@143a98b
```

öffnet die eigentliche Verbindung. Mit

```
>> isr = java.io.InputStreamReader(klappts)
isr =
java.io.InputStreamReader@1c50584
```

kann ein Buffer Stream Reader eingerichtet werden und mit

```
>> br = java.io.BufferedReader(isr)
br =
java.io.BufferedReader@1bf0e5d
```

ein Buffer Reader Object. Mit `lies = readLine(br);` wird dann der Text ausgelesen.

26.4 Java-Interface-Funktionen

Dieses abschließende Kapitel enthält eine Übersicht der Java-Interface-Funktionen.

- `str = class(object)` liefert die zugehörige Klasse eines Objekts. Die möglichen Rückgabewerte umfassen die MATLAB Klassen logical, char, int8, int16, int32, int64, uint8, uint16, uint32, uint64, single, double, cell, struct und function_handle sowie MATLAB Objekte und Java-Klassen. `obj = class(s,'classname')` erzeugt ein Objekt der MATLAB Klasse classname und benutzt die Struktur „s" als Template und `obj = class(s,'classname',parent1,parent2,...)` erzeugt ein Objekt der Klasse „classname" und vererbt die Methoden der Parentklassen „parenti".

- `fieldnames(s)` liefert die Feldnamen einer Struktur, `fieldnames(obj)` die Eigenschaften eines Objekts und der Qualifier „full" `names = fieldnames(obj,'-full')` eine Zellvariable mit den Informationen Name, Typ, Attribute und Vererbung.

- `import` importiert eine Java-Klasse oder ein Java Package (s.o.).

- `inspect` ergibt die grafische Ausgabe der Eigenschaften.

- `isa` testet ob ein Objekt einer bestimmten Klasse angehört.

- `isjava` testet ob ein Java-Objekt vorliegt.
- `ismethod` testet ob eine Methode vorliegt (s.o.).
- `isprop(h, 'name')` testet ob „name" eine Eigenschaft des Objekts „h" ist.
- `javaaddpath('dp')` fügt „dp" dem dynamischen Java-Klassen-Pfad hinzu.
- `javaArray` dient dem Erzeugen eines Java Arrays (s.o.).
- `javachk` dient dem Erzeugen einer Fehlermeldung. Rückgabewert ist eine leere Struktur, wenn kein Fehler vorliegt. Die Syntax hierfür lautet `fehler = javachk ('feature')`, „feature" kann beispielsweise „jvm" für „Java Virtual Machine" oder „swing" zum Testen der Swing-Komponenten sein. Teile der MATLAB Entwicklungsumgebung setzen auf „Swing" auf.
- `javaclasspath` dient dem Setzen und Abfragen dynamischer Java-Klassen-Pfade.
- `javaMethod` bindet eine Java-Methode ein (s.o.).
- `javaObject` erzeugt ein Java-Objekt (s.o.).
- `javarmpath` entfernt Pfadeinträge aus dem dynamischen Java-Klassen-Pfad.
- `methods` gibt Informationen zu den Methoden einer Klasse aus (s.o.).
- `methodsview` gibt Informationen zu den Methoden einer Klasse in einem separaten Fenster aus (s.o.).
- `usejava(feature)` untersucht, ob ein Java Feature von MATLAB unterstützt wird.

27 MS-Windows-Integration

Die in diesem Kapitel beschriebenen MATLAB Funktionalitäten stehen nicht unter Linux und UNIX Betriebssystemen zur Verfügung.

27.1 Das DDE-Interface

DDE steht für Dynamical Data Exchange. Es handelt sich dabei um ein Protokoll für den Datenaustausch zwischen unterschiedlichen Windows-Anwendungsprogrammen. Beim dynamischen Datenaustausch stehen die via DDE in einer Applikation eingefügten Daten noch mit den ursprünglichen Daten in Verbindung. Beide sind über einen Datenkanal verknüpft, beide Anwendungsprogramme (hier MATLAB und eine weitere Windows-Anwendung) sind gleichzeitig aktiv. Das Programm, das die Daten benötigt, wird als Client bezeichnet und sendet einen Auftrag an das Programm, das die Daten liefert, den so genannten Server. Unter MATLAB kann die DDE-Schnittstelle zum Datenaustausch mit anderen geöffneten Programmen dienen, oder DDE-fähige Programme können angesprochen werden bzw. auf die MATLAB Instanz zugreifen.

MATLAB bietet die folgenden DDE-Funktionen:

- Mit `Kanal = ddeinit('service','topic')` wird ein Datenkanal zu einer anderen Anwendung geöffnet. „service" steht für die entsprechende Applikation, beispielsweise „excel" und „topic" für die Kommunikation, beispielsweise „daten.xls". „Kanal" ist eine reelle Zahl, über die die Kommunikation erfolgt. Während bei ActiveX-Verbindungen die Wahl beispielsweise des Dezimalseparators gleichgültig ist, muss bei DDE-Kommunikation der Dezimalpunkt (und nicht das Komma) gesetzt sein.

- MATLAB fordert via `dat = ddereq(Kanal,'item',format,timeout)` bei einer Server-Anwendung die Daten „dat" an. „Kanal" ist der durch `ddeinit` festgelegte Datenkanal, „item" eine nähere Bestimmung der erfragten Daten, beispielsweise bei einer Excelanwendung der Bereich des Tabellenblatts, „z2s3:z5s5". „z" steht hier für Zeile und „s" für Spalte. Bei der angelsächsischen Version muss hier „r" und „c" verwandt werden. „format" und „timeout" sind optional. „format" ist ein zweielementiger Vektor, der das Datenformat festlegt und „timeout" ist ein Zeitwert in ms, der die Dauer bis zu einem Timeout Error festlegt; Voreinstellung sind 2s.

- `rc = ddepoke(Kanal,'item',data,format,timeout)` sendet die Daten „data" von MATLAB zur Gegenseite. „item" ist wieder eine applikationsabhängige nähere Beschreibung, beispielsweise bei Excel wieder die Positionierung im Tabellenblatt

„z2s3:z5s5". „format" und „timeout" sind optional, vgl. **ddereq**. Bei Erfolg ist der Rückgabewert „rc" 1, sonst 0.

- Die Verbindung wird schließlich mit `rc = ddeterm(Kanal)` beendet. Bei Erfolg ist „rc" 1, sonst 0.

- Zur Überwachung verknüpfter Daten bietet MATLAB zusätzlich einen Advisory Link. Dessen Aufgabe besteht darin, bei einer Veränderung des Datensatzes dies MATLAB mitzuteilen. Mit `rc = ddeadv(Kanal, 'item', 'callback', 'upmtx', format,timeout)` wird ein Advisory-Link etabliert. „Kanal" und „item" legen den Datenkanal und anwendungsabhängige Informationen (s.o.) fest. „Callback" ist die Callback-Funktion, die bei Änderungen aufgerufen wird. Die anderen Argumente sind optional. „upmtx" ist dabei ein Matrixname, in dem die geänderten Daten gegebenenfalls abgespeichert werden, „format" und „timeout" vgl. oben. Bei Erfolg ist der Rückgabewert „rc" 1, sonst 0. Mit `rc = ddeunadv(Kanal, 'item',format,timeout)` wird der Advisory Link beendet. Die Bedeutung der Argumente entspricht der von **ddeadv**, „format" und „timeout" sind optional.

- `rc = ddeexec(Kanal,'command','item',timeout)` erlaubt von MATLAB aus den Befehl „command" zu versenden, beispielsweise bei Excel `rc = ddeexec( channel, '[formula.goto("z1s1")]')`. Bei Erfolg ist „rc" 1, sonst 0, „item" und „timeout" sind wieder optionale Argumente (s.o.).

27.2 Die COM-Schnittstelle

COM steht für Component Objekt Model und stellt eine objektorientierte Technologie zur Integration verschiedener Windows Applikationen dar, d.h nach welchen Regeln verschiedene Windows-Anwendungen kommunizieren bzw. um unter Windows Klassen aus DLLs zu exportieren. Auf COM basiert auch die gesamte ActiveX-Technologie. Dabei ist zwischen Server und Client zu unterscheiden. Server sind Anwendungen, die ihre Daten dem Client zur Verfügung stellen. D.h. der COM-Server bietet die zu exportierenden Klassen, die COM-Objekte, an. Der Client „steuert" den Server und nutzt die zur Verfügung gestellten Funktionaltäten bzw. Daten. MATLAB kann sowohl die Rolle des Clients als auch des Servers übernehmen.

27.2.1 MATLAB als Client

Die COM-Schnittstelle besteht aus Eigenschaften, Methoden und Ereignissen. Mit `h = actxserver('progid')` wird ein COM-Server gestartet und ein COM-Objekt (ActiveX-Objekt) zurückgegeben. Für Remote-Anwendungen erzeugt `h = actxserver('progid', 'systemname')` ein DCOM-Objekt. „progid" ist die entsprechende Programmidentifizierung, beispielsweise „Excel.Application", „systemname" kennzeichnet das Remote-System, d.h Server und Client befinden sich in einem Netzwerk. Mit `[h, info] = actxcontrolselect` wird ein grafisches Interface zur Erzeugung eines ActiveX-Objekts geöffnet. Bei beiden Aufrufen ist „h" das entsprechende COM-Objekt, vgl. Abb. (27.1). Die Zellvariable „info" ist optional und enthält Informationen wie Applikations-Name,

27.2 Die COM-Schnittstelle

Programm-Id und Dateiname. Eine Liste aller installierten ActiveX-Objekte liefert `liste = actxcontrollist`. Mit `h = actxcontrol('progid',position,fh,eh)` lässt sich ein ActiveX-Kontrollelement im Abbildungsfenster mit Figure Handle „fh" erzeugen. „progid" ist die Programm-Id, „position" die Position in der Abbildung, „fh" das Figure Handle und „eh" das Event-Handle. Bis auf die Programm-Id sind alle anderen Eingabeargumente optional (s. Beispiel unten). (S. auch Kap. 17, insbesondere 17.6.)

Eigenschaften. Mit `wert = get(h,'Eigenschaft')` wird der Wert einer Eigenschaft und mit `wert = get(h)` werden alle Eigenschaften und Werte der COM-Schnittstelle „h" abgerufen. Alternativ dazu ist die Form `wert=get.h` bzw. `wert = get.h('Eigenschaft')`. Das Gegenstück zu `get` ist `h.set('Eigenschaft', wert)` bzw. `set(h, ...)`. Es können auch die Werte mehrerer Eigenschaften in einer Liste gesetzt werden. Mit `inspect(h)` wird der Property Inspector, eine grafische Oberfläche, die alle Eigenschaft-Werte-Paare anzeigt, geöffnet, vgl. Abb. (27.1). Zu Testzwecken stellt MAT-

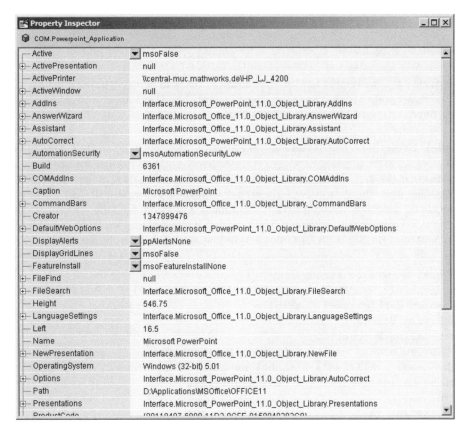

Abbildung 27.1: *Beispiel für eine Client-Anwendung. Mit* >> `h = actxserver('Powerpoint.Application')` *wird Powerpoint als Server-Anwendung gestartet,* $h = COM.Powerpoint\_Application$ *ist das COM-Objekt. Mit* >> `inspect(h)` *werden die Eigenschaft-Werte-Paare aufgelistet.*

LAB „MWsamp" zur Verfügung, es kann natürlich auch eine MATLAB Instanz (Matlab.
Application) als Server geöffnet werden. Mit `addproperty(h,'eigname')` bzw. `h.addproperty('eigname')` wird die Benutzer-definierte Eigenschaft „eigname" dem COM-Objekt „h" hinzugefügt und mit `h.deleteproperty('eigname')` bzw. `deleteproperty(h, 'eigname')` wieder gelöscht. Eigenschaften des COM-Objekts „h" können mit `h.propedit` bzw. `propedit(h)` abgerufen werden. Dabei ist allerdings zu beachten, dass nicht alle COM-Objekte über eine integrierte Eigenschaftsliste verfügen. Fehlt diese, dann schlägt auch `propedit` fehl.

Methoden. Methoden sind die mit einem COM-Objekt verknüpften Funktionalitäten. `m = methods('klassenname')` listet alle mit „klassenname" verknüpften Methoden auf, `m = methods(h)` alle Methoden des COM-Objekts „h" und `m = methods(..., '-full')` liefert eine detaillierte Liste. `methodsview(h)` liefert eine detaillierte grafische Übersicht aller Methoden einschließlich Informationen zur Vererbung. Mit `s = h.invoke('methname',arg1,arg2,...)` bzw. tt `s = invoke(h,...)` werden die Methoden in einer Struktur aufgelistet bzw. aufgerufen. „methname" ist der Name der Methode, die optionalen Argumente „arg." dienen der Übergabe von Input-Argumenten. `ismethod(h,'methname')` testet, ob „methname" eine Methode repräsentiert.

Ereignisse. `s = h.events` bzw. `s = events(h)` listet in einer Struktur alle unterstützten Ereignisse auf. Mit `h.registerevent(event_handler)` bzw. `registerevent(h, event_handler)` wird ein Ereignis registriert.

Beispiel: Ereignisse registrieren. Das folgende Beispiel zeigt mittels dem MATLAB COM-Beispiel MWsamp das Erzeugen eines ActiveX-Objekts in einer Figure-Umgebung `actxcontrol`, die zur Verfügung stehenden Methoden `methodsview` sowie die get- und set-Methode und den alternativen direkten objektorientierten Zugriff. Mit `invoke` wird die Methode „redraw" ausgeführt. Als Callback-Funktion für einen Event dient die Funktion „calleventbsp". Bei jedem Klick auf den Kreis wird die Variable „zahlklick" um eins erhöht und im MATLAB Command Window ausgegeben (siehe auch Abb. (27.2)).

```
f=figure; % Window erzeugen
h=actxcontrol('MWSAMP.MwsampCtrl.1',[90 90 180 180],f,'calleventbsp')
% Erzeugen der Acitve-X Controlle
% im Figure Window f
%  mit Callback function
methodsview(h)            % Liste aller Methoden
set(h,'Label','Klicken')  % Label setzen
R=get(h,'Radius')         % Radius abfragen
R2=2*R;
set(h,'Radius',R2)        % Eigenschaft ändern
h.Radius=2*R2             %  Alternative
invoke(h,'Redraw')
h.Label='neu'
invoke(h,'AboutBox')      % About-Methode
delete(h)                 % Beenden
```

27.2 Die COM-Schnittstelle

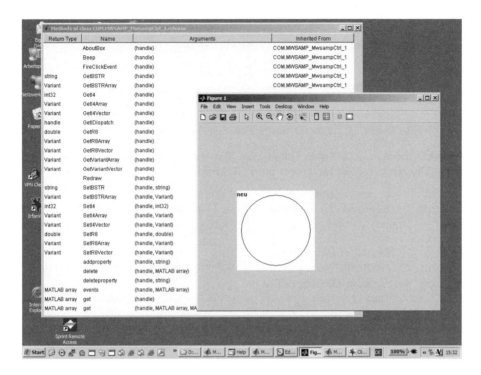

Abbildung 27.2: Siehe Beispiel: Ereignisse registrieren

```
function calleventbsp(varargin)
%
persistent zahlklick

if isempty(zahlklick)
    zahlklick=0;
end
```

Events auflisten führt zu

```
>> h.events
   Click = void Click()
```

Zum Auflisten aller registrierten Ereignisse und damit verknüpften Routinen dient C = h.eventlisteners bzw. C = eventlisteners(h). Im obigen Beispiel:

```
>> C = eventlisteners(h)
h =
    'Click'    'calleventbsp'
```

Mit h.unregisterevent(eh) bzw. unregisterevent(h, eh) wird die Registrierung von „eh" aufgehoben und mit h.unregisterallevents bzw. unregisterallevents(h) werden alle Ereignisse geschlossen.

Logische Funktionen. c = h.iscom bzw. c = iscom(h) testet, ob „h" ein COM-Objekt ist und c = h.isinterface bzw. c = isinterface(h), ob „h" ein COM-Interface ist. tf = h.isevent('name') bzw. tf = isevent(h, 'name') prüft, ob „name" ein vom COM-Objekt „h" unterstütztes Ereignis darstellt.

Hilfsfunktionen. C = h.interfaces bzw. C = interfaces(h) listet in einer Zellvariablen existierende eigene Interfaces zum COM-Server auf.

Zur Initialisierung eines Kontrollobjekts aus einer Datei dient h.load('filename') bzw. load(h, 'filename'), „filename" ist der Dateiname. h.save('filename') bzw. save(h, 'filename') speichert das COM-Kontrollobjekt „h" in der Datei „filename".

```
f=figure; % Window erzeugen
h=actxcontrol('MWSAMP.MwsampCtrl.1',[90 90 180 180],f,'calleventbsp')
% Erzeugen der Acitve-X Controlle
% im Figure Window f
%  mit Callback function
h.save('mwstart')          % Urspruengliche Form
% Aendern von Eigenschaften
R=get(h,'Radius')          % Radius abfragen
R2=2*R;
h.Radius=2*R2
h.Label='neu'
h.save('mwaender')         % Neue Darstellung

h.load('mwstart')          % urspruengliche Laden
```

V = h.move(position) bzw. V = move(h, position) dient zum Verschieben oder Reskalieren eines COM-Objekts im Figure Window. „position" ist ein 4-elementiger Vektor [x,z,breite,höhe]. „x" und „y" legen die Position der linken untere Ecke fest, die Einheiten sind Pixel.

h.release bzw. release(h) schließt das Objekt „h" ohne es zu löschen. release dient insbesondere dem Schließen von Interfaces.

27.2.2 MATLAB als Server

MATLAB kann auch als Automation Server für andere Window Clients, beispielsweise Excel, dienen. Der ActiveX-Objekt-Name ist „Matlab.Application". Es ist auch möglich, zwei MATLAB Instanzen durch eine ActiveX-Verbindung zu verknüpfen. MATLAB stellt für den Client die folgende ActiveX-Anwendungen zur Verfügung. Der genaue Aufruf hängt vom jeweiligen Client ab. Sollen zwei MATLAB Instanzen als Client/Server miteinander verknüpft werden, wird zunächst via h = actxserver('matlab.application'); die Verbindung etabliert, Abb. (27.3). Die Beispiele beschränken sich auf diese Situation.

27.2 Die COM-Schnittstelle

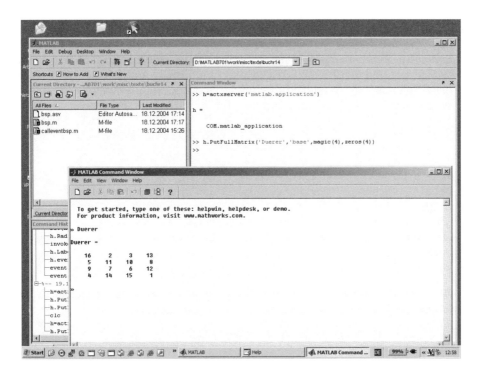

Abbildung 27.3: MATLAB *Client/Server-Verbindung:* >> h = actxserver('matlab.application'); *h=COM.matlab_application.* MATLAB *öffnet ein Command Window als Automation-Server-Instanz. Auf diese Instanz wird dann vom Client aus zugegriffen.*

- Mit `rueck = h.Execute('command')` bzw. `rueck = Execute(h,'command')` wird auf dem Server das Kommando „command" ausgeführt. Im Rückgabewert „rueck" sind die entsprechenden Ergebnisse abgespeichert, gegebenenfalls auch Warnungen und Fehlermeldungen.

- `result = h.Feval('fnname', numout, arg1, arg2, ...)` oder `result = Feval( h, 'fnname', numout, arg1, arg2, ...)` führt eine MATLAB Funktion „fnname" im MATLAB Server aus. „numout" legt die Zahl der skalaren Rückgabewerte fest, „arg." sind die Input-Argumente und die Zellvariable „result" das Ergebnis.

- `string = h.GetCharArray('varname','workspace')` bzw. `string = GetCharArray(h,'varname','workspace')` liest aus dem Server-Speicherbereich „workspace" die Variable „varname" und ordnet sie der Charaktervariablen „string" des Client zu. „workspace" kann „base" oder „global" sein. Das Gegenstück ist `h.PutCharArray('varname','workspace','string')` bzw. `PutCharArray(h, 'varname','workspace','string')`. Hier wird die Client-Variable „string" der MATLAB Server-Variablen „varname" im Speicherbereich „workspace" zugeordnet, s. Abb. (27.3).

- [xreal ximag] = h.GetFullMatrix('varname','workspace',zreal,zimag) bzw. [xreal ximag] = GetFullMatrix(h, ···) holt die Matrix „varname" des Server-Speicherbereichs „workspace" („base" oder „global") und ordnet den Realteil „xreal" und den Imaginärteil „ximag" zu. „zreal" und „zimag" sind Matrizen der Größe von „xreal" und „ximag"; typischerweise Nullmatrizen. Die Imganiärvariablen werden nur benötigt wenn die Matrix „varname" komplex ist. Das Gegenstück heißt h.PutFullMatrix('varname', 'workspace', xreal, ximag) bzw. PutFullMatrix(h,'varname', 'workspace', xreal, ximag) und speichert die Übergabewerte „x···" in „varname".

- xc = h.GetWorkspaceData('varname','workspace') bzw. xc = GetWorkspaceData(h,'varname','workspace') bildet die Variable „varname" des Speicherbereichs „workspace" („base" oder „global") des Servers h auf die Client-Variable „xc" ab.
  Die Umkehrung lautet h.PutWorkspaceData('varname','workspace',xc) (PutWorkspaceData(h, ···)). Mit Ausname von Function Handles und Sparse Arrays kann PutWorkspaceData auf alle Variablentypen angewandt werden.

- Alle Server-Com-Befehle können auch via invoke, beispielsweise invoke(h,'PutWorkspaceData','varname','workspace',xc), abgesetzt werden. Die Syntax ist hier stets invoke(h,'Kommando',..., die Punkte stehen für den befehlsabhängigen Teil und folgen exakt der jeweiligen Befehlssyntax.

- h.MaximizeCommandWindow bzw. MaximizeCommandWindow(h) holt das Server-Fenster in den Vordergrund und h.MinimizeCommandWindow bzw. MinimizeCommandWindow(h) minimiert das Server-Fenster und macht es inaktiv.

- Die Server-Applikation kann mit h.Quit oder alternativ mit Quit(h) oder invoke(h, 'Quit') geschlossen werden.

27.3 Die Notebook-Funktionalität

Die Notebook-Funktionalität verknüpft MATLAB mit einem Word-Dokument über eine ActiveX-Schnittstelle. Dazu muss MS Word unter Windows oder MacIntosh installiert sein. MATLAB übernimmt die Rolle des Servers. Erster Schritt ist die Erzeugung eines so genannten M-Books, aus dem heraus MATLAB angesprochen wird. Die Konfiguration erfolgt über den Befehl >> notebook -setup.

```
>> notebook -setup

Welcome to the utility for setting up the MATLAB Notebook
for interfacing MATLAB to Microsoft Word

Choose your version of Microsoft Word:
[1] Microsoft Word 97
[2] Microsoft Word 2000
[3] Microsoft Word 2002 (XP)
```

27.3 Die Notebook-Funktionalität

```
[4] Microsoft Word 2003 (XP)
[5] Exit, making no changes

Microsoft Word Version: 4

Notebook setup is complete.
```

Damit wird die verwendete Word-Version festgelegt. Mit `notebook` wird ein neues M-Book, also ein MS-Word-Dokument geöffnet, das als Client dient, vgl. Abb. (27.4). `notebook mfname` öffnet ein bereits bestehendes M-Book mit dem Dateinamen mfname. MATLAB wird damit zum Automation Server und gibt eine kurze Warnung aus. Jedes M-Book nutzt dieselbe MATLAB Instanz. Um ein bereits bestehendes Word-Dokument in ein M-Book zu wandeln, wird zunächst eine neue M-Book-Datei erzeugt und über das Insert-Menü das bestehende Word-Dokument eingebunden.

MATLAB Befehle werden im Word-Dokument eingegeben und unter dem Menü „Notebook" über „Define Input Cell" bzw. „Evaluate Cell" in ein ausführbares Kommando

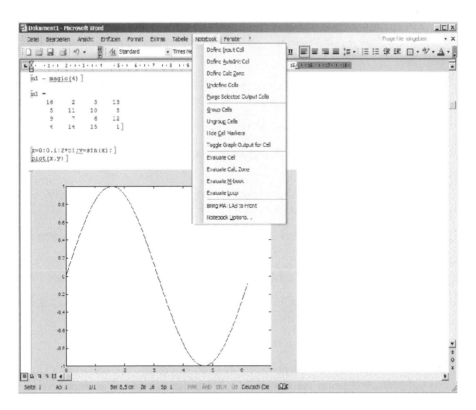

Abbildung 27.4: Beispiel für ein Notebook. Die eingegebenen Befehle wurden über den Menüpunkt „Notebook" und „Define Input Cell" bzw. „Evaluate Cell" unter MATLAB ausgeführt. Die Ergebnisse werden automatisch in das Word-Dokument eingefügt.

gewandelt, das dann über die ActiveX-Schnittstelle in MATLAB ausgeführt wird. Das Ergebnis wird im Word-Dokument ausgegeben, vgl. Abb. (27.4). „Notebook" verfügt über die folgenden Eigenschaften:

- Bring MATLAB to Front: Bringt MATLAB in den Vordergrund.

- Define Autoinit Cell: Der markierte Bereich wird in eine „Autoinit Cell" gewandelt, das heißt beim Öffnen eines M-Books automatisch ausgeführt.

- Define Calc Zone: Definiert den ausgewählten Bereich als einen zusammenhängenden Bereich.

- Define Input Cell: Legt den ausgewählten Bereich als „Input Cell" fest, d.h. als einen Bereich, der MATLAB Kommandos enthält.

- Evaluate Calc Zone: Alle „Input Cells" der „Calc Zone" werden zu MATLAB geschickt und dort ausgeführt. Die Ergebnisse werden im Word-Dokument ausgegeben.

- Evaluate Cell: Die aktuelle „Input Cell" wird unter MATLAB ausgeführt und das Ergebnis im Word-Dokument ausgegeben. Ist der markierte Bereich keine „Input Cell" dann wird dieser Bereich zunächst in eine „Input Cell" gewandelt und dann ausgeführt.

- Evaluate Loop: Die ausgewählte „Input Cell" wird mehrfach ausgeführt. Dazu öffnet sich ein Fenster, in das die Zahl der Ausführungsschritte eingegeben werden.

- Evaluate M-Book: Das gesamte M-Book wird ausgeführt.

- Group Cells: Die markierten „Input Cells" werden in einer einzelnen „Input Cell" vereinigt.

- Hide Cell Markers: Die Zellen-Markierungen (eckige Klammern) werden unterdrückt. Unter Show Cell Markers werden sie wieder offen gelegt.

- Notebook Options: Die Ausgabeoptionen werden dargestellt und können modifiziert werden.

- Purge Selected Output Cells: Löscht alle Ausgabe-Zellen des markierten Bereichs.

- Toggle Graph Output for Cell: Unterdrückt bzw. erlaubt beim zweiten Anwählen die grafische Ausgabe aus einer Zelle.

- Undefine Cells: Wandelt eine bestehende Zelle in normalen Text.

- Ungroup Cells: Hebt die Gruppierung mehrerer in einer Zelle stehenden Kommandos auf und konvergiert sie in mehrere Zellen aus je einem Kommando.

28 Literaturhinweise und Internetlinks

Unter http://www.mathworks.com findet sich unter den Support-Seiten eine ausführliche Literaturliste (www.mathworks.com/support/books) zu MATLAB sowie Informationen wie beispielsweise den User Guide, Newsletter, eine Support-Datenbank und MATLAB Central mit Newsgroups und der Möglichkeit des Dateiaustauschs (www.mathworks.com/matlabcentral). Eine weitere interessante Informationsquelle – nicht nur zu MATLAB – ist www.mathtools.net.

Die folgende Informationsliste enthält nur einige wenige Hinweise und ist weit von einem vollständigen Überblick entfernt.

Als Erstes ist der MATLAB User Guide zu nennen, der jeder MATLAB Version beigefügt ist.

Allgemeine Informationen nicht nur zu MATLAB findet man in:

- A. Angermann, M. Beuschel, M. Rau und U. Wohlfarth, MATLAB – SIMULINK – STATEFLOW, Oldenbourg Verlag, München 2003

- Ch. Überhuber und S. Katzenbeisser, MATLAB 6.5, Springer-Verlag, Wien 2003

Insbesondere zur Grafik unter MATLAB:

- P. Marchand und O.T. Holland, GRAPHICS AND GUIs WITH MATLAB, Chapman & Hall/CRC 2003

Für Finanzanwender:

- M.Günther und A. Jüngel, FINANZDERIVATE MIT MATLAB, Vieweg Verlag 2003

- P. Brandimarte, NUMERICAL METHODS IN FINANCE, John Wiley & Sons, INC 2002

Für Anwendungen in der Regelungstechnik:

- H. Lutz und W. Wendt, TASCHENBUCH DER REGELUNGSTECHNIK, Verlag Harri Deutsch 2003

Informationen zu den FFTW-Algorithmen in Kapitel 7 findet man unter:

- http://www.fftw.org.

Im Hinblick auf die numerischen Anwendungen in Kapitel 11 sind die folgenden Zitate von Interesse:

- A. Quateroni, R. Sacco und F. Saleri, NUMERISCHE MATHEMATIK 2, Springer-Verlag Berlin 2001

Zu den ode-Solvern:

- Shampine, L.F. and M.W. Reichelt, THE MATLAB ODE SUITE, SIAM Journal on Scientific Computing **18** 1997, pp 1–22.

Zu verzögerten Differentialgleichungen:

- L.F. Shampine and S. Thompson, SOLVING DDEs IN MATLAB, Applied Numerical Mathematics **37** 2001, pp. 441-458.

Informationen zu UMFPACK (Kapitel 12) findet man unter:

- T.A. Davis, UMFPACK Version 4.0 User Guide (http://www.cise.ufl.edu/research/sparse/umfpack/v4.0/UserGuide.pdf), Dept. of Computer and Information Science and Engineering, Univ. of Florida, Gainesville, FL 2002.

Informationen zu LAPACK: http://www.netlib.org/lapack

Informationen zu BLAS: http://www.netlib.org/blas

Beide Bibliotheken bieten viele lineare Algebra Routinen, die auch teilweise in MATLAB umgesetzt sind. Eingebunden werden können sie via:

```
mex -v myFortranMexFile.F ...
<matlab>/extern/lib/win32/digital/df60/libdflapack.lib
```
unter Windows und
```
mex -v myFortranMexFile.F
```
unter UNIX und Linux.

Informationen zu ARPACK: http://www.caam.rice.edu/software/arpack

Aus ARPACK stammen Arnoldi- und Lanczos-Routinen, die im Zusammenhang dünn besetzter Matrizen unter MATLAB genutzt werden.

Bei Fragen zum World Wide Web und zu Java (Kapitel 20 und 26) können die folgenden Quellen hilfreich sein:

- D. Flanagan, JAVA IN A NUTSHELL, O'Reilly, Köln 1998

- World Wide Web Consortium: http://www.w3c.de

- XML in 10 Punkten: http://www.w3c.de/Misc/XML-in-10-points.html

Index

^ 66, 96
.^ 66
* 65
.* 65
\ 173, 177, 178, 229
/ 173, 178
% 72
& 67
&& 67
+ 65
− 65
~ 67
~= 67
. 72
.. 72
... 72
@ 85, 441
, 72
: 23, 143, 144, 149
; 72
! 59, 72
' 72
< 67
<= 67
= 72
== 67
> 67
>= 67
() 72
[] 72
{} 72

Ableitung *132*
abs 96
Accelerator
    Uimenu *363*
accumarray 149, 150
Achsen
    Eigenschaften *257*

acos 93
acosd 93
acosh 94
acot 93
acotd 93
acoth 94
acsc 93
acscd 93
acsch 94
ActivePositionProperty *335*
ActiveX *486, 487*
ActiveX Control *449*
actxcontrol 354, 487, 488
actxcontrollist 487
actxcontrolselect 487
actxserver 355, 486
addframe 407, 410
addpath 53
addpref 377, 378
addproperty 488
addtodate 421, 423
Adjazenzmatrix *240*
airy 99
Airyfunktion *99*
aliasing *115*
align 451
ALim *335*
alim 275, 277
ALimMode *335*
all 67
allchild 374, 375
alpha 275, 276
AlphaData 276, *347*
    image *348*
AlphaDataMapping *344*
    image *348*
alphamap 275, 276, 328
AmbientLightColor *335*
AmbientStrength *345*

anchestor 375
and 67, 443
Anfangswertproblem *203*
angle 96
annotation 349
ans *73*
any 67
API 464
Arcus-Funktionen *93*
area 289, 298
Area-Funktionen *94*
argnames 201, 202
ARPACK *496*
Array Editor *35*
Arrays
    maximale Größe *56*
arrow
    annotation 349
| 67
|| 67
ascii(ftp) 412
asec 93
asecd 93
asech 94
asin 93
asind 93
asinh 94
AspectRatio *335*
assignin 81
atan 93
atand 93
atanh 94
atan2, 93
audiodevinfo 243, 245
audioplayer 243
audiorecorder 243
auread 247, 407
Ausdrücke, reguläre 381
autumn 273
auwrite 247, 407
avifile 407, 409
aviinfo 407, 408
aviread 407, 408
axes 253, 269, 334
axis 253, 255, 269
    Eigenschaften *257*
axlimdlg 368, 370

BackFaceLighting *345*
BackgroundColor
    text *341*
    uibuttongroup *362*
    uicontrol *358*
    uipanel *363*
BackingStore *328*
Backslash-Operator *178*
balance 182, 183
bar 127, 289
    Histogramm 128
barh 289
    Histogramm 128
bar3, 302, 303
bar3h 302, 303
base space *33*, *87*
base workspace *61*
base2dec 433, 434
basic fitting 112
Basic Fitting Tool 42
beep 55
BeingDeleted *328*
    axes *335*
    image *348*
    light *349*
    line *343*
    patch *345*
    rectangle *344*
    surface *345*
    text *342*
Berichte erstellen *36*
Besselfunktionen *100*
    modifizierte *100*, *101*
    1.Art *100*
    2.Art *100*
besselh 99, 100
besseli 99–101
besselj 99, 100
besselk 99–101
bessely 99, 100
beta 99, 102
Betafunktion *101*, *102*
    Logarithmus *103*
    unvollständig *102*
betainc 99, 102
betaln 99, 103
Betriebssystemkommandos *59*

Index

bicg 236, 238
bicgstab 236, 238
binary(ftp) 412
Binomialkoeffizient *106*
Binomialkoeffizienten 166
bin2dec 433, 434
bitand 69
bitcmp 69
bitget 69
bitmax 69
bitor 69
bitset 69
bitshift 70
bitxor 69
blanks 379, 380
BLAS *496*
blkdiag 149, 153
bone 273
BorderType
    uibuttongroup *362*
    uipanel *363*
BorderWidth
    uibuttongroup *362*
    uipanel *363*
box 253, 256, 269, *335*
break 80
brighten 273, 274
btndown 374, 375
btngroup 374
btnpress 374, 375
btnresize 374, 375
btnstate 374, 375
btnup 374, 375
builtin 82
burgersode 209
BusyAction *328*
    axes *335*
    GUI *358*
    image *348*
    light *349*
    line *343*
    patch *345*
    rectangle *344*
    surface *345*
    text *342*
Button Group *449*
ButtonDownFcn *328*
    axes *335*
    image *348*
    light *349*
    line *343*
    patch *345*
    rectangle *344*
    surface *345*
    text *342*
    uibuttongroup *362*
    uicontrol *358*
    uipanel *363*
bvpget 214, 215
bvpinit 214
bvpset 214, 215
bvpval 214, 215
bvp4c 214

calendar 423
Callback
    uicontrol *358*
    Uimenu *363*
calllib 474
camdolly 278, 279
CameraPosition *335*
CameraPositionMode *335*
CameraTarget *335*
CameraTargetMode *335*
cameratoolbar 278, 280
CameraUpVector *335*
CameraUpVectorMode *335*
CameraViewAngle *336*
CameraViewAngleMode *336*
camlight 278, 280
camlookat 278, 279
camorbit 278, 279
campan 278, 279
campos 278
camproj 278
camroll 278, 279
camtarget 278
camup 278
camva 278
camzoom 278, 279
cart2pol 107
cart2sph 107
case 78
cast 428, 431

cat 149, 151, 435
catch 79
Cauchymatrix *157*
caxis 273, 274
Cayley-Hamilton-Theorem *111*
cd 58
CData
   image *348*
   patch *345*
   surface *345*
   uicontrol *358*
CDataMapping
   image *348*
   patch *345*
   surface *345*
cdfepoch 412, 414
cdfinfo 412, 414
cdfread 412, 414
cdfwrite 412, 414
cdf2rdf 182, 184
cedit 47
ceil 98
cell 22, 80, 428, 432, 435
celldisp 435, 436
cellfun 435, 436
cellplot 435, 436
cellstr 379, 380
cell2mat 435, 437
cell2struct 436, 438
cgs 236, 237
char 201, 379, 380, 428, 432, 481
   inline function 202
Character-Array *379*
charakteristisches Polynom *111*
Chebyshev-Matrix *157*
Chebyshev-Vandermonde-Matrix *157*
Check Box *361*, *449*
Checked
   Uimenu *363*, *374*
checkin 445
checkout 445, 446
Children *328*
   axes *336*
   GUI *358*
   image *348*
   light *350*
   line *343*

patch *345*
surface *345*
text *342*
uibuttongroup *362*
Uicontextmenu *364*
uicontrol *359*
Uimenu *363*
uipanel *363*
uitoolbar *364*
children
   rectangle *344*
chirp 247
chol 173, 176
Choleski-Zerlegung *176*, *234*
   unvollständige *176*
cholinc 173, 176, 236
cholupdate 176, 182
circshift 149, 152
cla 340
clabel 300
class 22, 442, 483
classpath.txt *478*
clc 419
clear 48, 53, 60
   import 478
   seriell 418
clearcase 445, 447
Clement-Matrix 158
clf 328, 334
ClickedCallback
   uipushtool *364*
   uitoggletool *365*
CLim 274, *336*
CLimMode 274, *336*
clipboard 374, 376
Clipping 251
   figure *329*
   image *348*
   light *349*
   line *343*
   patch *345*
   rectangle *344*
   surface *345*
   text *341*
   uibuttongroup *362*
   uipanel *363*
clipping

Index 501

axes *336*
clock 421
close 328, 334
closereq 354
CloseRequestFcn *329*
cmopts 445
cn 103
colamd 232, 234
colmmd 229, 232, 234
colon 444
Color *329, 336, 370*
    light *350*
    line *343*
    text *341*
colorbar 270
colorcube 273
colordef 273
Colormap *329*
colormap 273
colormapeditor 273, 274
ColorOrder *336*
colperm 232, 236
colstyle 322
comet 289, 296
comet3, 302, 304
Command History *33*
Command Window *32*
commandhistory 32
commandwindow 32
compan 155, 156
compass 289, 293
complex 96, 97
computer 56
COM-Schnittstelle *486*
cond 170, 173, 174
condeig 184, 185
condest 173, 174, 236
coneplot 306, 317
conj 96, 97
Contents Report *33*
continue 76, 78
contour 300
contourc 300
contourf 300
contourslice 306, 310
contour3, 300, 302
contrast 306, 319

conv 111, 133, 135
convhull 122
convhulln 122
convn 133, 135
conv2, 133, 135
cool 273
copper 273
copyfile 57
copyobj 351, 353
corrcoef 131
cos 93
cosd 93
cosh 94
cot 93
cotd 93
coth 94
cov 131
Coverage Report *33*
Coverage Tool *36*
cplxpair 96, 97
cputime 423, 424
CPU-Zeit *425*
createclassfromwsdl 410, 411
CreateFcn *329*
    axes *336*
    GUI *358*
    image *348*
    light *349*
    line *343*
    patch *345*
    rectangle *344*
    surface *345*
    text *342*
cross 99, 105
csc 93
cscd 93
csch 94
csvread 389, 392
csvwrite 389, 392
ctranspose 444
cumprod 125, 129
cumsum 125, 129
cumtrapz 125, 130, 131
curl 306
Current Directory Browser *34*
CurrentAxes *329*
CurrentCharacter *329*

CurrentObject *329*
CurrentPoint
 axes *336*
 figure *329*
curvature 344
customverctrl 445, 447
cylinder 322, 323

daspect 270
Data Statistics Tool *41*
DataAspectRatio *336*
DataAspectRatioMode *336*
datacursormode 324
 SnapToDataVertex 324
datatipinfo 45
date 421
Datenglättung *307*
Datenklassen *432*
Datenmarker
 Eigenschaften *250*
 Farben *250*
 Symbole *250*
Datentypen, **427**
datenum 421
datestr 421
datetick 423, 424
datevec 421
Datum *421*
Datumsachsen *424*
dbclear 60
dbcont 61
dbdown 61
dblquad 200
dbmex 62
dbquit 62
dbstack 62
dbstatus 62
dbstep 62
dbstop 60
dbtype 62
dbup 61
DCOM-Schnittstelle *486*
ddeadv 486
ddeexec 486
ddeget 202, 211, 212
ddeinit 485
DDE-Interface *485*

ddepoke 485
ddereq 485
ddeset 202, 211, 212
ddeterm 486
ddeunadv 486
dde23, 202, 211
deal 436, 439
deblank 379, 380
deblankl 387
debug 62
Debuggen *91*
Debugger
 grafisch *36*
debugger, **59**
decic 202, 210
deconv 111, 133, 135
dec2base 433, 434
dec2bin 433, 434
dec2hex 433
DefaultAxesLineStyleOrder
 root *337*
delaunay 121, 305
delaunayn 121
Delaunay-Tessalation *122*
Delaunay-Triangulation *121*
delaunay3, 121, 305
delete 57, 351, 353
 COM 488
 seriell 418
DeleteFcn *329*
 axes *336*
 GUI *358*
 image *348*
 light *349*
 line *343*
 patch *345*
 rectangle *344*
 surface *345*
 text *342*
deleteproperty 488
del2, 132
demo 43
depdir 63
Dependency Report *36*
depfun 63
Desktop *31*
 Shortcuts *32*

det 169, 170
Determinante *170*
detrend 133, 135
deval 205, 218
diag 149, 154
dialog 368, 372
diary 55
diff 132
Differentialgleichungen
   gewöhnliche *203*
   partielle *220*
Differenz *132*
diffuse 275
DiffuseStrength *345*
Digammafunktion 102
diophantische Gleichungen *107*
dir 58
disp 23, 90, 244, 398
   seriell 418
display 90, 244
divergence 306, 307
Divergenz *307*
DLL-Files *474*
DLL-Interface *474*
dlmread 389, 391
dlmwrite 389, 391
dmperm 232
dn 103
doc 43
DockControls *329*
docopt 46
Doppelfakultät *129*
dos 58
dot 99, 105
double *2* 379, 380, 428, 481
doublearrow
   annotation 349
DoubleBuffer *329*
double-Zahlen *74*
dragrect 357, 366
DrawMode *336*
drawnow 351, 353
dsearch 121, 122
dsearchn 121

Echelon-Form 171
echo 55

EdgeAlpha *345*
EdgeColor *341*, *345*
   rectangle *344*
EdgeLighting *345*
edit 50
Edit Text *449*
Editing *341*
Editor *36*
edtext 374, 376
eig 156, 184, 185
Eigenvektor *185*
Eigenwert *185*
Eigenwertproblem *185*
   verallgemeinertes *185*, *188*
eigs 184, 185
Einheitsmatrix *143*
Einsmatrix *143*
ellipj 99, 103
ellipke 99
Ellipsoid *324*
ellipsoid 323, 324
elliptische Integrale *103*
else 77
elseif 77
E-Mail versenden
   ii 410
Enable
   uicontrol *359*, *365*
   uimenu *363*
end 75, 149, 444
engClose 473
engEvalString 473
engGetVariable 473
Engine Routinen *472*
engOpen 473
engOpenSingleUse 473
engOutputBuffer 473
engPutVariable 473
eomday 423, 424
eps 73, 74
eq 66, 443
EraseMode 251, *341*
   image *349*
   line *343*
   patch *345*
   rectangle *344*
   surface *345*

erf 99, 104
erfc 99, 104
erfcinv 99, 104
erfcx 99, 104
erfinv 99, 104
error 90
errorbar 289, 296
errordlg 368, 370
etime 423, 424
etree 240
etreeplot 240
eval 81
evalc 82
evalin 82
Eventfunktion *14*, *204*
events 488
Excel-Dateien *391*
Execute(COM) 491
exist 88
exit 49
exp 94
expint 99, 104
expm 193
expm1, 94
Exponentialfunktion *94*
Extent
   text *342*
   uicontrol *360*
Extrapolation *117*
eye 5, 143
ezcontour 285, 286
ezcontourf 285, 286
ezgraph3, 285, 288
ezmesh 285, 287
ezmeshc 285, 287
ezplot 285
ezplot3, 285, 287
ezpolar 285
ezsurf 285, 287
ezsurfc 285, 287

FaceAlpha 126, 276
   patch *346*, *347*
   surface *346*
FaceColor *346*
   rectangle *344*
FaceLighting *346*

Faces *347*
FaceVertexAlphaData 276, 347
FaceVertexCData *347*
factor 106
factorial 106
Factory-Werte *351*
Faktorielle *129*
Fakultät *106*
false 143, 146
Faltung *135*
Farbbalken *270*
   gemeinsamer *271*
Farben *321*
Farbtransformationen *108*
Fast-Fourier-Transformation *136*
fclose 389, 391
   seriell 418
feather 289, 293
feof 412, 413
ferror 412, 413
feval 82, 441
Feval(COM) 491
FFT *136*
fft 136
fftn 136, 138
fftshift 136, 139
FFTW *496*
fftw 140
fft2, 136
fgetl 389, 396
   seriell 418
fgets 389, 396
   seriell 418
fid *391*
Fiedler-Matrix *158*
fieldnames 439, 440, 483
figflag 374, 375
Figure
   Eigenschaften *328*
figure 328
Figure Palette *33*
figurepalette 374, 377
File
   suchen *34*
   vergleichen *33*
File Comparision Report *33*
File Difference Tool *36*

Index

file identifier *391*
fileattrib 57
filebrowser 34
File-Listen erzeugen *81*
FileName *329*
fileparts 412, 413
filesep 412, 413
fill 289, 299
fill3, 267
Filter, **133**
filter 133
filter2, 133, 134
find 5, 149, 154, 227
Find Files *34*
findall 374, 375
findfigs 374, 375
findobj 351, 352
findstr 379, 385
finish 46
finish.m 53
FIR-Filter *134*
FITS *415*
fitsinfo 412
fitsread 412
fix 98
FixedColors *329*
flag 273
flipdim 149, 152
fliplr 149, 152
flipud 149, 152
floor 98
flow 311
fminbnd 197, 199
fminsearch 197–199
FontAngle *336, 369*
   text *342*
   uibuttongroup *362*
   uicontrol *360*
   uipanel *363*
FontName *336, 369*
   text *342*
   uibuttongroup *362*
   uicontrol *360*
   uipanel *363*
FontSize *336, 369*
   text *342*
   uibuttongroup *362*

uicontrol *360*
uipanel *363*
FontUnits *336, 369*
   text *342*
   uibuttongroup *362*
   uicontrol *360*
   uipanel *363*
FontWeight *337, 369*
   text *342*
   uibuttongroup *362*
   uicontrol *360*
   uipanel *363*
fopen 389
   seriell 418
for 75
   effiziente Programmierung *75*
ForeGroundColor *370*
ForegroundColor
   uibuttongroup *362*
   uicontrol *360*
   Uimenu *363*
   uipanel *363*
format 55
format rat 107
formula 201, 202
Fourieranalyse, **136**
fplot 285
fprintf 23, 91, 220, 389, 396
   seriell 418
frame
   UIcontrol *362*
frame2im 320, 321
Frank-Matrix *158*
fread 389, 399
   seriell 419
freqspace 143, 146
frewind 390, 412
Frobenius-Norm 170
fscanf 389, 398
   seriell 419
fseek 390, 412, 413
ftell 412, 413
ftp 411, 412
ftp-Server *411*
full 226
fullfile 412, 413
function

function *11*
functions *441*
  inline *85*
  nested *84*
  shadowed *52*
function handle *12*, *85*, *441*
  anonymous *85*
function space *33*, *87*
functions, **83** 441
  handles *23*
  nested *23*
func2str 85, 441
Funktionen *11*, *83*
Funktionsargumente *89*
  testen *89*
funm 194
fwrite 389, 399
  seriell 419
fzero 197–199

gallery 155, 156
gamma 99, 101
Gammafunktion *101*
  Logarithmus *102*
  unvollständig *102*
gammainc 99, 102
gammaln 99
gca 253, 340
gcbf 351, 353
gcbo 351, 353
gcd 106
gcf 328
gco 351, 353
ge 66, 443
Gear-Matrix *159*
Genauigkeit
  double *21*
  single *22*
genpath 53
genvarname 88, 89
get 244, 351, 479
  COM 487, 488
  seriell 417
getappdata 351, 354, 459
GetCharArray 491
getCursorInfo 325
getenv 59

getfield 439
getframe 320
GetFullMatrix 492
getplottool 266
getpref 377, 378
getptr 374, 375
getstatus 374, 375
GetWorkspaceData 492
ginput 357, 366
Givens-Rotation, ebene *182*
Gleichungssystem,
  Lösbarkeit *171*
global 11, 87
gmres 236, 239
Gmres-Verfahren *239*
gong 247
gplot 240
Gradient *132*
gradient 132
Gradientenverfahren, konjugierte *237*
Graphical-User-Interface *358*, *449*
gray 273, 306, 319
graymon 275
grid 253, 257, 269
griddata 120
griddatan 120
griddata3, 120
GridLineStyle *337*
größter gemeinsamer Teiler *106*
gsvd 184, 191
gt 66, 443
gtext 253, 260, 269
GUI *358*, *449*
  Callback-Funktionen *457*
  Initialisierung *454*
  Opening-Funktion *455*
  Output-Function *456*
  Resize Behavior *452*
guidata 374, 376, 459
GUIDE
  Units *361*
Guide
  Property Inspector *452*
guide 449
guihandles 374, 376

hadamard 155, 165

Hadamard-Matrix *165*
handel 247
handle 251, 327
HandleVisibility 251, *329*
   axes *337*
   GUI *358*
   image *348*
   light *349*
   line *343*
   patch *346*
   rectangle *344*
   surface *346*
   text *342*
hankel 155, 165
Hankelfunktionen *100, 101*
Hankel-Matrix *159, 163, 165*
HDF *416*
hdf 416
HDF Import Tools *416*
hdfan 416
hdfdfr8, 416
hdfdf24, 416
hdfgd 416
hdfh 416
hdfhd 416
hdfhe 416
hdfinfo 416
hdfml 416
hdfpt 416
hdfread 416
hdfsd 416
hdfsw 416
hdftool 416
hdftoolswitchyard 416
hdfv 416
hdfvf 416
hdfvh 416
hdfvs 416
HDF5, 417
hdf5info 417
hdf5read 417
hdf5write 417
help 43
Help Browser *34*
Help Report *33*
helpbrowser 44
helpdesk 44

helpdlg 44, 368, 371
helpwin 44
Hermite Transformationen *107*
hess 184, 192
Hessenberg-Matrix *192*
hex2dec 433
hex2num 433
hgexport 402, 403
hggroup 327, 353, 402
hgload 402, 403
hgsave 402, 403
hgtransform 402
hidden 274
hidegui 374, 376
HighlightColor
   uibuttongroup *362*
   uipanel *363*
hilb 155, 164
Hilbert-Matrix *160, 164*
hist 125–127
histc 125–127
Histogramme *126*
hist3, 302, 303
HitTest 251
   axes *337*
   figure *329*
   image *348*
   light *349*
   line *343*
   patch *346*
   rectangle *344*
   surface *346*
   text *342*
   uibuttongroup *362*
   uicontrol *360*
   uipanel *363*
hObject *459*
Höhenlinienplot *300*
hold 249, 253, 257, 269
home 419
HorizontalAlignment
   text *342*
   uicontrol *360*
horzcat 443
hostid 47
hot 273
Householder-Matrix *159*

hsv 273
hsv2rgb 108
Hülle, konvexe *122*
hyperbolische Funktionen *94*
Hypothesentest *131*

i 73
if 22, 76
ifft 136
ifftn 136, 138
ifftshift 136, 139
ifft2, 136
imag 96, 97
image 306, 318, 340, 348
Image-Objekt *276*
imagesc 306, 319
imageview 368, 370
Imaginärteil *97*
imfinfo 403, 404
imformats 403, 406
import 53, 478
Import Wizard *42, 247, 369, 391, 407*
importdata 389, 396
imread 403, 404, 416
imwrite 403, 404, 416
im2frame 320, 321
im2java 403, 406
Index
    logischer *4*
Indexfarben *321*
ind2rgb 321
ind2sub 149
inf 73
inferiorto 442, 443
info 45
inline 85, 201, 202
inline function *85*
inmem 51
inpolygon 123
input 91, 389, 398
inputdlg 368, 372
inputname 90
inspect 452, 483, 487
instrcallback 419
instrfind 419
IntegerHandle *329*
Integration *200*

Lobatto *130*
    numerische *130*
    Simpson *130*
    Trapez *130*
interface 490
Internetzugriff
    ii 410
interpft 115
interpn 18, 117, 119
Interpolation *18*, **112**
    Chebyshev *113*
    dreidimensionale *118*
    FFT *115*
    Hermitsche *114*
    Lagrange *113, 114*
    multidimensionale *119*
    multivariate *117*
    Spline *114, 116*
    univariate *117*
    zweidimensionale *118*
Interpreter *342*
interpstreamspeed 306, 314
interp1, 18, 117
interp1q 117, 118
interp2, 18, 117, 118
interp3, 18, 117, 118
Interruptible *330*
    axes *337*
    GUI *358*
    image *348*
    light *349*
    line *343*
    patch *346*
    rectangle *344*
    surface *346*
    text *342*
intersect 70
intmax 73
intmin 73
intwarning 428, 431
int16, 428, 429
int2str 23, 387
int32, 428, 429
int64, 428, 429
int8, 428, 429
inv 173, 177
InvertHardcopy *330*

invhilb 155, 164
invoke 488
ipermute 435
isa 22, 442, 443, 483
isappdata 351, 354
iscell 435, 436
iscellstr 379, 380
ischar 379, 380
iscom 490
isdir 58
isempty 147
isequal 25, 147
isequalwithequalnans 147
isevent 490
isfield 439, 441
isfinite 73
isfloatpt 147
isglobal 87
ishandle 354
ishold 340
isinf 73
isinterface 490
isjava 484
iskeyword 88
isletter 379, 380
islogical 147
ismember 70
ismethod 479, 488
isnan 73, 74
isnumeric 147
isobject 442, 443
isocaps 306, 312
isocolors 306, 314
isonormals 306, 312
isosurface 306, 311
ispc 59
isplaying 244
ispref 377, 378
isprime 106
isprop 484
isreal 96, 97
isscalar 147
issorted 125, 128
isspace 379, 380
issparse 227
isstr 379, 381
isstrprop 379, 381

isstruct 439, 441
isstudent 45
isunix 59
isvalid 418
isvarname 88
isvector 147

j 73
Jacobi elliptisches Integral *103*
Java *477*
    Internetanbindung *482*
java_array 481
javaaddpath 484
javaArray 428, 433, 481
javachk 484
javaclasspath 484
javaMethod 428, 433, 478
javaObject 428, 433, 478
javarmpath 484
jet 273
JIT Accelerator *22, 76, 80*
Jordan-Matrix *159*

Kac-Murdock-Szego-Toeplitz-Matrix *159*
Kern einer Matrix *171*
keyboard 91
KeyPressFcn *330*
    uicontrol *360*
Kippschalter *360*
kleinstes gemeinsames Vielfaches *107*
komplexe Einheit i,j *73*
komplexe Zahl
    Betrag *96*
    Exponentialdarstellung *96*
    Phase *96*
    Phasensprünge *96*
    Polardarstellung *96, 293*
Komplexkonjugation *97*
Komprimierung
    ii *414*
Kondition *173*
Koordinatentransformationen *107*
Korrelationskoeffizient *131*
Kovarianzmatrix *131*
kron 66
Krylov-Matrix *159*
Kuchendiagramm *291*

Kugel *324*

Label
    Uimenu *363*
LAPACK *496*
Laplace-Operator 132
lasterr 79, 90
lasterror 90
lastwarn 90
Latex *342*
Lauchli-Matrix *160*
laughter 247
Layer *337*
lcm 107
ldivide 443
le 66, 443
Least-Square Fit *181*
legend 253, 259
Legende
    Positionierung *259*
legendre 99, 104
Legendre-Funktion
    assoziierte *104*
Legendre-Polynom *104*
Lehmer-Matrix *160*
length 147
    seriell 419
Leslie-Populations Modell *160*
libfunctions 474
libfunctionsview 474
libisloaded 475
libpointer 475
libstruct 475
license 47
light 280, 341, 349
lightangle 278, 280
lighting 275
line 340, 343
    annotation 349
lines 273
lineseries 340, 343
LineStyle
    line *343*
    patch *346*
    rectangle *344*
    surface *346*
    text *342*

LineStyleOrder *337*
LineWidth 251, *337*
    line *343*
    patch *346*
    rectangle *344*
    surface *346*
    text *342*
Linien
    Eigenschaften *250*
    Farben *250*
Linienfarben *250*
Linienstil *250*
linkaxes 13, 341, 350
linkprop 341, 351
linsolve 173, 176
linspace 143, 144
lin2mu 247
List Box *361*, *449*
ListboxTop
    uicontrol *360*
listdlg 368, 372
Listen erzeugen *81*
listfonts 374, 375
load 19, 20, 22, 49
    COM 490
loadlibrary 474
loadobj 50, 444
log 94
Logarithmus *94*
logical 146, 147
loglog 249, 253
logm 194
logspace 143, 144
log1p 94
log10, 94
log2, 94
Lookaround Operatoren *382*
lookfor 44
Lotkin-Matrix *160*
lower 379, 387
ls 58
lscov 173, 181
lsqnonneg 173, 181, 199
lsqr 236, 238
lt 66, 443
lu 173, 174, 234
luinc 173, 175, 236

Index

LU-Zerlegung *174*

magic 155, 166
Magisches Quadrat *166*
makehgtform 402, 403
makemenu 374
Margin
  text *342*
Marker *250*
  line *343*
  patch *346*
  surface *346*
MarkerEdgeColor 252
  line *343*
  patch *346*
  surface *346*
MarkerFaceColor 251
  line *343*
  patch *346*
  surface *346*
MarkerSize 251
  line *343*
  patch *346*
  surface *346*
Maschinengenauigkeit, **74**
matClose 472
material 275
Mat-File *471*
  Inhalt *45*
  laden *49*
  Objekte *50*
  Speichern *49*
Mat-Files *20*
matGetDir 472
matGetVariable 472
matGetVariableInfo 472
Matlab Hilfe *34*
matlabrc 46
matlabroot 412, 413
matOpen 472
matPutVariable 472
Matrix
  dünn besetzt *225*
  Inverse *177*
  Linksinverse *178*
  Rechtsinverse *178*
  sparse *225*
  transponieren *5*
Matrix, zirkulante *157*
Matrix-Faktorisierung *174*
Matrixfunktionen *193*
Matrixinverse *177*
Matrixnorm *170*
Matrixpolynome *110*
Matrizen *3*
  maximale Größe *56*
mat2cell 435, 437
mat2str 387
Max
  uicontrol *360*
max 125
MaximizeCommandWindow 492
Maximum *125*
M-Book *492*
mean 125
median 125
membrane 358
memory 56
menu 368, 373
MenuBar *330*
menubar 374
mesh 267, 268
meshc 267, 268
meshgrid 118, 143, 145, 268, 435
meshz 267, 268
methods 442, 479, 488
methodsview 442, 479, 488
MEX *461*
  Aufrufpriorität *463*
  Compiler *462*
  Dateierweiterungen *461*, *465*
  Optionen *464*
mex 51, 463
mexCallMATLAB 470
mexErrMsgIdAndTxt 471
mexErrMsgTxt 471
mexEvalString 470
mexext 412, 413
mexFunction 461
  C *462*
  FORTRAN *463*
mexGetVariable 470
mexPrintf 470
mexPutVariable 470

mexWarnMsgIdAndTxt 471
mexWarnMsgTxt 471
m-file, **83**
mfilename 88
mget(ftp) 412
Min
    uicontrol *360*
min 125
MinColormap *330*
MinimizeCommandWindow 492
Minimum *125*
Minimum einer Funktion *197*
MinorGridLineStyle *337*
minres 236, 239
minus 65, 443
mislocked 87
Mittel, arithmetisch *125*
mkdir 58
mkpp 117
mldivide 443
mlint 64
M-Lint Code Checker *39*
mlintrpt 64
mlock 87
mmfileinfo 246
mod 98
Moore-Penrose Pseudoinverse 178
more 55
move
    COM 490
movefile 57
movegui 374, 376
movein 321
movie 279, 320, 408, 410
moviein 320
movieview 368, 370
movie2avi 407, 410
mpower 66, 443
mput(ftp) 412
mrdivide 443
msgbox 368, 371
mtimes 65, 443
multibandread 389, 401
multibandwrite 389, 402
Multiplikation *5*
munlock 87
mu2lin 247

mxAddField 467
mxArray *461*, *463*
mxCalloc 469
mxClassIDFromClassName 465
mxComplex 464
mxCreate 469, 470
mxCreateCellArray 468
mxCreateCellMatrix 468
mxCreateCharArray 467
mxCreateCharMatrixFromStrings 467
mxCreateDoubleMatrix 463, 465
mxCreateDoubleScalar 464
mxCreateNumericArray 464
mxCreateNumericMatrix 464
mxCreateSparse 465
mxCreateString 466
mxCreateStructArray 467
mxCreateStructMatrix 467
mxDestroyArray 470
mxFree 470
mxGetCell 468
mxGetClassId 468
mxGetClassName 468
mxGetData 467
mxGetElementSize 468
mxGetEps 468
mxGetField 467
mxGetFieldByNumber 467
mxGetFieldNameByNumber 467
mxGetFieldNumber 467
mxGetImagData 467
mxGetIr 467
mxGetJc 467
mxGetM 467, 468
mxGetN 467, 468
mxGetNumberOfDimensions 468
mxGetNumberOfElements 468
mxGetNzmax 467
mxGetPi 467
mxGetPr 467
mxGetScalar 467
mxIsCell 468
mxIsChar 468
mxIsClass 468
mxIsComplex 468
mxIsDouble 468
mxIsEmpty 468

Index 513

mxIsFinite 468
mxIsFromGlobalWS 468
mxIsInf 468
mxIsInt16, 468
mxIsInt32, 468
mxIsInt64, 468
mxIsInt8, 468
mxIsLogical 468
mxIsLogicalScalar 468
mxIsLogicalScalarTrue 468
mxIsNaN 468
mxIsNumeric 468
mxIsSingle 468
mxIsSparse 468
mxIsStruct 468
mxIsUint16, 468
mxIsUint32, 468
mxIsUint64, 468
mxIsUint8, 468
mxMalloc 469
mxRealloc 470
mxRemoveField 467
mxSetCell 468
mxSetClassName 468
mxSetData 468, 470
mxSetDimenions 468
mxSetField 467
mxSetFieldByNumber 467
mxsetImagData 470
mxSetIr 468
mxSetJc 468
mxSetM 468
mxSetN 468
mxSetNzmax 468
mxSetPi 468, 470
mxSetPr 468, 470

Nabla-Operator *132*
Nachinstallation, **53**
Name *330*
namelengthmax 89
NaN 73
nargchk 22, 89
nargin 17, 89
nargout 17, 89
nargoutchk 22, 89
natürlicher Logarithmus *94*

nchoosek 106
ndgrid 435
ndims 147
ne 66, 443
nested function *84*
newplot 354
NextPlot *330* 354
    axes *337*
nextpow2, 95
nnz 226
noanimate 341, 349
nonzeros 227
norm 169, 170
NormalMode *346*
normest 169, 170, 236
normest1, 169, 170
not 67, 443
Notebook *492*
notebook 493
now 421
nthroot 96
null 169, 171
Nullmatrix *143*
Nullraum *171*
Nullstelle *198*
NumberTitle *330*
numel 147
num2cell 435, 438
num2hex 433
num2str 23, 387
nzmax 227

Oberflächeninterpolation *120*
odefile 218, 219
odeget 202, 206
odephas2, 218, 219
odephas3, 218, 219
odeplot 218, 219
odeprint 218, 220
odeset 202, 205
    events 206
    Mass 209
    OutputFcn 219
odextend 218
ode113, 202, 208
ode15i 202, 210
ode15s 202, 206, 208

ode23, 202, 208
ode23s 202, 209
ode23t 202, 209
ode23tb 202, 209
ode45, 202, 208
OffCallback
   uitoggletool *365*
OnCallback
   uitoggletool *365*
ones 143
open 51
openfig 328
opengl 328, 334
   feature 334
openvar 35
optimget 197, 199
optimset 197, 199
Optionen *199*
or 67, 443
ordeig 184
orderfields 439, 440
ordqz 184, 188
ordschur 184, 192
orgeig 188
orient 263, 281
orth 169, 171
otherwise 78
OuterPosition *337*
Out-of-Memory 22
overobj 374, 375

pack 22, 49
pagedlg 368, 370
pagesetupdlg 368, 370
pan 14, 253, 258
Panel *449*
PaperOrientation *330*
PaperPosition *330*
PaperPositionMode *330*
PaperSize *330*
PaperType *330*
PaperUnits *330*
Parent *331*
   axes *337*
   GUI *358*
   light *350*
   line *343*

patch *346*
rectangle *344*
surface *346*
text *342*
Uicontextmenu *364*
uipushtool *365*
uitoggletool *365*
parent
   image *349*
pareto 289, 290
partialpath 414
pascal 155, 166
Pascals Matrix 166
Pascalsches Dreieck 166
patch 267, 311, 322, 340, 346
Patch-Objekt *276*
path 53
   dialog box 53
   set 46, 53
pathdef 46
pathdef.m 53
pathsep 412, 413
pathtool 53
path2rc 53
pause 91, 244, 246, 423, 425
pbaspect 270
pcg 236, 238
pchip 114
pcode 52
pcolor 300, 301
pdepe 220
pdeval 223
peaks 272
Pei-Matrix *161*
perl 59
perms 106
Permutation *106*
permute 435
persistent 87
Pfadname, partieller
   ii 414
pi 73
pie 289, 291
pie3, 302, 303
pink 273
pinv 173, 177, 179
planerot 182

Index   515

play 244
playblocking 244
playshow 43
Plot
    Markierungen *250*
plot 6, 249
PlotBoxAspectRatio *337*
PlotBoxAspectRatioMode *337*
plotbrowser 374, 377
plotedit 253, 261, 269
plotmatrix 289, 294
Plot-Tools
    grafische *39*
plottools 374, 377
plotyy 249, 252
plot3, 8, 267
plus 65, 443
Pointer *331*
PointerShapeCData *331*
PointerShapeHotSpot *331*
Poisson-Gleichung *161*
polar 249, 252
poly 109, 156, 184, 191
polyarea 123
polyder 17, 111
polyeig 184, 191
polyfit 17, 112
Polygammafunktion 102
Polygone *123*
polyint 111
Polynom, **109**
    Ableitung *111*
    charakteristisches *111* 155
    Integration *111*
Polynomdivision *111*
Polynome *17*
Polynomfit *17*, *112*
Polynommultiplikation *111*
polyval 17, 110
polyvalm 110
pol2car 107
Pop-up Menü *361*, *449*
popupstr 374, 375
Position *331*
    Achse *253*
    axes *337*
    GUI *358*

light *350*
rectangle *344*
text *342*
    Uicontextmenu *364*
Positionsvektor 123
power 66, 443
pow2, 95
ppval 117
Präferenzen, **46**
prefdir 412, 413
preferences
    Format 55
primes 106
Primzahlen *106*
Primzzahlzerlegung *106*
print 263, 264, 281
printdlg 368, 370
printopt 47, 263, 281
printpreview 368, 370
prism 273
private, **52**
prod 125, 129
profile 63
Profiler *39*, *63*
profreport 63
profsave 64
Programmeffizienz *39*
Projection *338*
propedit 488
propertyeditor 374, 377
psi 99
publish 37
Push Button *360*, *449*
PutCharArray 491
PutFullMatrix 492
PutWorkspaceData 492
pvcs 445, 447
pwd 58

qmr 236, 239
qr 173, 177
qrdelete 182
qrinsert 182
qrupdate 177, 182
QR-Zerlegung 177
quad 130, 200
quadl 130, 200

Quadratur *200*
Quadratwurzel *96*
quadv 200, 201
quad8, 200
questdlg 368, 371
quit 49
Quit(COM) 492
quiver 306, 308
quiver3, 306, 308
qz 184, 188
QZ-Faktorisierung *188*

Radio Button *361, 449*
rand 143, 146
    seed 146
    state 146
randn 143, 146
    seed 146
randperm 12, 232, 236
Rang 171
rank 169, 171
rat 107
rats 107
rbbox 357, 367
rcond 172–174
rcs 445, 447
rdivide 443
readasync 419
real 96, 97
reallog 94
realmax 73, 74
realmin 73, 74
realpow 95
realsqrt 96
Realteil *97*
record 419
rectangle 340, 343
rectint 123
recycle 58
Redheffer-Matrix *163*
reducepatch 306, 318
reducevolume 306, 318
refresh 328, 334
refreshdata 351, 353
regexp 25, 379, 384
regexpi 379, 384
regexprep 379, 385

registerevent 488
reguläre Ausdrücke *381*
    logische Operatoren *382*
    lookaround Operatoren *382*
    Quantifier *383*
    spezielle Charakter *382*
rehash 53, 54
    path 53
    pathreset 53
    toolbox 53
    toolboxcache 53
    toolboxreset 53
release 490
rem 98
remapfig 374, 376
rename(ftp) 412
Renderer *332*
RendererMode *332*
repmat 24, 143, 145
reset 351, 352
reshape 24, 149, 152
residue 111
Residuum *111*
Resize *332*
ResizeFcn *332*
    uibuttongroup *362*
    uipanel *363*
restoredefaultpath 54
resume 244
rethrow 91
return 60, 80, 91
RGB-Farben *321*
rgbplot 322
rgb2hsv 108
ribbon 302, 304
Riemann-Matrix 163
rmappdata 351, 354
rmdir 58
rmfield 439, 440
rmpath 54
rmpref 377, 378
roots 17, 109, 155
rose 289, 292
rosser 155, 156, 163
Rosser-Matrix *163*
rotate 320, 321
rotate3d 278

Index

Rotation *307*
   text *342*
rot90, 149, 153
round 98
rref 169, 171
rsf2csf 182, 184, 192
run 83
Rundungfehler
   relativer *74*
Rungefunktion *114*

save 20, 22, 49
   COM 490
saveas 49, 263
saveobj 50, 444
savepath 54
scatter 289, 294
scatter3, 302, 304
Schieber *361, 449*
Schlüsselworte *88*
schur 184, 192
Schur-Form *192*
search 44
sec 93
secd 93
sech 94
Selected *332*
   axes *338*
   image *348*
   line *343*
   patch *346*
   rectangle *344*
   surface *346*
   text *342*
   uibuttongroup *362*
   uicontrol *360*
   uipanel *363*
SelectedObject
   uibuttongroup *362*
SelectionChange Fcn
   uibuttongroup *362*
SelectionHighlight 251, *332*
   axes *338*
   image *348*
   line *343*
   patch *346*
   rectangle *344*

surface *346*
   text *342*
   uibuttongroup *362*
   uicontrol *360*
   uipanel *363*
SelectionType *332*
selectmoveresize 357, 366
semilogx 249, 253
semilogy 249, 253
sendmail 410, 411
Separator
   Uimenu *363*
   uipushtool *365*
   uitoggletool *365*
serial 417
serialbreak 419
set 244, 351, 352, 479
   COM 487, 488
   seriell 417
set path *53*
setappdata 351, 354
setdiff 70
setfield 439, 440
setpref 377, 378, 411
setptr 374, 376
setstatus 374, 377
setstr 379, 380
setxor 70
shading 274
ShadowColor
   uibuttongroup *362*
   uipanel *363*
shadowed function *52*
ShareColors *332*
shg 328, 334
shiftdim 149, 153, 435
Short-Circuit Operatoren *67*
Shortcuts
   eigene *33*
showplottool 266
shrinkfaces 306, 318
sign 98
sin 93
sind 93
Singelton *452, 454*
single 428
Singulärwertzerlegung *191*

sinh 94
size 147
 serial 419
Skript *83*
Skripte 11
slice 306, 309
slider *361, 449*
SliderStep
 uicontrol *360*
smooth3, 306, 307
sn 103
SO-Files *474*
sort 125, 128
Sortieralgorithmus 128
sortrows 125, 128
sound 133, 243, 246, 407
soundsc 243, 246
soundview 368, 370
sourcesafe 445, 447
spalloc 227
sparse 22, 80, 226, 428
spaugment 228
spconvert 226
spdiags 230
specular 275, 276
SpecularColorReflectance *346*
SpecularExponent *346*
SpecularStrength *346*
Speicher
 maximal addressierbar, **56**
speye 230
spfun 227
sphere 323, 324
sph2cart 107
spinmap 321
splat 247
spline 116
Spline-Interpolation *116*
spones 227
spparms 229, 234
sprand 230, 231
sprandn 230, 231
sprandsym 230, 231, 234
sprank 169, 171, 236
spring 273
sprintf 23, 91, 389, 399
Spur 171

spy 227, 234
sqrt 96
sqrtm 96, 194
squeeze 149, 151, 435
sscanf 389, 399
stairs 289, 291
Standardabweichung *126*
start 426
startat 426
startup 47
State
 uitoggletool *365*
Static Text *449*
std 125, 126
stem 289, 292
stem3 302, 303
stop 244, 426
stopasync 419
Stoppuhr *425*
strcat 25, 379, 386
strcmp 25, 379, 386
strcmpi 25, 379, 386
streamline 306, 314
streamparticles 306, 315, 316
streamribbon 306, 315
streamslice 306, 315
streamtube 306, 314
stream2, 306, 314
stream3, 306, 314
strfind 379, 385
String *379*
 text *342*
 uicontrol *360*
strings 379
strjust 379, 380
strmatch 379, 386
strncmp 379, 386
strncmpi 379, 386
Strömungsbilder *314*
strread 25, 389, 399
strrep 379, 387
strtok 25, 379, 385
strtrim 379, 380
struct 22, 428, 432, 439, 442
structure 80
struct2cell 436, 439
Strukturen *432*

Felder *432*
Strukturvariable 5
strvcat 4, 379, 386
str2double 387
str2func 85, 441
str2mat 387
str2num 387
str2rng 419
Style
   light *350*
   uicontrol *360*
subplot 6, 249, 253, 269
subsasgn 442, 443
subsindex 444
subspace 132
subsref 442, 443
substruc 442
substruct 442
subvolume 306, 317
sub2ind 149
Suchpfad *46, 52*
sum 125, 129
summer 273
superiorto 442, 443
support 45
surf 9, 267, 268
surface 268, 340, 347
Surface-Objekt *276*
surfc 267, 268
surfl 275
surfnorm 275, 276, 308
surf2patch 322
svd 161, 184, 191
svds 184, 191
switch 22, 78
symamd 232, 234
symbfact 228, 240
symmlq 236
symmmd 229, 232, 234
symrcm 232, 234
symvar 197, 200
syntax 44
system 59
system_dependent DumpMem 56

Tag
   axes *338*

GUI *358*
image *348*
light *349*
line *343*
patch *346*
rectangle *344*
surface *346*
text *342*
tag *332*
tan 93
tand 93
tanh 94
Teiler
   größter gemeinsamer *106*
tempdir 412, 413
tempname 412, 413
terminal 47
Tessalation *122*
Testmatrizen *156*
tetramesh 302, 305
texlabel 253, 261
Text
   Eigenschaften *261, 262*
   nachträglich ändern *341*
text 253, 261, 269, 340, 341
textarrow
   annotation 349
Textfeld
   editierbares *361, 449*
   statisches *361, 449*
textread 389, 393
textscan 389, 393
textwrap 357, 366
tic 423, 424
TickDir *338*
TickDirMode *338*
TickLength *338*
TightInset *338*
timer 425
timerfind 426
timerfindall 426
times 65, 443
Titel
   löschen *338*
Title *338*
   uibuttongroup *362*
   uipanel *363*

title 253, 259, 269
TitlePosition
  uibuttongroup *362*
  uipanel *363*
toc 423, 424
todatenum 415
TODO/FIXME Report *33*
toeplitz 155, 166
Toeplitz-Matrix *157, 166*
Toggle Button 360, *449*
Token *383*
ToolBar *332*
Toolbar
  erzeugen *364*
ToolTipString
  uicontrol *361*
trace 169, 171
train 247
transpose 444
trapz 125, 130
treelayout 240
treeplot 240
Trend, linearer *135*
Triangulation *121*
trigonometrische Funktionen *93*
tril 149, 154
trimesh 302, 305
triplequad 200
triplot 305
trisurf 302, 305
triu 149, 154
true 143, 146
True-Color *321*
try 22, 79
tsearch 121, 122
tsearchn 121
Type
  axes *338*
  figure *332*
  light *350*
  line *343*
  patch *346*
  surface *346*
  text *342*
  uicontrol *361*
  Uimenu *363*
type 51

uibuttongroup 357, 358, 361
uiclearmode 374, 377
UIContextMenu
  figure *332*
  image *348*
  light *349*
  line *343*
  patch *346*
  rectangle *344*
  surface *346*
  text *342*
  uibuttongroup *362*
  uicontrol *361*
  uipanel *363*
UIContextmenu
  axis *338*
uicontextmenu 357, 358, 363
uicontrol 91, 357, 358
  bebildern 358
uigetdir 368
uigetfile 368
uigetpref 377, 378
uiimport 42, 368, 369
uiload 368, 369
uimenu 91, 357, 358, 363, 364
uint16, 428, 429
uint32, 428, 429
uint64, 428, 429
uint8, 428, 429
uiopen 368, 369
uipanel 357, 358, 362
uipushtool 357, 364
uiputfile 368
uirestore 357, 366, 377
uiresume 357, 365
uisave 368, 369
uisetcolor 368, 370
uisetfont 368, 369
uisetpref 377, 378
uistack 357, 366
uisuspend 357, 366
uitoggletool 357, 364, 365
uitoolbar 357, 364
uiwait 357, 365
UMFPACK *496*
uminus 65, 443
umtoggle 374

undocheckout 445, 446
union 70
unique 72
Units
   axes *338*
   figure *332*
   text *342*
   uibuttongroup *362*
   uicontrol *361*
   uipanel *363*
unix 59
unloadlibrary 475
unmkpp 117
unregisterallevents 490
unregisterevent 490
Unterfunktionen *84*
unwrap 96
unzip 412, 414
uplus 65, 443
upper 379, 387
urlread 410
urlwrite 410
usejava 484
UserData *332*
   axes *338*
   GUI *358*
   image *348*
   light *349*
   line *343*
   patch *346*
   rectangle *344*
   surface *346*
   text *342*

vander 155, 164
Vandermonde-Matrix *164*
var 125, 126
varargin 17, 89
varargout 17, 89
Variablen, **88**
   erzeugen *2*
   global *13*
   persistent *13*
Variablen-Listen erzeugen *81*
Varianz *126*
vectorize 202
Vektorisierung *75, 76*

Vektornorm *169*
ver 45
verctrl 445, 446
version 45
   java 477
vertcat 443
VertexNormals *346*
VerticalAlignment
   text *342*
Vertices *347*
vga 273
Vielfaches
   kleinstes gemeinsames *107*
View *338*
view 277
viewmtx 278
Visible 251, *333, 338*
   GUI *358*
   image *348*
   light *349*
   line *343*
   patch *346*
   rectangle *344*
   surface *346*
   text *342*
   Uicontextmenu *363*
vissuite 306
vollstandige elliptische
   vollständige elliptische Integrale
   1. Gattung *103*
volumebounds 306, 318
Volumenvisualisierung *306*
   Isoflächen *311*
   Isonormale *312*
   Konturflächen *310*
   Schnitte *309*
   Strömungsdarstellung *314*
voronoi 122
Voronoi-Diagramm 122
voronoin 122
vrml 281

wait 426
waitbar 368, 373
waitfor 357, 365
waitforbuttonpress 357, 365
warndlg 368, 371

warning 90
waterfall 302, 304
wavplay 243, 246
wavread 247, 407
wavrecord 243, 246
wavwrite 247, 407
web 59
weekday 423, 424
what 51
whatsnew 45
which 51
   all 52
while 76
white 273
whitebg 273, 274
who 45
whos 3, 45
   file 20
why 73
wilkinson 155, 156, 164
Wilkinson-Matrix *164*
wind 307
WindowButtonDownFcn *333*
WindowButtonMotionFcn *333*
WindowButtonUpFcn *333*
WindowStyle *333*
Winkelhistogramm *292*
winmenu 374
winopen 52
winqueryreg 58
winter 273
wk1const 419
wk1finfo 389, 391
wk1read 389, 391
wk1wrec 419
wk1write 389, 391
Word *492*
workspace 46
Workspace Browser *33*
WSDL-Klassen
   ii 410
WVisual *333*
WVisualMode *333*

XAxisLocation *338*
XColor *338*
XData
   image *349*
   line *343*
   patch *346*
   surface *346*
XDataSource 353
XDir *339*
XDisplay *333*
XGrid 257, *339*
XLabel *339*
xlabel 253, 259, 269
XLim *339*
xlim 270
XLimMode *339*
xlsinfo 389, 392
xlsread 389, 391
xlswrite 389, 392
XMinorGrid *339*
XMinorTick *339*
XML
   ii 415
xmlread 412, 415
xmlwrite 412, 415
xmReal 464
xor 67
XScale *339*
xslt 412, 415
XTick 257, *339*
XTickLabel 257, *339*
XTickLabelMode 339
XTickMode 339
XVisual *333*
XVisualMode *333*

YAxisLocation *338*
YColor *338*
YData
   image *349*
   line *343*
   patch *346*
   surface *346*
YDataSource 353
YDir *339*
YGrid 257, *339*
YLabel *339*
ylabel 253, 259, 269
YLim *339*
ylim 270

Index

YLimMode *339*
YMinorGrid *339*
YMinorTick *339*
YScale *339*
YTick *339*
YTickLabel *339*
YTickLabelMode 339
YTickMode 339

ZColor *338*
ZData
  line *343*
  patch *346*
  surface *346*
ZDataSource 353
ZDir *339*
Zeit *421*
Zellvariable 5, *432*
Zellvariablen *435*
zeros 5, 143
ZGrid *339*
zip 412, 414
ZLabel *339*
zlabel 253, 259, 269
ZLim *339*
zlim 270
ZLimMode *339*
ZMinorGrid *339*
ZMinorTick *339*
zoom 253, 258, 269
ZScale *339*
ZTick *339*
ZTickLabel *339*
ZTickLabelMode 339
ZTickMode 339
Zufallsmatrizen *146*, *162*, *164*
Zwischenablage *376*
Zylinder *323*